Impronte
Italian Imprints in Windsor

Madelyn DellaValle
Managing Editor

Caterina Lopez
Italian Language Editor

Mary Lou Amlin
Graphic Designer

Windsor Italian Heritage Committee

Canadian Italian Business and Professional Association

Windsor's Community Museum

Walkerville Publishing

THE ONTARIO TRILLIUM FOUNDATION / LA FONDATION TRILLIUM DE L'ONTARIO

WalkervillePublishing

Windsor's Community Museum
Le Musée communautaire de Windsor

CIBPA
WINDSOR

2009

Impronte: Italian Imprints in Windsor

ISBN: 978-0-9781290-8-8

First printing – 2009

The information in this book is as accurate as possible; we have made every effort to ensure all facts have been checked and verified.

Support for this project comes from: The Ontario Trillium Foundation, Windsor Italian Heritage Committee, Canadian Italian Business and Professional Association, Windsor's Community Museum and Walkerville Publishing..

Printed in China

Dedica

Ai primi italiani e a tutti gli italo-canadesi nell'area di Windsor

che lungo il loro cammino hanno affrontato sfide con coraggio

e risolutezza, attraverso stenti e sacrifici,

per preparare la strada e migliorare la vita delle future generazioni.

Questi pionieri con le loro realizzazioni

hanno attuato il nobile appello:

"Considerate la vostra semenza:
fatti non foste a viver come bruti,
ma per seguir virtude e conoscenza."

Dante Alighieri
La Divina Commedia, Inferno XXVI, 118-120

A loro, la più sentita gratitudine!

Dedication

To the first Italians and all Italian-Canadians in the Windsor area

who in their journey have met the challenges with courage

and determination, through hardship and sacrifice,

to pave the way and enrich the life of future generations.

These pioneers with their accomplishments

have embodied the noble appeal:

"Consider your human nature
you were not born to live as brutes,
but to pursue virtue and knowledge."

Dante Alighieri
La Divina Commedia, Inferno XXVI, 118-120

To them, our deepest gratitude!

This sculpture of Dante Alighieri by Salvatore Stranieri looks out over Erie St.
Questa scultura di Dante Alighieri creata da Salvatore Stranieri è esposta in Erie St.
Photo by/foto di: Madelyn Della Valle, Windsor's Community Museum

Origine del progetto

Questo libro è frutto dell'impresa collaborativa dell'Impronte Book Committee che comprende membri del Windsor Italian Heritage Committee, il Windsor's Community Museum, e la Canadian Italian Business and Professional Association of Windsor.

L'idea di creare questo libro nacque durante la mostra del 2004, *Impronte: Italian Imprints in Windsor*, eseguita dal Windsor's Community Museum con la collaborazione del Windsor Italian Heritage Committee. Alla sua chiusura presso il museo, l'esposizione fu trasferita al Canada South Science City[1]. Un sito web dallo stesso nome fu poi creato in collaborazione con la Windsor Public Library[2]. Manufatti, fotografie e documenti raccolti dal Windsor Italian Heritage Committee hanno fornito al museo una collezione considerevole di documenti e informazioni sulla storia della comunità italiana in precedenza trascurata.

1   L'esposizione si concluse nell'ottobre 2008.
2   http//www.windsor-communities.com fu patrocinato in parte dal Governo del Canada.

Origins of the Book Project

This book is the result of the collaborative efforts of the Impronte Book Committee, made up of members of the Windsor Italian Heritage Committee, Windsor's Community Museum and the Canadian Italian Business and Professional Association of Windsor.

The idea of creating this book began with the 2004 exhibition, *Impronte: Italian Imprints in Windsor*, developed by Windsor's Community Museum with the assistance of the Windsor Italian Heritage Committee. After its run at the museum, the exhibition was transferred to Canada South Science City.[1] A website of the same name was then created in partnership with the Windsor Public Library.[2] Artifacts, photographs and documents collected by the Windsor Italian Heritage Committee are providing the museum with a significant Italian collection and information about the community's history previously neglected.

1   Exhibit closed October 2008.
2   http://www.windsor-communities.com was funded in part by the Government of Canada.

Ringraziamenti

Acknowledgements

The Impronte Book Committee è particolarmente grato alla Ontario Trillium Foundation per aver concesso parte del costo della pubblicazione di questo libro; a E. A. Agnew, C.A., Government Grants Consultant, per l'assistenza con la domanda di concessione del Trillium; a Walter Temelini dell'Università di Windsor, e a Nevi Rusich, ricercatrice presso il Windsor Italo-Canadian Culture Centre, per la loro ricerca seminale della storia dei primi italiani a Windsor; a Bob Carroll, editore di fotografie, *The Windsor Star*, e il suo personale per la loro disponibiltà nel procurare le foto; a Salvatore Ala[3], Carlinda D'Alimonte[4] e Maria Agnese Letizia in D'Agnillo[5] per il permesso di ristampare le loro poesie; a Chris Edwards e Elaine Weeks della Walkerville Times Publishing Company e Mary Lou Amlin dell'Amlin Design per la loro assistenza e creatività; a All Languges Ltd. e Caterina Lopez per la traduzione in italiano; e a Caterina Lopez per la revisione della traduzione.

Soprattutto un ringraziamento di cuore a tutti coloro che hanno contribuito manufatti, foto, documenti, storie personali di famiglia e delle proprie aziende. Senza la loro gentile ed entusiasta collaborazione, questo libro non sarebbe stato possibile.

Si può affermare con sicurezza che gli archivi del museo relativi alla comunità italiana sono aggiornati e si chiede scusa in anticipo per qualsiasi eventuale inesattezza o omissione in questo libro.

The Impronte Book Committee is extremely grateful to the Ontario Trillium Foundation for funding part of the cost of publication of this book; to E. A. Agnew, C.A., Government Grants Consultant, for assistance with the Trillium grant application; to Walter Temelini of the University of Windsor and Nevi Rusich, researcher with the Windsor Italo-Canadian Culture Centre, for their seminal research on the history of Italians in Windsor; to Bob Carroll, photo editor, *The Windsor Star*, and his staff for their assistance in locating photographs; to Salvatore Ala,[3] Carlinda D'Alimonte[4] and Maria Agnese Letizia in D'Agnillo[5] for permission to reprint their poems; to Chris Edwards and Elaine Weeks of the Walkerville Publishing Company and Mary Lou Amlin of Amlin Design for their guidance and creativity; to All Languages Ltd. and Caterina Lopez for their Italian translation; and, to Caterina Lopez for translation review.

Foremost, we would like to thank all those who contributed artifacts, photographs, documents, family and business histories for their enthusiastic cooperation and support. Without their kind contribution, this book would not have been possible.

We can ensure that the records of the Italian community at the museum are updated and apologize in advance for any inaccuracies that may appear in this book.

3   "The Barber Has No Place to Cry," già pubblicata nel libro *Straight Razor and Other Poems* (2004), è riprodotta con permesso della Biblioasis.

4   "Outside the Chrysler Assembly Plant, 1955," già pubblicata nel libro *Now That We Know Who We Are* (2004), è ristampata con permesso della Black Moss Press.

5   "Italia Mia" già pubblicata nel suo libro *Cento Poesie Molisane...Plus...* (1992)

3   "The Barber Has No Place to Cry," originally published in his book *Straight Razor and Other Poems* (2004) and reprinted with permission from Biblioasis

4   "Outside the Chrysler Assembly Plant, 1955," originally published in her book *Now That We Know Who We Are* (2004) and reprinted with permission from Black Moss Press

5   "Italia Mia," originally published in her book *Cento Poesie Molisane...Plus...* (1992)

L'Impronte Book Committee comprende:

Windsor Italian Heritage Committee

Presidente e editor della traduzione italiana: Caterina Lopez

Membri del comitato: Gilberto Barichello, Maria Battagin, Rita Bison, Joan Bonato, Vanna Evola, P. Augusto Feccia, Domenica Mandarino e Rosina Sorge.

Questo comitato, la forza motrice del progetto, riconoscendo il ruolo importante svolto dagli italo-canadesi nella storia di Windsor, ha sentito la necessità di una testimonianza scritta in segno di gratitudine e stima verso i primi italiani e discendenti per il loro zelo, i loro sacrifici e stenti. Queste persone sono state responsabili di contattare connazionali per raccogliere informazioni, artefatti, documenti, storie delle famiglie e delle aziende, e della correzione delle bozze del testo per esattezza linguistica e storica.

Windsor's Community Museum[6]

Editor gerente: Madelyn Della Valle

Assistenti di produzione/ricerca: Craig Capacchione, Heather Colautti, Mary Ann Eppert, Mary Elizabeth Marentette, Leisa Pieczonka

Ricercatrice per il sito web: Etleva Sofroni

Canadian Italian Business and Professional Association (CIBPA) of Windsor

La partecipazione della CIBPA al progetto è stata indispensabile. L'espressione di profonda gratitudine va al consiglio di amministrazione 2005-2006: Claudio Silvaggi (presidente), John Paul Corrent (vicepresidente), Nancy Vitella (segretaria), Dan Castellan (tesoriere), John Bonato (ex presidente), Joseph Lepera, Angelo Martinello, Tino Riccio e Richard Vennettilli (consiglieri), Niva Segatta (assistente amministrativa), e Frank Moceri (rappresentante della Federazione Nazionale). Un ringraziamento particolare è diretto a Dan Castellan e John Bonato per il loro ruolo decisivo nella gestione del progetto e nell'assicurare i fondi.

---

6 Gestito dalla Corporation of the City of Windsor

Impronte Book Committee Development Team:

Windsor Italian Heritage Committee

Chairperson and Italian Language Editor: Caterina Lopez

Committee Members: Gilbert Barichello, Maria Battagin, Rita Bison, Joan Bonato, Vanna Evola, Rev. Fr. Augusto Feccia, Domenica Mandarino and Rosina Sorge

This dedicated group of people, the force behind the project, recognizing the important role played by the Italian-Canadians in the history of the Windsor area, felt the necessity of a written testimonial to the sacrifice, dedication and hard work of the early Italians and their descendents. These individuals were responsible for contacting fellow Italians, collecting artifacts, documents, family and business histories, and proofreading the text for linguistic and historical accuracy.

Windsor's Community Museum[6]

Managing Editor: Madelyn Della Valle

Editorial/Research Assistants: Craig Capacchione, Heather Colautti, Mary Ann Eppert, Mary Elizabeth Marentette, Leisa Pieczonka

Website Researcher: Etleva Sofroni

Canadian Italian Business and Professional Association (CIBPA) of Windsor

The involvement of CIBPA in this book project was vital. Sincere appreciation goes to the 2005-2006 Board of Directors, including Claudio Silvaggi (president), John Paul Corrent (vice-president), Nancy Vitella (secretary), Dan Castellan (treasurer), John Bonato (past president), Joseph Lepera, Angelo Martinello, Tino Riccio and Richard Vennettilli (directors), Niva Segatto (administrative assistant), and Frank Moceri (National Federation representative). Special thanks go to Dan Castellan and John Bonato for their important role in project management and securing funding.

---

6   Operated by the Corporation of the City of Windsor

Prefazione

Preface

L'ambito di questo lavoro è un tentativo di offrire al lettore una narrazione dell'ampio e importante contributo apportato dagli italiani e italo-canadesi alla comunità di Windsor.

Il libro può dividersi in due parti. La prima, capitoli uno e due, traccia la presenza italiana nell'area di Windsor dalla fine del 17° alla metà del 20° secolo. La seconda parte, capitoli tre a nove, riporta storie di adattamento, sviluppo e successo degli italiani in vari settori dai primi del 1900 ad oggi.

The scope of this work is an attempt to offer the reader an account of the vast and significant contribution made by Italians and Italian-Canadians to the community of Windsor.

The book may be divided in two parts. The first one, chapters one and two, outlines the Italian presence in the Windsor area from the late 17th through the mid-20th century. The second part, chapters three to nine, relates stories of adaptation, growth and success of Italians in various fields from the turn of the 20th century to the present.

Introduzione

Nel 1911 vi erano 95 persone di origine italiana nell'area di Windsor. Nel 1921, 429 persone di origine italiana erano domiciliate a Windsor. Nel 1931 il numero salì a 2.023.[7] Secondo il censimento del 2001, 12,335 persone nell'area metropolitana di Windsor indicarono l'italiano come loro madrelingua mentre 30,685 (un decimo della popolazione di questa zona) indicarono la loro origine etnica italiana.

Senza alcun dubbio, la comunità italiana ha lasciato un'impronta indelebile nella storia e nella cultura di Windsor. Questo libro si propone di presentare un collage dei vari aspetti della comunità italiana di Windsor. Benché non sia possibile raccontare l'intera storia, si spera che la ricchezza della storia e della cultura italiana di questa comunità sia rivelata in questo libro. Temi quali l'immigrazione, il periodo della guerra, la religione, i club e le associazioni, lo sport, l'arte e la cultura, la vita familiare e le aziende sono illustrati. Storie personali degli immigrati italiani, delle loro famiglie e delle loro attività commerciali intensificano le care memorie basilari e i vincoli stretti con l'Italia impressi nella mente e nel cuore della comunità italiana di Windsor e della città stessa.

---

7   Cancian et al 1984:12

Introduction

In 1911, there were 95 people of Italian origin in the Windsor area. In 1921, 429 people of Italian origin called Windsor home. By 1931, this number had risen to 2,023.[7] In the 2001 Census, 12,335 people in the Greater Windsor area listed Italian as their mother tongue while 30,685 (representing one-tenth of the population of this area) listed their ethnic origin as Italian.

Without a doubt, the Italian community has imprinted itself on the history and culture of Windsor. This book presents a collage of various elements which make up the Italian community in Windsor. While it is not possible to tell the whole story, it is hoped that the richness of the history and culture of this community is revealed in this volume. Topics such as immigration, the wartime period, religion, clubs and associations, sports, arts and culture, family life and businesses are illustrated. Personal accounts of Italian immigrants, their families and businesses enhance the underlying cherished memories and close ties with Italy which are imprinted on the minds and hearts of the Italian community in Windsor and on Windsor itself.

---

7   Cancian et al 1984:12

Indice

Table of Contents

◄ *See pg. 22*
Vedi p. 22

See pg. 409

Vedi p. 409

1

La storia dell'immigrazione e le prime imprese italiane

Gli inizi dell'immigrazione italiana

Mentre l'immigrazione della maggior parte degli italiani risale all'ondata massiccia del secondo dopoguerra, alcuni dei primi italiani giunsero in Canada nel 1665, quando soldati da varie parti di quella che poi divenne l'Italia furono reclutati dal reggimento Carignan-Salières dell'esercito francese. Gli italiani prestarono servizio anche come soldati sotto il comando britannico durante la guerra del 1812 nel Basso Canada (Quebec). (Sturino 1988:1099; Villata 1985)

Presenza italiana nella regione dei grandi laghi

Gli italiani erano presenti nella regione dei grandi laghi prima della fondazione di Detroit nel 1701. Due fratelli napoletani, Enrico (Henri) e Alphonse de Tonti, furono tra i primi a servire il regime francese in questa regione. Enrico, capo assistente di LaSalle nell'esplorazione dei grandi laghi, viaggiò attraverso lo stretto di Detroit-Windsor verso la fine degli anni 1670. Alphonse, il fratello maggiore, annotato come il primo italiano giunto in quella che è oggi Detroit, occupò cariche in tutta la regione dei grandi laghi. Fu capitano di Mackinac dal 1697 al 1700, governatore di Frontenac dal 1706 al 1716 e governatore di Detroit dal 1717 fino alla morte nel 1727. Fu sovrintendente della costruzione di Fort Pontchartrain (Detroit). Oltre a diritti commerciali nella zona, possedeva anche una fattoria a Belle Isle. (Temelini 1986)

Un italiano compare anche durante il sorteggio di lotti del nuovo comune di Sandwich. Joseph Borelli estrasse il lotto 7 al lato est di Russell St. nel 1797. (Lajeunesse 1960:193) Sebbene non si sappia nulla di lui, deve essere stato un uomo importante per essere elencato accanto a personaggi della comunità ben conosciuti quali James Baby, Colonel McKee, William Hands e John Askin.

Scambio di lingue

L'origine italiana di molti coloni sembra nascondersi nella trascrizione fonetica francese e inglese dei loro nomi. Per esempio, Constantine Del Halle, il primo prete a nascere e morire a Detroit,[1]

---

1   Arrivò nel 1702 e morì nel 1706.

1

Immigration History and Early Italian Businesses

Early Italian Immigration

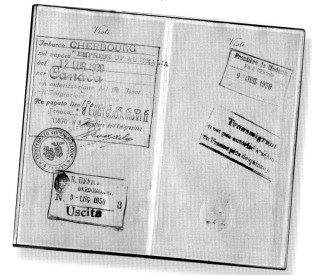

W hile most Italians trace their immigration to the massive wave after World War II, some of the first Italians came to Canada in 1665 when soldiers from various parts of what later became Italy were recruited by the French Army's Régiment Carignan-Salières. Italians also served as soldiers under the British command during the War of 1812 in Lower Canada (Quebec). (Sturino 1988:1099; Villata 1985)

Italian Presence in the Great Lakes Region

Italians were present in the Great Lakes region before the founding of Detroit in 1701. Two Neapolitan brothers, Enrico (Henri) and Alphonse de Tonti, were among the first to serve the French regime in this region. Henri, chief aid to LaSalle in the exploration of the Great Lakes, travelled through the Detroit-Windsor strait toward the end of the 1670s. Alphonse, his older brother who was the first recorded Italian to arrive in what is now Detroit, held posts throughout the Great Lakes region. He was Captain of Mackinac from 1697-1700, Governor of Frontenac from 1706-16 and Governor of Detroit from 1717 until his death in 1727. He supervised the building of Fort Pontchartrain (Detroit). Besides owning trading rights in the area, he also owned a farm on Belle Isle. (Temelini 1986)

An Italian also appears during the draw for lots for the new Town of Sandwich. Joseph Borelli drew lot 7 on the east side of Russell St. in 1797. (Lajeunesse 1960:193) Although nothing is known about him, he must have been an important individual to be listed with such well-known pillars of the community as James Baby, Colonel McKee, William Hands and John Askin.

Language Mix-Up

The Italian origin of many settlers seems to be hidden in the French and English phonetic transcription of their names. For example, Constantine Del Halle, the first priest to live and die in Detroit,[1] was in reality Costantino Degli Agli of a noble Florentine family. (Temelini 1986) In

Victor, Maria and Donato Simone, on the left, are boarding in Naples, mid-1950s.

Vittorio, Maria e Donato Simone, a sinistra, s'imbarcano a Napoli, metà degli anni 1950.

Courtesy/Cortesia: Pina and Carmine Simone, P12733

---

1   He arrived in 1702 and died in 1706.

Political Map of Italy: Provinces and Regions.

Cartina politica dell'Italia: province e regioni.

Source/fonte: Atlante Geografico Zanichelli.
Courtesy/Cortesia: Caterina Lopez

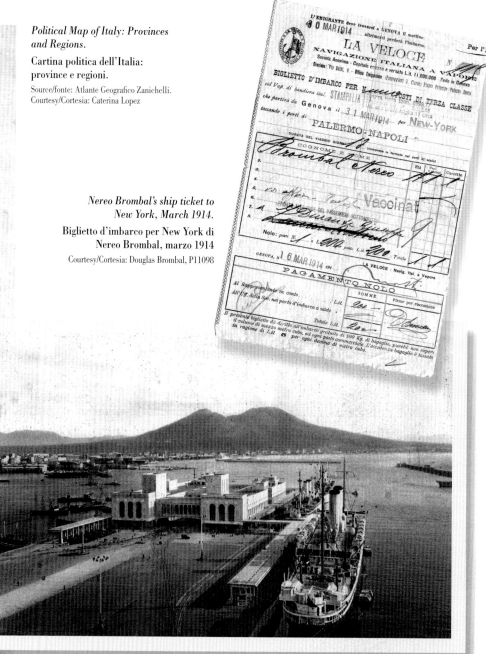

Nereo Brombal's ship ticket to New York, March 1914.

Biglietto d'imbarco per New York di Nereo Brombal, marzo 1914

Courtesy/Cortesia: Douglas Brombal, P11098

Napoli Harbour. A boarding place for countless emigrants headed for Canada.

Porto di Napoli. Un luogo d'imbarco per innumerevoli emigranti diretti in Canada.

Courtesy/Cortesia: Rosina and Mario Sorge, P11297

Napoli Harbour, 1954.

Il porto di Napoli, 1954.

Courtesy/Cortesia: Rosina and Mario Sorge, P14130 ▶

Ennio D'Agnillo aboard the ship, Italia, November 1959.

Ennio D'Agnillo a bordo della nave, Italia, novembre 1959.

Courtesy/Cortesia: Ennio D'Agnillo, P12343

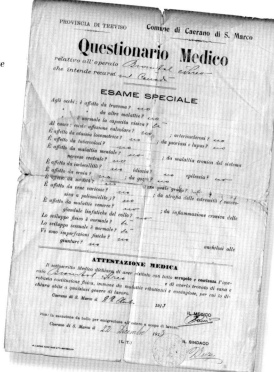

Nereo Brombal's medical questionnaire issued before leaving Italy.

Questionario medico rilasciato a Nereo Brombal prima di partire dall'Italia.

Courtesy/Cortesia: Douglas Brombal, P11100

era in realtà Costantino Degli Agli, di nobile famiglia fiorentina. (Temelini 1986) Nel 1748, la proprietà Huron Mission a ovest dell'attuale Huron Church Line fu concessa a un certo Nicholas Campeau, molto probabilmente il figlio di Michel o Jacques Campo di Montreal, il cui nome era stato gallicizzato nella Nuova Francia da Campo a Campeau. Quindi il discendente di un colono italiano fu uno dei primi agricoltori in questa zona. (Temelini 1985a:73)

Italiani a Windsor nel 19° secolo

Anni 1860 - 1870

È noto che il primo italiano[2] a vivere a Windsor negli anni 1860 fu Matteo Palmieri (1826-1916), un fuoruscito (patriota del Risorgimento[3]). Egli fu anche un girovago, un lavoratore itinerante. Originario di Napoli, combattè con Giuseppe Garibaldi nel 1849, fuggì in Francia, poi in Inghilterra e più tardi nel Quebec, dove lavorò come sovrintendente di miniera.

> *Entro il 1865 era un fotografo a Detroit, dopo un breve soggiorno a Windsor. Tra il 1868-71, risiedé a Windsor con la moglie Mary, insegnante di musica, ma in seguito ritornò a Detroit...Infine, nel 1910, all'età di ottantaquattro anni, Palmieri ritornò a Windsor per vivere con la figlia, la signora George Mitchell, al 181 Windsor Street, dove morì il 26 febbraio 1916. Dopo il 1873, anno in cui fondò l'Italian Benevolent Society, della quale fu anche il primo presidente, Palmieri dedicò gran parte del proprio tempo all'assistenza degli immigrati.... (Temelini 1985a:75)*

Il censimento del 1861 elenca un altro italiano, John B. Verse (Veste), 22enne, operaio celibe, che viveva in una casa di tronchi d'albero a un piano nel comune di Sandwich East.

Anni 1870 - 1880

Secondo il censimento del 1871, due persone di nascita italiana e tre di origine italiana vivevano nella contea di Essex. Uno di questi italiani risiedeva nel comune di Sandwich West, Domenic Vischi (o Visti), il cui nome fu registrato da un rilevatore di censimento francese come Dominique Visky. Era un giardiniere sposato di 44 anni, analfabeta.[4]

Il censimento del 1881 annota un italiano di nascita e tre di origine italiana residenti a Windsor. Michael Cauzillo, nato a Genova, registrato come "fruttivendolo," venne a Windsor con la sorella e il cognato all'inizio degli anni 1870 all'età di 17 anni. All'epoca del censimento aveva 26 anni, era cattolico e sposato con la ventenne Mary, un'americana di origine tedesca. Avevano una figlia (Minnie, di un anno, nata nell'Ontario) e infine ebbero otto figli. Dopo la sua morte nel 1896, Minnie persuase sua madre a vendere il commercio e a trasferirsi a Detroit. Ancora oggi alcuni discendenti dei Cauzillo vivono a Detroit. Michael, tuttavia, è sepolto al cimitero St. Alphonsus di Windsor. (Rusich 1988; Temelini 1987)

---

2 Nessun italiano di Essex è elencato nel censimento del 1851-52.
3 Il Risorgimento fu il movimento che risultò nella liberazione e unificazione politica dell'Italia dal 1790 al 1861.
4 Il censimento all'epoca indicava le persone oltre i 20 anni che non sapevano leggere o scrivere.

1748, the Huron Mission farm on the west side of the present Huron Church Line was granted to a Nicholas Campeau, most likely the son of Michel or Jacques Campo from Montreal whose name in New France had been gallicised from Campo to Campeau. Thus, the descendent of an Italian settler was one of the first farmers in this area. (Temelini 1985a:73)

Italians in Windsor in the 19th Century

1860s - 1870s

The first known Italian[2] to live in Windsor in the 1860s was Matteo Palmieri (1826-1916), a *fuoruscito* (a patriot of the Risorgimento[3]). He was also a *girovago*, an itinerant worker. Originally from Naples, he fought with Giuseppe Garibaldi in 1849, fled to France, then to England and later to Quebec where he worked as a mine supervisor.

> By 1865, he was a photographer in Detroit, after a brief stay in Windsor. Between 1868-71, he resided in Windsor with his wife Mary, a music teacher, but he later moved back to Detroit... Finally, in 1910, at the age of eighty-four, Palmieri returned to Windsor to live with his daughter, Mrs. George Mitchell, at 181 Windsor Street, where he died on February 26, 1916. After 1873, the year he founded the Italian Benevolent Society, of which he was also the first president, Palmieri devoted much of this time to assisting immigrants....(Temelini 1985a:75)

The 1861 census lists another Italian, John B. Verse (or Veste), 22, a single labourer living in a one-storey log house in the Township of Sandwich East.

1870s - 1880s

According to the 1871 census, two individuals of Italian birth and three of Italian origin lived in Essex County. One of these Italians was a resident of the Township of Sandwich West, Domenic Vischi (or Visti), whose name was recorded by a French enumerator as Dominique Visky. He was a 44-year-old married gardener who was illiterate.[4]

The 1881 census records one Italian-born individual and three of Italian origin as living in Windsor. Michael Cauzillo, born in Genoa, listed as "fruit dealer," came to Windsor with his sister and brother-in-law sometime in the early 1870s at the age of 17. At the time of the census he was 26, Catholic and married to 20-year-old Mary, an American of German origin. They had a daughter (one-year-old Minnie born in Ontario) and ultimately had eight children. After his death in 1896, Minnie persuaded her mother to sell the business and move to Detroit. There are Cauzillo descendents living in Detroit to this day. Michael, however, is buried in Windsor's St. Alphonsus cemetery. (Rusich 1988; Temelini 1987)

---

2   No Italians are listed in Essex in the 1851-52 census.
3   The *Risorgimento* was the movement resulting in the liberation and political unification of Italy 1790-1861.
4   The census at the time noted those individuals over 20 years of age who were incapable of reading or writing.

Inspection card stamped to show that Sebastiano Dario had been vaccinated.

Scheda d'ispezione timbrata per mostrare che Sebastiano Dario era stato vaccinato.

Courtesy/Cortesia: Elena Saffran, P11102A

Domenic Conflitti making his first phone call to Italy after his arrival in Canada, 1965.

Domenic Conflitti compone la sua prima telefonata in Italia dopo il suo arrivo in Canada, 1965.

Courtesy/Cortesia: Domenic Conflitti, P12661

Ron Mosna (seated in the middle, bottom row) on the ship to Canada in 1952.
Ron Mosna (seduto al centro, prima fila) sulla nave per il Canada nel 1952.
Courtesy/Cortesia: Tony Mosna, P10717

Anni 1890

All'inizio degli anni 1890, un maggior numero di italiani, provenienti soprattutto da zone rurali, cominciò a emigrare a causa della grave recessione: il risultato di una crisi nell'agricoltura italiana, una guerra sulle tariffe doganali, e la crescente competizione dalla Cina e dal Giappone per il mercato della seta e dall'India per quello del riso. In questo periodo iniziale, molti giovani italiani vennero in Canada per guadagnare denaro con l'intenzione di ritornare in Italia. Spesso conducevano uno stile di vita nomade. (Temelini 1985) Il censimento del 1891 annota uno scavatore di fossi o canali di scolo, Joseph Maurillo (o Morillo), con la moglie Josephine e quattro figli - due nati in Italia, uno in Quebec e uno in Michigan. Il fatto che i figli nacquero in luoghi diversi indica gli spostamenti della famiglia prima di stabilirsi a Windsor. (Rusich 1988)

Un altro italiano registrato nel censimento del 1891 è John Domenic, un orticoltore di 64 anni, e la moglie tedesca Ellen. Lo stesso censimento registra John Courtier, il cui nome fu molto probabilmente trascritto da un rilevatore francese. Il suo nome era forse Curti, ma nell'elenco di Windsor cambiò da Curtis in Cutie e in Courti, che è più vicino all'ortografia corretta. Residente all'83 Erie St. nel 1896, fu probabilmente il primo italiano a vivere in questa strada che divenne in seguito sinonimo del quartiere italiano di Windsor.[5] Faceva il guardiano o il pompiere per Malleable Iron Works. Anche la moglie Mary era nata in Italia, sebbene i luoghi di nascita dei quattro figli (Manitoba, Stati Uniti e Ontario) mostrino che il loro percorso verso Windsor non fu diretto. Nel censimento del 1891 appare anche Louis Gurnio (Gunnio), impiegato come domestico da Ernest Girardot, ex sindaco del comune di Sandwich. (Rusich 1988)

Secondo i dati degli elenchi di Windsor dal 1893 al 1895, solo pochi italiani si stabilirono a Windsor in questo periodo. Tra di essi il mercante di verdura Joseph Marco e i sarti G. Lombardi e V. Marchese. Il fruttivendolo Joseph Bova appare solo negli elenchi del 1897-98 e 1899.

L'inizio del 20°secolo

Un aumento dell'industrializzazione e l'espansione del mercato del lavoro al volgere del 20° secolo attirarono molti italiani in Canada. Gli italiani furono reclutati e trasportati da aziende private per eseguire lavori pericolosi o ad altà intensità di manodopera nelle miniere, sulle ferrovie, nella costruzione di fogne urbane o strade urbane e nel crescente settore automobilistico. Gran parte di questi lavori era massacrante e stagionale. Gli immigrati lavoravano spesso in condizioni squallide e affrontavano atteggiamenti ostili e discriminazione. (Temelini 1985a:75)

La prima ondata migratoria a base temporanea e stagionale avvenne tra il 1901 e il 1911, quando 60.000 italiani vennero in Canada, stabilendosi per la maggior parte in Ontario (rispetto a quasi due milioni di italiani negli Stati Uniti). (Temelini 1985a:75) Il numero di italiani a Windsor aumentò solo da 52 nel 1901 a 95 nel 1911. (Cancian et al 1984:12) Gli italiani venivano per migliorare la propria vita e quella delle loro famiglie.

---

5   Vedi capitolo 3 per la storia di Erie St.

1890s

In the early 1890s, a greater number of Italians, mainly from rural areas, began to emigrate due to severe recession – the result of a crisis in Italian agriculture, a customs tariff war, and increasing competition from China and Japan for the silk market and India for the rice market. In this early period, many young Italian men came to Canada to earn money with the intention of returning to Italy. They often led an itinerant lifestyle. (Temelini 1985) The 1891 census lists a ditch or drain digger, Joseph Maurillo (or Morillo), with his wife Josephine and four sons – two born in Italy, one in Quebec and one in Michigan. The fact that the children were born in different places indicates the family's movements prior to settling in Windsor. (Rusich 1988)

Another Italian registered in the 1891 census is John Domenic, a 64-year-old market gardener, and his German wife Ellen. The same census records John Courtier, whose name was most likely transcribed by a French enumerator. His name was probably Curti, but in the Windsor directories it went from Curtis to Cutie to Courti, which is the closest to the proper spelling. Living at 83 Erie St. in 1896, he was probably the first Italian to live on this street which later became synonymous with the Italian district of Windsor.[5] He worked as a watchman or fireman for the Malleable Iron Works. His wife Mary was also born in Italy, although the birthplaces of their four sons (Manitoba, the U.S. and Ontario) show that their path to Windsor was not a direct one. Also appearing in the 1891 census is Louis Gumio (Gunnio), employed as a servant by Ernest Girardot, a former Mayor of the Town of Sandwich. (Rusich 1988)

Based on the information in the 1893-95 Windsor directories, only a few Italians settled in Windsor during this period. These include greengrocer Joseph Marco and tailors G. Lombardi and V. Marchese. Fruit merchant Joseph Bova appears only in the 1897-98 and 1899 directories.

Turn of the 20th Century

An increase in industrialization and the expanding labour market at the turn of the 20th century attracted many Italians to Canada. Italians were recruited and transported by private companies to perform dangerous or labour-intensive jobs in mines, railways, city sewer or road construction and in the expanding automotive sector. Much of this work was backbreaking and seasonal. The immigrants often worked in squalid conditions and encountered hostile attitudes and discrimination. (Temelini 1985a:75)

The first wave of immigration on a temporary and seasonal basis took place between 1901 and 1911 when 60,000 Italians came to Canada, most of them settling in Ontario (compared to almost two million Italians in the U.S.). (Temelini 1985a:75) The number of Italians in Windsor had only grown from 52 in 1901 to 95 in 1911. (Cancian et al 1984:12) They came to make a better life for themselves and their families.

5   See Chapter 3 for the history of Erie St.

Giuseppe Coletta (second from left) and companions enjoying dinner on board the SS Argentina. After his arrival in Halifax on October 21, 1951, Giuseppe went to Montreal where his first job was breaking ice at the Forum hockey arena. He later came to Windsor and worked as a mason. His wife, Incoronata Gambatesa, and child Carmela, born June 1952, joined him in August 1953.

Giuseppe Coletta (secondo da sinistra) e i compagni si godono il pranzo a bordo della SS Argentina. Dopo il suo arrivo ad Halifax il 21 ottobre 1951, Giuseppe andò a Montreal dove il suo primo lavoro fu quello di rompere il ghiaccio al Forum hockey arena. In seguito venne a Windsor e lavorò come muratore. Sua moglie, Incoronata Gambatesa, e la figlia Carmela, nata nel giugno 1952, lo raggiunsero nell'agosto del 1953.

Courtesy/Cortesia: Carmela and Michael Charette, P10820

Un viaggio difficile

Gli immigranti italiani che vennero prima della prima guerra mondiale affrontarono spesso un viaggio terribile attraverso l'Atlantico. *The New Immigration*, un libro pubblicato nel 1920, annota che sulla nave: "non c'è spazio per respirare né sotto, né sopra il ponte, e i 900 passeggeri di terza classe...sono completamente gremiti come bestiame, rendendo una passeggiata sul ponte, quando il tempo è bello, del tutto impossibile...." (Roberts 1920)

Marty Gervais, nel libro *Keeping with Tradition – The Working Man's Choir: Forty Years of Song with Il Coro Italiano*, descrive il viaggio vissuto dagli italiani diretti a Windsor dopo la seconda guerra mondiale:

> *Questi giovani s'imbarcavano su navi transatlantiche come la Vulcania, la Saturnia, la Cristoforo Colombo, la Conte Biancamano, la Giulio Cesare, non sapendo cosa aspettarsi una volta giunti in Canada, tranne le lettere che gli zii e i cugini avevano inviato loro. Infilavano pane e formaggio e vino con gli effetti personali, e condividevano quello che avevano con gli altri sulla nave. Molti dovevano viaggiare in terza classe e spesso soffrivano il mal di mare durante il viaggio...Tutti questi nuovi canadesi arrivavano al molo 21 dopo un viaggio di nove-dodici giorni attraverso l'Atlantico. Quando sbarcavano, li aspettavano gli ufficiali dell'immigrazione canadese, che li dirigevano a controlli medici. Il processo spesso impiegava da 18 a 24 ore perché il molo poteva occuparsi di solo 250 persone alla volta...I bauli venivano esaminati attentamente, e qualunque bevanda alcolica o cibo era confiscato dalla dogana. (Gervais 2002:30-32)*

Maria Di Giacomo and daughter Giovina (Nella) came from Castel Frentano, Chieti (Abruzzo). They boarded the Andrea Doria from Naples to Canada. On July 25, 1956, the last night at sea, the foghorns had been sounding for hours due to fog and darkness. Suddenly, while Maria was taking her daughter to the bathroom, there was a big bang caused by the collision between their ship and the ocean liner Stockholm near Nantucket, Massachusetts. Passengers, panic stricken, were screaming and scrambling in the confusion. Maria and her daughter ran to the upper deck where other passengers were waiting to be rescued. They were taken by a waiting lifeboat to the rescue ship Ile de France.

Maria Di Giacomo e la figlia Giovina (Nella) venivano da Castel Frentano, Chieti (Abruzzo). Si imbarcarono sulla Andrea Doria a Napoli per il Canada. Il 25 luglio 1956, l'ultima notte in mare, le sirene suonavano da ore per la nebbia e l'oscurità. All'improvviso, mentre Maria accompagnava la figlia al bagno, ci fu una botta violenta causata dalla collisione tra la loro nave e il transatlantico Stockholm, vicino a Nantucket, Massachusetts. I passeggeri, presi dal panico, gridavano e si arrampicavano nella confusione. Maria e la figlia corsero sul ponte superiore dove altri passeggeri aspettavano di essere salvati. Furono portate da una scialuppa che aspettava alla nave di soccorso Ile de France.

Courtesy/Cortesia: Maria Di Giacomo, P10827

On a visit to Pier 21, Mario Sorge looks from a boat at the view seen for the first time by many immigrants who disembarked in Halifax.

Durante una visita a Pier 21, Mario Sorge guarda da un battello il paesaggio visto per la prima volta da tanti immigranti che sbarcavano a Halifax.

Courtesy/Cortesia: Rosina and Mario Sorge, P12627

The Difficult Voyage

Italian immigrants who came prior to the First World War often faced a terrible voyage across the Atlantic. *The New Immigration*, published in 1920, notes that in the ship, "There is neither breathing space below nor deck room above, and the 900 steerage passengers...are positively packed like cattle, making a walk on deck, when the weather is good, absolutely impossible...." (Roberts 1920)

Marty Gervais, in *Keeping With Tradition – The Working Man's Choir: Forty Years of Song with Il Coro Italiano*, describes the voyage experienced by Italians headed to Windsor following World War II:

These young men boarded ocean-going vessels like the Vulcania, Saturnia, Cristoforo Colombo, Conte Biancamano, Giulio Cesare – not knowing what to expect when they arrived in Canada, except from the letters their uncles or cousins had sent them. They stuffed bread and cheese and wine in with their belongings, and shared what they had on the ship with others. Many had to travel steerage class and were often seasick on the voyage...Each and every one of these new Canadians arrived at Pier 21 after a nine to 12-day voyage across the Atlantic. When they stepped off the ship, they were met with Canadian immigration officials, who directed them for medical examinations. The process often took up to 18 to 24 hours because the pier could only handle 250 people at any one time...steamer trunks were examined carefully, and any liquor or food was seized by Customs. (Gervais 2002:30-32)

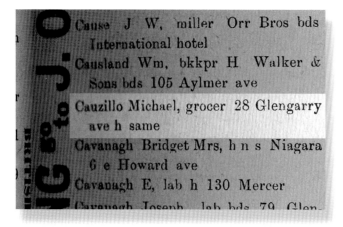

The 1893 Windsor City Directory lists Michael Cauzillo, native of Genoa, operating one of the area's first Italian businesses.

L'elenco della città di Windsor del 1893 annovera Michael Cauzillo, nativo di Genova, gestore di una delle prime imprese italiane della zona.

Merlo, Merlo e Ray

Al volgere del secolo, John Henry Ray, un immigrante italiano, è il soggetto di una storia interessante. Secondo i suoi discendenti, Paul e Tom Ray, egli cambiò l'originale ortografia italiana "Re" nella forma anglicizzata "Ray," segno del desiderio di far parte della più vasta comunità nordamericana. Nato il 22 febbraio 1887 a Bernate, vicino a Milano, venne a Detroit nel 1903 all'età di 16 anni per cercare fortuna con soldi presi in prestito, "...senza alcun altra risorsa materiale all'infuori dei propri muscoli." (Chauvin 1929:87)

Subito dopo il suo arrivo a Detroit conobbe Thomas Zachariah Chick, un imprenditore che viveva a Windsor il quale diede a Ray le sue prime esperienze di lavoro. John Henry ritornò più tardi a Detroit e fu impiegato per un anno come caposquadra presso Wilfrid Osterhout in lavori di fognature e cemento, prima di essere assunto dal City of Detroit Waterworks Department (Dipartimento Acquedotti della Città di Detroit.) All'età di 23 anni (verso il 1910), ritornò a Windsor e con il caro amico, Louis A. Merlo, formò la società Merlo, Merlo & Ray.[6] John Henry Ray era talmente rispettato nella comunità che fu incluso nel volume del 1929 *Men of Achievement Essex County* e fu anche riconosciuto dall'autore Francis X. Chauvin: "Egli è oggi un buon canadese, un cittadino esemplare, sveglio e progressista, industrioso e affidabile, serio e fidato. Per il bene del paese, dateci più John Rays, meno burocrazia legata all'immigrazione e meno sentimentalismo razziale." (Chauvin 1929:88)

La famiglia Merlo apportò anche un importante contributo alla crescita della comunità.

La carriera di Louis A. Merlo (1883-1975) fu eccezionale. Nato a Cuggiono[7] nei pressi di Milano, arrivò a Detroit nel 1901, e a Windsor nel 1912. Fu presidente e direttore generale della società che, entro l'inizio degli anni '20, era impegnata in tutti gli aspetti dell'edilizia e della costruzione. Nel 1931, Louis fu vicepresidente della Canada Paving and Supply Corporation e nel 1933, manager della Sterling Construction Co. Louis A. Merlo ebbe sei figli, dei quali alcuni vivono tuttora a Windsor. (Temelini 1987)

Altri italiani agli inizi del 20° secolo

Gli elenchi urbani dei primi del 1900 annoverano alcuni italiani che lavoravano in varie occupazioni, inclusi Longo e Moceri, una bottega che vendeva frutta, sigari e tabacco nel 1909; Frances Nosotti, una sarta al 6 Lillian, "la prima di tante donne d'affari ad apparire...tra il 1909 e il 1930" (Temelini

---

6   Sebbene la società e le consociate (ad esempio la River Sand Brick Company) chiusero i battenti durante la Depressione, queste persone fondarono in seguito altre imprese edili nella zona, incluse la Sterling Construction (costituita da Louis A. Merlo, che operò fino agli inizi degli anni 1970), la Ready Mix (avviata da Louis Merlo, Jr.), e la Ray and Sons Cement Contracting (che ebbe in subappalto la costruzione dell'autostrada 401).

7   Da notare che diverse famiglie che vennero a Windsor in quell'epoca provenivano dai dintorni di Milano. Merlo era di Cuggiono. John Cogliati, padre di Louis Cogliati, era anche lui di Cuggiono, mentre suo nonno, il signor Nosotti, era di Bernate (lo stesso luogo di nascita di John Henry Ray).

Merlo, Merlo and Ray

At the turn of the century, John Henry Ray, an Italian immigrant, is the subject of an interesting story. According to his descendents, Paul and Tom Ray, he changed the original Italian spelling of "Re" to the anglicized "Ray" as a wish to be part of the larger North American society. Born February 22, 1887 in Bernate near Milan, he came to Detroit in 1903 at the age of 16 to seek his fortune on borrowed money, "…with no other physical assets than his brawn." (Chauvin 1929:87)

Soon after arriving in Detroit, he met Thomas Zachariah Chick, a contractor who lived in Windsor and provided Ray with his first work experiences. John Henry later returned to Detroit and was employed for a year as a foreman with Wilfrid Osterhout in sewer and concrete work prior to becoming an employee of the City of Detroit Waterworks Department. At age 23 (around 1910), he returned to Windsor and, with his good friend, Louis A. Merlo, formed the firm of Merlo, Merlo & Ray.[6] John Henry Ray became so well respected in the community that he was included in the 1929 Volume of Men of Achievement Essex County and was also recognized by author Francis X. Chauvin: "Today he is a good Canadian, an exemplary citizen, alert and progressive, hardworking and reliable, trustworthy and trusted. For the country's sake give us more John Rays, less immigration red tape and less racial sentimentalism." (Chauvin 1929:88)

The Merlo family also made an important contribution to the growth of the community:

> The career of Louis A. Merlo (1883-1975) was remarkable. Born in Cuggiono[7] near Milan, he came to Detroit in 1901, and to Windsor in 1912. He was president and general manager of the company, which by the early '20s, had become involved in all facets of building and construction. In 1931, Louis was vice-president of Canada Paving and Supply Corporation and in 1933, manager of Sterling Construction Co. Louis A. Merlo had six children and some of them still live in Windsor. (Temelini 1987)

Other Early 20th Century Italians

City directories of the early 1900s reveal Italians working in a wide variety of occupations, including Longo and Moceri, operators of a confectionary selling fruit, cigars and tobacco in 1909; Frances Nosotti, a dressmaker at 6 Lillian, "the first of several businesswomen that appear…between 1909 and 1930;" (Temelini 1987) John D. Marcus, who operated a bicycle repair shop in 1911; builder Ben Oldani in

---

6 Although the company and subsidiaries (e.g. River Sand Brick Company) folded during the Depression, these individuals later founded other construction companies in the area including Sterling Construction (incorporated by Louis A. Merlo, which operated until the early 1970s), Ready Mix (started by Louis Merlo, Jr.), and Ray and Sons Cement Contracting (sub-contracted to build Highway 401).

7 Note that several families who came to Windsor around this time were from areas near Milan. Merlo was from Cuggiono. Louis Cogliati, a resident of Windsor, remembers that his father, John Cogliati, was also from Cuggiono while his grandfather, Mr. Nosotti, was from Bernate (same birthplace as John Henry Ray's).

Advertisement for Merlo, Merlo & Ray Contracting Co. Ray is an anglicization of the Italian name Re.

Pubblicità della Merlo, Merlo & Ray Contracting Co. Ray è l'anglicizzazione del nome italiano Re.

Courtesy/Cortesia: Tom Ray, P10679

Construction at B-A Service Station by an early Italian contracting company.

Costruzione presso la stazione di servizio B-A da parte di una delle prime società italiane di appalto.

Photo by/foto di: Sid Lloyd. Courtesy/Cortesia: Richard Merlo, P10649

Ricordi di Rita Willis (nata Canil)[1]

Teresa Canil venne in Canada con la figlia Inez nel 1922 per raggiungere suo marito Primo. Per motivi di lavoro vissero in molte città come Drummondville, Guelph, Hamilton e Copper Cliff prima di stabilirsi a Windsor circa il 1930 durante la grande depressione. Nel frattempo ebbero cinque figli: Inez, Rita, John, Rose e Rina.

A Windsor la famiglia Canil affittò case in Cataraqui St. e Albert St.[2] prima di stabilirsi al 644 Mercer St. (ora un lotto libero). In questa zona vivevano molte famiglie italiane: i Bastiano, De Luca, Alessio, DeMarco (proprietari di un negozio di generi alimentari all'angolo di Mercer e Wyandotte e di un altro negozio al mercato municipale in Pitt St.), Radicone, Stocco, Nussio, Zuliani e i Montello (che gestivano il Paradiso Spaghetti House al pianterreno e affittavano stanze a pensionanti al primo piano).

Rita ricorda suo padre andarsene in bicicletta ogni mattina in cerca di qualsiasi tipo di lavoro, perlopiù in costruzione, poichè era difficile trovarne uno durante la grande depressione. Alcuni ricorrevano al contrabbando di alcolici per mettere cibo in tavola. Questi luoghi segreti da bere erano chiamati "blind pigs."

All'epoca, gli italiani coltivavano la loro frutta e verdura. Il pane, il latte, la frutta e il ghiaccio erano venduti da venditori ambulanti che andavano in giro con carretto e cavallo. Si usavano ghiacciaie dato che non esistevano frigoriferi. Ci si recava ogni giorno alla macelleria o al mercato per comprare carne e pollame.

La maggior parte degli uomini si riunivano all'angolo delle strade per passare il tempo e parlare delle notizie ed eventi del giorno. I giornali erano disponibili solo quando qualcuno li vendeva per strada gridando "Extra, Extra!" La grande

Il vecchio mercato comunale di Windsor a McDougall e Pitt, 1935 ca. Questa struttura, costruita nel 1929 su un sito usato per molti anni come mercato, era acclamata dai venditori e anche dai clienti. Una rampa permetteva alle auto e ai camion l'accesso al secondo piano e l'elettricità consentiva l'uso di vetrine refrigerate. Gli immigrati italiani, fedeli alla tradizionale spesa al mercato, erano clienti assidui. Alcuni gestivano anche bancarelle o negozi. L'edificio fu chiuso nel 1997 e in seguito demolito.

Photo by/foto di: Neil Morrison. Courtesy/Cortesia: Windsor's Community Museum, P6530

notizia del giorno era il campionato di pugilato di Primo Carnera negli anni trenta. Spesso la gente si radunava in un negozio a un solo vano nel vicinato per una limonata ghiacciata di cinque centesimi, o in casa della famiglia Buffon per ascoltare notizie e programmi radiofonici.

Per divertirsi, le famiglie creavano i propri campi di bocce nei loro recinti. I bambini giocavano a nascondino, al gioco della campana nelle strade o dietro la casa di qualcuno e improvvisavano concerti e giochi. Ogni tanto, pattinavano sul ghiaccio (di solito con pattini regalati tre volte più grandi). Con solo dieci centesimi si poteva vedere un film al Capitol o al Palace Theatre. Circa due volte all'anno si tenevano dei picnic italiani al Reaume Park, situato vicino a Puce e alla Old Tecumseh Rd., o all'ippodromo Devonshire – l'attuale Devonshire Mall. Un grande camion portava la gente ai picnic. Le gare dell'albero della cuccagna e del maiale, entrambi unti di grasso, erano tra le attività più memorabili di questi picnic. Nel primo evento i concorrenti cercavano di arrampicarsi su un palo, mentre nel secondo si trattava di afferrare un maiale. La concessionaria di auto (Trimble-Pratt Motors) situata al 645 Mercer St. divenne più tardi un'arena dove i bambini guardavano spesso gli incontri di lotta professionale attraverso le finestre poiché non potevano permettersi di pagare l'ingresso.

Rita ricorda i seguenti negozi italiani lungo Wyandotte St. negli anni trenta: il negozio di generi alimentari di Mariotti all'angolo di Mercer e Wyandotte (che divenne più tardi proprietà dei DeMarco); Johnny Perin Auto Parts; Joe il barbiere; la bottega Meconi, proprietà di Gilda e Clemente Meconi; l'ufficio di Luigi Meconi, notaio; la Zorzit Shoe Repair Shop; il negozio di generi alimentari di (Primo) Marcus situato vicino a Marion Ave., e la Serafini Shoe Repair Shop che si trovava appena a ovest di Ouellette Ave.

---

1 Traduzione di Caterina Lopez
2 Albert St., poi chiamata London St., è ora University Ave.

Recollections of Rita Willis (née Canil)

Teresa Canil came to Canada in 1922, with daughter Inez, to join her husband Primo. In search of work, they lived in many cities such as Drummondville, Guelph, Hamilton and Copper Cliff before settling in Windsor around 1930 during the Depression. By this time, they had five children: Inez, Rita, John, Rose and Rina.

In Windsor, the Canil family rented dwellings on Cataraqui St. and Albert St.[1] before settling at 644 Mercer St. (now a vacant lot). There were many Italian families living in this area: the Bastianos, the De Lucas, the Alessios, the DeMarcos (owners of a grocery store on the corner of Mercer and Wyandotte and another store at the city market on Pitt St.), the Montellos (who operated the Paradiso Spaghetti House, a family business on the lower level, and rented rooms to boarders on the upper level), the Stoccos, the Radicones, the Nussios and the Zulianis.

Rita recalls how her father would leave on his bike every morning seeking any type of work, mainly construction, because employment was difficult to find during the Depression. People resorted to bootlegging to put food on the table. These secret drinking places were known as "blind pigs."

At the time, Italians would grow their own vegetables and fruit trees. Bread, milk, fruit and ice were sold by itinerant vendors who travelled by horse and cart. Ice boxes were used since there were no fridges. Daily excursions were made to the butcher shop or the market to purchase meat and poultry.

Most men would meet at the corner to pass time and discuss the daily news and events. Newspapers were available only when someone would sell them on the street, calling "Extra, Extra!" The big news of the day

The old Windsor City Market at McDougall and Pitt, c. 1935. This structure, built in 1929 on a site used for many years as a market, was acclaimed by vendors and patrons alike. A ramp allowed truck and car access to the second floor and electricity permitted the use of refrigerated display cases. Italian immigrants, loyal to their traditional market shopping, were regular patrons. Some also ran stalls or stores there. The building was closed in 1997 and subsequently demolished.

Photo by/foto di: Neil Morrison. Courtesy/Cortesia: Windsor's Community Museum, P6530

was the championship boxing match of Primo Carnera in the 1930s. Often people would gather for a five-cent glass of frozen lemonade at a one-room store in the neighbourhood or at the home of the Buffon family to hear news and radio shows.

For entertainment, families had self-made bocce courts in their yards. Children played hide-and-seek, hopscotch on the street or in someone's backyard and improvised concerts and plays. On occasion, they ice skated (usually with a pair of donated skates three times too big). People could view a movie at the Capitol or the Palace Theatre for just ten cents. About twice a year, Italian picnics were held at Reaume Park (located near Old Tecumseh Rd. towards Puce) or at the Devonshire Race Track – today Devonshire Mall. A large stake truck would transport people to the picnics. Among the most memorable activities at these picnics were the greased pole and the greased pig contests. In the first event, individuals attempted to climb a greased hydro pole, while the second event involved catching a greased pig. A car dealership (Trimble-Pratt Motors) at 645 Mercer St. later became an arena for professional wrestling where children often watched matches through the windows since they could not afford entrance fees.

Rita remembers the following Italian-owned businesses along Wyandotte St. in the 1930s: the Mariotti grocery store at the corner of Mercer and Wyandotte (which later became the DeMarco grocery store); Johnny Perin Auto Parts; Joe the Barber; the Meconi grocery store, owned by Gilda and Clemente Meconi; the office of Luigi Meconi, a notary public; the Zorzit Shoe Repair Shop; the (Primo) Marcus grocery store located near Marion Ave.; and the Serafini Shoe Repair Shop just west of Ouellette Ave.

---

1 Albert St. was later renamed London St. and is presently University Ave.

*Sterling Construction working on Highway No. 3
between Wheatley and Leamington.*

Sterling Construction al lavoro sull'autostrada N. 3 tra
Wheatley e Leamington.

Courtesy/Cortesia: Richard Merlo, P10674

*Sterling Ready Mix employees with the company's fleet of cement mixers. The company
was founded and run by Louis Merlo, Jr.*

Dipendenti della Sterling Ready Mix con il parco betoniere della società. La compagnia
fu fondata e gestita da Louis Merlo, Jr.

Courtesy/Cortesia: Richard Merlo, P10653

1987); John D. Marcus, che gestiva un'officina per riparazioni di biciclette nel 1911; l'imprenditore edile Ben Oldani nel 1913; Luigi Cinemmo, calzolaio nel 1917; John Gattuso, barbiere nel 1922; e G. Bertini and Co,[8] un imprenditore di mosaici nel 1914, la cui società includeva anche A. Borgolini e J. Maddalena:

> *Graziano Bertini, nato nel 1878 in provincia di Lucca, fu probabilmente il primo toscano della zona…Graziano lasciò l'Italia a 13 anni, si trasferì in Inghilterra, divenne cittadino inglese, si sposò, rientrò in Italia dove nacque suo figlio George e, nel 1913, si trasferì a Windsor dove si trovavano alcuni parenti della moglie inglese. All'inizio degli anni 1920 divorziò la moglie e ritornò definitivamente in Italia nel 1922. La figlia maggiore sposò Angelo Zamparo, al quale Graziano lasciò la sua società. (Temelini 1987)*

Entro il 1930, vi erano più di 150 persone di origine italiana in varie imprese e professioni.[9] Cinquantatré sono elencate nella categoria alimentari, incluse tre imprese gestite da donne: Mary Mazzali, Lucy De Marco e Patty Pattinato. Trentotto sono gli imprenditori edili o appaltatori. Sette sono i ristoranti, incluso il primo ristorante italiano nel 1923-24 di proprietà di Frank Frustagio o Frustaglio, e verso la fine del decennio, Chez Mario Café.[10] Cinque centri d'affari, detti anche agenzie italiane, erano gestiti da John Borio, Luigi Meconi, G. Grossi, W. Pricopi e la Ferrari Company. Queste agenzie fornivano servizi tra cui: "servizio bancario, notaio, agenzia marittima, interprete, agenzia immobiliare,cambio valuta estera, assicurazioni, passaporti, prestiti e collocamento immigrati." Tre hotel sono annotati: "degno di menzione speciale è l'hotel Milano elencato per la prima volta nel 1920/21 e di proprietà di Frank Grimaldi. Era situato…esattamente dove oggi si trova il Cleary Auditorium [St. Clair Centre for the Arts]." (Temelini 1987)

Perché gli italiani sono venuti a Windsor?
La singolare frontiera meridionale del Canada

Windsor si trova all'estremo sud della frontiera canadese. Detroit, Michigan, dista meno di un miglio dall'altra parte del fiume Detroit. Il fiume è un confine internazionale[11] tra queste due città collegate mediante il Michigan Central Railway Tunnel (1910), il ponte Ambassador (1929) e il tunnel Windsor-Detroit (1930).

Windsor è anche collegata con Detroit storicamente, economicamente, socialmente e tramite legami familiari. Gli italiani erano spesso attirati a Windsor per la sua prossimità all'America, "la terra promessa." Windsor, il sobborgo internazionale di Detroit, era "quasi" America, un ponte da quella terra di sogni.

---

8   Secondo la nuora di Graziano, Ghisola Bertini, la ditta di Graziano rivestì i pavimenti del vecchio edificio dell'Hotel Dieu, di Mackenzie Hall e della prigione di Windsor. La ditta fu infine venduta ai fratelli Colautti.
9   Temelini 1987
10   Per la storia di Mario's restaurant, vedi la famiglia Gualtieri nel capitolo 9.
11   Solo a questo punto di confine, gli U.S. si trovano in realtà a **nord** del Canada.

1913; Luigi Cinemmo, cobbler in 1917; John Gattuso, barber in 1922; and G. Bertini and Co,[8] a mosaic contractor in 1914 whose company also included A. Borgolini and J. Maddalena:

Graziano Bertini, born in 1878 in the province of Lucca, was probably the first Tuscan in this area… Graziano left Italy at 13, moved to England, became an English citizen, got married, moved back to Italy where his son George was born, and in 1913 moved to Windsor where his English wife had relatives. In the early 1920s he divorced his wife, went back to Italy in 1922 and never returned. His eldest daughter married Angelo Zamparo, to whom Graziano left his company. (Temelini 1987)

By 1930, there were over 150 individuals of Italian origin in various businesses and professions.[9] There are fifty-three listings in the food category, including three businesses run by women: Mary Mazzali, Lucy De Marco and Patty Pattinato. Thirty-eight listings are for builders or contractors. Seven are for restaurants, including the first Italian restaurant in 1923-24 owned by Frank Frustagio or Frustaglio, and, toward the end of the decade, Chez Mario Café.[10] Five business centres, also called Italian agencies, were run by John Borio, Luigi Meconi, G. Grossi, W. Pricopi and the Ferrari Company. These agencies provided services including "banking, notary public, steamship company, interpreter, real estate, foreign exchange, insurance, passports, loans and immigrant placement." Three hotels are noted: "Worthy of special mention is the Hotel Milano, first listed in 1920/21 and owned by Frank Grimaldi. It was situated…exactly where the Cleary Auditorium [St. Clair Centre for the Arts] is today." (Temelini 1987)

Why Did Italians Come to Windsor? Canada's Unique Southern Frontier

Windsor is located on the southernmost frontier of Canada. Detroit, Michigan is less than a mile across the Detroit River. The river is an international border[11] between these two cities connected by the Michigan Central Railway Tunnel (1910), the Ambassador Bridge (1929) and the Windsor-Detroit Tunnel (1930).

Windsor is also connected to Detroit historically, economically, socially and through family ties. Italians were often drawn to Windsor for reason of its proximity to America – "The Promised Land." Windsor, Detroit's international suburb, was "almost" America, a bridge to that land of dreams.

In the 1920s, many Italians, having heard from relatives or friends about the expanding automotive and construction industries in the Windsor-Detroit area, were drawn here from various parts of Ontario and Canada such as Fort William, Timmins, White River, Sudbury, Copper Cliff, Quebec and British Columbia. While many found jobs in factories or in construction, some began their own businesses. (Rusich 1988; Temelini 1985a:75)

---

8 According to Graziano's daughter-in-law, Ghisola Bertini, Graziano's company installed floors at the old Hotel Dieu building, Mackenzie Hall and the Windsor Jail. The company was eventually sold to the Colautti brothers.
9 Temelini 1987
10 For a history of Mario's Restaurant, see the Gualtieri Family in Chapter 9.
11 At this unique border, the U.S. is actually **north** of Canada.

The 1914 Windsor City Directory provides a listing for G. Bertini and Co. Mosaic Contractors.

L'elenco della città di Windsor del 1914 annovera G. Bertini e Co. Mosaic Contractors.

Sterling Construction Co. workers patching an unidentified highway. This company was founded by Louis Merlo and others in the early 1930s.

Operai della Sterling Construction Co. restaurano un'autostrada non identificata. Questa società fu fondata da Louis Merlo e altri all'inizio degli anni 1930.

Courtesy/Cortesia: Richard Merlo, P10655

Negli anni 1920, molti italiani avendo appreso da parenti o amici notizie dell'espansione delle industrie automobilistiche ed edili nell'area di Windsor-Detroit, furono attratti a questa zona da varie parti dell'Ontario e del Canada come Fort William, Timmins, White River, Sudbury, Copper Cliff, Quebec e British Columbia. Mentre molti trovarono lavoro in fabbriche o nel settore edile, alcuni avviarono attività in proprio. (Rusich 1988; Temelini 1985a:75)

L'immigrazione, il fascismo e la seconda guerra mondiale

Negli anni 1920, l'ascesa della dittatura fascista rallentò l'emigrazione di massa dei decenni precedenti. Vista come perdita economica per l'Italia e un imbarazzo nazionale, l'emigrazione fu scoraggiata. Il Canada finì col limitare l'immigrazione dall'Italia a causa delle azioni e delle aggressioni del regime fascista (per esempio, l'invasione dell'Etiopia nel 1936 e la dichiarazione di guerra alla Gran Bretagna nel 1940), e anche a causa di politiche xenofobe. Di conseguenza, le limitazioni imposte da entrambi i paesi ridussero il flusso di immigranti a un filo. (CITD 1997-2000; Sturino 1988:1099) A Windsor, la piccola comunità italiana che consisteva di 429 persone nel 1921 si moltiplicò a 2.023 entro il 1931. Nel decennio successivo, tuttavia, aumentò solo a 2.453. (Cancian et al:12 in Temelini 1985a:75)

Durante la seconda guerra mondiale, l'immigrazione cessò e gli italiani che vivevano in Canada potevano essere dichiarati stranieri nemici[12] sotto l'autorità del War Measures Act. (Breti 1998)

L'immigrazione del dopoguerra

Nel 1947, gli italiani furono rimossi dalla categoria stranieri nemici e le restrizioni dell'immigrazione furono sollevate. Un gran numero di italiani immigrò in Canada nel periodo tra il 1948-72, divenendo il quarto più grande gruppo etnico. Infatti, nel 1958 "l'immigrazione italiana superò quella britannica di 2.000... la prima volta che l'immigrazione britannica era sorpassata da un altro paese europeo...." (Sturino 1985:71)

Le ragioni per il numero record di immigranti italiani erano di natura politica ed economica. Entrambi il Canada e l'Italia incoraggiarono l'immigrazione:

> Da un lato c'erano l'enorme espansione del Canada con una popolazione di solo dodici milioni di abitanti e il bisogno di persone per motivi sia economici che geopolitici. Dall'altro c'erano un'Italia sconfitta, con una popolazione di 47,6 milioni di abitanti e la peggiore disoccupazione in Europa.... (Sturino 1985:68)

Shortly after immigrating to Canada in 1951, Armando Viselli (right) was employed as a timekeeper by the Canadian National Railway in Northern Ontario.

Poco dopo essere immigrato in Canada nel 1951, Armando Viselli (a destra) fu assunto come controllore delle ore di lavoro dalla Canadian National Railway nel nord Ontario.

Courtesy/Cortesia: Armando Viselli, P10851

---

12 Gli stranieri nemici erano individui nati in territori sotto la sovranità italiana o tedesca che non erano naturalizzati sudditi britannici dal 1° settembre 1922. All'epoca, il Canada stesso non concedeva la cittadinanza. Gli immigrati erano "naturalizzati" (diventavano cittadini) divenendo sudditi britannici. (Breti 1988)

Immigration, Fascism and World War II

In the 1920s, the rise of the fascist dictatorship slowed the mass emigration of the previous decades. Viewed as an economic loss for Italy as well as a national embarrassment, emigration was discouraged. Canada eventually restricted immigration from Italy due to the actions and aggressions of the Fascist regime (for example the invasion of Ethiopia in 1936 and the declaration of war on Britain in 1940), and also because of xenophobic politics. Consequently, the restrictions imposed by both countries reduced the flow of immigrants to a trickle. (CITD 1997-2000; Sturino 1988:1099) In Windsor, the small Italian community which consisted of 429 people in 1921 multiplied to 2,023 by 1931. However, in the following decade it increased only to 2,453. (Cancian et al:12 in Temelini 1985a:75)

During the Second World War, immigration ceased and Italians living in Canada could be designated enemy aliens[12] under the authority of the War Measures Act. (Breti 1998)

Post-War Immigration

In 1947, Italians were removed from the enemy alien category and the immigration restrictions were lifted. Large numbers of Italians immigrated to Canada during the period 1948-72, becoming its fourth largest ethnic group. In fact, in 1958 "Italian immigration surpassed the British by 2,000… the first time British immigration had been surpassed by another European source…." (Sturino 1985:71)

The reasons for the record number of Italian immigrants were political and economic. Both Canada and Italy encouraged immigration:

On one hand, stood the huge expanse of Canada with a population of only twelve million and a need for people for both economic and geopolitical considerations. On the other hand stood a defeated Italy with a population of 47.6 million and the worst unemployment in Europe… (Sturino 1985:68)

The Government of Canada encouraged a family sponsorship policy. It was very common for newly-arrived immigrants to live with parents, children, uncles, aunts, cousins, old friends, and, frequently, former neighbours from the same village in Italy. Many newcomers rented rooms in boarding houses run by established immigrants.

The majority of Windsor Italians, perhaps as many as 75 per cent, arrived between the late 1940s and the 1970s. In each successive decade since 1941 the number of the Italians more or less doubled: from 2,400 in 1941, to 4,100 in 1951, to 8,600 in 1961 to 17,900 in 1971. (Temelini 1985a:78)

---

12 Enemy aliens were people born on territory that was under Italian or German sovereignty who were not naturalized British subjects as of September 1, 1922. At that time Canada did not grant citizenship on its own. Immigrants were "naturalized" (became citizens) by becoming British subjects. (Breti 1988)

U.S. Border Crossing Identification Card issued to Antonio Colautti.
Carta d'identità con permesso di attraversare il confine USA rilasciata ad Antonio Colautti.
Courtesy/Cortesia: Alice Kurosky, P11154A

Man laying bricks, c. 1970s.
Un muratore mette i mattoni uno sull'altro, ca. anni 1970.
Courtesy/Cortesia: Rosati Family, P10845

La famiglia Ferrari

L'elenco di Windsor del 1895 annota un certo Stephen Ferrari, residente al lato sud di Union, a nord della Michigan Central Railway. Era probabilmente lo stesso Etienne Ferrari, residente nel comune di Sandwich West nel 1881 e nel 1891. Il censimento del 1891 mostra Etienne Ferrari, giardiniere, residente a River Canard, Concession 3, lotto 72, assieme a un cugino, Louis Ferrari, 26enne, nato in Italia. La famiglia Ferrari comprende molte persone impegnate in una gran varietà di professioni. Nel 1897-98, Louis, Serapino e Stephen Ferrari sono registrati come dipendenti della Michigan Central Railway. (Rusich 1988)

Dal 1903 al 1908 Eugene e John Ferrari sono elencati come negozianti di generi alimentari, produttori di vino e mercanti di legna e carbone a Walkerville. Nell'elenco del 1915 appare "la prima infermiera e prima donna di origin italiane in una professione...Victoria Ferrari (al 15 Campbell)." (Temelini 1987)[1] Entro il 1925-26 diciotto altri Ferrari sono menzionati nell'elenco della città, in varie professioni, quali fabbricante di attrezzi, proprietario di una libreria, dipendente della Ford Motor Company, custode, impiegato, e dipendente dell'Essex Golf Club. Sono menzionate anche parecchie donne, tra cui Mabel Ferrari, stenografa presso la Standard Stone Company, e Louise Ferrari, presso la Windsor Awning Company. Tra loro c'è anche un politico: J.E. (Fred) Ferrari, che fu rieletto ufficiale del comune di Sandwich East nel 1929. Infine, "C.D. Ferrari... divenne il primo avvocato di discendenza italiana in questa area e servì il Club Caboto dal 1925 al 1931...." (Temelini 1987)

1 Il discorso di Walter Temelini: "Storia della comunità commerciale italiana di Windsor, 1880-1930", fatto alla Windsor Italian Professional and Businessmen's Association nel febbraio 1987, era basato sulle ricerche effettuate dal Windsor Italo-Canadian Culture Centre, particolarmente da Nevi Rusich. Estratti del discorso sono ristampati su autorizzazione in questo capitolo.

Louis Ferrari settled in this home on Pierre Ave. with wife Marie (nee Joinville), their sons Fred, who had a book store from 1922-25; Romeo; Leo; Clarence, the first lawyer of Italian heritage in Windsor; and adopted daughter, Mabel Joinville.

Louis Ferrari si stabilì in questa casa in Pierre Ave. con la moglie Marie (nata Joinville), i figli Fred, che aveva una libreria dal 1922 al '25; Romeo; Leo; Clarence, il primo avvocato a Windsor di origine italiana; e la figlia adottiva, Mabel Joinville.

Courtesy/Cortesia: Nevi Rusich, P11345

Sebastiano (Tony) Dario boarded at the house of Mosè Sartori at 1464 Parent Ave. prior to his marriage in 1929. Tony, Mosè, Angelo Gatti and Moro Toldo are from the same town of Codogne, Treviso. It was common for immigrants to board with family and friends when they first arrived in Canada. In the front row, from left, are Moro Toldo (Anthony Toldo's uncle), Tony Dario and Mosè Sartori. In the back row, first from the left, is Angelo Gatti. The 1929 City Directory lists Tony as a foreman at Caldwell Sand and Gravel Co.

Sebastiano (Tony) Dario era a pensione nella casa di Mosè Sartori al 1464 di Parent Ave. prima di sposarsi nel 1929. Tony, Mosè, Angelo Gatti e Moro Toldo provengono dalla stessa città di Codogne, Treviso. Era normale per gli immigrati stare a pensione con famiglia e amici quando arrivavano in Canada. In prima fila, da sinistra sono Moro Toldo (lo zio di Anthony Toldo), Tony Dario e Mosè Sartori. In seconda fila, primo a sinistra, è Angelo Gatti. L'elenco urbano del 1929 annota Tony come caposquadra presso la Caldwell Sand and Gravel Co.

Courtesy/Cortesia: Elena Saffran, P10783

Ferrari Family

The 1895 Windsor Directory lists a Stephen Ferrari living on the south side of Union, north of the Michigan Central Railway track. He was possibly the same person as Etienne Ferrari, living in Sandwich West Township in 1881 and 1891. The 1891 census shows Etienne Ferrari, gardener, living at Concession 3, lot 72 in River Canard along with a cousin, Louis Ferrari, 26, born in Italy. The Ferrari family includes many individuals involved in a wide variety of professions. In 1897-98, Louis, Serapino and Stephen Ferrari are noted as working for the Michigan Central Railway. (Rusich 1988)

From 1903 to 1908 Eugene and John Ferrari are listed as grocers, wine manufacturers, wood and coal merchants in Walkerville. Appearing in the 1915 directory is "the first nurse and the first woman of Italian origin in a profession…Victoria Ferrari (of 15 Campbell)." (Temelini 1987)1 By 1925-26 eighteen different Ferraris are mentioned in the city directory, in such varied professions as toolmaker, bookstore owner, Ford Motor Company employee, janitor, clerk, and Essex Golf Club employee. Several women are also mentioned, including Mabel Ferrari, a stenographer at the Standard Stone Company, and Louise Ferrari at the Windsor Awning Company. There is also a politician among them: J.E. (Fred) Ferrari, who was re-elected Reeve of Sandwich East Township in 1929. Finally, "C.D. Ferrari… became the first lawyer of Italian descent in this area and served the Caboto Club from 1925 to 1931…." (Temelini 1987)

---

1   Walter Temelini's speech, "A History of the Italian Business Community of Windsor, 1880-1930," given to the Windsor Italian Professional and Businessmen's Association in February 1987, was based on research carried out by the Windsor Italo-Canadian Culture Centre, particularly Nevi Rusich. Excerpts of the speech are reprinted with permission throughout this chapter.

Il governo canadese incoraggiò una politica di sponsorizzazione di famiglia. Era normalissimo per gli immigranti appena arrivati vivere con genitori, figli, zii, zie, cugini, vecchi amici e spesso con compaesani un tempo vicini di casa. Molti nuovi arrivati affittavano stanze in pensioni gestite da immigrati stabiliti.

La maggioranza degli italiani di Windsor, almeno il 75 percento, arrivò tra la fine degli anni '40 e gli anni '70. In ogni decennio successivo al 1941, il numero di italiani più o meno raddoppiò: da 2.400 nel 1941, a 4.100 nel 1951, a 8.600 nel 1961 e a 17.900 nel 1971. (Temelini 1985a:78)

Gli anni settanta e oltre: l'immigrazione rallenta e la comunità matura

Le nuove norme d'immigrazione, promulgate nel 1962 ed emendate nel 1967, davano importanza all'istruzione, all'addestramento e alle competenze. Ciò risultò nella riduzione notevole delle categorie ammissibili di parenti che potevano essere sponsorizzati. Entro i primi degli anni '70, il flusso di italiani immigranti in Canada era in gran parte cessato. Infatti, il decennio tra il 1971 e il 1981 mostra solo un aumento di 1.040 individui. (Cancian et al 1984:12)

Della Toppazzini with her siblings, baby Norma, Carmen and Bruno "Butch" in front of their father's business truck. P. Toppazzini Butcher and Grocer was located at 1534 Parent Ave. between Tecumseh and Hannah, c. 1929. The Toppazzini family immigrated to Canada from San Daniele del Friuli, Udine in 1913, settling in Sudbury and later in Windsor.

Della Toppazzini con la sorellina Norma e i fratelli Carmen e Bruno "Butch" dinanzi al furgone della ditta del padre. Il negozio P. Toppazzini Butcher and Grocer era situato al 1534 Parent Ave., tra Tecumseh e Hannah, il 1929 ca. La famiglia Toppazzini immigrò in Canada da San Daniele del Friuli, Udine, nel 1913, sistemandosi a Sudbury e in seguito a Windsor.

Courtesy/Cortesia: John and Denise Sgrazzutti, P10355

The 1970s and Beyond — Immigration Slows and the Community Matures

New immigration regulations, enacted in 1962 and amended in 1967, emphasized education, training and skills. This resulted in a considerable reduction in the allowable categories of relatives that could be sponsored. By the early 1970s, the flow of Italians immigrating to Canada had largely ceased. In fact, the decade between 1971 and 1981 shows an increase of only 1,040 individuals. (Cancian et al 1984:12)

The Emigrant's Prayer.
Preghiera degli emigrati.
Courtesy/Cortesia: Nevi Rusich. P11192B

(Written by Pius XII)

Dear Jesus, since the very first days of your life on earth, you had to leave your birthplace with your loving Mother Mary and Joseph, and endure in Egypt the discomforts and difficulties of the poor emigrants: Turn your merciful eyes on us and our brothers who, forced by necessity, have left behind our beloved homeland.

Far from all that is most precious to us, while seeking honest work, we live amid distress and, at times, dangers to our life and our spiritual salvation.

Be for us a guide on our uncertain journey, a support in our toils, a comfort in our sorrows; keep us steadfast in the integrity of our Faith, in the sanctity of our morals, in our love for our children, our spouses, our parents, our relatives near and far, and grant that after the hard pilgrimage of our present life we may all reach our blessed abode in heaven.

Sacred Heart of Jesus, we trust in You!

Invocation

(taken from a book by Nino Salvaneschi)

"Blessed Mary, Mother of emigrants, protect those who venture beyond mountains and seas. Guide all your children on the right path. Grant that no one forgets his/her household. Sustain them in their hardships. O Mother!..."

Essex Cleanliness

I Want to Emphasize

The recent report of a Government factory inspector is a severe criticism of many canning establishments, and warrants the most emphatic statements as regards the conditions under which all Essex goods are packed and preserved. The trade will be interested in knowing that

We do not employ Polish labor
We do not employ Indian labor
We do not employ Italian labor

but confine all our employees to resident families of Essex, with their old-fashioned ideas of cleanliness in the preparation of any food-product. The factory itself is modern and up-to-date, fitted throughout with every facility for doing things right, and supplied with every convenience for keeping everything clean. We could say more, but anything more ought not to be necessary. It is enough that we guarantee all Essex products to be of highest possible quality, conforming rigidly with all Pure Food laws, and absolutely clean and wholesome in every possible detail.

If you want the best be sure of your factory.
Our kitchens are open for public inspection at all times.

THE ESSEX CANNING & PRESERVING CO., LTD.
28 Wellington Street East, Toronto, Canada
FACTORY at Essex, Ont.
(The Most Southerly County in Canada.)

Discriminatory advertisement, date unknown.
Manifesto discriminatorio, data non nota.
Courtesy/Cortesia: The Multicultural History Society of Ontario (Harney 1985b)

2

Momenti Controversi

Paure Fasciste

Nel gennaio 1936, George Tiberi, il viceconsole italiano di Toronto, venne a Windsor. Trecento italiani si riunirono per ascoltare il suo discorso sul motivo dell'invasione di Mussolini in Etiopia e il suo appello a contribuire. Molte donne offrirono le loro fedi d'oro per aiutare "Il Duce." Alcuni dimostranti, per la maggior parte membri del Club culturale italiano di Windsor, furono "messi a tacere dai fischi della folla o scacciati come simpatizzanti comunisti." (Temelini 1985a:76) Tuttavia, era chiaro che non tutti gli italo-canadesi erano fascisti. Infatti, negli anni trenta diverse associazioni di lavoratori non fascisti operavano in Canada, tra le quali una a Windsor. (Bruti Liberati 2000:78)

Nel maggio 1938, la Separate School Board e la comunità italiana furono fortemente criticate quando la propaganda fascista fu scoperta nei libri di letture usati dai bambini nelle classi di italiano del sabato. Alcuni italiani (e canadesi) consideravano il fascismo come uno strumento utile nella lotta contro il comunismo. Gli antifascisti italiani della comunità rifiutavano di essere identificati per timore di rappresaglie contro di loro e dei propri parenti in Italia. Questa situazione portò a tanta ostilità indiscriminata contro tutti gli italiani. (Temelini 1985a:77)

Gli italiani a Windsor - La loro esperienza nella seconda guerra mondiale

Quando Mussolini dichiarò guerra alla Gran Bretagna il 10 giugno 1940, un grande sentimento anti-italiano scoppiò in tutto il Canada. Più di 150 poliziotti e cittadini parteciparono alla retata[1] di molti "stranieri nemici" a Windsor. Quaranta italiani furono fatti prigionieri di guerra e trattenuti senza prove. Gli stranieri nemici non arrestati furono tuttavia sottoposti a impronte digitali, fotografati e obbligati a presentarsi alle stazioni di polizia a intervalli regolari. (Temelini 1985a:78)

---

1 Il 12 giugno 1940, *The Windsor Daily Star* riportò un'irruzione su vasta scala nella comunità italiana in un articolo intitolato "Decine di italiani arrestati nelle epurazioni fasciste. La polizia si muove rapidamente per controllare gli elementi antibritannici sospetti. La più grande squadra addetta alle irruzioni della storia della città sequestra uomini, armi da fuoco, munizioni e opuscoli in una retata generale." (Hull 1940; Temelini 1985a:78)

2

Controversial Moments

Fascist Fears

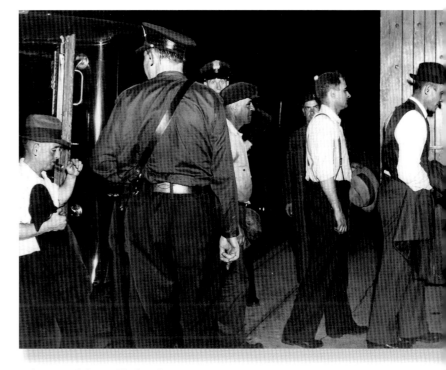

Italians rounded up in Windsor, June 12, 1940.
Italiani catturati a Windsor, 12 giugno 1940.
Courtesy/Cortesia: The Windsor Star, P10817

I n January 1936, George Tiberi, the Italian Vice-Consul from Toronto, came to Windsor. Three hundred Italians gathered to listen to his speech on the justification of Mussolini's invasion of Ethiopia and to his appeal for contributions. Many women offered their gold wedding rings to help "Il Duce." A few protestors, mostly members of the Italian Cultural Club of Windsor, were "either silenced by boos from the crowd or dismissed as communist sympathizers." (Temelini 1985a:76) However, it was clear that not all Italian Canadians were fascists. Indeed, during the 1930s several non-fascist workers' clubs operated in Canada, including one in Windsor. (Bruti Liberati 2000:78)

In May 1938, the Separate School Board and the Italian community came under fire as fascist propaganda was found within children's Italian readers that were used in Saturday Italian classes. Some Italians (and Canadians) regarded fascism as a useful tool in the fight against communism. Italian anti-fascists in the community refused to be identified, fearing reprisals against themselves and their relatives in Italy. This situation led to much indiscriminate hostility against all Italians. (Temelini 1985a:77)

Italians in Windsor – Their Experience in World War II

When Mussolini declared war on Britain on June 10, 1940, anti-Italian feeling erupted throughout Canada. Over 150 policemen and citizens participated in the rounding up[1] of many "enemy aliens" in Windsor. Forty Italians became prisoners of war and were held without evidence. Enemy aliens who were not rounded up were still fingerprinted, photographed and required to report to police stations at regular intervals. (Temelini 1985a:78)

"The alleged Mussolini supporter is trying to hide his face as he is led to jail." Original caption from The Windsor Daily Star, June 12, 1940.

"Il presunto sostenitore di Mussolini cerca di coprirsi il viso mentre è condotto in prigione." Didascalia originale da The Windsor Daily Star, 12 giugno 1940.
Courtesy/Cortesia: The Windsor Star, P10816

---

1 On June 12, 1940, *The Windsor Daily Star* reported a large-scale raid on the Italian community in an article entitled, "Scores of Italians Arrested in Fascist Purges. Police Move Quickly to Check Suspected Anti-British Elements. Largest Raiding Squad in City's History Seizes Men, Firearms, Ammunition and Literature in General Roundup." (Hull 1940; Temelini 1985a:78)

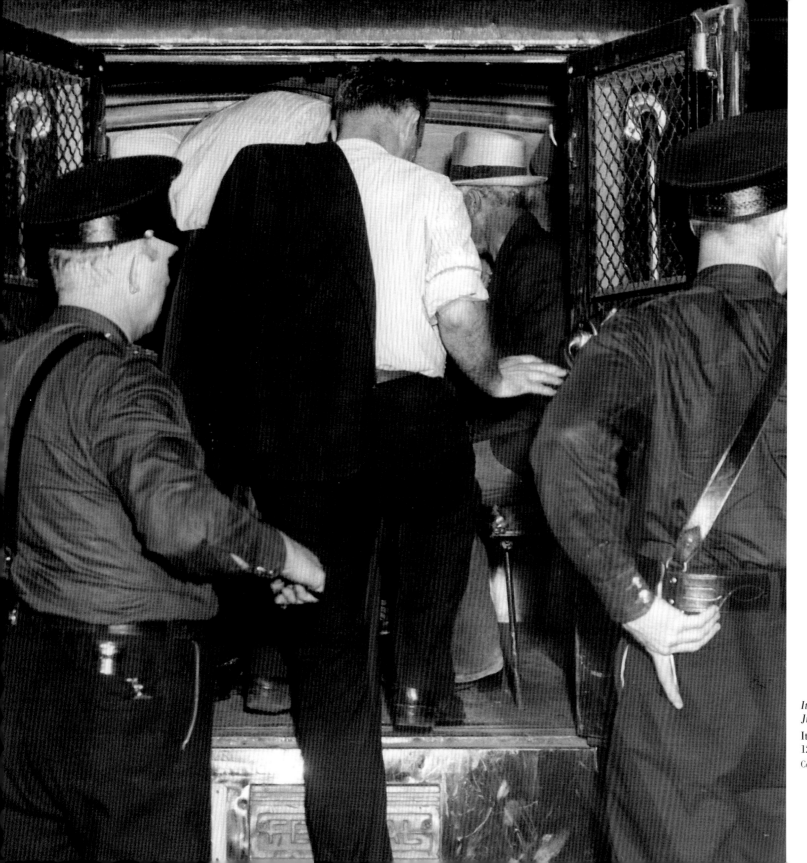

Italians being placed in police vehicle in Windsor, June 12, 1940.

Italiani condotti nel furgone della polizia a Windsor, 12 giugno 1940.

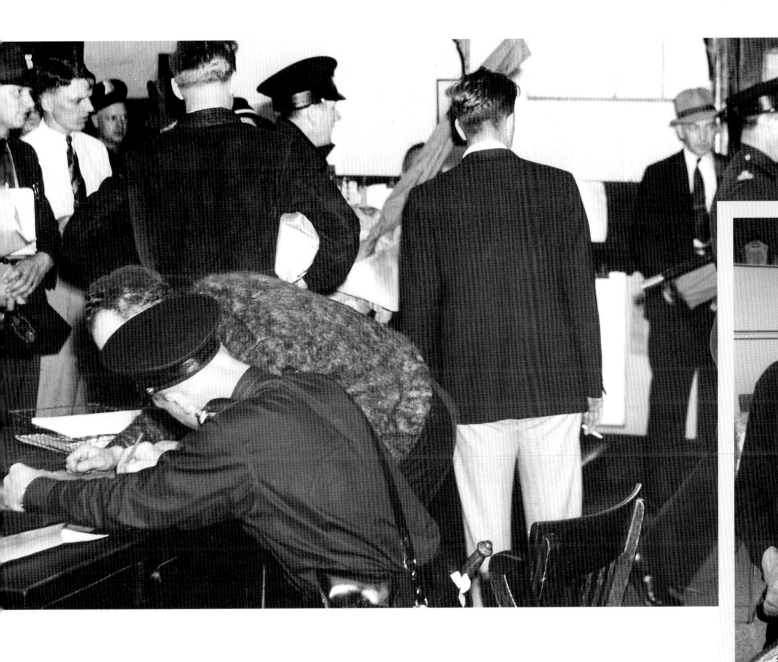

Vito Peralta spent two years at Camp Petawawa (internment camp) after Windsor police officers, who searched his home on June 10, 1942, found this photo of his sons in the uniform of the Opera Nazionale Balilla, a fascist youth organization to which all children in Italy had to belong.

Vito Peralta trascorse due anni al Camp Petawawa (campo d'internamento) dopo che gli agenti della polizia di Windsor, in una perquisizione domiciliare del 10 giugno 1942, trovarono questa foto dei figli in uniforme dell'Opera Nazionale Balilla, una organizzazione giovanile fascista a cui tutti i bambini in Italia dovevano appartenere.

Clara Meconi Ryall with son Patrick in front of the Meconi residence and Rome Garden Restaurant, located at 475 Windsor Ave, c. 1945-46. Clara worked with her mother Emilia, who ran the restaurant while her husband Luigi was interned during WWII.

Clara Meconi Ryall con il figlio Patrick davanti alla residenza Meconi e al ristorante Rome Garden, situato al 475 di Windsor Ave, ca.1945-46. Clara lavorava con la madre Emilia, che gestiva il ristorante mentre il marito Luigi era internato durante il secondo conflitto mondiale.

Gli italiani nell'area di Windsor furono licenziati da tutti gli impieghi municipali e anche da molte industrie. Nessuna prova di offesa era richiesta. Tra coloro che furono sospesi dai vari reparti municipali, "uno era l'unico membro italiano della polizia e un altro era un veterano canadese della prima guerra mondiale, il cui figlio era già al servizio dell'aeronautica canadese." (Temelini 1986)

Le famiglie degli stranieri nemici disoccupati che non furono internati non avevano diritto all'assistenza governativa. (Temelini 1986) Le famiglie degli internati furono costrette a vivere con soli 12 dollari al mese di assistenza governativa. Il governo federale congelò i loro conti in banca. (NCIC 1991:20-21)

Furono perciò costretti a vendere le proprie case, imprese e altri beni di valore per vestire e nutrire le proprie famiglie. Poiché i venditori erano italo-canadesi, i prezzi che dovettero accettare erano spesso inferiori al valore del mercato. Molti beni mobili e immobili non venduti in tal modo non furono disponibili, per un motivo o per l'altro, alla ridistribuzione ai legittimi proprietari alla fine della guerra. (NCIC 1991:20-21)

La comunità italiana fu soggetta a ostilità, ostracismo, persecuzione e disprezzo. La maggior parte dei politici si dissociò dai propri elettori. Tuttavia, il sindaco di Windsor, Arthur J. Reaume, fece un appello alla tolleranza, soprattutto verso gli italiani di Windsor che "stavano passando l'inferno in terra." Richiamò alla mente dei cittadini il precedente contributo degli italiani alla città: "Anni fa Windsor era fortunata di avere quegli italiani: essi scavarono le nostre fognature ed eseguirono altri lavori pesanti. Oggi hanno perso casa e lavoro e sono perseguitati da tutti." (Temelini 1986)

Nonostante queste sofferenze, la comunità superò la crisi. Il loro apporto positivo comprese la partecipazione[2] allo sforzo bellico canadese, offrendo volontari e aiuti finanziari. Per esempio, la Italian Mutual Benefit Society[3] donò $1,200 alla Croce Rossa nel marzo 1942. (Temelini 1985a:78)

Vita nel campo d'internamento

Più di 600 uomini dai 16 ai 70 anni di età furono internati nel campo dei prigionieri di guerra a Petawawa, Ontario. (Perin 2000:328) Venivano da ogni ceto sociale e professionale: avvocati, dottori, confettieri, carpentieri, fornai, produttori di vino, preti, imprenditori, postini, lustrascarpe e muratori, per nominarne solo alcuni. (NCIC 1992:14) Ciascuna delle dodici grandi caserme alloggiava 60 persone o più ed era circondata da recinti di filo spinato. Erano obbligati a indossare giacche con un gran cerchio rosso sulla schiena – un bersaglio per le guardie nella torre in caso di un tentativo di fuga.[4]

---

2   Vedi la Società Femminile Italiana, Ausiliare Giovanni Caboto, capitolo 5.
3   Vedi il Club Giovanni Caboto, capitolo 5.
4   Mario Duliani, *The City Without Women*, traduzione inglese di Antonino Mazza de *La ville sans femmes*, pag. 22, 42-43, 59-60 in Cumbo 1985

Italians in the Windsor area were fired from all city work as well as from many industries. Proof of wrongdoing was not required. Among those suspended from the various city departments, "one was the only Italian member of the police force and another was a Canadian World War I veteran whose son was already serving in the Canadian Air Force." (Temelini 1986)

Families of unemployed enemy aliens who were not interned were not eligible for government assistance. (Temelini 1986) Families of internees were forced to subsist on only $12.00 per month in government assistance. The federal government froze their bank accounts. (NCIC 1991:20-21)

They were, therefore, forced to sell homes, businesses and other valuable assets in order to clothe and feed their families. Because the vendors were Italian Canadians the prices they had to accept were often below market value. Many of the properties and assets which were not sold in this fashion were somehow not available for redistribution to their legal owners at the end of the war. (NCIC 1991:20-21)

The Italian community was subject to hostility, ostracism, persecution and scorn. Most politicians disassociated themselves from their own constituents. However, the Mayor of Windsor, Arthur J. Reaume, made a plea for tolerance, especially for the Italians in Windsor who "were having hell on earth." He reminded people of their earlier contribution to the city: "Years past Windsor was lucky to have those Italians: They dug our sewers and did other hard labour. Today they have lost their homes and their jobs and are persecuted by everybody." (Temelini 1986)

Despite these hardships, the community weathered the storm. Their positive response included participation[2] in the Canadian war effort by offering volunteers and financial aid. For example, the Italian Mutual Benefit Society[3] donated $1,200 to the Red Cross in March 1942. (Temelini 1985a:78)

Life in the Internment Camp

Over 600 men between the ages of 16 and 70 were interned in the prisoner-of-war camp in Petawawa, Ontario. (Perin 2000:328) They came from all walks of life: lawyers, doctors, candy-makers, carpenters, bakers, wine makers, priests, contractors, postmen, shoe shiners, and bricklayers, to name just a few. (NCIC 1992:14) Twelve large barracks housed 60 or more people each, surrounded by barbed wire fences. They were made to wear jackets with a large red circle on the back – a target for the guards in the tower to shoot in any escape attempt.[4]

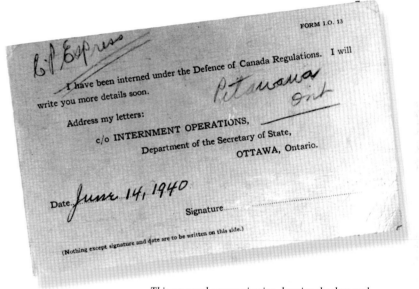

This censored communication, bearing the date and internee's signature, was the only notice relatives received of internment at Petawawa.

Questa comunicazione censurata, con data e firma dell'internato, era l'unica comunicazione che i parenti ricevettero dell'internamento a Petawawa.

Courtesy/Cortesia: The Windsor Star, P10815

---

2 See Italian Women's Club Giovanni Caboto Auxiliary in Chapter 5.
3 See Giovanni Caboto Club in Chapter 5.
4 Mario Duliani, *The City Without Women*, English translation by Antonino Mazza of *La ville sans femmes*, pp. 22, 42-43, 59-60 in Cumbo 1985

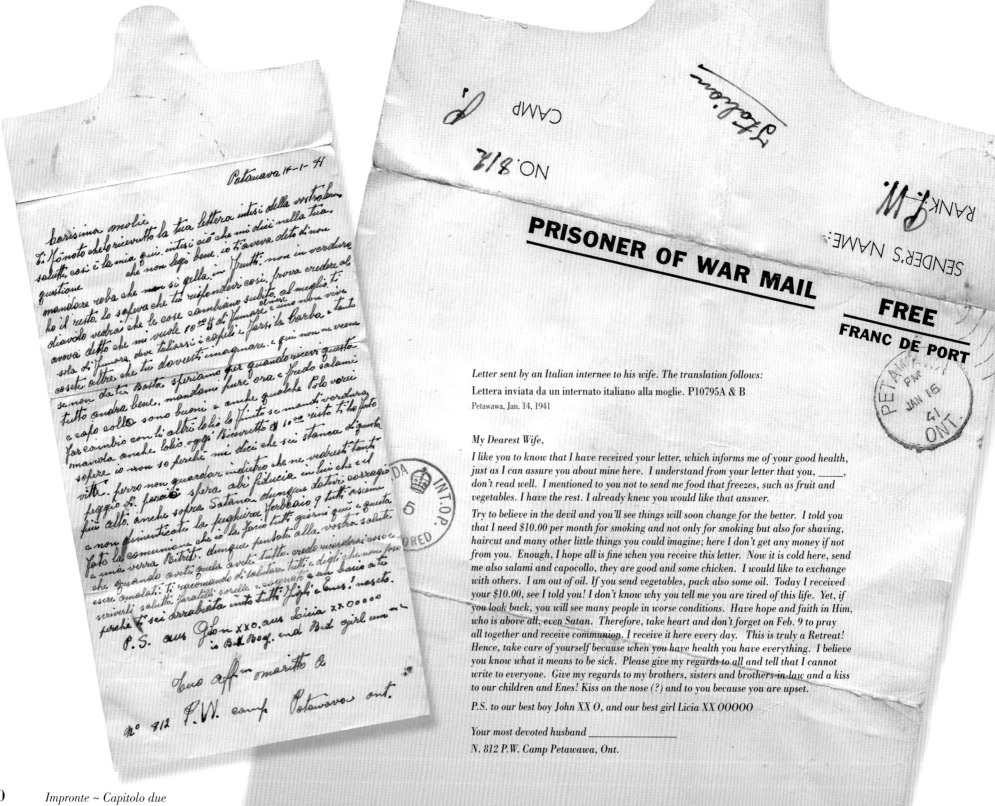

Letter sent by an Italian internee to his wife. The translation follows:

Lettera inviata da un internato italiano alla moglie. P10795A & B
Petawawa, Jan. 14, 1941

My Dearest Wife,

I like you to know that I have received your letter, which informs me of your good health, just as I can assure you about mine here. I understand from your letter that you, _____, don't read well. I mentioned to you not to send me food that freezes, such as fruit and vegetables. I have the rest. I already knew you would like that answer.

Try to believe in the devil and you'll see things will soon change for the better. I told you that I need $10.00 per month for smoking and not only for smoking but also for shaving, haircut and many other little things you could imagine; here I don't get any money if not from you. Enough, I hope all is fine when you receive this letter. Now it is cold here, send me also salami and capocollo, they are good and some chicken. I would like to exchange with others. I am out of oil. If you send vegetables, pack also some oil. Today I received your $10.00, see I told you! I don't know why you tell me you are tired of this life. Yet, if you look back, you will see many people in worse conditions. Have hope and faith in Him, who is above all, even Satan. Therefore, take heart and don't forget on Feb. 9 to pray all together and receive communion. I receive it here every day. This is truly a Retreat! Hence, take care of yourself because when you have health you have everything. I believe you know what it means to be sick. Please give my regards to all and tell that I cannot write to everyone. Give my regards to my brothers, sisters and brothers-in-law and a kiss to our children and Enes! Kiss on the nose (?) and to you because you are upset.

P.S. to our best boy John XX O, and our best girl Licia XX OOOOO

Your most devoted husband _____

N. 812 P.W. Camp Petawawa, Ont.

Letter from daughter to her father in internment camp, WWII.

Lettera dalla figlia al padre nel campo d'internamento, seconda guerra mondiale.

P10798

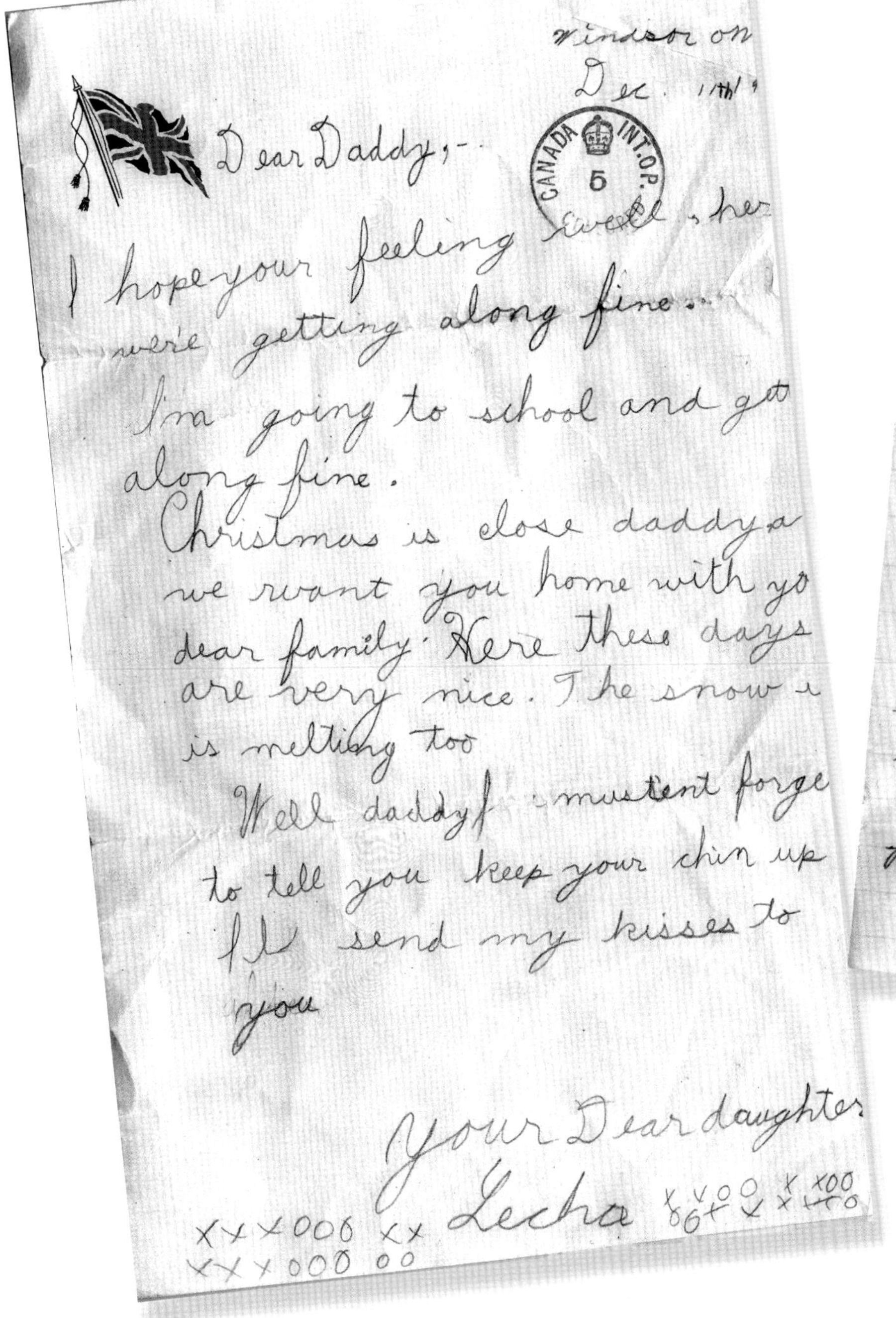

Windsor On
Dec. 14th

CANADA INT.O.P. 5

Dear Daddy,-

I hope your feeling well, here
we're getting along fine.
I'm going to school and get
along fine.
Christmas is close daddy a
we want you home with yo
dear family. Here these days
are very nice. The snow i
is melting too
Well daddy I mustent forge
to tell you keep your chin up
I'l send my kisses to
you

Your Dear daughter
Lecha
XXX000 XX XXX000 00

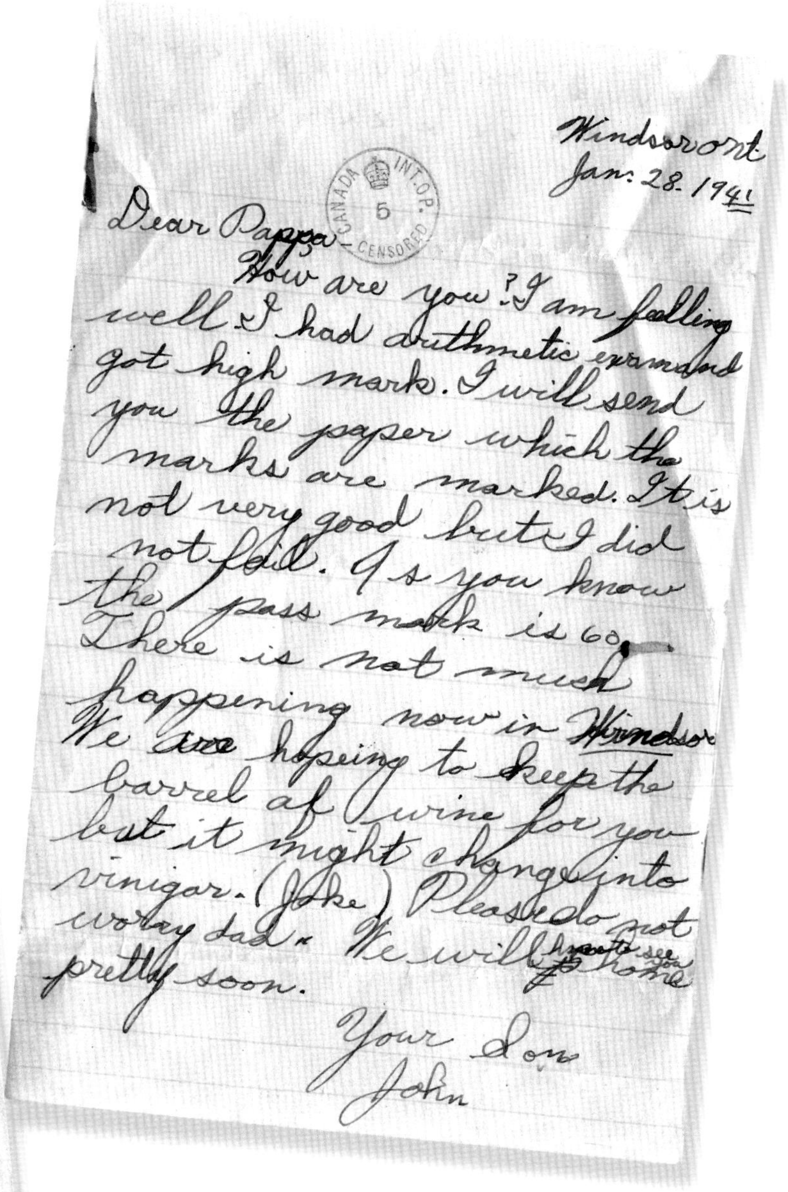

Windsor Ont
Jan. 28. 1941

CANADA INT.O.P. 5 CENSORED

Dear Pappa
How are you? I am felling
well. I had arithmetic exam and
got high mark. I will send
you the paper which the
marks are marked. It is
not very good but I did
not fail. As you know
the pass mark is 60.
There is not much
happening now in Windsor
We are hopeing to keep the
barrel of wine for you
but it might change into
vinigar. (Joke) Please do not
worry dad. We will see you home
pretty soon.

Your Son
John

Letter from son to his dad in internment camp, WWII. Note the censor's stamp.

Lettera dal figlio al padre nel campo d'internamento, seconda guerra mondiale. Da notare il timbro del censore.

P10797A

Nereo Brombal (on right) at the War Memorial, Windsor 1930.

Nereo Brombal (a destra) presso il monumento ai caduti, Windsor, 1930.

Courtesy/Cortesia: Douglas Brombal, P10703

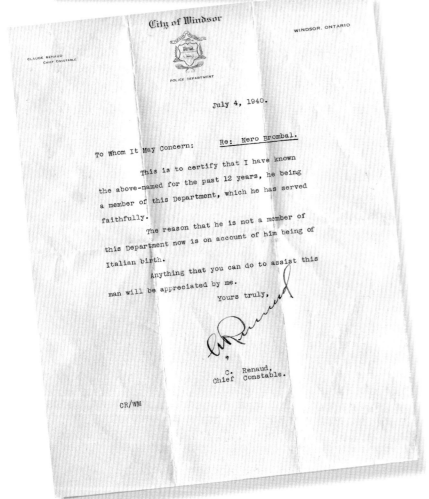

Per combattere la depressione e la noia, gli uomini partecipavano spesso a vari eventi sportivi, artistici, sociali e culturali nel campo. "Le attività ricreative più popolari tra gli italo-canadesi erano la morra, le bocce ("lo sport nazionale italiano") e le partite a carte italiane (scopa, briscola e tresette)." (Cumbo 1985:31) Praticamente tutti gli internati lasciarono il campo con qualche tipo di ricordo intagliato. Andrea Grimes custodisce ancora i portagioielli ovali in legno intagliati a mano dal nonno, Luigi Meconi, residente e uomo d'affari di Windsor, mentre era internato.

Spesso impiegava più di tre mesi prima che le famiglie avessero notizie dei loro uomini. Le visite familiari e le lettere non erano permesse durante il primo anno di internamento. Quando finalmente le lettere erano permesse, venivano censurate. (Cumbo 1985:31) Nessun italo-canadese internato durante questo periodo oscuro "fu mai accusato di un atto di sabotaggio o slealtà durante la guerra." (NCIC 1990:7)

La riparazione

Il National Congress of Italian Canadians sostenne che "mentre il Canada avanza nel ventunesimo secolo, è giunta l'ora di fare ammenda[5] agli offesi, affinché possiamo imparare dal nostro passato e procedere con fiducia come nazione."

Questo processo doloroso di riparazione dei torti fece un passo avanti il 12 novembre 2005 quando il governo federale riconobbe l'internamento degli italo-canadesi durante la seconda guerra mondiale in un documento intitolato *Acknowledging Our Past to Build Our Future: An Agreement-in-Principle between the Government of Canada and the Italian Canadian Community*. Non è una scusa com'è chiaramente affermato: "Il governo del Canada e la comunità italo-canadese hanno sviluppato questo accordo di principio, sulla base dei principi di 'nessun risarcimento' e 'nessuna scusa.'" (Governo del Canada 2005:2)

A questo fine il governo doveva fornire 2,5 milioni di dollari all'NCIC per coordinare la realizzazione di progetti commemorativi. Non tutti sono d'accordo che questa offerta faccia giustizia alla situazione.

---

5   A livello locale, una forma di riparazione fu la formazione del Camp Brombal, un campo gestito della polizia di Windsor per bambini svantaggiati di dodici anni presso la polizia di Windsor, fu licenziato nel 1940 solo perchè era nato in Italia. ("Summer Camp Teaches Diversity," comunicato stampa della polizia di Windsor, 2 giugno 2003)

Letter regarding the suspension of Nereo Brombal from the Windsor Police Department during WWII.

Lettera concernente la sospensione di Nereo Brombal dal commissariato di polizia di Windsor durante la seconda guerra mondiale.

Courtesy/Cortesia: Douglas Brombal, P11110

To combat depression and boredom, the men would often take part in various sporting, artistic, social and cultural events in camp. "Among the Italian Canadians the most popular recreational activities were morra, bocce ("the Italian national sport") and Italian card games (scopa, briscola, tresette)." (Cumbo 1985:31) Virtually all of the internees left the camp with carved mementos of one kind or another. Andrea Grimes still treasures the hand-carved wooden oval jewellery boxes made by her grandfather, Windsor resident and businessman, Luigi Meconi, while he was an internee.

It would often take more than three months for families to learn about their men. No family visits or letters were permitted for the first year of internment. When letters were finally allowed, they were censored. (Cumbo 1985:31) Not one of the Italian Canadians interned during this dark period "was ever charged with any act of sabotage or disloyalty during the war." (NCIC 1990:7)

Redress

The National Congress of Italian Canadians (NCIC) asserted that "as Canada moves into the twenty first century, the time has come to make amends[5] to the injured so that we may learn from our past and move confidently forward as a nation."

This painful process of redressing wrongs took a step forward on November 12, 2005 when the federal government acknowledged the internment of Italian Canadians during the Second World War in a document entitled *Acknowledging Our Past to Build Our Future: An Agreement-in-Principle between the Government of Canada and the Italian Canadian Community*. It is not an apology as is clearly stated: "The Government of Canada and the Italian Canadian Community have developed this Agreement-In-Principle, premised on the principles of 'no compensation' and 'no apology.'" (Government of Canada 2005:2)

To this end the government was to provide $2.5 million to the NCIC to co-ordinate the implementation of commemorative projects. Not everyone agrees that this offer does justice to the situation.

---

5   On a local level, one form of redress was the formation of Camp Brombal, a camp run by the Windsor Police for disadvantaged children and named after Nereo Brombal. He was a twelve-year veteran of the Windsor Police Force who was fired in 1940 just because he was born in Italy. ("Summer Camp Teaches Diversity," Windsor Police Media Release, June 2, 2003)

On December 11, 1990, the Windsor Police Commission apologized to Constable Nereo Brombal's son, Douglas, for having dismissed his father from his job during WWII only because he was Italian.

L'11 dicembre 1990, la commissione della polizia di Windsor si scusò con il figlio del poliziotto Nereo Brombal, Douglas, per aver congedato il padre dal suo lavoro durante la seconda guerra mondiale solo perché era italiano.

Courtesy/Cortesia: Douglas Brombal, P11109

STAR WEDNESDAY, DECEMBER 12, 1990

DOUGLAS BROMBAL'S father (far left in photo) was fired by police because of his Italian ancestry

Police apologize to Italian fired in 1940 war hysteria

Story and photo by Ian Timberlake
Star Police Reporter

The only time Douglas Brombal saw his father cry was the day the Windsor Police Force fired him.

After 12 years of service, Const. Nereo Brombal was dismissed in 1940. He had done nothing wrong, but as war hysteria gripped the country his Italian ancestry was enough to make him suspect.

Tuesday night the Windsor Police Commission admitted the decision was a mistake and apologized to Brombal's son Douglas and his granddaughter, Karen Brombal.

John Whiteside, chairman of the commission, presented them with a framed black-and-white photograph of Nereo Brombal. It shows him standing in his police uniform with some colleagues in a snowstorm.

Whiteside also presented a plaque honoring Brombal to Ron Moro, the Italian vice-consul in Windsor.

Moro called the apology "a very forward step" and said

he hopes it encourages other city departments to take similar action.

"It's never too late to apologize and I'm glad somebody finally has," Douglas Brombal said.

Const. Brombal, who died in 1974, was a proud policeman, he said.

"It was really his life." When the police fired him at age 43, his life changed forever.

While the war continued, he could not get a job, forcing young Douglas to quit school and start working at 14. His father later did a variety of jobs such as plumbing and maintenance.

Last month, Prime Minister Brian Mulroney apologized to Italian-Canadians for the "abusive, unfair and illegal" treatment the community suffered during the war. About 700 Canadians of Italian ancestry were interned without charge.

The plaque in Brombal's honor will be displayed at the Caboto Club for the next several weeks.

La lotta contro la discriminazione non cessò con la fine della seconda guerra mondiale, come dimostra Carlinda D'Alimonte, una poetessa di Windsor, nella seguente poesia:

"Fuori della Chrysler Assembly Plant, 1955"[1]

Ti porgo un bicchiere del tuo
vino rosso fatto in casa
mentre ti siedi per raccontarmi
un'altra storia
di com'erano i tuoi
giorni di allora.

Mi mostri il passaporto di cinquant'anni fa
che desideravo tanto vedere, quello
che ti portò a questo paese
dove avresti costruito una dimora permanente.
Tu cominci mentre io guardo la foto
i tuoi occhi neri
i capelli folti e neri.
Hai venticinque anni,

in piedi
fuori della Chrysler assembly plant
alle due del pomeriggio,
in fila dalle cinque a.m.
- freddo, stanco, affamato,
aspettando il tuo turno.
Per la terza volta in due giorni
sei arrivato in testa alla fila,
due volte ti è stato detto dalla guardia
di metterti in coda
mentre altri dal colorito più pallido
erano ammessi, intervistati, assunti
per un vero lavoro, una vera paga.

Io ascolto ogni parola di questa storia.
È il 1955. Hai lavato i piatti,

tagliato la verdura sedici ore al giorno,
sette giorni la settimana per due anni.
Sei un buon lavoratore,
giovane, forte, risoluto
a trovare un miglior lavoro.

Ora sei il
prossimo in fila, credendo che
questa volta dovrà essere differente, questa volta
vedrà che hai aspettato abbastanza,
saprà che non sopporterai essere respinto
ancora una volta.
È lo stesso guardiano di servizio
che si muove lentamente verso di te.
Come al solito distogli gli occhi, pur
sapendo che sta guardando l'uomo dietro di te,
"Hei Jack! È il tuo turno!"
C'è un pizzico di derisione nella sua voce quando
    ti dice
di rimetterti in coda
ancora una volta.

Qualcosa scatta.
I tuoi occhi incontrano i suoi, la tua mano afferra
    il suo colletto
"Figlio di…..," borbotti.
"Togli d'addosso le sporche mani di wop," minaccia
    sdegnato.
Gli dai un pugno al naso.
In un attimo si trova supino per terra, un segretario
invadente sbraita nel telefono da
un ufficio allestito lì per lì appena fuori della
    porta della fabbrica.

Un altro signore si avvicina, "Che diavolo sta
    succedendo qui?"
Col tuo forte accento spieghi,
usi le mani e le braccia per dire ciò che è successo.
Lui non vuole ascoltare, rotea gli occhi, scuote la testa.
Pow! Il tuo pugno esplode un'altra volta. La tua
    bocca emette
accuse in lingua straniera.
Ora l'hai fatta bella.
In un attimo rientri in te stesso,
ti rendi conto dell'accaduto, senti rammarico.
Pensi, non più.

La polizia ascolta la storia
di tua moglie all'ospedale,
un neonato, bollette che non puoi pagare.
Con passione li convinci,
parola per parola,
gesto per gesto,
con scuse, con sguardo imbarazzato,
spalle penzoloni. Dici
che bacerai le mani di quelli che hai preso a pugni,
se ciò è quello che ci vuole per prendere lavoro.
Vedono che sei sincero,
le accuse sono sospese,
ottieni anche il lavoro.

Oggi mi racconti la storia ridendo
quando ricordi come quegli uomini che prendesti a pugni
divennero tuoi amici, come ti davano colpetti sulla spalla
quando in fabbrica passavi vicino a loro,
come sapevi di
non guardarli troppo a lungo negli occhi.

---

1   Questa poesia di Carlinda D'Alimonte già pubblicata in *Now That We Know Who We Are* (2004). Ristampata con l'autorizzazione della Black Moss Press, è stata tradotta da Caterina Lopez.

The struggle against discrimination did not cease with the end of WWII, as is illustrated in the following poem by local poet, Carlinda D'Alimonte:

"Outside the Chrysler Assembly Plant, 1955"[1]

I pass you a glass of your own
home-made red wine
as you sit down to tell me
another story
of how it was for you
back then.

You pass me the fifty-year-old passport
I've been wanting to see, the one
that brought you to this country
where you would make a permanent home.
You begin as I look at the photograph
into your dark eyes,
at your thick, black hair.
You are twenty-five,

standing
outside the Chrysler assembly plant
at two in the afternoon,
in line since five a.m.
- cold, tired, hungry,
waiting your turn.
For the third time in two days
you've reached the front of the line,
twice been told by the watchman
to move to the back
as others with paler complexions
were admitted, interviewed, signed up
for real work, real pay.

I absorb every word of this story.
It is 1955. You've been washing dishes,

chopping vegetables sixteen hours a day,
seven days a week for two years.
You are a good worker,
young, strong, determined
to find a better job.

Now you stand
next in line, believing
this time must be different, this time
he will see you've waited long enough,
will know you cannot bear to be turned away
one more time.
It is that same watchman on duty
who saunters toward you.
Out of habit you divert your eyes, though
you know he is eyeing the man behind you,
"Hey Jack! You're up!"
There is a hint of derision in his voice as he tells
you to go back to the end of the line
again.

Something snaps.
Your eyes meet his, your hand grabs his collar.
"You sonofa…," you grunt.
"Get your filthy wop hands off me," he scowls.
You pop him in the nose.
In a second he is on his back, an officious
secretary barks into a phone from
a make-shift office set up just outside the plant door.
Another man approaches, "What the hell's
    going on here?"
In your heavy accent you explain,

use your hands and arms to tell what's happened.
He will not listen, rolls his eyes, shakes his head.
Pow! Your fist explodes again. Your mouth spews
accusations in a foreign tongue.
Now you've done it.
In a flash you come back to yourself,
see what you've done, feel regret.
Not again, you think.

The police hear your story
of your wife in the hospital,
a new baby, bills you cannot pay.
With passion you win them over,
word by word,
gesture by gesture,
with apologies, sheepish eyes,
slouched shoulders. You say
you'll kiss the hands of those you've punched,
if that's what it takes to get a job.
They see you mean it,
charges are stayed,
you even get the job.

Today, you tell me the story, laughing
as you recall how those men you cuffed
became your friends, how they'd pat your back
when you passed them in the plant,
how you knew
not to look into their eyes for too long.

---

1   This poem was originally published in *Now That We Know Who We Are* (2004) by Carlinda D'Alimonte. Reprinted with permission from Black Moss Press.

Italia Mia – Legami con la patria

"Italia Mia"

Melissa Vitella and Sonia Grandi, in ciocie and traditional costumes from Ciociaria, dance on Erie St., 1980s.

Melissa Vitella e Sonia Grandi, in ciocie e costumi tradizionali della Ciociaria, ballano durante la sagra a Erie St., anni '80.

Courtesy/Cortesia: St. Angela Merici Church, P10550

O Patria bella, Italia mia,
territorio amato,
nella tua forma di stivale, tutto si fa
   rimirare.
Le tue spiaggie, i prati, i fiumi
specie quelli tra monti, e colline.
Sono belle le strade serpeggianti,
che conducono a paesi, e nei villaggi
   rurali.
Ma quanto più stupende sono le
   ghirlandate autostrade,
che dall'orgoglio dei begli oleandri,
   s'inseriscono
nelle grosse città.

Sorridono al sole case, palazzi
dai muri bianchi e, tetti tegolati rossi,
che ereggono le finestre mobiliate
dalle verdi persiane,
proteggendo ogni porta e portale.

[Italia mia! amo molto la vivacità del
   tuo Tricolore…
questa Bandiera che fa cantare inni con
   ardore.]
– Tendine di velo, di pizzo, e ricamate,
sono davanti agli occhi di noi emigrati
Però…è rimpianta quella finestrina
senza persiana e nè tendina,
ove ci si affacciavano tante testine,
dai riccioli arruffati e, visi mai strani.

…Eran le sorelle…la mamma…o la
   nonnina!
…Mentre respiravano aria…
   attendevano,
guardavano o semplicemente
   ascoltavano
il rumorio dell'acqua, che sgorgava e
   scivolava,
dalla memorabile comune fontanella.–

Lemme Letizia in D'Agnillo © 1992

3

Italia Mia – Connecting with the Homeland
"Italia Mia"

Annina DeAngelis (Pina Simone's mother) and Irma DeAngelis (Pina's aunt) cooking ravioli over an open fire, Scagnano, Pescara, 1982.

Annina DeAngelis (madre di Pina Simone) e Irma DeAngelis (zia di Pina) cucinano i ravioli su un fuoco all'aperto in Scagnano, Pescara, 1982.

Courtesy/Cortesia: Carmine and Pina Simone, P12736

Oh beautiful birthplace,
beloved homeland, my Italy,
in your boot landform, everything
  is gazed at.
Your beaches, meadows, hills
  and rivers,
especially those among mountains.
Charming are the meandering roads
that lead to towns and rural villages.
Yet, much more amazing are the
  highways, garlands
of proud pretty oleanders, streaming
  into big cities.

Smile in the sun houses, buildings
of white walls, and red tiled roofs,
that hold windows decked
in green shutters,
protecting every door and doorway.

[Italia mia! I love the brilliance of
  your Tricolour…
this Flag that makes everyone sing
  hymns with ardour.]
– Embroidered sheers, laced drapes
rise before our eyes of emigrants.
Yet…we miss that little window,
no shutter, no curtain, where
many curly ruffled little heads
  and faces
never unfamiliar appeared.

…They were the sisters…mom…
  or granny!...
While breathing fresh air…waited,
looked around or simply listened to
the low rumbling water, flowing out of
  and gliding away
from the memorable public fountain.–

Lemme Letizia in D'Agnillo © 1992, translated by Caterina Lopez

Miniature handmade wrought iron firedog (ciavedal) with copper pot, ladle, tongs, scoop for ashes, fire poker, and scraper. The full-sized ciavedal, set in a fireplace (fogolar), was used for cooking meals.

Miniatura, fatta a mano, di un alare in ferro battuto, (ciavedal) con pentola di rame, mestolo, le molle per il camino, paletta per la cenere, attizzatoio e raschino. Il ciavedal di grandezza normale, collocato nel focolare (fogolar), era usato per la cottura dei pasti.

Courtesy/Cortesia: Teresa Raffin, Fogolar Furlan Club, P13846

Luigi Meconi and others on a visit to Italy in front of the Leaning Tower of Pisa, June 1952.

Luigi Meconi e altri, in visita in Italia, dinanzi alla Torre di Pisa, giugno 1952.

Courtesy/Cortesia: Andrea Grimes, P10397

Gli immigrati italiani della prima generazione sono purtroppo spesso divisi tra due realtà diverse. Marisa De Franceschi[1] esprime perfettamente questo sentimento in poche parole: "…Quando sono qui, penso là; quando sono là, penso qui…." Molti connazionali sono venuti in Canada per mancanza di opportunità in Italia tuttavia spesso desiderano tanto la patria. Risoluti a nutrire le relazioni con il paese natio, cercano di preservare, promuovere e trasmettere alle successive generazioni il loro amore per il ricco retaggio culturale, le usanze, le tradizioni familiari, la lingua e lo stile di vita.

Grazie alla presenza della chiesa di Sant'Angela Merici e di molti negozi che con orgoglio mettono in risalto l'etnicità italiana, Erie St. E. è divenuta il cuore della "Piccola Italia" di Windsor.

La Piccola Italia - Via Italia - Erie Street East

Gli italiani hanno avuto una influenza decisiva sulla struttura sociale di Windsor. L'impronta più evidente è Erie St. E. – la "Piccola Italia" di Windsor. Infatti, per molti abitanti di Windsor, Erie St. è sinonimo d'italiano. È sorprendente sapere che originariamente Erie St. non era il centro dell'insediamento italiano. Verso la metà del 19° secolo, questa via fu chiamata Erie St. (insieme a Wyandotte, Brant, Tuscarora, Cataraqui e Niagara) da Samuel Smith Macdonell, il primo sindaco della città di Windsor, "che evidentemente preferiva nomi indiani." (MacPherson 1963) Una storia dettagliata della "Piccola Italia" di Windsor non è stata ancora scritta,[2] benché un articolo informativo sia apparso nella rivista *Windsor Life* nel settembre 2003. Per questo libro, quindi, si è cercato di raccogliere dati essenziali dagli elenchi della città di Windsor per un periodo di 100 anni.[3]

Erie Street East – Fine del 19° e inizio del 20° secolo

Sui primi del 20° secolo, tanti italiani si stabilirono nell'area ora considerata il centro della città; però all'epoca, Erie St. era una delle zone limitrofe di Windsor scarsamente popolata. Infatti, una carta dettagliata delle strade (1905-06) rivela che il lotto occupato ora dalla chiesa di Sant'Angela Merici era un campo libero di periferia.

Il colonnello Ernest Wigle, sindaco di Windsor, incoraggiò gli investitori ad avventurarsi oltre il centro della città. I suoi sforzi per incrementare l'interesse nel quartiere di Erie St. furono riconosciuti con la creazione di Wigle Park all'angolo di Erie St. e McDougall Ave., inaugurato nel 1909. (Windsor Life 2003) Allora nessun italiano abitava in Erie St., sebbene, nel 1896, John Courti avesse risieduto per un po' al numero 83, probabilmente il primo residente italiano in Erie St. (Rusich 1988)

L'elenco del 1914 annota solo un italiano residente in Erie St. – Paul Merlo, un manovale e socio

1 Trascrizione di un colloquio (2005) presso il Windsor's Community Museum
2 Nel 1981, nell' introduzione a "Little Italies in North America," Harney e Scarpaci notarono che uno studio approfondito del fenomeno della "Piccola Italia" nel Nord America non era stato ancora intrapreso.
3 Da notare che l'ortografia dei nomi è riprodotta come appare negli elenchi e quindi può risultare a volte diversa o errata.

First generation Italian immigrants often feel betwixt and between two different realities. Marisa De Franceschi[1] succinctly expresses this very sentiment: "…When I'm here, I think of there; when I'm there, I think of here…." Many Italians moved to Canada for opportunities not available in Italy yet often long for the homeland. Determined to nurture their sense of connection with their homeland, they try to preserve, promote and pass on to successive generations their love for their rich cultural heritage, their customs, family traditions, language and lifestyle.

Thanks to the presence of St. Angela Merici Church and the many businesses that proudly showcase their Italian ethnicity, Erie St. E. has become the heart of Windsor's "Little Italy."

Little Italy – Via Italia – Erie Street East

Italians have made a definite impact on the social fabric of Windsor. The most visible imprint is Erie St. E. – Windsor's "Little Italy." Indeed, for many Windsorites, Erie St. is synonymous with Italian. It is surprising to know that originally it was not the heart of Italian settlement. Erie St. was named (along with Wyandotte, Brant, Tuscarora, Cataraqui, and Niagara) in the mid-19th century by Samuel Smith Macdonell, the first mayor of the Town of Windsor, "who obviously fancied Indian names." (MacPherson 1963) A detailed history of Windsor's "Little Italy" has yet to be written,[2] although an informative piece did appear in *Windsor Life* in September 2003. Therefore, for this book, attempts have been made to retrieve some basic facts from Windsor city directories over a 100-year period.[3]

Erie Street East – Late 19th and Early 20th Century

Around the turn of the 20th century, most Italians settled in what is now considered the downtown area; however, at that time, Erie St. was one of the scarcely populated, far-flung edges of the city of Windsor. In fact, a detailed street guide (1905-06) reveals that the lot where St. Angela Merici Church stands was an empty field near the city limit.

Windsor Mayor Colonel Ernest Wigle encouraged investors to venture beyond the downtown core. His efforts at drumming up interest in the Erie St. neighbourhood were acknowledged with the creation of Wigle Park at the corner of Erie St. and McDougall Ave., which was officially opened in 1909. (*Windsor Life* 2003) At the time, no Italians were living on Erie St., although in 1896 John Courti had lived briefly at number 83, probably the first Italian to live on Erie St. (Rusich 1988)

The 1914 directory lists only one Italian living on Erie St. – Paul Merlo, a labourer and partner

Borrelli Brothers Market, 880 Erie St. E., December 1957. This grocery store/ meat market was run by Louis and Frank Borrelli.

Negozio dei fratelli Borrelli, 880 Erie St. E., dicembre 1957. Questo negozio di alimentari e macelleria era gestito da Louis and Frank Borrelli.

Courtesy/Cortesia: Windsor's Community Archives, PC-N/7323

---

1   Oral history transcript (2005) at Windsor's Community Museum
2   In 1981, in their introduction to "Little Italies in North America," Harney and Scarpaci noted that a serious study of the "Little Italy" phenomenon across North America had yet to be undertaken.
3   Please note that spellings are reproduced as they appear in the directories and may be occasionally inconsistent or incorrect.

Cover of booklet for the celebration of the 10th Anniversary of St. Angela Merici Church and official opening of the Youth Centre.

Copertina del libretto per la celebrazione del 10° anniversario della chiesa di Sant'Angela Merici e inaugurazione del Youth Centre.

Courtesy/Cortesia: Florindo and Domenica Mandarino, P11175

della Merlo, Merlo and Ray, Ltd.,[4] una società di appalti. L'elenco urbano del 1922-23 indica parecchi altri italiani residenti in Erie St. (anche se non necessariamente l'uno accanto all'altro). Questi sono Edward Festorozzi (Festorazzie), un fornaio con la Neal Baking Company e il manovale Andrew Mosetti (Nosotti). Sono anche citati due commercianti italiani, Frank Famularo, un bottegaio e venditore di frutta, residente in Bruce Ave. e il negoziante Antonio Zimbalatti domiciliato in Marion Ave.

La costruzione della chiesa di Sant'Angela Merici e il suo effetto su Erie Street East

Entro il 1935 circa dodici italiani[5] risultano residenti in Erie St. compresi Edward Festorazzie; Angelo Zamparo, proprietario dell'Ambassador Marble and Tile Co.; Louis Bernachi (Bernacchi), un calzolaio che lavorava con l'Humphries Shoe Repair; Vincent Bossi, un commesso della R Istephan Grocery; Anne Nosotti, una stenografa presso la Chrysler; il calzolaio Joseph Favero; Mario Pilutti, un macchinista presso la Ford Motor Company; e il bottegaio Rocco Scarfone. Lo stesso elenco di Erie St. riporta come residente, Aurelio La Sorda.[6] A volte i nomi italiani si trovano negli elenchi di aziende non italiane. Per esempio, Antonio Zimbalatti è annoverato come proprietario del Dixie Hotel al 1132 Erie St. E. Questi italiani condividono un'area etnicamente diversa che comprende un club tedesco e un'associazione tedesca di lavoratori e agricoltori, varie lavanderie cinesi, la I L Peretz School, un club ucraino e uno dei 34 negozi Mailloux and Parent (M&P).

Tuttavia, la futura composizione di Erie St. E. sta per essere profondamente influenzata dalla costruzione della chiesa di Sant'Angela Merici:

> *Di solito in Italia la chiesa è il centro di un villaggio, riflettendo per la sua ubicazione e grandezza l' importanza pronfonda della fede cattolica nella comunità italiana. Sant' Angela Merici non è situata al centro di Windsor. E non è una cattedrale enorme. Però per gli ultimi 50 anni è stata il cuore e l'anima della comunità italiana della città. Non importa se una famiglia italiana si trasferisce lontano dalla "Piccola Italia" di Windsor a qualche grande e distante sobborgo periferico. Per un importante evento religioso, la maggior parte è attratta come da un magnete alla chiesa dell'angolo di Erie Sreet East e Louis Avenue. "Gli eventi più significativi degli italiani sono stati celebrati in questa chiesa - il battesimo, la prima comunione, la cresima, il matrimonio e l'ultimo grande evento, il funerale," ha detto Rev. Lino Santi [parroco della chiesa di Sant' Angela Merici]. (Hornberger 1989:A3)*

Gli elenchi urbani confermano una crescente "italianizzazione" di Erie St. E. Nel 1940, ci sono circa 13 annotazioni di aziende e individui italiani. Nel 1950, risultano circa 15 tali registrazioni. Comunque, l'elenco del 1960 rivela quasi 60 registrazioni italiane. La più grande concentrazione della popolazione italiana sembra trovarsi al lato sud di Erie St. E. di fronte alla chiesa di Sant'Angela Merici.

---

4   Vedi il 1° capitolo per ulteriori informazioni su questa società.
5   Sebbene la guida delle strade indichi soltanto il capofamiglia, molti sono sposati. I nomi delle mogli, come pure quelli delle donne nubili, vedove o titolari di un'azienda, sono reperibili ricercando i nomi individuali.
6   Nonno del dirigente della Chrysler, Tom La Sorda

in Merlo, Merlo and Ray, Ltd.,[4] a contracting company. The 1922-23 city directory indicates several other Italians living on Erie St. (although not necessarily next to each other). They are Edward Festorozzi (Festorazzie), a baker with Neal Baking Company, and Andrew Mosetti (Nosotti), a labourer. Two Italian businessmen are also noted, Frank Famularo, a grocer and fruit merchant residing on Bruce Ave., and grocer Antonio Zimbalatti residing on Marion Ave.

The Building of St. Angela Merici Church and its Effect on Erie Street East

By 1935, about a dozen Italians[5] are listed on Erie St. including Edward Festorazzie; Angelo Zamparo, proprietor of Ambassador Marble and Tile Co.; Louis Bernachi (Bernacchi), who worked at Humphries Shoe Repair; Vincent Bossi, a clerk at R Istephan Grocery; Anne Nosotti, a stenographer at Chrysler; Joseph Favero, a shoemaker; Mario Pilutti, a machine operator at Ford Motor Company; and grocer Rocco Scarfone. The same directory lists Aurelio LaSorda[6] as a resident. Sometimes, Italian names appear in non-Italian business listings. For example, Antonio Zimbalatti is listed as the proprietor of the Dixie Hotel at 1132 Erie St. E. These Italians share an ethnically diverse area which includes a German Club and German Workers & Farmers Association, several Chinese laundries, the I L Peretz School, a Ukrainian Club and one of the 34 retail Mailloux and Parent (M&P) stores.

However, the future make-up of Erie St. E. was about to be heavily influenced by the building of St. Angela Merici Church:

> *In Italy the church is usually the centerpiece of a village, reflecting by its location and size the profound importance of the Catholic faith in Italian society. St. Angela Merici isn't located in the centre of Windsor. And it's not a huge cathedral. But for the last 50 years it has been the heart and soul of the city's Italian community. It doesn't matter if an Italian family moves away from Windsor's "Little Italy" to some far-flung suburb. For a major religious event, most are drawn back like a magnet to the church at the corner of Erie Street East and Louis Avenue. "The major events of Italians were celebrated in this church – baptism, first communion, confirmation, marriage and the last major event, their funeral," said Rev. Lino Santi [Pastor of St. Angela Merici Church]. (Hornberger 1989:A3)*

The city directories confirm the increasing "Italianization" of Erie St. E. In 1940, there are about 13 listings of Italian individuals or businesses. In 1950, there are approximately 15 such entries. However, the 1960 directory reveals close to 60 Italian listings. The largest concentration of Italian population appears to be on the south side of Erie St. E. opposite to St. Angela Merici Church.

---

4   See Chapter 1 for more information on this company.
5   The wives' names as well as those of women who are single, widowed or own a business, can be found by searching individual names.
6   Grandfather of Chrysler executive, Tom LaSorda

Antonio Durante and his father Saverio in a 1979 Fiat Spider at a 1993 car show on Erie St.

Antonio Durante col padre Saverio in una Fiat Spider a una mostra di auto in Erie St.

Courtesy/Cortesia: Giulietta and Agostino Lopez, P10617

Children's tricycle race at the Erie St. bike race, 1960s.

Gara di bambini su tricicli alla corsa di biciclette di Erie St., anni '60.

Courtesy/Cortesia: Florindo and Domenica Mandarino, P12054

◄ *The Alpini and Fr. Adriano on parade during the St. Angela Festival, 1990s.*

Gli Alpini e P. Adriano in processione per la sagra di Sant'Angela Merici, anni '90.

Courtesy/Cortesia: St. Angela Merici Church, P10575

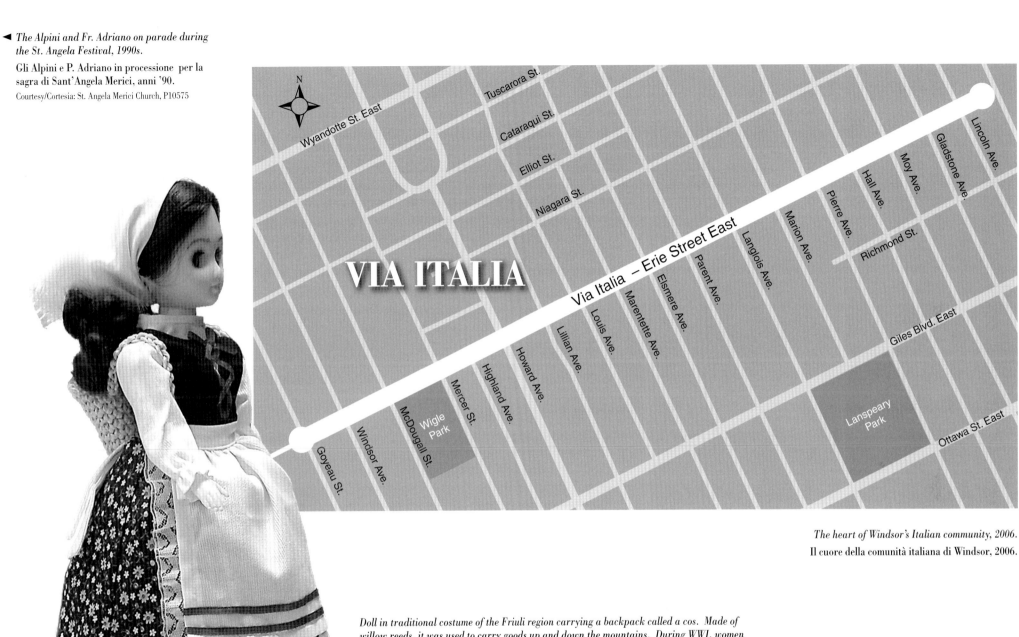

VIA ITALIA

The heart of Windsor's Italian community, 2006.

Il cuore della comunità italiana di Windsor, 2006.

Doll in traditional costume of the Friuli region carrying a backpack called a cos. Made of willow reeds, it was used to carry goods up and down the mountains. During WWI, women called le portatrici (the carriers) carried ammunition to the front lines using the cos. Some women lost their lives while performing this service.

Bambola in costume tradizionale del Friuli porta uno zaino detto cos. Fatto di canne di salice, era utilizzato per portare provviste su e giù per le montagne. Durante la prima guerra mondiale, delle donne chiamate, le portatrici, trasportavano munizioni alle linee del fronte usando il cos. Alcune perdettero la vita svolgendo questo compito.

Courtesy/Cortesia: Fogolar Furlan Club of Windsor, P13850

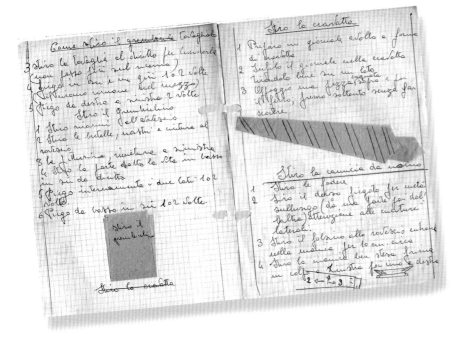

Book from marriage preparation course. The three-month course offered in Italy taught young women to properly care for their family and home and to save money by doing things themselves. Since many women worked in factories at the time, few learned these important skills at home.

Libro di un corso di preparazione al matrimonio. Questo corso di tre mesi, offerto in Italia, insegnava alle giovani di prendere cura della famiglia e della casa e di risparmiare (denaro) preparando le proprie cose. Poichè molte donne lavoravano in fabbrica a quel tempo, poche imparavano queste importanti competenze a casa.

Courtesy/Cortesia: Pierina and Silvio Fogal, P11167

Erie Street East nell'elenco del 1970

Entro il 1970, ci sono ben più di 90 registrazioni fra aziende e individui italiani in Erie St. E. Procedendo da ovest verso est, il primo italiano elencato è Antonio Odorico, un lavoratore di produzione con la Duplate (una ditta di vetri per automobili); seguito da Emma Chiesa, vedova di Ignazio; Vincenzo De Simone, un falegname per la Lombardo Construction; e Peter Marchini. Fra le aziende annotate vi sono la F&J Auto Body Shop gestita da John Aquino, e Alderina's Shop Custom Made Knitting, di proprietà di Alderina Zaghi che abita accanto con il marito Eros, un modellatore presso la Ford Motor Company. Ad est dell'incrocio con Howard Ave., si trovano Como A Tino Insurance Agency; la B&D Appliance Parts Ltd. Household Supplies, gestita da Albert J. Dottor; Italia Food Market, di proprietà di Mirella Mancini; Humphries Shoe Repair, gestita da Nicholas Cicchini; e Attilio Castaman, un dipendente della Windsor Tool and Die, e la moglie Lucia.

I due isolati tra Lillian e Louis, e Louis e Marentette che affiancano la chiesa di Sant'Angela Merici sono quasi totalmente occupati da italiani. La Colombo Bakery, proprietà della famiglia Amormino è attigua a Lillian Ave. Su questo isolato ci sono anche un dipendente della Packer Supermarket, Alex Orovan e la moglie Ella, una sarta per la Custom Dressmaking; Antonio Lombardo, un dipendente della Chrysler; Angelo e Salute Pupulin; e Picco Photo e Globe Travel Agency, entrambe gestite da Marciano e Renata Picco che abitavano accanto in Louis Ave. Procedendo verso est vi sono il Continental Custom Tailors di Ennio D'Agnillo, il Barber Shop di Frank Ieraci, la casa di Giuseppe e Maria Pirrone e l'Italian Centre Restaurant.

Al 700 Erie St. E., all'angolo nord-est di Erie e Louis, s'innalza la chiesa di Sant'Angela Merici, il cuore della "Piccola Italia" di Windsor, seguita dal Community Youth Centre e la scuola materna di Sant'Angela Merici – entrambi registrati a carico del Rev. Rino Ziliotto, parroco della chiesa di Sant' Angela Merici. L'elenco continua con Sorrento Cafe e Di Leonardo Billiards, ambedue di proprietà di Lorenza e French (Frank) Di Leonardo, seguiti da Giovanni Lucchino, un dipendente della Ford Motor Company, e dal barbiere Vito Sossentino. Procedendo verso est, al lato sud di Erie St., sono Giuseppe Messiana (Messina); Del Monte Gift Shop, di proprietà di Joseph (Peppino) e Antonio Del Monte; Santarossa Confectionery di Livio Santarossa; International Baking, appartenente a Giulio e Guido Malandruccolo; Bar Italia Coffee Shop di Salvatore Magri; Salvatore e Laura Coticchio; un dipendente della Chrysler Mario De Domenicis e la moglie Marie (anche allo stesso indirizzo, Guido De Domenicis, un operatore di pressa per la Stephan Tool and Die); John's Import Dry Goods, di proprietà di John Lomascolo e la Imperial Custom Tailor di Luigi Pipolo.

Seguendo l'incrocio con Marentette e di fronte al Rubin Hyman Groceries and Meats (un negozio decisamente non italiano) si trovano Domenic Garage Builders (imprenditori edili) e Domenic Family Billiards, entrambi appartenenti a Domenico Visocchi. In questo isolato sono anche Piccolo Market, di proprietà di Anthony, Luigi, Sam e Mario Piccolo; Continental Gift Shop e Roma Cafe Restaurant, di proprietà di Rita Di Renzo; John Monaco, muratore con la Masotti Construction; e Aurora Pastry Bakers, di proprietà di Joseph Maria.

Erie Street East in the 1970 Directory

By 1970, there are well over 90 listings of Italian individuals or businesses on Erie St. E. Moving from west to east, the first Italian listed is Antonio Odorico, production worker at Duplate (an automotive glass company); followed by Emma Chiesa, widow of Ignazio; Vincenzo De Simone, carpenter for Lombardo Construction; and Peter Marchini. Among the business listings are F&J Auto Body Shop, run by manager John Aquino, and Alderina's Shop Custom Made Knitting, owned by Alderina Zaghi, who lives next door with her husband Eros, a pattern maker at Ford Motor Company. East of the Howard Ave. intersection are Como A Tino Insurance Agency; B&D Appliance Parts Ltd. Household Supplies, managed by Albert J. Dottor; Italia Food Market, owned by Mirella Mancini; Humphries Shoe Repair, owned by Nicholas Cicchini; and employee of Windsor Tool and Die, Attilio Castaman and wife Lucia.

The two blocks between Lillian and Louis, and Louis and Marentette that flank St. Angela Merici Church are almost entirely Italian-occupied. Nearest to Lillian is Colombo Bakery, owned by the Amormino family. On this block are also found Packer Supermarket employee, Alex Orovan and wife Ella, a seamstress for Custom Dressmaking; Antonio Lombardo, Chrysler employee; Angelo and Salute Pupulin; and Picco Photo and Globe Travel Agency, both owned by Marciano Picco and wife Renata, who lived nearby on Louis Ave. Continuing eastwardly are Ennio D'Agnillo's Continental Custom Tailors, Frank Ieraci's Barber Shop, Joseph and Maria Pirrone's home and the Italian Centre Restaurant.

At 700 Erie St. E., on the northeast corner of Erie and Louis, stands St. Angela Merici Church, the heart of Windsor's "Little Italy," followed by the Community Youth Centre and St. Angela Merici Kindergarten - both listed in charge of Rev. Rino Ziliotto, Pastor of St. Angela Merici Church. The listing continues with Sorrento Cafe and Di Leonardo Billiards, both owned by Lorenza and French (Frank) Di Leonardo, followed by Giovanni Lucchino, worker at Ford Motor Company, and barber Vito Sossentino. Continuing eastwardly, on the south side of Erie St., are Giuseppe Messiana (Messina); Del Monte Gift Shop, owned by Joseph (Peppino) and Antonio Del Monte; Santarossa Confectionery, owned by Livio Santarossa; International Baking, owned by Giulio and Guido Malandruccolo; Bar Italia Coffee Shop, owned by Salvatore Magri; Salvatore and Laura Coticchio; Chrysler employee Mario De Domenicis and wife Marie (also at the same address, Guido De Domenicis, press operator for Stephan Tool and Die); John's Import Dry Goods, owned by John Lomascolo; and Imperial Custom Tailor, owned by Luigi Pipolo.

Following the intersection with Marentette and across the street from Rubin Hyman Groceries and Meats (a distinctly non-Italian business) stand Domenic Garage Builders (building contractors) and Domenic Family Billiards, both owned by Domenico Visocchi. Also on this block are Piccolo Market, owned by Anthony, Luigi, Sam and Mario Piccolo; Continental Gift Shop and Roma Cafe Restaurant, owned by Rita Di Renzo; John Monaco, bricklayer with Masotti Construction; and Aurora Pastry Bakers, owned by Joseph Maria.

Tina and Anthony Venerus and three-year-old son Dennis aboard the SS Constitution, 1960.

Tina e Anthony Venerus con il figlio Dennis di tre anni a bordo della nave SS Constitution, 1960.

Courtesy/Cortesia: Anthony Venerus, P11397

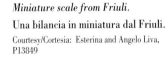

Miniature scale from Friuli.

Una bilancia in miniatura dal Friuli.

Courtesy/Cortesia: Esterina and Angelo Liva, P13849

Making wine in the basement at 558 Erie St. E. (now Europa Imports), 1960.

Preparazione del vino nello scantinato dell'abitazione al 558 Erie St. E. (ora Europa Imports), 1960.

Courtesy/Cortesia: Maria Carriero, P10830

Coffee grinder brought to Canada by Giuseppina Carnelos in 1953.

Macinino per il caffè portato in Canada da Giuseppina Carnelos nel 1953.

Courtesy/Cortesia: Anna Barichello, P13847

All'angolo di Elsmere è situato il Mariotti e Curti Restaurant, di proprietà di Domenic Mariotti e Joanne Curti. Nello stesso isolato ci sono inoltre la Cesare's Barber Shop di Cesare D'Angelo; Anthony Curti, un ebanista con la De Luca Construction, e la moglie Cleta, titolare della Cleta Beauty Shop (situata nello stesso edificio); Biaggio (Biagio) Valente, un operaio con la Dominion Forge; il calzolaio Louis G. Abate; Dal Farra Agency di proprietà di Armando Dal Farra; il vetraio Rudolph Simonitto; Montreal Meat Market, proprietà di Joseph Corio; e Dal Farra Travel Agency di Dante Curcione. Gli italiani sono registrati anche in due palazzi. L'Avalon Apartments include John Rossini (un dipendente della Brewer's Warehousing), Serg e Sylvia Tesolin, e Michael Ferri. Nell'edificio situato all' 890 Erie St. E. abitano Elise Pugliese (una cameriera presso il Can-USA Restaurant), Giuseppe Artiero, e Pasquale Bonasso (aiutante di produzione con Pyramid Mobile Homes).

L'isolato tra Parent e Langlois annovera Aldo Clothing Ladies', Men's & Children's Wear, di proprietà di Filippo Piazza; l'ebanista Giuseppe Mascarin e la moglie Angela; Antonino Colomba; La Stella Supermarket, di proprietà di Joseph Covelli; Alex Stocco, operaio presso Auto Specialties, e la moglie Marina; Michael Azzopardi, un impiegato della Bank of Montreal, e la moglie Janice.

Tra Langlois e Marion sono enumerati Angela e Filiberto Fanelli (un dipendente della Walker Metals), Grace Coniglio (vedova di Armando), e Guido e Anna Gabriele.

Le registrazioni italiane tra Marion e Pierre includono Scarfone's Market, di proprietà di Anthony Gerace; La Vogue Fashion Dress Making, di Margherita Mannino; White Star Barber Shop, di proprietà di Giuseppe Barraco; A Vozza Confectionery, di proprietà di Annunziata Vozza che risiede alla stessa località col marito Alberto; Rocco e Lillian Gallina; Marziano e Violetta Duronio; Anna-Maria Pasquantonio, studentessa; e Pierino G. Pasquantonio.

Negli isolati tra Pierre e Lincoln sono citati ancora altri italiani tra cui Leonardo Evola; l'operaio Guarino Pullo e la moglie Loreta; Windsor Cabinet Makers, di proprietà di Felice (Felix) Lopez; Vickie's Beauty Salon della parrucchiera Victoria Carota; Mario Lincorra; Canadian Painting & Decorating Service, di proprietà di Silvino Matias; Felice Nacci, capomastro della Sartori & Son Construction, e la moglie Silvana; Antonio Manfre; Vito Badalamenti, barbiere in Wyandotte St.; Vince e Antonia Falconio; e Santino e Maria Magliaro.

Erie Street East – Anni '80 e oltre

Perfino dopo il cambiamento delle leggi d'immigrazione e la successiva diminuzione degli italiani che si stabiliscono a Windsor, il numero delle registrazioni di aziende e individui italiani in Erie St. E. continua a aumentare. L'elenco del 1985 indica circa 120 tali registrazioni. Al 501 Erie St. E. c'è *La Gazzetta*.[7] Anche, il viceconsolato Italiano,[8] che fornisce informazioni su passaporti, pensioni, cittadinanza e immigrazione, si trasferisce a Erie St. E. nel 1979. L'elenco del 1996 enumera quasi 140 registrazioni inclusa la St. Angela Non-Profit Housing al 275 Erie St. E.

7   Vedi capitolo 8.
8   Vedi Appendice I per la lista dei viceconsoli italiani in Windsor.

On the corner of Elsmere is located the Mariotti and Curti Restaurant, owned by Domenic Mariotti and Joanne Curti. On this block as well are Cesare's Barber Shop, owned by Cesare D'Angelo; Anthony Curti, a cabinet maker for De Luca Construction, and wife Cleta, owner of Cleta Beauty Shop (located in the same building); Biaggio (Biagio) Valente, a worker with Dominion Forge; Louis G. Abate, shoe re-builder; Dal Farra Agency, owned by Armando Dal Farra; glazier Rudolph Simonitto; Montreal Meat Market, owned by Joseph Corio; and Dal Farra Travel Agency, owned by Dante Curcione. Two apartment buildings also have Italian listings. Avalon Apartments lists John Rossini (employee of Brewer's Warehousing), Serg and Sylvia Tesolin, and Michael Ferri. In the apartment building located at 890 Erie St. E., live Elise Pugliese (waitress at Can-USA Restaurant), Giuseppe Artiero, and Pasquale Bonasso (production helper at Pyramid Mobile Homes).

The block between Parent and Langlois includes Aldo Clothing Ladies', Men's & Children's Wear, owned by Filippo Piazza; cabinet maker, Giuseppe Mascarin and wife Angela; Antonino Colomba; La Stella Supermarket, owned by Joseph Covelli; Alex Stocco, employee with Auto Specialties, and wife Marina; Michael Azzopardi, clerk at the Bank of Montreal, and wife Janice.

Between Langlois and Marion are listed Angela and Filiberto Fanelli (employee of Walker Metals), Grace Coniglio (widow of Armando), and Guido and Anna Gabriele.

The Italian entries between Marion and Pierre include Scarfone's Market, owned by Anthony Gerace; La Vogue Fashion Dress Making, owned by Margherita Mannino; White Star Barber Shop, owned by Giuseppe Barraco; A Vozza Confectionery, owned by Annunziata Vozza, residing at this location with husband Albert; Rocco and Lillian Gallina; Marziano and Violetta Duronio; Anna-Maria Pasquantonio, student; and Pierino G. Pasquantonio.

In the blocks between Pierre and Lincoln, a few more Italian listings include Leonardo Evola; labourer Guarino Pullo and wife Loreta; Windsor Cabinet Makers, owned by Felice (Felix) Lopez; Vickie's Beauty Salon, owned by hairdresser Victoria Carota; Mario Lincorra; Canadian Painting & Decorating Service, owned by Silvino Matias; Felice Nacci, foreman at Sartori & Son Construction, and wife Silvana; Antonio Manfre; Vito Badalamenti, barber on Wyandotte Street; Vince and Antonia Falconio; and Santino and Maria Magliaro.

Erie St. East – The 1980s and Beyond

Even after the change in immigration laws and the subsequent decrease of Italians settling in Windsor, the number of listings on Erie St. E. for Italian individuals or businesses continues to grow. The 1985 directory indicates about 120 such listings. At 501 Erie St. E. there is *La Gazzetta*.[7] Also, the Italian Vice-Consulate,[8] which provides information on passports, pensions, citizenship and immigration, had moved to Erie St. E. by 1979. In the 1996 directory, approximately 140 listings are noted including St. Angela Non-Profit Housing at 275 Erie St. E.

---

7 See Chapter 8.
8 See Appendix I for list of Italian Vice Consuls in Windsor.

Card from Tomadini Orphanage, Udine, 1949.
After the death of his father during the war, Gianfranco Moro, the youngest of four children, was placed in the local orphanage by his mother Emma because of poverty. In 1959, Gianfranco, his mother and two sisters came to Windsor to join his brother, Pietro, who had emigrated in 1956. Gianfranco is a long-time member of the St. Angela Church Choir and the Windsor Italian Men's Choir.

Santino dell'Orfanotrofio Tomadini, Udine, 1949. Dopo la morte del padre durante la guerra, Gianfranco Moro, il minore dei quattro figli, fu inviato all'orfanotrofio locale dalla mamma Emma per penuria. Nel 1959, Gianfranco, la mamma e le due sorelle vennero a Windsor per raggiungere il fratello, Pietro, che era emigrato nel 1956. Gianfranco è membro del Coro della chiesa di Sant'Angela Merici e del Coro Italiano di Windsor da molti anni.

Courtesy/Cortesia: Gianfranco Moro, P11147A

La Erie Street Business Improvement Area fu fondata verso il 1984 al fine di avere una maggiore rappresentanza delle aziende locali nei rapporti con City Hall and Council, presentare richieste di concessioni ai vari livelli di governo e aiutare alla vivificazione e promozione della zona al fine di attirare turisti. Una delle sue prime realizzazioni fu di avere una parte di Erie St. E. designata "Via Italia." Ciò fu ufficialmente approvato dal consiglio comunale nel dicembre 1986. Ai primi del 1987, le insegne "Via Italia" furono installate lungo Erie St. tra Mercer e Langlois. (*La Gazzetta*, 6 febbraio 1987)

Via Italia continua a progredire e a trasformarsi. Mentre le abitazioni residenziali diminuiscono, le ditte aumentano benché non tutte siano italiane. L'area sta ottenendo una reputazione ben meritata di un quartiere di ristoranti da buongustai. Una parte importante della tradizione di Via Italia è la festa di Sant' Angela Merici, celebrata ogni anno in agosto lungo Erie St. E. La festa della patrona della parrocchia, iniziò nel 1987. La parte culminante della festa è la Messa all'aperto seguita dalla processione con candele. Via Italia continua ad essere il polso vitale della comunità italiana nell'area di Windsor:

> *Per la 28enne Bruna Iacobelli sarà sempre casa. "Io amo questa via. È il centro della comunità italiana...Il sentimento di amicizia - ognuno è connesso con questa zona. Questa via rappresenta per me un ritorno alla chiesa che ho frequentato in passato, all' asilo dove le suore mi insegnavano l'italiano. Tutti i miei amici sono qui." (Danese e Smith 1989)*

> *Oggi passeggiare per Via Italia è come camminare lungo una via affollata di una città italiana: brulicante di gente, amichevole, animata, svariata...in una parola: italiana in spirito...in allegria e ospitalità. (Windsor Life 2003)*

Oggi Erie St. E. attira cittadini e turisti. "Via Italia" è un'attrazione particolare per i residenti di Detroit che non hanno più un centro geografico prettamente italiano dall'altra parte della frontiera. Nel libro, *Italians in Detroit*, Armando Delicato scrive: "Per molti abitanti di Detroit, un viaggio attraverso il fiume di Detroit a Windsor...è l'opportunità di godere una piccola Italia compatta, conosciuta anche come via Italia, lungo Erie St." (Delicato 2005:8)

Città gemelle

Un legame tangibile con la patria fu creato nell'agosto 1977 quando il consiglio comunale di Windsor approvò la seguente proposta:

> *Che la città di Udine nella regione Friuli dell'Italia SIA INVITATA a iniziare un rappporto di gemellaggio con la città di Windsor, per lo scopo di promuovere benefici sociali, culturali ed economici, la città di Udine essendo una città industriale con una populazione di circa 100.000, situata nella parte nord-est dell'Italia, donde molti cittadini di Windsor sono emigrati. (Council Agenda August 29, 1977, Windsor's Community Archives, 908/77)*

Via Italia, Erie St., 2009.
Photo by/foto di: Madelyn Della Valle, Windsor's Community Museum.

The Erie Street Business Improvement Area comes into existence about 1984. Its mandate is to provide increased representation for the local businesses in their dealings with City Hall and Council, to make grant applications to various levels of government, and to assist in the revitalization and promotion of the area to attract tourists. One of its first accomplishments was having a portion of Erie St. E. designated as "Via Italia." This was officially approved by City Council in December 1986. Early in 1987, the "Via Italia" signage was installed on Erie St. between Mercer and Langlois. (*La Gazzetta*, Feb. 6, 1987)

Via Italia continues to develop and change. While residences diminish in number, businesses increase, although not all are entirely Italian. The area is now gaining a well-deserved reputation as a gourmet restaurant district. Also, an important part of the Via Italia tradition is the St. Angela Merici Festival, celebrated annually in the month of August along Erie St. E. The celebration for the patroness of the parish started in 1987. The highlight of the festival is an outdoor Mass followed by a candlelight procession. Via Italia continues to be the vital pulse of the Italian community in the Windsor area:

> For 28-year-old Bruna Iacobelli it will always be home. "I love it here. This is the core of the Italian community…The feeling of friendship – everyone is connected here. This for me is coming back to the church I first went to, the day care where the nuns taught me Italian. All my friends are here." (Danese and Smith 1989)

> Walking down Via Italia of today is like walking down any busy city street in Italy: it's bustling, friendly, animated, varied…in a word: Italian in spirit…in joy and in hospitality. (Windsor Life 2003)

Today, Erie St. E. attracts locals and tourists alike. "Via Italia" is a treat to residents of the Detroit area who no longer have an Italian geographical centre on their side of the border. In his book, *Italians in Detroit*, Armando Delicato notes: "For many Detroiters, a trip across the Detroit River to Windsor…is the chance to experience a compact Little Italy, also known as Via Italia, along Erie Street." (Delicato 2005:8)

Twin Cities

A tangible connection with the homeland was forged in August 1977 when Windsor City Council carried the following motion:

> That the City of Udine in the Friuli Region of Italy BE INVITED to enter into a twin-city relationship with the City of Windsor, for the purpose of fostering social, cultural and economic benefits, the City of Udine being an industrial city of approximately 100,000 population, located in the north/east section of Italy, from which area many Windsor citizens have emigrated. (Council Agenda August 29, 1977, Windsor's Community Archives, 908/77)

Float created by Giovanni Caboto Club to celebrate the Twin Cities, Windsor and Udine, late 1970s.

Carro da corteo preparato dal Club Giovanni Caboto per celebrare le Città Gemelle, Windsor e Udine, fine degli anni '70.

Courtesy/Cortesia: Giuletta and Agostino Lopez, P10606

Fontana in Piazza Udine

"Una fontana friulana in Canada rafforzerà i legami con Windsor: Donata dalla Provincia di Udine – riproduce quella di Forni di Sopra"[1]

Simpatico dono nell' ambito di un rapporto di amicizia sempre più stretto e signicativo con una terra in cui vivono migliaia di friulani...l'amministrazione provinciale di Udine ha commissionato alla ditta Julia marmi di Cividale una fontana che riproduce, nella forma e nelle dimensioni, quella di Forni di Sopra conosciuta come la fontana Marioni...una testimonianza architettonica dei legami che...tendono a ridurre la distanza che intercorre tra il Friuli e il Canada.

1   Citazione di un articolo originale tratta dal *Messaggero Veneto*, 9 aprile, 1982. Cortesia: Windsor's Community Archives, RG 11 C-IV/8.

Foto di: Madelyn Della Valle, Windsor's Community Museum, P10135

Hand-embroidered skirt worn by Maria Spadini on her wedding day in 1912, Santa Lucia del Mela, Messina, Sicily.

Gonna, ricamata a mano, indossata il giorno del matrimonio da Maria Spadini nel 1912, Santa Lucia del Mela, Messina, Sicilia.

Courtesy/Cortesia: Rina Spadini, P13848

This trunk belonged to my mom Maria. It was used to hold all her belongings for her voyage across the Atlantic. Maria left her home in San Valentino, Abruzzo and travelled to Napoli where she boarded the TSS Olympia. The ship departed July 27, 1958 with a stop in Spain and landed at Pier 21, Halifax in August. The trunk was damaged en route from Italy. She arrived in Windsor by train at the Wellington Ave. station on a very rainy day while her fiancé was waiting for her at the downtown Ouellette Ave. station… Three days after her arrival, she married Leo Ceccomancini at St. Angela Merici Church on August 10, 1958. This trunk was her special connection to her homeland and a symbol of a long, hard journey. Recollections of Sylvia Sanson.

Questo baule apparteneva a mia madre Maria. Era usato per contenere tutti gli effetti personali per il viaggio transatlantico. Maria partì da San Valentino, Abruzzo, per Napoli dove s'imbarcò sulla TSS Olympia. La nave salpò il 27 luglio 1958 e, dopo una sosta in Spagna, approdò al molo 21 (Pier 21), Halifax. Il baule fu danneggiato durante il viaggio. Maria arrivò in treno, sotto la pioggia, alla stazione ferroviaria di Wellington Ave. di Windsor, mentre il fidanzato l'aspettava alla stazione del centro della città a Ouellette Ave… Tre giorni dopo il suo arrivo, Maria sposò Leo Ceccomancini nella Chiesa di Sant'Angela Merici, il 10 agosto 1958. Questo baule era il suo legame speciale con la patria e un simbolo del suo lungo e faticoso viaggio. Ricordi di Sylvia Sanson.

Courtesy/Cortesia: Sylvia Sanson, 2007.1, P13852

Blanket made in San Giovanni in Fiore, Cosenza. This sample of a typical traditionally-manufactured woven textile belonged to Angela Lopetrone's great-great grandmother.

Coperta confezionata a San Giovanni in Fiore, Cosenza, (un campione dei tessuti tradizionali e manufatti tipici), apparteneva alla trisnonna di Angela Lopetrone.

Courtesy/Cortesia: Angela Lopetrone, P13855

Fountain in Piazza Udine

"A Friulian fountain in Canada will strengthen ties with Windsor: Given by the province of *Udine* – it is a reproduction of the fountain in Forni di Sopra"[1]

A wonderful gift given as a token of the bond of friendship which is becoming closer and more significant with a land in which thousands of Friulians live…the provincial administration of Udine commissioned the Julia marble company of Cividale to build a fountain which, in its form and dimensions, reproduces the one in Forni di Sopra known as the Marioni fountain…an architectural symbol of the ties that…tend to reduce the distance between the Friuli region and Canada.

1 Quote of an original article taken from the April 9, 1982 issue of *Messaggero Veneto*. Courtesy: Windsor's Community Archives, RG 11 C-IV/8

Photo by: Madelyn Della Valle, Windsor's Community Museum

Ezio Tamburrini[1] – Un caso di *sympathy* fuori posto

Questo incidente accadde a Natale nel salone di Ezio poco dopo il suo arrivo in Canada. Non conoscendo bene l'inglese e volendo essere gentile con i colleghi parrucchieri, Ezio si recò da Kresge e comprò per loro *sympathy cards*, credendo che la parola inglese *sympathy* significasse "simpatia." Il termine italiano che vuol dire 'predilezione, attrazione, fascino' differisce tanto dal significato inglese di "sympathy!"

---

1   Per la storia di Ezio Tamburrini vedi capitolo 9.

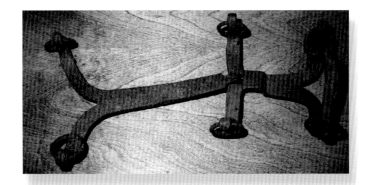

WWI period crampon, a metal frame with spikes, was attached to boot soles to provide traction on ice and snow. It was found by Amedeo Parolin near Cima Monte Grappa, a major battlefield.

Attrezzo di acciaio, munito di griffe, veniva fissato alle suole degli scarponi degli alpinisti per far presa sul ghiaccio e sulla neve, all'epoca della prima guerra mondiale. Fu trovato da Amedeo Parolin vicino a Cima Monte Grappa, campo di tante battaglie.

Courtesy/Cortesia: Renato Chemello, P13851

Come risultato di questo rapporto di gemellaggio, diversi scambi si sono verificati tra le due città. La città di Udine presentò la Fontana di Udine in riconoscimento dell'aiuto finanziario di Windsor a quella zona in seguito al disastroso terremoto del 1980. La fontana è situata in Piazza Udine sul lungofiume di Windsor. In cambio, Windsor donò un obelisco alla città di Udine. Inoltre, fu stabilito un programma di scambio studentesco tra le due città. Da questa iniziativa è risultato un accordo educativo tra l'University of Windsor e l'Università di Udine.

La lingua italiana

Un aspetto importante dell'identità italiana è la lingua. La sua ritenzione è molto complessa perché la lingua si evolve continuamente e si adatta alla realtà mutevole della società.

Italiese

Come reazione naturale di adattamento a un nuovo ambiente, gli italo-canadesi hanno fuso la madrelingua con l'inglese parlato dando origine in tal modo a un dialetto singolare denominato *italiese* – un ibrido delle parole *italiano e inglese*. (Danesi 1985:111) Questa combinazione ha creato parole come jobba (lavoro), *marchetta* (mercato), e *carro* (auto) – parole usate normalmente nelle comunità italo-canadesi che differiscono dall'italiano standard. Un esempio dell'*italiese* è dato da un nonno, che notando il disordine nel recinto dietro la casa, dice ai nipoti: "Prendete un sacchetto e raccogliete tutto il *garbigie* e tutta la *jonkeria*."

La tabella seguente[9] illustra alcune parole comuni di lingua inglese "nativate" in *italiese*.

English/inglese	Italiese	Italian/italiano
store	storo	negozio
sink	sinco	lavandino
cake	checcha	torta
mortgage	morgheggio	ipoteca/mutuo
fence	fenza	recinto

Confusione linguistica – parole analoghe e pseudoanaloghe

Molte parole inglesi e italiane hanno la stessa radice e significati simili. Facilmente riconoscibili, anche se potrebbero differire leggermente in ortografia e pronuncia, queste parole sono chiamate analoghe (parole simili per origine o natura). Alcuni esempi di parole analoghe sono: studente

---

9   Adattato da Danesi 1985:112

As a result of this twin-city relationship, a number of exchanges have occurred between the two cities. The City of Udine presented the Udine Fountain in appreciation of Windsor's financial aid to that region following the devastating 1980 earthquake. The fountain stands in Piazza Udine on Windsor's riverfront. In return, Windsor presented the City of Udine with an obelisk. Additionally, a student exchange program was established between the two cities. As a consequence of this initiative, the University of Windsor and the University of Udine now have an educational accord.

Italian Language

One important facet of Italian identity is the Italian language. Its retention is very complex because language evolves and adapts to the changing reality of society.

Italiese

As a natural response to entering a new environment, Italian-Canadians have merged the native tongue with the spoken English thus creating a unique dialect referred to as *Italiese* - a blend of the words *italiano* and *inglese*. (Danesi 1985:111) This combination has resulted in words such as *jobba* (job), *marchetta* (market) and *carro* (car) – words commonly used in Italian-Canadian communities which differ from standard Italian. A local example of *Italiese* was recently overheard in a Windsor neigbourhood when a grandfather, surveying the messy backyard, said to his grandchildren: "Take a bag and pick up all the *garbigie* and *tutta la jonkeria*…."

The following chart[9] illustrates a few common English words that have been "nativized" into *Italiese*:

English/inglese	Italiese	Italian/italiano
store	storo	negozio
sink	sinco	lavandino
cake	checcha	torta
mortgage	morgheggio	ipoteca/mutuo
fence	fenza	recinto

Linguistic Confusion – Cognates and False Cognates

Many English and Italian words share the same root and have similar meanings in both languages. Easily recognizable, although they may differ slightly in spelling and pronunciation, these words are called cognates. The following are examples of cognates: student (*studente*); university (*università*);

9   Adapted from Danesi 1985:112

Leaning Tower of Pisa done in fretwork by Giuseppe Schincariol.

Un lavoro a fori della Torre di Pisa eseguito da Giuseppe Schincariol.

Courtesy/Cortesia: Giuseppe and Silvana Schincariol, P13844

Ezio Tamburrini[1] – A Story of "Misplaced Sympathy"

This story takes place soon after Ezio's arrival in Canada. Not knowing English and wanting to be courteous to his colleagues at the hair salon at Christmas, he went to Kresge's and bought sympathy cards for all the staff. He thought "sympathy" meant "*simpatia*." The Italian term which means "liking, attraction, niceness" is quite different from the English meaning of "sympathy!"

1   See Chapter 9 for story on Ezio Tamburrini.

Angela Sorge Durling visitò il paesetto natale di sua madre e più tardi scrisse le sensazioni dello shock di cultura e l'importanza di guardare oltre l'apparenza in un componimento scolastico:

...Non c'erano tante case sulla strada non asfaltata e le poche che vi erano parevano come se non potessero reggere più a lungo. Non sembravano affatto simili alla mia. Nessun viale d'accesso cementato, nessuna autorimessa, nessuna targhetta domiciliare illuminata. Invece vidi porte malferme, pittura screpolata e finestre infrante. Mia madre mi ammonì di guardare più da vicino... E memtre procedevo oltre la stessa fila di case decrepite, questa volta fui attratta dai suoi abitanti. Le madri tenevano i loro bimbi sorridenti ... sui fianchi, mentre fieramente sorvegliavano gli altri piccoli che giocavano nel terriccio. I nonni guidavano le loro pecore e mucche con bastoni di legno, parlando loro come se potessero capirli ... Le famiglie erano riunite sulle verande. I loro volti sembravano risplendere nel bagliore del sole e potevo percepire molto distintamente il loro chiacchierio e le loro risate benché fossero a una grande distanza...

(Tratto da "Homeland Story")

Rosina Ferrante Sorge lived with her grandparents, parents and brother in this Via Castello, Ripi, Frosinone home without utilities.

Rosina Ferrante Sorge abitava con i nonni, i genitori e il fratello in questa casa, priva di acqua, elettricità e servizi sanitari, in Via Castello, Ripi, Frosinone.

Courtesy/Cortesia: Rosina and Mario Sorge, P12637

Mario and Rosina Sorge in Ceprano, Frosinone, 1983.
Mario e Rosina Sorge a Ceprano, Frosinone,1983.
Courtesy/Cortesia: Rosina and Mario Sorge, P12633

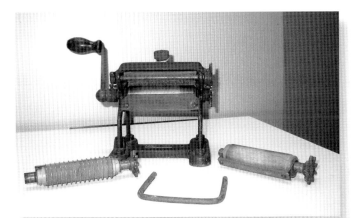

Pasta machine with two rollers used by Marcella Minello.
Macchina per fare la pasta e due rulli usati da Marcella Minello.
Courtesy/Cortesia: Norma (Minello) Popovich, P13845

Angela Sorge-Durling visited her mother's hometown in Italy and later, in a school composition, recorded her feelings of culture shock and the importance of looking beyond the surface.

…There weren't many houses on the unpaved road and the few there looked as though they might not hold up for much longer. They looked nothing like my own house. No cement driveway, no garage, no light up address plate. Instead I saw loose doors, chipped paint and cracked windows. My mother cautioned me to look closer…And as I travelled past the same set of decaying houses, I was more drawn to its inhabitants this time. Mothers held their laughing babies…on their hips, while proudly watching their other little ones play in the dirt. Grandfathers guided their sheep and cows with wooden prods, speaking to them as if they could understand them…Families gathered on their porches together. Their faces seemed to glow in the bright sunlight and their chatter and laughter I could hear so clearly though they were quite a distance away….

(excerpt from "Homeland Story")

Una transizione goffa

Filippo Monaco, il bisnonno di Madelyn Della Valle, immigrò in Canada all'inizio del 1900. Volendo inserirsi nella grande società inglese, cambiò infine il suo nome a Phil. A un certo punto, si procurò perfino un timbro personale col nome ortografato "Fhilippo" - un ovvio, se non armonioso ibrido dell'ortografia italiana e inglese!

Religious writings of Luigi Signoretti, farmer, cabinet maker and president of a religious society in Italy, born in 1880 in Preganziol, Treviso. His grandson Tony Mosna, born in Italy, is a local artist and preparator for the Art Gallery of Windsor. He kept these pages, handwritten by his grandfather, as a keepsake and for the beauty of the penmanship.

Scritti religiosi di Luigi Signoretti, nato a Preganziol, Treviso. Era agricoltore, ebanista, presidente di un'associazione religiosa in Italia e nonno di Tony Mosna. Tony, nato in Italia, è un artista locale e allestitore presso la Galleria d'Arte di Windsor. Ha conservato queste pagine del nonno, scritte a mano, per ricordo e per l'eleganza della calligrafia.

Courtesy/Cortesia: Tony Mosna, P11161A

(*student*); università (*university*); stazione (*station*); possibile (*possible*); pessimismo (*pessimism*); speciale (*special*), e molte altre.

Ci sono però alcune parole italiane che, anche se simili (come radice e pronuncia) alle parole inglesi hanno un significato diverso nelle due lingue. Queste sono chiamate pseudoanaloghe. Ecco alcuni esempi:

- "parente" in inglese è *relative*, non *parent* che in italiano è "genitore" (padre o madre)
- "fattoria" in inglese è *farm*, non *factory* che in italiano è "fabbrica"
- "collegio" in inglese è *boarding school*, non *college* che in italiano è "istituto per gli studi superiori"

Integrazione

Sta diventando difficile mantenere l'identità italiana tramite la lingua. All'inizio del 20° secolo, gli immigranti italiani si sforzarono tanto per inserirsi nella cultura canadese e diedero ai loro figli più importanza all'inglese che all'italiano. Molti anglicizzarono perfino i propri nomi, per esempio, Eugenio Gualtieri divenne Eugene Walters.[10]

Tuttavia, a partire dagli anni venti, le classi d'italiano sono state offerte alla comunità da varie associazioni e istituzioni come la Società Dante Alighieri, la chiesa di Sant'Angela Merici, il Club Giovanni Caboto, il Club Ciociaro, la Windsor Separate School Board, la Windsor Board of Education, la città di Windsor (presso diversi centri comunitari), il St. Clair College e l'Università di Windsor.

Studi d'Italianistica presso l'Università di Windsor[11]

Nell'autunno del 2000, la comunità italiana venne informata[12] della decisione presa dal Senato dell'Università di Windsor di eliminare gradualmente il programma di Studi d'Italianistica. Studenti, professori e comunità reagirono tempestivamente per salvaguardare il programma. I loro sforzi concordi risultarono, col tempo, nella revoca della decisione del Senato.

Il 14 dicembre 2000, ventitré persone rappresentanti le associazioni e i club italiani della zona formarono un comitato esecutivo presieduto da Raffaele Meo. Una delle prime iniziative del comitato fu una campagna ben riuscita di invio di lettere dalla comunità all'università per dimostrare quanto fosse apprezzato il programma. Nel 2001 e 2002, le organizzazioni e i club contribuirono $8,000 per avviare un numero maggiore di corsi di primo anno, e dal 2003 il governo italiano stanzia dai $20,000 ai $30,000 all'anno a sostegno del programma.

Nel 2003, il prof. Walter Temelini, capo della Sezione d'Italianistica, ottenne l'impegno della

10 Vedi capitolo 9 per la storia della famiglia Gualtieri.
11 Informazioni da Raffaele Meo
12 Grazie all'interessamento di due studenti, Mario Spagnuolo e Federica Zavaglia

station (*stazione*); possible (*possibile*); pessimism (*pessimismo*); special (*speciale*); and many more.

A few Italian words, though they resemble English words (in root and pronunciation), have different meanings. These are called false cognates. Some examples are:

- "*parente*" in English is "relative" not "parent" which in Italian is "*genitore*" (father or mother)

- "*fattoria*" in English is "farm" not "factory" which in Italian is "*fabbrica*"

- "*collegio*" in English is "boarding school" not "college" which in Italian is "*istituto per gli studi superiori*"

Assimilation

It is becoming difficult to retain Italian identity through language. In the early 20th century, Italian immigrants strove to blend into Canadian culture and emphasized English over Italian to their offspring. Many went as far as to anglicize their names, for example Eugenio Gualtieri became Eugene Walters.[10]

However, beginning in the 1920s, Italian classes have been offered to the community by a variety of associations and institutions, including the Dante Alighieri Society, St. Angela Merici Church, the Giovanni Caboto Club, the Ciociaro Club, the Windsor Separate School Board, the Windsor Board of Education, the City of Windsor (at various community centres), St. Clair College, and the University of Windsor.

Italian Studies at the University of Windsor[11]

In the fall of 2000, the Italian community was made aware[12] of the University of Windsor Senate's decision to phase out the Italian Studies Program. Students, professors and the community reacted quickly in order to save the program. Their concerted efforts led, in time, to the reversal of the Senate's decision.

On December 14, 2000, twenty-three individuals representing local Italian clubs and associations formed an executive committee chaired by Raffaele Meo. One of the committee's initial activities was a successful community letter-writing campaign to demonstrate to the university the wide support for the program. In 2001 and 2002, local clubs and organizations donated $8,000 as seed money to fund more first-year courses. Starting in 2003, the Italian government contributed $20,000 to $30,000 annually to help bolster the program.

In 2003, Walter Temelini, head of Italian Studies, obtained a commitment from the Cassamarca

---

10 See Chapter 9 for story on the Gualtieri family.
11 Information from Raffaele Meo
12 Thanks to efforts made by two students, Mario Spagnuolo and Federica Zavaglia

Annina DeAngelis and grandson Cory Burns making gnocchi the old-fashioned way, Amherstburg.

Annina DeAngelis e suo nipote Cory Burns preparano gli gnocchi in modo tradizionale, Amherstburg.

Courtesy/Cortesia: Carmine and Pina Simone, P12738

An Awkward Transition

Filippo Monaco, great-grandfather of Madelyn Della Valle, immigrated to Canada in the early 1900s. Wanting to fit into the majority English society, he eventually changed his name to Phil. At some point during this process, he even had a name stamp made for himself reading "Fhilippo" – an obvious, if not terribly harmonious, blend of Italian and English spellings!

La lingua dell' amore…
L'amore della lingua[1]

La mamma di Vincenzo Curti[2] incoraggiò suo figlio ad andare in Italia per conoscere Mancisa che lui aveva visto in una foto. Quindi nel 1950, Vincenzo si recò in Italia con sua madre. Conobbe Mancisa e voleva sposarsi subito, però non sapeva una parola di italiano e Mancisa non ne era molto convinta. Finalmente, dopo il terzo viaggio di Vincenzo in Italia si fidanzarono e Mancisa venne a Windsor per sposarlo. Più tardi, Mancisa scoprì che un'altra persona aveva scritto le lettere d'amore perché Vincenzo non sapeva l'italiano. Mancisa è riuscita a far migliorare l'italiano del marito e a far sì che i figli lo parlassero facilmente.

---

1 Informazioni da Mancisa Curti
2 Un italiano di seconda generazione, figlio di Licinio e Giovanna Curti. Per la storia di Licinio Curti vedi capitolo 9.

Fondazione Cassamarca di Treviso, Italia di contribuire $1,200,000 nel corso di dieci anni al fine di creare una Cattedra di Studi d'Italianistica. Da parte sua, la Fondazione pose due condizioni (entrambe soddisfatte): che l'Università di Windsor garantisse la continuazione del programma, e che anche la comunità italiana ne contribuisse finanziariamente.

L'*Italian Studies Legacy Campaign Committee*, presieduto da Raffaele Meo, fu formato nel 2005 allo scopo di raccogliere $3,000,000 per preservare e potenziare gli Studi d'Italianistica. La campagna in corso ha l'appoggio dell'intera comunità italiana di Windsor-Contea di Essex, compresa l'attiva collaborazione dell'*Italian Studies Alumni Committee* (ex studenti del corso di laurea in italiano) nonché dei cinque maggiori club italiani (Club Caboto, Club Fogolar Furlan, Club Ciociaro, Club Verdi e Club Roma).

Serena Pellarin's slippers used during WWII were made from cloth and rubber from bicycle wheels because there were no shoes available to buy at the time.

Pantofole usate da Serena Pellarin durante la seconda guerra mondiale, fatte di stoffa e gomma delle ruote di biciclette perchè, all'epoca, non si trovavano scarpe al mercato.

Courtesy/Cortesia: Serena (Bianca) Pellarin, P13854

Foundation of Treviso, Italy of $1,200,000 over ten years to establish a Chair in Italian Studies. This pledge was made on two conditions (both met): that the University of Windsor guarantee the continuation of the program, and that the local community also contribute financially.

The Italian Studies Legacy Campaign Committee, chaired by Raffaele Meo, was formed in 2005 with the goal of raising $3,000,000 to preserve and enhance Italian Studies. This ongoing campaign has the support of the entire Italian community of Windsor-Essex County, including the active collaboration of the Italian Studies Alumni Committee as well as the five major Italian clubs (Caboto Club, Fogolar Furlan Club, Ciociaro Club, Verdi Club and Roma Club).

The Language of Love... The Love of Language[1]

Vincenzo Curti's[2] mother encouraged her son to go to Italy to meet Mancisa whom he had seen in a photo. Therefore, in 1950, Vincenzo went to Italy with his mother. He met Mancisa and wanted to marry soon, but he did not know a word of Italian and Mancisa was not very convinced. Finally, after Vincenzo's third trip to Italy, they became engaged and Mancisa travelled to Windsor to marry him. Later, she discovered that someone else had written the love letters to her! Mancisa has managed to improve her husband's knowledge of Italian and to have her children speak it fluently.

1   Information from Mancisa Curti
2   A second-generation Italian and son of Licinio and Giovanna Curti. For Licinio Curti's story, see Chapter 9.

Parishioners making wine in the 1980s while Fr. Agostino Lovatin observes.

I parrocchiani fanno il vino, mentre P. Agostino Lovatin li osserva, anni '80.

Courtesy/Cortesia: St. Angela Merici Church, P10557

Bishop's House
90 Central Ave.
London, Ontario, Canada

April 25th, 1939.

Rev. Costantino de Santis,
1324 Parent Ave.,
Windsor, Ont.

Dear Father De Santis,

His Excellency the Apostolic Delegate has forwarded to me a Papal Decree permitting the erection in Windsor of a parish for the faithful of the Italian language. The good Italian Catholics of Windsor will, no doubt, show their appreciation of this act of kindness on the part of the Holy Father Pope Pius XII by making every sacrifice possible to provide Our Lord with a befitting temple as their means will permit. To do much in that regard in our present conditions will not be easy. However, Our Lord always blesses and richly what we do for Him.

Wishing yourself and the members of your congregation every blessing, I am

Yours faithfully in Christ,

John T. Kidd
Bishop of London.

Letter informing Fr. De Santis of the Papal Decree permitting the erection of an Italian parish, April 25, 1939.

La lettera comunica a P. De Santis il Decreto Papale che permette la costruzione di una parrocchia italiana, 25 aprile 1939.

Courtesy/Cortesia: St. Angela Merici, P10491

4

Religione
La Chiesa di Sant'Angela Merici[1]

Nel corso della storia, la religione ha svolto un ruolo decisivo nel definire l'etnicità e l'identità di una comunità. Le chiese sono sempre state un faro di guida morale e spirituale per gli emigrati, una culla di sostegno e di fratellanza. La chiesa di Sant'Angela Merici ha adempiuto la stessa funzione determinante e continua ad essere il centro vitale per molti italiani.

Origini della chiesa

Nel 1920, meno di una dozzina di famiglie italiane risiedeva a Windsor. Man mano che il numero degli immigranti cresceva, i Padri Benedettini di Detroit venivano di tanto in tanto per aiutare la comunità italiana.

Entro il 1928, c'erano circa 150 famiglie italiane. In quell'anno, alcuni rappresentanti della comunità italiana s'incontrarono col Delegato Apostolico Mons. Andrea Cassullo per parlare della necessità di un sacerdote di lingua italiana che potesse capire i bisogni degli immigrati. Dopo aver consultato il Vescovo della Diocesi di London, fu deciso che un prete che parlasse italiano sarebbe venuto da London una volta la settimana per occuparsi delle esigenze spirituali della comunità italiana locale.

Nel gennaio del 1929, P. Alfonso Page, nominato amministratore della comunità italiana di Windsor, si unì ai fedeli italiani per l'inaugurazione della Cappella italiana presso la chiesa del Sacred Heart. Durante la settimana del 7-14 aprile 1929, P. Raffaele D'Alfonso tenne la prima missione santa in italiano a Windsor.

Subito dopo, un gruppo di donne volonterose fondò la società delle donne cristiane. Il 14 maggio 1933, gli uomini organizzarono una sezione della Società del Santo Nome. La guida feconda e gli sforzi di questi due gruppi portarono alla costruzione della chiesa di Sant'Angela Merici.[2]

---

1 Informazioni sulla chiesa di Sant'Angela Merici sono tratte in gran parte dal libro *Sant'Angela Merici Windsor 1939-1989 50mo anniversario.*

2 Allora, il terreno oggi occupato dalla chiesa all'angolo di Erie St. e Louis Ave. era un lotto libero usato annualmente da un circo ambulante.

4

Religion

St. Angela Merici Church[1]

Throughout history, religion has played a decisive role in defining the ethnicity and identity of a community. Churches have been a beacon of moral and spiritual guidance for emigrants, a cradle of support and fellowship. St. Angela Merici Church has fulfilled the same determining role and it continues to be a vital heartbeat for many Italians.

The Origins of the Church

In 1920, less than a dozen Italian families resided in Windsor. As the number of immigrants grew, priests from the Order of Benedictine Fathers would come occasionally from Detroit to minister to the Italian community.

By 1928, there were approximately 150 Italian families. In that year, representatives of the Italian community met with the Apostolic Delegate, Msgr. Andrea Cassullo, to discuss the necessity for an Italian-speaking priest who understood the needs of the Italian immigrants. After consulting with the Bishop of the Diocese of London, it was decided that an Italian-speaking priest would come from London once a week to tend to the spiritual needs of the local Italian community.

In January 1929, Fr. Alfonso Page, the appointed administrator of the Italian community of Windsor, joined the Italian faithful for the official opening of the Italian Chapel at Sacred Heart Church. During the week of April 7-14, 1929, Fr. Raffaele D'Alfonso conducted the first Holy Mission in Italian in Windsor.

Soon afterwards, an active group of women founded the Christian Women's Society. On May 14, 1933, a chapter of the Holy Name Society was organized among Italian men. The fruitful leadership and efforts of these two groups led to the construction of St. Angela Merici Church.[2]

Fr. Costantino De Santis in New Jersey before he arrived in Windsor to build an Italian church in 1938.

P. Costantino De Santis in New Jersey prima di venire a Windsor per costruire una chiesa italiana nel 1938.

Courtesy/Cortesia: Anna Masaro, P11369

---

1   Information on St. Angela Merici Church was largely taken from *Sant'Angela Merici Windsor 1939-1989 50mo Anniversario.*
2   At that time, the property where the church now stands at the corner of Erie St. and Louis Ave. was an empty lot used annually by a touring circus.

Msgr. Costantino De Santis, first parish priest and ▶
founder of St. Angela Merici Church 1938-40, 1942-60.

Mons. Costantino De Santis, primo parroco e fondatore
della chiesa di Sant'Angela Merici 1938-40, 1942-60.

Courtesy/Cortesia: St. Angela Merici Church, P10521

Monsignore Costantino De Santis

Il 22 dicembre 1938, P. Costantino De Santis, 50enne, giunse a Windsor per adempiere la missione di servire la comunità italiana e costruire la nuova chiesa. Nato a Civita Castellana, Viterbo (Lazio), P. De Santis seguì gli studi nei seminari di Pisa, Firenze e presso la scuola militare di Roma. Un capitano nell'esercito italiano, P. De Santis aveva servito da cappellano durante la prima guerra mondiale in Italia, Francia e Belgio. Nel 1930, divenne viceparroco della chiesa di St. Joachim di Trenton, N. J. e, nel 1937, parroco della chiesa di St. Michael a Atlantic City, N. J.

Il giorno di Natale del 1938, nella Holy Trinity Church, P. De Santis celebrò la prima Messa per la comunità italiana di Windsor, una comunità ancora alle prese con le conseguenze della grande depressione. Infatti, molti uomini nelle 300 famiglie italiane erano disoccupati. Negli anni successivi, P. De Santis accompagnò i disoccupati alle fabbriche automobilistiche, alle officine di attrezzi e stampi e imprese edili per aiutarli a trovare un lavoro. Agì anche da interprete con i funzionari pubblici e quelli dell'immigrazione. Quest'uomo devoto e deciso è ancora ricordato con affetto per il suo zelo nell'assistere i primi immigrati.

Il 28 ottobre 1956, in riconoscimento della sua guida e dedizione ai suoi parrocchiani, P. Costantino De Santis fu elevato al rango di Prelato Domestico da Sua Santità Papa Pio XII.

Il deterioramento della salute costrinse Mons. De Santi infine a ritirarsi nel 1960. A una cena patrocinata da tutte le società della parrocchia presso il St. Angela Youth Centre, quasi mille parrocchiani e amici si riunirono per rendere omaggio e dire addio al loro direttore e consigliere spirituale. Mons. De Santis ritornò poi a New Jersey per stare con i parenti dove morì nel 1964.

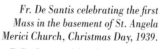

IN MEMORIA DI

Mons. Costantino De Santis

Fondatore della chiesa
di S. Angela Merici
Nato: 3 ottobre 1888
Ordinato: 26 luglio 1913
Morto: 14 marzo 1966

PREGHIERA

O Dio, che tra i successori degli Apostoli nel sacerdozio hai investito il tuo servo Costantino della dignita' sacerdotale, concedigli di essere unito eternamente alla societa' degli Apostoli.
Per Cristo nostro Signore. Amen.
L'eterno riposo dona a lui, o Signore e splenda a lui la lu perpetua.
Riposi in pace. Amen.

Memorial prayer card for Msgr. Costantino De Santis, founder of the Italian church in Windsor.

Santino della preghiera in memoria di Mons. Costantino De Santis, fondatore della chiesa italiana di Windsor.

Courtesy/Cortesia: Anna Masaro and Christine Rocca, P11367B

Fr. De Santis celebrating the first Mass in the basement of St. Angela Merici Church, Christmas Day, 1939.

P. De Santis celebra la prima Messa nello scantinato della chiesa di Sant'Angela Merici, Natale 1939.

Courtesy/Cortesia: Anna Masaro and Christine Rocca, P11377

Monsignor Costantino De Santis

On December 22, 1938, Fr. Costantino De Santis, age 50, arrived in Windsor to fulfill his mission of guiding the Italian community and building the new church. Born in Civita Castellana, Viterbo (Lazio), Fr. De Santis had studied at seminaries in Pisa, Florence and at a military school in Rome. A captain in the Italian army, he had served as a chaplain in Italy, France and Belgium during WWI. In 1930, he became Assistant Pastor at St. Joachim's Parish in Trenton, N.J. and, in 1937, Pastor of St. Michael's Church in Atlantic City, N.J.

On Christmas Day 1938 at Holy Trinity Church, Fr. De Santis celebrated the first Mass for the Italian community of Windsor, a community still feeling the effects of the Depression. In fact, many men in the 300 Italian families were unemployed. Over the following years, he accompanied unemployed men to auto factories, tool and die shops and construction firms to help them find jobs. Fr. De Santis also acted as an interpreter with immigration and other government officials. This loyal and determined man is still fondly remembered for his care in assisting early immigrants.

On October 28, 1956, in recognition of his leadership and dedication to his parishioners, Fr. Costantino De Santis was elevated to the rank of Domestic Prelate by His Holiness Pope Pius XII.

Msgr. De Santis' failing health finally forced his retirement in 1960. At a testimonial dinner sponsored by all the societies of the church, almost a thousand parishioners and friends gathered at the St. Angela Youth Centre to pay tribute and bid farewell to their spiritual advisor and counsellor. Msgr. De Santis subsequently returned to New Jersey to stay with relatives where he passed away in 1964.

Procession preceding the blessing of the cornerstone of St. Angela Merici Church, October 29, 1939.

Processione che precede la benedizione della pietra angolare della chiesa di Sant'Angela Merici, 29 ottobre 1939.

A una riunione generale del 1° dicembre 1935, i delegati delle cinque associazioni rappresentanti gli italiani della contea di Essex decisero di costruire la chiesa basata su nazionalità e lingua piuttosto che sull'area geografica. Più tardi, una delegazione di cinque uomini si recò ad Ottawa per supplicare il Delegato Apostolico, Mons. Umberto Mozzoni, di incaricare un prete italiano che potesse aiutare a costruire la chiesa. Nell'agosto del 1938, P. Costantino De Santis, allora parroco della chiesa di St. Michael a Atlantic City, N.J., venne a Windsor per erigere la nuova chiesa italiana.

Costruzione della chiesa

P. De Santis si propose di costruire la chiesa affrontando l'ardua impresa di procurare i fondi necessari. Ben consapevole dell'impossibilità da parte di molti parrocchiani di contribuire finanziariamente, sollecitò il loro aiuto fisico giacché molti immigranti italiani lavoravano in costruzione.

Sotto la direzione di Baldo Camilotto, fu formato un comitato di costruzione. Molti manovali e artigiani aderirono con entusiasmo, offrendo il loro tempo e la loro perizia per costruire la chiesa. Molti lavorarono gratuitamente o per una paga inferiore alla media. La Keystone Contractors Ltd. e la Sterling Construction Co. Ltd. eseguirono lavori di scavo, gettarono le fondamenta e donarono materiale e manodopera a prezzi ridotti.

Si iniziò una campagna per la raccolta di fondi con cene, balli, film, bingo (chiamati *buncos e kenos*), feste patrocinate in case private e spaghettate (per 75 centesimi). Tutti contribuirono: la società delle madri cristiane, la Società del Santo Nome, le ragazze e i ragazzi senior della Catholic Youth Organization (C.Y.O.), e la società delle donne di St. Angela. La diocesi di London dette in prestito $16,640 alla parrocchia e la costruzione della chiesa proseguì a gonfie vele.

La chiesa originale

Il 29 ottobre 1939, festa di Cristo Re, la pietra angolare della chiesa fu benedetta dal Vescovo di London, John T. Kidd. Il giorno del Natale 1939, P. De Santis celebrò la prima Messa nel seminterrato della nuova chiesa di Sant'Angela Merici.

Era una chiesa modesta con un tavolo di legno per altare, senza inginocchiatoi né riscaldamento. I parrocchiani gremirono il seminterrato avvolti in cappotti invernali. Per il freddo intenso, le Messe furono in seguito celebrate nella Holy Trinity Church fino alla domenica delle Palme del 1940, quando la chiesa di Sant'Angela Merici finalmente aprì le porte ai fedeli italiani.

Il Vescovo consigliò a P. De Santis di rientrare negli Stati Uniti mentre Padre J. F. Fitzpatrick diveniva il nuovo parroco nell'estate del 1940. Tuttavia, il giorno di Natale del 1942, P. De Santis ritornò alla chiesa di Sant'Angela Merici dove rimase fino al suo pensionamento. Dopo il secondo conflitto mondiale, a causa della crescente comunità italiana, altri preti aiutarono P. De Santis, particolarmente i Padri Benedettini di Detroit. Il rapido aumento dei parrocchiani determinò anche la necessità di una chiesa più grande.

At a general meeting on December 1, 1935, the delegates of five associations representing the Italians in Essex County decided to build the church based on nationality and language rather than geographic area. A delegation of five men later journeyed to Ottawa to plead with the Apostolic Delegate, Msgr. Umberto Mozzoni, to appoint an Italian priest to help build the church. In August 1938, Fr. Costantino De Santis, then pastor of St. Michael's Church in Atlantic City, N.J., came to Windsor to found a new Italian church.

Building the Church

Fr. De Santis set out to build the church, facing the difficult challenge of obtaining necessary funds. Well aware that many parishioners could not contribute financially to the new church, he solicited their physical help since many Italian immigrants were working in construction.

A construction committee was formed under the direction of Baldo Camilotto. Labourers and tradesmen alike responded, donating time and skills to build the new church. Many worked for free or for less than their standard wage. Keystone Contractors Limited and Sterling Construction Co. Ltd. carried out the excavation for the basement, laid the foundation and donated materials at a reduced price.

A fund-raising campaign began with dinners, dances, movies, bingos (called buncos and kenos), parties sponsored in private homes, and spaghetti dinners (costing 75 cents). The Christian Mothers' Society, Holy Name Society, senior girls' and boys' Catholic Youth Organization (C.Y.O.) and St. Angela's Ladies' Society all contributed. The Diocese of London loaned the new parish $16,640 and the church construction was well on its way.

The Original Church

On October 29, 1939, the feast of Christ the King, the cornerstone of the church was blessed by John T. Kidd, Bishop of London. On Christmas Day 1939, Fr. De Santis celebrated the first Mass in the basement of the new St. Angela Merici Church.

It was a modest church with a wooden table for an altar, no kneelers and no heat. Despite this, parishioners packed the basement bundled in winter coats. Due to the cold, Masses were then celebrated at Holy Trinity Church until Palm Sunday 1940 when St. Angela Merici Church finally opened its doors to the Italian faithful.

The Bishop advised Fr. De Santis to return to the U.S. while Fr. J. F. Fitzpatrick became the new pastor in the summer of 1940. However, at Christmas 1942, Fr. De Santis returned to St. Angela Merici Church where he remained until his retirement. Due to the growth of the Italian community after WWII, other priests helped Fr. De Santis, primarily members of the Benedictine Fathers of Detroit. This rapid growth also created the necessity for a larger church.

Bishop Kidd and Fr. De Santis blessing the cornerstone of St. Angela Merici Church.

Il Vescovo Kidd e P. De Santis benedicono la pietra angolare della chiesa di Sant'Angela Merici.

Courtesy/Cortesia: Anna Masaro and Christine Rocca, P11379

Chi è Sant'Angela Merici?

Sant'Angela Merici nacque a Desenzano del Garda nel 1474. Angela divenne socia terziaria di San Francesco e visse una vita di austerità e povertà dedicandosi alla preghiera e all'insegnamento religioso dei bambini poveri. Nel 1516, fu invitata a vivere con una famiglia a Brescia, dove in una visione le fu rivelato che un giorno avrebbe fondato una comunità religiosa dedita all'educazione cristiana delle giovani. Radunò un gruppo di ragazze e vedove e il 25 novembre 1535 formò la Compagnia di Sant'Orsola,[1] la prima congregazione femminile di insegnanti nella Chiesa e la prima istituzione secolare di donne religiose. L'idea di una congregazione laica dedita all'insegnamento era nuova[2] all'epoca. L'obbiettivo era di riportare alla cristianità la vita familiare tramite una solida istruzione delle future mogli e madri. Questa comunità rimase in vita fino ad alcuni anni dopo la morte di Angela.

Angela morì il 27 gennaio 1540. Fu canonizzata nel 1807 da Papa Pio VII. Il suo corpo riposa nell'antica chiesa di Sant'Afra (ora santuario di Sant'Angela) a Brescia, Lombardia.

Le suore Orsoline sono sparse in tutto il mondo e hanno svolto un ruolo importante nella storia della chiesa di Sant'Angela Merici. Nei primi anni, le suore Pierina Caverzan, June Iacuzzi e Angelina Trinca insegnarono presso le scuole di St. Angela, St. Genevieve, e De La Salle (più tardi De Santis) e prepararono anche i bambini per i sacramenti dell'Eucarestia e della Cresima.

---

1 Sant' Orsola, una vergine martire e patrona delle università medievali, è venerata come guida delle donne.

2 A quel tempo le donne non potevano insegnare e le nubili non potevano uscire da sole - neanche per aiutare il prossimo. Alle suore non era permesso di lasciare il chiostro e non esistevano ordini di suore insegnanti.

Caterina (in photo) and Sal Lopez (taking the picture), St. Angela Merici Church parishioners, visit the home where St. Angela was born in Desenzano del Garda, Brescia, 2000.

Caterina (nella foto) e Sal Lopez (che sta scattando l'immagine), due parrocchiani della chiesa di Sant'Angela Merici, visitano la casa natale di Sant'Angela a Desenzano del Garda, Brescia, 2000.

Courtesy/Cortesia: Salvatore and Caterina Lopez, P13085

The new St. Angela Merici Church, 1939.

La nuova chiesa di Sant'Angela Merici, 1939.

Courtesy/Cortesia: Anna Masaro and Christine Rocca, P11389

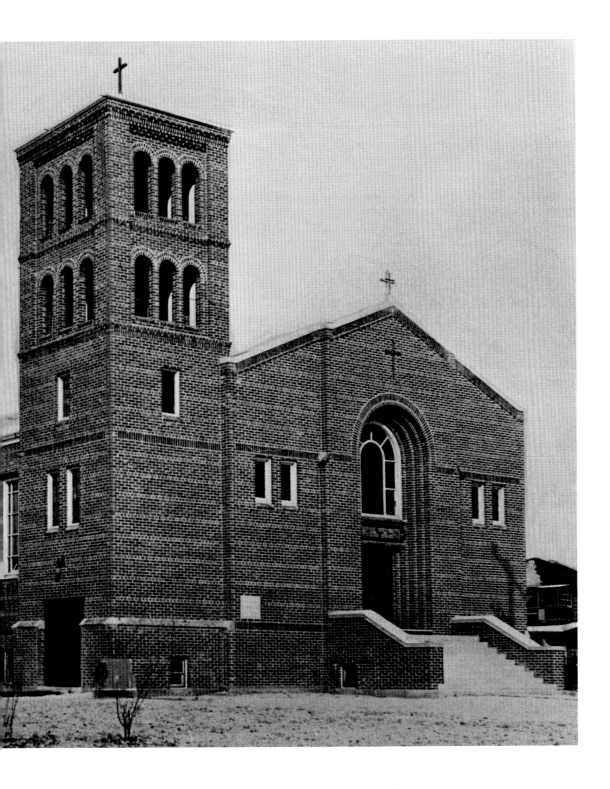

Who is St. Angela Merici?

St. Angela Merici was born in Desenzano del Garda in 1474. She became a member of the Third Order of St. Francis and lived a life of poverty and austerity, dedicating herself to prayer and religious teachings to poor children. In 1516, she was invited to live with a family in Brescia where it was revealed to her in a vision that she would one day found a religious community dedicated to the Christian education of young women. She gathered a group of young girls and widows who, on November 25, 1535, became the Company of St. Ursula,[1] the first secular women's congregation created within the Church. The idea of a teaching congregation was new.[2] Their goal was to reinforce Christian family life through solid education of future wives and mothers. This community existed as a secular institute until some years after Angela's death.

Angela died on January 27, 1540. She was canonized in 1807 by Pope Pius VII. Her body rests in the ancient church of Saint Afra (now St. Angela's sanctuary) in Brescia, Italy.

The Ursuline Sisters have spread across the world and have played an important role in the history of St. Angela Merici Church. In the early years, Sisters Pierina Caverzan, June Iacuzzi and Angelina Trinca staffed St. Angela, St. Genevieve and De La Salle (later De Santis) schools. They also prepared children for the sacraments of the Eucharist and Confirmation.

---

1 St. Ursula, a virgin martyr and patroness of medieval universities, is venerated as a leader of women.

2 At that time, women were not allowed to be teachers and unmarried women were not supposed to go out on their own – even to serve others. Nuns were not permitted to leave their cloisters and there were no teaching orders of sisters.

Turning of the sod of St. Angela Youth Centre, 1946. Left to right: two unidentified workers, C. P. Scarpelli, A. Colautti, B. Camilotto, Fr. C. De Santis, G. Nadalin.

Inizio dei lavori di scavo per il St. Angela Youth Centre (Centro della gioventù di Sant'Angela), 1946. Da sinistra: due operai non identificati, C.P. Scarpelli, A. Colautti, B. Camilotto, P. De Santis, G. Nadalin.

Courtesy/Cortesia: Anna Masaro and Christine Rocca, P11386

Original interior of St. Angela Hall.

L'interno originale della sala Sant'Angela.

Courtesy/Cortesia: Anna Masaro and Christine Rocca, P11393

Negli anni cinquanta, la parete occidentale della chiesa fu estesa a Louis Ave. rendendo ivi l'ingresso principale. Il muro orientale fu anche esteso e l'altare trasferito a questa area. Una nuova balconata fu costruita all'estremità nord della chiesa.

St. Angela Youth Centre

Alla riunione del 14 marzo 1946, P. De Santis propose il progetto di costruire un centro per la gioventù. Ritrovò la stessa zelante cooperazione mostrata nel 1939, e il lavoro iniziò alcuni mesi dopo. L'inaugurazione del Youth Centre con la benedizione del Vescovo J.T. Kidd, ebbe luogo l'11 dicembre 1949.

La comunità italiana si divertiva a giocare a birilli sulla pista del Youth Centre, come pure ad altre attività ricreative inclusi film, rappresentazioni teatrali, balli e feste nella sala principale. Tutte le associazioni della parrocchia usavano il centro per varie riunioni e funzioni.

Nel 1952, un'ala fu aggiunta alla sala per far posto alle classi. Negli anni cinquanta, il centro fu usato dalla prima e quarta classe della Immaculate Conception School e, più tardi, dalle classi di lingua inglese e dalla scuola materna.

Il Youth Centre fu infine conosciuto come St. Angela Hall, dove si tennero tanti ricevimenti di matrimonio dei parrocchiani e feste. Nel 2005, l'edificio fu demolito per dar via alla costruzione di una nuova sala parrocchiale che fu aperta a novembre dello stesso anno.

I Padri Scalabriniani

I padri missionari di San Carlo, chiamati anche Padri Scalabriniani, arrivarono nel 1960. P. Ugo Rossi, il primo parroco Scalabriniano, s'incaricò di istituire un convento per le suore della Sacra Famiglia che giunsero nel 1963.

Con l'adozione della nuova liturgia introdotta dal Vaticano II°, iniziarono i rinnovamenti della chiesa per avvicinare l'altare alla congregazione. L'italiano e l'inglese sostituirono la Messa latina incoraggiando così la partecipazione attiva della congregazione alla preghiera e al canto corali.

P. Umberto Rizzi fondò il Coro Italiano di Windsor, che è il rappresentante ufficiale della comunità italiana locale in molti eventi multiculturali. "La Voce Italiana," un programma domenicale di mezz'ora in onda dalla radio CHYR che forniva notizie, musica e informazioni religiose e culturali in italiano, fu avviato da P. Raniero Alessandrini nel 1969.

Nel 1975, le sculture in legno del Cristo Risorto e dell'Ultima Cena furono importate dall'Italia e messe nell'area dell'altare. Un ascensore fu installato nel campanile della chiesa nel 1989. Per il 50° anniversario della chiesa di Sant'Angela Merici, ulteriori restauri furono intrapresi come l'installazione di nuove finestre di vetro colorato, nuovi banchi, tappeto e un nuovo sfondo in legno dietro l'altare.

In the 1950s, the western wall of the church was extended to Louis Ave., making its main entrance there. The eastern wall was also extended and the altar was moved to this area. A new balcony was built at the north end of the church.

St. Angela Youth Centre

At a March 14, 1946 meeting, Fr. De Santis proposed plans to build a youth centre. He encountered the same eager cooperation as in 1939, and work began a few months later. The grand opening of the Youth Centre, with its blessing by Bishop J.T. Kidd, took place on December 11, 1949.

The Italian community enjoyed bowling at the Youth Centre's bowling alley, as well as recreation, movies, plays, dances, and parties in the main hall. All parish organizations used this centre for meetings and functions.

In 1952, an addition to the hall was undertaken to make room for classes. In the 1950s, the centre was used by grades one and four from Immaculate Conception School and, later, for English language classes and a day care.

The Youth Centre eventually became known as St. Angela Hall where many of the parishioners' wedding receptions and parties were held. In 2005, the building was demolished to make way for the construction of a new parish hall which opened in November of the same year.

Scalabrini Fathers

The Missionary Fathers of St. Charles, also called the Scalabrini Fathers, arrived in 1960. Fr. Ugo Rossi, the first Scalabrini pastor, was instrumental in establishing a convent house for the Sisters of the Holy Family who arrived in 1963.

With the adoption of the new liturgy instituted by Vatican II, church renovations were undertaken to bring the altar closer to the people. Italian and English replaced the Latin Mass, thus encouraging the congregation's active participation in communal prayer and singing.

Fr. Umberto Rizzi founded Il Coro Italiano di Windsor, the official representative of the local Italian community at many multicultural events. "La Voce Italiana," a half-hour program airing on CHYR Radio on Sundays that provided news, music and religious and cultural information in Italian, was initiated by Fr. Raniero Alessandrini in 1969.

In 1975, woodcarvings of the Risen Christ and the Last Supper were imported from Italy and used in the altar area. An elevator was installed in the bell tower of the church in 1989. For the 50th Anniversary of St. Angela Merici Church, more renovations were undertaken such as installation of new stained glass windows, new pews, carpeting and a new wooden background behind the altar.

Bowling alley in the Youth Centre.
Corsia per il gioco dei birilli nel Youth Centre.
Courtesy/Cortesia: St. Angela Merici Church, P10462

St. Angela Hall banquet servers: Emily Carducci, Lisa Zanotti and Pierina Bortolazzo are second, fifth and sixth from the left.
Le cameriere dei banchetti della sala Sant'Angela: Emily Carducci, Lisa Zanotti e Pierina Bortolazzo sono la seconda, quinta e sesta da sinistra.
Courtesy/Cortesia: Lisa Zanotti, P10687

FIRST COMMUNION CLASS.

St ANGELA MERICI CHURCH, WINDSOR, MAY 5th 1940.

First communion class with Fr. De Santis and Fr. Anthony of Holy Trinity Church, May 5, 1940.

Il gruppo della Prima Comunione con P. De Santis and P. Anthony della Holy Trinity Church, 5 maggio 1940.

Altar boys with Fathers John Stopponi, Costantino De Santis and Beda Barcatta, 1940s.

Chierichetti con i Padri John Stopponi, Costantino De Santis e Beda Barcatta, anni '40.

Confirmation at St. Angela Merici Church with view of the balcony, 1949.

Cresima nella chiesa di Sant'Angela Merici con veduta della balconata, 1949.

Fr. De Santis with first communion class in front of Holy Trinity Church, 1939.

P. De Santis con il gruppo della Prima Comunione dinanzi alla Holy Trinity Church, *1939.*

Courtesy/Cortesia: Anna Masaro and Christine Rocca, P11381

Christian Family Movement in procession, 1980s.

Movimento della famiglia cristiana in processione, anni '80.

Courtesy/Cortesia: St. Angela Merici Church, P10542

Le associazioni cattoliche italiane di Windsor

Associazione di Maria SS. (Santissima) del Rosario

La sezione di Windsor dell'Associazione di Maria SS. del Rosario fu iniziata nel 1982 da un gruppo di immigrati italiani di Vicalvi, Frosinone. La festa di Maria SS. del Rosario è celebrata annualmente con una Messa speciale e un banchetto la prima domenica di ottobre.

Lega delle donne cattoliche[3]

Nel 1954, Mons. De Santis propose il piano di stabilire una sezione della lega delle donne cattoliche. La prima lega delle donne cattoliche della chiesa di Sant'Angela Merici fu ufficialmente incorporata quando Lia Stanwick, prima presidente, e Mary Minello, prima segretaria, si recarono a Chatham, Ontario a maggio dello stesso anno per ottenere lo statuto.

La lega prosperò provvedendo un vincolo speciale fra le donne per molti anni. Negli anni 1970, la lega divenne inattiva. Tuttavia, nei primi degli anni 1980 sotto la guida del nuovo parroco, P. Lino Santi, la lega fu riattivata con l'elezione di un nuovo comitato dirigente e Nina Silvaggi, presidente.

Questo gruppo continua a impegnarsi nei servizi parrocchiali, nelle attività di beneficenza e raccolta di fondi. La lega aiuta anche i membri del gruppo della cura pastorale a visitare e portare l'Eucarestia agli anziani e agli ammalati.

Movimento della famiglia cristiana[4]

Negli anni settanta, il parroco Salvatore De Vita e suor Adriana Pasi della parrocchia di Sant'Angela Merici presentarono il programma del movimento della famiglia cristiana a quattro coppie: Tony e Maria Bison, Rino e Linda Bonato, Ermes e Lucia Costella e Franco e Bice Marignani. Alle riunioni mensili, si parlava della famiglia, dell'educazione dei figli, del ruolo e della responsabilità dei genitori. Questi incontri erano utili alle coppie con bambini perché le difficoltà e le preoccupazioni personali erano apertamente discusse al fine di trovare soluzioni. I dialoghi favorivano solidarietà, sostegno e comprensione. Altre coppie, che condividevano simili interessi, si unirono al gruppo aumentando il numero a 80. Feste annuali, picnic estivi e veglioni di Capodanno furono organizzati per l'intera famiglia.

Lo stendardo del movimento della famiglia cristiana fu confezionato e portato nelle processioni. Ogni mese si inviava una somma di $125 a una famiglia bisognosa di cinque persone in India.

Dopo la partenza di P. De Vita, altri sacerdoti continuarono il programma per diversi anni. Tuttavia, verso la metà degli anni ottanta, il movimento pian piano si sciolse.

---

3   Informazioni da Benedetta Aversa
4   Informazioni da Bice Marignani

Italian Catholic Associations in Windsor

Association of Our Lady of the Holy Rosary

The Windsor chapter of the Association of Our Lady of the Holy Rosary was founded by a group of Italian immigrants from Vicalvi, Frosinone in 1982. The feast of the Holy Rosary is celebrated annually with a special Mass and banquet on the first Sunday of October.

Catholic Women's League (C.W.L.)[3]

In 1954, Msgr. De Santis proposed a plan to establish a chapter of the Catholic Women's League. The first Catholic Women's League of St. Angela Merici church was officially incorporated when Lia Stanwick, first president, and Mary Minello, first secretary, travelled to Chatham, Ontario in May 1954 to accept the charter.

The C.W.L. prospered and provided a special bond among women for many years. In the 1970s, the C.W.L. became dormant. However, in the early 1980s under the guidance of the new pastor, Fr. Lino Santi, the C.W.L. was re-activated and a new executive elected with Nina Silvaggi as president.

This group is still diligently involved in parish services, fundraising and charitable activities. They also volunteer with the Pastoral Care workers in visiting and ministering the Eucharist to the elderly and the sick.

Christian Family Movement[4]

In the 1970s, Fr. Salvatore De Vita along with Sister Adriana Pasi of St. Angela Merici Church introduced the Christian Family Movement program to four couples: Tony and Maria Bison, Rino and Linda Bonato, Ermes and Lucia Costella and Franco and Bice Marignani. At monthly meetings, topics related to the family such as educating children, parental behaviour, and roles and responsibilities were discussed. These meetings were helpful to couples with children because difficulties and concerns were openly shared and solutions sought. Discussions provided solidarity, support and understanding. Other couples who shared similar interests joined the group, bringing the number to 80. Annual celebrations, summer picnics and New Year's festivities were organized for the entire family.

A Christian Family Movement banner was made and carried in processions. A monthly sum of $125 was sent to a needy family of five in India.

After the departure of Fr. De Vita, other priests continued the program for several years. However, in the mid 1980s, the program slowly came to an end.

---

3   Information from Benedetta Aversa
4   Information from Bice Marignani

Members of the Association of Our Lady of the Holy Rosary, c.1999.
Soci dell'Associazione di Maria SS. del Rosario, ca.1999.
Courtesy/Cortesia: St. Angela Merici Church, P10574

Catholic Women's League members cooking in the kitchen at St. Angela Hall.
Le socie della lega cattolica preparano un pranzo nella cucina della sala Sant'Angela.
Courtesy/Cortesia: Benedetta Aversa, P13018

Suore della Sacra Famiglia di Spoleto

Le suore della Sacra Famiglia di Spoleto svolsero la loro missione presso la Parrocchia di Sant'Angela Merici. Lavorarono fra gli immigrati italiani, visitando famiglie e organizzando attività sociali. Si dedicarono al servizio liturgico-pastorale, aiutando i Padri Scalabriniani nei ministri dell'Eucarestia e della Parola, catechesi e animazione liturgica. Assistirono le associazioni e i gruppi parrocchiali come: Madri Christiane, Movimento della Famiglia Cristiana, coro della chiesa, Centro degli anziani e Gruppo Gen[1] *(per Generazione nuova)*. Educarono i bambini della scuola materna, gestita dalla parrocchia e insegnarono l'italiano ai bambini dalla terza classe alla 12ª presso la Immaculate Conception School. Visitavano le famiglie che avevano perduto una persona cara, gli ammalati negli ospedali, nelle case di riposo e a casa portando loro fede e conforto. Eseguirono anche un censimento della parrocchia. Le suore ritornarono in Italia nel luglio 1998. I parrocchiani ricordano con affetto le suore della Sacra Famiglia di Spoleto e sentono profondamente la loro mancanza.

---

1   Solidality of Our Lady fino agli anni '70 quando il nome fu cambiato a Gen.

Children lined up outside St. Angela's Day Care.
I bambini della scuola materna di Sant'Angela in fila all'aperto.
Courtesy/Cortesia: Lisa Zanotti, P10688

Children of St. Angela's Day Care dressed in Halloween costumes, 1960s.
Bambini della scuola materna di Sant'Angela in costumi dell'Halloween, anni '60.
Courtesy/Cortesia: St. Angela Merici Church, P10523

Teacher Anne De La Franiere Palombo and her class at St. Angela Hall, 1950s.
La maestra Anne De La Franiere Palombo e la sua classe nella sala St. Angela, anni '50.
Courtesy/Cortesia: Anna Masaro and Christine Rocca, P11385

Children at St. Angela's Day Care enjoying some leisure time with the nuns.

I bambini della scuola materna di Sant'Angela godono un po' di tempo libero con le suore.

Courtesy/Cortesia: Lisa Zanotti, P10682

Sisters of the Holy Family of Spoleto

The Sisters of the Holy Family of Spoleto played an important role in the life of St. Angela Merici Church. They worked with Italian immigrants, visited families and organized social activities. They dedicated themselves to the liturgical and pastoral ministries, assisting the Scalabrini priests in the ministry of the Eucharist and the Word, catechism and liturgical representations. They assisted many parish associations and parish organizations: Christian Mothers, Christian Family Movement, church choir, the Senior Citizens Club and Gen[1] *(for generazione nuova)*. They taught the children of St. Angela Merici Day Care run by the parish, as well as teaching Italian to grades three to 12 at Immaculate Conception School. They visited people who had lost loved ones, the sick in hospitals, nursing homes and in their homes, bringing faith and comfort. They also carried out a parish census. The Sisters returned to Italy in July 1998. Parishioners fondly remember and deeply miss the Sisters of the Holy Family of Spoleto.

---

1   Sodality of Our Lady until the 1970s when name changed to Gen.

Members of the Congregation of St. Joseph with a statue of the Saint.

Soci della congregazione di San Giuseppe con la statua del Santo.

Courtesy/Cortesia: Salvatore Bonanno, P13084

Altar of St. Joseph with traditional blessed bread, ready for distribution.

Altare di San Giuseppe con il tradizionale pane benedetto, pronto per la distribuzione.

Courtesy/Cortesia: Salvatore Bonanno, P13081

Società delle madri cristiane

La società delle madri cristiane, una delle prime società delle donne italiane di Windsor, ebbe origine nel 1929 dopo molte adunanze tenutesi presso la Sacred Heart Church e la Holy Trinity Church. Queste donne coraggiose e decise lavorarono con tenacia accanto alla Società del Santo Nome per realizzare il sogno di costruire una chiesa italiana. Organizzarono una varietà di raduni come partite a carte e altre attività per raccogliere fondi. Infatti, le madri cristiane contribuirono notevolmente al pagamento del lotto della chiesa.

Dai primi degli anni '30, eccetto durante gli anni della guerra quando le riunioni non erano possibili, il vasto sostegno delle madri cristiane per la chiesa includeva cucire tuniche per i chierichetti e tende per la sala, organizzare banchetti e spaghettate e acquistare l'arredamento per la canonica e il convento.

Verso la fine degli anni '80, le socie delle madri cristiane erano quasi 175, con circa 30 onorarie oltre gli 80 anni di età che erano ancora volonterose e fiere di poter aiutare la chiesa. S'impegnavano a raccogliere fondi per la chiesa, visitare gli ammalati e recarsi in pellegrinaggio ai santuari. Attualmente, la raccolta di fondi e le iniziative di beneficenza sono eseguite dalla lega delle donne cattoliche, istituita per favorire la giovane generazione anglofona.

Congregazione di San Giuseppe[5]

La congregazione di San Giuseppe fu fondata nel maggio 1976 da Salvatore Bonanno e un gruppo di famiglie siciliane con l'appoggio della chiesa di Sant'Angela Merici. I soci raccolsero fondi per importare da Palermo una statua di San Giuseppe. La statua arrivò a marzo 1978 e a maggio dello stesso anno San Giuseppe fu onorato con la Messa celebrata da P. Giovanni Bonelli, una processione e musica all'aperto. La festa di San Giuseppe del 19 marzo è anche commemorata con la Santa Messa, la tradizionale benedizione del pane di San Giuseppe distribuito ai parrocchiani e ai poveri, e un banchetto. Le feste annuali attirano un numero sempre più grande di devoti come pure la comunità in generale.

Società del Santo Nome[6]

La Società del Santo Nome fu creata grazie all'incoraggiamento di P. Bonifacio Lucci, un prete Benedettino[7] di Detroit, durante la Missione della Settimana Santa del 1933 tenutasi nella Cappella italiana della chiesa del Sacro Cuore in Ottawa St. Il 25 maggio 1933, all'adunanza generale, P. Lucci delineò il ruolo e gli obiettivi della Società del Santo Nome: promuovere la fede, la carità e la devozione al Nome Santo di Gesù; sostenere le attività parrocchiali e collaborare con i sacerdoti nell'assistere gli italiani; ed essere il fulcro dell'interesse e della raccolta di

---

5 Informazioni da Salvatore Bonanno
6 Informazioni da St. Angela Merici Church 1983
7 I Padri Benedettini di Detroit visitavano ogni settimana per dare assistenza spirituale.

Christian Mothers' Society

The Christian Mothers' Society, one of the first societies of Italian women in Windsor, came into existence in 1929 following several gatherings held at Sacred Heart Church and Holy Trinity Church. This group of courageous and determined women worked hard alongside the Holy Name Society to fulfill the dream of building an Italian church. They organized a variety of fund-raising gatherings such as card games and other activities. In fact, the Christian Mothers contributed considerably to pay for the church lot.

Since the early 1930s, except during the war years when meetings were not possible, the Christian Mothers' wide-ranging support for the church included making tunics for altar boys and curtains for the hall, organizing banquets and spaghetti dinners and purchasing furnishings for the church rectory and convent.

In the late 1980s, the Christian Mothers numbered about 175 members with about 30 honoraries past age 80 who were active and proud to help the church. They were still involved in raising money for the church, visiting the sick and going on pilgrimages to shrines. Presently, fund-raising and charitable initiatives continue to be carried out by the Catholic Women's League which was established to accommodate the younger English-speaking generation.

Congregation of St. Joseph[5]

The Congregation of St. Joseph was founded in May 1976 by Salvatore Bonanno and a group of Sicilian families with the support of St. Angela Merici Church. They raised funds to have a statue of St. Joseph imported from Palermo. It arrived in March 1978, and in May of that same year St. Joseph was honoured with a Mass officiated by Fr. Giovanni Bonelli, a procession and outdoor music. The March 19th feast of St. Joseph is also commemorated with a Mass, the traditional blessing of the bread of St. Joseph distributed to parishioners and the poor, and a banquet. The annual celebrations have been attracting an ever-increasing number of devotees as well as the community at large.

Holy Name Society[6]

The Holy Name Society was founded thanks to the encouragement of a Benedictine[7] priest from Detroit, Fr. Bonifacio Lucci, during the 1933 Holy Week Mission held in the Italian Chapel at Sacred Heart Church on Ottawa St. At the May 25, 1933 general assembly, Fr. Lucci outlined the role and objectives of the Holy Name Society: to foster faith, charity and devotion to the Holy Name of Jesus; to support parish activities and service to Italians alongside the parish priests; and to be the fulcrum of interest and fundraising for the future Italian church. Their efforts and actions were intrinsic to the drive for building the Italian church.

5   Information from Salvatore Bonanno
6   Information from St. Angela Merici Church 1983
7   The Benedictine Fathers from Detroit made weekly visits to offer spiritual assistance.

Procession of the Congregation of St. Joseph with Gen girls participating.
Processione della congregazione di San Giuseppe con la partecipazione delle giovani Gen.
Courtesy/Cortesia: Salvatore Bonanno, P13082

Procession of the Congregation of St. Joseph on Erie St.
Processione della congregazione di San Giuseppe in Erie St.
Courtesy/Cortesia: San Giuseppe Congregation, P13014

Holy Name Society at St. Angela Merici Church, 1965.

La società del Santo Nome dinanzi alla chiesa di Sant'Angela Merici, 1965.

Photo by/Foto di: Barney Gloster Studios. Courtesy/Cortesia: Florindo and Domenica Mandarino, P11038

Members of the Legion of Mary with Fr. Remo Rizzato, 1980s.

Socie della Legione di Maria con P. Remo Rizzato, anni '80.

Courtesy/Cortesia: St. Angela Merici Church, P10538

fondi per la futura chiesa italiana. I loro sforzi e il loro operato furono essenziali all'iniziativa di costruire la chiesa italiana.

Durante la grande depressione, i soci svolsero molte attività di beneficenza. Organizzarono un evento sportivo allo stadio di Windsor e furono coadiuvati dalla società delle madri cristiane italiane della Sacred Heart Church nella raccolta di fondi per provvedere ai connazionali lo stretto necessario.

Il contributo della Società del Santo Nome è stato costante. Nomi come B. Camilotto, U. Colautti, A. Dottor, G. Loreto, i fratelli Meconi, L. Merlo, N. Mestruzzi, G. Nadalin, F. Petrozzi e C. Scarpelli sono nomi ben noti associati a innumerevoli iniziative e alla promozione di cause italiane.

Nel 1960, sotto la guida di P. Ugo Rossi e dei presidenti Tony Martinello e Joe Rainelli, la società del Santo Nome iniziò a organizzare pellegrinaggi ai santuari del Nord America per promuovere la fede e preservare le tradizioni religiose italiane. Per oltre 70 anni, questa società è rimasta fedele alla chiesa assistendo i vari bisogni della comunità italiana. Il lavoro di carità cristiana di questa società continua ancora oggi.

Legione di Maria[8]

La legione di Maria fu istituita il 18 settembre 1966 col nome di Madonna di Loreto da P. Umberto Rizzi, primo direttore spirituale, e Norma Bagnarol, prima presidente. Benché il nome fosse poi cambiato a Legione di Maria, le attività continuarono sotto la guida spirituale di vari preti, tra cui i Padri Rino Ziliotto, Salvatore De Vita, Giovanni Bonelli e Remo Rizzato.

Nel 1978, la legione di Maria contava 12 professe, due novizie e 150 ausiliarie. La missione era di eseguire il ministro pastorale della preparazione alla Confessione e alla Santa Comunione e visitare gli ammalati e le famiglie bisognose.

Nel 1979, i legionari furono autorizzati dal Vescovo a portare l'Eucarestia agli ammalati, agli andicappati e anziani che non potevano recarsi in chiesa. P. Remo dirigeva per i legionari sessioni di preghiera e di studio della Bibbia usando passaggi evangelici, Salmi, Cantici, Lodi mattutine, e Vespri. Con la partenza di P. Remo, la legione di Maria cessò di esistere; comunque, i loro servizi continuano ad essere svolti dal gruppo della cura pastorale.

Missione del Crocifisso - Gesù dell'Ascolto[9]

Nel marzo 1996, la Missione di Gesù dell'Ascolto[10] fu avviata dai parrocchiani di Sant' Angela Merici e del parroco, P. Pietro Gandolfi, in seguito alla predica della Missione della Settimana Santa condotta da P. Claudio Piccinini, C.P. Si formò un comitato dirigente per istituire la Missione secondo le regole proposte da P. Claudio al fine di promuovere la devozione alla Passione di Gesù.

---

8 Informazioni dai documenti della chiesa di Sant'Angela Merici
9 Informazioni da Bice Marignani
10 Iniziata negli Stati Uniti nel 1979 da P. Claudio, La Missione di Gesù dell'Ascolto fu estesa in Canadà, Italia e Africa.

During the Depression, the members carried out many charitable activities. They organized a sport event at the Windsor Stadium and were supported by the Italian Christian Mothers' Society of Sacred Heart Church in raising funds to help fellow Italians with the basic necessities.

The contribution of the Holy Name Society has been constant. Names such as B. Camilotto, U. Colautti, A. Dottor, G. Loreto, the Meconi brothers, L. Merlo, N. Mestruzzi, G. Nadalin, F. Petrozzi and C. Scarpelli are household names associated with countless initiatives and promotion of Italian causes.

In 1960, under the leadership of Fr. Ugo Rossi and presidents Tony Martinello and Joe Rainelli, the Holy Name Society began to organize pilgrimages to shrines in North America to foster faith and preserve Italian religious traditions. For over 70 years, this society has remained loyal to the church, supporting the various needs of the community. Their work is still carried on today.

Legion of Mary[8]

The Legion of Mary was founded on September 18, 1966 under the name of Madonna di Loreto by Fr. Umberto Rizzi, the first spiritual director, and Norma Bagnarol, first president. Although the name was later changed to Legion of Mary, the same activities continued under the spiritual guidance of several parish priests, namely Fathers Rino Ziliotto, Salvatore De Vita, Giovanni Bonelli and Remo Rizzato.

In 1978, the Legion of Mary numbered 12 professed, two novices and 150 auxiliaries. Their mission was to carry out the pastoral ministry of preparing for Confession and Holy Communion and visiting the sick and the needy families.

In 1979, the legionnaires were authorized by the Bishop to bring communion to the sick, handicapped and seniors unable to attend Mass. Fr. Remo held Bible study and prayer sessions for the members with gospel passages, Psalms, Canticles, morning prayers, and Vespers. With the departure of Fr. Remo, the Legion of Mary ceased to exist; however, their services continue to be carried out by the Pastoral Care Group.

Mission of the Crucifix, Jesus the Listener[9]

In March 1996, the Mission of Jesus the Listener[10] was founded by parishioners of St. Angela Merici Church and their pastor, Fr. Pietro Gandolfi, after the Holy Week Mission on the Passion of Christ conducted by Fr. Claudio Piccinini, C.P. To promote the devotion to the Passion of Christ, a committee was formed to establish the mission according to rules set up by Fr. Claudio.

Initially, Fr. Claudio provided the committee with two Crucifixes. Giacomo Sablich, a committee member, offered to make crosses and wooden bases. In April 1997, the Crucifix was taken to a

Holy Name Society, 1982.
La società del Santo Nome, 1982.
Courtesy/Cortesia: Diana Rainelli Porfilio, P13027.

Holy Name Society participates in Erie St. procession, c. 2000.
La società del Santo Nome partecipa alla processione in Erie St., ca. 2000.
Courtesy/Cortesia: St. Angela Merici Church, P10585

---

8   Information from St. Angela Merici Church records
9   Information from Bice Marignani
10 First founded by Fr. Claudio in the U.S. in 1979, the Mission of Jesus the Listener has extended to Canada, Italy and Africa.

Fr. Giovanni Bonelli overseeing the delivery of the new altar for St. Angela Merici Church, 1976.

P. Giovanni Bonelli osserva il trasporto del nuovo altare nella chiesa di Sant'Angela Merici, 1976.

Courtesy/Cortesia: St. Angela Merici Church, P10530

Pastoral care volunteer, Flora Ghione, speaking with Gilda Pizzolati.

Flora Ghione, una volontaria della cura pastorale, parla con Gilda Pizzolati.

Courtesy/Cortesia: St. Angela Merici Church, P10536

Inizialmente, P. Claudio procurò due Crocifissi mentre Giacomo Sablich, un membro del comitato, si offrì di produrre altre croci e piedistalli in legno. Nell'aprile 1997, il Crocifisso fu portato per la prima volta a una famiglia della parrocchia. Entro l'anno, il Crocifisso aveva visitato oltre 80 famiglie. Il Crocifisso è portato, su richiesta, alle case da quattro o cinque membri.

Lo scopo della missione di Gesù dell'Ascolto è di riportare la preghiera familiare dove è stata trascurata e di iniziarla dove non esiste. I partecipanti pregano insieme, ascoltano le letture della Sacra Scrittura, cantano e venerano il Crocifisso. È sempre commovente vedere i membri della famiglia e gli ospiti uniti in preghiera attorno al Crocifisso ed è ancor più commovente quando i bambini e gli anziani si uniscono alla preghiera. I rinfreschi sono esclusi e le offerte per la missione non sono richieste né rifiutate.

Gruppo della cura pastorale[11]

Il gruppo della cura pastorale fu fondato nel 1984 per servire i bisogni degli anziani, ammalati, invalidi e dei vedovi della comunità italiana. Questi soffrono spesso la solitudine e la depressione a causa di separazione familiare, d'inabilità, barriera linguistica o perdita del coniuge o di un amico. L'impeto di formare il gruppo fu dato dall'esperienza personale di una parrocchiana che si occupava del padre anziano, vedovo, cieco, triste e solo.

Sotto la guida di P. Lino Santi, il gruppo della cura pastorale consisteva inizialmente di un gruppo di due membri che visitavano ogni settimana due famiglie. Con P. Augusto Feccia, il gruppo è aumentato a 16 membri che fanno visite settimanali o bisettimanali a circa 130 persone che risiedono in 14 case di riposo. Con il loro operato, queste persone sono memori delle parole di Gesù: "Qualsiasi cosa fate al più piccolo dei miei fratelli, lo fate a me."

Il gruppo è anche responsabile dell'organizzazione annuale della Messa salutare con l'Unzione degli infermi, e della Messa in memoria di tutti i parrocchiani deceduti l'anno precedente.

Regis Club[12]

Nel 1959, il Regis Club segnò una rinascita grazie a un gruppo di giovani decisi a infondere nuova vita in un'associazione che doveva divenire una importante attrazione per la gioventù italiana. Lo scopo era di attrarre i giovani dall'età dai 18 a 27 anni che, con la partecipazione ad attività sociali, educative, culturali e spirituali, potrebbero avere una facile transizione dall'adolescenza alla maturità e nel frattempo promuovere la fede cattolica.

I giovani appena arrivati dall'Italia avevano bisogno di un luogo d'incontro per interagire, crescere, fare amicizie, offrire il proprio tempo e i loro talenti, e impegnarsi in attività ricreative. Il momento e il luogo erano ottimi. Mentre la crescente immigrazione italiana procurava un maggior numero

11 Informazioni di Elda Fabris
12 Informazioni da vari fascicoli del Regis Club, articoli e note

parish family for the first time. By year end, the Crucifix had visited more than 80 families. Upon request, the Crucifix is brought to the home by four or five members.

The purpose of the Mission of Jesus the Listener is to reinstate the practice of family prayer where it has been neglected and to initiate it where it does not exist. Participants pray together, listen to Scripture readings, sing and venerate the Crucifix. It is always moving to see family members and guests around the cross united in prayer and it becomes more touching when children and the elderly join in the prayer session. Refreshments are excluded and donations for the mission are neither solicited nor refused.

Pastoral Care Group[11]

The Pastoral Care Group was established in 1984 in response to the needs of the elderly, the sick, the disabled and the widowed in the Italian-speaking community. These individuals often suffer loneliness and depression due to family separation, incapacitation, language barrier or the loss of a spouse or friend. The impetus for establishing the group was the personal experience of a parishioner who dealt with the loneliness of her elderly, blind, widowed immigrant father.

Under the guidance of Fr. Lino Santi, the Pastoral Care Group initially consisted of two team members visiting two families every week. With Fr. Augusto Feccia, the group has grown to 16 members who make weekly or bi-weekly visits to about 130 people residing in 14 nursing homes. Through their work, these dedicated people are mindful of Jesus' words: "Whatsoever you do to the least of my brothers, you do unto me."

This group is also responsible for organizing an annual Healing Mass with the Anointing of the Sick and a Memorial Mass for parishioners who had died the previous year.

Regis Club[12]

The Regis Club marked a rebirth in 1959 thanks to a group of young people determined to infuse new life into an association that was to become a major attraction for Italian youth. Its aim was to draw young adults ages 18 to 27 who, through social, educational, cultural and religious activities, would make a smooth transition from adolescence to adulthood while fostering their Catholic faith.

Newly-arrived young Italians needed a meeting place to interact, grow, form friendships, volunteer their time and talents, and engage in recreational activities. The time and place were optimal. While the increasing Italian immigration provided a larger membership, St. Angela Hall provided a venue for social and spiritual activities in a caring and Christian environment.

The March 1961 arrival of the newly-ordained Fr. Lino Santi, soccer fan and theatre enthusiast,

Members of the Mission of the Crucifix, Jesus the Listener, 1990s.
Soci della Missione del Crocifisso, Gesù dell'Ascolto, anni '90.
Courtesy/Cortesia: St. Angela Merici Church, P10578

---

11 Information from Elda Fabris
12 Information from various Regis Club booklets, articles and notes

First St. Angela Merici Church Choir with Fr. Umberto Rizzi, 1962-63.

Il primo coro della chiesa di Sant'Angela Merici con P. Umberto Rizzi, 1962-63.

Courtesy/Cortesia: Florindo and Domenica Mandarino, P11039

First Communion at St. Angela Merici Church with Fr. C. De Santis and Fr. J. F. Fitzpatrick, May 30, 1954.

La Prima Comunione alla chiesa di Sant'Angela Merici, con i Padri C. De Santis e J. F. Fitzpatrick, 30 maggio 1954.

Courtesy/Cortesia: Vito and Vanna Evola, P13843

St. Angela Merici – First Communion – 1942 –

First Communion class at St. Angela Merici Church with Ursuline nuns and Fr. J. F. Fitzpatrick.

Gruppo della Prima Comunione alla chiesa di Sant'Angela Merici con le suore Orsoline e Padre J. F. Fitzpatrick.

Courtesy/Cortesia: St. Angela Merici Church, P10470

Bishop John C. Cody administers the sacrament of Confirmation at St. Angela Merici Church. Forefront, Irma Pupulin Chiarcos is accompanied by her sponsor Nives Del Col, 1958.

Il vescovo John C. Cody amministra il sacramento della cresima alla chiesa di Sant'Angela Merici. In prima fila, Irma Pupulin Chiarcos è accompagnata dalla madrina Nives Del Col, 1958.

Courtesy/Cortesia: St. Angela Merici Church, P10509

di associati, la St. Angela Hall offriva il luogo d'incontro ideale per attività sociali e spirituali in un ambiente fraterno e cristiano.

A marzo del 1961, l'arrivo di P. Lino Santi, da poco ordinato, un tifoso di calcio e appassionato del teatro, fu il catalizzatore di energia e impegno. Divenne il direttore spirituale del Regis Club. P. Lino parlava ai giovani durante le adunanze domenicali, dirigeva ritiri spirituali alla St. Mary's Academy e all'Holy Redeemer College e ogni mese celebrava la Santa Messa per loro. Dette impulso a rappresentazioni teatrali, alla formazione di squadre di calcio, *baseball* e pallacanestro, e alla partecipazione a vari comitati. Gli anni sessanta possono considerarsi l'era d'oro di questo club che divenne un magnete per la comunità italiana.

Alle adunanze domenicali seguiva il ballo, eccetto durante la Quaresima quando il ballo era sostituito da dialoghi su temi d'interesse che incoraggiavano la partecipazione dei membri. Più tardi, il ballo si estese ad altre chiese.[13] Ai balli di Natale, Halloween e Mardi-Gras, il Regis Club premiava i migliori costumi e, al ballo di giugno, sceglieva la Miss Regis Club e il Membro dell'anno.

Al torneo del 16 giugno 1964, erano in gara le squadre di calcio, ciclismo e tiro alla fune. Per la sportività esibita dagli atleti, Michael Patrick, il Sindaco di Windsor lodò la parrocchia italiana perché "era andata oltre i confini della comunità e aveva dato a tutti i gruppi etnici l'esempio di essere entrambi ottimi cittadini canadesi e bravi italiani, legati alle loro belle tradizioni."

I membri partecipavano alla parata annuale del primo maggio per onorare la Madonna, creando carri religiosi come *La fuga in Egitto*. Questo carro del 1963 rappresentava la Sacra Famiglia con 30 angioletti e circa 50 giovani che portando bandiere di varie nazioni simboleggiava il nesso tra la fuga della *Sacra Famiglia in Egitto* e l'esperienza dell'emigrante. Il *Calvario e la Speranza per la Pace* del 1965 fu un altro carro memorabile. I membri del Regis Club aiutarono anche con la preparazione del carro della *Torre di Pisa* per la parata del 1° luglio 1966 (Dominion Day).

Alcuni volontari si occuparono del Centro sociale italiano situato al 973 Louis Ave. Aiutarono i nuovi immigrati italiani a trovare lavoro e alloggio, a compilare domande per assegni famigliari, assistenza sociale, pensioni, disoccupazione, e con traduzione di documenti. Offrirono anche d'insegnare l'inglese ai nuovi immigrati italiani.

In uno sguardo retrospettivo, il Regis Club può considerarsi la 'manna dal cielo.' Procurò ai giovani immigrati amicizia e cameratismo per compensare le difficoltà di adattamento al nuovo paese e colmare il vuoto sentito per la mancanza dei cari lasciati in Italia. Il Regis Club offrì un ambiente propizio all'amore. Infatti, molti membri trovarono l'anima gemella e s'incamminarono verso l'altare.

---

13 Per esempio, un *hootenanny* e ballo presso la chiesa di St. Alphonsus

was the catalyst of energy and involvement. He became the spiritual director of the Regis Club. Fr. Lino addressed the young people at the Sunday meetings, conducted spiritual retreats at St. Mary's Academy and Holy Redeemer College and celebrated monthly Mass for them. He also promoted theatre presentations, the formation of teams such as soccer, baseball and basketball, and involvement in committees. The 1960s can be considered the golden era of this club when it became a magnet for the Italian community.

Sunday meetings were followed by dances, except during Lent when dances were replaced by discussions on topics of interest which encouraged members' participation. Later, dances expanded beyond the boundaries of St. Angela Hall to other churches.[13] At the Christmas, Halloween and Mardi-Gras dances, the Regis Club provided prizes for best costumes and, at the June dance, selected a Miss Regis Club and a Member of the Year.

At a tournament on June 16, 1964, soccer, cycling, running and tug-of-war teams competed. For the sportsmanship displayed by the competitors, Michael Patrick, Mayor of Windsor, praised the Italian parish because "It went beyond the boundaries of the community and gave to all the ethnic groups the example of how to be both excellent Canadian citizens and good Italians attached to their own beautiful traditions."

Members participated in the annual May Day parade to honour the Madonna, creating religious floats such as *Flight to Egypt*. This 1963 float represented the Holy Family and included 30 little angels and about 50 young people carrying flags of nations symbolizing the connection between the Holy Family's flight to Egypt and the emigrant experience. The 1965 *Calvary and Hope for Peace* was another memorable float. The Regis Club members also helped with *The Leaning Tower of Pisa* float for the July 1, 1966 Dominion Day Parade.

Some members volunteered to operate an Italian Social Centre at 973 Louis Ave. They assisted Italian newcomers with finding jobs and accommodations; filling out applications for family allowance, welfare, pensions and unemployment; and translation of documents. They even offered to teach English to new Italian immigrants.

In retrospect, the Regis Club was 'manna from Heaven.' It provided young people with friendship and camaraderie to counter the difficulties of adjusting to a new country, filling the void felt by the absence of loved ones left behind. It offered an environment conducive to love. Indeed, many members found their soulmate and walked to the altar.

St. Angela's Senior Citizen Centre

The senior citizen centre was officially opened on February 14, 1978 in the basement of St. Angela Hall with 50 members, thanks to the interest of Leah Lendarduzzi, who became the first president,

---

13   For example, a hootenanny and dance at St. Alphonsus Church

Regis Club dinner and dance ticket. Price $1.25 - how times have changed!
Biglietto per cena e ballo del Regis Club. Costo $1.25 - come sono cambiati i tempi!
Courtesy/Cortesia: Teresio and Agnese Barichello, P11158B

Miss Regis Club, St. Angela Hall, 1963. In orchestra: Luigi, Remigio and Pietro Sovran, Gino Mancini and Mario Castelli. Standing in front: Teresio Barichello, Lucy Giglio, Rino Martino, Angela Conti, Filomena Iona and Egidio Novelletto.

Miss Regis Club, sala Sant'Angela, 1963. Nell'orchestra: Luigi, Remigio e Pietro Sovran, Gino Mancini e Mario Castelli. Davanti, in piedi: Teresio Barichello, Lucy Giglio, Rino Martino, Angela Conti, Filomena Iona e Egidio Novelletto.

Courtesy/Cortesia: Teresio and Agnese Barichello, P10768

A dance at St. Angela's Senior Citizens Centre, 1981.

Un ballo al centro degli anziani di Sant'Angela, 1981.

Courtesy/Cortesia: St. Angela Senior Citizen Centre, P10700

Nativity scene at St. Angela Merici Church, 1960s.

Scena della Natività dinanzi alla chiesa di Sant'Angela Merici, anni '60.

Courtesy/Cortesia: Jimmy Ruggiero, P12526

Centro degli anziani di Sant'Angela

Il centro degli anziani fu aperto ufficialmente il 14 febbraio nel seminterrato della St. Angela Hall con 50 menbri, grazie all'interesse di Leah Lenarduzzi, che divenne la prima presidente, e un gruppo di fervide sostenitrici. Mentre il numero dei membri che parlavano italiano aumentava a 350, così aumentava la varietà delle attività, resa possibile per una concessione governativa di $30,000. Con questa somma, il gruppo acquistò provviste e attrezzi come un pianoforte, una cucina e un giradischi. Il gruppo si radunava tre volte la settimana, partecipava alla Messa settimanale e, con l'aiuto del Senior Citizens' Centre all'angolo di Goyeau St. e Tuscarora Ave., ospitava oratori come un infermiere, un dottore, una terapista e un avvocato. Gli anziani s'impegnavano in attività ricreative come giocare a carte, a bocce, ai birilli, *shuffleboard*, al canto, e ballo. Organizzavano dei picnic al Memorial Park. Leah ricorda: "Era bello essere insieme. Membri venivano anche da Amherstburg e Riverside. Non erano parrocchiani della nostra chiesa tuttavia venivano ugualmente."[14]

Quando Leah si ritirò, Adelia Mencarelli divenne presidente. Nel 1990, il centro contava 350 anziani iscritti che parlavano ancora perlopiù italiano. Adelia Mencarelli spiegò: "Hanno lavorato in campagna, nei fossati. Sono venuti a questo paese per una vita migliore. Non hanno avuto tempo per imparare l'inglese. Erano troppo occupati a cercare di sopravvivere." In un articolo del 1990 del Windsor Star, Lori Coticchio espresse l'importanza del centro per farla andare avanti: "Io passo il tempo. Dopo la morte di mio marito non avevo più voglia di vivere. Piangevo e piangevo, ma quattro mesi più tardi ritornai a frequentarlo. Ora sono contenta."[15]

A marzo del 2000, il gruppo si trasferì all'Alessandro Toldo Hall, angolo di Erie St. e Howard Ave., assumendo il nome Via Italia Senior & Community Centre. Nel 2004, il club aveva circa 150 membri. Il centro continua ad offrire agli anziani italiani una comunità amabile e familiare.

Associazione di San Pio[16]

Quest'associazione fu fondata nel 2005 da Emanuele Calamita per aiutare la Fondazione di San Pio. L'associazione ha circa 70 soci.

Società di San Francesco di Paola [17]

La società di San Francesco di Paola fu fondata nel febbraio 1995 sotto la direzione del parroco P. Pietro Gandolfi. Questa società ha unito i calabresi e i loro discendenti di Windsor e della contea di Essex nell'onorare il santo patrono della Calabria. Grazie alla dedizione dei membri e alla guida dei Padri Scalabriniani, questa organizzazione conta oltre 40 membri, con l'appoggio di una comunità che si estende in tutto l'Ontario e il Michigan.

14 Informazioni da Leah Lenarduzzi
15 Macaluso 1990:C11
16 Informazioni da Emanuele Calamita
17 Informazioni da Frank Gualtieri

and a group of dedicated seniors. As the number of mostly Italian-speaking members grew to over 300, so did the variety of activities made possible by a government grant of $30,000. With this money, the group purchased necessary supplies and furniture, including a piano, stove and record player. The group met three times per week, attended weekly Mass and, with the help of the Senior Citizens Centre at Goyeau St. and Tuscarora Ave., hosted guest speakers such as a nurse, a doctor, a physical fitness expert and a lawyer. The members engaged in recreational activities such as playing cards, shuffleboard, *bocce*, bowling, singing and dancing. They organized picnics at Memorial Park. Leah recalls: "It was good to get together. We even had members from Amherstburg and Riverside. They were not members of our church but they came anyway."[14]

When Leah stepped down, Adelia Mencarelli became president. In 1990, the centre reached a membership of 350, still of mostly Italian-speaking seniors. Adelia explained: "They worked in farms, in ditches. They came to this country for a better life. They didn't have time to learn English. They were too busy trying to survive." In a 1990 *Windsor Star* article, Lori Coticchio indicated the importance of the centre in keeping her going: "I pass time. After my husband died I no longer wanted to live. I cried and cried, but after four months I started to go back. Now I'm happy."[15]

In March 2000, the centre moved into the Alessandro Toldo Hall at the corner of Erie St. and Howard Ave. and became known as the Via Italia Senior & Community Centre. They had about 150 members in 2004. The centre continues to provide a caring familiar community for Italian seniors.

St. Pio Association[16]

This association was founded in 2005 by Emanuele Calamita to help the St. Pio Foundation. It has about 70 members.

San Francesco di Paola Society[17]

The San Francesco di Paola Society was founded in February 1995 under the direction of Fr. Pietro Gandolfi, pastor of St. Angela Merici Church. It has united *calabresi* and their descendents from Windsor and Essex County in honouring the patron saint of Calabria. Thanks to the dedication of its members and the guidance of the Scalabrini Fathers, this organization numbers over 40 members with the support of a community that extends throughout Ontario and Michigan.

This society provided St. Angela Merici Church with a statue of San Francesco di Paola.[18] A Mass

14 Information from Leah Lenarduzzi
15 Macaluso 1990:C11
16 Information from Emanuele Calamita
17 Information from Frank Gualtieri
18 San Francesco, named after St. Francis of Assisi, was born in Paola, Cosenza on March 27, 1416 and died on April 2, 1507. Following a pilgrimage to Rome and Assisi, he became a hermit in a cave near Paola. Known as a miracle worker, he dedicated his life to healing the sick and helping the poor and the oppressed. He was canonized in 1519 by Pope Julius II, declared patron saint of Italian seamen by Pope Pius XII in 1943 and patron saint of Calabria by Pope John XXIII in 1963. (www.sanfrancescodipaola.it)

St. Angela Senior Citizens Club at St. Angela Hall, 1978.
Il club degli anziani di Sant'Angela nella sala Sant'Angela, 1978.
Courtesy/Cortesia: Leah Lenarduzzi, P14103

San Francesco di Paola Society in procession along Erie St. E.
Processione della società di San Francesco di Paola lungo Erie St. E.
Courtesy/Cortesia: Società di San Francesco di Paola, P13260

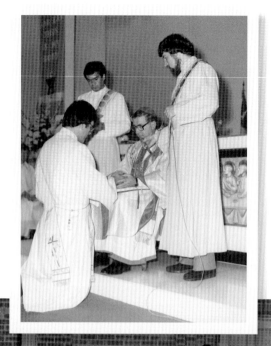

Lawrence Sabatini, Auxiliary Bishop of Vancouver, holds Richard Zanotti's hands during his Ordination at St. Angela Merici Church, August 24, 1980.

Lawrence Sabatini, Vescovo Ausiliare di Vancouver, stringe le mani di Richard Zanotti durante la sua Ordinazione nella chiesa di Sant'Angela Merici, 24 agosto 1980.

Courtesy/Cortesia: Lisa Zanotti, P10695

Confirmation at St. Angela Merici Church, 1950s.

La Cresima nella chiesa di Sant'Angela Merici, anni '50.

Courtesy/Cortesia: Anna Masaro and Christine Rocca, P11388

First Communion at St. Angela Merici Church with Fathers Lino Santi, Ugo Rossi and Umberto Rizzi, 1964.

La Prima Comunione alla chiesa di Sant'Angela Merici con i Padri Lino Santi, Ugo Rossi e Umberto Rizzi, 1964.

Courtesy/Cortesia: Felix Radigonda, P13842

I am delighted to extend my greetings and sincere best wishes to the members of St. Angela Merici Church on the occasion of its 60th anniversary.

When such a venerated institution reaches the milestone of 60 years of dedicated community service, it is certainly cause for celebration. The Church has played an important role in the development of the community and has served as a focal point, both spiritual and social, for countless individuals from all walks of life. No doubt, this occasion will give you an opportunity to reflect upon your church's unique history and take pride in your spiritual heritage.

I would like to offer my very best wishes to the entire congregation for a joyful celebration. May the coming years be filled with peace and happiness for each of you.

Jean Chrétien

OTTAWA
1999

Outdoor Mass at St. Angela Merici Church, 1980s.
Messa all'aperto dinanzi alla chiesa di Sant'Angela Merici, anni '80.
Courtesy/Cortesia: St. Angela Merici Church, P10564

Congratulatory letter from Prime Minister Jean Chrétien acknowledging the 60th anniversary of St. Angela Merici Church, 1999.

Lettera congratulatoria del Primo Ministro Chrétien in riconoscimento del 60° anniversario della chiesa di Sant'Angela Merici, 1999.

Courtesy/Cortesia: St. Angela Merici Church, P11197

Shrine and statue of the
Madonna di Canneto, Windsor.

Santuario e statua della
Madonna di Canneto, Windsor

Courtesy/Cortesia: Madonna di Canneto Society,
P14095

La società ha procurato una statua di San Francesco di Paola[18] per la chiesa di Sant'Angela Merici. Una Messa in onore del santo è celebrata annualmente la quarta domenica di settembre seguita da una processione, e un banchetto organizzato il quarto sabato di ottobre. Alla Messa mensile partecipano i membri e il loro coro. La società crede nell'esempio di caritas dato da San Francesco.

La società ha fatto donazioni alla chiesa italiana di Windsor e a quella di San Francesco di Paola in Italia. È impegnata in molte iniziative di carità a beneficio della comunità locale e dei paesi del terzo mondo. La società ha anche patrocinato due giovani donne dell'India a proseguire gli studi d'infermiere.

Società della Madonna di Canneto - Windsor

Nel 1987, un gruppo di devoti guidati dal presidente Tony Tramontozzi, organizzò il trasporto della statua della Madonna di Canneto di Toronto a Windsor. Per molti ciociari era la prima volta che rivedevano la sacra icona sin dalla loro partenza dall'Italia. Questo evento, presenziato da migliaia di persone, fu così commovente che si decise di formare il gruppo della Madonna di Canneto di Windsor.[19] Lo scopo era di dare l'opportunità ai ciociari locali di mantenere la devozione alla Madonna e le stesse tradizioni religiose e secolari osservate da tanti devoti al santuario di Canneto[20] in Ciociaria.

La società della Madonna di Canneto fu fondata a Windsor nel 1991 e incorporata nel 1992.[21] Nell'agosto dello stesso anno, la Società ottenne la propria replica della statua originale[22] e migliaia di pellegrini giunti da tutto il Nord-America festeggiarono il suo arrivo. La statua fu benedetta da P. Lino Santi e da Don Ottavio Scaccia, vicario del Vescovo di Sora, Frosinone (Lazio).

Una cappella, costruita per la Madonna sul terreno annesso al Club Ciociaro, fu inaugurata il 3 febbraio 2001 per dare ai fedeli un luogo per pregare e meditare. La comunità offrì denaro, materiale, macchinari e manodopera. La cappella ha una facciata simile a quella di Canneto mentre

18 San Francesco di Paola, al quale fu dato il nome di San Francesco d'Assisi, nacque a Paola, Cosenza il 27 marzo 1416 e morì il 2 aprile 1507. Dopo un pellegrinaggio a Roma e ad Assisi, divenne un eremita vivendo in una caverna vicino a Paola. Noto come un uomo di miracoli, dedicò la sua vita a guarire gli ammalati e ad aiutare i poveri e gli oppressi. Fu canonizzato nel 1519 da Papa Giulio II, dichiarato santo patrono dei marinai italiani da Papa Pio XII nel 1943 e santo patrono della Calabria da Papa Giovanni XXIII nel 1963. (www.sanfrancescodipaola.it)
19 *Società Madonna di Canneto* 1996:5; www.canneto.ca
20 L'originale santuario di Canneto è situato nel Parco Nazionale degli Abruzzi, a Settefrati, Frosinone. Il primo documento storico che fa riferimento all'esistenza di una chiesa dedicata alla Madonna nella valle di Canneto risale all'819 ai tempi di Papa Pasquale I. Un'antica leggenda parla di una pastorella, Silvana, che ebbe l'apparizione di una Signora bianca, radiante di luce e di bellezza celestiale. La Signora la incaricò di chiedere al parroco di Settefrati di costruire una chiesa sul sito dell'apparizione. Una volta costruito, il santuario attrasse molta gente e fu ripristinato e ampliato nel corso dei secoli. Migliaia di pellegrini attribuiscono molti miracoli alla Madonna. Tanti emigranti dall'Italia Centrale visitarono Canneto prima di espatriare e, volendo preservare le propria tradizioni, hanno formato la propria società della Madonna di Canneto nei nuovi luoghi di residenza come Boston, Montreal, Toronto e Windsor.
21 *Società Madonna di Canneto* 1996:32
22 La Madonna di Canneto è nota come la "Madonna Bruna," perchè l'artista della statua originale di Canneto fu ispirato da molti ritratti della Madonna dalla pelle scura. Inoltre, a causa dei vari restauri – insieme al fumo di migliaia di candele - l'icona ha assunto una tonalità marrone. La statua della Madonna di Canneto di Windsor è il lavoro di Giuseppe Stuflesser, un artista di Ortisei, Bolzano (Trentino-Alto Adige).

in honour of this saint is celebrated annually on the fourth Sunday of September, followed by a procession and banquet on the fourth Saturday of October. A monthly Mass is attended by its members, with the society's own choir. The society believes in what San Francesco exemplifies about *caritas* (charity).

The society has made donations to the Italian church in Windsor and to San Francesco di Paola Church in Italy. It has been involved in several charitable initiatives within the local community and Third World countries. The society has also sponsored two young ladies from India in pursuing their nursing studies.

Society of the Madonna di Canneto - Windsor

In 1987, a group of devoted people led by president Tony Tramontozzi arranged to have Toronto's statue of the Madonna di Canneto brought to Windsor.[19] For many *ciociari*, it was the first time they had seen this sacred image since leaving their homeland. This event, attended by thousands of people, was so moving that it was decided to form Windsor's own group of the Madonna di Canneto. The aim was to give local *ciociari* the opportunity to maintain their devotion to the Madonna with religious and secular traditions they followed at the Sanctuary of Canneto[20] in *Ciociaria*.

The Society of the Madonna di Canneto was founded in Windsor in 1991 and incorporated in 1992.[21] In August of the same year, Windsor obtained its own replica of the original statue[22] and thousands of pilgrims from all over North America celebrated its arrival. The statue was blessed by Fr. Lino Santi and Don Ottavio Scaccia, representing the Bishop of Sora, Frosinone (Lazio).

A chapel, constructed for the Madonna on the grounds of the Ciociaro Club, was inaugurated on February 3, 2001 to give worshipers a place to pray and reflect. The community donated money, materials, machinery and labour. The chapel has a façade similar to the one in Canneto while the rest of the edifice is original and ultra-modern, representing the cohesion of two cultures – Italian and North American.

---

19 *Società Madonna di Canneto* 1996:5; www.canneto.ca
20 The original Sanctuary of Canneto is located in the National Park of the Abbruzzi in Settefrati, Frosinone. The first historical document which refers to a church dedicated to the Madonna in the Valley of Canneto dates back to 819 at the time of Pope Pasquale I. An ancient story tells of a young shepherd girl named Silvana who saw an apparition of a white Lady radiating light and celestial beauty. The Lady instructed her to ask the rector in Settefrati to construct a church at the site where she appeared. Once constructed, the sanctuary attracted many people and was renovated and enlarged over the centuries. Thousands of pilgrims credit the Madonna with many miracles. Many emigrants from Central Italy visited Canneto before leaving their homeland and, wanting to keep their traditions alive, they formed societies of the Madonna di Canneto in their new places of residence such as Boston, Montreal, Toronto and Windsor.
21 *Società Madonna di Canneto* 1996:32
22 She is known as the "Brown Madonna" because the artist of the original statue in Canneto was inspired by the many dark-skinned portraits of the Madonna. Also, as a result of various restorations – coupled with the smoke from millions of candles – the icon has taken on a brown hue. The statue of the Madonna in Windsor is the work of Giuseppe Stuflesser, an artist from Ortisei, Bolzano (Trentino-Alto Adige).

St. Angela Merici Church Garden of Eden float in May Day parade along Ouellette Ave., 1950s.

Giardino dell'Eden, carro da corteo della chiesa Sant'Angela Merici nella parata di maggio lungo la via Ouellette, anni '50.

Courtesy/Cortesia: Teresio and Agnese Barichello, P10766

Festival of the Madonna di Canneto, August 22, 1994.

Festa della Madonna di Canneto, 22 agosto 1994.

Courtesy/Cortesia: The Windsor Star, P10802

Members of the Catholic Youth Organization, 1949.

Membri della Catholic Youth Organization, 1949.

Courtesy/Cortesia: St. Angela Merici, P10488

Members of the Catholic Youth Organization, 1949.

Membri della Catholic Youth Organization, 1949.

Courtesy/Cortesia: St. Angela Merici, P10489

il resto dell'edificio è originale e modernissimo, rappresentante la coesione di due culture: l'italiana e la nordamericana.

La dimora della Madonna di Canneto, oltre ad essere un simbolo della cultura italiana in questa area, è un luogo che richiama i devoti della Madonna al raccoglimento e alla preghiera. In agosto, una gran folla di pellegrini partecipa alla festa annuale che include due Messe solenni la domenica, una processione all'aperto, due giorni di divertimento e fuochi d'artificio a conclusione delle festività.

Nel corso degli anni, la festa in onore della Madonna di Canneto di Windsor è divenuta una delle più grandi nel suo genere del sud-est Ontario.

Società di San Vincenzo de Paoli[23]

La società di St. Vincenzo de Paoli[24] di Sant'Angela Merici fu fondata nel 1961 da P. Ugo Rossi, il quale affidò più tardi la direzione a P. Lino Santi. Un gruppo di parrocchiani italiani si radunava due volte al mese per svolgere opere di beneficenza. La sezione di Windsor continua ad aiutare le famiglie locali visitando settimanalmente gli ammalati negli ospedali e nelle case di riposo, e provvedendo alle famiglie bisognose della comunità cibo, abbigliamento, mobili e qualsiasi altro sostegno materiale e sociale. Questo servizio era estremamente importante negli anni sessanta quando tanti italiani appena arrivati avevano difficoltà ad adattarsi al nuovo modo di vita.

Attualmente, il mandato di servire i bisognosi si è esteso a includere non solo i poveri e gli ammalati della comunità italiana ma anche quelli di ogni credo, razza e religione, grazie alle generose offerte dei parrocchiani e benefattori.

Uscieri[25]

Il gruppo degli uscieri italiani fu formato presso la Holy Trinity Church prima della costruzione della chiesa di Sant'Angela Merici. Il loro servizio consiste nell'accogliere in chiesa i parrocchiani e procurare loro un posto, nell'aiutare il celebrante con la preparazione della Messa, la raccolta delle offerte della congregazione e nell'assistere i sacerdoti in varie funzioni, processioni e altre attività.

Gruppi della gioventù[26]

Prima della costruzione della chiesa di Sant'Angela Merici, la gioventù italiana partecipava alle attività di altre parrocchie locali. Per esempio, la Young Ladies' Sodality of Immaculate Conception Church includeva giovani italiane[27] nel comitato esecutivo nel 1935. Il gruppo delle ragazze italiane

23 Informazioni da documenti della chiesa di Sant'Angela Merici
24 La società di San Vincenzo de Paoli è un'organizzazione laica senza scopo di lucro fondata nel 1933 a Parigi dal Beato Frederic Ozanam. La società formata sull'esempio del suo Patrono, San Vincenzo de Paoli, noto come l'Apostolo di Carità, offre aiuto ai bisognosi e allevia l'indigenza dei poveri.
25 Informazioni da Emanuele Calamita
26 Informazioni da *Border Cities Star*, *Windsor Daily Star* e St. Angela Merici Church 1949
27 Rosalyn Nosotti e Mary Dottor

The home of the Madonna di Canneto, besides being a symbol of Italian culture in this region, is a place that draws devotees for prayer and meditation. Large numbers of pilgrims attend the August annual festival, which includes two High Masses on Sunday, outdoor processions, two days of entertainment and fireworks at the end of the festivities.

Over the years, the celebration to honour the Madonna di Canneto in Windsor has become the largest of its kind in Southwestern Ontario.

Society of St. Vincent de Paul[23]

The Society of St. Vincent de Paul[24] of St. Angela Merici Church was founded in 1961 by Fr. Ugo Rossi who later entrusted the mandate to Fr. Lino Santi. A group of Italian parishioners met twice a month to carry out charitable activities. The Windsor chapter continues to make weekly visits to the sick in hospitals and nursing homes and to help local families with social support, food, clothing, furnishings, and any other requirements. This service was extremely important in the 1960s when many Italian newcomers needed to adjust to a new way of life.

Currently, its mandate of serving the needy has expanded to include not only the poor and the sick within the Italian community but also those of every creed, race and religion, thanks to generous donations from parishioners and benefactors.

Ushers[25]

The Italian Ushers' group was formed at Holy Trinity Church before the construction of St. Angela Merici Church. Their services consist of welcoming church parishioners and leading them to their seats, helping the celebrant in the preparation of the Mass, collecting donations from the congregation and assisting the priests with church celebrations, processions and other activities.

Youth Groups[26]

Prior to the construction of St. Angela Merici Church, Italian youth participated in activities at other local parishes. For example, the Young Ladies' Sodality of Immaculate Conception Church included Italians[27] on the executive in 1935. The group of the Italian girls' Catholic Youth Organization (C.Y.O.)[28] was formed at a meeting held in the auditorium of the Holy Trinity Church in January

Members of the St. Vincent de Paul Society, January 21, 1980. From left: Filippo Gualtieri, Silvano Perossa, Rino Bonato, Fr. Remo Rizzato, Giacomo Povoledo, Antonio Gerace, Benedetto Giardina and Antonio Bison.

Membri della società di San Vincenzo de Paoli, 21 gennaio, 1980. Da sinistra: Filippo Gualtieri, Silvano Perossa, Rino Bonato, P. Remo Rizzato, Giacomo Povoledo, Antonio Gerace, Benedetto Giardina e Antonio Bison.

Courtesy/Cortesia: St. Angela Merici Church, P10562

---

23 Information from St. Angela Merici Church records.
24 The Society of St. Vincent de Paul is a non-profit lay organization founded in 1933 in Paris by Blessed Frederic Ozanam. The Society, modeled after its Patron, St. Vincent de Paul, known as the Apostle of Charity, provides aid to the needy and alleviates the destitution of the poor.
25 Information from Emanuele Calamita
26 Information from *Border Cities Star, Windsor Daily Star* and St. Angela Merici Church 1949
27 Rosalyn Nosotti and Mary Dottor
28 The Catholic Youth Organization was originally founded by Bishop Bernard J. Sheil of Chicago in 1930, and established in the London Diocese during the episcopate of Bishop Kidd (1931-50).

Card advertising February 5, 1938
benefit dance to raise money for the Italian parish,
sponsored by the newly-formed Italian Catholic
Youth Organization.

Biglietto che annuncia il ballo di beneficenza del 5 febbraio
1938 per raccogliere fondi per la parrocchia italiana,
patrocinato dalla C.Y.O. appena formata.

Courtesy/Cortesia: Giovanna and Anne Senesi, P13857

Members of the St. Angela Youth Club, c. 1980.
Soci del Youth Club di Sant'Angela, 1980 ca.

Courtesy/Cortesia: St. Angela Merici Church, P10561

della Catholic Youth Organization (C.Y.O.)[28] fu formato a una adunanza tenutasi nell'auditorio della Holy Trinity Church nel gennaio del 1938 con 47 persone presenti. Il loro primo evento importante fu un ballo per raccogliere fondi per la nuova parrocchia italiana. Lo scopo principale della C.Y.O. era di guidare i giovani cattolici a vivere una vita cristiana tramite una varietà di attività come la preghiera, il canto, rappresentazioni teatrali,[29] opere di carità, sport e raccolta di fondi. All'inizio, c'erano due gruppi separati di ragazze e i ragazzi della C.Y.O. Alcuni dati indicano che i due gruppi donarono $98.58 ciascuno per la costruzione della chiesa nel 1939.

Nel 1949, quando fu costruito il Youth Centre, Tino Baggio fu presidente e P. John Stopponi, direttore spirituale.[30] Dopo che la C.Y.O. della Sant'Angela cessò di operare, le attività per i ragazzi e le ragazze furono fornite dal Youth Club, anni 1960-80.

Altre opportunità d'impegno per i giovani erano il gruppo dei chierichetti (che oggi unclude anche le ragazze), e il Sodalizio di Maria, un gruppo che offriva attività per ragazze dalla prima all'ottava classe negli anni 1950-60. Negli anni settanta il Sodalizio divenne Gen.

Non tutti gli italiani sono cattolici

Mentre la maggioranza degli italiani di Windsor sono cattolici, altre religioni svolgono un ruolo. "Molti [italiani di Windsor] si sono convertiti ad altre religioni. Pasquale Palmieri [conosciuto come il primo italiano residente a Windsor] alla sua morte era membro della prima Italian Presbyterian Church of Detroit." (Rusich 1988)

A Windsor come in Italia, c'è una piccola ma crescente Chiesa Pentecostale. Trentino Bonafede venne dall'Argentina nel 1963 per fondare la Chiesa Pentecostale a Windsor. Entro il 1975, la congregazione di questa chiesa contava circa 100 italiani.[31] Alla fine del 2004, il nome fu cambiato da Chiesa Pentecostale Italiana a Chiesa Pentecostale Evangelica. Situata al 5415 Walker Rd., è affiliata alla Canadian Assemblies of God che serve le comunità italiane del Canada dal 1912. La loro missione indica che loro hanno per le comunità italiane un ministero particolare che si estende a tutti i canadesi, senza distinzione di lingua, nazionalità o razza. La chiesa locale, originariamente una congregazione italiana, ora esegue servizi in italiano e inglese. Dal 1° giugno 2007, è divenuta la Cornerstone Community Church.

In più, un gran numero di italiani di Windsor appartengono ad altre organizzazioni religiose come la Jehovah Witnesses o la Windsor Christian Fellowship.

28 L'organizzazione della gioventù cattolica fu inizialmente fondata dal vescovo Bernard J. Sheil di Chicago nel 1930, e stabilita nella Diocesi di London durante l'episcopato del vescovo Kidd (1931-50).
29 Una delle prime commedie *Chiamla Mama* fu presentata alla Italian Club Hall, 966 Wyandotte E.
30 St. Angela Merici Church 1949
31 *La Gazzetta*, 11 settembre 1975, p. 6

1938 with 47 people present. Their first major event was a dance to raise funds for the new Italian parish. The main purpose of the C.Y.O. was to guide young Catholics to live a Christian life through a variety of activities including prayer, singing, plays,[29] charity, sports, and fund-raising. Girls and boys initially had separate C.Y.O. groups. Records indicate that each group donated $98.58 toward the construction of the church in 1939.

In 1949, when the Youth Centre was built, Tino Baggio was the president and Fr. John Stopponi was the spiritual director.[30] After the St. Angela C.Y.O. ceased operation, activities for boys and girls were provided by the Youth Club during the 1960s-80s.

Other opportunities for youth involvement included the Altar Boys (presently called Altar Servers as girls are now also welcome), and Sodality of Our Lady, a group offering activities for girls in grades one to eight during the 1950s-60s. In the 1970s, the Sodality became Gen.

Not All Italians are Roman Catholic

While the majority of Italians in Windsor are Roman Catholic, other religions play a role. "Many [Italians in Windsor] have converted to other religions. Pasquale Palmieri [the first known Italian resident of Windsor] died a member of the First Italian Presbyterian Church of Detroit." (Rusich 1988)

In Windsor as in Italy, there is a small but growing Pentecostal Church. Trentino Bonafede came from Argentina in 1963 to found the Pentecostal Church in Windsor. By 1975, the church's congregation included about 100 Italians.[31] At the end of 2004, the name was changed from the Italian Pentecostal Church to the Evangelical Pentecostal Church. Located at 5415 Walker Rd., it is affiliated with the Canadian Assemblies of God, which has been ministering to the Italian communities of Canada since 1912. Their mission states that they have a distinctive ministry to the Italian community which extends to all Canadians, regardless of language, nationality or race. The local church, originally an Italian congregation, now conducts services in English and Italian. As of June 1, 2007, it became the Cornerstone Community Church.

Additionally, a substantial number of Italians from the Windsor area belong to other religious organizations such as the Jehovah Witnesses or the Windsor Christian Fellowship.

Evangelical Pentecostal Church, formerly known as the Italian Pentecostal Church, 5415 Walker Rd., 2004.

Chiesa Pentecostale Evangelica, già conosciuta come Chiesa Pentecostale Italiana, 5415 Walker Rd., 2004.

Photo by/foto di: Heather Colautti, Windsor's Community Museum, P13207, P13209

---

29 One of their first plays, *Chiamla Mama* (Call Her Mother), was presented at the Italian Club Hall, 966 Wyandotte E.
30 St. Angela Merici Church 1949
31 *La Gazzetta*, September 11, 1975, p. 6

Commemorative booklet, September 1-2, 2001.
Libretto ricordo, 1-2 settembre 2001.
Courtesy/Cortesia: Vittorino Morasset, P11294A

Members of the Alpini of Windsor.
I soci del Gruppo Alpini di Windsor.
Courtesy/Cortesia: Fogolar Furlan Club, P10726

5

Club e Associazioni

C'è una tendenza nella seconda e la terza generazione a parlare meno italiano a causa dell'integrazione. Questo fenomeno è più pronunciato quando i figli di immigrati italiani sposano una persona straniera. Per questo motivo sono stati fondati molti club, associazioni e società affinché la cultura e le tradizioni italiane siano rafforzate nella nuova terra. Tra questi vi sono:

Associazione Nazionale Alpini Sezione di Windsor (A.N.A.)[1]

L'Associazione Nazionale Alpini Sezione di Windsor fu fondata nel maggio 1967 da un gruppo di veterani Alpini: Beniamino D'Agnolo, Aldo Lot, Antonio Meret, Elio Nadalin, e Silvano Scodeller che s'incontravano regolarmente al Club Fogolar Furlan per rievocare le proprie esperienze personali di combattimento alpino durante la *naja* (il servizio militare). L'associazione ha lo scopo di conservare la missione di servizio degli Alpini; il senso di solidarietà e cameratismo; le tradizioni e le specialità culinarie; i legami di amicizia; e il sostegno per eventi culturali e sociali.

La sede locale svolge eventi commemorativi e sociali presso il Club Fogolar Furlan. Questi eventi includono il banchetto annuale con una Messa, seguito da una piccola parata e ballo, un picnic, e una cena a base di cotechino (specialità montanara). Inoltre, gli Alpini di Windsor partecipano alle attività del Giorno della Commemorazione presso il Club Verdi di Amherstburg, al biennale

---

1   Il corpo degli Alpini risale ai tempi di Cesare Augusto, che fondò una legione alpina, Julia, per difendere la frontiera italiana dagli invasori. Tuttavia, il Corpo degli Alpini, unità montana militare dell'esercito nazionale italiano, fu fondato ufficialmente il 15 ottobre 1872 dal Cap. Giuseppe Perrucchetti con l'intento di affidare la difesa dei vicini passi e valli alpini a giovani valligiani reclutati dalle comunità alpine. Il loro motto: *"di qui non si passa"* sottolinea la loro determinazione a difendere la propria terra. Sono riconosciuti e rispettati in tutto il mondo per il loro coraggio, la lealtà alle missioni militari, la resistenza nei combattimenti e la capacità di creare amicizie durature. Portano con orgoglio il cappello alpino con una penna nera.
L'Associazione Nazionale Alpini fu fondata nel 1919 da un gruppo di veterani della prima guerra mondiale con lo scopo di mantenere e tramandare alle nuove generazioni il profondo senso del dovere, lo spirito di cameratismo, l'amore per la patria e l'aspirazione a vivere in un mondo migliore. Con i suoi 300.000 soci e innumerevoli affiliati in Italia e all'estero, questa associazione unisce i veterani Alpini a quelli in servizio, creando così una rete esemplare di buona volontà per le nuove generazioni. (http://www.anaconegliano.it/reparti/reparti.htm)

5

Clubs and Associations

*T*here is a tendency among second and third generations to speak less Italian due to assimilation. This phenomenon is more pronounced when children of Italian immigrants marry non-Italians. For this reason, many clubs, associations and societies have been formed to strengthen the Italian culture and traditions in a new land. Among these are the following:

Associazione Nazionale Alpini (A.N.A.)[1] Sezione di Windsor

The Associazione Nazionale Alpini Sezione di Windsor was founded in May 1967 by a group of Alpini veterans: Beniamino D'Agnolo, Aldo Lot, Antonio Meret, Elio Nadalin, and Silvano Scodeller who met regularly at the Fogolar Furlan Club to reminisce about their personal experiences of mountain combat during the *naja* (military service). It aims to preserve the Alpini mission of service; their sense of solidarity and camaraderie; customs and culinary specialties; bonds of friendship and goodwill; and support for cultural and social events.

The local chapter holds commemorative and social events at the Fogolar Furlan Club. These events include their annual banquet with a Mass, followed by a mini-parade and dance; a picnic; and a dinner featuring *cotechino* (a kind of spiced pork sausage - a specialty of the mountaineers). In addition, the Alpini of Windsor participate in the Amherstburg Verdi Club Remembrance Day

Alpini of Windsor monument at the Fogolar Furlan Club. The inscription reads: "REMEMBRANCE / HONOUR GLORY / TO THE SONS OF THE ALPS / ALPINI CHAPTER WINDSOR / MCMLXXIX"

Monumento degli Alpini di Windsor presso il Fogolar Furlan Club con l'epigrafe: "RICORDO / ONORE GLORIA / AI FIGLI DELLE ALPI / SEZIONE ALPINI / WINDSOR / MCMLXXIX"

Courtesy/Cortesia: Associazione Nazionale Alpini Sezione di Windsor, P13358

---

1   The Alpini forces can be traced to the time of Caesar Augustus, who established an Alpine legion, Julia, to defend the Italian frontier from invaders. However, the Alpine Corps, a military mountain unit of the Italian National Army, was officially formed on October 15, 1872, by Capt. Giuseppe Perrucchetti with the intent of entrusting the defence of nearby Alpine passes and valleys to local young men recruited from Alpine communities. Their motto: "di quì non si passa" (no one gets through) underlines their determination to defend the land. They are recognized and respected world-wide for bravery, loyalty to military missions, endurance through combat operations, and ability to create lasting friendships. They proudly don the Alpine hat with a black feather. The Associazione Nazionale Alpini was founded in 1919 by a group of veterans of WWI with the aim to maintain and pass on to new generations the deep sense of duty, esprit de corps, love for country and aspiration to live in a better world. With its 300,000 members and countless affiliates in Italy and abroad, this association unites Alpini veterans with those in active duty, thus creating an exemplary network of goodwill for new generations. (http://www.anaconegliano.it/reparti/reparti.htm)

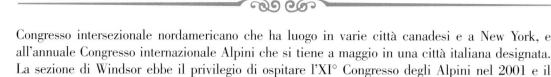

S. PIO X

PRINTED IN ITALY

Prayer card showing Pope Pius X (born in Riese, Treviso), patron saint of the Trevisani nel Mondo Association.

Santino di Papa Pio X (nato a Riese, Treviso), santo patrono dell'Associazione Trevisani nel Mondo.

Courtesy/Cortesia: Antonio Citton, P11195A

Congresso intersezionale nordamericano che ha luogo in varie città canadesi e a New York, e all'annuale Congresso internazionale Alpini che si tiene a maggio in una città italiana designata. La sezione di Windsor ebbe il privilegio di ospitare l'XI° Congresso degli Alpini nel 2001 e il XIV° Congresso intersezionale nordamericano l'1-2 settembre 2007.

Gli Alpini di Windsor offrono il loro tempo e la loro energia per aiutare i bisognosi. Sostengono anche il Caboto Specials e l'Associazione italo-canadese degli HandiCapables.

Al Club Fogolar Furlan s'innalza un monumento in memoria degli Alpini di Windsor.

Associazione Trevisani nel Mondo – Windsor[2]

Molti trevisani emigrarono dai comuni della provincia di Treviso in diversi paesi nel mondo. Sebbene lontani dalla propria patria, non dimenticarono mai le proprie radici. I trevisani iniziarono a riunirsi con l'intenzione di formare delle associazioni conosciute come Trevisani nel Mondo. Queste si trovano in molte città, tra le quali Windsor. La sezione di Windsor fu creata nel 1964 quando Egidio Dario, Gino Favaro, Elio Grando e Ennio Petruzzi organizzarono il primo banchetto del radicchio. Nel 1976, l'Associazione Trevisani nel Mondo di Windsor fu istituita ufficialmente. Egidio Dario fu il primo presidente eletto nel 1978.

Lo scopo dell'Associazione Trevisani nel Mondo è di condividere il comune patrimonio della provincia. A tal fine, sono organizzate varie attività, quali spettacoli culturali, banchetti, picnic e gite. Nel 2000, la sezione trevisani di Windsor ospitò la 15ª Conferenza dell'Associazione Trevisani nel Mondo. I soci di Windsor si unirono all'Associazione Veneti nel Mondo e alla chiesa di St. Angela Merici per raccogliere fondi per una fontana commemorativa e un busto del Vescovo Giovanni Battista Scalabrini,[3] eretti davanti alla chiesa.

Club Calabria[4]

Il Club Calabria fu fondato nell'aprile 1972 in seguito alla formazione della squadra di calcio Calabria e costituito il 23 gennaio 1973. Lo scopo del club era di promuovere attività educative, culturali, ricreative e sociali, e di fornire assistenza e servizi alla comunità italiana. L'edificio del club situato al 900 Howard Ave. (all'angolo di Niagara St.) fu costruito nel 1973 e aperto nel 1974. Comprendeva una sala principale dalla capienza di 400 persone e un interrato munito di un bar per soci e ospiti. Sam Olivito, il primo amministratore del club, ricorda:

> *Ogni venerdì, il personale della cucina preparava pizza e trippa per i soci. Vendevamo 500 libbre di trippa. Molti soci e amici la compravano e la portavano a casa.*

2   Informazioni di Maria Battagin

3   Fondatore dei Padri missionari di St. Charles, noti come Padri Scalabriniani

4   La Calabria confina a nord con la Basilicata, a est con il golfo di Taranto e il mar Ionio, a sudovest con lo stretto di Messina e a ovest con il mar Tirreno. Consta di cinque province: Catanzaro (il capoluogo di regione), Cosenza, Crotone, Reggio Calabria e Vibo Valentia.

activities; the bi-annual North American Intersectional Congress held in various Canadian cities and New York; and the annual international Alpini Congress held in May in a designated Italian city. The Windsor branch was privileged to host the 11th Congress of the Alpini in 2001 and the XIVth North American Intersectional Congress on September 1-2, 2007.

The Alpini of Windsor volunteer their time and energy to help the needy. They also support the Caboto Specials and the Italian Canadian HandiCapable Association.

A monument stands in memory of the Alpini of Windsor at the Fogolar Furlan Club.

Associazione Trevisani nel Mondo Windsor[2]

Many Trevisani emigrated from Treviso townships to different countries around the world. Although far from their homeland, they never forgot their roots. The Trevisani began to gather with the intention of forming clubs known as Trevisani nel Mondo. These clubs are found in many cities including Windsor. The Windsor club came into existence in 1964 when Egidio Dario, Gino Favaro, Elio Grando and Ennio Petruzzi organized the first *banchetto del radicchio* (radicchio banquet). In 1976, the Windsor Trevisani nel Mondo Club was officially established. Egidio Dario was elected its first president in 1978.

The purpose of the Trevisani nel Mondo Club is to share the common heritage of their province. To this end, several activities are organized, such as cultural performances, banquets, picnics and trips. In 2000, the Windsor members hosted the 15th Conference of the Associazione Trevisani nel Mondo. They joined forces with the Veneti nel Mondo Association and St. Angela Merici Church to raise funds for a memorial fountain and a bust of Bishop John Baptist Scalabrini[3] that stand in front of the church.

Calabria Club[4]

The Calabria Club was founded in April 1972 as a result of the formation of the Calabria soccer team and incorporated on January 23, 1973. The purpose of the club was to foster educational, cultural, recreational and social activities, as well as to provide assistance and services to the Italian community. The club building at 900 Howard Ave. (corner of Niagara St.) was constructed in 1973 and opened in 1974. It had a main hall with a seating capacity of 400 people and a finished basement with a bar for members and guests. Sam Olivito, first manager of the club, remembers:

Every Friday, the kitchen staff would prepare pizza and trippa (tripe) for the members. We would sell 500 pounds of trippa. Many members and their friends would buy the trippa and take it home.

---

2   Information from Maria Battagin
3   Founder of the Missionary Fathers of St. Charles, known as the Scalabrini Fathers
4   Calabria is bound to the north by Basilicata, to the east by the Gulf of Taranto and the Ionian Sea, to the southwest by the Strait of Messina and the west by the Tyrrhenian Sea. It has five provinces: Catanzaro (the capital), Cosenza, Crotone, Reggio Calabria and Vibo Valentia.

Egidio Dario, left, and Orlando Girardi at the Trevisani nel Mondo Windsor festa del radicchio, 1983.

Egidio Dario, a sinistra, e Orlando Girardi alla festa del radicchio dei Trevisani nel Mondo Windsor, 1983.

Courtesy/Cortesia: Maria Battagin

Cooks at the Trevisani nel Mondo Windsor dinner in honour of the feast of Pope Pius X, c. mid-90's.

Cuoche al banchetto Trevisani nel Mondo di Windsor in onore dela festa di Papa Pio X, metà degli anni '90 ca.

Courtesy/Cortesia: Maria Battagin

Architectural sketch of new Calabria Club drawn by Richard Pistagnesi, 1973.
Abbozzo architetturale del nuovo Club Calabria eseguito da Richard Pistagnesi, 1973.
Courtesy/Cortesia: Joe Greco, P13821

Old Calabria Club building.
Il vecchio Club Calabria.
Courtesy/Cortesia: Joe Greco, P13822

I soci del Club Calabria erano orgogliosi di collaborare con tutti i gruppi etnici al fine di raggiungere obiettivi comuni e promuovere le tradizioni italiane. Il club non è più operativo.

La Canadian Italian Business and Professional Association di Windsor (CIBPA)[5]

Nel 1961, si verificò uno sciopero guidato da un piccolo gruppo di italo-canadesi presso uno dei maggiori datori di lavoro di Windsor, che allora aveva dichiarato che non fossero più assunti gli italiani. Il dott. Frank DeMarco, medico dell'azienda, decise di opporsi a questa decisione discriminatoria e chiamò alcuni dei suoi amici italo-canadesi dai settori commerciali e professionali di Windsor. Insieme organizzarono l'opposizione e riuscirono a invertire la decisione dell'azienda. Si resero conto della necessità di formare un'organizzazione di italo-canadesi sempre più influenti per combattere la discriminazione verso la comunità italiana e fondarono la Windsor Italian Professional and Businessmen's Association (WIPBA) nel 1962.

Il primo presidente fu Roland Baldassi, un avvocato molto rispettato per la sua franchezza e sincerità. Il suo consiglio d'amministrazione comprendeva Frank Bernacchi, Al Dottor, Tullio Meconi, Anthony Soda, Tony Valente e Angelo Zamparo. Ritenevano che il modo migliore per combattere la discriminazione fosse quello di educare Windsor sulla cultura italiana, guadagnando così il rispetto della comunità. La WIPBA donò libri italiani alla biblioteca pubblica di Windsor e affittò il Cleary Autitorium per il debutto nordamericano di Emilia Cundari di Windsor dopo la sua trionfante interpretazione alla Scala di Milano. Tennero un Festival romano annuale, che includeva una parata con cocchi tirati da cavalli, e istituirono la Civic Night per ringraziare i funzionari eletti e amministrativi locali. Gli ospiti oratori comprendevano l'On. John Turner; Stephen Lewis, ambasciatore canadese alle Nazioni Unite; James Blanchard, ambasciatore americano in Canada; e molti altri.

Nel 1988, la WIPBA aiutò a formare la Federazione nazionale delle associazioni di aziende e professionisti italiani in Canada, che ora ha sedi a Montreal, Niagara Falls, Ottawa, Sudbury, Thunder Bay, Toronto, Vancouver, Windsor, e Winnipeg. Nel 1995, sotto la guida del dott. Domenic Aversa, la costituzione fu modificata per includere le donne a riconoscimento di tante donne italo-canadesi che stavano apportando contributi significativi ai settori commerciali e professionali. Nel 2000, il gruppo fu ribattezzato Canadian Italian Business and Professional Association di Windsor (CIBPA), in corformità alle altre sedi della Federazione nazionale. I soci della CIBPA sono impegnati in varie aziende e professioni.

Nel 2002, in concomitanza con il suo 40° anniversario, la CIBPA di Windsor avviò il programma annuale degli Awards of Excellence.[6] Questi riconoscimenti sono conferiti a aziende e individui di successo che hanno contribuito alla comunità e/o all'economia locale. La CIBPA è cambiata negli anni ed è ancora attiva dopo oltre quarant'anni di orgoglio. Sostiene iniziative culturali, educative

---

5 Informazioni dalla CIBPA, Windsor via Dan Castellan
6 Vedi Appendice II, CIBPA Award of Excellence Recipients.

The members of the Calabria Club were proud to work with all ethnic groups in order to achieve common objectives and promote Italian traditions. The club is no longer in operation.

Canadian Italian Business and Professional Association of Windsor (CIBPA)[5]

In 1961, a strike led by a small group of Italian-Canadians occurred at one of Windsor's major employers who then declared that no more Italians be hired. Dr. Frank DeMarco, the company physician, decided to fight this discriminatory policy and called a few of his Italian-Canadian friends from the business and professional sectors of Windsor. They organized their opposition and succeeded in having the company's policy reversed. They realized that an organization of increasingly influential Italian-Canadians should be formed to fight discrimination against the Italian community and founded the Windsor Italian Professional and Businessmen's Association (WIPBA) in 1962.

The first president was Roland Baldassi, an attorney widely respected for his openness and candour. The board of directors included Frank Bernacchi, Al Dottor, Tullio Meconi, Anthony Soda, Tony Valente, and Angelo Zamparo. They believed that the best way to fight discrimination was to educate Windsor about Italian culture, thereby earning the community's respect. WIPBA donated Italian books to the Windsor Public Library and rented the Cleary Auditorium for the North American debut of Windsor's Emilia Cundari after her triumphant performance at La Scala in Milan. They held an annual Roman Festival, which included a parade with horse-drawn chariots, and instituted Civic Night to thank local elected and administrative officials. Guest speakers included the Rt. Hon. John Turner; Stephen Lewis, the Ambassador to the United Nations; James Blanchard, the U.S. Ambassador to Canada; and many more.

In 1988, WIPBA helped form the National Federation of Canadian Italian Business and Professional Associations, which today has chapters in Montreal, Niagara Falls, Ottawa, Sudbury, Thunder Bay, Toronto, Vancouver, Windsor, and Winnipeg. In 1995, under the leadership of Dr. Domenic Aversa, its constitution was changed to include Italian-Canadian women in recognition of their many significant contributions in the business and professional sectors. In 2000, the group was renamed the Canadian Italian Business and Professional Association of Windsor (CIBPA), conforming to the other chapters of the National Federation. CIBPA members are involved in a wide variety of businesses and professions.

In 2002, in conjunction with its 40th anniversary, CIBPA of Windsor initiated the annual Awards of Excellence program.[6] These awards are given to successful businesses and individuals who have contributed to the local community and/or economy. CIBPA has changed with the times and is still active after more than forty proud years. It supports cultural, educational and charitable

---

5   Information from CIBPA, Windsor via Dan Castellan
6   See Appendix II.

Opening of the Calabria Club with Ministers John Munro (standing at left) and Mark MacGuigan (seated on right), 1974.

Inaugurazione del Club Calabria con i ministri John Munro (in piedi a sinistra) e Mark MacGuigan (seduto a destra), 1974.

Courtesy/Cortesia: Joe Greco, P13524

Giuseppina Tassone, Norina and Jimmy Ruggiero, Giovanni De Luca, Rosina Funaro, Caterina Greco and Franca De Luca form a conga line at the Calabria Club.

Giuseppina Tassone, Norina e Jimmy Ruggiero, Giovanni De Luca, Rosina Funaro, Caterina Greco e Franca De Luca in linea ballano la conga al Club Calabria.

Courtesy/Cortesia: Luigi Albano, P13427

Sketch of the Ciociaro Club.
Schizzo del Club Ciociaro.
Courtesy/Cortesia: Mario Fontana, P12064

Cupola under construction at the Ciociaro Club, 1988.
Costruzione in corso della cupola del Club Ciociaro, 1988.
Courtesy/Cortesia: Ciociaro Club, P13929

e di beneficenza; rappresenta le aziende e i professionisti italiani del luogo in questioni che hanno un impatto sulla comunità italiana e la comunità in generale; fornisce un forum in rete per i soci della CIBPA a livello locale, nazionale e internazionale; e sollecita e riceve donazioni, lasciti, legati e concessioni per fornire fondi per il proprio programma di borse di studio e donazioni di beneficenza.

Club Ciociaro di Windsor[7]

La parola ciociaro si riferisce ai nativi e residenti della Ciociaria, un'area del Lazio meridionale,[8] spesso identificata, per mancanza di limiti ben precisi, alla provincia di Frosinone dove tradizionalmente gli abitanti portavano le ciocie (un tipo di calzatura con una caratteristica punta curva). Dal 1905, molti ciociari sono immigrati a Windsor con la massima affluenza negli anni 1911-25 e dopo la seconda guerra mondiale negli anni '50.

Il 10 luglio 1972, un piccolo numero d'immigrati provenienti da questa zona decise di fondare un club. Lo scopo era di radunarsi in amicizia, promuovere la solidarietà e proteggere l'identità culturale della propria patria per le generazioni future. Il primo presidente di un'associazione rappresentante otto città ciociare fu Steve DeLuca. Nel 1974, furono decisi i requisiti per divenire membro del club: essere nativo o residente della Ciociaria oppure un figlio di nativi ciociari.

Nel 1975, iniziò la costruzione dell'edificio su un tratto di terra di 20 ettari in North Talbot Rd. L'edificio principale riflette uno stile classico tradizionale, una replica del monastero di Montecassino. Costruito con pietra e marmo importati dall'Italia, è il più grande complesso ciociaro fuori dell'Italia. Le tre sale hanno una capienza complessiva di 3.500 persone. Le strutture del club includono un forno a legna, un bocciodromo a cinque corsie e una biblioteca fornita di materiale di ricerca sulla Ciociaria e l'Italia. L'area esterna, che offre 14 campi di bocce, un campo di pallavolo, sei di baseball e sette di calcio, è circondata da una pista per biciclette, conforme alle norme, unica nel suo genere in Nord America. Le squadre impegnate nelle bocce, nella caccia e pesca, nel calcio, nel tiro al piattello, e nel tiro alla fune si sono tutte distinte nelle gare.

Sin dall'inizio, il club ha organizzato eventi culturali, religiosi, sportivi e filantropici. Organizza funzioni religiose per celebrare Sant' Onorio, San Gerardo e la Madonna di Canneto.[9] Quest'ultima è la più grande festa del club e s'incentra sul Santuario della Madonna di Canneto costruito nel 2001. Inoltre, il complesso folcloristico ciociaro (Voci ciociare) e il coro giovanile (Le Vocine) continuano a tramandare le tradizioni di canti e balli. Il club ha uno dei più grandi programmi di lingua italiana nella regione (con la partecipazione di oltre 150 bambini e 80 adulti), e un gruppo attivo della gioventù che organizza un programma annuale di scambio di studenti con la regione Lazio.

7 Informazioni dal Club Ciociaro di Windsor
8 Il Lazio (Latium) confina con la Toscana, l'Umbria e le Marche a nord, l'Abruzzo e il Molise a est, la Campania a sud e il mar Tirreno a ovest. Le sue province sono: Frosinone, Latina, Rieti, Roma (capitale d'Italia e capoluogo della regione) e Viterbo.
9 Vedi capitolo 4.

endeavours; represents local Italian businesses and professionals on issues impacting the Italian community and the community in general; provides a networking forum for CIBPA members on a local, national and international level; and solicits and receives donations, bequests, legacies and grants to provide funds.

Ciociaro Club of Windsor[7]

The word *ciociaro* refers to the natives and residents of *la Ciociaria*, an area of southern Lazio[8] often identified, for lack of precise boundaries, with the province of Frosinone where inhabitants traditionally wore *ciocie* (a type of footwear with a distinctive curved toe). Since 1905, many *ciociari* have immigrated to Windsor with the greatest influx occurring in 1911-25 and after WWII in the 1950s.

On July 10, 1972, a handful of immigrants from this area decided to form a club. Their purpose was to gather in friendship, foster solidarity and protect the cultural identity of their homeland for future generations. The first president of a membership representing eight *ciociari* towns was Steve DeLuca. In 1974, requirements to become a club member were outlined: be a native/resident of *Ciociaria* or a child of native *ciociari*.

In 1975, construction of the building began on a 20-hectare tract of land on North Talbot Rd. The main building reflects a traditional classical style, a replica of the Monastery of Montecassino. Built with Italian imported stone and marble, it is the largest *ciociaro* complex outside of Italy. Its three halls together can accommodate 3,500 people. Club facilities include a wood-burning stove, a five-lane *bocciodromo* and a library with research materials on *Ciociaria* and Italy. The outdoor area, which offers 14 *bocce* courts, a volleyball court, six baseball diamonds and seven soccer fields, is ringed by a regulation bicycle track – the only one of its kind in North America. Teams involved in *bocce*, angling and hunting, soccer, trap-shooting, and tug-of-war have all distinguished themselves in competition.

Since its inception, the club has organized cultural, religious, sporting and philanthropic events. It organizes religious celebrations honouring St. Onorio, St. Gerard and the Madonna di Canneto.[9] The latter celebration is the largest and centres on the Shrine of the Madonna di Canneto built in 2001. Also, the Ciociaro Club's folklore ensemble (Voci Ciociare) and the youth choir (Le Vocine) continue to carry on the traditions of song and dance. The club has one of the largest Italian language programs in the region (with over 150 children and 80 adults participating), as well as an active youth group which organizes an annual student exchange program with the Lazio region.

---

7   Information from Ciociaro Club of Windsor
8   Lazio *(Latium)* borders Tuscany, Umbria and the Marches on the north, Abruzzo and Molise on the east, Campania on the south and the Tyrrhenian Sea on the west. Its provinces are: Frosinone, Latina, Rieti, Rome (capital of Italy and of the region) and Viterbo.
9   See Chapter 4.

Making ciambelle, from left, Lisa Cervi and Elisabetta De Rubeis, 1999.
Preparazione delle ciambelle, da sinistra, Lisa Cervi e *Elisabetta De Rubeis,* 1999.
Courtesy/Cortesia: Ciociaro Club

Bread and corn harvest festival, September 1999.
Sagra della mietitura del grano e del pane, settembre 1999.
Courtesy/Cortesia: Ciociaro Club, P10764

Nel 1976 e nel 1981, il club ha raccolto $26,000 per le vittime del terremoto in Italia, il più grande contributo da parte di una singola organizzazione. Da anni, il club raccoglie fondi per varie organizzazioni quali lo Windsor Regional Cancer Centre, l'Associazione Spina Bifida, l'Italian HandiCapable Association, il Fondo Tsunami della Croce Rossa e l'università di Windsor, per citarne solo alcune.

Nel 2007, gli iscritti al club superavano le 1.500 persone che continuano a contribuire al successo della comunità e a perpetuare le tradizioni della Ciociaria.

Circolo Trentini di Windsor[10]

Gli immigrati del Trentino[11] arrivarono a Windsor negli anni '50-'70. Nel 1986, fu fondato il Circolo Trentini di Windsor alla guida di Maria Grazia Pedri. Nel 1989, le iscrizioni furono estese all'altro lato del fiume per includere i trentini di Detroit. La missione del club consiste nel mantenere le tradizioni e l'eredità italo-trentine attraverso attività sociali, educative e culturali; sostenere eventi sportivi; contribuire a enti caritatevoli; e partecipare a funzioni e convegni speciali tramite l'affiliazione con l'ITTONA (International Tyrolean Trentino Organization of North America), Associazione Trentini nel Mondo e l'Ufficio Trentino Emigrazione.

I soci s'incontrano circa sei volte l'anno per riunioni generali ed eventi sociali che si alternano tra Windsor e Detroit. Il picnic estivo annuale del club al Caboto Park di Colchester è un evento popolare nella comunità italiana di Windsor. Le specialità regionali preferite, quali la polenta, lo spezzatino e i crauti sono serviti a oltre 200 ospiti. I trentini provenienti da diverse parti degli Stati Uniti e del Canada si incontrano ogni due anni al convegno ITTONA. Windsor ha ospitato questo evento nel 1992 con più di 800 partecipanti provenienti da tutto il continente. I trentini ebbero l'onore di vedere Carlo Negri, un loro corregionale, ricevere l'Italian of the Year Award 2003 dal Club Caboto.

Società Dante Alighieri di Windsor

La società Dante Alighieri, associazione apolitica e aconfessionale, fu fondata in Italia nel luglio 1889. Alla società fu dato il nome di Dante Alighieri (1265-1321), poeta fiorentino e autore de *La Divina Commedia*, considerato il padre della lingua italiana. Le finalità principali della società sono la promozione e il progresso della lingua e della cultura italiana nel mondo. Nel 1920, la crescente popolazione delle Border Cities costituì una sezione della Società Dante Alighieri. (*Border Cities Star*, 18 dicembre 1920 in Temelini 1993)

Una nuova sede a Windsor associata all'omonima università fu fondata nel 1971 da Walter Temelini[12] che fu il primo presidente. Le attività della società comprendevano corsi di lingua e letteratura

Young boy climbing the greased pole, Nostalgie Ciociare picnic, c. mid-1980s.

Un ragazzo si arrampica sull'albero della cuccagna, picnic Nostalgie Ciociare, metà degli anni '80 ca.

Courtesy/Cortesia: Ciociaro Club

---

10 Informazioni da Maria Grazia Pedri

11 Il Trentino-Alto Adige è la regione più a nord d'Italia e confina con il Tirolo (Austria) a nord, il Veneto e la Lombardia a ovest e a sud e la Svizzera a nordovest. Le sue province sono Bolzano e Trento (il capoluogo).

12 Informazioni da Walter Temelini

In 1976 and 1981, the club raised $26,000 for the earthquake victims in Italy - the largest contribution by a single organization. Through the years, the club has raised funds for several organizations such as the Windsor Regional Cancer Centre, Spina Bifida Association, Italian Canadian HandiCapable Association, Red Cross Tsunami Fund and University of Windsor, just to name a few.

In 2007, the membership exceeded 1,500 people who continue to contribute to the success of the community and to perpetuate the traditions of *Ciociaria*.

Circolo Trentini of Windsor[10]

Trentino[11] immigrants came to Windsor in the 1950s-70s. In 1986, the Circolo Trentini of Windsor was founded under the leadership of Maria Grazia Pedri. In 1989, membership was extended across the river to include the Trentini of Detroit. The club's mission is to maintain the Italian-Trentino traditions and heritage through social, education and cultural activities; to support sports events; to contribute to charitable organizations; and to participate in special functions and conventions through affiliation with ITTONA (International Tyrolean Trentino Organization of North America), Associazione Trentini nel Mondo and Ufficio Trentino Emigrazione.

Members meet about six times a year at general meetings and social events which alternate between Windsor and Detroit. The annual summer picnic held at Caboto Park in Colchester is a popular event in the Windsor Italian community. Regional favourites such as *polenta*, *spezzatino* and *crauti* are served to over 200 guests. Trentini from across the U.S. and Canada gather every two years at an ITTONA convention. Windsor hosted the event in 1992 with over 800 participants from across the continent. The Trentini were honoured to have Carlo Negri, a fellow Trentino, receive the 2003 Italian of the Year award from the Caboto Club.

Dante Alighieri Society of Windsor

The Dante Alighieri Society, a non-political and non-sectarian society, was formed in Italy in July 1889. The society was named after Dante Alighieri (1265-1321), Italian Florentine poet and the author of *The Divine Comedy*, who is considered the father of Italian language. Its main aims are the promotion and advancement of Italian language and culture in the world. In 1920, the growing population of the Border Cities formed a branch of the Dante Alighieri Society. (*Border Cities Star*, December 18, 1920 in Temelini 1993)

A new Windsor chapter associated with the University of Windsor was established in 1971 by Walter Temelini,[12] who became the chapter's first president. The activities of the society included Italian language

Ezio Pedri and Osvaldo Zanoni prepare polenta at the Circolo Trentini annual picnic, 2003.

Ezio Pedri e Osvaldo Zanoni preparano la polenta all'annuale picnic estivo del Circolo Trentini, 2003.

Courtesy/Cortesia: Mary Jo Schaffer, P12104

---

10 Information from Maria Grazia Pedri
11 Trentino-Alto Adige is the northernmost region in Italy and borders Tyrol (Austria) on the north, Veneto and Lombardy on the west and south and Switzerland on the northwest. Its provinces are Bolzano and Trento (the capital).
12 Information from Walter Temelini

◄ *Banquet at the Caboto Club, c. 1960.*
Banchetto al Club Caboto, 1960 ca.
Courtesy/Cortesia: John and Denise Sgrazzutti, P10351

Fogolar Furlan Club banquet.
Banchetto del Club Fogolar Furlan.
Courtesy/Cortesia: Fogolar Furlan Club

Ciociari wearing ciocie and traditional costumes of Frosinone in the Ciociaro Club entrance.
I ciociari indossano ciocie e costumi tradizionali di Frosinone nell'atrio del Club Ciociaro.
Courtesy/Cortesia: Ciociaro Club, P10759

Membership card for the Dante Alighieri Society, 1978.

Tessera della Società Dante Alighieri, 1978.

Courtesy/Cortesia: Rita Bison, P11200A

Walter Temelini (centre) on stage with members of the Dante Alighieri Society's Gruppo Filodrammatico following a performance of Luigi Pirandello's La Patente, Patterson Collegiate Theatre, 1974. Others from left: Fernando Busico, Piero Romanazzo, Maria Rota, Stefano Garrisi, Vittorio Busico, Mario Iaquinta. Hidden: Renato Berlingieri.

Walter Temelini (al centro) sul palco con i membri del Gruppo Filodrammatico della Società Dante Alighieri, dopo la rappresentazione de La Patente di Luigi Pirandello, Patterson Collegiate Theatre, 1974. Altri da sinistra: Fernando Busico, Piero Romanazzo, Maria Rota, Stefano Garrisi, Vittorio Busico, Mario Iaquinta. Mascosto: Renato Berlingieri.

Courtesy/Cortesia: Walter Temelini, P13962

italiana, conferenze, film, mostre, ecc. La società collaborava con altri club e consigli d'istruzione, il St. Clair College e il consiglio multiculturale. Ogni anno la società teneva il noto Festival Dante. Furono presentate diverse rappresentazioni teatrali, quali *A quattro gambe*, *Un morto da vendere* e *La patente*. Questa sede fu attiva fino alla fine degli anni '80.

Nel 1997, Raffaele De Benedictis[13] istituì una nuova sezione della Dante Alighieri ottenendo una nuova ratifica dalla sede centrale di Roma. Dal 1997 sotto la sua presidenza, la sede ha contribuito alla promozione della lingua[14] e della cultura italiana nell'area di Windsor tramite lezioni tenute presso il Ciociaro Club. La Società Dante Alighieri ha anche fornito al club materiali didattici e un aiuto finanziario per gli studenti interessati a studiare in Italia per un mese.

Club Fogolar Furlan[15]

Il nome di questo club riflette le origini dei suoi soci. Fogolar significa focolare o camino che rappresenta il centro della vita domestica. Furlan si riferisce agli abitanti della regione Friuli,[16] che hanno uno stile di vita e una lingua propri. Dopo la seconda guerra mondiale, un'ondata d'immigranti venne a Windsor dalla regione Friuli. La distanza dalla loro patria e dalle tradizioni spinse molti friulani a cercare un luogo per incontrare i loro compatrioti, celebrare le loro tradizioni, parlare del vecchio paese e pianificare il futuro.

All'inizio del 1953, l'Ente Friuli nel Mondo[17] fu fondato come associazione 'ombrello' per tenere in contatto tutti i friulani gli uni con gli altri e con la patria. Alla fine degli anni '50, un gruppo di friulani parlò dell'istituzione di un club a Windsor. Il 48° Fogolar Furlan Club nel mondo, con ventitré dediti soci fondatori e Amelio Pez come primo presidente, fu istituito nel 1961. Con l'aumentare delle iscrizioni, occorreva più spazio. I soci usavano la Polish Hall in Langlois Ave. e, nel 1964, acquistarono il terreno al 1800 E.C. Row. Lo stesso anno il club fu ufficialmente costituito.

Nel 1965, iniziarono i lavori per la costruzione dell'edificio che fu completato l'anno seguente e allargato nel 1967 per includere una sala di 5.000 piedi quadrati. L'esterno fu ornato con archi in mattoni che mostravano i nomi dei defunti soci e col simbolo del centenario canadese accanto all'entrata dell'edificio. Con gli anni, aggiunte e miglioramenti vari causarono l'espansione delle sale per banchetti, l'ampliamento della cucina, l'aggiunta di una piccola cappella commemorativa e di impianti sportivi (che includono un bocciodromo interno con otto campi e un padiglione con camino). Sono stati istituiti una libreria e un programma di borse di studio.

13 Informazioni da Raffaele De Benedictis
14 Nel 2000, Raffaele De Benedictis, rappresentante la Società Dante Alighieri di Windsor, assieme a una ventina di persone appartenenti a club italiani del luogo, formarono un comitato ad hoc per preservare gli studi di italiano all'università di Windsor. Vedi capitolo 3.
15 Informazioni dal club Fogolar Furlan
16 Il Friuli-Venezia Giulia confina con l'Austria a nord, la Slovenia a est, il golfo di Venezia a sud e il Veneto a ovest. Le sue province sono: Gorizia, Pordenone, Trieste (il capoluogo) e Udine.
17 Il mandato del club è di dare aiuto sociale e culturale agli immigrati friulani. L'Ente Friuli nel Mondo pubblica un bollettino mensile, libri, opuscoli e film per la distribuzione mondiale a club e a singoli soci.

courses for children and adults, lectures, films and exhibitions. The society worked in cooperation with other clubs, boards of education, St. Clair College and the Multicultural Council. Every year, the society held the well-known Dante Festival. Various plays were presented such as *A quattro gambe*, *Un morto da vendere* and *La patente*. This chapter was active until the end of the 1980s.

In 1997, Raffaele De Benedictis[13] established a new chapter of the Dante Alighieri Society by obtaining a new ratification from the *sede centrale* in Rome. From 1997, under his presidency, the chapter has contributed to the promotion of Italian language[14] and culture in the Windsor area through classes held at the Ciociaro Club. The society also provided the club with teaching materials and financial support for students interested in studying in Italy for a month.

Fogolar Furlan Club[15]

The name of this club reflects the origins of its members. *Fogolar* signifies the hearth or the fireplace which represents the centre of family life. *Furlan* refers to the people of the Friuli[16] region who have a lifestyle and language of their own. After WWII, a wave of immigrants from the Friuli region came to Windsor. Distance from their country and traditional customs led many Friulians to seek a place to meet their fellow compatriots, celebrate their traditions, talk about the old country and plan for the future.

Beginning in 1953, the Ente Friuli nel Mondo[17] was founded as an 'umbrella' association to keep all *friulani* in touch with each other and their homeland. In the late 1950s, a group of friulani discussed the establishment of a club in Windsor. The 48th worldwide Fogolar Furlan Club, with twenty-three dedicated individuals as founding members and Amelio Pez as its first president, was established in 1961. As membership increased, there was a need for more space. The members used the Polish Hall on Langlois Ave. and, in 1964, purchased the land at 1800 E.C. Row. That same year, the club was officially incorporated.

In 1965, work began on the building which was completed the following year and expanded in 1967 to include a 5,000 square-foot hall. The exterior was adorned with brick arches displaying names of deceased members and with the symbol of Canada's Centennial next to the entrance of the building. Over the years, various upgrades and additions have resulted in expanded banquet halls, an enhanced

---

13 Information from Raffaele De Benedictis
14 In 2000, Raffaele De Benedictis, representing the Dante Alighieri Society, was one of about 20 individuals from local Italian clubs who formed an *ad hoc* committee to help preserve Italian Studies at the University of Windsor. (See Chapter 3.)
15 Information from Fogolar Furlan Club
16 Friuli-Venezia Giulia borders Austria on the north, Slovenia on the east, Gulf of Venice on the south and Veneto on the west. Its provinces are Gorizia, Pordenone, Trieste (the capital) and Udine.
17 Its mandate is to provide social and cultural support to *friulani* emigrants. Ente Friuli nel Mondo publishes a monthly newsletter, books, pamphlets and films for distribution worldwide to associate clubs and individuals.

Ottavio Valerio, president of Friuli nel Mondo, and Remo Moro, president of the Fogolar Furlan Club, wield the shovel at the groundbreaking ceremony of the Fogolar Furlan Club, Spring 1965. Back row, from left: Unidentified, Ivo and Ivano Pecile, B. Blaseotto, Fiore Chiandussi, Giuseppe Pez, Lino Fabbro, Sergio Pegorer, Silvano Scodeller, Giorgio Zardi, Amelio Pez, Fr. Joe Bagatto, Giovanni Masotti, Chester Bernat, Leonardo Bellina, and Giovanni Toneatti.

Ottavio Valerio, presidente dell'Ente Friuli nel Mondo, e Remo Moro, presidente del club Fogolar Furlan, danno il via alla cerimonia dei lavori di scavo della nuova sede, primavera, 1965. Ultima fila, da sinistra: Non identificato, Ivo e Ivano Pecile, B. Blaseotto, Fiore Chiandussi, Giuseppe Pez, Lino Fabbro, Sergio Pegorer, Silvano Scodeller, Giorgio Zardi, Amelio Pez, P. Joe Bagatto, Giovanni Masotti, Chester Bernat, Leonardo Bellina, e Giovanni Toneatti.

Courtesy/Cortesia: Fogolar Furlan Club of Windsor, P10737

Fogolar Furlan Club, the first building with the newly attached rotunda, 1965-66.

Club Fogolar Furlan, l'edificio originale con l'annessa nuova rotonda, 1965-66.

Courtesy/Cortesia: Fogolar Furlan Club of Windsor, P10736

Fogolar Furlan Club Women's Association, c. 1986
Associazione femminile del Club Fogolar Furlan, 1986 ca.
Courtesy/Cortesia: The Windsor Star, P10725

Group of hunters at Fogolar Furlan, 1974.
Gruppo di cacciatori al Fogolar Furlan, 1974.
Courtesy/Cortesia: Fogolar Furlan Club of Windsor, P10724

Dall'inizio, i soci hanno formato numerosi gruppi, tra cui l'Associazione femminile Fogolar Furlan,[18] il gruppo dei giovani, il gruppo di cacciatori, varie squadre sportive, un coro di bambini, *Gotis di Rosade* (Gocce di rugiada), un gruppo di danza per giovani e un gruppo di giardinieri. Il gruppo dei giovani, aperto a tutti tra i 15 e i 35 anni, si incontra regolarmente e organizza gite e incontri sociali. I soci sono attivi nella comunità e volontari presso la Downtown Mission, partecipando ad attività per la raccolta di fondi e alla parata del Canada Day. Il Fogolar Furlan fu il primo club a dare il via alla raccolta di fondi per le vittime del terremoto nella regione Friuli nel 1976. I soci continuano a raccogliere fondi per cause meritevoli. Attualmente il club conta oltre 800 iscrizioni, con alcuni soci di terza generazione. Da anni questi immigrati friulani e i loro discendenti conservano la calorosa atmosfera famigliare e mantengono vivo e forte il Club Fogolar Furlan nella comunità.

Club Giovanni Caboto[19]

Nel 1924, un gruppo di uomini italiani istituì un club per aiutare gli immigranti italiani appena arrivati ad adattarsi alla cultura canadese, conservando al contempo le proprie tradizioni italiane. Il club forniva un luogo d'incontro nella comunità italiana di Windsor, perciò il club italiano Border Cities fu fondato il 18 gennaio 1925 con Mariano Meconi, presidente. I loro incontri, balli, banchetti e altre attività si tenevano in una palestra in affitto presso la scuola St. Joseph's in Marion Ave. e Niagara St. (poi De Santis School e ora Canada South Science City). Nel 1926, i soci istituirono un fondo comune per aiutare coloro che non potevano lavorare. Questo fondo, oggi noto come The Mutual Benefit Society del Club Caboto, fu registrato ufficialmente presso il Department of Insurance dell'Ontario nel 1933 ed è oggi uno dei pochi rimasti in Ontario.

Il Club italiano Border Cities fu costituito nel 1927 e in seguito denominato Club Giovanni Caboto in onore dell'esploratore Giovanni Caboto. Nel maggio 1928, si formò la banda del Club italiano Border Cities, composta di 38 soci, ognuno con i propri strumenti. Questa banda partecipò alle cerimonie di apertura dell'Ambassador Bridge nel 1929. Partecipò anche alle parate del Dominion Day. In quegli anni, i soci organizzarono picnic, balli e lotterie di grande successo, grazie all'aiuto di mogli e figlie. Il loro aiuto divenne talmente importante che nel 1930 fu istituito il Club femminile italiano che subito divenne parte integrale del Club Caboto.

---

18 L'Associazione femminile Fogular Furlan fu formata nel 1983 per organizzare programmi educativi e ricreativi per le socie, per mantenere e incrementare l'interesse della presente e delle future generazioni alla cultura Friulana, e raccogliere fondi per cause di beneficenza. Hanno progettato e decorato carri da corteo per la May Day, tenuto sfilate di moda, insegnato danze folcloristiche ai bambini e formato il coro dei bambini *Gotis di Rosade*. Con tanto inpegno, hanno raccolto migliaia di dollari per varie campagne ospitaliere come l'Hotel Dieu Heart of the City, per beneficenze femminili e mediche e per l'Italian HandiCapable Association. Un sottocomitato conosciuto come il gruppo dell'amicizia (Friendship Group) lavora a maglia le cuffiette per il reparto neonatale del Windsor Regional Hospital e altri articoli per gruppi in Canada e all'estero. Le socie visitano anche molti italiani che vivono in case di riposo nell'area della Windsor Essex County.

19 Fonti: Club Caboto 1975; Club Caboto 1997

kitchen, a small memorial chapel and sporting facilities, including an eight-court indoor *bocciodromo* and a pavilion with a fireplace. A library and a scholarship program have been created.

Since its inception, members have formed numerous groups including the Fogolar Furlan Women's Association,[18] the youth group, the hunters' group, various sports teams, a children's choir, *Gotis di Rosade* (the Dew Drops), a youth dance group, and a gardeners' group. The youth group, open to anyone aged 15-35, meets regularly and organizes trips and social gatherings. Members are active in the community and volunteer at the Downtown Mission, taking part in fundraising activities and participating in the Canada Day Parade. The Fogolar Furlan was the first club to initiate fund-raising for victims of the earthquake in the Friuli region in 1976. Members continue to raise funds for worthy causes. Presently, the club has a membership of over 800, some of whom are third generation. For years, these *friulani* immigrants and their descendants have preserved the warm family atmosphere and kept the Fogolar Furlan Club alive and strong in the community.

Giovanni Caboto Club[19]

In 1924, a group of Italian men resolved to establish a club to help newly-landed Italian immigrants acclimatize to the Canadian culture while still holding on to their Italian traditions. The club would provide a meeting place in the Italian community of Windsor. Consequently, the Border Cities Italian Club was founded on January 18, 1925 with Mariano Meconi as president. Their meetings, dances, banquets and other activities were held in a rented gym at St. Joseph's School at Marion Ave. and Niagara St. (later De Santis School and now Canada South Science City). In 1926, a mutual fund was established by the club's members to help those who were unable to work. This fund, known today as The Mutual Benefit Society of the Caboto Club, was officially registered with the Ontario Department of Insurance in 1933 and is today one of the few left in Ontario.

The Border Cities Italian Club was incorporated in 1927 and later renamed the Giovanni Caboto Club in honour of the explorer, Giovanni Caboto (John Cabot). In May 1928, the Border Cities Italian Club Band was founded, consisting of 38 club members who supplied their own instruments. This band participated in the opening ceremonies of the Ambassador Bridge in 1929. It also participated in Dominion Day parades. During these years, club members held picnics, dances and raffles that were very successful thanks to the help of their wives and daughters. Their assistance became so

Fogolar Club members from all of North America attend Congress 1987 at the Fogolar Furlan Club, Windsor.

I membri dei Club Fogolar da tutto il Nord-America partecipano al Congresso presso il Club Fogolar Furlan, Windsor, 1987.

Courtesy/Cortesia: Fogolar Furlan Club

Card with the Lord's Prayer in furlan.

Santino del Padre nostro in furlan.

Courtesy/Cortesia: Fogolar Furlan Club of Windsor, P11168

---

18 The Fogolar Furlan Women's Association was formed in 1983 to organize recreational and educational programs for its members, to help maintain and develop the interest of present and future generations in the Friulano culture, and to raise funds for charitable causes. They designed and decorated May Day floats, held fashion shows, taught children to folk dance and formed a children's choir, *Gotis di Rosade*. Through their work, thousands of dollars have been raised annually for various hospital campaigns such as Hotel Dieu Heart of the City, medical and women's charities and the Italian HandiCapable Association. A subcommittee known as the Friendship Group knits hats for the neonatal ward at Windsor Regional Hospital and other knit items for groups in Canada and abroad. They also visit many Italians living in nursing homes in the Windsor-Essex County area.

19 Sources: Caboto Club 1975; Caboto Club 1997

First anniversary of incorporation of the Caboto Club, 1928.

Primo anniversario della costituzione del Club Caboto, 1928.

Courtesy/Cortesia: The Windsor Star, P9396

Building the Giovanni Caboto Club, 1949.

Costruzione del Club Giovanni Caboto, 1949

Courtesy/Cortesia: Caboto Club

Nel 1934, il club acquistò l'immobile al 966 di Wyandotte St. E. sopra un negozio, per $5,000 che i soci avevano raccolto durante la Depressione. Durante la seconda guerra mondiale, il club fornì assistenza a varie organizzazioni di beneficenza per la guerra, quali lo Smoke Fund e la Croce Rossa. Promosse vendite di buoni di guerra e aiutò famiglie i cui mariti e figli erano arruolati nelle forze armate canadesi. Con il rientro di questi uomini dalla guerra, le iscrizioni aumentarono. L'anno 1947 segnò la formazione di nuovi gruppi: la squadra di bowling Caboto e il club dei giovani. Dopo la guerra, un afflusso di immigranti portò all'acquisto di una struttura più grande, la sede attuale al 2175 Parent Ave. angolo di Tecumseh Rd. E. La crescente richiesta di affitto della sala e dei servizi di ristorazione portò alla nomina di un amministratore a tempo pieno. Nel 1950, con l'apertura della nuova sede, il club fornì ai propri soci un'atmosfera conviviale per la conversazione, partite di bocce, calcio, a carte e l'uso della biblioteca. Molti lavori all'edificio furono eseguiti volontariamente da soci impegnati e capaci.

Le attività del club aumentarono negli anni '50. Nell'ottobre del 1956 il club istituì un programma di borse di studio per studenti italiani e, nello stesso autunno, acquistò i 21 acri del Reaume Park, situato lungo il lago Erie, vicino a Colchester. Il parco fu ufficialmente aperto il 19 maggio 1958 e divenne un luogo preferito per picnic estivi.

Negli anni '60, italiani e amici di Windsor, Detroit e dintorni affollavano ogni sabato i balli del Caboto.[20] Il club iniziò la pubblicazione del suo periodico, il *Caboto News,* il 1° gennaio 1964 e aggiunse altre attività per incoraggiare una maggiore partecipazione, quali una scuola italiana per i figli dei soci, una bocciofila, comitati sportivi e di bingo. Le attività aumentarono e il club acquistò proprietà contigue per future espansioni.

A settembre del 1971 fu intrapresa una maggiore espansione, che fu inaugurata con un banchetto nel settembre 1972. Il festival annuale dell'uva, della durata di tre giorni, con una gara di pestaggio dell'uva, istituito per la prima volta nel settembre 1973, fu, con gli anni, un evento di successo.

Nel 1981, il club avviò un decennio di grandi ammodernamenti, cominciando con il rinnovamento del bar, eseguito totalmente da volontari. Nel 1986, ebbe luogo l'ultimo e più ambizioso ingrandimento, che raddoppiò la grandezza del club. Due dipinti murali storici creati da Saverio Galli per l'ingrandimento del club nel 1971 furono trasferiti sul soffitto della cupola che sovrasta la grande scalinata dell'entrata principale. Nel 2001, nel bar dei soci fu creato un obelisco con una fiamma perpetua tremolante. Rappresenta i successi di eccellenza basati sul motto del club: "Sin dal principio...alla ricerca dell'eccellenza." Un muro commemorativo, che elenca i nomi di tutti i soci deceduti, circonda l'obelisco. Da allora, all'area del bar è stato aggiunto un forno a legna in mattoni. Il club è molto orgoglioso di non aver mai accettato né richiesto sussidi statali per compensare le proprie spese.

---

20 I balli popolari si tennero fino all'inizio degli anni '70 e segnarono il luogo d'incontro per molte coppie italiane che in seguito si sposarono.

valuable that the Italian Women's Club was established in 1930 and quickly became an integral part of the Caboto Club.

In 1934, the club purchased the property at 966 Wyandotte St. E. above a retail store for $5,000 that members raised during the Depression. During WWII, the club supported various war charities such as the Smoke Fund and the Red Cross. It promoted war bond sales and helped families whose husbands and sons had joined the Canadian armed forces. With the return of these men from the war, membership increased. The year 1947 marked the formation of a few firsts: the Caboto Bowling Team and the Youth Club. After the war, an influx of immigrants led to the purchase of a larger facility at its current site, 2175 Parent Ave. at Tecumseh Rd. E. A growing demand for rental of the hall and catering services led to the assignment of a full-time manager. In 1950, with the opening of the new site, the club provided members a convivial atmosphere for conversation, *bocce*, soccer, card games, and library use. Much of the work on the building was done voluntarily by talented and committed club members.

The club's activities increased in the 1950s. It established a scholarship program for Italian students in October 1956 and, that same fall, the club purchased Reaume Park, 21 acres located on Lake Erie near Colchester. The park officially opened on May 19, 1958 and became a favourite spot for summer picnics.

In the 1960s, Italians and friends from Windsor, Detroit and surrounding areas flocked to the Caboto Saturday dances.[20] The club began publishing the periodical, *Caboto News*, on January 1, 1964 and added other activities to encourage greater participation, such as an Italian school for members' children, a *bocciofila* club, a sports committee and bingo committee. Their operations increased and the club purchased surrounding properties for future expansion.

In September 1971, a major expansion was undertaken which was inaugurated in September 1972 with a banquet. The annual three-day Grape Festival with a grape-stomping competition, first established in September 1973, was a successful event through the years.

In 1981, the club initiated a decade of extensive updating, beginning with the bar renovation done entirely by volunteers. In 1986, the latest and most ambitious expansion occurred, doubling the club's size. Two historical murals created by Saverio Galli for the 1971 club expansion were relocated on the ceiling of the cupola overlooking the grand stairway of the main entrance. In 2001, an obelisk with a perpetual flickering flame was created in the members' bar. It represents achievement in excellence based on the club's motto "From the very beginning…a quest for excellence." A memorial wall, listing the names of all deceased members, surrounds the obelisk. Since then, a wood-burning brick oven has been added to the bar area. The club takes great pride in the fact that it has never accepted, nor requested, any grants from the government to offset any of its expenditures.

---

20 The popular dances were held until the early 1970s and marked the meeting place of many Italian couples who later married.

Official unveiling of the Giovanni Caboto Club banner at Windsor City Hall, 1927.

Cerimonia inaugurale dell'insegna del Club Giovanni Caboto al Municipio di Windsor, 1927.

Courtesy/Cortesia: Caboto Club

Laying the cornerstone of the Caboto Club at Parent Ave. and Tecumseh Rd.

La posa della pietra angolare del Club Caboto all'angolo di Parent Ave. e Tecumseh Rd.

Courtesy/Cortesia: The Windsor Star, P9394

The fabulous dance for the grand opening of the Caboto Club's new hall, 1971.

Il favoloso ballo per l'inaugurazione della nuova sala del Club Caboto, 1971.

Courtesy/Cortesia: Elio Palazzi, P11275

Grape-stomping contest on the opening day of the Caboto Club Grape Festival, September 15, 1984. Jim Cricioto uses Dan Wiseman's head for balance during their 60-second stomp while Alfredo Morando observes.

Gara di pigiatura dell'uva, il primo giorno del festival dell'uva al Club Caboto, 15 settembre 1984. Jim Cricioto si serve della testa di Dan Wiseman per bilanciarsi durante la gara di 60 secondi mentre Alfredo Morando osserva.

Courtesy/Cortesia: The Windsor Star, P10808

In occasione del 500° Anniversario dello sbarco di Giovanni Caboto a Terranova, il Club Caboto celebrò questa pietra miliare storica con un banchetto di gala nel 1997. A Joseph De Lauro fu commissionata una scultura di dimensioni reali dell'esploratore italiano all'angolo di Tecumseh Rd. e Parent Ave., nella piazzetta disegnata da Saverio Galli. La statua poggia su una pietra di granito di 12 tonnellate donata dalla gente di Terranova in onore dello scopritore del Canada.

Nel 1983, il Caboto Club istituì il premio "Italiano dell'anno"[21] per onorare i membri della comunità italiana che hanno dimostrato dedizione esemplare e impegno personale per migliorare la comunità. In testa a tante iniziative civiche e di beneficenza, i soci del Caboto hanno donato milioni di dollari a molte cause di Windsor, dando così un esempio dell'atteggiamento duraturo di "Cosa posso fare per essere di aiuto?" dimostrato dai padri fondatori del club. Attraverso le generazioni, questo principio semplice ma inestimabile è stato tramandato e rafforzato, da padre a figlio a nipote.

Società Femminile Italiana, Ausiliare Giovanni Caboto[22]

Nell'aprile del 1930, un gruppo di donne italiane decise di associarsi al Club Caboto maschile e fondò la Società Femminile Italiana delle Border Cities.[23] Il primo comitato direttivo eletto comprendeva Teresa Oldani (presidente), Petronella Bossi (segretaria), e Lucia Dottor (tesoriera). La società aveva 46 iscritte che pagavano una quota d'iscrizione di $1.00 e quote mensili di 25 centesimi. Forniva un luogo d'incontro per attività sociali e una crescita culturale ed educativa. Le socie erano determinate a creare una rete di solidarietà e sostegno per le donne provenienti da varie regioni italiane, aiutandole ad adattarsi allo stile di vita canadese. Aiutavano il club degli uomini in molti modi. Infatti, durante gli anni della guerra, quando al club fu rifiutata la licenza per la vendita di alcolici, il Liquor Control Board dell'Ontario (LCBO) richiese l'elenco delle socie per l'emissione della licenza. La Società femminile italiana organizzò spesso eventi sociali a buon prezzo, che erano ben frequentati, anche durante tempi economici difficili.

Gli anni '40 portarono tumulto e stenti nella comunità perché molti mariti (e anche una socia) furono mandati nei campi d'internamento mentre i figli e le figlie servivano nelle forze armate canadesi. Sebbene le attività fossero sospese durante la guerra, le donne italiane aiutarono la Croce Rossa nella preparazione di bende, lavorando a maglia e raccogliendo denaro per i soldati oltreoceano. Nel 1945, la società femminile fu riconosciuta dal Local Council of Women. L'anno seguente fu ufficialmente denominata, Società Femminile Italiana, Ausiliare Giovanni Caboto, e le fu data una nuova costituzione.

Con il passare degli anni, le donne hanno contribuito al Club Caboto in vari modi, per esempio nella raccolta di fondi per la costruzione, l'arredamento e le attrezzature. Sono riconosciute anche per le molte opere di beneficenza, tra le quali il supporto all'Hospice, all'Associazione italo-canadese degli HandiCapables, alla Downtown Mission, al Windsor Regional Hospital (Malden Park e Pediatria),

21 Vedi Appendice III.
22 Informazioni da Santina Ferrara e dal Caboto Club 1980
23 Precorritrice di breve durata di questo gruppo fu la Società Femminile Cattolica delle Border Cities, fondata nel 1928.

On the occasion of the 500th Anniversary of Giovanni Caboto's landing in Newfoundland, the Caboto Club celebrated this historical milestone with a gala banquet in 1997. Joseph De Lauro was commissioned to create the life-sized sculpture of the Italian explorer located at the corner of Tecumseh Rd. and Parent Ave. in the *piazzetta* designed by Saverio Galli. The statue rests on a 12-ton rock of granite donated by the people of Newfoundland to honour the discoverer of Canada.

In 1983, the Caboto Club established the Italian of the Year Award[21] to honour those members of the Italian community who have shown exemplary dedication and personal effort to better the community. Leaders in many civic and charitable endeavours, the Caboto members have donated millions of dollars to many Windsor causes and, thus, exemplified the enduring attitude of "What can I do to help?" demonstrated by the club's founding fathers. Through generations, this simple yet invaluable principle has been passed on and strengthened – from father to son to grandson.

Exterior of the Caboto Club featuring a nine-foot bronze statue of Giovanni Caboto by Joseph De Lauro in the piazzetta designed by Saverio Galli, surrounded by a balustrade with the replica of the ship Matthew in the background, 1997.

L'esterno del Club Caboto mostra una statua di bronzo di Giovanni Caboto alta nove piedi scolpita da Joseph De Lauro sulla piazzetta disegnata da Saverio Galli, circondata da una balaustra con la replica della navicella Matthew sullo sfondo, 1997.

Painting by/dipinto da: Saverio Galli.
Courtesy/Cortesia: Caboto Club, P10781

Italian Women's Club, Giovanni Caboto Auxiliary[22]

In April 1930, a group of Italian women decided to associate themselves with the men's Caboto Club and founded the Italian Women's Club of the Border Cities (La Società Femminile Italiana delle Border Cities[23]). The first elected executive committee included Teresa Oldani (president), Petronella Bossi (secretary), and Lucia Dottor (treasurer). The club had a membership of 46 who paid a $1.00 registration fee and monthly dues of 25 cents. It provided a venue for social activities and cultural and educational growth. The members were determined to create a network of solidarity and support for immigrant women from various Italian regions, helping them adjust to a Canadian way of life. They supported the men's club in many ways. In fact, during the war years when the club was refused a liquor licence, the Liquor Control Board of Ontario (LCBO) requested the ladies' membership list in order to issue them a liquor licence. The Italian Women's Club organized frequent affordable social events which were well attended, even during difficult economic times.

The 1940s brought turmoil and hardship to the community because many husbands (and even one member of the women's club) were sent to internment camps while sons and daughters served in the Canadian Armed Forces. Although activities were suspended during the war, the Italian ladies helped the Red Cross with bandage preparation, knitting and raising money for soldiers overseas. In 1945, the women's club was recognized by the Local Council of Women. The following year, it was officially renamed the Italian Women's Club, Giovanni Caboto Auxiliary (Società Femminile Italiana, Ausiliare Giovanni Caboto) and given a new constitution.

Through the years, the ladies have contributed to the Caboto Club in numerous ways such as raising funds for the building, furnishings and equipment. They are also recognized for their many charitable endeavors including supporting Hospice, the Italian Canadian HandiCapable Association, Downtown

Caboto Club Freedom Festival float, 1992. First row: Ron Moro, Lorenzo Facchinato, Rino D'Angelo, Giovanni Facca, Tony Moresco. Second row: Domenic Spadafora, John Todesco, Saverio Galli, Aldo Danelon, Peter Girardi. Back row: Unidentified, Agostino Lopez, John Tesolin, Bruno Quagliotto, Tony Mardegan, Felice Vasto, unidentified.

Carro da corteo del Club Caboto per il Freedom Festival, 1992. Prima fila: Ron Moro, Lorenzo Facchinato, Rino D'Angelo, Giovanni Facca, Tony Moresco. Seconda fila: Domenic Spadafora, John Todesco, Saverio Galli, Aldo Danelon, Peter Girardi. Ultima fila: Non identificato, Agostino Lopez, John Tesolin, Bruno Quagliotto, Tony Mardegan, Felice Vasto, non identificato.

Courtesy:/Cortesia: Ron Moro, P14040

---

21 See Appendix III.
22 Information from Santina Ferrara and Caboto Club 1980
23 A short-lived precursor to this group was the Società Femminile Cattolica delle Border Cities founded in 1928.

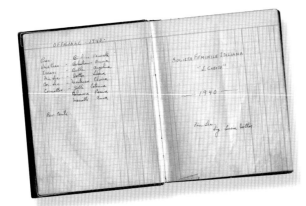

Journal of Società Femminile Italiana Giovanni Caboto, 1940.
Diario della Società femminile italiana Giovanni Caboto, 1940.
Courtesy/Cortesia: Giovanna and Anne Senesi, P11205

Long-standing members of the Giovanni Caboto Italian Women's Club recognized during the 60th Anniversary celebrations, 1990. From left: President Louise Brun, Louise Vaccher, Vittoria Pilutti, Rosina Di Giacobbe, Assunta Gasparet, Mima (Marina) Ferranti, Carmela Bosetti, Elvira Montanari, Dionella Truant and Giovanna Senesi.

Le socie di lunga data della Società femminile italiana Giovanni Caboto sono onorate durante le festività del 60° anniversario, 1990. Da sinistra: Presidente Louise Brun, Louise Vaccher, Vittoria Pilutti, Rosina Di Giacobbe, Assunta Gasparet, Mima (Marina) Ferranti, Carmela Bosetti, Elvira Montanari, Dionella Truant e Giovanna Senesi.

Courtesy/Cortesia: Maria Battagin, P10595

alla Hiatus House, e al finanziamento di un'adozione a distanza in El Salvador e una con la World Vision, solo per nominarne alcune. Un fondo borsa di studio per le socie e i loro figli fu istituito in memoria dell'ex-presidentessa, Enrichetta Truant.

La Società Femminile Italiana, Ausiliare Giovanni Caboto ha celebrato la pietra miliare del 75° anniversario con orgoglio per i risultati ottenuti negli anni. Le iscrizioni sono aumentate da 46 negli anni '30 a 460 nel 2009. Le figlie e le nipoti delle prime socie continuano il retaggio di conservare il patrimonio culturale e i valori, e di sostenere il club e la comunità.

Associazione italo-canadese HandiCapable (ICHA)[24]

Dal primo tiro di calcio nel settembre 1977 presso la scuola Glengarda, si è sviluppato un numero sempre maggiore di attività ed eventi a beneficio di persone disabili residenti nella area di Windsor-Essex.

Egidio Novelletto fondò l'ICHA per un bisogno personale di confortare il suo primogenito, Peter, al quale fu negato di sostituire il fratello che si era fatto male in una partita al pallone, perché disabile. L'ICHA dava ai bambini minorati un'opportunità di giocare a calcio e socializzare con altri nella comunità. Egidio notò un miglioramento di autostima nei partecipanti agli eventi sportivi e sociali offerti dall'organizzazione. Al programma furono aggiunte altre attività quali l'atletica leggera, le bocce, gli ostacoli e il ballo.

Dal 1987, l'ICHA ha ospitato un torneo di calcetto paralimpico con 400 partecipanti provenienti dall'Ontario, dal Quebec e dal Michigan. Il sogno di una casa per i disabili della comunità di Windsor-Essex divenne realtà con l'appoggio di Vince e Olivia Rosati e i contributi finanziari statali, aziendali e dei singoli cittadini. Il complesso Novelletto Rosati fu inaugurato nell'ottobre del 2002. Il complesso è sede della Easter Seal Society, dell'Harmony in Action e dell'ICHA. È aperto al pubblico e offre agli abili e ai disabili un luogo per giocare a calcio, *flag football*, *lacrosse*, *rugby*, *inline hockey*, *hockey* su pista, bocce e *shuffleboard*.

L'ICHA fornisce borse di studio a studenti disabili che frequentano il St. Clair College e l'università di Windsor. Una borsa di studio fu istituita in onore di un volontario, Dario Rossi, ed è offerta a un volontario ICHA per proseguire gli studi post-secondari.

Società Genealogica e Araldica Italiana del Canada[25]

Flavio Andreatta, Dino Coletti e Daniel Marcuz istituirono questa società a Windsor nel 1992. Un'organizzazione di carità registrata in Canada, gestita da volontari, è cresciuta con gli anni e aiuta coloro che ricercano la storia italiana e europea, la storia di famiglia, la genealogia e l'araldica (gli stemmi). La società offre una biblioteca, conferenze, programmi culturali, servizi per gli anziani e gli immigrati e cerimonie di investitura, oltre all'assistenza per traduzioni,

24 Scritto in dal presidente Joe Ferrara
25 Informazioni da Flavio Andreatta

Mission, Windsor Regional Hospital (Malden Park and Pediatrics), Hiatus House, and sponsorship of a foster child in El Salvador and a child with World Vision, just to name a few. A scholarship fund for members and their children was established in memory of past president, Enrichetta Truant.

The Italian Women's Club, Giovanni Caboto Auxiliary has marked the 75th anniversary milestone with pride for its accomplishments through the years. The membership has increased from 46 in the 1930s to 460 in 2009. Daughters and granddaughters of first members continue the legacy of preserving cultural heritage and values, and supporting the club and community.

Italian Canadian HandiCapable Association (ICHA)[24]

From the first soccer kick in September 1977 at Glengarda School, an ever-growing number of activities and events have flourished for the benefit of people with developmental disabilities living in the Windsor-Essex area.

Egidio Novelletto founded the ICHA out of a need to comfort his eldest son, Peter, who was told that he could not replace his injured brother in a soccer game because he was disabled. The ICHA allowed children with a mental disability an opportunity to play soccer and socialize with others in the community. Egidio noticed an improvement in the self-esteem of the participants with the sports and social events provided by the organization. More activities such as track and field, *bocce*, clogging and dances were added to the program.

Since 1987, the ICHA has hosted a Special Olympic Indoor Soccer Tournament involving 400 participants from Ontario, Quebec and Michigan. The dream of a home for the disabled of the Windsor-Essex community became reality with the support of Vince and Olivia Rosati as well as government, corporate and individual financial contributions. The Novelletto Rosati Complex was opened in October 2002. The complex is home to the Easter Seal Society, Harmony in Action and the ICHA. It is open to the public and provides able-bodied and disabled persons a place to play soccer, flag football, lacrosse, rugby, inline hockey, floor hockey, *bocce*, and shuffleboard.

The ICHA provides bursaries to students with disabilities attending St. Clair College and the University of Windsor. A bursary was also established to honour a volunteer, Dario Rossi, and is offered to an ICHA volunteer to pursue post-secondary education.

Italian Genealogy and Heraldry Society of Canada[25]

Flavio Andreatta, Dino Coletti and Daniel Marcuz established this society in Windsor in 1992. A volunteer-run, Canadian-registered charity, it has grown over the years, providing help to individuals researching their Italian and European ancestry, family history, genealogy and heraldry (coats of arms). The society offers a library, lectures, cultural programs, services for seniors and immigrants,

24 Written by Joe Ferrara, ICHA president
25 Information from Flavio Andreatta

Deputy Police Chief Roger Mortimer at the opening ceremonies of ICHA indoor soccer tournament at the Novelletto-Rosati Complex, 2005.

Il vicecommissario di polizia Roger Mortimer alla cerimonia d'inaugurazione del torneo di calcio all'interno dell'ICHA, Novelletto-Rosati Complex, 2005.

Courtesy/Cortesia: Joe Ferrara, ICHA, P12872

revisioni, pubblicazioni e ricerche. Le riunioni e le conferenze mensili sono aperte al pubblico.

La società gestisce i seguenti gruppi: il Centro Studi Europei, il Gruppo Savoia del Canada, il Centro culturale italiano del Canada e il Centro storia della famiglia. Gli Ordini dei Cavalieri della società sono l'Ordine dell'Aquila imperiale romana, l'Ordine dei Poveri cavalieri di Cristo e l'Ordine del Gruppo Savoia del Canada.

In risposta a una richiesta della Società Genealogica e Araldica Italiana del Canada, il sindaco Eddy Francis proclamò il periodo del 10 -16 settembre 2007, la settimana della storia italiana e europea nella città di Windsor. Durante questa settimana la società commemorò il 15° anniversario con un banchetto di gala e una mostra culturale. La parte migliore dell'evento fu una cerimonia di investitura in cui distinti soci e cittadini furono onorati per l'eccellente servizio alla comunità.

Ordine Figli d'Italia nell'Ontario (OSIO)[26]

La storia dell'OSIO[27] è scarsamente documentata a Windsor. La prima loggia, dedicata al Generale Umberto Nobile, fu creata ben nel 1927. Nell'elenco della città di Windsor del 1929-30 si trova la Sons of Italy Hall al 517 di Wyandotte St. E. Rita Willis ricorda che il Club Figli d'Italia ospitava piccole cene, riunioni e matrimoni per i soci.

Secondo un resoconto del luglio 1937, circa 90 veterani italiani di Windsor della prima guerra mondiale aderirono alla Loggia del Generale Umberto Nobile che annoverava tra i suoi ufficiali Giuseppe Geniale e Giuseppe Falsetto. Nel 1938, fu sponsorizzata la loggia femminile, la Loggia Elena di Savoia, Regina Imperatrice. Nessuna delle due logge sopravvisse agli anni della guerra. Nel 1976, fu formata la Loggia Leonardo da Vinci che durò sino al 1980.

Club Partenope[28]

Il Club Partenope fu formato da un gruppo di napoletani interessati ad unire gli immigrati provenienti dalla Campania[29] e tutti coloro che apprezzavano le tradizioni e il fascino della regione. Jimmy Ruggiero fu il primo presidente dal 1975-1977.

Flavio Andreatta (right) at his knighting ceremony held at Italian Genealogy and Heraldry Society of Canada gala banquet, September 2007.

Flavio Andreatta (a destra) alla cerimonia della sua investitura tenutasi a un convito di gala presso la Società Geneologica e Araldica Italiana, settembre 2007.

Courtesy/Cortesia: Flavio Andreatta

26 Informazioni tratte da Scardellato 1995
27 Nel 1905, il dott. Vincenzo Sellaro, un immigrato siciliano, s'incontrò con altri italiani a New York City e fondò la "Supreme Lodge, Order Sons of Italy" (Loggia suprema, Ordine Figli d'Italia), titolo che presto divenne, L'Ordine Figli d'Italia in America - Order Sons of Italy in America (OSIA). Il mandato era di "riunire in un'unica famiglia tutti gli italiani sparsi nelle Americhe, il Dominio del Canada, Territori e Colonie." La prima loggia canadese fu aperta a Sault Ste. Marie nel 1915. Nell'Ontario, l'organizzazione divenne nota con il nome di Order Sons of Italy in Ontario (OSIO) - Ordine Figli d'Italia in Ontario. Furono fondate logge maschili e femminili.
28 Informazioni di Jimmy Ruggiero - Partenope, l'antico nome di Napoli deriva dal greco, Parthenope.
29 La Campania confina con il Molise a nord, la Puglia a nordest, la Basilicata a est, il Mar Tirreno a sudovest e a ovest e il Lazio a nordovest. Le sue province sono: Avellino, Benevento, Caserta, Napoli (il capoluogo) e Salerno. Napoli non ha dato al mondo solo la pizza e la musica; ha dato anche i natali a molti personaggi importanti: ai poeti Giambattista Marino, Salvatore Di Giacomo e Torquato Tasso; al filosofo Giambattista Vico; alla scrittrice Matilde Serao; all'architetto Vanvitelli; all'ex-presidente della Repubblica Italiana Giovanni Leone; al cantante lirico Enrico Caruso; e agli attori De Filippo, Totò e Sophia Loren.

and knighting ceremonies – as well as assistance with translation, editing, publishing and research. Monthly meetings and lectures are open to the public.

The society operates the following groups: the Centre for European Studies, the Gruppo Savoia del Canada and Italian Family History Centre. The society's Orders of Chivalry are the Order of the Roman Imperial Eagle, the Order of the Poor Knights of Christ and the Order of the Gruppo Savoia del Canada.

In response to a request from the Italian Genealogy and Heraldry Society of Canada, Mayor Eddie Francis proclaimed September 10-16, 2007 as Italian and European Ancestry Week in the city of Windsor. During this week, the society commemorated its 15th anniversary with a gala banquet and cultural exposition. The highlight of this event was a knighting ceremony where distinguished members and local citizens were honoured for their outstanding service to the community.

Order Sons of Italy in Ontario (OSIO)[26]

The history of the OSIO[27] in Windsor is poorly documented. The first lodge, the General Umberto Nobile, was created as early as 1927. The 1929-30 Windsor city directory has a listing for a Sons of Italy Hall at 517 Wyandotte St. E. Rita Willis remembers that the Figli d'Italia Club hosted small banquets, meetings and weddings for members.

According to a July 1937 account, about 90 Italian WWI veterans from Windsor had subscribed to the General Umberto Nobile Lodge, whose officers included Giuseppe Geniale and Giuseppe Falsetto. In 1938, the women's lodge, the Elena di Savoia, Regina Imperatrice Lodge, was sponsored. Neither lodge survived the war years. In 1976, the Leonardo da Vinci Lodge was formed which lasted until 1980.

Partenope Club[28]

The Partenope Club was formed by a group of Neapolitans interested in uniting immigrants from the Campania[29] and all those who appreciated the traditions and charm of the region. Jimmy Ruggiero served as first president of the club from 1975 to 1977.

Italian Genealogy and Heraldry Society of Canada members at September 2007 gala banquet. From left: Flavio Andreatta, Mario Testani, Vincenzo Del Duca, Daniel Marcuz, Anna Saurini, Timothy Sellan, Marisa Catenacci, Luciano Ranieri, Domenico Bressan. Absent: Italo Flammia.

I membri della Società Geneologica e Araldica Italiana del Canada al convito di gala del settembre 2007. Da sinistra: Flavio Andreatta, Mario Testani, Vincenzo Del Duca, Daniel Marcuz, Anna Saurini, Timothy Sellan, Marisa Catenacci, Luciano Ranieri, Domenico Bressan. Assente: Italo Flammia.

Courtesy/Cortesia: Daniel Marcuz

---

26 Information drawn from Scardellato 1995
27 In 1905, Dr. Vincenzo Sellaro, a Sicilian immigrant, met with other Italians in New York City and founded the "Supreme Lodge, Order Sons of Italy," a title that soon became *L'Ordine Figli d'Italia in America* – Order Sons of Italy in America (OSIA). Its mandate was "to reunite in one single family all the Italians scattered throughout the Americas, the Dominion of Canada, Territories and Dependencies." The first Canadian lodge opened in Sault Ste. Marie in 1915. In Ontario, the organization became known as the Order Sons of Italy in Ontario (OSIO). Male and female lodges were founded.
28 Information from Jimmy Ruggiero - Partenope, Naples' original name, comes from the Greek, Parthenope.
29 Campania is bordered by Molise to the north, Apulia (Puglia) to the northeast, Basilicata to the east, the Tyrrhenian Sea to the southwest and west and Lazio to the northwest. Its provinces are Avellino, Benevento, Caserta, Napoli (Naples – the capital), and Salerno.
    Naples has not only given the world pizza and music, it has also been the birthplace to many important people: poets, Giambattista Marino, Salvatore Di Giacomo and Torquato Tasso; philosopher, Giambattista Vico; writer, Matilde Serao; architect, Vanvitelli; former president of the Italian Republic, Giovanni Leone; opera singer, Enrico Caruso; and actors, De Filippo, Totò and Sophia Loren.

Artist's rendering of the Sicilia Club of Windsor on the cover of the Sicilia Club News Bulletin, Vol. 1, No. 1, January 1980.

Disegno del Sicilia Club di Windsor riprodotto da un artista sulla copertina del bollettino, vol. 1, N. 1, gennaio 1980.

Courtesy/Cortesia: Nick Vitale, P13658

Framed by a shovel handle, a symbol of the start of construction on their new clubhouse, are Sicilia Club vice-president, Frank Ala, Italian Vice-Consul, Frank De Angelis and club building committee chairman, Frank Italiano, August 18, 1981.

Incorniciati dal manico del badile, simbolo dell'inizio della costruzione della nuova sede del club sono Frank Ala, vicepresidente del Sicilia Club, Frank De Angelis, viceconsole d'Italia, e Frank Italiano, presidente del comitato di costruzione, 18 agosto 1981.

Courtesy/Cortesia: The Windsor Star, P10813

Il club interagì e collaborò con altri club e promosse il patrimonio culturale, artistico, folcloristico napoletano tramite eventi ricreativi e d'intrattenimento. Tra il 1975 e il 1980, organizzò varie cene di successo, ben frequentate, alla St. Angela Hall e al Princeton, tra cui la cena di carnevale, un ballo in maschera. Il club portò a Windsor: il gruppo teatrale napoletano, San Carlino, da Toronto; famosi cantanti napoletani dall'Italia, Giacomo Rondinella e Luciano Tajoli; e il comico Bob Vinci (noto per il suo spot, "Io sono la mortadella Primo"). Il club aiutò a raccogliere fondi per le vittime dei terremoti del Friuli nel 1976 e della Campania nel 1980.

Il 1° dicembre 1979, il club affittò il locale in Wyandotte St. E. per aprire una sede dove i soci potessero godersi un espresso e la compagnia degli amici. Tuttavia, poche iscrizioni e molte spese portarono alla chiusura della sede nel luglio 1980. Sebbene il club continuasse a operare, il numero delle attività diminuì, fino a cessare nel 1990. I fondi restanti furono donati in beneficenza.

Puglia Club di Windsor[30]

Il Puglia Club, fondato da Emanuele Calamita, fu registrato il 31 marzo 1982. Lo scopo era di mantenere e promuovere le tradizioni della Puglia[31] tra corregionali. Il club organizza una cena annuale il giorno di San Valentino e un picnic. Il ricavato degli eventi del club va a beneficio di varie organizzazioni locali, la chiesa di St. Angela Merici, l'Associazione italo-canadese HandiCapable, il programma di studi italiani all'Università di Windsor e altre.

Sicilia[32] Club di Windsor[33]

Un gruppo di siciliani, interessati ad avere un luogo per incontri sociali e attività ricreative al fine di facilitare la preservazione del patrimonio siciliano, fondò il Sicilia Club di Windsor nel maggio 1973. Nel dicembre 1974, il Sicilia Club aprì le porte all' 880 Erie St. E., sotto la presidenza di Stefano Aiuto. Nel luglio 1976, il club fu costituito e, con la nuova costituzione, le iscrizioni furono estese a tutti coloro che erano di discendenza italiana per nascita o matrimonio.

Nel 1980, sotto la presidenza di Nick Vitale, fu costruito il nuovo edificio su 13 acri di terreno al 1019 Highway N. 3, Oldcastle. Il club offriva attività annuali: un picnic; il concorso Miss Sicilia; una festa di fine anno; esibizioni folcloristiche; concerti ospitanti cantanti dall'Italia, quali Nilla Pizzi e Toto Cotugno; gite organizzate; ed eventi sportivi.

---

30 Informazioni da Emanuele Calamita
31 La Puglia è una regione a sudest dell'Italia; confina con il Molise a nord, il Mar Adriatico a est, il Golfo di Taranto a sud, la Basilicata a sudovest e la Campania a ovest. Le sue province sono: Bari (il capoluogo), Brindisi, Foggia, Lecce, Taranto, e Barletta-Andria-Trani.
32 La Sicilia è l'isola più grande del Mar Mediterraneo. E' separata dalla terraferma dallo Stretto di Messina a est. La Sicilia ha nove province: Agrigento, Caltanissetta, Catania, Enna, Messina, Palermo (il capoluogo), Ragusa, Siracusa, e Trapani.
33 Informazioni da Stefano Aiuto

The club interacted and collaborated with other clubs and promoted the Neapolitan folkloristic, artistic and cultural heritage through recreational and entertaining events. Between 1975 and 1980, it organized several successful and well-attended banquets annually at St. Angela Hall and the Princeton, including *il banchetto di carnevale*, a masquerade ball. The club brought to Windsor: the Neapolitan theatrical group, San Carlino from Toronto; famous Neapolitan singers from Italy, Giacomo Rondinella and Luciano Tajoli; and comedian Bob Vinci (known for his commercial ending, *"Io sono la mortadella Primo"*). The club helped raise funds for the victims of the 1976 Friuli and the 1980 Campania earthquakes.

On December 1, 1979, the club rented premises on Wyandotte St. E. to open a facility where its members could enjoy an *espresso* and fellowship with friends. However, low membership and high expenses caused the facility to close in July 1980. Although the club continued to function, the number of events decreased and, in 1990, it ceased. The remaining funds were given to charity.

Puglia Club of Windsor[30]

The Puglia Club, founded by Emanuele Calamita, was registered on May 31, 1982. Its purpose was to promote and maintain traditions of the Puglia region[31] among fellow *pugliesi*. The club holds an annual Valentine's Day banquet and a picnic. Proceeds from club events support various local organizations, St. Angela Merici Church, the Italian Canadian HandiCapable Association, the University of Windsor Italian Studies program, and others.

Sicilia[32] Club of Windsor[33]

A group of Sicilians interested in having a place for social gatherings and recreational activities, with the goal to preserve Sicilian heritage, founded the Sicilia Club of Windsor in May 1973. In December 1974, the Sicilia Club opened its doors at 880 Erie St. E. under the presidency of Stefano Aiuto. In July 1976, the club was incorporated and, under its new constitution, membership was extended to anyone of Italian descent through birth or marriage.

In 1980, under the presidency of Nick Vitale, the new clubhouse was built on 13 acres of land at 1019 Highway No. 3, Oldcastle. The club offered yearly activities: a picnic; Miss Sicilia contest; New Year's Eve party; folkloristic performances; concerts hosting singers from Italy, such as Nilla Pizzi and Toto Cotugno; organized trips; and sporting events.

Cake in the form of Sicily made by Colombo Bakery for the opening of the Sicilia Club, June 22, 1982.

Torta della mappa del Sicilia Club preparata dalla Colombo Bakery per l'inaugurazione del Sicilia Club, 22 giugno 1982.

Courtesy/Cortesia: Stella Amormino Costa, P13799

---

30 Information from Emanuele Calamita
31 Puglia is a southeastern region bordering Molise to the north, the Adriatic Sea to the east, the Gulf of Taranto to the south, Basilicata to the southwest and Campania to the west. Its provinces are Bari (the capital), Brindisi, Foggia, Lecce, Taranto, and Barletta-Andria-Trani.
32 Sicily is the biggest island in the Mediterranean Sea. It is separated from the mainland by the Strait of Messina on the east. Sicily has nine provinces: Agrigento, Caltanissetta, Catania, Enna, Messina, Palermo (the capital), Ragusa, Siracusa, and Trapani.
33 Information from Stefano Aiuto

Italian Veterans Pay Tribute to Their Fallen

Italian war veterans on parade, 1980s.
I veterani italiani in una parata, anni '80.
Courtesy/Cortesia: St. Angela Merici Church, P10540

Italian Veterans' Association parade in tribute to fallen comrades,
Border Cities Star, November 5, 1934. Joseph Falsetto, president
(second from left), Rev. Dignan (centre), Louis Meconi, secretary
(extreme right).

L'associazione dei veterani italiani sfilano in parata per onorare i
caduti in guerra, Border Cities Star, 5 novembre 1934. Joseph
Falsetto, presidente dell'associazione (secondo da sinistra),
Rev. Dignan (al centro), Louis Meconi, segretario (all'estrema destra).

Courtesy/Cortesia: Giovanna and Anne Senesi, P13987

A group of girls selling tags for the Italian Veterans' Association and General Umberto Nobile Lodge No. 1442 of the Sons of Italy, Border Cities Star, August 16, 1935.

Un gruppo di ragazze vende cartellini per la raccolta di fondi a beneficio dell'associazione italiana dei veterani e della loggia del generale Umberto Nobile N. 1442 dei Figli d'Italia, Border Cities Star, 16 agosto 1935.

Courtesy/Cortesia: Giovanna and Anne Senesi, P13995

Attractive Girls Hold Tag Day For Italian Veterans

Veneti Club executive and cooks. Front row: Pietro Bergamin (cook); Paola Santarossa (treasurer); Bernadina Uzonyi and Lia Perissinotti (councillors); Enrichetta Martinello, Teresa Sanson and Natale Martin (cooks). Back row: Marilena Vieceli (secretary); Augusta Zonta (vice-president); Celeste Bresolin (councillor); Illario Bontorin (founder); Gabriella Bontorin (president); Bortolo Santarossa (councillor).

Comitato direttivo e cuochi dell'Associazione Veneti nel Mondo. Prima fila: Pietro Bergamin (cuoco); Paola Santarossa (tesoriera); Bernadina Uzonyi e Lia Perissinotti (consigliere); Enrichetta Martinello, Teresa Sanson and Natale Martin (cuochi). Seconda fila: Marilena Vieceli (segretaria); Augusta Zonta (vicepresidente); Celeste Bresolin (consigliere); Illario Bontorin (fondatore); Gabriella Bontorin (presidente); Bortolo Santarossa (consigliere).

Courtesy/Cortesia: Veneti nel Mondo Association of Windsor, P13068

Participants in the Veneti nel Mondo Association of Windsor's annual bike excursion on the trails of Essex County.

Alcuni partecipanti all'annuale scampagnata in bicicletta dell'Associazione Veneti nel Mondo per i sentieri della Contea di Essex.

Courtesy/Cortesia: Veneti nel Mondo Association of Windsor, P13070

Nonostante l'entusiasmo, il club chiuse nel 1991 per difficoltà finanziarie. Nel frattempo sono emerse altre associazioni siciliane con lo stesso scopo di tramandare le tradizioni siciliane alle nuove generazioni:

l'Associazione Alcamese fondata nel 1984, presieduta da Joe Vesco;
l'Associazione San Vito Lo Capo fondata nel 1985, presieduta da Stefano Aiuto;
la Montallegro Heritage Foundation istituita nel 1986, presieduta da Natale Vella;
l'Associazione culturale siciliana fondata nel 1992, presieduta da Peter Panzica.

Queste associazioni assegnano borse di studio e ospitano dignitari e gruppi folcloristici dalla Sicilia al fine di mantenere più stretti i legami con le cittadine native. Di recente, le associazioni siciliane di Windsor si sono unite alla Federazione Siciliana di nuova formazione.

Società Frontiera Del'Alpi

La Società Frontiera del' Alpi è stata probabilmente la società iniziale di Windsor, formata prima della fondazione della Società Italiana delle Border Cities nel 1925 (oggi nota come Giovanni Caboto Club). Secondo la ricerca di Nevi Rusich, i fratelli Louis, John E. e Eugene Ferrari, che giunsero nell'area di Windsor alla fine dell'Ottocento dalla regione Piemonte, furono soci di questa società.

Associazione Veneti nel Mondo di Windsor[34]

L'Associazione Veneti nel Mondo di Windsor fu fondata nel gennaio 1998, sotto la guida di Ilario Bontorin. Da allora, la sede di Windsor è riconosciuta in tutto il mondo grazie a una rivista trimestrale, *El Gazetin*, che include notizie provenienti dalla regione Veneto[35] e anche da altre parti del mondo.

Entro il 2007, l'Associazione Veneti di Windsor contava circa 400 soci attivi. Il club offre una vasta gamma di attività tutto l'anno, tra cui alcune cene culturali: la tradizionale *poenta e bacala* (polenta e baccalà) a febbraio; il banchetto *risi e bisi* (riso e piselli) in aprile per celebrare la festa di San Marco, patrono di Venezia; e la cena *castagne e vin* a novembre, quando a due studenti sono presentati una borsa di studio e un certificato di merito in memoria dei fratelli, Luigi e Gianmario Valmassoi. Durante l'anno, si organizzano numerosi picnic, biciclettate e varie attività sportive.

Il club organizza esibizioni annuali di cori, compagnie teatrali e gruppi folcloristici dall'Italia in Canada. Ha formato un gemellaggio con l'Associazione Veneti di Dona Francisca, una città nello stato del Rio Grande do Sul, in Brasile. Ciò dà l'opportunità ai soci di incontrare molti corregionali e al club di abbracciare a Criciuma cinque bambini adottati: tre adottati da singoli soci di Windsor e due dall'Associazione Veneti.

---

34 Informazioni da Ilario Bontorin
35 Il Veneto confina con l'Austria a nord, il Friuli-Venezia Giulia e il golfo di Venezia a est, l'Emilia-Romagna a sud e il Trentino-Alto Adige e la Lombardia a ovest. Le sue province sono: Belluno, Padova, Rovigo, Treviso, Venezia (il capoluogo), Verona, e Vicenza.

Despite the club's enthusiasm, it closed in 1991 because of financial difficulties. In the meantime, other Sicilian associations have emerged with the same purpose of passing on Sicilian traditions to new generations:

The Alcamese Association founded in 1984 with Joe Vesco, president;
The San Vito Lo Capo Association founded in 1985 with Stefano Aiuto, president;
The Montallegro Heritage Foundation established in 1986 with Natale Vella, president; and
The Sicilian Cultural Association formed in 1992 with Peter Panzica, president.

These associations award scholarships and host dignitaries and folkloristic groups from Sicily in order to maintain closer ties with their native towns. Recently, the Sicilian associations of Windsor have joined the newly-formed Sicilian Federation.

Società Frontiera Del'Alpi

The Società Frontiera del'Alpi may have been the initial Windsor Italian club formed prior to the founding of the Border Cities Italian Club in 1925 (today's Giovanni Caboto Club). According to Nevi Rusich's research, brothers Louis, John E. and Eugene Ferrari, who came to the Windsor area in the late 1800s from the Piedmont region of Italy, were members of this club.

Veneti nel Mondo Association of Windsor[34]

The Veneti nel Mondo Association of Windsor was formed in January 1998 under the leadership of Ilario Bontorin. Since then, the Windsor chapter has been recognized worldwide thanks to a quarterly magazine, *El Gazetin*, which covers news from the Veneto region[35] as well as other parts of the world.

By 2007, the Windsor Veneti Association had about 400 active members. The club offers a wide range of activities throughout the year, including a number of cultural dinners: the traditional *poenta e bacala* (polenta and dried cod) in February; the *risi e bisi* (rice and peas) banquet in April to celebrate the feast day of St. Mark, patron of Venice; and the *castagne e vin* (chestnuts and wine) dinner in November when two students are presented with a scholarship and certificate of merit in memory of the Valmassoi brothers, Luigi and Gianmario. During the year, picnics, bike outings and various sports activities are offered.

The club arranges for choirs, theatre companies and folk groups from Italy to perform annually in Canada. It has formed a twinship with the Veneti Association of Dona Francisca, a town in the state

Members of the Società Frontiera Del'Alpi: Louis and John E. Ferrari (second and sixth from the right), Eugene Ferrari (fifth from the left), c. early 1920s.

Membri della Società Frontiera Del'Alpi: Louis e John E. Ferrari (secondo e sesto e da destra), Eugene Ferrari (quinto da sinistra), ca. inizio degli anni '20.

Courtesy/Cortesia: Nevi Rusich, P11344

---

34 Information from Ilario Bontorin
35 Veneto borders on Austria in the north, Friuli-Venezia Giulia and the Gulf of Venice to the east, Emilia-Romagna to the south and Trentino-Alto Adige and Lombardy to the west. Its provinces are Belluno, Padua, Rovigo, Treviso, Venice (the capital), Verona, and Vicenza.

Italian Club Plans Royal Visit Dance

Mrs. Orlando Bocchini, Bertha Noesella and Derna Serafini of the Italian Ladies' Independent Political Club planning a dance in honour of the visit of King George and Queen Elizabeth, Windsor Daily Star, June 1, 1939.

La Sig.ra Orlando Bocchini, Bertha Noesella e Derna Serafini dell'Italian Ladies' Independent Political Club organizzano un ballo per la visita del Re George e la Regina Elizabetta, Windsor Daily Star, 1° giugno 1939.

Courtesy/Cortesia: Giovanna and Anne Senesi, P13985

La società raccoglie fondi per assistere organizzazioni caritatevoli locali e le vittime di disastri naturali. Nel 2002 al museo Bonifica di San Donà di Piave, Venezia, l'Associazione Veneti nel Mondo di Windsor fondò il Club dell'Amicizia a cui tutti i veneti possono aderire.

Centro culturale italo-canadese di Windsor (WICCC)[36]

Il WICCC fu fondato nel 1978 da membri della comunità italo-canadese di Windsor per organizzare, coordinare e sostenere attività culturali, educative e ricreative, e fornire assistenza agli italo-canadesi e alla comunità intera. Il centro promuoveva la lingua e la cultura italiana, ma incoraggiava e favoriva al tempo stesso l'interazione e la partecipazione ad ogni aspetto della vita canadese. Riconosciuto dal governo provinciale come un ente senza capitale sociale nel 1979, ricevette lo stato di senza scopo di lucro nel 1982. Il primo presidente fu Walter Temelini, e la coordinatrice Nevi Rusich.

Le attività includevano la ricerca sulla comunità italo-canadese di Windsor, lo sviluppo didattico e curricolare (Heritage Languages Program) e i programmi per il miglioramento occupazionale (programmi di sensibilizzazione culturale sviluppati per il Workers' Compensation Board). Il centro condusse un International Arts & Letters Contest (concorso internazionale di arti e lettere), pubblicava un giornale quadrimestrale, *The Cultural Mercury*, e nel 1986 pubblicò *Pinocchio's Canadian Adventures*, uno spettacolo teatrale per bambini in un atto di Azra D. Francis.

Il programma di pubblicazione del centro cessò alla metà degli anni '90 per mancanza di fondi; tuttavia il WICCC tiene ancora una biblioteca di risorse con informazioni sull'Italia, il Canada e la comunità italo-canadese di Windsor, e la storia e le applicazioni del multiculturalismo canadese.

Altre ex società

Nell'area di Windsor sono esistite molte altre società. L'elenco della città di Windsor ne menziona alcune. L'Associazione italiana reduci di guerra (con Luigi Meconi, segretario) è citata nell'elenco urbano di Windsor dal 1933 al 1940. Rita Willis ricorda che il Club Combattenti (i veterani di guerra) organizzava balli alla Lancaster Hall in Wyandotte St.

Negli anni precedenti la seconda guerra mondiale esistevano anche il club della legione italo-canadese e il club politico italo-canadese. Questi club italiani non sono annotati nell'elenco urbano dopo il 1940.

---

36 Informazioni da Nevi Rusich e Rita Bison

of Rio Grande do Sul, Brazil. This gives members the opportunity to meet many fellow Veneti and the club to embrace five adopted children from Criciuma – three by individual Windsor members and two by the Veneti Club.

The club raises funds to assist local charities as well as victims of natural disasters. In 2002 at the Bonifica Museum in San Donà di Piave, Venice, the Veneti nel Mondo Association of Windsor founded the *Club dell'Amicizia* (Friendship Club) to which all Veneti may belong.

Windsor Italo-Canadian Culture Centre (WICCC)[36]

The WICCC was founded in 1978 by members of Windsor's Italian Canadian community to organize, coordinate and support cultural, educational and recreational activities as well as provide assistance to Italian Canadians and the community at large. The centre promoted Italian language and culture, but also encouraged and facilitated interaction and involvement in every aspect of Canadian life. Recognized by the provincial government as a corporation without share capital in 1979, it received its non-profit status in 1982. Its first president was Walter Temelini, and the coordinator was Nevi Rusich.

Activities have included research on Windsor's Italian Canadian community, teaching and curriculum development (Heritage Languages Program) and adult occupational improvement programs (cultural awareness program developed for the Workers' Compensation Board). The centre ran an international Arts & Letters Contest, published a quarterly newspaper, *The Cultural Mercury*, and in 1986 published *Pinocchio's Canadian Adventure*, a one-act play for children by Azra D. Francis.

The centre's publishing program ceased in the mid-1990s due to lack of funding; however, the WICCC still maintains a resource library with information on Italy, Canada, Windsor's Italian community and the history and applications of Canadian multiculturalism.

Other Early Clubs

Numerous other Italian clubs have existed in the Windsor area. The Windsor city directories mention a few of them. The Italian War Veterans' Association (Luigi Meconi, secretary) is listed in the 1933 through 1940 Windsor city directories. Rita Willis remembers that the Combattenti Club (the Italian name for the war veterans) held dances at the Lancaster Hall on Wyandotte St.

Also appearing in the pre-WWII years are the Italo-Canadian Legion Club and the Italo-Canadian Political Club. No entries for these Italian clubs are recorded after the 1940 directory.

---

36 Information from Nevi Rusich and Rita Bison

Publication by Windsor Italo-Canadian Culture Centre.

Una pubblicazione del Windsor Italo-Canadian Culture Centre.

Courtesy/Cortesia: Rita Bison, P11180

Officers of the Women's Italian-Canadian Political Club, Venusta Bocchini, organizer, Eliza Molinari, president, and the men's group organizer, Jack Palmieri, Windsor Daily Star, March 14, 1939.

Dirigenti del Women's Italian-Canadian Political Club, Venusta Bocchini, organizzatrice, Eliza Molinari, presidente, e l'organizzatore del gruppo maschile, Jack Palmieri, Windsor Daily Star, 14 marzo 1939.

Courtesy/Cortesia: Giovanna and Anne Senesi, P13982

Fanelli family playing bocce, a favorite Italian pastime. From left: Mario, Onorio and Caterina Fanelli with Vincenzo Della Valle.

La famiglia Fanelli gioca a bocce, passatempo favorito dagli italiani. Da sinistra: Mario, Onorio e Caterina Fanelli con Vincenzo Della Valle.

Courtesy/Cortesia: Aldo and Louise Schincariol, P12396

Club Caboto men's bocce team, late 1980s. From left: Angelo Sciortina, Italo Lori, Luigi Marcus, Jim Evans, Hiram Walker & Sons, Ltd. (event sponsor), Tony Mardegan, Gianni Bontorin, Lino Brun, Giacomo Germini, Luigi Bortolin, Bruno Quagliotto, Luigi Chemello, Mario Mardegan, Pietro Iacobacci.

La squadra bocciofila maschile del Club Caboto, fine degli anni '80. Da sinistra: Angelo Sciortina, Italo Lori, Luigi Marcus, Jim Evans, Hiram Walker & Sons, Ltd. (sponsor dell'evento), Tony Mardegan, Gianni Bontorin, Lino Brun, Giacomo Germini, Luigi Bortolin, Bruno Quagliotto, Luigi Chemello, Mario Mardegan, Pietro Iacobacci.

Courtesy/Cortesia: Caboto Club, P13025

6

Sport

Gli sport nella comunità italo - canadese di Windsor

Tra gli sport tradizionali, quali le bocce e il ciclismo, molto giocati e seguiti, il calcio regna supremo. La passione per questo sport tra gli italiani di Windsor è paricolarmente evidente nelle folle che si radunano in Erie St. durante le finali dei mondiali di calcio. Con gli anni, gli italiani e gli italo-canadesi hanno anche abbracciato altri sport, tra cui il baseball, il basketball, l'hockey, l'hockey su prato, il football, il golf, il bowling, il tiro alla fune, lo shuffleboard, la caccia e la pesca. Un articolo del *Windsor Daily Star* riportava nel 1936: "gli italiani hanno realizzato la settima vittoria della stagione nella Border Cities International Baseball League"[1]. Un italiano era nei Windsor Falcons, la squadra di pallacanestro del Serbian Club nel 1943. Il Club Caboto creò la prima squadra di bowling nel 1947, seguita, alcuni anni dopo, dalla lega femminile di bowling della Società Femminile Italiana, Ausiliare Giovanni Caboto.[2] Dagli anni cinquanta, i club italiani hanno promosso diversi di questi sport e hanno allargato le proprie strutture sportive per accomodare squadre che partecipavano tutto l'anno a tornei a livello locale, nazionale e internazionale.

Le bocce

Le origini del gioco delle bocce risalgono probabilmente agli antichi Egizi e Romani. Nei tempi moderni, i primi club di bocce furono organizzati in Italia con la prima lega italiana formata da quindici squadre della città di Rivoli, Torino, e dintorni nel 1947, che segna l'inizio dell'annuale Campionato mondiale di bocce.[3] Gli immigrati italiani, avendo giocato a questo sport in Italia, portarono la propria passione per le bocce nell'area di Windsor.

Il Club Caboto formò leghe di bocce maschili e femminili, nel 1965 l'una e nel 1972 l'altra, con Lino Brun come presidente della lega maschile e Marina Vadori presidente di quella femminile. Da allora, grazie all'aumento delle iscrizioni,[4] le gare si sono estese oltre i tornei locali a livelli provinciali e internazionali.

1   Temelini 1985b:25
2   Caboto Club 1975:10
3   http://www.bocce.org/history.html
4   Attualmente, il gruppo maschile conta 80 membri e quello femminile 50.

6

Sports

Sports in the Windsor Italo-Canadian Community

Among some traditional sports such as *bocce* and cycling, widely played and followed by Italians, soccer reigns supreme. Passion for this sport in Windsor is especially evident in the crowds that gather on Erie St. during the finals of the World Cup. Throughout the years, Italians and Italian-Canadians have embraced other sports including baseball, basketball, hockey, field hockey, football, golf, bowling, tug-of-war, shuffleboard, hunting, and fishing. A *Windsor Daily Star* article reported in 1936, "Italians scored their seventh Border Cities International Baseball League win of the season."[1] In 1943, an Italian was on the Windsor Falcons, the Serbian Club basketball team. Caboto Club created the first bowling team in 1947, followed a few years later by the Caboto Italian Women's Club bowling league.[2] Since the 1950s, Italian clubs have promoted several of these sports and have expanded their sporting facilities to accommodate sports teams that compete year-round in tournaments locally, nationally and internationally.

Bocce

The origins of the game of *bocce* may go back to the ancient Egyptians and Romans. In modern times, the first *bocce* clubs were organized in Italy with the first Italian league formed by fifteen teams in and around the town of Rivoli, Torino in 1947, marking the beginning of the yearly *Bocce World Championships*.[3] Italian immigrants, having played the game in Italy, brought their passion for *bocce* to the Windsor area.

The Caboto Club formed men's and women's *bocce* leagues respectively in 1965 and 1972, with Lino Brun as men's chairperson and Marina Vadori as women's president. Since then, due to increased membership,[4] competitions have expanded beyond local tournaments to provincial and international levels.

---

1   Temelini 1985b:25
2   Caboto Club 1975:10
3   http://www.bocce.org/history.html
4   Currently, the men's group has 80 members and the women's, 50.

Windsor's first indoor bocce courts at the Caboto Club, September 19, 1972. From left: Ron Moro (club manager), Domenic Cantagallo (president) and Sergio Schincariol (building committee chairman).

Il primo bocciodromo interno del Club Caboto, 19 settembre 1972. Da sinistra: Ron Moro (amministratore del club), Domenic Cantagallo (presidente) e Sergio Schincariol (presidente del comitato di costruzione).

Courtesy/Cortesia: The Windsor Star, P10805

Fogolar Furlan Club Women's bocciofila team. Once played outdoors, the games are now enjoyed in the Udine Complex.

La squadra bocciofila femminile del Club Fogolar Furlan. Le partite, una volta giocate all'aperto, ora si godono nel bocciodromo Udine.

Courtesy/Cortesia: Fogolar Furlan Club, P10729

Caboto Club women's bocce team.

La squadra bocciofila femminile del Club Caboto.

Courtesy/Cortesia: Marisa Chemello, P13017

Fogolar Furlan bocciofila association with their young mascots at the inauguration of the modern bocciodromo, 1981.

Associazione bocciofila del Fogolar Furlan con le giovani mascotte all'inaugurazione del bocciodromo moderno, 1981.

Courtesy/Cortesia: Fogolar Furlan Club, P13836

All'inizio degli anni sessanta, Giovanni Masotti, avendo costruito vari campi da bocce vicino a casa sua, ne organizzò la prima gara per il Club Fogolar Furlan, il che portò alla creazione dell'Associazione Bocciofila Fogolar Furlan. Nel 1966 fu istituito un comitato e le gare ufficiali iniziarono tra i vari club. Al Club Fogolar Furlan le leghe di bocce entrambe maschili e femminili continuano a essere apprezzate.

La bocciofila maschile del Club Ciociaro fu istituita nel 1972. La lega femminile, formata nel 1982, vinse il primo posto nel 2005 al torneo internazionale di bocce tenutosi al Club Ciociaro, che vide partecipanti dall'Europa, dagli Stati Uniti e dal Canada. Il Club Ciociaro ospitò anche il prestigioso campionato di bocce nordamericano nel 2001.

Il ciclismo

Gli italiani sono tifosi accaniti del ciclismo; di conseguenza, gli immigrati italiani hanno diffuso il loro entusiasmo per questo sport nell'area di Windsor. Ciò è ovvio dal numero di partecipanti e spettatori al Tour annuale di Via Italia (la corsa ciclistica di Erie St.).

La storia della corsa ciclistica di Erie Street (Tour di Via Italia)[5]

Il Tour di Via Italia è una tradizione importante per la comunità italiana e la città di Windsor.

La prima gara si tenne il 2 novembre 1958 e fu organizzata da un gruppo di uomini motivati a portare le corse qui perché ricordavano loro quelle del vecchio paese. Gianni Sovran, avido fan della bicicletta, fu ispirato dal dipinto, *Giro d'Italia*, nella sala Sant'Angela. Parlò dell'idea della corsa con suo nipote, Ezio Orlando, che era attivamente coinvolto nello sport e che finì per essere una forza motrice nell'istituzione di questa gara.[6] Assieme ad altri tre corridori, Peter Girardi, Vince Muzzin e Silvio Muzzatti, decisero il percorso di 1,7 km. Questo circuito, usato ancora oggi, passa da Erie St., Parent Ave., Giles Blvd. e Howard Ave., il cuore della comunità italiana.

La logistica per la pianificazione della prima gara fu vasta. Tullio Meconi, membro del Windsor Italia Club, propose il progetto al consiglio comunale e richiese il permesso di chiudere le strade per la gara. La giunta concordò a condizione che anche il capo della polizia appoggiasse l'evento. Ezio e P. John Stopponi, prete della chiesa di Sant'Angela Merici, parlarono della corsa con il capo della polizia Gordon Preston, un tifoso entusiasta, che garantì il proprio supporto, l'assistenza di quattro agenti, offrì i propri servizi e divenne lo starter ufficiale.

Ezio e la sua squadra diffusero rapidamente la notizia della gara ai fan, ansiosi di aiutare. Molti contribuirono alle preparazioni: Alfio Golini, Toni Dadamo Sr., Frank Padovan, Alfio Papa, Emilio Paducci, Joe Ala, Nicolino DiDonato, Alfredo Morando, Marco Palazzi, Elio Danelon, Marisa, Luigi e Renato Chemello, e altri. Aiutarono con la raccolta di contributi, la registrazione dei corridori, il controllo del traffico, ecc. Diverse ditte, organizzazioni e individui donarono regali e denaro per

---

5   Storia fornita da Aldo Sfalcin, Via Italia Bicycle Race Association e basata su www.tourdiviaitalia.com

6   Un giorno Ezio disse che si era portato lo sport delle corse ciclistiche in valigia dall'Italia.

In the early 1960s, Giovanni Masotti, having made several bocce courts near his house, organized the first bocce competition for the Fogolar Furlan Club which led to the creation of the Associazione Bocciofila Fogolar Furlan. A committee was set up in 1966, and official competitions began among various clubs. At the Fogolar Furlan Club, both men's and women's bocce leagues continue to be popular.

The Ciociaro Club men's *bocciofila* was established in 1972. The ladies' league, formed in 1982, won first place in 2005 in the International *Bocce* Tournament held at the Ciociaro Club, featuring players from Europe, U.S. and Canada. The Ciociaro Club also hosted the prestigious North American Bocce Championships in 2001.

Cycling

Italians are fierce fans of cycling; consequently, Italian immigrants have spread their enthusiasm for this sport to the Windsor area. This is evident by the numbers of participants and spectators at the annual Tour di Via Italia (Erie St. bicycle race).

The History of the Erie Street Bicycle Race (Tour di Via Italia)[5]

The Tour di Via Italia is an important tradition in the Italian community and in the city of Windsor.

The first bicycle race was held on November 2, 1958, organized by a group of men motivated to bring racing here because it reminded them of the homeland. Gianni Sovran, an avid bike fan, was inspired by the painting, *Giro d'Italia*, in St. Angela Hall. He discussed the idea of the race with his nephew, Ezio Orlando, who was actively involved in the sport and who ultimately was a driving force in establishing this race.[6] Together with three other racers, Peter Girardi, Vince Muzzin and Silvio Muzzatti, they decided on the 1.7 km racetrack. This circuit, still used today, runs from Erie St., Parent Ave., Giles Blvd. and Howard Ave., the heart of the Italian community.

The logistics for planning the first race were many. Tullio Meconi, a member of the Windsor Italia Club, proposed the project to City Council and requested permission to close the streets for the race. City Council agreed on condition that the chief of police also support the event. Ezio Orlando and Fr. John Stopponi, a priest from St. Angela Merici Church, discussed the race with Police Chief Gordon Preston, an enthusiastic fan who assured his support, the assistance of four officers, volunteered his services and became the official starter.

Ezio and his team quickly spread the news of the race to fans eager to help. Many contributed to the race preparations, including Alfio Golini, Toni Dadamo, Sr., Frank Padovan, Alfio Papa, Emilio Paducci, Joe Ala, Nicolino DiDonato, Alfredo Morando, Marco Palazzi, Elio Danelon, Marisa, Luigi and Renato Chemello, and others. They helped with collecting contributions, registering riders, controlling traffic, etc. Several companies, organizations and individuals donated gifts and money

5   Story provided by Aldo Sfalcin, Via Italia Bicycle Race Association and based on www.tourdiviaitalia.com
6   Ezio once said that he had brought the sport of bike racing with him from Italy in his baggage.

The first outdoor bocce courts at the Fogolar Furlan Club.
Il primo bocciodromo esterno del Club Fogolar Furlan.
Courtesy/Cortesia: Fogolar Furlan Club, P13481

Playing bocce outdoors at the Ciociaro Club.
Giocando a bocce all'aperto al Club Ciociaro.
Courtesy/Cortesia: Ciociaro Club, P13941

Bicycle race in downtown Windsor, c. 1971.
Corsa di biciclette nel centro città di Windsor, 1971 ca.
Courtesy/Cortesia: Aldo Sfalcin, P10752

Original cycling club in Windsor sponsored by the Caboto Club, September 28, 1958.
From left: Ezio Orlando (coach and mechanic), Vince Muzzin, Pete Girardi, Alex
Messina (riders) and Walter Orlando (assistant coach).

Il primo club di ciclismo di Windsor sponsorizzato dal Club Caboto, 28 settembre 1958.
Da sinistra: Ezio Orlando (allenatore e meccanico), Vince Muzzin, Pete Girardi, Alex
Messina (ciclisti) e Walter Orlando (assistente allenatore).

Courtesy/Cortesia: Alfio Golini, P14116

premi. Triphon Van Hooren, che aveva gareggiato in Belgio, il suo paese natio, contattò delle aziende in città e donò il trofeo per il vincitore. Mike Walden, allora presidente del club ciclistico Wolverines Bicycle Racing Club in Michigan, offrì i numeri di gara e le spille di sicurezza. Tarcisio Basili contribuì e montò il podio del presentatore, un contributo ripetuto più tardi in un'altra corsa dal figlio, Peter. Eros e Alderina Zaghi fornirono una maglia di gara di lana fatta a mano con la scritta "Windsor Champion" e un mazzo di fiori per il vincitore.

L'evento fu chiamato "The Tour of Windsor". Nel 1958 più di 15.000 fan entusiasti affollarono Erie St. per vedere Tom Liptrop di Hamilton vincere la corsa e i premi, seguito (in ordine di arrivo) da: Billy Freund, Vince Muzzin, Silvio Muzzatti, Bill Olsen, Claire Young e Pete Girardi. Nel corso degli anni, due residenti di Windsor hanno vinto il Tour di Via Italia, Aldo Sfalcin nel 1963 e nel 1975, e il ventottenne Daniele De Franceschi nel 2006.

D'allora, la corsa ciclistica di Erie St. fornisce l'opportunità di competere a ciclisti locali, nazionali e internazionali. Riunisce la comunità per acclamare i partecipanti e dà alle imprese e alle organizzazioni locali l'opportunità di sostenere e preservare la tradizione del ciclismo.

Vari Club ciclistici[7]

Nel 1958 fu organizzato il primo club ciclistico italiano, sponsorizzato dal Club Caboto. Una vecchia foto mostra Ezio Orlando (allenatore e meccanico), Walter Orlando (assistente allenatore) e i corridori, Vince Muzzin, Pete Girardi, Alex Messina e Silvio Muzzatti. Nel 1969 fu formato il Windsor Bicycle Club, con molti (ma non tutti) membri italiani.

Nel 1975 l'idea di un club ciclistico italiano fu proposta dalla comunità ciclistica italiana (i membri del Windsor Bicycle Club). Nel 1976, con il supporto del Club Caboto e di molti altri fan, fu formato il Velo Club, con Eros Zaghi presidente. Nei primi anni le iscrizioni superavano i 200. La comunità italiana aveva così a cuore questo progetto che il governo italiano sponsorizzò il club con $1,500 tramite il viceconsole di Windsor, Frank De Angelis. Entro il 2007, il Velo Club e i suoi 80 soci avevano partecipato ad attività ciclistiche che variavano da gare su strada, mountain bike, cyclocross, e tour competitivi e ricreativi in tutto il Nord America e in Europa.

Per alcuni anni la squadra del Ciociaro Cycling Club gareggiò in Ontario e Michigan. Nel 1985 il Club Ciociaro creò un percorso regolamentare per biciclette da corsa, l'unico nel suo genere nel Nord America. Sebbene il Ciociaro Cycling Club non esista più, il circuito ciclistico di un miglio viene usato regolarmente per varie gare, quali la Ciociaro Club Can-Am Challenge Series.

Alcuni immigrati italiani facevano parte di altri club ciclistici, tipo il Concord Bicycle Club, il Maple Leaf Cycling Club, La Stella Bicycle Club e il Joe Cannella Bicycle Club.

---

7   Informazioni da vari club

as prizes. Triphon Van Hooren, who had raced in his native Belgium, approached companies in the city and donated the winner's trophy. Mike Walden, then president of the Wolverines Bicycle Racing Club in Michigan, offered the racing numbers and safety pins. Tarcisio Basili contributed and assembled the announcer's stand, a contribution repeated in a later race by his son, Peter. Eros and Alderina Zaghi provided a handmade woollen racing jersey with "Windsor Champion" on it and a bouquet of flowers for the winner.

The event was named, "The Tour of Windsor." In 1958, over 15,000 enthusiastic fans crowded Erie St. to watch Tom Liptrop of Hamilton win the race and prizes, followed by (in order of arrival): Billy Freund, Vince Muzzin, Silvio Muzzatti, Bill Olsen, Claire Young, and Pete Girardi. Through the years, two Windsorites have won the Tour di Via Italia, Aldo Sfalcin in 1963 and 1975, and 28-year-old Daniele De Franceschi in 2006.

Since then, the Erie St. bicycle race has provided an opportunity for local, national and international cyclists to compete. It has brought the community together to cheer the competitors and has given local businesses and organizations the opportunity to support and preserve the cycling tradition.

Various Cycling Clubs[7]

In 1958, the first Italian cycling club, sponsored by the Giovanni Caboto Club, was organized. An old photo lists Ezio Orlando (coach and mechanic), Walter Orlando (assistant coach) and bike riders Vince Muzzin, Pete Girardi, Alex Messina and Silvio Muzzatti. In 1969, the Windsor Bicycle Club was formed with many (though not all) Italian members.

In 1975, the idea of an Italian cycling club was proposed by the Italian cycling community (members of the Windsor Bicycle Club). In 1976, with the support of the Caboto Club and many cycling fans, the Velo Club was formed with Eros Zaghi as president. In the first years, membership exceeded 200. The Italian community felt so strongly about this project that the Italian government sponsored the club with $1,500 through the Vice-Consul of Windsor, Frank De Angelis. By 2007, the Velo Club with its 80 members was involved in cycling activities ranging from competitive road, mountain bike, cyclo-cross, and competitive and recreational touring all over North America and Europe.

For some years, the Ciociaro Cycling Club's team raced in Ontario and Michigan. In 1985, the Ciociaro Club created a regulation bicycle track, the only one of its kind in North America. Although the Ciociaro Cycling Club no longer exists, the mile-long cycling circuit is regularly used for various competitions such as the Ciociaro Club Can-Am Challenge Series.

Some Italian immigrants were involved in other cycling clubs, such as the Concord Bicycle Club, the Maple Leaf Cycling Club, La Stella Bicycle Club and Joe Cannella Bicycle Club.

7   Information from various clubs

Bicycle race at the Ciociaro Club, 1985.
Corsa di biciclette al Club Ciociaro, 1985.
Courtesy/Cortesia: Ciociaro Club, P13927

Ciociaro Club cycling group.
Gruppo di ciclisti del Club Ciociaro.
Courtesy/Cortesia: Rosina and Mario Sorge, P11304c

Teresio Barichello
e le corse in bicicletta

Dal 1963 al 1970, con l'aiuto dei membri del Regis Club, ero responsabile delle corse ciclistiche in Erie St. Allora, secondo il regolamento della Bicycle Federation of Ontario, non si consegnavano premi in denaro ai vincitori. Mi sembrava che questa regola fosse ingiusta, visto che i corridori sostenevano delle spese per partecipare all'evento. Riuscii a persuadere un rappresentante della Federazione di Toronto a ricompensare i vincitori con premi in denaro, il che avrebbe attirato più partecipanti, una pratica che fu in seguito adottata dalla Federazione.

Un'altra novità per il nostro evento locale era quella di avere a disposizione il personale medico in caso di infortuni. L'assistenza del St. John Ambulance Windsor-Essex fa ora parte della gara annuale.

The first Erie St. bicycle race with Vince Muzzin in front, November 2, 1958.

La prima corsa di biciclette di Erie St., 2 novembre 1958, Vince Muzzin in testa.

Photo by/foto di: Viselli. Courtesy/ Cortesia: Alfio Golini, P14113

Tour di Windsor 1958

Spectators in front of St. Angela Hall watching the bicycle race on Erie St., 1960s.

Spettatori davanti alla sala Sant'Angela guardano la corsa di biciclette in Erie St., anni 1960.

Courtesy/Cortesia: Florindo and Domenica Mandarino, P12057

Cyclists lined up outside St. Angela Merici Church awaiting the start of the 1964 race, with race official Teresio Barichello.

I ciclisti allineati dinanzi alla Sant'Angela, pronti per il via alla corsa del 1964, con il dirigente Teresio Barichello.

Courtesy/Cortesia: St. Angela Merici Church, P13925

Ticket to the Windsor Bicycle Club Banquet, Roller Race and Dance, 1972.

Biglietto per il banchetto del Windsor Bicycle Club, corsa su pattini e ballo, 1972.

Courtesy/Cortesia: Aldo Sfalcin

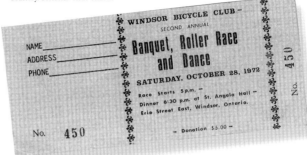

Teresio Barichello and the Bicycle Races

From 1963 to 1970, with the help of the Regis Club members, I was in charge of the bicycle races on Erie St. At the time, according to the Bicycle Federation of Ontario policy, no monetary prizes were awarded to winners. I thought this policy unfair since racers incurred expenses to participate in the event. I was able to persuade a Toronto representative of the Federation to reward winners with cash prizes which would attract more competitors, a practice which the Federation later adopted.

Another first for our local event was to have medical personnel in attendance in case of injuries. The assistance of St. John Ambulance Windsor-Essex is now part of the annual race.

Windsor Sterling Soccer team was sponsored by the Sterling Construction Company founded by Louis A. Merlo, 1950s-60s.

La squadra di calcio della Windsor Sterling era sponsorizzata dalla Compagnia Sterling Construction fondata da Louis A. Merlo, anni 1950-60.

Courtesy/Cortesia: Richard Merlo, P10657

Caboto Club soccer team, 1954.

Squadra di calcio del Club Caboto, 1954.

Courtesy/Cortesia: Caboto Club, P13618

Il calcio

Dopo la seconda guerra mondiale, man mano che aumentava il numero di immigrati italiani a Windsor, aumentava anche la passione per il gioco del calcio. Secondo Egidio Mosca, presidente del G. Caboto Soccer Club, nel 1949 il club sponsorizzò una squadra di calcio maschile nell'Essex County Soccer League. Nel 1953 la squadra calcistica Caboto, che divenne presto nota come gli "Stylish Italian Eleven",[8] vinse la Charity Cup sconfiggendo la squadra Teutonia. Conquistarono il loro primo Ontario Cup Championship nel 1961 e un altro nel 1990, assieme anche a una medaglia canadese di bronzo.

All'inizio degli anni settanta, il Club Caboto iniziò a sponsorizzare squadre giovanili il che ebbe un impatto su migliaia di ragazzi e ragazze nel corso degli anni. La squadra di calcio maschile under-15, i Windsor Caboto Voyagers, allenata da Raffaele Turchi e dall'assistente Aurelio Jas, si avventurò con successo in un torneo europeo di 18 giorni nel 1991. Giocarono a Monaco, Innsbruck, Udine, Montecatini e Roma, con un punteggio finale di due vittorie, due pareggi e una sconfitta. Nel 2005 la squadra femminile under-21 del Club Caboto vinse l'Ontario Cup Championship.

Una squadra calcistica speciale fu creata da Egidio Novelletto, per permettere a bambini e giovani 'handicappati' di giocare a calcio e ad altri sport. Nel 1984 il Club Caboto intervenne per sponsorizzare la squadra, che fu nota con il nome Caboto Specials. La squadra è tuttora attiva. Un'altra associazione, l'Italian Canadian HandiCapable Association,[9] fu formata nel 1985.

La S.S. Italia (Società Sportiva Italia) iniziò a promuovere il calcio nell'area di Windsor all'inizio degli anni sessanta. Nel novembre 1974, la società aprì una sua sede al 525 Erie St. E., dove fan e giocatori potevano godersi un caffè o un cappuccino, giocare a carte o ascoltare le partite di calcio alla radio direttamente dall'Italia. Il comitato esecutivo organizzava banchetti e attività annuali, il cui ricavato andava a sostegno degli allenamenti e delle attrezzature per la squadra. Questi eventi popolari attiravano la partecipazione di giocatori ed ex giocatori di calcio e di personalità della comunità. A un banchetto tenutosi al Club Fogolar Furlan fu eletta "Miss Sport 1974".

La S.S. Italia sponsorizzò squadre nelle seguenti categorie: under-11, under-12, under-16, under-19 e seniores. Premi e trofei erano presentati ai giocatori meritevoli durante i banchetti annuali. Le squadre della S.S. Italia erano orgogliose di essere le uniche nell'Ontario (a eccezione di Toronto) ad avere *la maglia azzurra* indossata dalla squadra di calcio nazionale italiana.

Il Club Ciociaro di Windsor ha sponsorizzato squadre di calcio agonistiche e amatoriali. Nel 2004, la Ciociaro Champions League, una lega amichevole, fu formata per uomini oltre i 30 anni che indossano maglie repliche delle loro squadre europee preferite. Questa lega gode attualmente della partecipazione di circa 170 giocatori. Nel 2008, il Ciociaro Youth Soccer Club, in collaborazione

8   Temelini 1985b:25
9   Vedi capitolo 5.

Soccer

After WWII, as the number of Italian immigrants in Windsor increased so did the passion for the game of soccer. According to Egidio Mosca, chairman of the G. Caboto Soccer Club, in 1949, the club sponsored a men's soccer team in the Essex County Soccer League. In 1953, the Caboto soccer team, soon-to-be-known as the "Stylish Italian Eleven,"[8] won the Charity Cup by defeating Teutonia. They captured their first Ontario Cup Championship in 1961 and another in 1990, along with a Canadian Bronze Medal.

In the early 1970s, Caboto Club began sponsoring youth teams which impacted thousands of boys and girls over the years. The Windsor Caboto Voyagers under-15 boys' soccer team, coached by Raffaele Turchi and assistant, Aurelio Jas, ventured on a successful 18-day European tournament in 1991. They played in Munich, Innsbruck, Udine, Montecatini and Rome with a final record of two wins, two ties and one loss. In 2005, the Caboto Club girls' soccer team under-21 won the Ontario Cup Championship.

A special soccer team was created by Egidio Novelletto to allow 'handicapable' children and young adults play soccer and other sports. By 1984, the Caboto Club stepped in to sponsor the team and it became known as the Caboto Specials. It is still active today. Another association, the Italian Canadian HandiCapable Association,[9] was formed in 1985.

The S.S. Italia (Società Sportiva Italia) began promoting soccer in the Windsor area in the early 1960s. In November 1974, it opened its own place at 525 Erie St. E. where soccer fans and players could enjoy a coffee or cappuccino, play cards or listen to soccer games on the radio directly from Italy. The executive committee organized annual banquets and activities with proceeds supporting team training and equipment. These popular events attracted the participation of current and former soccer players and community personalities. At one banquet held at the Fogolar Furlan Club, "Miss Sport 1974" was elected.

The S.S. Italia sponsored teams in the following divisions: under-11, under-12, under-16, under-19 and seniors. Awards and trophies were presented to deserving players at their annual banquets. The S.S. Italia teams were proud to be the only ones in Ontario (with the exception of Toronto) to wear *la maglia azzurra* (the blue jersey) worn by the Italian national soccer team.

The Ciociaro Club of Windsor has sponsored competitive and recreational soccer teams. In 2004, the Ciociaro Champions League, a fun league, was formed for men over 30 who wear replica jerseys of their favourite European teams. This league currently enjoys the participation of about 170 players. In 2008, the Ciociaro Youth Soccer Club, in partnership with the South Windsor Soccer Club, enrolled approximately 800 boys and girls age 4-15. Similarly, over 150 players are currently enrolled in the Ciociaro competitive soccer program.

8   Temelini 1985b:25
9   See Chapter 5.

Caboto Club soccer team, 1961 Ontario Cup winner.
La squadra di calcio del Club Caboto, vincitrice della Coppa Ontario 1961.
Courtesy/Cortesia: Caboto Club, P13619

Ciociaro Club soccer team, 1985.
Squadra di calcio del Club Ciociaro, 1985.
Courtesy/Cortesia: Ciociaro Club, P13934

A police cruiser leads a victory parade down Erie St. following Italy's win in the World Cup, July 12, 1982.

Un'auto della polizia guida una sfilata lungo Erie St., dopo la vittoria dell'Italia della Coppa Mondiale di calcio, 12 luglio 1982.

Courtesy/Cortesia: The Windsor Star, P10810

Scores of Italian soccer fans on Erie St. carry a large replica of the World Cup in celebration of Italy's victory over Germany, 2006.

Un gran numero di italiani tifosi di calcio in Erie St. innalzano una grande replica della Coppa Mondiale per celebrare la vittoria dell'Italia sulla Germania, 2006.

Photo by/foto di: Tyler Brownbridge. Courtesy/Cortesia: The Windsor Star, P12744

*Windsor Soccer Club,
St. Angela's team, Tier 1, 1983.*

Windsor Soccer Club,
la squadra di Sant'Angela,
Tier 1, 1983.

Courtesy/Cortesia: St. Angela Merici
Church, P10544

*Accordionist Elio Palazzi leads an
impromptu street dance outside
Windsor's Sorrento Cafe following
Italy's win in the World Cup,
July 9, 1982.*

L'accordionista Elio Palazzi dirige un
ballo improvvisato fuori del Sorrento
Cafe in Erie St. dopo la vittoria
dell'Italia della Coppa Mondiale,
9 luglio 1982.

Courtesy/Cortesia: The Windsor Star, P10809

Fogolar Furlan boy's soccer team.

Squadra di calcio dei ragazzi del
Fogolar Furlan.

Courtesy/Cortesia: Fogolar Furlan Club, P10731

Fogolar Furlan tug-of-war team, the first sports team at the club, 1964. Standing from left: Ermes Costello, Adriano Morson, Ennio Minato, Lorenzo Bortolin, Emilio Peruzzo, Lino Vadori, Angelo (Benito) Bernardon, Alfeo Masotti and Antonio Lorenzon. In front: Giovanni Masotti (coach) and Arturo Candussi (equipment manager).

La squadra del tiro alla fune del Fogolar Furlan, la prima squadra sportiva del club, 1964. In piedi da sinistra: Ermes Costello, Adriano Morson, Ennio Minato, Lorenzo Bortolin, Emilio Peruzzo, Lino Vadori, Angelo (Benito) Bernardon, Alfeo Masotti e Antonio Lorenzon. Davanti: Giovanni Masotti (allenatore) e Arturo Candussi (manager di attrezzatura).

Courtesy/Cortesia: Fogolar Furlan Club, P13834

Ciociaro Club tug-of-war team hard at work!

La squadra del tiro alla fune del Club Ciociaro forte al lavoro!

Courtesy/Cortesia: Ciociaro Club, P13936

con il South Windsor Soccer Club, iscrissero circa 800 ragazzi e ragazze dai 4 ai 15 anni. Allo stesso modo, oltre 150 giocatori sono attualmente iscritti al programma agonistico di calcio Ciociaro.

Nel corso degli anni, anche il Club Fogolar Furlan ha sponsorizzato varie squadre calcistiche giovanili. Il Fogolar presenta la serata di calcio il lunedì sera per i membri del gruppo giovanile e i loro amici, impegnati in partite amichevoli. Attualmente, le squadre di calcio Future Pros usano regolarmente le strutture del club.

Il tiro alla fune

Nel 1964 il tiro alla fune del Fogolar Furlan divenne la prima squadra sportiva del club, grazie alla visione di Alfeo Masotti. Il 21 giugno 1964, durante l'annuale Festa Italiana celebrata al Jackson Park, la squadra Fogolar partecipò alla sua prima gara con la polizia di Windsor. Benché avessero perduto questa prima sfida, sconfissero gli stessi avversari il 1° luglio 1964. Nel corso degli anni, la squadra Fogolar ha vinto molte gare.

La squadra di tiro alla fune del Club Ciociaro fu fondata nell'estate del 1974. La sua prima vittoria fu nel 1980. Nel 1985 la squadra conquistò il titolo dell'Ontario Middleweight Championship e il primo dei tre Canadian Championships nel 1987. La squadra ebbe l'onore di rappresentare il Canada al campionato mondiale di Upsala, in Svezia, nel 1993.

Atleti di origine italiana nello sport nell'area di Windsor[10]

Diversi atleti italiani hanno primeggiato nello sport, lasciando il loro segno nella storia di Windsor.

Roy Battagello[11]

Atleta eccezionale, Roy fu proclamato "Outstanding Athlete of the Forties" quando frequentava la Windsor-Walkerville Vocational School. Nel 1946, fu nominato per l'University of Western Ontario e il London Free Press "Leaders Club" come atleta di spicco nel football, nella pallacanestro, nel nuoto e nell'atletica leggera. Andò quindi a giocare per la squadra di football Assumption College Varsity e in seguito per gli Ottawa Rough Riders della Canadian Football League. Nel settembre 2005 Roy ricevette uno Sports Achievement Award dall'Alumni Sports Hall of Fame dell'Università di Windsor.

Lou Bendo[12]

Lou, figlio di Antonio Bendo e Serena Del Villano,[13] venne a Windsor da Timmins nel 1956, all'età di 23 anni. Giocatore di hockey per gli Stratford Indians, era proprietario di una stazione di

10 Molte delle statistiche in questa sezione provengono da http://www.uwindsor.ca/units/alumni/sportsHall.nsf
11 Informazioni da Nancy Battagello, University of Windsor Sports Hall of Fame website e articoli dell'ottobre 31 e del 1° novembre 2005, *The Windsor Star* – Vedi anche capitolo 9.
12 Scritto da Lou Bendo
13 Antonio Bendo nato a Castelfranco, Treviso (Veneto) immigrò a Timmins nel 1920, all'età di 20 anni. Serena Del Villano, nata in Calabria nel 1912, andò a Timmins con i genitori all'età di otto mesi.

The Fogolar Furlan Club has also sponsored various youth soccer teams over the years. Fogolar features Monday night soccer for members of the youth group and their friends who engage in friendly games. Currently, the Future Pros soccer teams use the club's facilities on a regular basis.

Tug-of-War

In 1964, the Fogolar Furlan tug-of-war became the club's first sports team, thanks to the vision of Alfeo Masotti. On June 21, 1964, during the annual *Festa Italiana* celebrated at Jackson Park, the Fogolar team participated in its first match with the Windsor Police. Although they lost this first pull, they defeated this same opponent on July 1, 1964. Over the years, the Fogolar team has won many competitions.

The Ciociaro Club tug-of-war team was founded in the summer of 1974. Its first win was in 1980. In 1985, the team captured the Ontario Middleweight Championship and its first of three Canadian Championships in 1987. The team was honoured to represent Canada at the World Championship in Upsala, Sweden in 1993.

Ciociaro Club tug-of-war team.
La squadra del tiro alla fune del Club Ciociaro.
Courtesy/Cortesia: Ciociaro Club, P13937

Athletes of Italian Origin in Sports in the Windsor Area[10]

Several Italian athletes have excelled in the field of sports, leaving their mark in the history of Windsor.

Roy Battagello[11]

A remarkable athlete, Roy was proclaimed "Outstanding Athlete of the Forties" while at Windsor-Walkerville Vocational School. In 1946, he was named to the University of Western Ontario and London Free Press "Leaders Club" as a standout in football, basketball, swimming and track and field. He went on to play for the Assumption College Varsity football team and later the Canadian Football League's Ottawa Rough Riders. In September 2005, Roy received a Sports Achievement Award from the University of Windsor Alumni Sports Hall of Fame.

Lou Bendo[12]

Lou, son of Antonio Bendo and Serena Del Villano,[13] came to Windsor from Timmins in 1956 at age 23. A hockey player with the Stratford Indians, he owned a service station there while taking a correspondence course in real estate. The Windsor Bulldogs team recruited Lou. The owner of the team said, "Come and play hockey...we will give you No. 9...there is a big Italian community

Quarterback and defensive half with the first AKO football team in 1946, Roy Battagello led the team to win the 1947 Provincial Championship.

Terzino e difensore mediano con la prima squadra di football nel 1946, Roy Battagello portò la squadra alla vittoria del campionato provinciale nel 1947.
Courtesy/Cortesia: Nancy Battagello, P13815

---

10 Many statistics in this section from http://www.uwindsor.ca/units/alumni/sportsHall.nsf
11 Information from Nancy Battagello, University of Windsor Sports Hall of Fame website and *The Windsor Star* articles of October 31 and November 1, 2005 - See also Chapter 9."
12 Written by Lou Bendo
13 Antonio Bendo, born in Castelfranco, Treviso (Veneto), immigrated to Timmins in 1920 at age 20. Serena Del Villano, born in Calabria in 1912, went with her parents to Timmins at age eight months.

Windsor Bulldogs' captain Lou Bendo diving for the puck facing goaltender John Reinhart of the Galt Terriers, Windsor Arena, 1961-62 season. The following season, after the Bulldogs routed the Soviet national team on a North American tour, Vasily Napastnikov, the head of Soviet hockey, noted the impression that Bendo made, "He's that centre player who skates so hard and knocks everybody down...That fellow isn't very big, but he sure scores goals." (Duff 2007a)

Il capitano della Windsor Bulldogs, Lou Bendo si lancia verso il disco su ghiaccio affrontando il portiere John Reinhart dei Galt Terriers, arena di Windsor, stagione 1961-62. La stagione seguente, dopo che i Bulldogs sconfissero la squadra nazionale sovietica in un giro del Nord America, Vasily Napastnikov, il capo dell'hockey sovietico, espresse la sua impressione di Bendo, " È quel centravanti che pattina così forte e abbatte tutti...Quel tipo non è molto grande ma sa certamente segnare dei gol." (Duff 2007a)

Courtesy/Cortesia: Lou Bendo, P13352

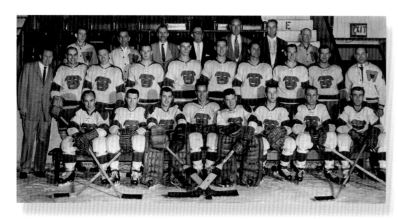

Windsor Bulldogs at Windsor Arena, 1956. The captain, Lou Bendo, is in the centre of the first row.

I Windsor Bulldogs all'arena di Windsor, 1956. Il capitano, Lou Bendo, è al centro in prima fila.

Courtesy/Cortesia: Lou Bendo, P13561

servizio in quella città e contemporaneamente seguiva un corso di imprenditoria immobiliare per corrispondenza. La squadra degli Windsor Bulldogs ingaggiò Lou. Il proprietario della squadra gli disse: "Vieni a giocare a hockey...ti daremo il n° 9...c'è una grande comunità italiana laggiù...ti faremo capitano..." Lou ricorda il viaggio lungo Manning Rd. Quando vide il magnifico panorama del Lago St. Clair pensò: "Mi trasferisco qui perché amo pescare".

Lou lavora come agente immobiliare e di assicurazioni dal 1956. A Windsor lavorò prima come agente immobiliare e divenne intermediario assicurativo quattro anni dopo. Lou sposò Jean Aspinall di Stratford. Si stabilirono a Windsor e allevarono tre figli: Christopher (Chris), Mark e Michael. Lou è ancora attivamente impegnato nella sua impresa, la Lou Bendo Realty & Insurance Ltd., situata all'829 Ottawa St. dal 1960.

Nel 1961, Lou acquistò, assieme ad altri, la Windsor Arena.[14] Su richiesta di Lou, l'Ontario Hockey Association, concordò di accettare nuovamente i Windsor Bulldogs nella lega. Quell'anno, la squadra vinse il campionato e l'anno seguente l'Allan Cup. Il pandemonio che seguì la vittoria dell'Allan Cup fu tale che il capitano Lou Bendo "cercò rifugio sopra lo Zamboni per condurre un'intervista televisiva in diretta". Windsor non era mai stata la casa di un club campione di hockey canadese. (Duff 2007b)

Nel 1963, la squadra rappresentò il Canada in un torneo europeo e giocò 18 partite in Russia, Cecoslovacchia, Svezia e Svizzera. Nel 1964 Lou allenò i Windsor Bulldogs. Fu presidente della Windsor Arena dal 1963 al 1990, quando fu venduta alla Città di Windsor.

Lou diede inizio alla Bendo Blazers Hockey Team, squadra formata da ex giocatori di hockey. I Blazers sono attivi da allora e vantano tuttora la partecipazione di molti dei primi giocatori.

Reno Bertoia[15]

Reno nacque a San Vito al Tagliamento, Pordenone (Friuli-Venezia Giulia) l'8 gennaio 1935, da Rina Cecce e Libero Bertoia. Dopo la nascita di Reno, Libero immigrò in Canada nel 1935 per la terza volta e, l'anno seguente, fece venire la moglie e il figlio. Libero lavorò per la Ford e Rina come cuoca al Club Caboto per molti anni. Ebbero una figlia, Julie.

Reno frequentò la scuola elementare Gordon McGregor, l'Assumption High School e l'Assumption University di Windsor. Sviluppò competenze nel baseball sui campetti di sabbia di Windsor e Detroit e fu allenato da P. Ronald Cullen, C.S.B. Per Reno l'atleta esemplare era il giocatore di baseball Hank Biasatti. Nell'agosto 1953, essendo stato votato Most Outstanding Prospect a Detroit, Reno fu mandato a giocare alla partita Hearst All Star ai Polo Grounds, New York City. Lo stesso mese, John McHale, Sr. dei Detoit Tigers ingaggiò Reno come 'giocatore bonus', e gli diede $10.000.

---

14 I proprietari dell'epoca volevano farne una pista di curling.
15 Informazioni da Reno Bertoia

there…we will make you the captain…." Lou recalls travelling down Manning Rd. When he saw the magnificent view of Lake St. Clair, he thought, "I am moving here because I love to fish."

Lou has been involved in real estate and insurance since 1956. In Windsor, he worked first as a real estate salesman and became a broker four years later. Lou married Jean Aspinall from Stratford. They settled in Windsor and raised their sons, Christopher (Chris), Mark and Michael. Lou is still actively involved in his business, Lou Bendo Realty & Insurance Ltd., located at 829 Ottawa St. since 1960.

In 1961, Lou, along with others, bought the Windsor Arena.[14] At Lou's request, the Ontario Hockey Association agreed to accept the Windsor Bulldogs back into the league. That year, the team won the league championship and the following year, the Allan Cup. The pandemonium following the Allan Cup win was such that captain Lou Bendo "sought refuge on top of the Zamboni in order to conduct a live television interview." Windsor had never before been the home of a Canadian championship hockey club. (Duff 2007b)

In 1963, the team represented Canada in a European tournament and played 18 games in Russia, Czechoslovakia, Sweden and Switzerland. In 1964, Lou coached the Windsor Bulldogs. He served as president of the Windsor Arena from 1963 to 1990, when it was sold to the City of Windsor.

Made up of former hockey players, Lou started the Bendo Blazers Hockey Team. The Blazers have been active since then with many of the original players still participating.

Reno Bertoia[15]

Reno was born in San Vito al Tagliamento, Pordenone (Friuli-Venezia Giulia) on January 8, 1935 to Rina Cecce and Libero Bertoia. After the birth of Reno, Libero immigrated to Canada in 1935 for the third time and, the following year, sent for his wife and son. Libero worked for Ford and Rina was a cook at the Caboto Club for many years. They had another child, Julie.

Reno attended Gordon McGregor elementary school, Assumption High School and Assumption University of Windsor. He developed his baseball skills on the sandlots of Windsor and Detroit and was coached by Fr. Ronald Cullen, C.S.B. Reno's role model was baseball player, Hank Biasatti. In August 1953, having been voted Most Outstanding Prospect in Detroit, Reno was sent to play in the Hearst All Star game at the Polo Grounds, New York City. That same month, John McHale, Sr. of the Detoit Tigers signed Reno on as a 'bonus player,' giving him $10,000, full payment for his college education and $1,000 for his mother to go to Italy.

In 1956, with no minor league experience, Reno played second base in the Detroit Tigers Opening Day game. He was one of the few Italian-born players in the major leagues and, in 1958, the only Canadian in an opening day lineup. Reno later played for the Washington Senators (1959-60),

Reno Bertoia playing for the Washington Senators, 1959-60.
Reno Bertoia gioca per i Washington Senators, 1959-60
Courtesy/Cortesia: Reno Bertoia, P14026

---

14 The owners at that time were going to turn it into a curling rink.
15 Information from Reno Bertoia

Hank Biasatti (third from left) and teammates from the Philadelphia Athletics, with Sam Framo, a well-known sports bar owner in Philadelphia, 1949.

Hank Biasatti (terzo da sinistra) e i compagni di squadra della Philadelphia Athletics, con Sam Framo, proprietario di un ben noto sport bar a Philadelphia, 1949

Courtesy/Cortesia: Eddi Chittaro, P14049

l'intera quota per pagare i suoi studi al college, e $1,000 per un viaggio in Italia per sua madre.

Nel 1956, senza alcuna esperienza in leghe minori, Reno giocò in seconda base nella partita del Detroit Tigers Opening Day. Era uno dei pochi giocatori nati in Italia nelle leghe maggiori e, nel 1958, fu l'unico canadese in una formazione di apertura. In seguito, Reno giocò per i Washington Senators (1959-60), i Minnesota Twins (1961), i Kansas City Athletes (1961) e di nuovo per Detroit (1961-62). Giocò 612 partite di leghe maggiori, più di qualunque altro atleta della contea dell'Essex. Il primo lanciatore che affrontò nelle leghe maggiori fu il leggendario Leroy "Satchel" Paige con i St. Louis Browns.

Dopo il suo ritiro dal baseball nel 1964, Reno insegnò alle superiori per 28 anni con il Windsor Catholic Separate School Board. Fu anche talent scout per i Detroit Tigers e i Toronto Blue Jays.

Reno fu inserito nella Windsor/Essex County Sports Hall of Fame nel 1982, nella Canadian Baseball Hall of Fame nel 1988 e nell'Alumni Sports Hall of Fame dell'Università di Windsor nel 1988. Nel 1993 Reno ricevette l'Italian of the Year Award dal Club Caboto.

Arcado (Hank) Biasatti[16]

Hank nacque a Beano, Udine (Friuli-Venezia Giulia) nel 1922. Frequentò la Gordon McGregor Continuation School. Dopo le superiori, giocò a pallacanestro all'Assumption College. Indimenticabile fu l'eccezionale vittoria della sua squadra contro gli Harlem Globetrotters nel novembre 1945.[17] La sua carriera fu interrotta dal servizio militare nell'esercito canadese dal 1943 al 1945.

I Toronto Huskies della Basketball Association of America[18] ingaggiarono Hank e Gino Sovran di Windsor. Nello stesso tempo, Hank giocava anche a baseball come professionista con i Toronto Maple Leafs della lega internazionale e in seguito passò ai Philadelphia Athletics nel 1949. Sinora, è l'unico canadese ad aver giocato entrambi gli sport in leghe professionistiche. Dopo la carriera professionistica, Hank allenò la squadra di pallacanestro dell'Assumption University per sei anni, portandola al campionato OQAA nella stagione 1958-59.

Hank fu inserito nella Windsor/Essex County Sports Hall of Fame nel 1982 e nell'Alumni Sports Hall of Fame dell'Università di Windsor nel 1986. Morì nel 1996 e, fu inserito postumo nella Canadian Basketball Hall of Fame nel 2001.

---

16 Informazioni dalla Windsor/Essex County Sports Hall of Fame
17 In una gara di esibizione di pallacanestro tra le squadre degli Harlem Globetrotters e dell'Assumption College, gli Harlem Globetrotters divennero agonistici circa il punteggio verso la fine della partita che si concluse con un pareggio. Nella gara del tempo supplementare, giocata con zelo, la squadra dell'Assumption College vinse.
18 Nel 1946 iniziò una nuova lega professionistica di pallacanestro, che in seguito confluì nella National Basketball Association.

Minnesota Twins (1961), Kansas City Athletes (1961) and again for Detroit (1961-62). He played 612 major league games, more than any other athlete from Essex County. The first pitcher Reno faced in the major leagues was the legendary Leroy "Satchel" Paige with the St. Louis Browns.

After his retirement from baseball in 1964, Reno taught high school for 28 years with the Windsor Catholic Separate School Board. He also scouted for the Detroit Tigers and the Toronto Blue Jays.

Reno was inducted into the Windsor/Essex County Sports Hall of Fame in 1982, the Canadian Baseball Hall of Fame and the University of Windsor Alumni Sports Hall of Fame in 1988. He received the Caboto Club Italian of the Year Award in 1993.

Arcado (Hank) Biasatti[16]

Hank was born in Beano, Udine (Friuli-Venezia Giulia) in 1922. He attended Gordon McGregor Continuation School. After high school, he played basketball at Assumption College. A memorable event was his team's astounding victory over the Harlem Globetrotters in November 1945.[17] His career was interrupted by his service in the Canadian Army from 1943 to 1945.

Hank Biasatti playing for the Buffalo Bisons, 1950.
Hank Biasatti gioca per i Buffalo Bisons, 1950.
Courtesy/Cortesia: Eddi Chittaro, P14050

The Toronto Huskies of the Basketball Association of America[18] signed Hank and Windsorite, Gino Sovran. At the same time, Hank was also playing professional baseball with the Toronto Maple Leafs of the International League and later went on to play with the Philadelphia Athletics in 1949. To date, he is the only Canadian who has played both sports in professional leagues. After his professional career, Hank coached the Assumption University basketball team for six years, leading it to the OQAA championship in the 1958-59 season.

Hank was inducted into the Windsor/Essex County Sports Hall of Fame in 1982 and the University of Windsor Alumni Sports Hall of Fame in 1986. He died in 1996 and was posthumously inducted into the Canadian Basketball Hall of Fame in 2001.

Salvatore (Sam) Bonadonna[19]

Sam was born in Montallegro, Agrigento (Sicily) in 1958 and immigrated to Windsor with his parents, Maria and Vincenzo Bonadonna,[20] and siblings in 1966. He began amateur boxing at age 18 (11 wins, one loss), turned professional and fought for five years (nine wins, three losses). Sam

Hank Biasatti (right) and Joe Astroth from the Philadelphia Athletics, 1949.
Hank Biasatti (a destra) e Joe Astroth della Philadelphia Athletics, 1949.
Courtesy/Cortesia: Eddi Chittaro, P14048

---

16 Information from Windsor/Essex County Sports Hall of Fame
17 In an exhibition basketball game between the Harlem Globetrotters and the Assumption College team, the Globetrotters became competitive about scoring towards the end of the game, which ended in a tie. In serious overtime play, Assumption won.
18 In 1946, a new professional basketball league began - the Basketball Association of America - which later merged with the National Basketball Association.
19 Information from Sam Bonadonna
20 Vincenzo came to Windsor to join his brother Filippo. They had been in business together in Italy as grain merchants.

Sam Bonadonna's professional boxing debut in the ring at Windsor Arena, August 15, 1981. Sam knocked out his opponent in one minute and 28 seconds in the first round.

Il debutto professionale di pugilato di Sam Bonadonna nel ring dell'arena di Windsor, 15 agosto 1981. Sam abbatté il suo opponente in un minuto e 28 secondi del primo round.

Courtesy/Cortesia: Sam Bonadonna, P13264

Salvatore (Sam) Bonadonna[19]

Sam nacque a Montallegro, Agrigento (Sicilia) nel 1958 e immigrò a Windsor con i genitori, Maria e Vincenzo Bonadonna,[20] i fratelli e le sorelle nel 1966. Iniziò a fare pugilato per dilettanti all'età di 18 anni (11 vittorie e una sconfitta), divenne professionista e lottò per cinque anni (nove vittorie e tre sconfitte). Sam "Bang-Bang" Bonadonna finì col collocarsi quinto nella classifica dei pesi medi in Canada. Si ritirò in seguito a un infortunio alla schiena. Il momento clou della sua carriera fu lottare nell'undercard dell'incontro di Simon Brown e Shawn O'Sullivan, il che significava essere con Sugar Ray Leonard, allenatore di O'Sullivan.

Eddi Chittaro[21]

Eddi nacque il 13 settembre 1933 a Windsor.[22] Frequentò la scuola John Campbell, l'Assumption College High School e l'Assumption College, dove ottenne un B.A. nel 1955 e un M.A. in storia nel 1958.

Dal 1956 al 1969, Eddi fu membro del personale allenatori dell'Assumption College, Università di Windsor. Fu capo allenatore della squadra di pallacanestro maschile dei Lancer, che vinse la Western OQAA Division Championship, il campionato provinciale e nel 1969 il campionato canadese della Canadian Interuniversity Athletic Union. Eddie fu assistente allenatore di pallacanestro alle scuole superiori W.F. Herman e Riverside per 15 anni. Fu allenatore a vari livelli per 29 anni. Il suo record all'Università di Windsor come allenatore dei Junior Varsity fu di 173 vittorie e 63 sconfitte.

Eddi ha fatto parte della Windsor/Essex County Sports Hall of Fame dal 1986 al 1995 e ne è presidente dal 1996. Inserito nell'Alumni Sports Hall of Fame dell'Università di Windsor nel 1990, è stato membro del comitato esecutivo dal 1992 al 1995 e presidente dal 1996 al 2009.

Il 10 luglio 1965, Eddi sposò Eveline Czape; hanno tre figli: Nancy, John e Paul, e un nipote.

Scott D'Amore[23]

Scott, figlio di Pat D'Amore, nacque a Windsor l'8 agosto 1974. È un lottatore professionista, un manager, un promotore e imprenditore. Nel 1991, all'età di 16 anni, iniziò ad allenarsi con Doug Chevalier, "The Canadian Destroyer" e debuttò il 14 giugno 1992, sconfiggendo Otis Apollo a Amherstburg. Il suo allenamento proseguì con "Irish" Mickey Doyle, Denny Kass, Al Snow e Jody Hamilton, "The Masked Assassin". Scott lavorò per la World Wrestling Federation, la World Championship Wrestling, l'Extreme Championship Wrestling, la Wrestling and Romance in Giappone, l'Asistencia Asesoria y Administraciòn in Messico, e altre società in tutto il Canada e

---

19 Informazioni da Sam Bonadonna
20 Vincenzo venne a Windsor per unirsi al fratello, Filippo. In Italia avevano lavorato assieme in proprio come commercianti di grano.
21 Informazioni da Eddi Chittaro
22 Vedi la storia di Giovanni Battista Chittaro nel capitolo 9.
23 Informazioni da Scott D'Amore

"Bang-Bang" Bonadonna was eventually the fifth-ranked middleweight in Canada. He retired following a back injury. The highlight of his career was fighting on the undercard of the Simon Brown and Shawn O'Sullivan match which included being with Sugar Ray Leonard who was training O'Sullivan.

Eddi Chittaro[21]

Eddi was born on September 13, 1933 in Windsor.[22] He attended John Campbell School, Assumption College High School and Assumption College, graduating in 1955 with a B.A. and, in 1958, with an M.A. in history.

From 1956 to 1969, Eddi was a member of the coaching staff of Assumption College, University of Windsor. He was head coach of the Lancer men's basketball team, winning the Western OQAA Division Championship, the Provincial Championship and the 1969 Candian Interuniversity Athletic Union (CIAU) Canadian Championship. Eddi was an assistant basketball coach at W.F. Herman and Riverside Secondary schools for 15 years. He coached at various levels for 29 years. His record at the University of Windsor as Junior Varsity coach was 173 wins and 63 losses.

Eddi has served on the Windsor/Essex County Sports Hall of Fame from 1986 to 1995 and has been chairman since 1996. Inducted into the University of Windsor Alumni Sports Hall of Fame in 1990, he has served as a member of the executive committee from 1992 to 1995 and as chairman from 1996 to 2009.

On July 10, 1965, Eddi married Eveline Czape and they have three children, Nancy, John and Paul, and one grandchild.

Scott D'Amore[23]

Scott, son of Pat D'Amore, an Italian immigrant, was born in Windsor on August 8, 1974. He is a professional wrestler, manager, promoter and entrepreneur. He began training at age 16 with Doug Chevalier, "The Canadian Destroyer," in 1991 and debuted on June 14, 1992, defeating Otis Apollo in Amherstburg. He underwent further training under "Irish" Mickey Doyle, Denny Kass, Al Snow and Jody Hamilton, "The Masked Assassin." Scott worked for World Wrestling Federation, World Championship Wrestling, Extreme Championship Wrestling, Wrestling and Romance in Japan, Asistencia Asesoria y Administraciòn in Mexico, and other companies throughout Canada and the U.S. In 1995, Scott competed in Germany for the World Cup of Catch Wrestling and, in 1996, toured England with the English Wrestling Federation where he and Johnny Swinger held the EWF tag team championship. After many years, Scott toured Japan with All Japan Pro Wrestling and teamed with students, Joe Doering and Akira Raijin, defeating "The Voodoo Murderers" at the world-famous Ryogoku Kokugikan (Tokyo Sumo Arena) on August 31, 2008.

21 Information from Eddi Chittaro
22 See Giovanni Battista Chittaro story in Chapter 9.
23 Information from Scott D'Amore

Eddi Chittaro (holding basketball) and the Y Windsor basketball team, 1949.
Eddi Chittaro (il pallone in mano) e la squadra di pallacanestro Y Windsor, 1949.
Photo by/Foto di: Frank Wansbrough. Courtesy/Cortesia: Eddi Chittaro, P14052

From left, Assumption University basketball coaches Hank Biasatti, Eddi Chittaro and player Dick MacKenzie, 1957.
Da sinistra, gli allenatori di pallacanestro dell'Assumption University: Hank Biasatti, Eddi Chittaro e il cestista Dick MacKenzie, 1957.
Courtesy/Cortesia: Eddi Chittaro, P14107

Scott D'Amore vs. Al Snow in ring at the Hellenic Banquet Hall (formerly Sicilia Club),1999.

Scott D'Amore contro Al Snow nel quadrato alla Hellenic Banquet Hall (ex Club Sicilia)

Courtesy/Cortesia: Scott D'Amore

Scott D'Amore (upside down) vs. Tom Pritchard in ring at LaSalle Complex, 1996.

Scott D'Amore (capovolto) contro Tom Pritchard nel quadrato al LaSalle Complex, 1996.

Courtesy/Cortesia: Scott D'Amore

negli Stati Uniti. Nel 1995, Scott gareggiò in Germania ai mondiali di Catch Wrestling e, nel 1996, andò in tournée in Inghilterra con l'English Wrestling Federation dove Scott e Johnny Swinger, mantennero il titolo di coppia EWF. Dopo molti anni, Scott andò in tournée in Giappone con la All Japan Pro Wrestling e formò una squadra con gli studenti, Joe Doering e Akira Raijin, che sconfissero "The Voodoo Murderers" al Ryogoku Kokugikan (Tokyo Sumo Arena) famosa in tutto il mondo il 31 agosto 2008.

Nel 1993 Scott fondò la Border City Wrestling con Doug Chevalier e Chuck Fader e iniziò i booking nel 1994. In seguito divenne proprietario unico di questa organizzazione e della Can-Am Wrestling School, considerata una delle migliori scuole di allenamento per il pro wrestling. Alla Can-Am si sono allenati studenti di tutto il mondo. Nel 2003 Scott si unì al Total Non-Stop Action Wrestling ed è stato produttore, direttore, responsabile delle relazioni coi lottatori (talent relations) e capo del team creativo (scrittore di storyline).

Scott ha una laurea in studi della comunicazione dell'Università di Windsor ed è proprietario di diverse imprese nell'area di Windsor, tra cui la D'Amore Construction (2000) e un ristorante centrato sul tema dello sport Stars of the Game a LaSalle.

Frank A. DeMarco[24]

Frank fu un atleta appassionato che praticò molti sport mentre proseguiva i suoi studi all'Università di Toronto. Anche quando le gare interscolastiche furono sospese, durante gli anni della guerra, Frank praticò molti sport interclasse, quali il football, la pallacanestro, l'hockey, la pallavolo, il baseball, il nuoto, la pallanuoto e il lacrosse.

Nel 1942 Frank fu chiamato "l'atleta più versatile" del campus. Durante gli anni della laurea, fu allenatore di hockey (maschile e femminile), pallacanestro, football, calcio e pallanuoto al St. Michael College e della squadra universitaria di pallanuoto dell'Università di Toronto.

Nel 1946 Frank accettò un posto all'Assumption University per sviluppare le facoltà di scienze e ingegneria come pure il programma atletico. Atleta di talento, giocò a vari sport: fu quarterback per i Windsor Rockets nell'Ontario Rugby Football Union seniores; giocò a hockey per i Toronto Staffords nella lega industriale di Toronto e per i Detroit AAA nella lega internazionale; e fu lanciatore per i Copperfield Redmen, che vinsero il campionato Northern Ontario Senior "A".[25]

Nominato direttore atletico nel 1949, Frank stabilì molti "primi" all'Università di Windsor, come ad esempio fu il primo direttore atletico laico all'Assumption College. Frank fu il primo a: allenare entrambe le squadre di football e di pallacanestro all'Assumption; allenare quattro sport diversi

---

24 Informazioni di Frank A. DeMarco – Vedi anche capitolo 9.
25 Negli anni delle scuole superiori, giocò nella posizione di interbase e realizzò una media battuta di .408 nella North Bay Fastball League e fu uno degli All-Star rappresentanti Sudbury in un torneo dell'Ontario del nord.

In 1993, Scott founded Border City Wrestling with Doug Chevalier and Chuck Fader and began booking in 1994. He later became sole owner of this company and of Can-Am Wrestling School, considered one of the top training schools for pro wrestling. Students from all over the world have trained at Can-Am. In 2003, Scott joined Total Non-Stop Action Wrestling and has been a producer, director, talent relations director and head of the creative team (writer).

Scott holds a degree in communication studies from the University of Windsor and owns multiple businesses in the Windsor area, including D'Amore Construction (2000) and a sports-themed restaurant in LaSalle, Stars of the Game.

Frank A. DeMarco[24]

Frank was a keen athlete involved in many sports while pursuing his studies at the University of Toronto. Even when intercollegiate competition was suspended during the war years, Frank played many intramural sports such as football, basketball, hockey, volleyball, baseball, swimming, water polo, and lacrosse.

In 1942, Frank was named the "most versatile athlete" on campus. During his graduate years, he coached hockey (men and women), basketball, football, soccer, and water polo at St. Michael's College and the varsity water polo team at the University of Toronto.

Frank accepted a position in 1946 at Assumption University to develop its science and engineering departments as well as its athletic program. A skilled athlete, he played in various sports: quarterback for the Windsor Rockets in the senior Ontario Rugby Football Union (now Football Canada); hockey for Toronto Staffords in the Toronto Industrial League and for Detroit AAA in International league; and pitcher for the Copperfield Redmen, winning the Northern Ontario Senior "A" championship.[25]

Appointed athletic director in 1949, Frank set many "firsts" at the University of Windsor, such as being the first lay athletic director at Assumption College. He was the first to: coach both football and basketball at Assumption; coach four different sports (football,[26] basketball, water polo and curling) at the intercollegiate level; establish an organized Intramural Program and Student Athletic Council; enter Assumption teams into Canadian Intercollegiate competition; represent University of Windsor at the Canadian Inter-University Athletic Union meetings; introduce the "lesser" sports at Assumption; and enhance the field of athletics by insisting on athletes' good academic standards. He established the DeMarco Trophy for a scholar-athlete.

Frank DeMarco
Courtesy/Cortesia: Dan DeMarco, P13824

---

24 Information from Frank A. DeMarco – See also Chapter 9.
25 In his junior years, he played shortstop and batted .408 in the North Bay Fastball League and was an All-Star representing Sudbury in a Northern Ontario Tournament.
26 He coached Gino Fracas, Bruno Bitkowski and Ray Truant, who later became CFL stars. His football teams won two Junior ORFU championships and his varsity team played against American and Canadian universities.

Mario Fontana (first from left) and alpine ski team at Val di Fascia, near Cortina, 1952.

Mario Fontana (il primo da sinistra) e la squadra dello sci alpino, presso Cortina, Val di Fascia, 1952.

Courtesy/Cortesia: Mario Fontana, P11985

(il football,[26] la pallacanestro, la pallanuoto e il curling) a livello intercollegiale; stabilire un programma organizzato interclasse e un consiglio studentesco di atletica; far partecipare le squadre dell'Assumption nel torneo intercollegiale canadese; rappresentare l'Università di Windsor alle riunioni della Canadian Inter-University Athletic Union; introdurre gli sport minori all'Assumption; e migliorare il campo dell'atletica insistendo sui buoni standard accademici degli atleti. Istituì il Trofeo DeMarco per un atleta studioso.

Frank si dedicò al curling dal 1959 al 1986 e divenne due volte campione della Windsor Major League. Capitanò una squadra di Windsor portandola alla vittoria al Detroit International Bonspiel nel 1968 (l'unica seconda squadra di Windsor a ottenere questo risultato) e conseguì l'unico end a otto punti negli 84 anni di storia dell'evento fino a oggi. Nella sua carriera realizzò tre end a otto punti e fu il primo capitano di Windsor ad arrivare alle finali seniores dell'Ontario.

Frank fu inserito nell'Alumni Sports Hall of Fame dell'Università di Windsor nel 1989 e nella Windsor/Essex County Sports Hall of Fame nel 1996.

Mario Fontana[27]

Durante il suo primo inverno a Windsor, Mario vide un'auto con gli sci sul portapacchi, corse in strada, chiamò il guidatore, Ed Popovich, un buon amico fino a oggi, e gli disse: "Io sciare". Mario, che aveva imparato a sciare sulle Alpi, era uno sciatore agonista in Italia e membro della Federazione Internazionale di Sci. Sciatore di successo, rappresentò la sua provincia e gli Alpini in Italia, e vinse varie coppe e medaglie.

Il 5 febbraio 1962 The Windsor Star riporta: "...Il viaggio in Canada era importante per Mario e per esso sacrificò un posto nella squadra olimpica nel 1956". Mario continuò a competere nel Michigan del nord e in Ontario, vincendo diversi slalom e discese. Si unì prima al Ford Ski Club[28] e, nel 1960, Mario e Ed furono due dei membri fondatori del Windsor Ski Club.

Mario si classificò al primo posto nella gara di slalom maschile Categoria "A" della Metropolitan Detroit Ski Council Championship del 1960. Fece parte di The Skiers Ski Club, che annoverava molti dei migliori sciatori agonistici nell'area di Detroit. Il club vinse il Trofeo annuale Metropolitan Detroit Mark II per il secondo anno consecutivo nel 1962. Durante la gara, Mario vinse la discesa maschile "A" e anche la categoria veterani maschile nel 1962 nel raduno sciistico del Detroit News Open sul Mount Holly, nel Michigan.

---

26 Allenò Gino Fracas, Bruno Bitkowski e Ray Truant, che divennero in seguito star della CFL. Le sue squadre di football vinsero due campionati juniores ORFU e la sua squadra universitaria giocò contro università americane e canadesi.
27 Informazioni di Mario e Joy Fontana – Vedi capitolo 7.
28 Uno dei due club sciistici a Windsor all'epoca

Frank took up curling from 1959 to 1986 and became a two-time champion in Windsor's Major League. He skipped a Windsor rink to a victory in the 1968 Detroit International Bonspiel (the only second Windsor rink to do so) and scored the only eight-ender in the 84-year history of the event to date. He had three eight-enders in his career and was the first Windsor skip to reach the Ontario Senior Finals.

Frank was inducted in the University of Windsor Alumni Sports Hall of Fame in 1989 and in the Windsor/Essex County Sports Hall of Fame in 1996.

Mario Fontana[27]

During his first winter in Windsor, Mario saw a car with skis on top, ran into the street, hailed the driver, Ed Popovich, a close friend to this day, and said "Me ski." Mario, having learned to ski in the Alps, was a competitive ski racer in Italy and a member of the *Federazione Internazionale di Sci*. He raced successfully representing his province and the Alpini in Italy, winning many medals and cups.

On February 5, 1962, The Windsor Star reported "…The trip to Canada was important to Mario and for it he sacrificed a spot on the Olympic team in 1956." Mario continued to compete in Northern Michigan and Ontario, winning several slalom and downhill races. He first joined the Ford Ski Club[28] and, in 1960, Mario and Ed were two of the founding members of the Windsor Ski Club.

Mario came in first place in the Men's Slalom Class "A" competition of the 1960 Metropolitan Detroit Ski Council Championship. He was part of The Skiers Ski Club whose numbers included many of the best competitive skiers in the Detroit area. The club won the annual Metropolitan Detroit Mark II Trophy for the second year in a row in 1962. During this competition, Mario won the Men's "A" downhill race and also the 1962 men's veteran class in the Detroit News Open ski meet at Mount Holly, Michigan.

Gino Fracas[29]

Gino was born in Windsor on April 28, 1930 to Giovanni[30] and Gina Fracas of Pordenone (Friuli-Venezia Giulia). Gino attended Assumption High School where he received All-City Football acclaim in 1947 and was a member of two consecutive WSSA and WOSSA championship teams in 1947-48.

While attending Assumption College, he was part of the 1950 Junior ORFU champions under coach, Frank DeMarco. He played first base for the Windsor Sterlings in the Detroit Federation League and semi-pro in 1951 for the Frood Tigers in Northern Ontario. He was named the Western

Mario Fontana skiing at Cabarfae ski area near Cadillac, Michigan, 1962.
Mario Fontana scia nella zona di Cabarfae, vicino a Cadillac, Michigan, 1962.
Courtesy/Cortesia: Mario Fontana, P13827

---

27 Information from Mario and Joy Fontana – See also Chapter 7.
28 One of the two ski clubs in Windsor at the time
29 Information from Gino Fracas
30 Giovanni had been working in Windsor for a few years, travelled to Italy to marry Gina and then returned to Windsor. He died November 21, 1930, leaving Gina alone with their infant son. Giovanni's brother, Ernesto, came from Argentina to help them and, in 1932, married Gina. "He is the only father I know," says Gino.

Gino Fracas playing for the Edmonton Eskimos, 1955.

Gino Fracas gioca per gli Edmonton Eskimos, 1955.

Photo by/Foto di: McDermid Studios Ltd. Courtesy/Cortesia: Gino Fracas, P14062

Gino Fracas[29]

Gino nacque a Windsor il 28 aprile 1930 da Giovanni[30] e Gina Fracas di Pordenone (Friuli-Venezia Giulia). Gino frequentò l'Assumption High School, dove ricevette il plauso All-City Football nel 1947 e fu membro di due squadre di campionato della WSSA e WOSSA consecutive nel 1947/48.

Mentre era all'Assumption College, fece parte dei campioni ORFU juniores del 1950, sotto l'allenatore Frank DeMarco. Giocò in prima base per i Windsor Sterlings nella lega della federazione di Detroit e come semi-pro nel 1951 per i Frood Tigers nell'Ontario del nord. Fu nominato MVP della squadra Western Mustangs nel 1954 e giocò per tutta la sua carriera in CFL dal 1955 al 1962 con gli Edmonton Eskimos[31] come linebacker in linea difensiva. Gino giocò in tre squadre di Grey Cup, vincendo nel 1955 e nel 1956, e gli fu assegnato il Trofeo Clark Memorial del 1960 "per il maggior contributo apportato e il minimo riconoscimento ricevuto nella squadra". Nel frattempo, Gino ricevette la laurea Honours Bachelor in educazione fisica e sanitaria dall'Università del Western Ontario nel 1955, la laurea in insegnamento dall'Università di Alberta nel 1958 e, nel 1966, il Master of Arts dall'Università del Michigan.

Dal 1963 al 1965, Gino fu capo allenatore dei Golden Bears dell'Università di Alberta e portò la squadra a tre campionati di lega. Fu il primo capo allenatore intercollegiale nel programma di football dei Lancer di Windsor dal 1968 al 1986 e condusse la squadra di football dei Lancer alla CCIFC Western Division del 1969 e ai campionati OUAA Western Division del 1975. Fu capo allenatore dei CIAU All-Stars al Can-Am Bowl in Florida del 1979.

Fu vicepresidente della Canadian Football Coaches Association nel 1969/70. Gino aiutò a scrivere manuali tecnici nel programma di certificazione nazionale del Football in Canada e scrisse un libro, *Basic Football Fundamentals – A Simple Biomechanical Approach*.

Gino fu anche allenatore di wrestling per tre anni mentre era in Alberta. Fu sorteggiatore in gare nazionali e internazionali dal 1965 al 1978 e ricevette una medaglia F.I.L.A. e un certificato d'onore per il suo lavoro come sorteggiatore internazionale alle Olimpiadi di Montreal nel 1976.

Gino fu inserito nella "W" Club Athletic Hall of Fame dell'Università del Western Ontario nel 1984, nella Windsor/Essex County Sports Hall of Fame nel 1989 e nella OUAA Football Legends Hall of Fame nel 1993. Nel 1987 ricevette il premio di merito del Football Canada/CFL per il suo eccellente contributo a vita al football in Canada. Nel 1988 fu inserito nella Hall of Fame dell'Università di Alberta e la CIAU istituì l'annuale Gino Fracas Award, assegnato a un assistente allenatore volontario di football per l'impegno nel programma. E' stato inserito nel Football Wall of

---

29 Informazioni da Gino Fracas
30 Giovanni aveva lavorato a Windsor per alcuni anni, andò in Italia per sposare Gina e poi ritornò a Windsor. Morì il 21 novembre 1930, lasciando Gina sola con il figlio neonato. Il fratello di Giovanni, Ernesto, venne dall'Argentina per aiutarli e nel 1932 sposò Gina. "E' l'unico padre che conosco", dice Gino.
31 Fu la prima scelta degli Ottawa Rough Riders nel 1954, ma firmò con gli Edmonton Eskimos.

Mustangs team MVP in 1954 and played his entire CFL career from 1955 to 1962 with the Edmonton Eskimos[31] as defensive linebacker. Gino played on three Grey Cup teams, winning in 1955 and 1956, and was awarded the 1960 Clark Memorial Trophy "for contributing the most and receiving the least recognition on the team." In the meantime, Gino received his Honours Bachelor of Physical and Health Education Degree from the University of Western Ontario in 1955, his Bachelor of Education degree at the University of Alberta in 1958 and, in 1966, Master of Arts from the University of Michigan.

Gino was head coach of the University of Alberta Golden Bears from 1963 to 1965, leading the team to three league championships. From 1963 to 1986, he was the first intercollegiate head coach in the Windsor Lancer football program and led the Lancer football team to the 1969 CCIFC Western Division and the 1975 OUAA Western Division championships. He was head coach of the CIAU All-Stars in the 1979 Can-Am Bowl in Florida.

He served as vice president of the Canadian Football Coaches Association in 1969-70. Gino has helped author technical manuals in the National Football Certification program in Canada and has written a book, *Basic Football Fundamentals – A Simple Biomechanical Approach*.

Gino also coached wrestling for three years while in Alberta. He has served as Drawmaster for national and international competitions from 1965 to 1978 and received a F.I.L.A. medal and certificate of honour for his work as International Drawmaster at the Montreal Olympics in 1976.

Gino was inducted into the University of Western Ontario "W" Club Athletic Hall of Fame in 1984, the Windsor/Essex County Sports Hall of Fame in 1989 and the OUAA Football Legends Hall of Fame in 1993. In 1987, he received the Football Canada/CFL Award of Merit for his outstanding lifetime contribution to football in Canada. In 1988, he was inducted into the University of Alberta Hall of Fame and the CIAU instituted the annual Gino Fracas Award, given to a volunteer assistant football coach for commitment to the program. He was added to the University of Western Ontario Football Wall of Champions in 2006. Gino received the Caboto Club Italian of the Year Award in 1993.

Gino is married to Leona Deck and they have five children, Mark, Michael, Gina, Paul and Donna, and five grandchildren.

Leo Innocente[32]

Leo was born in Windsor on December 2, 1938 to Stella Snoriguzzi and Erminio[33] Innocente. Stella, born November 30, 1911 in Vedelago, Treviso (Veneto), and Erminio, born in Halifax on November 17, 1906 married in Vedelago in 1929. They had five children: Angeline Lombardo, Catherine Mascarin Lebel, Leo, Ronald, and Norman.

---

31 He was the Ottawa Rough Riders' first draft choice in 1954 but signed on with the Edmonton Eskimos.
32 Information from Leo Innocente and Windsor/Essex County Sports Hall of Fame
33 Erminio's parents, Fernando and Angela Innocente, immigrated in 1906 to Canada from Vedelago via Ellis Island to Halifax where Erminio was born shortly after their arrival.

Gino Fracas runs with the ball for the Assumption Purple Raiders in a game against the Patterson Panthers, 1947.

Gino Fracas corre col pallone per gli Assumption Purple Raiders in una partita contro i Patterson Panthers, 1947.

Photo by/Foto di: Dalgleish. Courtesy/Cortesia: Gino Fracas, P14060

Gino Fracas holding plaque received from Canadian University Football Association, 1986.

Gino Fracas ha in mano la placca ricevuta dalla Canadian University Football Association, 1986.

Courtesy/Cortesia: Gino Fracas. P14065

Leo Innocente (No. 35), Assumption University yearbook.
Leo Innocente (No. 35), dall'annuario dell'Assumption University.
Courtesy/Cortesia: Leo Innocente

Champions dell'Università del Western Ontario nel 2006. Gino ricevette l'Italian of the Year Award dal Club Caboto nel 1993.

Gino è sposato con Leona Deck e hanno cinque figli: Mark, Michael, Gina, Paul e Donna, e cinque nipoti.

Leo Innocente[32]

Leo nacque a Windsor il 2 dicembre 1938 da Stella Snoriguzzi ed Erminio[33] Innocente. Stella, nata il 30 novembre 1911 a Vedelago, Treviso (Veneto) ed Erminio, nato a Halifax, N.S. il 17 novembre 1906 si sposarono a Vedelago nel 1929. Ebbero cinque figli: Angeline Lombardo, Catherine Mascarin Lebel, Leo, Ronald, e Norman.

Leo frequentò le scuole Immaculate Conception e De La Salle, Assumption High School e Assumption University dove si laureò con un Honours B.A. nel 1961. Frequentò la facoltà di giurisprudenza all'University of Western Ontario e ottenne un LL.B. nel 1964. Fu ammesso all'Albo degli avvocati nel 1966 e esercitò la professione legale fino al pensionamento nel 1996.

Durante gli anni presso l'Assumption High School giocò a basketball con le squadre di compionato della città allenate da Reno Bertoia nel 1952-53 e partecipò alla All City First Team del 1956 e 1957. Continuò a giocare a pallacanestro quando era all'Assumption University con la squadra Raiders[34] seniores che fu coronata vincitrice della OUAA, la prima squadra dell'Assumption a vincere questo campionato. Leo fu co-capitano e MVP della squadra maschile di pallacanestro nel 1959 e quello stesso anno guidò la squadra al campionato OQAA. Nel 1960-61 giocò con la squadra maschile Embassy Hotel Senior, con i vincitori della Windsor and Disctict Basketball League e della All-Ontario Senior "B". Quando era all'università del Western Ontario, Leo giocò per la squadra Mustang nel campionato OUAA 1961-62.

Leo fu capo allenatore della squadra Windsor Senior "A" Men's Basketball che andò avanti e fu finalista dell'Ontario nel 1967-68. Divenne arbitro di pallacanestro e arbitrò dal 1968 al 1982. Durante questo periodo, fu membro del Windsor-Essex Referee Panel come pure del gruppo di arbitri della OUAA dal 1974 al 1982, facendo da arbitro nelle finali nazionali nel 1975 e nella partita finale nazionale nel 1976. Leo fu il primo arbitro di Windsor ad essere selezionato membro dell'accreditata FIBA International Basketball Referees Association nel 1976.

Si distinse anche in altri sport. Leo giocò a football come terzino quando era all'Assumption High School. Fu membro della 1956-57 First Team All-City e terzino per la squadra junior della AKO. Facendo parte della lega di baseball dell'Assumption High School fu allenato da P. Ronald Cullen e selezionato per giocare con la squadra all-star della lega al Tiger Stadium negli anni 1954 e 1955.

---

32 Informazioni da Leo Innocente e dalla Windsor/Essex County Sports Hall of Fame
33 I genitori di Erminio, Fernando e Angela Innocente, immigrarono nel 1906 in Canada da Vedelago passando da Ellis Island ad Halifax dove Erminio nacque poco dopo.
34 Più tardi divenne la squadra di pallacanestro Lancer dell'Università di Windsor.

Leo attended Immaculate Conception and De La Salle schools, Assumption High School and Assumption University where he earned an Honours B.A. in 1961. He attended law school at the University of Western Ontario, earning a LL.B. in 1964. He was called to the Bar in 1966 and practised law in Windsor until his retirement in 1996.

While at Assumption High School, Leo played on city championship basketball teams coached by Reno Bertoia in 1952-53 and was part the 1956 and 1957 All City First Team. He continued playing basketball while at Assumption University with the 1958-59 Raiders[34] senior team which was crowned OUAA champion, the first Assumption team to win this championship. Leo was team co-captain and MVP of the 1959 men's basketball team, leading the team to the OQAA championship that year. In 1960-61, he played for the Embassy Hotel Senior Men's team, the Windsor and District Basketball League and All-Ontario Senior "B" champions. While at the University of Western Ontario, Leo played for the 1961-62 OUAA championship Mustang team.

Leo was head coach of the Windsor Senior "A" Men's Basketball team that went on to become Ontario finalists in 1967-68. He became a basketball referee and officiated from 1968 to 1982. During this period, he was a member of the Windsor-Essex Referee Panel as well as the OUAA referee panel from 1974 to 1982, officiating in national finals in 1975 and the 1976 national final game. Leo was the first referee from Windsor to be selected a member of the accredited FIBA International Basketball Referees Association in 1976.

He excelled at other sports as well. Leo played football as quarterback while at Assumption High School. He was a member of the 1956-57 First Team All City and a quarterback on the AKO junior team. As part of the Assumption High School baseball league, he was coached by Fr. Ronald Cullen and was selected to play on a league all-star team at Tiger Stadium in 1954 and 1955. He went on to play in the Windsor Amateur Federation Baseball Class "D" league in 1956 and in the 1957 Spee-Dee Auto Wash league championship team in Class "D" league.

Leo was honoured by the University of Windsor in 1976 with the "A" award for his contributions to the university in both athletic and legal matters. He was inducted in the University of Windsor Sports Hall of Fame in 2000. In 1982, Leo was one of the original Trustees of the Windsor/Essex Sports Hall of Fame.

Leo married Jennifer Morris in April 1977 at Assumption Church, and they have three sons: Matthew,[35] born in 1978, Nathan,[36] born in 1979, and Jonathon,[37] in 1983.

---

34 Later became the University of Windsor Lancer basketball team
35 He is currently in the Canadian Army on a four-year contract, having finished his first tour in Afghanistan.
36 Presently working on a Ph.D. in Sociology at the University of Toronto, he is a part-time professor at Brock University, St. Catharines.
37 He is now serving his second tour in Afghanistan with the Canadian Army.

Assumption University's Leo Innocente (No. 35).
Leo Innocente (No.35) dell'Assumption University.
Courtesy/Cortesia: The Windsor Star

Master's Basketball Tournament, 1986. From Left: Alex Hoffman, Leo Innocente, Jim Hoffman, and Leon Sydor.

Torneo Master's Basketball, 1986. Da sinistra: Alex Hoffman, Leo Innocente, Jim Hoffman e Leon Sydor.

Courtesy/Cortesia: Leo Innocente

Proseguì a giocare nella lega Windsor Amateur Federation Baseball Class "D" nel 1956 e nel 1957 nella lega Spee-Dee Auto Wash con la squadra di campionato nella lega Classe "D".

Nel 1976 Leo fu onorato dall'Università di Windsor con il premio "A" per i suoi contributi all'università sia nelle questioni atletiche che legali e inserito nella University of Windsor Sports Hall of Fame nel 2000. Nel 1982 Leo fu uno dei primi membri del consiglio di amministrazione della Windsor/Essex Sports Hall of Fame.

Leo sposò Jennifer Morris nell'aprile 1977 all'Assumption Church e hanno tre figli: Matthew[35] nato nel 1978, Nathan,[36] nel 1979 e Jonathon,[37] nel 1983.

Miro (Medo) Martinello[38]

Medo nacque a Windsor il 6 dicembre 1935[39]. Durante il periodo scolastico all'Immaculate Conception e alla De La Salle giocò in squadre campioni di softball, pallacanestro e hockey e all'Assumption High School, in una squadra di hockey del campionato WSSA e WOSSA. Terminò le superiori alla W. D. Lowe. Atleta completo, Medo giocò a hockey nella categoria Juniores B a Blenheim, Ontario, e per una squadra itinerante seniores, i Detroit Teamsters, e gli American Amateur Champions nel 1959. Iniziò la sua carriera di arbitro di hockey nel 1953 nella outdoor Parks & Recreation League nei parchi Optimist e Lanspeary.

Medo giocò e allenò anche lacrosse per oltre 55 anni. Nel 1975 allenò Quebec City nella National Lacrosse League, vincendo il campionato nazionale, e ricevette il premio Pro League Coach of the Year. Ritornò a Windsor nel 1976 e allenò i Windsor Warlocks, che vinsero la medaglia d'argento alle finali juniores B dell'Ontario. Nel 1980 portò la squadra Southwest alla medaglia d'oro ai giochi estivi dell'Ontario. Allenò i Detroit Turbos dal 1989 al 1992 nella Major Indoor Lacrosse League e fu selezionato Allenatore dell'anno nel 1991.

Nel frattempo Medo era impegnato nell'attività del ristorante. Nel 1980 acquistò il Pizza King all'angolo di Tecumseh Rd. E. e Pillette Rd. da Mike Miceli e, nel 1982, comprò Faces in College Ave. Più tardi ritornò all'hockey e divenne assistente allenatore della squadra hockey Lancer dell'Università di Windsor dal 2001 al 2007.

Medo ricevette la Government of Canada 125th Anniversary Medal of Confederation per i successi eccezionali. Nel 2005 fu inserito nella Ontario Lacrosse Hall of Fame.

Medo sposò Virginia Phillips nel novembre 1956 e hanno quattro figli: Wayne, Ron, Terry e Linda Hughes.

---

35 È attualmente nella Canadian Army con un contratto di quattro anni e ha finito il suo primo turno in Afghanistan.
36 Ora sta lavorando al dottorato in Sociologia all'Università di Toronto ed è un professore part time alla Brock University di St. Catharines.
37 Sta servendo il secondo turno in Afghanistan con la Canadian Army.
38 Informazioni da Medo Martinello
39 Per informazioni sulla famiglia, vedi la storia seguente.

Miro (Medo) Martinello[38]

Medo was born in Windsor on December 6, 1935.[39] While at Immaculate Conception and De La Salle schools, he played on city champion softball, basketball and hockey teams and, at Assumption High School, on a WSSA and WOSSA championship hockey team. He completed his high school education at W. D. Lowe. An all-around athlete, Medo played Junior B hockey in Blenheim, Ontario and played for the Detroit Teamsters, a senior travel team and the 1959 American Amateur Champion. He began his hockey referee career in 1953 in the outdoor Parks & Recreation League at Optimist and Lanspeary Parks.

Medo has also played and coached lacrosse for over 55 years. In 1975, he coached Quebec City in the National Lacrosse League, winning the National Championship and receiving the Pro League Coach of the Year award. He returned to Windsor in 1976 and coached the Windsor Warlocks who won a silver medal at the Ontario Junior B finals. In 1980, he led the Southwest team to a gold medal at the Ontario Summer Games. He coached the Detroit Turbos from 1989 to 1992 in the Major Indoor Lacrosse League and was selected Coach of the Year in 1991.

In the meantime, Medo was involved in the restaurant business. In 1980, he purchased Pizza King located at the corner of Tecumseh Rd. E. and Pillette Rd. from Mike Miceli and, in 1982, purchased Faces on College Ave. He later returned to hockey and became assistant coach of the University of Windsor Lancer hockey team from 2001 to 2007.

Medo received the Government of Canada 125th Anniversary Medal of Confederation for outstanding achievements. In 2005, he was inducted into the Ontario Lacrosse Hall of Fame.

Medo married Virginia Phillips in November 1956 and they have four children, Wayne, Ron, Terry and Linda Hughes.

Siro Martinello[40]

Siro was born in Poggiana, Treviso (Veneto) on May 4, 1933 and came to Windsor in November 1933 with his parents, Susanna and Fortunato.[41] They left Italy aboard the *Rex*, landed in New York, travelled to Buffalo and then took a train to Windsor where they lived with Fortunato's cousin, Tommaso. They moved into their own home on Brant St. where Medo[42] was born and later moved to 468 Aylmer Ave. where Elso[43] was born. The boys found their way into the community through sports.

Siro excelled in baseball and basketball in the 1940s and 1950s, playing and coaching in many

N&D Jr. 'B'championship hockey team, 1963. Top row, on the left is coach Siro Martinello.

Squadra del campionato di hockey N&D Jr. 'B', 1963. In terza fila, a sinistra è l'allenatore Siro Martinello.

Courtesy/Cortesia: Medo Martinello, P14111

---

38 Information from Medo Martinello
39 For family information, see following story.
40 Information from Siro's son, Rick
41 He passed away in 1986 and Susanna, in 1995.
42 See preceding story.
43 He passed away in 1967.

Duplate company hockey team, mid-1950s. Coach Siro Martinello is standing at left and Medo Martinello is seated third from right.

La squadra di hockey della ditta Duplate, metà anni 1950. L'allenatore Siro Martinello in piedi a sinistra e Medo Martinello seduto terzo da destra.

Photo by/Foto di: Arnold G. LeBlanc. Courtesy/Cortesia: Medo Martinello, P14112

Siro Martinello[40]

Siro nacque a Poggiana, Treviso (Veneto), il 4 maggio 1933 e venne a Windsor nel novembre 1933 con i genitori, Susanna e Fortunato.[41] Lasciarono l'Italia a bordo della *Rex*, approdarono a New York, viaggiarono fino a Buffalo e quindi presero un treno per Windsor, dove viveva il cugino di Fortunato, Tommaso. Si trasferirono nella loro casa nuova in Brant St., dove nacque Medo[42] e in seguito al 468 Aylmer Ave, dove nacque Elso[43]. I ragazzi trovarono la loro strada nella comunità attraverso lo sport.

Siro eccelse nel baseball e nella pallacanestro negli anni quaranta e cinquanta, giocando e allenando molte leghe amatoriali nella città. A metà degli anni cinquanta, lanciò fastball per i Duplate Royals[44] che vinsero la Canadian Fastball Championship. La carriera atletica di Siro fu interrotta nel 1958, quando una lunga lotta con la tubercolosi lo costrinse a letto per un anno. Allora Siro diresse i suoi sforzi a insegnare e gestire varie squadre di baseball e hockey a Windsor.

Nel 1959, quando i proprietari della Windsor Arena stavano cercando un manager, Siro lasciò il suo impiego di venditore alla Thompson White (Windsor) Motors Ltd. per divenire manager, posizione che tenne per oltre 20 anni. Nel 1961, Siro e un gruppo di individui elevarono lo stato dell'hockey minore di Windsor a un maggiore livello di successo. Fu uno dei fondatori della nuova Windsor Minor Hockey Association, che fu istituita mediante statuto dal sistema Ontario Minor Hockey, e ne fu presidente fino alla morte, il 17 gennaio 1983.

Dopo la sua morte fu stabilita la borsa di studio Siro Martinello, per aiutare gli studenti della contea dell'Essex all'Università di Windsor e al St. Clair College. Sinora, questa borsa ha contribuito con oltre $250,000 a giovani meritevoli nella comunità. Siro fu inserito postumo nella Windsor/Essex County Sports Hall of Fame nel 1993.

Siro sposò Diane Teaney nel 1957 e hanno un figlio, Rick.

Ken Minello[45]

Ken fu un giocatore di hockey per i Windsor Lancers dal 1984 al 1989. Capitano dal 1987 al 1989, gli fu conferito l'Olympic Shield e fu nominato All-Canadian Player nel 1987/88, il primo giocatore nella storia dei Lancer a ottenere questo riconoscimento. Fu nominato il CIAU Most Gentlemanly Player nel 1988/89.

Ken segnò 113 goal e 125 assist per un totale di 238 punti: tutti record per i Lancer. Fu secondo per il numero di goal e quarto per il numero di punti nella storia dell'OUAA. Fu inserito nell'Alumni Sports Hall of Fame dell'Università di Windsor nel 2000.

40 Informazioni dal figlio di Siro, Rick
41 Morì nel 1986 e Susanna nel 1995.
42 Per Medo Martinello vedi la storia precedente.
43 Morì nel 1967.
44 Anche Medo giocò per questa squadra.
45 Informazioni dall'Alumni Sports Hall of Fame dell'Università di Windsor

city recreation leagues. In the mid-1950s, he pitched fastball for the Duplate Royals[44] who won the Canadian Fastball Championship. Siro's athletic career was cut short in 1958 when a long struggle with tuberculosis left him bedridden for a year. At this time, Siro directed his efforts to coaching and managing various baseball and hockey teams in Windsor.

In 1959, when the owners of the Windsor Arena were looking for a manager, Siro left his sales job at Thompson White (Windsor) Motors Ltd. to become manager, a position he held for over 20 years. In 1961, Siro and a group of individuals elevated the status of Windsor's Minor Hockey to a higher level of success. He was one of the founders of the new Windsor Minor Hockey Association which was chartered from the Ontario Minor Hockey system and served as its president until his death on January 17, 1983.

Following his death, the Siro Martinello Bursary was established to assist students from Essex County at the University of Windsor and St. Clair College. To date, this bursary has contributed more than $250,000 to deserving youth in the community. Siro was posthumously inducted into the Windsor/Essex County Sports Hall of Fame in 1993.

Siro married Diane Teaney in 1957 and they had one son, Rick.

Ken Minello[45]

Ken was a hockey player for the Windsor Lancers from 1984 to 1989. A team captain from 1987 to 1989, he was awarded the Olympic Shield (Male Athlete of the Year) and named All-Canadian Player in 1987-88, the first player in Lancer history to receive this honour. He was named the CIAU Most Gentlemanly Player in 1988-89.

Ken had 113 goals and 125 assists for 238 points – all Lancer records. He was second in goals and fourth in points in OUAA history. He was inducted into the University of Windsor Alumni Sports Hall of Fame in 2000.

Eddie Mio[46]

Eddie was born in Windsor in 1954 to Angela Manias and Giovanni (Cione) Mio. His parents and brother, Gianni (John), came to Windsor from Azzano Decimo, Pordenone (Friuli-Venezia Giulia) in 1952 to join Cione's brother, Silvio. Cione worked for Scofan Construction and Angela, as head chef at the Cleary Auditorium for many years. Another son, Rennie, was born. Eddie says, "My parents were very strong and supported us, whatever the cost or obstacle. This allowed me to do what I wanted to accomplish my goal to play sports."

Nick Mandato and Tony Carriero smelt fishing in Lake Erie near Leamington, 1966.
Nick Mandato e Tony Carriero pescano lo sperlano nel lago Erie vicino a Leamington, 1966.
Courtesy/Cortesia: Maria Carriero, P10831

---

44 Medo also played for this team.
45 Information from University of Windsor Alumni Sports Hall of Fame
46 Information from Eddie Mio

Ciociaro Club baseball team.
La squadra di baseball del Club Ciociaro.
Courtesy/Cortesia: Rosina and Mario Sorge, P11304B

Ciociaro Club trap shooting team, 1988.
La squadra del tiro al piattello del Club Ciociaro, 1988.
Courtesy/Cortesia: Ciociaro Club, P13935

Eddie Mio[46]

Eddie nacque a Windsor nel 1954 da Angela Manias e Giovanni (Cione) Mio. I genitori e il fratello, Gianni (John), erano venuti a Windsor da Azzano Decimo, Pordenone (Friuli-Venezia Giulia) nel 1952 per raggiungere il fratello di Cione, Silvio. Cione lavorò per la Scofan Construction e Angela come capo cuoca al Cleary Auditorium per molti anni. Nacque un altro figlio, Rennie. Eddie dice: "I miei genitori erano molto forti e ci sostennero, qualunque ne fosse il costo o l'ostacolo. Ciò mi permise di fare ciò che volevo per realizzare il mio obiettivo di praticare sport".

Eddie frequentò l'Assumption High School e quindi il Colorado College, dove ricevette la laurea in business. Da studente, giocò a football, baseball e hockey. Nel 1974/75 e nel 1975/76, fu nominato alla prima squadra All-American (West) della National Collegiate Athletic Association nell'hockey e alla seconda squadra All-Star della Western Collegiate Hockey Association. Nel 2002 fu nominato uno dei 50 migliori giocatori in 50 anni dalla Western Collegiate Hockey Association.

Durante la sua carriera come portiere di hockey nella WHA e nell'NHL, Eddie fu coinvolto in una delle più famose transazioni della storia degli sport nel 1978, quando gli Indianapolis Racers mandarono Wayne Gretzky, Peter Driscoll e Eddie agli Edmonton Oilers. Giocò anche con i New York Rangers prima di concludere la sua carriera con i Detroit Red Wings nel 1985/86. Quindi trascorse dieci anni come agente di hockey e cinque come direttore dello sviluppo dei giocatori per i Phoenix Coyotes.

Eddie vive a West Bloomfield Hills, Michigan e attualmente è vicepresidente di Wayne Gretzky Estate Wines negli Stati Uniti.

Gino Sovran[47]

Il padre di Gino, Luigi,[48] di San Martino al Tagliamento, Pordenone (Friuli-Venezia Giulia), sposò Amelia Modolo[49] di Susegana, Treviso (Veneto) nel gennaio 1921. Più tardi lo stesso anno, Luigi venne a Windsor, via Halifax, per unirsi al fratello, Amodeo. Lavorò per due anni nell'edilizia e poi alla Ford. Luigi costruì una casetta in Hickory Rd. e nel giugno 1923, sua moglie e il figlio Americo di diciotto mesi e suo fratello, Angelo, arrivarono passando da New York. Altri due figli nacquero a Windsor: Gino, nel dicembre 1924, e Rino, nell'aprile 1930.

Gino frequentò il Kennedy Collegiate e fu molto attivo nell'atletica leggera e nella pallacanestro. All'Assumption College fu capitano della squadra di pallacanestro dal 1943 al 1945[50] e uno dei migliori cannonieri nella storia di Windsor: il primo giocatore a segnare 1.000 punti. Prese la laurea nel 1945 all'Assumption College e poi si iscrisse all'Università di Detroit, dove fu capo

---

46 Informazioni da Eddie Mio
47 Informazioni da Gino Sovran e dall'University of Windsor Alumni Hall of Fame
48 Morì nel 1966.
49 Morì nel 1992.
50 Giocò insieme a Hank Biasatti con la squadra che sconfisse gli Harlem Globetrotters.

Eddie attended Assumption High School and then Colorado College where he received his degree in business. As a student, he played football, baseball and hockey. In 1974-75 and 1975-76, he was named to the National Collegiate Athletic Association (West) All-American First Team in hockey and the Western Collegiate Hockey Association All-Star Second Team. In 2002, he was named one of the Top 50 Players in 50 Years by the Western Collegiate Hockey Association.

During his career as a hockey goaltender in the WHA and the NHL, Eddie was involved in one of the most famous transactions in the history of sports in 1978 when the Indianapolis Racers traded Wayne Gretzky, Peter Driscoll and Eddie to the Edmonton Oilers. He also played with the New York Rangers before rounding out his career with the Detroit Red Wings in 1985-86. He then spent ten years as a hockey agent and five years as Director of Player Development with the Phoenix Coyotes.

Eddie lives in West Bloomfield Hills, Michigan and is currently vice president of Wayne Gretzky Estate Wines in the U.S.

Gino Sovran[47]

Gino's father, Luigi,[48] from San Martino al Tagliamento, Pordenone (Friuli-Venezia Giulia) married Amelia Modolo[49] of Susegana, Treviso (Veneto) in January 1921. Later that year, Luigi came to Windsor via Halifax to join his brother, Amodeo. He worked two years in construction and then at Ford. Luigi built a small house on Hickory Rd. and, in June 1923, his wife and eighteen-month-old son, Americo, and her brother, Angelo, came via New York. Two other sons were born in Windsor, Gino in December 1924 and Rino in April 1930.

Gino attended Kennedy Collegiate and was very active in track and field and basketball. At Assumption College, he was the basketball team captain from 1943 to 1945[50] and one of the top scorers in Windsor history, the first player to score 1,000 points. He received his B.A. in 1945 at Assumption College and then enrolled at the University of Detroit where he was the leading scorer of the basketball team in 1945-46. He played with the newly-formed Toronto Huskies professional team that competed in the Basketball Association of America (later NBA) in 1946-47.

Gino graduated in 1948 from the University of Detroit with a Bachelor of Mechanical Engineering Degree, Cum Laude. In July 1949, he received a M.Sc. in Mechanical Engineering, went on to the University of Minnesota, Minneapolis as a full-time instructor and, in August 1954, earned a Ph.D. in Mechanical Engineering. Gino was employed by the General Motors Research Laboratories, Technical Center in Warren, Michigan in September 1954 until his retirement in 1994. He was very active in engineering societies and was awarded rank of FELLOW in the Society of Automotive Engineers and the American Society of Mechanical Engineers. Gino has authored many technical reports.

47 Information from Gino Sovran and University of Windsor Alumni Sports Hall of Fame
48 He passed away in 1966.
49 She passed away in 1992.
50 He played with Hank Biasatti on the team that defeated the Harlem Globetrotters.

Gino Sovran, Assumption College Basketball Team, 1945.

Gino Sovran, squadra di pallacanestro dell'Assumption College,1945.

Courtesy/Cortesia: Gino Sovran

Gino Sovran at his induction into the Canadian Basketball Hall of Fame, 2002.

Gino Sovran al suo insediamento nella Canadian Basketball Hall of Fame, 2002.

Courtesy/Cortesia: Gino Sovran

Windsor Spitfires owner Steve Riolo watches his team practice in 1999. Born in Alcamo, Trapani, he immigrated to Canada in 1966. In 1987-88, he was president of the Sicilia Club.

Steve Riolo, proprietario del Windsor Spitfire, segue l'allenamento della squadra nel 1999. Nato ad Alcamo, Trapani, immigrò in Canada nel 1966. Nel 1987-88 fu presidente del Club Sicilia.

Courtesy/Cortesia: The Windsor Star, P10799

cannoniere della squadra di pallacanestro nel 1945/46. Giocò con la squadra professionistica di nuova formazione, i Toronto Huskies, che gareggiò nella Basketball Association of America (in seguito NBA) nel 1946/47.

Gino ottenne nel 1948 dall'Università di Detroit una laurea in ingegneria meccanica, Cum Laude. Nel luglio 1949 ricevette un Master of Science in ingegneria meccanica, proseguì all'Università del Minnesota, a Minneapolis come istruttore a tempo pieno e, nell'agosto 1954, conseguì un dottorato (Ph.D.) in ingegneria meccanica. Gino fu impiegato dalla General Motors nei laboratori di ricerca, presso il centro tecnico di Warren, Michigan, nel settembre 1954 fino al pensionamento nel 1994. Fu molto attivo in società ingegneristiche e gli fu conferito il grado di FELLOW nella Society of Automotive Engineers e nell'American Society of Mechanical Engineers. Gino ha scritto molti rapporti tecnici.

Fu inserito nell'Alumni Sports Hall of Fame dell'Università di Windsor nel 1997, nella Canadian Basketball Hall of Fame nel 2002 e nella Windsor/Essex County Sports Hall of Fame nel 2007.

Gino conobbe Kathryn Seim[51] all'Università Northwestern vicino a Chicago e si sposarono nel 1949. Vivono nei sobborghi di Detroit dal 1954. Gino e Kathryn hanno quattro figli: Daniel, Victoria, Ralph e Andrew.

Jerry Sovran[52]

Jerry nacque a Windsor il 27 ottobre 1951. I suoi genitori, Peter (Pieri) Sovran[53] di San Martino al Tagliamento, Pordenone (Friuli-Venezia Giulia) ed Elvira Rossi di Gradisca, Pordenone, vennero a Windsor con il figlio Louis (Lou)[54] nel 1950 per raggiungere i fratelli di Pieri: Fermino, Luigi e Albino. Prima abitarono in Pierre Ave. vicino a Ottawa St. e nel 1956 si trasferirono a Chandler Rd.

Jerry frequentò la scuola superiore F. J. Brennan e l'Università di Windsor. Si laureò con un Honours B.A. in commercio nel 1974 e ricevette il titolo ufficiale di ragioniere collegiato nel 1976.

Un cestista all'Università di Windsor dal 1971 al 1974. Jerry ricevette la LeBel Plaque per il miglior giocatore nei playoff OUAA nel 1972 e fu selezionato per la seconda All Canadian Team. Jerry fu selezionato per la prima squadra All Star OUAA nel 1974 e ricevette l'Olympic Shield (Atleta maschile dell'anno) all'Università di Windsor. Nel 1988 fu inserito nell'Alumni Sports Hall of Fame dell'Università di Windsor.

Jerry sposò Deborah Nykolak nel 1977; hanno due figli: Jeffrey e Michael.

---

51 Morì nell'agosto 2004.
52 Informazioni da Jerry Sovran
53 Vedi Tosca Band, capitolo 7.
54 Lou era nato a Nizza, in Francia, dove Pieri ed Elvira vissero per un breve periodo.

He was inducted into the University of Windsor Alumni Sports Hall of Fame in 1997, the Canadian Basketball Hall of Fame in 2002 and the Windsor/Essex County Sports Hall of Fame in 2007.

Gino met Kathryn Seim[51] at graduate school at Northwestern University near Chicago, and they married in 1949. They lived in the Detroit suburbs since 1954. Gino and Kathryn have four children, Daniel, Victoria, Ralph and Andrew.

Jerry Sovran[52]

Jerry was born in Windsor on October 27, 1951. His parents, Peter (Pieri) Sovran[53] of San Martino al Tagliamento, Pordenone (Friuli-Venezia Giulia) and Elvira Rossi of Gradisca, Pordenone, came to Windsor with their son Louis (Lou)[54] in 1950 to join Pieri's brothers, Fermino, Luigi and Albino. They lived first on Pierre Ave. near Ottawa St. and, in 1956, moved to Chandler Rd.

Jerry attended F. J. Brennan High School and the University of Windsor. He graduated with an Honours Bachelor of Commerce in 1974 and received his Certified Accountant designation in 1976.

A University of Windsor basketball player from 1971 to 1974, Jerry was awarded the LeBel Plaque for Most Outstanding Player in the OUAA playoffs in 1972 and was selected to the second All Canadian Team. Jerry was selected to the first OUAA All Star team in 1974 and received the Olympic Shield (Male Athlete of the Year) at the University of Windsor. He was inducted into the University of Windsor Alumni Sports Hall of Fame in 1988.

Jerry married Deborah Nykolak in 1977 and they have two sons, Jeffrey and Michael.

---

51 She passed away in August 2004.
52 Information from Jerry Sovran.
53 See Tosca Band, Chapter 7.
54 Lou was born in Nice, France, where Pieri and Elvira lived for a short time.

Guide to Abbreviations

CCIFC	Central Canada Inter-Collegiate Football Conference
CIAU	Canadian Inter-University Athletic Union
CFL	Canadian Football League
FIBA	Fédération Internationale de Basketball (International Basketball Federation)
MVP	Most Valuable Player
NBA	National Basketball Association
NHL	National Hockey League
OQAA	Ontario-Quebec Athletic Association
OUAA	Ontario University Athletic Association
WHA	World Hockey Association
WSSA	Windsor Secondary Schools Association
WOSSA	Western Ontario Secondary School Association

7

Musica e Arte

Clarinet players from the first Caboto Club Band, 1930.
Clarinettisti della prima orchestra del Club Caboto, 1930.

E' difficile dissociare l'Italia dal suo vasto e versatile patrimonio musicale e artistico. Nel corso dei secoli, l'Italia è stata il luogo di nascita di innumerevoli artisti. Famosi compositori e cantanti italiani[1] hanno lasciato l'impronta sul panorama musicale con bei testi e melodie. Pittori, scultori e architetti[2] hanno arricchito il mondo con la loro creatività e originalità.

Mantenendo le loro tradizioni, gli immigrati italiani locali, eredi del ricco patrimonio lasciato dai loro predecessori, continuano a offrire bellezza e gioia con le proprie opere d'arte e la loro musica.

La musica

Dominic Bertucci

Dominic, chitarrista classico di Windsor, studiò con Steven Dearing all'Università di Windsor e il noto chitarrista americano, Michael Lorimer. Fu l'unico giudice canadese alla Segovia International Guitar Competition. Domenico fece concerti in tutto l'Ontario sudoccidentale e gli Stati Uniti e fu anche insegnante alla Facoltà di musica dell'Università di Windsor.

Big Louie and the Band – Louis Zanotti[3]

Louis nacque a Windsor il 16 agosto 1961 da Lisa Piasentin e Giuseppe Zanotti,[4] che erano emigrati da Morsano al Tagliamento, Pordenone (Friuli-Venezia Giulia). Imparò a suonare la chitarra

---

1   Compositori di opera come Puccini, Rossi, Verdi; tenori come Bocelli, Caruso, Gigli, Pavarotti; cantanti pop italiani: Mina, Morandi e Murolo, solo per nominarne alcuni.
2   Nel campo delle arti, i capolavori di Botticelli, Michelangelo e Raffaello ispirano le generazioni future a contribuire alla bellezza della creazione.
3   Informazioni da Louis Zanotti
4   Si sposarono a Morsano al Tagliamento, l'11 agosto 1951. Dieci giorni dopo, Giuseppe se ne andò in Canada per raggiungere il fratello, Giacomo, che era immigrato a Windsor nel 1949. Lisa arrivò il 1° giugno 1952, con 1.000 lire e un baule. Abitarono in Alexis Rd. vicino all'impianto della Chrysler, in una casa di una camera e mezza per 14 mesi. Giuseppe lavorava alla Walker Foundry e veniva a casa nero e ustionato, con le mani gonfie. In seguito lavorò nell'edilizia con la Ferruccio Fasan Construction.

<h1 align="center">7</h1>

<h1 align="center">Music and Arts</h1>

I t is difficult to dissociate Italy from its vast and versatile heritage of music and arts. For centuries, Italy has been the birthplace of countless artists. Famous Italian composers and singers[1] have imprinted the music landscape with lovely lyrics and melodies. Painters, sculptors and architects[2] have enriched the world with their creativity and originality.

In keeping with tradition, local Italian immigrants, heirs of the rich patrimony left by their predecessors, continue to give beauty and joy with their art and music.

<h2 align="center">Music</h2>

Dominic Bertucci

Dominic, a Windsor classical guitarist, studied with Steven Dearing at the University of Windsor and well-known American guitarist, Michael Lorimer. He was the only Canadian to serve as an adjudicator in the Segovia International Guitar Competition. Domenic gave concerts throughout Southwestern Ontario and the U.S. and was also an instructor at the School of Music at the University of Windsor.

Big Louie and the Band – Louis Zanotti[3]

Louis was born in Windsor on August 16, 1961 to Lisa Piasentin and Giuseppe Zanotti[4] who emigrated from Morsano al Tagliamento, Pordenone (Friuli-Venezia Giulia). He learned to play

La banda musicale, Morsano, 1938. Louis Zanotti's grandfather Giovanni Piasentin is second from left, bottom row. Louis' uncles (Giovanni's sons) Tarcisio and Lello are also in this photo.

La banda musicale, Morsano, 1938. Il nonno di Louis Zanotti, Giovanni Piasentin, è secondo da sinistra, prima fila. Nella foto vi sono anche gli zii di Louis, Tarcisio e Lello (figli di Giovanni).

Courtesy/Cortesia: Zanotti family, P13066

---

1   Opera composers such as Puccini, Rossi, Verdi; tenors like Bocelli, Caruso, Gigli, Pavarotti; Italian pop singers, Mina, Morandi and Murolo, to name a few
2   In the field of arts, masterpieces by Botticelli, Michelangelo and Raffaello inspire future generations to contribute to the beauty of creation.
3   Information from Louis Zanotti
4   They married in Morsano al Tagliamento on August 11, 1951. Ten days later, Giuseppe left for Canada to join his brother Giacomo who had immigrated to Windsor in 1949. Lisa arrived on June 1, 1952 with 1,000 *lire* and a trunk. They lived on Alexis Rd. near the Chrysler plant in a one-and-a-half bedroom home for 14 months. Giuseppe worked at the Walker Foundry and came home black and burned, with swollen hands. Later, he worked in construction with Ferruccio Fasan Construction.

Louis Zanotti

Courtesy/Cortesia: Zanotti family, P13059

prendendo lezioni al conservatorio di musica per 18 mesi. Per mancanza di fondi dovette continuare a studiare per conto suo. Partecipò alle attività della chiesa di Sant'Angela Merici sin dall'infanzia, dapprima come chierichetto, poi come corista e musicista. Sul consiglio di P. Alessandrini, Louis si unì al coro folcloristico della Messa inglese presso la chiesa di Sant'Angela Merici. Per 17 anni suonò la chitarra e cantò alla Messa e a molte funzioni religiose: Prima Comunione, Cresima e Matrimonio. Quando frequentava la scuola superiore W.D. Lowe, Louis apparve nel programma televisivo della CBC: "Centre Stage."

Nel 1976 Louis iniziò a suonare nel complesso, Tosca. Nel 1981/82 suonava rock and roll nei bar. L'anno seguente formò la Big Louie and the Band e iniziò a suonare a matrimoni e banchetti. Gli piace suonare, guardare la gente ballare e divertirsi. Louis dice: "Nessun problema con gli italiani, amano ballare!" Offrire qualche ora di gioia e divertimento è la sua ricompensa, e lo fa per la comunità da 30 anni. Ha visto famiglie crescere ed è contento di avere fatto parte della loro vita. Louis e il suo complesso hanno suonato a molti eventi di beneficenza per l'Autism Society, Coats for Kids, Hospice of Windsor, Transition to Betterness, United Way e altri - nella maggior parte dei casi gratuitamente.

Nel 2003, Louis iniziò a prendere lezioni formali di voce con l'insegnante Daniela Marentette De Rose e, in seguito, corsi di opera con il Prof. Steven Henrickson all'Università di Windsor. Gli piace l'opera italiana e aspira a diventare un tenore "...e, un giorno, cantare con un'orchestra completa e magari esibirsi nel cast all'opera del Michigan...L'opera è il cuore pulsante della cultura italiana. Sono molto orgoglioso di essere...figlio di immigrati italiani". Si esibisce ancora con il figlio, Joseph, che si è unito al gruppo. Louis è convinto di avere la musica nel sangue, perché il suo bisnonno, Giovanni Piasentin, era direttore d'orchestra e coro, e i suoi due zii, Lello e Tarcisio, suonavano in una banda. Louis è sempre stato il leader del gruppo.

Orlando Bracci – Il re della fisarmonica[5]

Orlando era figlio di immigrati italiani. Nel 1931, un ricco mecenate di New York, avendo sentito il talento del ragazzo di Windsor mentre suonava la fisarmonica a Detroit, decise di patrocinare la sua istruzione in Inghilterra. Orlando frequentò anche la famosa scuola di piano e fisarmonica Pietro Deiro a Greenwich Village, N.Y.

Suonò per il re Edoardo VIII e al famoso Savoy di Londra, in Inghilterra, e all'hotel Elmwood di Windsor. Era conosciuto come "il re della fisarmonica". Salvatore Ala dice:

C'era qualcosa di fantastico nel modo di suonare di Orlando, un carattere ipnotico tipo gitano nel suo suono, come se riuscisse a far cantare la sua fisarmonica. Nessuno si muoveva sul palco come Orlando Bracci. Aveva il carisma di Jerry-Lee-Lewis ed Elvis Presley molto prima del rock and roll....

---

5   Basato su Ala 2002:26

the guitar, taking lessons at the Conservatory of Music for 18 months. Due to lack of funds, Louis had to continue learning on his own. He has been involved since childhood in church activities at St. Angela Merici Church, first as an altar boy, later as a chorister and musician. At Fr. Alessandrini's suggestion, Louis joined the folk choir at English Mass. For 17 years, he played guitar and sang at Mass and many religious functions, namely First Communion, Confirmation and Marriage. While attending W.D. Lowe high school, Louis appeared on the CBC television show, "Centre Stage."

In 1976, Louis started to play in the Tosca band. In 1981-82, he played rock and roll in bars. The following year, he formed Big Louie and the Band and began playing at weddings and banquets. He enjoys performing, watching people dance and have a good time. Louis says: "No problem with Italians, they love to dance!" Providing a few hours of joy and entertainment is his reward, and he has been doing that for the community for 30 years. He has seen families grow and is pleased to have shared in their lives. Louis and his band have performed at many charitable events for the Autism Society, Coats for Kids, Hospice of Windsor, Transition to Betterness, United Way and others – mostly at no charge.

In 2003, Louis began to take formal voice lessons with instructor Daniela Marentette De Rose and, later, opera courses with Prof. Steven Henrickson at the University of Windsor. He enjoys Italian opera and is striving to become a tenor "…and one day sing with a full orchestra and maybe perform in the cast in the Michigan Opera…Opera is the heartbeat of Italian culture. I am so proud to be…a son of Italian immigrants." He continues to perform with his son Joseph who has joined the band. Louis believes that music is in his genes because his great-grandfather, Giovanni Piasentin, was a band and choir conductor; his two uncles, Lello and Tarcisio, played instruments in a marching band. Louis has always been the leader of the band.

Orlando Bracci – The Accordian King[5]

Orlando was the son of Italian immigrants. In 1931, a wealthy New York patron, having heard the talented Windsor boy play accordion in Detroit, decided to sponsor his education in England. He also attended the famous Pietro Deiro Piano-Accordion School in Greenwich Village, N.Y.

Orlando played for King Edward VIII and performed at the famous Savoy in London, England and at Windsor's Elmwood Hotel. He was known as "The Accordion King." Salvatore Ala states:

> There was something wild about Orlando's playing, a hypnotic gypsy-like character to his sound, as though he could make the accordion sing. No one could move on stage like Orlando Bracci. He had a Jerry-Lee-Lewis and Elvis Presley charisma long before rock and roll….

For the Windsor Italian community, Orlando was a legend. Some of his best performances were not in clubs, but in his friends' homes and backyards. People strolling down Erie St. enjoyed his music.

Big Louie and the Band playing for pilgrims who visited Windsor during World Youth Day celebrations presided over by Pope John Paul II in Toronto, 2002.

Big Louie and the Band suonano per i pellegrini in visita a Windsor in occasione delle celebrazioni della Giornata Mondiale della gioventù, presieduta da Papa Giovanni Paolo II a Toronto, 2002.

Courtesy/Cortesia: Zanotti family, P13061

---

5   Based on Ala 2002:26

Ciccone accordion class performing in a parade.

Una classe di fisarmonicisti di Ciccone suonano in un corteo.

Courtesy/Cortesia: Teresa Ciccone, P11241

Pat Ciccone playing accordion with Frank Ciccone on guitar and Ned Griffith on saxophone, St. Angela Hall, 1955.

Pat Ciccone suona la fisarmonica con Frank Ciccone alla chitarra e Ned Griffith al sassofono, Sala St. Angela, 1955.

Courtesy/Cortesia: Teresa Ciccone, P13973

Per la comunità italiana di Windsor, Orlando era una leggenda. Alcune delle sue migliori esibizioni non furono nei locali, ma a casa o dietro le case di amici. La gente a passeggio in Erie St. si godeva la sua musica.

Orlando rimase ferito mentre in servizio con le forze armate canadesi nella seconda guerra mondiale. Restò oltreoceano per intrattenere le truppe delle forze armate canadesi con lo spettacolo: "The Blackouts."

Orlando sposò la veneziana Alice Battagello. Morì nel 1960, all'età di 41 anni, lasciando la moglie e il figlio Randy di tre anni. E' sepolto nel cimitero St. Alphonsus.

Pat e Frank Ciccone (Ciccone Accordion Center)[6]

Pat, nato il 9 gennaio 1906 a Solano, Reggio Calabria, venne a Windsor nel 1922, dove abitò per sei anni. Nel 1928, Pat ritornò in Italia per sposare Maria Bueti, poi si stabilì a New York per cinque anni e ritornò a Windsor nel 1935. Aprì subito un negozio di musica, il Ciccone Accordion Center, al 609 Ouellette Ave., dove insegnò fisarmonica e tramandò la sua passione ad altri. Il suono della sua fisarmonica era l'espressione del suo talento. Pat era sempre sorridente.

Suo fratello, Frank, nato anche lui a Solano il 19 novembre 1913, immigrò a New York per raggiungere le sorelle e continuare gli studi. Nel 1955 ritornò in Italia e incontrò Teresa Giugno nel 1956. L'anno dopo si sposarono a Natile, Reggio Calabria, e vennero a Windsor passando da New York. Vissero con Pat e Maria ed ebbero un figlio Rocco.[7]

All'arrivo a Windsor, Frank si unì al fratello Pat e insegnò chitarra al Ciccone Accordion Center. Il negozio fu più tardi trasferito al 254 Wyandotte St. E. dove i due continuarono a offrire lezioni private e a suonare nel complesso, Pat Ciccone's Orchestra, con altri musicisti. La loro musica si sentiva spesso nei locali, ai festival e a feste di famiglia. Frank e Pat, con i loro strumenti musicali, esprimevano sempre il loro suono elegante.

Pat morì nel maggio 1992 e Frank nell'aprile 2001.

Il Coro Italiano[8]

A Windsor vi erano due cori italiani, il coro della chiesa di Sant'Angela Merici e del Fogolar Furlan. Quest'ultimo fu formato grazie agli sforzi di Giuseppe DeMonte e Amelio Pez. Poiché gli italiani frequentavano la chiesa di Sant'Angela Merici i due cori si associarono nel 1962 per formare Il Coro Italiano, sotto l'esperta direzione di P. Umberto Rizzi.

Il primo concerto de Il Coro Italiano fu tenuto nel febbraio 1963 al Club Fogolar Furlan con 37 coristi. Entro il 1965 Il Coro Italiano aveva realizzato una registrazione di canzoni italiane popolari

---

6   Informazioni da Teresa Ciccone e dall'articolo "In memoria di Pat Ciccone, grande musicista della comunità italiana di Windsor" scritto da Alfredo Morando, *La Gazzetta*, 12 giugno 1992.
7   Ora dentista a Lake Orion, Michigan, sposato con Phyllis Belleville
8   Alcune informazioni da Gervais 2002

Orlando was wounded while serving in the Canadian Armed Forces in WWII. He remained overseas to entertain the troops with the Canadian Air Forces show, "The Blackouts." Orlando married Venetian-born Alice Battagello. He died in 1960 at age 41, leaving his wife and his three-year-old son, Randy. He is buried at St. Alphonsus Cemetery.

Pat and Frank Ciccone (Ciccone Accordion Center)[6]

Pat, born January 9, 1906 in Solano, Reggio Calabria, came to Windsor in 1922 where he resided for six years. In 1928, Pat went back to Italy to marry Maria Bueti, then settled in New York for five years and returned to Windsor in 1935. He soon opened a music store, Ciccone Accordion Center at 609 Ouellette Ave., where he taught accordion and passed on his passion to others. The sound of his accordion was the expression of his talent. Pat was always smiling.

His brother Frank, also born in Solano on November 19, 1913, immigrated to New York to join his sisters and continue his studies. In 1955, he returned to Italy and met Teresa Giugno in 1956. They married a year later in Natile, Reggio Calabria and came to Windsor via New York. They lived with Pat and Maria and had a son, Rocco.[7]

Upon his arrival in Windsor, Frank joined his brother Pat and taught guitar at Ciccone Accordion Center. The store later relocated to 254 Wyandotte St. E. where the two continued to offer private lessons and play in their band, Pat Ciccone's Orchestra, with other musicians. Their music was often heard in clubs, at festivals and family celebrations. Frank and Pat, with their musical instruments, always expressed their elegant sound.

Pat died in May 1992 and Frank, April 2001.

Il Coro Italiano[8]

In Windsor, there were two Italian choirs, St. Angela Merici Church Choir and Fogolar Furlan Choir. The latter was formed through the efforts of Giuseppe DeMonte and Amelio Pez. Since Italians attended St. Angela Merici Church, the two choirs joined forces in 1962 to form Il Coro Italiano under the skillful direction of Fr. Umberto Rizzi.

The first concert of Il Coro Italiano was held in February 1963 at the Fogolar Furlan Club with 37 choristers. By 1965, Il Coro Italiano made a recording of popular Italian songs and, in 1968, a recording of Italian Christmas carols. The choir performed on television, radio and at several concerts held in Chicago, Detroit, London, Toronto and Windsor. In the 1970s, Il Coro Italiano began to sing operatic arias and compositions in English under the direction of Fr. Raniero Alessandrini.

Pat Ciccone, right, and friend.
Pat Ciccone, a destra, e un amico.
Courtesy/Cortesia: Teresa Ciccone, P11239

Early 1940s accordion class with instructor, Pat Ciccone, who taught accordion for more than 60 years.
Inizio degli anni '40 una classe di fisarmonicisti col maestro Pat Ciccone, insegnante di fisarmonica per più di 60 anni.
Courtesy/Cortesia: Teresa Ciccone, P11222

---

6   Information from Teresa Ciccone and an article in the June 12, 1992 issue of *La Gazzetta*, "In memoria di Pat Ciccone, grande musicista della comunità italiana di Windsor" written by Alfredo Morando
7   A dentist in Lake Orion, Michigan, married to Phyllis Belleville
8   Some information from Gervais 2002

e nel 1968 una di canti natalizi italiani. Il coro si è esibito alla televisione, alla radio e a diversi concerti tenutisi a Chicago, Detroit, London, Toronto e Windsor. Negli anni settanta Il Coro Italiano iniziò a cantare arie e composizioni liriche in inglese sotto la direzione di P. Raniero Alessandrini.

Man mano che aumentava il repertorio, aumentavano anche le destinazioni. Il Coro Italiano si esibì in diverse città, tra cui Banff, Calgary, Edmonton, Montreal, e a St. John's, Terranova davanti a un pubblico di 5.000 persone nel 1997 per la celebrazione del 500° anniversario dello sbarco di Giovanni Caboto in Canada.

Nel 1998 i membri di Il Coro Italiano e il direttore Angelo Nadalin ricevettero l'Italian of the Year Award dal Club Caboto. Quattro direttori hanno formato per più di 40 anni questo coro duraturo: P. Umberto Rizzi, P. Raniero Alessandrini, P. Pietro Gandolfi e Angelo Nadalin.

Emilia Cundari, Soprano[9]

Emilia[10] nacque a Detroit, crebbe a Windsor e ricevette l'istruzione elementare e superiore alla St. Mary's Academy. In seguito frequentò il Marygrove College a Detroit, dove si laureò in musica. Dopo aver vinto il Grinnell Music Award, Emilia andò a New York per studiare con la City Center Opera.

L'eminente direttore americano, tedesco di nascita, Bruno Walter, la scelse per cantare nel *Flauto magico* di Mozart. Emilia lavorò con direttori d'orchestra famosi, quali George Szell e Sir John Barbirolli e realizzò numerose registrazioni, tra cui la *Seconda Sinfonia* di Mahler e la *Nona* di Beethoven. Dopo aver vinto i premi Rockefeller e Sullivan, viaggiò in tutta Europa, ottenendo la fama in teatri e festival importanti. Il collega di Emilia, John Guinn, disse: "Emilia Cundari porta nella sua gola un grande dono che è direttamente collegato alla sua anima...Una volta sentito, il suo suono è così intensamente personale, totalmente onesto, esente da artifici, che l'ascoltatore può solo meravigliarsi alla sua potenza comunicativa unica..."[11]

Emilia dedicò la sua vita all'insegnamento della musica, mentre il marito, il tenore Sergio Pezzetti, rimase in Italia. Mise la sua carriera lirica al secondo posto dietro al ruolo di madre. Quando scelse di ritornare a Windsor per tirare su una famiglia, Emilia chiuse la porta alla sua carriera di soprano al La Scala di Milano.

Un articolo scritto da Marty Gervais dopo il funerale di Emilia nel gennaio 2005, racconta un episodio ricordato da Aldo Cundari, un cugino del padre di Emilia. Durante una delle sue visite, Emilia parlò al noto direttore d'orchestra argentino, Carlo Felice Cillario. "Lui la voleva al Met (Metropolitan Opera), ma lei non voleva andarci." Il rifiuto di Emilia dispiacque ad Aldo, che "pensava che Emilia sarebbe potuta diventare una delle migliori soprano". (Gervais 2005:A3)

---

9 Informazioni da Aldo Cundari e dall'articolo di Gervais 2005
10 Figlia di uno dei fondatori dell'ex Mario's Restaurant
11 "About Emilia Cundari's Voice" di John Guinn, cortesia di Aldo Cundari

Cover of Il Coro Italiano Windsor album.
Fodera dell'album di Il Coro Italiano.
Courtesy/Cortesia: Caterina Lopez, P11178A

As their repertoire expanded, so did their destinations. Il Coro Italiano performed in many cities including Banff, Calgary, Edmonton, Montreal, and in St. John's, Newfoundland before an audience of 5,000 people in 1997 for the celebration of the 500th Anniversary of Giovanni Caboto's landing in Canada.

In 1998, the members of Il Coro Italiano and conductor Angelo Nadalin were the recipients of the Italian of the Year Award from the Caboto Club. Four conductors have molded the long-lasting choir for more than 40 years: Fr. Umberto Rizzi, Fr. Raniero Alessandrini, Fr. Pietro Gandolfi and Angelo Nadalin.

Emilia Cundari, Soprano[9]

Emilia[10] was born in Detroit, raised in Windsor and received her elementary and secondary education at St. Mary's Academy. She then attended Marygrove College in Detroit, graduating with a Bachelor of Music degree. After winning the Grinnell Music Award, Emilia went to New York to train with the City Center Opera.

The eminent German-born American conductor, Bruno Walter, chose her to sing in Mozart's *Magic Flute*. Emilia worked under such renowned conductors as George Szell and Sir John Barbirolli and made numerous recordings, including Mahler's *Second Symphony* and Beethoven's *Ninth*. After winning the Rockefeller and the Sullivan Awards, she travelled throughout Europe, achieving fame in important theatres and festivals. Emilia's colleague, John Guinn, stated: "Emilia Cundari carries in her throat a great gift that is directly connected to her soul...Once heard, her sound is so intensely personal, so utterly honest, so unencumbered with artifice that the listener can only marvel at its unique communicative powers...."[11]

Emilia dedicated her life to teaching music while her husband, tenor Sergio Pezzetti, remained in Italy. She placed her opera career second to her role as mother. In choosing to return to Windsor to raise a family, Emilia shut the door on her soprano career at La Scala in Milan.

A column written by Marty Gervais following Emilia's funeral in January 2005 recounts an incident recalled by Aldo Cundari, a cousin of Emilia's father. During one of her visits, Emilia talked to the well-known Argentincan conductor, Carlo Felice Cillario. "He wanted her at the Met (Metropolitan Opera), but she wouldn't go." Emilia's refusal chagrined Aldo, who "felt Emilia could have risen to be one of the best sopranos in the business." (Gervais 2005:A3)

Luigi (Gino) Mazzalonga (Gino's Market Band)[12]

I was born in Montorio nei Frentani, Campobasso (Molise) to Carmela Greco and Francesco Mazzalonga. With my parents, I immigrated to Montreal in February 1955 and lived there until

Italian soprano, Emilia Cundari, c. 1965.
Emilia Cundari, soprano italiana, 1965 ca.
Courtesy/Cortesia: Aldo Cundari, P11400

---

9   Information from Aldo Cundari and based on Gervais 2005
10 Daughter of one of the founders of the former Mario's Restaurant
11 "About Emilia Cundari's Voice" by John Guinn, courtesy of Aldo Cundari
12 Written by Gino Mazzalonga

"...like the wine and bread that gave sustenance to our fathers so too does the song in our hearts..."

Liner from CD of Windsor Italian Men's Choir.
Fodera del CD del Coro italiano di Windsor.
Courtesy/Cortesia: Tony Colarossi, P11177B

St. Angela Merici Church Choir membership card.
Tessera del coro della chiesa di Sant'Angela Merici.
Courtesy/Cortesia: Teresio and Agnese Barichello, P11157

MEMBERSHIP CARD

TERESIO BARICHELLO

is a member of St. Angela Merici Church

CHOIR

Rev. U. Rizzo

Date 1967   Choir Master

Caboto Club Band float at the Freedom Festival, early 1960s. Standing on the ground from left: Romano Manzon, Al Dottor, Bill Sgrazzutti, Elio Danelon, unidentified, Egidio Fantuz and Gianni Bontorin.

Carro da corteo dell'orchestra del Club Caboto al Freedom Festival, inizio anni '60. In piedi a terra da sinistra: Romano Manzon, Al Dottor, Bill Sgrazzutti, Elio Danelon, non identificato, Egidio Fantuz e Gianni Bontorin.

Courtesy/Cortesia: John and Denise Sgrazzutti, P10353

The Caboto Club band, May 1928, soon after its formation as the Border Cities Italian Club Band. Originally under the direction of Professor DeBono and later Professor Venuta, it consisted of 38 club members who supplied their own instruments. One of the most memorable events for the band was participating in the opening of the Ambassador Bridge.

L'orchestra del Club Caboto, maggio 1928, subito dopo la sua formazione come Border Cities Club Band. All'inizio sotto la direzione del maestro DeBono e poi del maestro Venuta, era composta di 38 membri che si procurarono i propri strumenti musicali. Uno dei momenti più memorabili dell'orchestra fu la partecipazione all'inaugurazione dell'Ambassador Bridge.

Image from/foto tratta dal: Caboto Club 50th Anniversary booklet. Courtesy/Cortesia: Elio Palazzi, P11287

Gino and the Potens, 1972.
Courtesy/Cortesia: Gino Mazzalonga, P13762

Blue Jeans band, 1976.
Courtesy/Cortesia: Gino Mazzalonga, P13760

Luigi (Gino) Mazzalonga (Gino's Market Band)[12]

Sono nato a Montorio nei Frentani, Campobasso (Molise) da Carmela Greco e Francesco Mazzalonga. Con i miei genitori immigrai a Montreal nel febbraio 1955, dove vissi in un quartiere italiano fino al 1972. Nel 1968, venni a Windsor per un breve soggiorno e ivi mi trasferii definitivamente quattro anni dopo. Ho tre figli: Stephanie, Franco e Matteo, e attualmente sono sposato con Elena Silvaggi.

La mia esperienza musicale iniziò nel 1969 quando un complesso italiano nel mio vicinato a Montreal, Gli Angeli Negri, non riusciva a trovare un cantante leader. Chiesi ai membri del gruppo di darmi alcuni dischi con cui fare pratica. Non sapevo nulla di musica, ma avevo "fegato". Fui scelto e iniziai a suonare con il gruppo.

Poco dopo il mio arrivo a Windsor, parlando con il chitarrista Tony Spadafora al Sorrento Cafe, Angelo Fallone venne da me e mi parlò dei suoi due figli Emilio e Luigi e del loro gruppo, The Potens. Dopo un paio di settimane di prove, il gruppo fu ribattezzato Gino & The Potens e iniziò a suonare ai balli della domenica al Club Caboto con I Figli del Sole. Gino & the Potens suonava anche in tutto l'Ontario e il Michigan.

Nel 1974, con l'aggiunta di Nunzio Romanazzo e Larry Acchione, il gruppo fu temporaneamente chiamato I Vagabondi. Nel 1976, con Domenico Politi, Peter Lucente, Vito Flores e Joe Trocchi, formammo i Blue Jeans, un gruppo attivo ancora oggi.

Nel 1980, al batterista Bob Drago venne l'idea di un personaggio animato che spingeva una carriola piena di apparecchiature musicali. Questa immagine portò al nome Gino's Market Band, con John Colaluca, Tony Mocera e Danny LoMonaco. Durante gli anni ottanta, suonai con altri gruppi, quali i Flash, con Pasquale Russo, Gino Tola e Frank Rotondi, e The Showmen. Oggi il ritmo continua con la Gino's Market Band con la cantante Maria Palazzolo e i musicisti Phil Morello, Domenico Ambrosio e Jack Di Domenico.

Il consiglio che darei ai giovani musicisti (forse anche a quelli meno giovani) è: suonate sempre per il pubblico, date alla gente quello che vuole, lavorate duro, perché tutto quello che date, lo riceverete. Il segreto è: fare le cose semplici, avere la mente aperta, buone relazioni pubbliche e non avere paura di cambiare. Non suonate solo per i soldi, ma perché amate intrattenere.

Gino[13] ha intrattenuto il pubblico negli ultimi quarant'anni, in tutto il Canada e gli Stati Uniti, a festeggiamenti tenutisi a Chicago, in Florida, a London, nel Michigan, nel Missouri, a Pittsburgh, St. Catharines, Toronto, e in West Virginia, solo per nominarne alcuni. Si è esibito anche con star quali Umberto Tozzi, Toto Cotugno, Nico dei Gabbiani, The Gaylords, Al Martino, Tommy LaSorda, il defunto Enrico Farina e molti altri. Stars Alive Impersonators, stile Las Vegas, è un altro tipo d'intrattenimento offerto su richiesta dalla Gino's Market Band con imitazioni di celebrità quali Shania Twain, Cher, Ricky Martin, e con Gino che imita il suo idolo: "the King" Elvis Presley.

12 Scritto da Gino Mazzalonga
13 Informazioni dall'articolo del giugno 2004 nella rivista *Il Ponte*

1972 in an Italian neighbourhood. In 1968, I came to Windsor for a short stay and moved here permanently four years later. I have three children, Stephanie, Franco and Matteo, and I am presently married to Elena Silvaggi.

My music experience began in 1969 when a nearby Italian band in Montreal, Gli Angeli Negri, was unsuccessful in auditioning for lead singers. I asked the band members to give me some records with which to practice. I knew nothing about music, but I had "guts." I was chosen and started playing with the band.

Shortly after my arrival in Windsor, while talking with guitarist Tony Spadafora at the Sorrento Cafe, Angelo Fallone approached and told me about his two sons, Emilio and Luigi and their band, The Potens. After a couple of weeks of rehearsals, the band was renamed Gino & the Potens and started playing at the Caboto Club Sunday dances with I Figli del Sole. Gino & the Potens also played throughout Ontario and Michigan.

In 1974, with the addition of Nunzio Romanazzo and Larry Acchione, the band was temporarily named I Vagabondi. In 1976, with Domenico Politi, Peter Lucente, Vito Flores and Joe Trocchi, we formed the Blue Jeans, a group that is still active today.

In 1980, drummer Bob Drago came up with a cartoon character pushing a wheelbarrow full of music equipment. This image led to the name Gino's Market Band with John Colaluca, Tony Mocera and Danny LoMonaco. Throughout the 1980s, I played with other bands such as Flash, with Pasquale Russo, Gino Tola and Frank Rotondi, and The Showmen. Today, the beat still goes on with Gino's Market Band with vocalist Maria Palazzolo and musicians Phil Morello, Domenico Ambrosio and Jack Di Domenico.

The advice I would give to young musicians (perhaps even older ones): always play for your audience; give people exactly what they want; work hard as, whatever you put in, you will receive. The secret is: keep it simple, have an open mind, good public relations and do not be afraid of change. Do not play just for money but because you love entertaining.

Gino[13] has been entertaining audiences for the past forty years throughout Canada and the U.S. at festivities held in Chicago, Florida, London, Michigan, Missouri, Pittsburgh, St. Catharines, Toronto, and West Virginia, to name a few. He has also performed with such stars as Umberto Tozzi, Toto Cotugno, Nico dei Gabbiani, The Gaylords, Al Martino, Tommy LaSorda, the late Enrico Farina, and many others. Stars Alive Impersonators, Las Vegas style, is another venue that Gino's Market Band offers upon request with impersonations of celebrities such as Shania Twain, Cher, Ricky Martin, and with Gino imitating his idol, "the King" Elvis Presley.

Gino's band has also been involved in fundraising events in the community for charitable and

I Figli del Sole band win an award, May 1982. From left: Elio DeCarolis, Pietro (Peter) Lucente, Francesco "Pino" Biafora, Vittorio Busico and Vito Flores.

Il complesso, I Figli del Sole, vince un premio, maggio 1982. Da sinistra: Elio DeCarolis, Pietro (Peter) Lucente, Francesco "Pino" Biafora, Vittorio Busico e Vito Flores.

Courtesy/Cortesia: Francesco Biafora, P 13029

---

13 Information from June 2004 article in *Il Ponte* magazine

Il complesso di Gino ha partecipato anche a eventi per la raccolta di fondi nella comunità, per cause di beneficenza e umanitarie: il Children's Miracle Network, il 25° anniversario della Canadian Mental Health Association, i Goodfellows, il Carousel of Nations e San Pio da Pietrelcina. Dopo la morte del suo caro amico, Mimmo Napoli, la Gino's Market Band organizzò una festa in suo onore e un evento per la raccolta di fondi al Club Caboto nel 2004 per l'istruzione dei figli di Mimmo. Gino è orgoglioso di aver iniziato il primo festival italiano all'aperto in Erie St. nel 1972, con l'approvazione di P. Salvatore De Vita, parroco della chiesa di Sant'Angela Merici, e la cooperazione di Gaspare Foto, Domenic Politi e Mike Di Maio.

Mario Mazzenga[14]

La musica è stata la mia compagna sin dalla mia partenza dall'Italia. Mi sono sempre esibito come cantante e strumentista con diversi musicisti del luogo per vent'anni e ho organizzato vari piccoli ensemble negli anni settanta e ottanta con il gruppo La Nuova Formula. Per il Festival annuale di Sant'Angela, ho fornito l'intrattenimento con la Mazzenga Band, che si esibisce tuttora per eventi speciali nei club italiani e in alcuni ristoranti.

Elio Palazzi[15]

Ho sempre fatto musica da quando avevo dieci anni a Fano, Pesaro (Marche), dove sono nato. Durante la seconda guerra mondiale, intrattenevo i soldati con il mio mandolino, che avevo comprato per 400 lire da un soldato scozzese. Ho imparato da solo dal barbiere, tra una spazzata e l'altra. Poi passai alla fisarmonica, visto che un piano sarebbe stato troppo caro per una famiglia di sette persone. In Italia suonavo da solo e anche con vari complessi. Iniziai a suonare il piano nel 1956, due anni dopo il mio arrivo a Windsor, e lavorai fino al 1961, dando il venticinque percento del tempo facendo vari mestieri e il settantacinque percento alla musica.

Il 3 agosto 1957 sposai Edda Dal Farra nella chiesa di Sant'Angela Merici. Abbiamo due figli, Gloria Paschin e Larry, e quattro nipoti. Nel 1962 andai a scuola di jazz a Toronto con Oscar Peterson, il defunto pianista jazz. Mentre ero lì suonai come professionista con diversi gruppi. Tuttavia, poiché la mia famiglia stava crescendo a Windsor, decisi di ritornare. Iniziai a lavorare per il cinquanta percento a mestieri vari e il cinquanta percento alla musica, fino al 1966, quando iniziai a studiare a tempo pieno all'Università di Windsor. Presi la laurea in amministrazione aziendale nel 1969, grazie al sostegno e all'incoraggiamento di mia moglie Edda e dei miei genitori. Dopo aver lavorato come contabile per cinque anni con la Hiram Walker & Sons Ltd., avviai un'attività in proprio nel 1974 in Erie St., Palazzi Bookkeeping, e dal 1994 lavoro da casa.

Nel 1969 divenni membro del Club Caboto, trascorsi molti anni nel comitato esecutivo e nel consiglio e fui presidente dell'intrattenimento, gestendo i balli domenicali del Caboto dal 1971 al

Elio Quintet playing at St. Angela Hall, 1957. From left: Ilio Benvenuti, Franco Divito, Luigi Pistola and Elio Palazzi. Missing Gerardo Mendicino.

L'Elio Quintet suona nella sala Sant'Angela, 1957. Da sinistra: Ilio Benvenuti, Franco Divito, Luigi Pistola e Elio Palazzi. Assente Gerardo Mendicino.

Courtesy/Cortesia: Elio Palazzi, P11268

14 Scritto da Mario Massenga - Vedi sezione Artisti visivi.
15 Scritto da Elio Palazzi - Vedi anche capitolo 9.

humanitarian causes, namely the Children's Miracle Network, 25th anniversary of the Canadian Mental Health Association, Goodfellows, Carousel of Nations and San Pio da Pietrelcina. After the death of his good friend Mimmo Napoli, Gino's Market Band organized a celebration in his honour and a fundraising event at the Caboto Club in 2004 for the education of Mimmo's children. Gino takes pride in having started the first outdoor Italian festival on Erie St. in 1972 with the approval of Fr. Salvatore De Vita, pastor of St. Angela Merici Church, and the cooperation of Gaspare Foto, Domenic Politi and Mike Di Maio.

Mario Mazzenga[14]

Music has been my companion since my departure from Italy. I have always been performing as a singer and instrumentalist with different local musicians for 20 years and have organized various small ensembles in the 1970s and the 1980s with La Nuova Formula band. For the annual St. Angela Festival, I have provided entertainment with the Mazzenga Band, which continues to perform for special events at the Italian clubs and in some restaurants.

Elio Palazzi[15]

I have always made music ever since I was ten years old in Fano, Pesaro (Marche), where I was born. During the Second World War, I entertained soldiers with my mandolin which I had purchased for 400 *lire* from a Scottish soldier. I learned by myself at the barber shop, in between sweepings. Later, I switched to the accordion, a piano being too expensive for a family of seven. In Italy, I played solo and with various bands as well. I started to play piano in 1956, two years after arriving in Windsor, and worked until 1961, twenty-five percent of the time at various trades and seventy-five percent, in music.

On August 3, 1957, I married Edda Dal Farra at St. Angela Merici Church. We have two children, Gloria Paschin and Larry, and four grandchildren. In 1962, I went to jazz school in Toronto with Oscar Peterson, the late jazz pianist. While there, I played professionally with several groups. However, as my family was growing in Windsor, I decided to return. I began working fifty percent trades/fifty percent music until 1966 when I became a full-time student at the University of Windsor. I received my degree in business administration in 1969, thanks to the support and encouragement from my wife Edda and my parents. After working in accounting for five years with Hiram Walker & Sons Ltd., I started my own business in 1974 on Erie St., Palazzi Bookkeeping, and since 1994 have operated from home.

In 1969, I became a member of the Caboto Club, spent many years on the executive board and council and was chairman of entertainment, running the Caboto Sunday dances from 1971 to 1981.

14 Written by Mario Mazzenga - See Visual Artists section.
15 Written by Elio Palazzi - See also Chapter 9.

Elio Palazzi and his band Los Corcovados at the Caboto Club, 1970. From left: Mario Mazzenga, Luigi Pistola, Franco Vittone, Enrico Del Colombo and Elio Palazzi.

Elio Palazzi e il suo complesso Los Corcovados al Club Caboto, 1970. Da sinistra: Mario Mazzenga, Luigi Pistola, Franco Vittone, Enrico Del Colombo e Elio Palazzi.

Courtesy/Cortesia: Elio Palazzi, P11270

Elio and The Clan Orchestra, 1970s. From left: Vittorio Busico, Franco Bonadonna, Elio Palazzi, Lino Bonanni and Luigi Pistola.

Elio and The Clan Orchestra, anni '70. Da sinistra: Vittorio Busico, Franco Bonadonna, Elio Palazzi, Lino Bonanni e Luigi Pistola.

Courtesy/Cortesia: Elio Palazzi, P11277

Elio Palazzi with pianist Oscar Peterson, 1963.
Elio Palazzi col pianista Oscar Peterson, 1963.
Courtesy/Cortesia: Elio Palazzi, P11269

1981. Nel 1983 accompagnai la squadra itinerante di calcio under-17 del Caboto in Italia, per un tour calcistico di 18 giorni. Tre anni dopo creai un programma, Piano-Jazz Improvisation, per il Board of Education e per due anni insegnai piano-jazz a studenti dai 16 ai 75 anni di età.

E la scissone del cinquanta per cento continua!

Antonino (Nino) Palazzolo[16]

Nino, nato nel luglio 1952, ottenne un Honours B.A. in musica nel 1976 dall'Università di Windsor. Ha mantenuto la posizione di direttore musicale e ha insegnato musica a livello di istruzione superiore per i comitati della Pubblica Istruzione di Windsor e Essex. Attualmente è direttore amministrativo della principale show band canadese, Music Express (ex Windsor Community Concert Band sotto la direzione di Ernie Gerenda), che si esibisce in tutto il mondo.

Negli ultimi vent'anni, Nino si è esibito in Inghilterra per la famiglia reale, in Giappone, Cina e negli Stati Uniti. Ha composto molte canzoni, tra cui "Celebrate Life Theme", usata per la cerimonia di apertura del Windsor/Detroit Freedom Festival del 1994 e ha prodotto diverse registrazioni per vari artisti locali. Nino suona diversi strumenti: la chitarra, la tastiera, l'oboe e il sassofono, e si è esibito in molti ensemble di vari stili, tra cui il rock, il jazz, l'orchestra, la concert band tradizionale e a cappella. Ha fatto parte di una serie di gruppi: il Blue Water, il Tin Pan Alley, l'Albatross, l'Art Ensemble, solo per nominarne alcuni.

Girolama (Joanne) Palazzolo Ross, Caterina (Tina) Palazzolo Fabischek, Roseanne Palazzolo Barrette[17]

All'età di sette anni, Joanne iniziò lezioni di fisarmonica, che continuò fino ai 12 anni. All'inizio, suonava il clarinetto con l'orchestra J. L. Forster C.I. Concert Band sotto il direttore musicale Ernie Gerenda; poi studiò musica all'Università di Windsor. Suonò con la concert band dell'Università di Windsor per due anni. Joanne visse a Toronto per cinque anni, si sposò e ritornò a Windsor nel 1979.

Nel settembre 1991, suonò il clarinetto con la Windsor's Community Concert Band. Si esibì anche con Theatre Alive, la compagnia di repertorio del Capitol Theatre. Attualmente è uno dei membri di Music Express, assieme alle sue sorelle Tina e Roseanne, la cantante principale di Music Express, e suona con il complesso Ciao nei fine settimana.

Joanne fa parte della sezione di Windsor della Muscular Dystrophy Association.

Maria Palazzolo Connel[18]

Maria, che ricevette un'istruzione professionale nel metodo vocale del Canadian Conservatory, insegnò in seguito presso lo stesso istituto per circa cinque anni. Iniziò a suonare il flauto e la tastiera,

---

16 Informazioni da Nino Palazzolo - Vedi capitolo 9.
17 Informazioni da Joanne Palazzolo
18 Informazioni da Maria Palazzolo Connel

I accompanied the Caboto under-17 soccer travel team to Italy on an 18-day soccer tour in 1983. Three years later, I created a Piano-Jazz Improvisation program for the Board of Education and for two years taught piano-jazz to students aged 16 to 75.

The fifty/fifty split goes on and on!

Antonino (Nino) Palazzolo[16]

Nino, born in July 1952, received an honours degree in music in 1976 from the University of Windsor. He has held the position of music director and has taught music at the high school level for the Windsor and Essex boards of education. Currently, he is managing director of Canada's premier show band, Music Express (previously the Windsor Community Concert Band under the leadership of Ernie Gerenda), which performs all over the world.

Over the past twenty years, Nino has performed for the Royal Family in England, in Japan, China and the U.S. He has composed many songs such as "Celebrate Life Theme," which was used for the opening ceremonies of the 1994 Windsor/Detroit Freedom Festival, and has produced several recordings for various local artists. Nino plays several instruments such as guitar, keyboards, oboe and saxophone and has performed in many ensembles of varying styles including rock, jazz, orchestral, traditional concert band, and a cappella. He has been part of a series of performing groups, Blue Water, Tin Pan Alley, Albatross and Art Ensemble, to name a few.

Girolama (Joanne) Palazzolo Ross, Caterina (Tina) Palazzolo Fabischek, Roseanne Palazzolo Barrette[17]

At age seven, Joanne started accordion lessons and continued for 12 years. In her early years, she played clarinet with the J. L. Forster C.I. Concert Band under music director, Ernie Gerenda, and then studied music at the University of Windsor. She performed with the University of Windsor Concert Band for two years. Joanne lived in Toronto for five years, married and returned to Windsor in 1979.

In September 1991, she played clarinet with the Windsor's Community Concert Band. She also performed with Theatre Alive, the Capitol Theatre repertoire company. Presently, she is a member of Music Express along with her sisters Tina and Roseanne. Roseanne is the lead vocalist of Music Express and performs with the band Ciao on weekends. Joanne is involved in the Windsor chapter of the Muscular Dystrophy Association.

Maria Palazzolo Connel[18]

Maria, who was trained formally in the Canadian Conservatory vocal method, subsequently taught there for about five years. She began playing the flute and keyboards, singing in choirs and at

Palazzolo children playing at Christmas. From left: Joanne and Nino Palazzolo; and cousins Nino and Gerry Palazzolo.

I bambini Palazzolo suonano a Natale. Da sinistra: Joanne e il fratello Nino Palazzolo; e i cugini Nino e Gerry Palazzolo.

Courtesy/Cortesia: Palazzolo family, P13493

---

16 Information from Nino Palazzolo - See also Chapter 9.
17 Information from Joanne Palazzolo Ross, Tina Palazzolo Fabischek and Roseanne Palazzolo Barrette
18 Information from Maria Palazzolo Connel

Fogolar Furlan Children's Choir, ►
Gotis di Rosade, c. 2003
Il coro dei bambini del Fogolar
Furlan, Gotis di Rosade, 2003 ca.
Courtesy/Cortesia: Fogolar Furlan Club, P10723

Youth choir rehearsing
at St. Angela Hall.
Il coro giovanile fa le prove nella
sala Sant'Angela.
Courtesy/Cortesia: Lisa Zanotti, P10681

Voci Ciociare, Ciociaro Club.
Voci Ciociare, Club Ciociaro.
Courtesy/Cortesia: Ciociaro Club, P13938

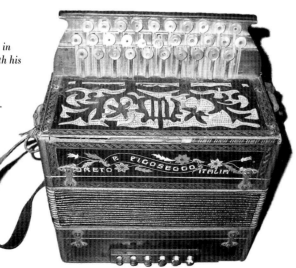

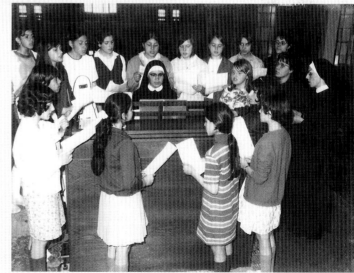

Angelo DiDonato's accordion used to serenade girls in
his hometown of Vicalvi. He would often play it with his
friends after a day's work in the fields.

La fisarmonica di Angelo DiDonato usata per fare
le serenate alle ragazze di Vicalvi, il suo paese natio.
La suonava spesso con gli amici dopo una giornata
di lavoro nei campi.

Courtesy/Cortesia: DiDonato/Muscedere families, P13826

Pete Palazzolo and his band London playing at a sold-out crowd of 600 people at the Sicilia Club in Windsor, 1984.

Pete Palazzolo e la sua orchestra London suonano per un pubblico esaurito di 600 persone al Club Sicilia di Windsor, 1984.

Courtesy/Cortesia: Palazzolo family, P13926

a cantare nei cori e a matrimoni, raccolte di fondi, club e altre funzioni aziendali specialistiche. Nel 2000 scrisse, registrò, produsse e finanziò l'uscita del suo CD, che guadagnò l'interesse del produttore della Hall of Fame di Memphis, Larry Rogers. Maria andò a Nashville e collaborò a due singoli. Il suo secondo singolo uscì nel 2002 e si classificò al N. 21 nella hit parade nazionale interna e al N. 1 nella hit parade di musica indipendente mondiale. Fu lanciato in Europa e aggiunto alle playlist. Il suo CD in lingua italiana, intitolato *Maria* uscì sul mercato internazionale nel 2004. Maria si è esibita con diverse orchestre, quali la Gino Market Band, la Sixth Avenue e l'Orchestra Pagano. È apparsa su programmi televisivi nazionali e locali, tra cui il programma del mattino "New Day" a London, Ontario e "Viva Domenica" (Telelatino Network) a Toronto. Il suo singolo "Your Will" ha ricevuto una menzione d'onore nel concorso musicale mondiale Billboard e si è classificato al N. 1 sul sito web di American Idol, nella categoria a sfondo religioso.

Maria ha firmato un contratto con la HMG Nashville per la registrazione di tre singoli gospel che usciranno negli Stati Uniti e in Canada e si è esibita in spettacoli gospel con la Music Express di Windsor.

Pietro (Pete) Palazzolo[19]

Nato nel giugno 1960, Pete frequentò l'Università di Windsor per laurearsi in musica. Da adolescente, suonava la chitarra e cantava con gruppi locali italiani, il Blue Sapphire e il White Stallion, e poi passò a gruppi rock locali, l'Albatross e il Soldier. Pete trascorse 14 mesi come musicista di studio a Detroit, dove lavorò con i produttori Motown, registrò musica per esercizi per la catena Vic Tanny e registrò un album con il gruppo, Free Energy di Troy, Michigan. Andò in tournée in Canada e negli Stati Uniti con il gruppo London, esibendosi in 250 spettacoli all'anno e trascorse un mese a Montreal a registrare con il gruppo Tanzen.[20] Nel 1988 ricevette un contratto di pubblicazione con la BMG Music Canada e iniziò a dare lezioni private di musica. L'anno seguente, divenne proprietario e direttore del Canadian Conservatory of Music, dove 350 - 400 studenti sono istruiti nelle due sedi di Windsor.

Pete fondò Power Punch Music, una società che crea e distribuisce libri di musica. Ha scritto il Power Punch Guitar Workshop usato nelle scuole superiori della Contea dell'Essex e il Power Punch Vocal Workshop usato dagli insegnanti delle scuole superiori. Pete scrive e produce musica e ha scritto più di 1.000 canzoni. La sua canzone "Eyes of a Child" apparve in 40 paesi e anche all'Oprah Winfrey Show, sulla CBC, Entertainment Tonight, la YTV e la CNN.

Assieme a John Paul Corrent, Pete fu co-fondatore di Polar Bear Music, una società di produzione musicale canadese che assiste i giovani artisti nello sviluppo delle proprie carriere professionali e nella produzione e promozione dei propri demo e CD.

---

19 Informazioni da Pete Palazzolo
20 Tanzen è il nome dato al gruppo London nel 1988, affinché i belgi potessero riconoscere questa parola tedesca che significa "ballare".

weddings, fundraisers, clubs and other specialty corporate functions. In 2000, she wrote, recorded, produced and financed her own CD release that gained the interest of Memphis Hall of Fame producer, Larry Rogers. Maria travelled to Nashville and collaborated on two singles. Her second single was released in 2002 and was rated No. 21 on the Inside Country Charts and No. 1 on the World Indie Charts. It was released in Europe and added to playlists. Her Italian language CD entitled *Maria* was released to the international market in 2004. Maria has performed with several local bands such as Gino's Market Band, Sixth Avenue and Orchestra Pagano. She has appeared on national and local TV programs including the morning show "New Day" in London, Ontario and "Viva Domenica" (Telelatino Network) in Toronto. Her single recording "Your Will" won honourable mention in the Billboard World Song Contest and it was ranked No. 1 on the American Idol Website in the faith-based category.

Maria signed a deal with HMG Nashville to record three gospel singles for release in the U.S. and Canada and has performed at gospel shows with Windsor's Music Express.

Pietro (Pete) Palazzolo[19]

Born in June 1960, Pete attended the University of Windsor as a music major. As a teen, he played guitar and sang with Italian local bands, Blue Sapphire and White Stallion, and then went on to local rock bands, Albatross and Soldier. Pete spent 14 months as a studio musician in Detroit, working with Motown producers, recording exercise music for the Vic Tanny chain and recording an album with the Free Energy band of Troy, Michigan. He has toured Canada and the U.S. with the band London, performing 250 shows a year, and spent a month in Montreal recording with Tanzen.[20] In 1988, he received a publishing contract with BMG Music Canada and started giving private music lessons. The following year, he became owner and director of the Canadian Conservatory of Music where 350-400 students are taught in two Windsor locations.

Pete founded Power Punch Music, a company that creates and distributes music books. He has written the Power Punch Guitar Workshop used in Essex County high schools and the Power Punch Vocal Workshop used by high school teachers. Pete writes and produces music and has written over 1,000 songs. His song "Eyes of a Child" was featured in 40 countries as well as on the Oprah Winfrey Show, CBC, Entertainment Tonight, YTV and CNN.

With John Paul Corrent, Pete co-founded Polar Bear Music, a Canadian music production company which assists young artists with the development of their professional careers and with production and marketing of their demos and CDs.

Maria Palazzolo Connel singing at Gospel show.
Maria Palazzolo Connel canta al concerto Gospel.
Courtesy/Cortesia: Palazzolo family, P13496

---

19   Information from Pete Palazzolo
20   Tanzen is the name given to the band London in 1988, so that Belgians could recognize this German word
      meaning "to dance."

*Sixth Avenue Band. From left: Rick Janusas, Dominic Politi, Rosario
Catauro, Christine Chemello, Michael Apollonio, Carmelo Catauro,
Emilio Fallone.*

L'orchestra Sixth Avenue. Da sinistra: Rick Janusas, Dominic Politi,
Rosario Catauro, Christine Chemello, Michael Apollonio, Carmelo
Catauro, Emilio Fallone.

Courtesy/Cortesia: Rosario and Alissa Catauro, P13830

*Los Tres Amigos, strolling musicians, playing at the Caboto Club. From left:
Luigi Gabbana, Tony De Luca and Tony Spadafora, September 26, 1998.*

Los Tres Amigos, musicisti ambulanti, suonano al Club Caboto. Da sinistra:
Luigi Gabbana, Tony De Luca e Tony Spadafora, 26 septtembre 1998.

Courtesy/Cortesia: Luigi Gabbana

Sixth Avenue Band (e i Catauro Musicians)[21]

Carmelo (Carmen) Catauro iniziò la sua carriera di chitarrista a Windsor all'età di 14 anni, quando i nuovi immigrati italiani cercavano raduni sociali, intrattenimento e balli. Alcuni musicisti italiani locali erano già ben affermati nella zona: i percussionisti Mario Mazzenga, Luigi Bonanni (anche fisarmonicista) e Peter Sovran; i fisarmonicisti Pat Ciccone, Tony De Luca, Benny Giglio e Eugenio Caruso; i sassofonisti Remigio Sovran, Renzo Gardin, Luigi Pistola e Ennio Crognale; i chitarristi Tony Spadafora e Frank Ciccone, e tantissimi altri.

I fratelli Frank e Pat Ciccone, proprietari del Ciccone Music Studio, furono mentori di molti musicisti tuttora ancora attivi. Frank, l'insegnante di chitarra di Carmen, lo incoraggiò a salire sul palco per esibire il suo talento. All'età di dieci anni, il fratello minore Rosario (Ross) prendeva lezioni di batteria presso lo studio.

Negli anni sessanta i musicisti locali erano impegnati a suonare il fine settimana al Regis Club della Sant'Angela, ai balli del Caboto e del Teutonia ed ad altri eventi. Carmen accompagnò molti musicisti e presto si unì al complesso locale Top Notes, con Benny Giglio e Renzo Gardin. Nel 1966 Benny chiese a Ross, allora tredicenne, di unirsi al gruppo. Il gruppo ebbe successo suonando a Windsor e dintorni.

All'inizio del 1968, mentre il complesso Top Notes suonava per una funzione al Club Verdi di Amherstburg, Palmino Angeloni, fisarmonicista di spicco che era stato in tournée in Italia con Robertino, chiese se poteva suonare la fisarmonica con il gruppo. Poco dopo, Carmen e Ross si separarono amichevolmente da Benny per formare il gruppo Los Flamingos con Renzo Gardin e Palmino Angeloni. Sulla scena comparvero diversi gruppi: I Figli del Sole, La Nuova Formula, The Potens e i Blue Jeans, solo per nominarne alcuni. A differenza dei gruppi precedenti, i nuovi avevano organi elettronici, che sostituivano le fisarmoniche, e includevano bassi elettrici e cantanti leader. Nel 1970, Los Flamingos divenne il complesso di casa al Club Fogolar Furlan per molti anni e iniziò a suonare una più grande varietà di musica con gusto latino-americano. All'epoca, il talento vocale di Carmen guadagnò riconoscimento con esibizioni a spettacoli televisivi locali di varietà presentati da Frank De Angelis e spot radiofonici con Alfio Golini, Jimmy Ruggiero e Vince Mancina. Il gruppo continuò con successo fino al 1977, quando Palmino ritornò in Italia.

Poco dopo, The Potens invitarono Carmen e Ross a formare un nuovo gruppo, il Sixth Avenue, con i musicisti Emilio Fallone (fisarmonicista, organista e pianista), Nunzio Romanazzo (bassista), Larry Acchione (percussionista) e Ettore Tatti (cantante). La band suonò insieme fino al 1981, quando Larry si trasferì in Florida e Nunzio proseguì la carriera di agente immobiliare. Allora, i fratelli Sergio Forte (sassofonista) e Frank (bassista) li sostituirono.

Nel 1984 Domenic Politi sostituì Frank. Nel 1987 Sergio andò in pensione e fu sostituito da Rick

21 Informazioni da Carmen e Ross Catauro e Emilio Fallone

Sixth Avenue Band (and the Catauro Musicians)[21]

Carmelo (Carmen) Catauro began his career as a guitarist in Windsor at age 14 when newly-arrived Italian immigrants sought social gatherings, entertainment and dancing. Some local Italian musicians were already well established in the area: percussionists Mario Mazzenga, Luigi Bonanni (also an accordionist) and Peter Sovran; accordionists Pat Ciccone, Tony De Luca, Benny Giglio and Eugenio Caruso; saxophonists Remigio Sovran, Renzo Gardin, Luigi Pistola and Ennio Crognale; guitarists Tony Spadafora and Frank Ciccone; and countless others.

Brothers Frank and Pat Ciccone, owners of Ciccone Music Studio, mentored many of the musicians who are still active today. Carmen's guitar teacher, Frank, encouraged him to get on stage to showcase his talents. At age ten, his younger brother Rosario (Ross) was taking drum lessons at the studio.

In the 1960s, local musicians were busy playing on weekends at St. Angela's Regis Club, at Caboto and Teutonia dances and at other events. Carmen accompanied many musicians and soon joined a local band, Top Notes, with Benny Giglio and Renzo Gardin. In 1966, Benny asked Ross, then 13, to join the group. The band had success playing in Windsor and surrounding areas.

In early 1968, while the Top Notes band was playing at Amherstburg's Verdi Club, Palmino Angeloni, a premier accordionist who had toured Italy with Robertino, asked if he could play the accordion with the band. Shortly thereafter, Carmen and Ross amicably parted ways with Benny to form Los Flamingos with Renzo Gardin and Palmino Angeloni. Several bands came onto the scene: I Figli del Sole, La Nuova Formula, The Potens and Blue Jeans, to name a few. Unlike earlier bands, newly-formed bands had electronic organs replacing the accordions and included electric bass guitars and lead singers. In 1970, Los Flamingos became the house band at the Fogolar Furlan Club for several years and began playing a greater variety of music with Latin-American flavour. At the time, Carmen's vocal talent gained recognition with performances on local television variety shows hosted by Frank De Angelis and radio spots with Alfio Golini, Jimmy Ruggiero and Vince Mancina. The band continued successfully until 1977 when Palmino returned to Italy.

Shortly after, The Potens invited Carmen and Ross to form a new band, Sixth Avenue, with musicians Emilio Fallone (accordionist/organist/pianist), Nunzio Romanazzo (bass guitar), Larry Acchione (percussionist) and Ettore Tatti (vocalist). The band played together until 1981 when Larry moved to Florida and Nunzio pursued a real estate career. Then, brothers Sergio Forte (saxophonist) and Frank (bass guitar) replaced them.

In 1984, Domenic Politi replaced Frank. In 1987, Sergio retired and was replaced by Rick Janusas (saxophonist). In 1997, Sixth Avenue invited Christine Chemello to showcase her vocal talents which gave the group an opportunity to revitalize and expand their musical repertoire. Michael Apollonio (musician and vocalist) replaced retiring Ettore Tatti in January 2000. Today, Sixth Avenue remains

21 Information from Carmen and Ross Catauro and Emilio Fallone

Joe Rotondi plays the organetto (small accordion) accompanied by group in traditional costume of Ciociaria.

Joe Rotondi suona l'organetto accompagnato da un gruppo di ciociari in costumi tradizionali.

Courtesy/Cortesia: Jimmy Ruggiero, P12528

Tony De Luca (left) playing the accordion at a Ciociaro Club Banquet, November 2005.

Tony De Luca (a sinistra) suona la fisarmonica a un banchetto al Club Ciociaro, novembre 2005.

Courtesy/Cortesia: Alessandro De Luca Family, P12672

Tosca band playing at St. Angela Hall, c. late 1950s.
From left: Giacomo De Carlo, Remigio Sovran, Pietro Sovran,
Renzo Gardin, Maurizio Muzzin.

L'orchestra Tosca suona nella sala Sant'Angela, fine degli anni '50 ca.
Da sinistra: Giacomo De Carlo, Remigio Sovran, Pietro Sovran,
Renzo Gardin, Maurizio Muzzin.

Courtesy/Cortesia: Elvira Sovran, P13829

Tosca band playing at Bruna Zanotti's wedding reception held
at the Caboto Club, 1980.

L'orchestra Tosca suona al ricevimento del matrimonio di
Bruna Zanotti al Club Caboto, 1980.

Courtesy/Cortesia: Louis Zanotti, P13057

Janusas (sassofonista). Nel 1997, il gruppo Sixth Avenue invitò Christine Chemello a esibire le sue doti vocali che diedero alla band l'opportunità di rivitalizzare e allargare il proprio repertorio musicale. Michael Apollonio (musicista e cantante) sostituì Ettore Tatti che andò in pensione nel 2000. Oggi, il Sixth Avenue rimane uno dei gruppi di maggior durata a Windsor con i musicisti Carmen e Ross Catauro e Emilio Fallone, assieme a Domenic Politi, Rick Janusas, Michael Apollonio e Christine Chemello.

Tosca[22]

Tosca, un complesso italiano di Windsor, fu formato negli anni cinquanta da Remigio Sovran, sassofonista e leader della band, suo zio, Peter (Pieri) Sovran, batterista, e Maurizio Muzzin, fisarmonicista. Questo gruppo popolare suonava spesso alla sala Sant'Angela e al Club Caboto.

Quando Remigio morì tragicamente nell'agosto 1975, il figlio di Pieri, Lou (che aveva suonato con il gruppo Tosca dall'età di 12 anni) subentrò al sassofono, Pieri rimase alla batteria, Tony Spadafora suonava la chitarra e Gino Mancini la fisarmonica. Con l'andare del tempo, Lou cambiò il nome del complesso in Average Wedding Band, che suonava musica italiana per il pubblico di una certa età e musica moderna per la generazione più giovane.

Alcuni altri gruppi e musicisti italo-canadesi nell'area di Windsor

Los Corcovados	The Five Stars
The Beltones	Len Temelini

Teatro e danza

La Filodrammatica del Regis Club[23]

Negli anni cinquanta, diversi giovani italiani, membri della Compagnia Filodrammatica Italiana, una compagnia teatrale dilettantistica diretta da Arturo Puppi, intrattenevano le comunità di Windsor e città vicine con rappresentazioni, spettacoli di varietà, commedie e musica. Gli attori e i collaboratori erano: Pino Armaleo, Ilio Benvenuti, Joe Cerruto, Gianni e Teresa Costa, Edda, Isacco e Lidia Dal Farra, Andrea e Pietro De Grandis, Joe Gaglio, Marisa Gatti, Cosimo Lombardo, Michele Mandarino, Franco Marignani, Tony Mattarelli, Anita Mattei, Alfredo Morando, Guglielmo Morgante, Elio e Paolo Palazzi, Bice Piccinin e Gilda Pizzolato. Si esibirono alla celebrazione per l'elevazione di Monsignor Constantino De Santis a prelato domestico il 25 novembre 1956 e, nel dicembre dello stesso anno, presentarono un'allegra commedia: *Acqua cheta.*

---

22 Informazioni da Gino Sovran
23 Informazioni da *La voce del Regis Club*, 1965, cortesia di Domenica Mandarino e da vari documenti raccolti da Caterina Lopez

one of Windsor's longest active bands with musicians, Carmen and Ross Catauro and Emilio Fallone, along with Domenic Politi, Rick Janusas, Michael Apollonio and Christine Chemello.

Tosca[22]

Tosca, an Italian band in Windsor, was formed in the 1950s by Remigio Sovran, saxophonist and leader of the band; his uncle, Peter (Pieri) Sovran, drummer; and Maurizio Muzzin, accordionist. This popular band played often at St. Angela Hall and the Caboto Club.

When Remigio died tragically in August 1975, Pieri's son Lou (who had played with Tosca since he was 12 years old) took over the saxophone, Pieri stayed with the drums, Tony Spadafora played the guitar and Gino Mancini, the accordion. As time went on, Lou changed the band's name to Average Wedding Band, which played Italian music for the older crowd and modern music for the younger generation.

Some Other Italian-Canadian Bands/Musicians in the Windsor Area

Los Corcovados	The Five Stars
The Beltones	Len Temelini

Drama and Dance

La Filodrammatica del Regis Club[23]

In the 1950s, several young Italians who were members of the Compagnia Filodrammatica Italiana, an amateur dramatic society directed by Arturo Puppi, entertained communities in Windsor and nearby cities with plays, variety shows, comedies and music. Actors and collaborators were: Pino Armaleo, Ilio Benvenuti, Joe Cerruto, Gianni and Teresa Costa, Edda, Isacco and Lidia Dal Farra, Andrea and Pietro De Grandis, Joe Gaglio, Marisa Gatti, Cosimo Lombardo, Michele Mandarino, Franco Marignani, Tony Mattarelli, Anita Mattei, Alfredo Morando, Guglielmo Morgante, Elio and Paolo Palazzi, Bice Piccinin, and Gilda Pizzolato. They performed at the celebration for Msgr. Constantino De Santis' elevation to Domestic Prelate on November 25, 1956 and, in December of the same year, they presented a lively comedy, *Acqua cheta*.

The Filodrammatica, made up mostly of members of the Regis Club, intensified its repertoire and membership in the 1960s, thanks to the assiduous interest of its members, director and playwriter Nicolino Di Donato, directors Alfio Golini and Fr. Lino Santi, technician Teresio Barichello, choreographer Mario Mazzenga and the participation of several Italian immigrants eager to perform

---

22 Information from Gino and Jerry Sovran
23 Information from *La Voce del Regis Club, 1965*, courtesy of Domenica Mandarino, and various sources gathered by Caterina Lopez

Cast for the drama The Heart of a Sailor, presented by the Italian Veteran's Association at the Italian Legion Hall, April 17, 1933. Joan (Giovanna) Dottor Senesi is the nun in the second row.

Attori del dramma The Heart of a Sailor, presentato dall'Associazione italiana dei veterani alla Italian Legion Hall, 17 aprile 1933. Joan (Giovanna) Dottor Senesi è la suora in seconda fila.

Courtesy/Cortesia: Giovanna and Anne Senesi, P13862

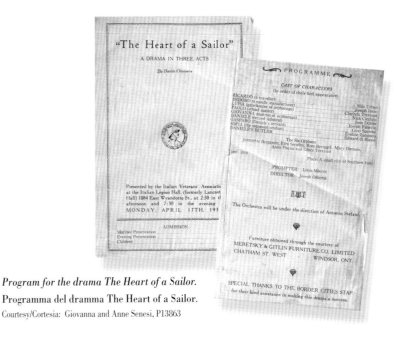

Program for the drama The Heart of a Sailor.

Programma del dramma The Heart of a Sailor.

Courtesy/Cortesia: Giovanna and Anne Senesi, P13863

Playbill announcing the drama Morte Civile *by Il Circolo Filodrammatico, September 9, 1933.*

Manifesto che annuncia il dramma Morte Civile presentato dal Circolo Filodrammatico, 9 settembre 1933.

Courtesy/Cortesia: Giovanna and Anne Senesi, P13856

La Filodrammatica, composta principalmente da membri del Regis Club, intensificò il suo repertorio e le sue iscrizioni negli anni sessanta, grazie all'interesse assiduo dei suoi membri, il direttore e drammaturgo Nicolino Di Donato, i direttori Alfio Golini e P. Lino Santi, il tecnico Teresio Barichello, il coreografo Mario Mazzenga e la partecipazione di diversi immigrati italiani desiderosi di recitare e rallegrare la comunità. Le produzioni italiane erano abbondanti e varie. Una commedia del 1960, *Cretini maestro di musica*, segnò l'inizio di una ricca stagione. Nel 1961, per il centenale dell'Unità d'Italia (*Il Risorgimento*), la Filodrammatica tenne uno spettacolo di varietà che includeva canzoni, una scenetta *Fratelli della bandiera*, un concorso di bellezza per l'elezione di Miss Risorgimento e un'opera teatrale di un atto, *Fedeltà*, scritta e diretta da Nicolino Di Donato. Nel 1962, un cast di 25 persone fece le prove per 28 giorni, per presentare *The Passion and Death of Our Lord*. Nell'aprile dello stesso anno, gli attori del Regis Club presentarono uno spettacolo di varietà con canzoni e brevi commedie per raccogliere denaro per la St. Vincent de Paul. Nel 1962/63, interpretarono un dramma coinvolgente, *Luci e ombre sul cuore*, e una farsa, *La famiglia canterina*, entrambe scritte e dirette da Nicolino Di Donato e coreografate da Mario Mazzenga. In seguito, rappresentarono altri drammi: *Fine del protagonista e Trial of Judas Iscariota*.

Nel settembre 1963, l'opera *Maritiamo l'Elvira* fu presentata a Windsor, Leamington e Sarnia. Al concorso del 1963, la Filodrammatica ricevette il primo premio a Windsor e quattro trofei alle finali tenutesi a London. A novembre presentarono una commedia musicale, Scherzo, da *Follie di primavera*, con canzoni e balli. Un ballo, la tarantella, fu diretto da Teresio Barichello.

Nel 1964, la Filodrammatica rappresentò una breve commedia in inglese, *English School for Italian Immigrants*, seguita da *Un marito geloso*, e diverse altre opere. Per il carnevale del 1965, il gruppo rappresentò un ballo popolare coreografato da Mario Mazzenga. Gli anni sessanta furono l'apice delle produzioni e rappresentazioni teatrali, molto apprezzate da tutta la comunità italiana.

Ginetta (Gina) Lori Riley[24]

Ginetta[25] nacque a Windsor nel 1953, l'unica figlia di Teresa Lini e Italo Lori,[26] e crebbe in una famiglia piena di parenti nuovi arrivati che erano sponsorizzati dai suoi genitori. L'italiano fu la prima lingua di Gina. I suoi genitori le instillarono, con l'esempio, determinazione e orgoglio della comunità, una forte etica del lavoro e un amore per le arti, soprattutto per la danza.

Gina prese un B.Sc. in danza-cinesiologia dall'università di Waterloo, un B.Ed. dall'Università di Windsor e un M.F.A. con specializzazione nel movimento dalla Virginia Commonwealth University. Studiò e si addestrò con artisti ballerini importanti in Inghilterra, Stati Uniti e Canada ed fu artista in residence ospite in istituti educativi canadesi e americani.

24 Informazioni da Gina Lori Riley
25 Nel 1975 Gina sposò Robert Graham Riley presso la chiesa di Sant'Angela Merici; hanno una figlia: Jessica.
26 Italo venne da Casamurana, Ascoli Piceno (Marche) il 29 marzo 1950 e Teresa, da Osoli, Ascoli Piceno nel 1951; si sposarono presso la chiesa di Sant'Angela Merici nel dicembre 1951.

and cheer the community. The Italian productions were plentiful and varied. A comedy in 1960, *Cretini maestro di musica*, marked the start of a rich harvest. In 1961, for the centennial of Italy's Unity (*Il Risorgimento*), the Filodrammatica held a variety show which included songs; a skit *Fratelli della bandiera;* a beauty contest to elect Miss Risorgimento; and a one-act dramatic play, *Fedeltà*, written and directed by Nicolino Di Donato. In 1962, a cast of 25 rehearsed for 28 days to present *The Passion and Death of Our Lord*. In April of the same year, the Regis Club actors presented a variety show with songs and short comedies to raise money for the St. Vincent de Paul. In 1962-63, they interpreted a powerful drama, *Luci e ombre sul cuore*, and a farce, *La famiglia canterina*, both written and directed by Nicolino Di Donato and choreographed by Mario Mazzenga. Later, they performed other dramas, *Fine del protagonista* and the *Trial of Judas Iscariota*.

In September 1963, the play *Maritiamo l'Elvira* was presented in Windsor, Leamington and Sarnia. At the 1963 competition, the Filodrammatica was awarded first prize in Windsor and four trophies in the finals held in London. In November, they presented a musical comedy, *Scherzo*, from *Follie di primavera*, with songs and dances. A dance, the *tarantella*, was directed by Teresio Barichello.

In 1964, the Filodrammatica performed a short comedy in English, *English School for Italian Immigrants*, followed by *Un marito geloso*, and several other plays. For the 1965 *carnevale* (Mardi Gras), the group performed a folk dance choreographed by Mario Mazzenga. The 1960s were the climax of play productions and performances, greatly appreciated by the entire Italian community.

Ginetta (Gina) Lori Riley[24]

Ginetta[25] was born in Windsor in 1953, the only daughter of Teresa Lini and Italo Lori,[26] and she grew up in a household full of newly-arriving relatives who were sponsored by her parents. Italian was Gina's first language. Her parents instilled in her, by example, determination and pride in community, a strong work ethic and a love for the arts, particularly dance.

Gina received a B.Sc. in Dance-Kinesiology from the University of Waterloo, a B.Ed. from the University of Windsor and a M.F.A. with movement specialization from Virginia Commonwealth University. She studied and trained with major dance artists in England, the U.S. and Canada and has been a guest artist-in-residence in Canadian and American educational institutions.

In 1979, she founded Gina Lori Riley Dance Enterprises, a professional dance company that has toured the U.S. and Canada. A producer, writer, director and choreographer of original creative projects in dance, mask, movement and physical theatre, she is responsible for over fifty major original productions. Gina created, produced, directed and choreographed the film *Commedia*

---

24 Information from Gina Riley
25 In 1975, Gina married Robert Graham Riley at St. Angela Merici Church; they have one daughter, Jessica.
26 Italo came from Casamurana, Ascoli Piceno (Marche) on March 29, 1950 and Teresa, from Osoli, Ascoli Piceno in 1951; they married at St. Angela Merici Church in December 1951.

Il Circolo Filodrammatico – R. Valentino, 1934. Giovanna Dottor is second from right front row.

I Circolo Filodrammatico – R. Valentino, 1934. Giovanna Dottor è la seconda da destra in prima fila.

Courtesy/Cortesia: Giovanna and Anne Senesi, P13874

"LUCI E OMBRE SUL CUORE"
Dramma di Nicolino Di Donato
Domenica 23 e Domenica 30 Settembre
SALA SANT'ANGELA MERICI
———
segue: LA FAMIGLIA CANTERINA
Ore 7.30 p.m.   Ingresso $1.00

Regis Club drama ticket.

Biglietto per una rappresentazione teatrale del Regis Club.

Courtesy/Cortesia: Teresio and Agnese Barichello, P11158A

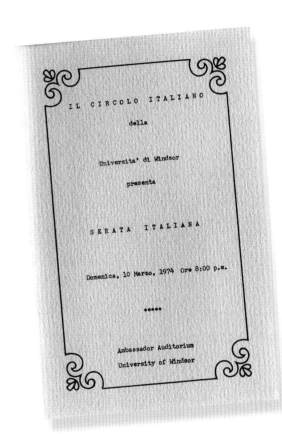

Float of the Leaning Tower of Pisa created by members of the Regis Club and parishioners of St. Angela Merici Church with youth representing the Italian provinces, 1960s.

Carro da corteo della torre pendente di Pisa creato dai membri del Regis Club e dai parrocchiani della chiesa di Sant'Angela Merici con giovani rappresentanti le regioni italiane, anni '60.

Courtesy/Cortesia: St. Angela Merici Church, P10514

Serata italiana program, 1974. This event, the most popular activity of Il Circolo Italiano, featured music, dancing, skits and one-act plays. The goals of this club, founded in 1969 at the University of Windsor, were the transmission of the Italian language and culture, and the creation of a familiar environment for students of Italian origin (and others interested in Italian culture).

Programma della serata italiana 1974. Questo evento, l'attività più popolare del Circolo Italiano, offriva musica, ballo, scenette e atti unici. Gli obbiettivi del club, fondato nel 1969 presso l'Università di Windsor, erano la trasmissione della lingua italiana e della cultura, e la creazione di un ambiente familiare per gli studenti di origini italiane (e per gli altri interessati alla cultura italiana).

Courtesy/Cortesia: Rita Bison, P11181A

Members of the Regis Club dancing the tarantella. From left: Marisa Chemello and Bruno Sfalcin, Valeria Bortolin and Teresio Barichello, Caterina Pappagallo Lopez and Serafino Ingolfo, Nives Fontanives and Mario Petretta.

Alcuni membri del Regis Club ballano la tarantella. Da sinistra: Marisa Chemello e Bruno Sfalcin, Valeria Bortolin e Teresio Barichello, Caterina Pappagallo Lopez e Serafino Ingolfo, Nives Fontanives e Mario Petretta.

Courtesy/Cortesia: St. Angela Merici Church, P10518

La Compagnia Filodrammatica del Regis Club di Windsor, December 7, 1952.
La Compagnia Filodrammatica del Regis Club di Windsor, dicembre 7, 1952.
Courtesy/Cortesia: Florindo and Domenica Mandarino, P10477

Edda Dal Farra Palazzi, Michele Mandarino and Nicky Pizzolato Marlo. Michele, a member of La Compagnia Filodrammatica del Regis Club di Windsor died tragically not long afterwards in a car accident on the way to perform in Hamilton on December 12, 1954.

Edda Dal Farra Palazzi, Michele Mandarino e Nicky Pizzolato Marlo. Michele, un membro della Filodrammatica, morì tragicamente poco dopo in un incidente automobilistico mentre viaggiava ad Hamilton per una rappresentazione teatrale il 12 dicembre 1954.

Courtesy/Cortesia: Florindo and Domenica Mandarino, P13759

Nel 1979 fondò la Gina Lori Riley Dance Enterprises, una compagnia di danza professionale che è stata in tournée in tutto il Canada e gli Stati Uniti. Produttrice, scrittrice, direttrice e coreografa di progetti creativi originali di danza, teatro in maschera, del movimento e fisico, è responsabile di oltre cinquanta produzioni originali importanti. Gina creò, produsse, diresse e coreografò il film *Commedia Fantasia*, che vinse il Gold Remi Award for Performance Arts (danza, teatro e musica) a Worldfest Houston nel 2002 e la produzione teatrale *Vox Animae*[27] nel 2004 e nel 2007. Oltre al proprio lavoro, le è stata commissionata la creazione di produzioni per numerosi eventi di gala.

Ha ricevuto molti premi durante la sua carriera: il primo Mayor of Windsor Arts Award (1995); il Mayor of Windsor Award of Merit (1998); l'Ontario Arts Council Fabian Lemieux Memorial Award, per il contributo alle arti e all'istruzione; e una Star all'inaugurazione del Windsor and Region Walk of Fame nel 2000. Gina è un membro fondatore dell'Arts Council - Windsor e Regione e della Windsor Endowment for the Arts.

Membro della facoltà della Scuola di arte drammatica dell'Università di Windsor, Gina è istruttrice del movimento e coreografa di numerose produzioni della University Players. Tramite il suo processo creativo, continua a investigare ed esplorare il corpo e il movimento come veicoli teatrali dell'espressione.

I fratelli Viselli - Armando e Carmine[28]

Armando e Carmine sono entrambi di Ceprano, Frosinone (Lazio) e nacquero nel 1927 il primo e nel 1924 il secondo. Armando venne nel 1951 in Canada, dove lavorò come cronometrista per le ferrovie nazionali canadesi nell'Ontario del nord prima di trasferirsi a Montreal, e poi a Windsor nel 1955. Lavorò per la Windsor Utilities per 35 anni. Carmine arrivò a Windsor nel 1957, insieme ad altri menbri della famiglia, e lavorò come barbiere al Roma Barber Shop in Wyandotte St. per 30 anni.

La compagnia di produzione dei fratelli Viselli, chiamata The Happy Gang, mirava a promuovere il patrimonio italiano attraverso video e spettacoli. Documentarono il loro patrimonio tramite opere quali: *La ballata ciociara*, una produzione che fa onore alle antiche tradizioni romane, *Il maleducato*, *The Twins*, *Roma nostra*, *Polenta e baccalà*, *Il primo natale in Canada* e *Smokey and Me*, tutte create nel modesto garage/studio.

La passatella, melodramma in rima in tre atti di Armando Viselli degli anni settanta, riflette la vita delle combriccole a Roma e nel Sud Italia negli anni venti. Armando e Carmine produssero l'opera con l'aiuto di alcuni chitarristi. Fu registrata e trasmessa nel programma musicale italiano su WMZK Detroit assieme a diverse altre produzioni, ad esempio: *Io era là: First World War*. La passatella fu in seguito rappresentata al Club Caboto nel 1999. Armando e Carmine produssero la commedia *La classe dei cervelloni* nel 2000 e rappresentarono una commedia musicale, *I seguaci*

---

27 Gina fu invitata a rappresentare *Vox Animae* negli Stati Uniti e in Zimbabwe.
28 Informazioni da Armando Viselli e Ganley 1977

Fantasia which won the Gold Remi Award for Performance Arts (Dance, Drama and Music) at Worldfest Houston in 2002 and the stage production *Vox Animae*[27] in 2004 and 2007. In addition to her own work, she has been commissioned to create productions for many gala events.

Gina has been the recipient of many awards throughout her career: the first Mayor of Windsor Arts Award (1995); the Mayor of Windsor Award of Merit (1998); the Ontario Arts Council Fabian Lemieux Memorial Award, for contribution to the arts and education; and a Star at the inaugural Windsor and Region Walk of Fame in 2000. Gina is a founding member of the Arts Council – Windsor and Region and the Windsor Endowment for the Arts.

A faculty member at the University of Windsor School of Dramatic Art, Gina is the movement coach and choreographer for numerous University Players' productions. Through her creative process, she continues to investigate and explore the body and movement as dramatic vehicles for expression.

Viselli Brothers - Armando and Carmine[28]

Armando and Carmine are both from Ceprano, Frosinone (Lazio) and were born in 1927 and 1924, respectively. In 1951, Armando came to Canada where he worked as a timekeeper with the Canadian National Railway in Northern Ontario prior to moving to Montreal, and then to Windsor in 1955. He worked for Windsor Utilities for 35 years. Carmine arrived in Windsor in 1957 with other family members and worked as a barber at the Roma Barber Shop on Wyandotte St. for 30 years.

The Viselli Brothers' production company named The Happy Gang aimed to foster Italian heritage through videos and shows. They have documented their heritage through works such as *La ballata ciociara*, a production that honours old Roman traditions, *Il maleducato*, *The Twins*, *Roma nostra*, *Polenta e baccalà*, *Il primo natale in Canada* and *Smokey and Me*, all created in their modest garage/studio.

La passatella, a three-act melodrama in rhyme by Armando Viselli in the 1970s, reflects the life of street gangs in Rome and Southern Italy in the 1920s. Armando and Carmine produced the play with the help of some guitarists. It was taped and broadcast on the Italian Musical program on WMZK Detroit along with several other productions, for example, *Io era là: First World War*. *La passatella* was later performed at the Caboto Club in 1999. Armando and Carmine produced the comedy, *La classe dei cervelloni (The Classroom of the Smart People)*, in 2000 and performed a musical comedy, *I seguaci di Confucio*, at the Caboto Club in 2001. Other programs included *Il tricolore*, *La seconda ballata ciociara*, both presented at the Ciociaro Club, as well as the *Varietà all'Italiana* and *Le malelingue* at the Caboto Club.

After the devastation caused by the Friuli earthquake in May 1976, Carmine and Armando were

Regis Club performs drama La notte del vagabondo, 1969.
Seated: Teresio Barichello, Linda Stocco Busico, Lillian Dottor.
Standing: Fr. Lino Santi, Fernando Busico, Pete Pellarin, unidentified, Tony Colarossi, Franco Moro, Alfio Golini.

Il Regis Club presenta il dramma, La notte del vagabondo, 1969.
Seduti: Teresio Barichello, Linda Stocco Busico, Lillian Dottor. In piedi: P. Lino Santi, Fernando Busico, Pete Pellarin, non identificato, Tony Colarossi, Franco Moro, Alfio Golini.

Courtesy/Cortesia: Linda and Fernando Busico, P11215

---

27 Gina was invited to perform *Vox Animae* in the U.S. and Zimbabwe.
28 Information from Armando Viselli and Ganley 1977

A scene from the play Passatella, written by Armando Viselli.
Actors from left: Maria Casoni, Sebastiano Viselli and Stefania Casoni.

Una scena dalla produzione teatrale Passatella, scritta da Armando Viselli.
Interpreti da sinistra: Maria Casoni, Sebastiano Viselli e Stefania Casoni.

Courtesy/Cortesia: Armando Viselli, P10878

Village in Italy, by Carmine Viselli, 1992.

Villagio in Italia, dipinto da Carmine Viselli, 1992.

Courtesy/Cortesia: Armando Viselli, P13976

di Confucio, al Club Caboto nel 2001. Tra gli altri programmi prodotti vi erano: *Il tricolore, La seconda ballata ciociara*, entrambi presentati al Club Ciociaro, come pure *Varietà all'Italiana* e *Le malelingue* al Club Caboto.

In seguito alla devastazione causata dal terremoto del Friuli nel maggio 1976, a Carmine e Armando fu chiesto di produrre un'opera che rappresentasse la tragedia. La loro produzione fu così realistica che motivò una rapida risposta finanziaria dalla comunità italiana per assistere le vittime del disastro.

Il governo italiano consegnò a Carmine e Armando l'onore di essere membri della Italian Worldwide Press Federation per i loro successi nella programmazione radio italiana.

Carmine, che era anche un artista visivo con oltre 30 dipinti a suo credito, morì nel 2003.

Artisti visivi

Joseph R. DeAngelis[29]

Joseph nacque nel 1938 a Providence, Rhode Island, e divenne residente permanente in Canada nel 1969. Professore emerito in pensione dalla Facoltà di Arti visive dell'Università di Windsor, Joseph aveva studiato alla Rhode Island School of Design, laureandosi in Belle Arti nel 1966, e prendendo un Master di Belle Arti dal Syracuse University, New York, nel 1968. Insegnò all'Università del Michigan, Ann Arbor e al Flint Institute of Fine Arts. Nei suoi 33 anni di insegnamento presso l'Università di Windsor, fu direttore del programma estivo tenuto a Madrid e insegnò a Perugia e a Nizza.

Nel 1976 le opere di Joseph furono selezionate per essere esibite allo Spectrum Canada come parte della mostra d'arte canadese per i Giochi Olimpici di Montreal. Fu uno dei cinque scultori scelti a rappresentare il Canada nel Simposio panamericano di scultura su legno a Vancouver nel 1977. A livello locale, il suo lavoro fa parte di molte collezioni pubbliche e private e può essere ammirato al palazzo del Governo della provincia dell'Ontario, alla biblioteca pubblica di Windsor, al Centro civico della Contea dell'Essex, all'Università di Windsor, al Canada South Science City e alla Mackenzie Hall. Varie sono le sue esposizioni in Canada, Stati Uniti, Cina, Spagna, Germania e Italia. Fu scelto per rappresentare Windsor al Simposio internazionale di scultura del 2001 a Chang Chun, Cina.

Joseph ricevette il Mayor's Award for Excellence in the Arts nel 2001 e nel 2005 gli fu conferito il premio Professional of the Year dalla CIBPA come uno dei migliori artisti di Windsor. Fu uno dei membri fondatori dell'Artcite, un centro di arti contemporanee gestito da artisti locali.

Joseph De Lauro[30]

Joseph nacque a New Haven, Connecticut da genitori italiani emigrati da Napoli, Campania. Si laureò all'Università di Yale e, in seguito, prese un Master in Belle Arti dall'Università dell'Iowa.

29 Informazioni da Joseph DeAngelis
30 Informazioni basate su http://jndelauro.com

asked to produce a play representing the tragedy. Their production was so realistic that it motivated a quick financial response from the Italian community to assist the victims of the disaster.

The Italian government awarded Carmine and Armando the honour of membership in the Italian Worldwide Press Federation for their achievements in Italian radio programming.

Carmine, who was also a visual artist with over 30 paintings to his credit, passed away in 2003.

Visual Artists

Joseph R. DeAngelis[29]

Joseph was born in 1938 in Providence, Rhode Island and became a landed immigrant in Canada in 1969. A retired Professor Emeritus from the School of Visual Arts at the University of Windsor, Joseph studied at the Rhode Island School of Design, graduating with a Bachelor of Fine Arts in 1966 and earning his Master of Fine Arts from Syracuse University, N.Y. in 1968. He has taught at the University of Michigan, Ann Arbor and the Flint Institute of Fine Arts. In his 33 years of teaching at the University of Windsor, he was director of the summer program held in Madrid and taught in Perugia and Nice.

In 1976, Joseph's work was selected to be exhibited in Spectrum Canada as part of the Canadian art exhibition for the Montreal Olympic Games. He was one of five sculptors chosen to represent Canada in the Pan American Wood Sculpture Symposium in 1977 in Vancouver. Locally, his work is included in many public and private collections and can be seen at the Ontario Provincial Government building, Windsor Public Library, Essex County Civic Centre, University of Windsor, Canada South Science City, and Mackenzie Hall. He has exhibited extensively in Canada, the U.S., China, Spain, Germany, and Italy. He was chosen to represent Windsor in the 2001 International Sculpture Symposium in Chang Chun, China.

Joseph was the recipient of the Mayor's Award in 2001 for Excellence in the Arts and, in 2005, he was honoured by CIBPA with the Professional of the Year award as one of Windsor's finest artists. He was one of the founding members of Artcite, a centre for contemporary arts run by local artists.

Joseph De Lauro[30]

Joseph was born in New Haven, Connecticut to Italian parents who emigrated from Napoli, Campania. He received his B.A. from Yale University and, later, a M.F.A. from the University of Iowa. He was a sculptor, perhaps best known for his work depicting archetypal and biblical figures. Much of his work,

Rinterzo by Joseph DeAngelis, 1997, Odette Sculpture Park, Windsor riverfront.
Rinterzo di Joseph DeAngelis, 1997, Odette Sculpture Park sul lungofiume di Windsor.
Courtesy/Cortesia: Department of Parks and Recreation, City of Windsor, P13996

Mural at Ciociaro Club painted by Joseph R. DeAngelis and some students from his University of Windsor art class, c. early-1980s.
Pittura murale dipinta al Club Ciociaro da Joseph R. DeAngelis e da alcuni suoi studenti dell'arte dall'Università di Windsor, inizio degli anni 1980 ca.
Photo by/photo di: Armando Carlini. Courtesy/Cortesia: Ciociaro Club

29 Information from Joseph R. DeAngelis
30 Information based on http://jndelauro.com

Joseph DeLauro's Myth of Creation, located in the riverfront garden of the Canadian Club Brand Centre in Walkerville, is based on the Wyandotte and Huron Indian legend portraying the beginning of life.

Myth of Creation di Joseph DeLauro, situato nel giardino del Canadian Club Brand Centre a Walkerville lungo la riva del fiume, è basato sulla leggenda indiana dei Wyandotte e degli Huron che rappresenta l'origine della vita.

Photo by/foto di: Madelyn Della Valle. Courtesy/Cortesia: Canadian Club Whisky, P13866

Era uno scultore, forse meglio conosciuto per il suo lavoro rappresentante figure archetipiche e bibliche. Molte delle sue opere, che rappresentano la Crocifissione, la Pietà, la Beata Vergine, fonti battesimali, rilievi in pietra e vetrate policrome a mosaico, sono state commissionate da chiese, conventi, scuole e istituzioni religiose.

Dal suo arrivo a Windsor nel 1960, sebbene insegnasse arte al Marygrove College e all'Università di Detroit, Joseph trascorse gran parte della sua carriera come educatore all'Università di Windsor, dove diede il via alla Facoltà di Belle Arti. Grazie ai suoi sforzi come preside di facoltà, ottenne il diritto di assegnare una laurea in Belle Arti per l'Università di Windsor, il primo privilegio di questo tipo a essere accordato a una Università dell'Ontario. Gli fu attribuita la fondazione della Scuola di Arti visive di Windsor. Nei suoi 25 anni di carriera presso l'Università di Windsor, ha assistito molti studenti nel labirinto della disciplina, del gusto artistico e verso le loro carriere.

Joseph si è guadagnato un posto d'onore tra gli scultori di molti paesi. Nel 1980 fu insignito della Medaglia d'Oro per merito nelle arti visive dall'Accademia di Belle Arti di Salsomaggiore Terme, Parma (Emilia Romagna). È famoso a Windsor per i suoi capolavori, quali la scultura in bronzo, The Myth of Creation, situata nei giardini del Canadian Club Brand Heritage Centre (ex Hiram Walker) sul lungofiume; la statua in vetroresina dell'Arcangelo San Gabriele alla chiesa Corpus Christi (ex chiesa San Gabriele); il mural su vetrata a colori presso il Windsor Board of Education; tre sculture in legno all'Holy Redeemer College (ora Académie Ste. Cécile International School); il monumento in bronzo al Jewish Community Centre; un busto in bronzo di Ron Ianni all'Università di Windsor; e molti altri.

Joseph era un artista, ma soprattutto, era una grande persona con un forte senso umanitario dedicato a far rivivere l'arte italiana dei secoli. Morì l'11 luglio 2006.

Elio Mareno Del Col[31]

Elio nacque a Kirkland Lake, Ontario e venne a Windsor con i suoi genitori[32] nel 1944. Dopo essersi diplomato al W.C. Kennedy Collegiate, fece pratica come pittore d'insegne per lo Zeilig Studio, poi in proiezioni fotografiche e vetrate a colori con la De Paoli Industries. Nel 1964 lavorò come artista grafico alla Windsor Print & Litho, poi passò al Walkerville Printing/Devon Studio. Nel 1969 istituì un suo studio di designo grafico, Del Col Design, a Walkerville, dove continuò finché decise di dedicarsi alla stampa artistica, nel 1979/80 circa.

Elio divenne il presidente del Commercial Art Advisory Committee del St. Clair College e, nel 1981, istruttore del programma d'arte commerciale del college fino al 1993. Durante questo periodo, lavorò come consulente per Rowney Artist Materials. Fu l'artista in-residence al Centro culturale Mackenzie Hall dal 1988 al 1997, quando trasferì il suo studio/residenza ad Amherstburg.

---

31 Informazioni da Elio Del Col
32 Umberto Del Col venne in Canada nel 1925 da Praturlone, Pordenone (Friuli-Venezia Giulia) e lavorò per 17 anni nelle miniere a Kirkland Lake, dove sposò Velia Sebastiani. Ebbero tre figli: Norma, Gloria ed Elio.

depicting the Crucifixion, the Pietà, the Blessed Virgin, baptismal fonts, stone relief, and stained glass windows, has been commissioned by churches, convents, schools and religious institutions.

Since his arrival in Windsor in 1960, although he taught art at Marygrove College and the University of Detroit, Joseph spent most of his career as an educator at the University of Windsor where he started the Fine Arts Department. Through his efforts as the department head, he obtained the right to grant a Bachelor of Fine Arts degree for the University of Windsor, the first privilege of its kind to be granted to an Ontario university. He was credited with the founding of Windsor's School of Visual Arts. In his 25-year career with the University of Windsor, he has assisted many students through the maze of discipline, artistic taste and on to their own careers.

Joseph achieved a place of honour amongst sculptors in many countries. In 1980, he was awarded the Gold Medal for Outstanding Achievement in the Visual Arts by the Academy of Fine Arts of Salsomaggiore Terme, Parma (Emilia Romagna). He is well known in Windsor for his masterpieces such as the bronze sculpture, *The Myth of Creation*, located in the riverfront garden of the Canadian Club Brand Heritage Centre (formerly Hiram Walker); the fibreglass statue of St. Gabriel the Archangel at Corpus Christi Church (formerly St. Gabriel Church); the stained glass mural at the Windsor Board of Education; three wood sculptures at Holy Redeemer College (now Académie Ste. Cécile International School); the bronze monument at the Jewish Community Centre; a bronze bust of Ron Ianni at the University of Windsor; and many others.

Joseph was an artist, but above all, he was a great persona with a deep sense of humanity dedicated to reviving the Italian art of the centuries. He passed away July 11, 2006.

Elio Mareno Del Col[31]

Elio was born in Kirkland Lake, Ontario and came to Windsor with his parents[32] in 1944. After graduating from W.C. Kennedy Collegiate, he apprenticed as a signpainter for Zeilig Studio, then in photo screening and stained glass with De Paoli Industries. In 1964, he worked as a graphic artist with Windsor Print & Litho, then moved to Walkerville Printing/Devon Studio. In 1969, he established his own graphic design studio, Del Col Design, in Walkerville where he continued until his focus shifted to fine art/printmaking, circa 1979-80.

Elio became chairman of St. Clair College's Commercial Art Advisory Committee and, in 1981, an instructor in the college's commercial art program until 1993. During this period, he worked as a consultant for Rowney Artist Materials. He was the artist-in-residence at Mackenzie Hall Cultural Centre from 1988-97, when he relocated his studio/residence to Amherstburg.

31 Information from Elio Del Col
32 Umberto Del Col came to Canada in 1925 from Praturlone, Pordenone (Friuli-Venezia Giulia) and worked for 17 years in mines at Kirkland Lake where he married Velia Sebastiani. They had three children: Norma, Gloria and Elio.

Elio Del Col at work in his Amherstburg studio, 2009.
Elio Del Col al lavoro nel suo studio a Amherstburg, 2009
Courtesy/Cortesia: Elio Del Col

Brighton Beach, watercolour by Elio Del Col.
Brighton Beach, acquerello di Elio Del Col.
Courtesy/Cortesia: Elio DelCol, P12626.

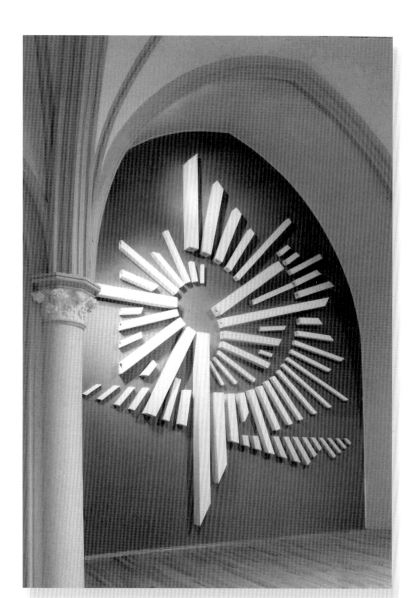

All Things Born of Light by Elio Del Col, a cross fashioned from an old pipe organ at Assumption Chapel.

All Things Born of Light di Elio Del Col, una croce creata con canne di un vecchio organo dell' Assumption Chapel.

Courtesy/Cortesia: Elio Del Col, P12741

L'affiliazione di Elio con l'Assumption University iniziò quando gli fu commissionata la creazione di una lastra in rame con l'incisione del Freed-Orman Conference Centre. Fu invitato da P. Manny Chircop, allora vicepresidente dell'Assumption, a creare un' opera artistica con le vecchie canne smantellate dell'organo della cappella. Elio creò una bella scultura che illumina la parete a nord della cappella dell'Assumption. Fu artista in-residence all'Assumption University dal 1995 al 2001.

Elio ha dedicato la seconda metà della sua carriera di 45 anni alla stampa artistica. Negli ultimi anni, le sue edizioni si sono evolute in monoprint, creando immagini uniche su uno sfondo di più originali. Gli schizzi con bastoncini di grafite sul posto in preparazione per il suo lavoro allo studio si sono verificati molto efficaci nel suo lavoro nella zona del Piemonte, in nord Italia, nel 1995. La pittura ad acquerello rappresenta la maggior parte della sua produzione sin dal suo trasferimento ad Amherstburg nel 1997.

Le commissioni di sculture alla Cappella dell'Assumption University e presso The Child's Place anticipavano la sua recente dedizione alla scultura su legno, comprese le cinque opere incise su travi dello storico (ora demolito) Salmoni Building ad Amherstburg. Nel marzo 2006, l'Amherstburg Gibson Gallery organizzò una mostra, *Elio DelCol – Una retrospettiva dal 1974 ad oggi*, che rifletteva la diversità del suo lavoro e della sua filosofia.

Elio ha tre figli: Lisa, Laurie e Michael.

Sergio De Paoli, A.O.C.A. (artista, scultore e liutaio)[33]

Sergio nacque a Fiume Veneto, Pordenone (Friuli-Venezia Giulia), il 5 ottobre 1926, da Natalina Morrello e Giuseppe De Paoli. Venne in Canada nel 1935 con sua madre a bordo della *Monte Grande* e viaggiò fino a Windsor per raggiungere il padre, che era immigrato otto anni prima e faceva l'operaio. Frequentò la Prince Edward School dove Frances Wren, insegnante di arte, ne riconobbe il talento artistico. Studiò violino con il direttore d'orchestra Larry Pijola; ebbe successo sia nell'arte che nella musica, ma scelse di seguire l'arte. Dalla scuola elementare passò direttamente all'Ontario College of Arts di Toronto con una completa borsa di studio. Sergio prese il diploma di maturità frequentando le serali. Proseguì con l'ottenimento del Bachelor of Education all'Università di Toronto ed è un Associato dell'Ontario College of Art.

Sergio sposò Virginia Ceccucci il 24 giugno 1961 presso la chiesa di Sant'Angela Merici. Virginia era nata il 10 maggio 1937 a Morlupo, Roma (Lazio), figlia di Zaira Morrigi e Bernardino Ceccucci. Era venuta in Canada all'età di 16 anni e viveva con la zia, Sofia Palamides. Virginia e Sergio hanno tre figlie: Linda De Paoli Raco, Brenda Testa e Audrey De Paoli Albano, e sette nipoti.

Nel 1950, Sergio aprì la De Paoli Industries in Brant St. a Windsor, dove dipingeva, faceva e riparava vetrate a colori per case private e chiese: la chiesa San Giovanni Battista ad Amherstburg

---

33 Informazioni da Sergio De Paoli e dalle figlie Linda De Paoli Raco e Audry De Paoli Albano

Elio's affiliation with Assumption University began when he was commissioned to create a copper plate engraving of the Freed-Orman Conference Centre. He was invited by Fr. Manny Chircop, vice-president of Assumption at the time, to create an artistic piece with the Chapel's dismantled organ pipes. Elio created a beautiful sculpture which illuminates Assumption Chapel's north wall. He served as artist-in-residence at Assumption University from 1995 to 2001.

Elio has devoted the last half of his 45-year art career to printmaking. In recent years, his editions have evolved into mono prints, creating one-of-a-kind images in a field of multiple originals. Sketching with graphite sticks on location in preparation for his studio work has proven to be most effective in his work in the Piedmont area of northern Italy in 1995. Painting in watercolour has accounted for the majority of his output since his move to Amherstburg in 1997.

His sculpture commissions at Assumption University Chapel and The Child's Place foreshadowed his recent dedication to wood sculpture, including five works carved out of beams from the historic (now demolished) Salmoni Building in Amherstburg. In March 2006, the Gibson Gallery in Amherstburg held an exhibit, *Elio DelCol – A Retrospective from 1974 to the Present*, reflecting the diversity of his work as well as his philosophy.

Elio has three children: Lisa, Laurie and Michael.

Sergio De Paoli, A.O.C.A. (Artist, Sculptor, Violin Maker)[33]

Sergio was born in Fiume Veneto, Pordenone (Friuli-Venezia Giulia) on October 5, 1926 to Natalina Morrello and Giuseppe De Paoli. He came to Canada in 1935 with his mother on board the *Monte Grande* and travelled to Windsor to join his father who had immigrated eight years earlier and worked as a labourer. He attended Prince Edward School where Frances Wren, an art teacher, recognized his artistic talent. He studied violin under Concertmaster Larry Pijola, succeeded in both art and music, but chose to pursue art. From elementary school, he went directly on to the Ontario College of Arts in Toronto on a full scholarship. Sergio received his grade 12 diploma by attending night classes. He went on to attain his Bachelor of Education degree at the University of Toronto and is an Associate of the Ontario College of Art.

Sergio married Virginia Ceccucci on June 24, 1961 at St. Angela Merici Church. She was born on May 10, 1937 in Morlupo, Rome (Lazio), daughter of Zaira Morrigi and Bernardino Ceccucci. Virginia had come to Canada at age 16 and lived with her aunt, Sofia Palamides. Virginia and Sergio have three daughters, Linda De Paoli Raco, Brenda Testa and Audrey De Paoli Albano, and seven grandchildren.

In 1950, Sergio opened De Paoli Industries on Brant St. in Windsor where he painted as well as making and repairing stained glass windows for private homes and churches – St. John the Baptist

33 Information from Sergio De Paoli and daughters, Linda and Audrey

Sergio De Paoli working on a commission for St. Michael's Church, Leamington, 1994.
Sergio De Paoli lavora a una ordinazione per la chiesa di St. Michael di Leamington, 1994.

Courtesy/Cortesia: Sergio De Paoli, P14019

Sergio De Paoli with the Hon. Herb Gray, M.P., 1997.
Sergio De Paoli con l'On. Herb Gray, M.P., 1997.
Courtesy/Cortesia: Sergio De Paoli, P14008

e la Walker United Church a Windsor. Costruì un suo forno e gli furono commissionati vari lavori. Sergio dipinse un affresco di 50 piedi sul muro di un edificio (ora demolito) in Riverside Dr. tra Ferry St. e Ouellette Ave. Questo affresco era così imponente che l'Essex County School Board lo assunse per insegnare arte all'Essex High School, dove insegnò dal 1963 al 1992. Sergio vendette dunque l'attività e insegnò anche arte alle classi serali per adulti al St. Clair College e a Willistead. Una volta in pensione Sergio aprì il De Paoli Studio in Ottawa St. dal 1995 al 2000 e poi si trasferì alla sede attuale in McDougall Ave. Due delle sue figlie si sono unite a lui nello studio e lo aiutano a gestire l'attività: Linda, che ha un Honours Bachelor in Belle Arti dall'Università di Windsor, e Audrey, che ha frequentato l'Università di Windsor di Arti visive e poi ottenuto il diploma di graphics design dal St. Clair College.

Sergio, noto soprattutto per i dipinti di ritratti, ha completato molte opere: numerosi ritratti dei membri della Sports Hall of Fame di Windsor; un ritratto del primo ministro Jean Chrétien; un ritratto dell'On. Herb Gray, dipinto durante l'esposizione dello studio al Club Giovanni Caboto per le celebrazioni del 500° Anniversario dell'arrivo di Giovanni Caboto in Canada; un murale all'impianto di trasmissione della General Motor di Windsor;[34] un murale alla biblioteca Budimir del 1997 circa; e, assieme alle figlie, un murale di 50 piedi presso la nuova Begley School, 2005/6 circa. Nel 1970 Sergio iniziò a fabbricare violini a mano, venduti in tutto il Canada.

Sergio è membro della Violin Society of America e dell'Art Gallery di Windsor. Sergio, Linda e Audrey donano opere d'arte e servizi per sostenere molte organizzazioni di beneficenza locali e stanno attualmente lavorando a degli affreschi per l'ala dei bambini al Metropolitan Hospital.

Saverio Galli[35]

Saverio nacque a Ceccano, Frosinone (Lazio) nel 1921. Venne a Windsor nel 1936 con le due sorelle e sua madre, Angela, per raggiungere il padre, Alessandro, che era venuto a Windsor nel 1925 per stare vicino a suo fratello a Detroit.

Al suo arrivo, all'età di 14 anni, Saverio fu messo in prima classe. Non riusciva neanche a mettere le gambe sotto il banco e si rifiutò di andare a scuola finché l'amministrazione non lo mise in quinta. La sua più grande sfida fu imparare l'inglese, compito che realizzò in un anno. Adattarsi alla nuova cultura non era facile e per questo contemplava di ritornare in Italia. Tuttavia, più avanti entrò nell'esercito canadese e fu mandato in Inghilterra, Belgio, Olanda e Germania (ma non in Italia). Gli sembra ancora ironico che suo padre fece venire la sua famiglia in Canada per vivere in un ambiente sicuro, eppure lui fu mandato in Europa a combattere nella seconda guerra mondiale.

Nell'esercito Saverio fece molti schizzi. Al suo ritorno in Canada frequentò la Meinzinger Art School di Detroit tramite un programma di istruzione post secondaria per veterani e frequentò laboratori

---

34 Il nonno di Sergio, Luigi, dipinse l'affresco sul soffitto della chiesa di Fiume Veneto, Pordenone, nel 1850 ca.
35 Alcune informazioni dal colloquio di storia orale 2005, Windsor's Community Museum

Church in Amherstburg and Walker United Church in Windsor. He built his own kiln and was commissioned to do various works. Sergio created a 50-foot mural on the wall of a building (now torn down) on Riverside Dr. between Ferry St. and Ouellette Ave. This work was so impressive that the Essex County School Board hired him to teach art at Essex High School. Sergio sold his business and taught there from 1963 to 1992. He also held evening adult art classes at St. Clair College and Willistead. After his retirement, Sergio opened De Paoli Studio on Ottawa St. from 1995 to 2000 and later moved to his present location on McDougall Ave. Two of his daughters joined him at the studio and help him run his business: Linda, who has an Honours Bachelor of Fine Arts degree from the University of Windsor, and Audrey, who attended the University of Windsor visual arts program and then received a graphics design diploma from St. Clair College.

Sergio, known mostly for portrait painting, has completed many works: numerous portraits of the Windsor/Essex Sports Hall of Fame inductees; a portrait of Prime Minister Jean Chrétien; a portrait of the Hon. Herb Gray, painted during the studio's display at the Caboto Club for the celebration of the 500th anniversary of Giovanni Caboto's landing in Canada; a mural at the General Motor's transmission plant in Windsor;[34] a mural at Budimir Library, circa 1997; and, along with his daughters, a 50-foot mural at the new Begley School, circa 2005-6. In 1970, Sergio started making violins by hand which are sold all over Canada.

Sergio is a member of the Violin Society of America and the Art Gallery of Windsor. Sergio, Linda and Audrey donate artwork and services to support many local charities and are presently working on murals for the Metropolitan Hospital's children's wing.

Saverio Galli[35]

Saverio was born in Ceccano, Frosinone (Lazio) in 1921. He came to Windsor in 1936 with his mother, Angela, and his two sisters to join his father, Alessandro, who had come to Windsor in 1925 to be near his brother in Detroit.

Upon his arrival at age 14, Saverio was placed in grade one. He could not even fit his legs under the desk and refused to attend until the administration put him in grade five. His biggest challenge was learning English, a task he achieved after one year. The adjustment to the new culture was not easy so he was contemplating returning to Italy. However, later he joined the Canadian military and was sent to England, Belgium, Holland and Germany (but not Italy). He still feels it ironic that his father called his family to Canada to live in a safe environment, yet he was sent to Europe to fight in WWII.

In the army, Saverio did many sketches. On his return to Canada, he attended the Meinzinger Art School in Detroit through a post-secondary veterans' education program and took Ken Saltmarche's workshops

Saverio Galli painting a mural.
Saverio Galli dipinge un mural.
Courtesy/Cortesia: Mario Fontana, P11977

---

34   Sergio's grandfather, Luigi, painted the ceiling mural for the church in Fiume Veneto, Pordenone, c. 1850.
35   Some information from oral history interview 2005, Windsor's Community Museum

Il Riposo Del Contadino (The Farmer's Rest) by Mario Mazzenga.
Il Riposo Del Contadino, dipinto da Mario Mazzenga.
Courtesy/Cortesia: Mario Mazzenga, P13023

di Ken Saltmarche all'Art Gallery di Windsor (allora situata a Willistead). In seguito insegnò arte in diverse scuole superiori e al St. Clair College. I suoi lavori sono stati esposti in molte mostre nell'Ontario sudoccidentale.

La Caboto Women's Auxiliary lo assunse per dipingere un mural di personaggi italiani famosi del passato. Durante la ricerca per questo mural, Saverio si sentì molto fiero del suo patrimonio. Presentò una lista di circa cinquanta italiani famosi alla Organizzazione ausiliaria per un loro esame. Le signore erano un po' irritate per l'assenza di donne famose: "Siamo un'organizzazione di donne ausiliarie e siamo noi a pagare [per il mural]. Che problema c'è con le donne italiane? Come mai ha una lista di cinquantacinque persone e non una sola donna?" Di conseguenza, Saverio incluse Santa Caterina da Siena, che è ora in mostra nella cupola dell'entrata principale del club. Creò anche il fondo in ferro battuto per la statua in bronzo di Giovanni Caboto alta nove piedi, fondo che consiste di una replica della *Matthew* (la nave usata da Caboto per il suo viaggio) sovrapposta su una mappa che indica il percorso seguito da Venezia a Bristol a Terranova.

Saverio è stato impegnato in molte altre opere artistiche nella comunità italiana di Windsor. Fu invitato da P. Lino a far parte del progetto di restauro della chiesa di Sant'Angela Merici. A Saverio fu affidato il completamento della progettazione architettonica e la pittura della chiesa rinnovata. Inoltre, Saverio progettò la fontana, il dipinto dell'affresco dietro la fontana e la cupola nell'entrata principale del Club Ciociaro.

Tra i vari premi conferiti a Saverio, per lui ne spiccano due: la Queen Elizabeth II Golden Jubilee Medal (2002) conferita a canadesi che hanno apportato contributi straordinari ed esemplari alle proprie comunità o a tutto il Canada, e l'Italian of the Year Award (1988) dal Club Caboto.

Mario Mazzenga[36]

Ho iniziato a disegnare all'età di cinque anni. Sono andato a scuola di pittura ad acquerello, disegno artistico, composizione, e più avanti ho lavorato con l'olio. Ho studiato Capocci, il famoso pittore europeo, e Renzi, un artista multidisciplinare. Scoprii il mio interesse in grandi sculture (simili a quelle fatte da Michelangelo), e seguii questa disciplina a lungo. Ho creato "L'eremita," di due metri di altezza e "La ciociara," una statua in legno, di 3.500 libbre, alta due metri e mezzo inclusa la base. Quest'ultima rappresenta costumi e tradizioni ciociari. Mi piacciono anche i bassorilievi e la mia opera preferita è "L'ultima cena".

Mario è nato ad Alvito, Frosinone (Lazio), nel 1939. Sebbene i suoi primi tentativi artistici fossero difficili, si sentiva costretto a creare, dipingere e scolpire per dare qualcosa di sé. Mario immigrò in Canada negli anni sessanta, lasciandosi alle spalle i genitori, Carmela Fazio e Carlo Mazzenga, e il fratello, Franco. Quegli anni non erano favorevoli alle iniziative artistiche, ma lui persistette e prese lezioni serali al St. Clair College, dove studiò pittura paesaggistica, composizione e scultura.

36 Informazioni da Mario Mazenga

at the Art Gallery of Windsor (then located at Willistead). He later taught art at several high schools and at St. Clair College. His works have appeared in many exhibitions in southwestern Ontario.

The Caboto Women's Auxiliary hired him to paint a mural about early Italian famous people. While researching for this mural, Saverio felt great pride in his heritage. He presented a list of about fifty famous Italians to the Women's Auxiliary for consideration. They were a little annoyed by the absence of famous ladies: "We are the ladies' auxiliary and we are paying for [the mural]. What's the matter with Italian women? How come you have fifty-five people here and no ladies?" Consequently, Saverio included St. Catherine of Siena, which is now displayed on the cupola of the club's main entrance. He also created the wrought-iron backdrop for the nine-foot bronze statue of Giovanni Caboto, consisting of a replica of the *Matthew* (the boat used by Caboto for his voyage) superimposed on a map showing the route followed from Venice to Bristol to Newfoundland.

Saverio has been involved in many different artistic endeavors in the Italian community of Windsor. He was asked by Fr. Lino to be part of the project of St. Angela Merici Church's renovation. Saverio was entrusted with the completion of the architectural design and painting of the newly-renovated church. In addition, Saverio designed the fountain, the painting of the mural behind the fountain and the cupola at the main entrance of the Ciociaro Club.

Among the many awards Saverio has received, two stand out for him: the Queen Elizabeth II Golden Jubilee Medal (2002) awarded to Canadians who have made outstanding and exemplary contributions to their communities or to Canada as a whole, and the Italian of the Year award (1988) from the Caboto Club.

Mario Mazzenga[36]

I started to draw at age five. I attended school for watercolour painting, artistic design, composition, and later worked with oil. I studied Capocci, the famous European painter, and Renzi, a multi-disciplinary artist. I discovered my interest in large sculptures (similar to those done by Michelangelo) and followed this discipline for a long time. I created "L'eremita," two metres tall and "La ciociara," a 3,500-pound wooden statue, two-and-a-half metres high including the base. The latter represents ciociari customs and traditions. I also enjoy bas-reliefs and my favourite work is the "Last Supper."

Mario was born in Alvito, Frosinone (Lazio) in 1939. Although his first artistic attempts were difficult, he felt compelled to create, paint and sculpt in order to give something of himself. Mario immigrated to Canada in the 1960s, leaving behind his parents, Carmela Fazio and Carlo Mazzenga, and his brother, Franco. Those years were not favourable to his artistic endeavors, but he persisted and took night courses at St. Clair College where he studied scene painting, composition and sculpture. He also worked on collographs and wood carving. His works have appeared in collective

36 Information from Mario Mazzenga

Mario Mazzenga beside his sculpture La Ciociara.
Mario Mazzenga accanto alla sua scultura La Ciociara.
Courtesy/Cortesia: Mario Mazzenga, P13825

Untitled linoleum print by Tony Mosna produced for the 50th anniversary of Windsor's Community Museum, 2008.

Una stampa di linoleum senza titolo di Tony Mosca eseguita per il 50° anniversario del Windsor's Community Museum, 2008.

Courtesy/Cortesia: Tony Mosna, 2008.1

Lavorò anche a collografie e incisioni su legno. Le sue opere sono apparse in esposizioni collettive e personali all'Art Gallery di Windsor, a Toronto e Warren, Michigan. Il 9 novembre 1997, la sua arte è stata riconosciuta con il premio "Arte e lavoro italiano nel mondo" dall'Associazione Nazionale Famiglie Emigranti di Livonia, Michigan.

Nel 1964 Mario sposò Maria Spadafora e hanno due figlie: Alida e Luana.

Elio Mion[37]

Elio venne a Windsor all'età di diciotto mesi con i genitori, Luigia e Silvano.[38] Divenne una leggenda nella comunità fotografica per le sue vaste conoscenze di apparecchiature e processi fotografici. Lavorò a ogni livello, da commesso a proprietario parziale di Sun Parlour Camera (ex Wansborough's Cameras), per finire con lo stabilirsi come tecnico della camera oscura a Skylab. Elio era specialista di fotografia in bianco e nero. Era ricercato da dilettanti seri e anche da professionisti per le sue conoscenze, la passione e dedizione totale all'evoluzione delle arti fotografiche.

Elio Mion morì nel settembre 2003 all'età di 52 anni.

Tony Mosna[39]

Tony nacque a Preganziol, Treviso (Veneto) nel 1947 e venne in Canada all'età di cinque anni. Si laureò nel programma di arti visive dell'Università di Windsor e prese un Master in Belle Arti dal Pratt Institute di New York. Tony lavora all'Art Gallery di Windsor. E' stato coinvolto nella formazione di importanti organizzazioni di Windsor, quali i centri gestiti da artisti, l'Artcite e il Windsor Printmaker's Forum. Partecipa frequentemente a eventi quali la mostra annuale dell'Artcite ed espone regolarmente all'Arts Council - l'Artspeak Gallery di Windsor e della regione, il Windsor Printmaker's Forum, lo Scarab Club di Detroit, l'istituto d'arte contemporanea di Detroit, la Detroit Contemporary Gallery, la Thames Art Gallery, l'Hamilton Artist Run Centre e l'Open Studio di Toronto, solo per nominarne alcuni.

Due dei suoi lavori recenti comprendono *Driven from the Garden* e *Stuff in the Air*. Il primo evoca l'espulsione di Adamo ed Eva dal pristino giardino dell'Eden ed è un'insieme che impiega colori fluorescenti, luce nera ed elementi che sfavillano nel buio per immaginare uno strano nuovo mondo di morfosi, facce strane e materia nell'aria. Nell'altro, la combinazione di tecniche di stampa artistica e pittura a spruzzo, assieme a oggetti trovati, indica gli effetti dell'inquinamento sulla gente di Windsor.

Armand Rossi[40]

Armand, nato a Sydney, Nuova Scozia, discendente di una famiglia italiana immigrata in Canada agli inizi del 20° secolo, venne a Windsor all'età di quattro anni. Studiò alla W. D. Lowe Technical

---

37 Informazioni da Paul Drouillard, ex proprietario della Skylab Photofinishing Inc.
38 Vedi capitolo 9.
39 Informazioni dalla Winter/Spring 2006 Gallery Guide dell'Art Gallery di Windsor
40 Informazioni dall'Art Gallery di Winsdor

and personal exhibits at the Art Gallery of Windsor, in Toronto and in Warren, Michigan. On November 9, 1997, his art was recognized with the "Arte e lavoro italiano nel mondo" award by the Associazione Nazionale Famiglie Emigranti in Livonia, Michigan.

In 1964, Mario married Maria Spadafora and they have two daughters, Alida and Luana.

Elio Mion[37]

Elio came to Windsor at age eighteen months with his parents, Luigia and Silvano.[38] He became a legend in the photographic community for his vast knowledge of photographic equipment and processes. He worked at every level from sales clerk to part-owner of Sun Parlour Camera (previously Wansborough's Cameras), eventually settling in as a master darkroom technician at Skylab. Elio was a specialist in black and white photography. He was sought by serious amateurs and professionals alike because of his knowledge, passion and total dedication to the evolution of the photographic arts.

Elio passed away in September 2003 at age 52.

Tony Mosna[39]

Tony was born in Preganziol, Treviso (Veneto) in 1947 and came to Canada at age five. He is a graduate of the University of Windsor's Visual Arts program and earned a Master of Fine Arts from Pratt Institute in New York. Tony works at the Art Gallery of Windsor. He has been involved in the formation of important Windsor organizations such as the artist-run centres, Artcite and Windsor Printmaker's Forum. He is a frequent participant in events such as Artcite's annual exhibition and has exhibited regularly at the Arts Council – Windsor & Region's Artspeak Gallery, Windsor Printmaker's Forum, Detroit's Scarab Club, Contemporary Art Institute of Detroit, Detroit Contemporary Gallery, Thames Art Gallery, Hamilton Artist Run Centre, and Toronto's Open Studio, to name a few.

Two of his recent works include *Driven from the Garden* and *Stuff in the Air*. The former evokes the expulsion of Adam and Eve from the pristine Garden of Eden and is an installation that employs fluorescent colours, black light and glow-in-the-dark elements to envision a strange, new world of morphing, eerie faces and stuff in the air. In the latter, the combination of printmaking and spray paint techniques, along with found objects, points to the effects of pollution on the people of Windsor.

Armand Rossi[40]

Armand, born in Sydney, Nova Scotia, a descendent of an Italian family who immigrated to Canada at the beginning of the 20th century, came to Windsor at the age of four. He was educated at

---

37 Information from Paul Drouillard, former owner of Skylab Professional Photofinishing Inc.
38 See Chapter 9.
39 Information from the Winter/Spring 2006 Gallery Guide of the Art Gallery of Windsor
40 Information from Art Gallery of Windsor

Photo by Elio Mion of his mother Louisa at their Birch St. home.
Foto presa da Elio Mion di sua madre Luigia a casa in Birch St.
Courtesy/Cortesia: Silvano Mion, P10775

Sketch of Jesus by Francesco G. Biafora.
Schizzo di Gesù eseguito da Francesco G. Biafora.
Courtesy/Cortesia: Francesco G. Biafora

School di Windsor, alla Meinzinger School of Art e alla Society of Arts and Crafts, entrambe di Detroit. Essendosi guadagnato la reputazione di bravo artista, dimostrò nei suoi dipinti una tecnica di combinazione di acqua e cielo, matasse contorte di ombre e la presenza umana, rappresentazioni del tipo speciale di vita nella regione di Windsor. Insegnò arte a Willistead e corsi serali per adulti.

Armand espose le sue opere a Chatham, Detroit, Sarnia e Windsor e ricevette diversi premi. Morì nel 2008.

Alcuni altri artisti visivi italo-canadesi nell'area di Windsor

Gianfranco Avignoni	Lorenzo Fracchetti
Gari Bernardi	Gabriel Maggio
Elvira Cacciavillani	Grace Manias
Michael Califano	Renzo Nadalin
Mary Celestino	Guy Palazzolo
Roberto Ferraro	

Lavorazione del legno

Francesco Giuseppe (Pino) Biafora "Ottavio"[41]

Nato nel 1946 a Savelli, Catanzaro (Calabria), Francesco crebbe a San Giovanni in Fiore, Cosenza. All'età di 17 anni abbandonò gli studi durante il primo anno delle superiori, per seguire la sua passione di lavorare il legno. Se ne andò a Como a lavorare in una falegnameria e, in seguito, fu arruolato nell'esercito, dove servì 14 mesi a Palmanova, Udine (Friuli-Venezia Giulia). Mentre era nel militare, assieme ad altri due soldati, Francesco attraversava montagne e vallate su una jeep per fare schizzi panoramici e mappe del territorio usate per strategie ed esercitazioni. Nel tempo libero cantava e imparò a suonare la chitarra a orecchio.

Quando fu congedato come caporalmaggiore, Francesco ritornò a Como. Immigrò a Windsor nel maggio 1970 per unirsi al cugino Antonio Pignanelli, anch'egli artista dedicato alla lavorazione del legno. Sposò Anna Iaquinta e hanno tre figlie: Filomena (Mena), Rosanna e Laura. Francesco si unì a I Figli del Sole come cantante e chitarrista e, mentre continuava la sua carriera musicale, nel 1972 aprì una sua attività, Biafora Woodworking al 1232 Erie St. E.

Il lavoro di Francesco rivela un'ispirazione cristiana e si trova in tutta Windsor. Ha fatto le porte

Village painting by Francesco G. Biafora.
Villaggio dipinto da Francesco G. Biafora.
Courtesy/Cortesia: Francesco G. Biafora, P13038

---

41 Informazioni da Francesco Biafora - Francesco discende da una famiglia di esperti ebanisti, pittori e scultori: gli "Ottavi." Suo zio, Giuseppe Biafora "Ottavio", un grande scultore, immigrò a New York tra il 1910 e il 1920. Molti dei suoi lavori sono in mostra in gallerie d'arte a New York e Brooklyn e in diverse chiese a San Giovanni in Fiore. Purtroppo, questo grande scultore scomparve misteriosamente nel 1948. Francesco, che prese il nome dallo zio Giuseppe, è conosciuto con tre nomi: "Francesco" di nascita, "Giuseppe" come scultore e pittore, e "Pino" come musicista.

W. D. Lowe Technical School in Windsor, the Meinzinger School of Art and the Society of Arts and Crafts, both in Detroit. Having earned a reputation as a fine craftsman, he demonstrated a technique combining water and sky, skeins of shadows, and the human presence in his paintings, representations of the special brand of life in the Windsor region. He taught art classes at Willistead and night classes in adult eduation.

Armand exhibited his works in Chatham, Detroit, Sarnia and Windsor and has received several awards. Armand died in June 2008.

Some Other Italian-Canadian Visual Artists in the Windsor area

Gianfranco Avignoni	Lorenzo Fracchetti
Gari Bernardi	Gabriel Maggio
Elvira Cacciavillani	Grace Manias
Michael Califano	Renzo Nadalin
Mary Celestino	Guy Palazzolo
Roberto Ferraro	

Francesco G. Biafora carving wood.
Francesco G. Biafora intaglia il legno.
Courtesy/Cortesia: Francesco G. Biafora, P13037

Woodworking

Francesco Giuseppe (Pino) Biafora "Ottavio" [41]

Born in 1946 in Savelli, Catanzaro (Calabria), Francesco grew up in San Giovanni in Fiore, Cosenza. At age 17, he abandoned his studies during the first year of secondary school to follow his passion of woodworking. He left for Como to work in a woodworker's shop and was later drafted in the army, serving for 14 months in Palmanova, Udine (Friuli-Venezia Giulia). While in the military, Francesco, with two other soldiers, roamed through mountains and valleys on a jeep to draw panoramic sketches and territorial maps used for strategy and training drills. In his free time, he sang and learned to play the guitar by ear.

Upon his discharge as a corporal, Francesco returned to Como. He immigrated to Windsor in May 1970 to join his cousin Antonio Pignanelli, also a woodworking artist. He married Anna Iaquinta and they have three daughters, Filomena (Mena), Rosanna and Laura. Francesco joined I Figli del Sole as a singer and a guitarist and, while continuing his music career, in 1972 he opened his own business, Biafora Woodworking at 1232 Erie St. E.

---

41 Information from Francesco Biafora - Francesco is a descendent of a family of master cabinetmakers, painters and sculptors - the "Ottavi." His uncle, Giuseppe Biafora "Ottavio," a great sculptor, immigrated to New York between 1910-20. Many of his works are displayed in art galleries in New York and Brooklyn and in several churches in San Giovanni in Fiore. Unfortunately, this great sculptor disappeared mysteriously in 1948. Francesco, who is named after his Uncle Giuseppe, is known by three names: "Francesco" by birth, "Giuseppe" as a sculptor and painter, and "Pino" as a musician.

Interior of St. Nicholas Macedonian Orthodox Church showing woodwork by Mario Fontana and paintings by Saverio Galli.

L'interno della chiesa Macedone Ortodossa di San Nicholas mostra lavori in legno di Mario Fontana e dipinti di Saverio Galli.

Courtesy/Cortesia: Mario Fontana, P11982

esterne della chiesa di Sant'Angela Merici e due nicchie, una per la santa patrona e una per San Giuseppe. Volendo adornare le porte con un lavoro artistico, disegnò il volto del Cristo crocifisso su un pannello laminato. Era così commosso dall'espressione di dolore sul volto di Gesù che ne riprodusse il disegno e lo incise nel pannello di legno della porta. Una volta completate le porte, Francesco mostrò il suo lavoro a P. Augusto che chiese: "Dove sono le porte? Quelle che vedo non sono certamente le mie". Francesco rispose che l'arte non ha prezzo, quindi le sculture sui pannelli delle porte erano il suo dono alla chiesa, proprio come il suo talento era il dono datogli da Dio.

L'unico rammarico di Francesco è di non avere proseguito gli studi per coltivare il suo talento nella pittura e nella scultura.

Fortunato (Mario) Fontana[42]

Mario discende da una lunga linea di ebanisti. Immigrò in Canada nel 1956. Doveva andare a Brockville, ma si addormentò sul treno e arrivò a Windsor. Consapevole del fatto che Fortunato fosse un nome difficile in Canada, decise di usare il suo secondo nome, Mario. Il giorno dopo il suo arrivo a Windsor, essendo affamato, entrò in un ristorante. Siccome non parlava inglese, fece un suono tipo "cock-a-doodle-do" (chicchirichì) e gli portarono del bacon e uova alla canadese. Avendo ancora fame, gorgheggiò un altro "cock-a-doodle-do" e se ne gustò un altro bel piatto! Proseguì a piedi lungo Ouellette Ave., udì per caso qualcuno parlare italiano, spiegò la sua situazione e fu indirizzato verso Erie St., dove trovò Little Italy. Qui poté prendere accordi per alloggiare con una famiglia italiana.

Dopo aver lavorato per alcune ditte, Mario iniziò la sua officina di ebanisteria al 1285 Erie St. E. Si specializzò in progettazioni e installazioni per ristoranti, dapprima con il nome di Cortina Construction Ltd. e poi Fontana Design and Woodwork Inc. Ha progettato e completato la costruzione degli interni di diversi ristoranti, tipo il Plaza, Roma Pizzeria, Sorrento Cafe, Ing's, Lotus Gardens, tre ristoranti Trevi e molti restauri a La Scala al Milano e al Franco's. Lavorò al Geno's Italian Village, al Tunnel Bar-B-Q, Royal Marquis Hotel e Best Western Hotel. Mario disegnò il Members' Lounge in stile Rinascimento al Caboto Club, l'interno e la muratura esterna in pietra del Club Ciociaro e, con Saverio Galli e John Recchia, lavorò al restauro del Santuario della chiesa di Sant'Angela Merici.

Il 1° dicembre 1962, Mario sposò Joy Lamoureux di Windsor.

John Recchia[43]

John nacque a Creticcio Casalvieri, Frosinone (Lazio), nel 1948. Il prof. DeDonates dell'Istituto Professionale per Mobilieri Ebanista riconobbe il talento di John e lo incoraggiò a proseguire la sua passione per la lavorazione del legno.

---

42 Scritto da Joy Fontana - Vedi il capitolo 6.
43 Informazioni da Maria Recchia

Francesco's work reveals a Christian inspiration and is found throughout Windsor. He made the exterior doors at St. Angela Merici Church and two niches, one for the patron saint and one for St. Joseph. Wanting to adorn the doors with art work, he designed the face of the crucified Jesus on a laminated panel. He was so moved by the expressive pain on Jesus' face that he reproduced the design and carved it in the door's wooden panel. When the doors were completed, Francesco showed his work to Fr. Augusto who asked, "Where are the doors? The ones I see are certainly not mine." Francesco replied that art has no price; therefore, the carvings on the doors' panels were his gift to the church – just as his talent was God's gift to him.

Francesco's only regret is not having pursued his studies to cultivate his talents in painting and sculpture.

Fortunato (Mario) Fontana[42]

Mario is the descendent of a long line of cabinetmakers. He immigrated to Canada in 1956. He was scheduled to go to Brockville, but fell asleep on the train and arrived in Windsor. Aware that Fortunato was a difficult name in Canada, he decided to use his second name, Mario. The day after his arrival in Windsor, he entered a restaurant since he was very hungry. As he could not speak English, he made a sound like "cock-a-doodle-do" and they brought him some Canadian bacon and eggs. Still hungry, he warbled another "cock-a-doodle-do" and he enjoyed another plateful! He continued walking along Ouellette Ave., overheard someone speaking Italian, explained his situation and was directed to Erie St. where he found Little Italy. Here, he was able to make boarding arrangements with an Italian family.

After working for a few employers, Mario started his own cabinet shop at 1285 Erie St. E. He specialized in design and installations for restaurants, first under the name of Cortina Construction Ltd. and later, Fontana Design and Woodwork Inc. He has designed and completed the interior construction of several restaurants, such as Plaza, Roma Pizzeria, Sorrento Cafe, Ing's, Lotus Gardens, three Trevi restaurants and many renovations at La Scala at Milano's and at Franco's. He worked on Geno's Italian Village, the Tunnel Bar-B-Q, Royal Marquis Hotel and the Best Western Hotel. Mario designed the Renaissance-styled Members' Lounge in the Caboto Club, the interior and exterior stonework at the Ciociaro Club and, along with Saverio Galli and John Recchia, he worked on the renovation of the Sanctuary of St. Angela Merici Church.

On December 1, 1962, Mario married Joy Lamoureux of Windsor.

John Recchia[43]

John was born in Creticcio Casalvieri, Frosinone (Lazio) in 1948. Professor DeDonates at the Istituto Professionale per Mobilieri Ebanista recognized John's talents and encouraged him to pursue his passion for woodworking.

Float carrying a Venetian gondola designed and built by Mario Fontana for the July 1, 1967 Dominion Day parade on behalf of the Windsor Italian Professional and Businessmen's Association (WIPBA). It won first prize in the 1967 Centennial Year Freedom Festival. Teresio Barichello is the gondolier.

Carro da corteo con la gondola veneziana disegnata e costruita da Mario Fontana in occasione della parata del Dominion Day del 1° luglio 1967 per conto della Windsor Italian Professional and Businessmen's Association (WIPBA). Vinse il primo premio nel 1967 Centenario del Freedom Festival. Il gondoliere è Teresio Barichello.

Courtesy/Cortesia: St. Angela Merici Church, P10525

---

42 Written by Joy Fontana - See also Chapter 6.
43 Information from Maria and John Recchia

Decorative woodwork done at the Ciociaro Club done by John Recchia of John's Woodwork.

Lavori ornamentali in legno all'interno del Ciociaro Club eseguiti da John Recchia, proprietario di John's Woodwork.

Courtesy/Cortesia: John Recchia, P11663

Crib made by John Recchia for his daughter Lisa, c. 1971, Windsor.

Culla costruita da John Recchia per la figlia Lisa, 1971 ca., Windsor.

Courtesy/Cortesia: Recchia family, P13867

John immigrò in Canada nel 1965. Sposò Maria Rossi nel 1971 presso la chiesa di Sant'Angela Merici e hanno due figlie, Tina Younan e Lisa. Iniziò a lavorare per Trend Millwork e proseguì sviluppando la sua arte in varie altre ebanisterie. John e Raffaele L'Europa, ebanista esperto, fecero dei lavori in case del Canada e degli Stati Uniti. Nel 1972 John avviò una propria impresa, John's Woodworking, che gli fornì l'opportunità di usare il talento datogli da Dio per progettare e creare molti bei lavori pubblici e privati. Ha lavorato ai seguenti: l'altare, le colonne, la nicchia per la Madonna, la Sacrestia e alcune porte della chiesa di Sant'Angela Merici; il disegno della cupola sopra la scala principale, il vecchio e il nuovo bar, e anche i saloni A, B, D ed E al Club Ciociaro; e molte case private di lusso.

Giuseppe Schincariol[44]

Giuseppe immigrò in Canada nel 1966 da Morsano al Tagliamento, Pordenone (Friuli-Venezia Giulia). Venne a Windsor per lavorare come muratore all'Essex Construction e poi alla Rino Pessotto Construction.

Giuseppe iniziò a fare lavori di traforo[45] nel 1979 e creò gioielli, scatole, vassoi, cornici, la Torre Eiffel, la Torre di Pisa e lampadari. Il suo lavoro è stato esibito in molte competizioni.

Angelo Sfalcin[46]

Angelo, nato nel 1911, venne a Windsor con la moglie Rina e tre figli: Gianni, Bruno e Aldo, dal Friuli-Venezia Giulia nel 1950 circa. Un quarto figlio, Danny, nacque in Canada. Angelo lavorò come muratore.

Quando andò in pensione, iniziò a fare miniature in scala 10:1. Era molto orgoglioso del fatto che molte delle sue miniature funzionassero come gli esemplari a grandezza naturale: un mulino in cui il grano può essere davvero macinato in farina, che va poi a riempire un sacchetto in miniatura; un museo di utensili con parti funzionanti, basato su oggetti del passato; una pompa d'acqua che pompa davvero l'acqua; la bottega di un fabbro funzionante; un carretto trainato da cavalli e giogo; e una bicicletta con ruote che girano. Molte miniature sono repliche di oggetti usati un tempo in Italia, dove Angelo aveva lavorato come apprendista fabbro, una professione che amava. La sua arte riflette il lavoro del fabbro e gli attrezzi di campagna usati nella sua città natale. Angelo lavorò a miniature per circa vent'anni, fino alla sua morte nel 2000.

---

44 Informazioni da Giuseppe Schincariol
45 Con il traforo o intaglio si creano figure, disegni e oggetti rimuovendo con precisione il legno da tavole, di solito con delle lame molto sottili. Le tavole intagliate sono spesso montate in opere tridimensionali. (http://www.tramp-art.com/fretwork.htm)
46 Informazioni da Bruno Sfalcin

John immigrated to Canada in 1965. He married Maria Rossi in 1971 at St. Angela Merici Church, and they have two daughters, Tina Younan and Lisa. He began working for Trend Millwork and went on to develop his craft at various other woodworking shops. John and Raffaele L'Europa, a master woodworker, did work on homes in Canada and the U.S. In 1972, John started his own business, John's Woodworking, which has provided him the opportunity to use his God-given talents to design and create many beautiful public and private works. He has worked on the following: the altar, columns, niche for the Madonna, Sacristy and on some doors at St. Angela Merici Church; the design of the cupola above the main staircase, the old and new bars, as well as salons A, B, D and E at the Ciociaro Club; and many exclusive private homes.

Giuseppe Schincariol[44]

Giuseppe immigrated to Canada in 1966 from Morsano al Tagliamento, Pordenone (Friuli-Venezia Giulia). He came to Windsor for employment as a bricklayer at Essex Construction and later at Rino Pessotto Construction.

Giuseppe began doing fretwork[45] in 1979, creating jewellery boxes, serving trays, frames, the Eiffel Tower, the Leaning Tower of Pisa and chandeliers. His work has been entered in many competitions.

Angelo Sfalcin[46]

Angelo, born in 1911, came to Windsor with his wife and three sons, Gianni, Bruno and Aldo, from Friuli-Venezia Giulia circa 1950. A fourth son, Danny, was born in Canada. Angelo worked as a bricklayer.

When he retired, Angelo started making miniatures to a scale of 10:1. He took great pride in the fact that many of his miniatures functioned like their full-sized counterparts: a flour mill in which grain can actually be ground into flour which then goes into a miniature bag; a tool museum with working parts, based on items from the past; a water pump that actually pumps water; a working blacksmith shop; a horse-drawn cart and yoke; and a bicycle with wheels that turn. Many miniatures are replicas of objects used in the olden days in Italy where he had been a blacksmith's apprentice, a profession he loved. His art reflects the work of the blacksmith and the farm tools used in his hometown. Angelo worked on miniatures for about twenty years until he died in 2000.

---

44 Information from Giuseppe Schincariol
45 Fretwork creates pictures, designs and objects by precisely removing wood from a board, usually with very thin blades. The cutout boards are often assembled into three-dimensional works. (http://www.tramp-art.com/fretwork.htm)
46 Information from Bruno Sfalcin

Giuseppe Schincariol, with wife Silvana, displays his fretwork at Fogolar Furlan Club show, 1990.

Giuseppe Schincariol, con la moglie Silvana, mostra il suo lavoro di traforo all'esposizione del Club Fogolar Furlan, 1990.

Courtesy/Cortesia: Giuseppe and Silvana Schincariol, P10359

Angelo Sfalcin demonstrates functioning miniatures at a Fogolar Furlan Club show.

Angelo Sfalcin dimostra il funzionamento delle miniature all'esposizione del Club Fogolar Furlan.

Courtesy/Cortesia: Sfalcin family, P10339

Book of Italian poetry written in Windsor by
Maria A. Letitzia in D'Agnillo.

Raccolta di poesie italiane scritte a Windsor da
Maria A. Letizia in D'Agnillo.

Courtesy/Cortesia: Maria Agnese Letizia in D'Agnillo, P11185A.

Scrittori italo - canadesi a Windsor[47]

In Canada ci sono più di 120 scrittori di discendenze italiane. Windsor ha i suoi scrittori italo-canadesi.

Salvatore Ala[48]

Salvatore nacque a Windsor nel 1959. La sua formazione filosofica e letteraria lo ha aiutato a dare forma alla poesia che scrive. La sua poesia e la sua prosa sono state pubblicate in riviste letterarie quali *The Windsor Review, Taproot, Generation, Borderlines Two, Fiddlehead* e *Zygote*. Alistair MacLeod asserì che le poesie nel libro del 1998, *Clay of the Maker*, sono "…poesie di integrità e chiarezza e molte di loro posseggono una bellezza sorprendente".

Avendo vissuto da entrambe le parti del confine, Salvatore conferisce una voce unica alla poesia nordamericana. Il suo libro del 2004, *Straight Razor and Other Poems*, è allo stesso tempo formale e lirico, il lavoro di un artista determinato e impegnato. Le poesie sul salone di suo padre sono tra le più indimenticabili.

"The Barber Has No Place to Cry"[49]

Tagliando i capelli alla casa di riposo,
Mio padre aveva paura di diventare vecchio.
I vecchi hanno così pochi capelli
E radere un viso malinconico può
  spezzarti il cuore:

Non si rade mai lo stesso volto due volte.
Soli e malati, la malattia una benedizione,
C'erano alcuni vecchi, diceva mio padre,
che nessuno andava a trovare, solo il barbiere.

Maria Agnese Letizia in D'Agnillo[50]

Maria nacque il 21 gennaio 1940 ad Agnone, Isernia (Molise). Nell'aprile 1961, sposò il concittadino, Armando D'Agnillo, che immigrò a Windsor nel giugno 1963 dopo aver lavorato in Francia per un breve periodo. Maria raggiunse il marito nell'aprile 1965 con la piccola figlia, Flora. Il figlio Mike nacque a Windsor.

L'attaccamento di Maria alle tradizioni del paese natio la portarono a esprimere le proprie emozioni dipingendo scene ed episodi familiari con morbide sfumature. Le sue poesie, pubblicate in *Cento Poesie Molisane … Plus*,[51] danno corpo al suo affetto per la vita semplice in Italia. Chiunque può identificarsi con alcuni dei suoi sentimenti, soprattutto gli immigrati.

---

47 Alcune informazioni dall'Associazione scrittori italo - canadesi e Guernica Editions
48 Informazioni da varie critiche delle opere di Salvatore Ala e Biblioasis
49 (Ala 2004)
50 Informazioni da Maria Agnese Letizia in D'Agnillo
51 La poesia "Italia Mia" (D'Agnillo 1992), inclusa nel suo libro, è ristampata nel capitolo 3.

Italian Canadian Writers in Windsor[47]

There are more than 120 writers of Italian descent in Canada. Windsor has its own Italian-Canadian writers.

Salvatore Ala[48]

Salvatore was born in Windsor in 1959. His background in philosophy and literature has helped shape the poetry he writes. His poetry and prose have appeared in such literary journals as *The Windsor Review, Taproot, Generation, Borderlines Two, Fiddlehead* and *Zygote*. Alistair MacLeod stated that the poems in his 1998 book, *Clay of the Maker*, are "...poems of integrity and clarity, and many of them possess a startling beauty."

Having lived on both sides of the border, Salvatore lends a unique voice to North American poetry. His 2004 book, *Straight Razor and Other Poems*, is both formal and lyrical, the work of a determined and committed craftsman. The poems on his father's barbershop are among the most memorable.

"The Barber Has No Place to Cry"[49]

Cutting hair at the rest home,
My father was afraid of growing old.
The old have so few hairs
And to shave a lonely face can break
    your heart:

You never shave the same face twice.
Alone and sick, sickness a blessing,
There were some old people, my father said,
No one ever visited, only the barber.

Maria Agnese Letizia in D'Agnillo[50]

Maria was born on January 21, 1940 in Agnone, Isernia (Molise). In April 1961, she married a fellow townsman, Armando D'Agnillo, who immigrated to Windsor in June 1963 after working for a short time in France. Maria joined her husband in April 1965 with her infant daughter, Flora. They also have a son, Mike, born in Windsor.

Maria's attachment to her hometown traditions led her to express her emotions by depicting familiar scenes and episodes with soft hues. Her poems, published in *Cento Poesie Molisane ... Plus*,[51] embody her fondness for the simple life in Italy. Anyone can relate to some of her feelings, particularly the immigrants.

Poet Maria Agnese Letizia in D'Agnillo and her husband Armando with their children Flora and Mike, St Angela Hall, 1972.

Maria Agnese Letizia in D'Agnillo, poetessa, col marito Armando e figli Flora e Mike, sala St. Angela 1972.

Courtesy/Cortesia: Maria Agnese Letizia in D'Agnillo, P13975

---

47 Some information from the Association of Italian-Canadian Writers and Guernica Editions
48 Information from various reviews of Salvatore Ala's writings and Biblioasis
49 (Ala 2004)
50 Information from Maria Agnese Letizia in D'Agnillo
51 The poem, "Italia Mia" (D'Agnillo 1992) included in her book, is reprinted in Chapter 3.

Estratto dal romanzo di Marisa De Franceschi del 1994, *Surface Tension*

[Il club] è un salone enorme con pavimenti in parquet. Una gigante palla di vetro luccicante è sospesa dal soffitto. Centinaia di piccolissime faccette luccicano e scintillano mentre gira. Sul palco un quintetto vivace, con un cantante dai capelli neri che sembra insonnolito. Sento il sassofono, languido e sexy, all'entrare. E sento la mia resistenza sciogliersi. La batteria batte un ritmo sincronizzato con i miei passi. Il mio cuore martella a ritmo. E' come se il batterista rullasse una chiamata di tamburo per introdurmi a questo pubblico maschile. Le chitarre suonano nello sfondo e una fisarmonica aggiunge un tocco di vivacità alla melodia...

Panche marroni di legno segnano il perimetro della sala. Non ci sono altri posti a sedere da nessuna parte in questa grande sala. E non ci sono tavoli. E' un posto per ballare... (pag.180-181)

Carlinda D'Alimonte[52]

Carlinda[53] è a capo della sezione di inglese e scrittura creativa al Walkerville Collegiate Institute di Windsor. Prima della sua carriera d'insegnante, lavorò alla CBC Television come ricercatrice/scrittrice in programmi di attualità e all'Università di Windsor come produttrice/scrittrice di media audiovisivi. E' stata anche professoressa presso la Facoltà di Studi della comunicazione.

Il suo primo libro di poesia, *Now That We Know Who We Are*,[54] traccia l'emergere di una voce matura di scrittrice attraverso l'angoscia per la morte della madre fino ai ricordi dell'infanzia come figlia di immigrati italiani negli anni cinquanta e sessanta. La poetessa esplora l'accettazione finale della propria identità come prima generazione italo-canadese.

Marisa De Franceschi[55]

Marisa nacque a Muris, Udine (Friuli-Venezia Giulia), e venne a Windsor nel 1948. Si laureò all'Università di Windsor, insegnò inglese in una scuola britannica in Italia negli anni sessanta e, ritornata in Canada, continuò a insegnare alle superiori, alle elementari e al college per oltre 25 anni. Attualmente insegna inglese al St. Clair College.

Le sue storie brevi, gli articoli e le critiche di libri sono uscite in varie pubblicazioni canadesi, tra cui: *Canadian Author & Bookman, The Mystery Review, The Dynamics of Cultural Exchange*, e in diverse antologie. *Surface Tension* (1994) fu il suo primo romanzo. Marisa ha curato *Pillars of Lace* (1998), un'antologia di scrittrici italo-canadesi, e *The Many Faces of Woman* (2001a), una raccolta di novelle. E' l'autrice di *Family Matters* (2001b), una serie di racconti che seguono la vita di una famiglia immigrata. Al momento sta lavorando a *Random Thoughts*, un libro di abbozzi in prosa.

Marisa ha ricevuto due volte l'Okanagan Short Story Award.

Len Gasparini[56]

Len, nato a Windsor nel 1941, è autore di numerosi libri di poesie, tra cui i suoi *Selected Poems* (1993) e una collezione per bambini, *I Once Had a Pet Praying Mantis* (1995). Nel 1990 Len fu insignito del premio letterario F. G. Bressani per la poesia *Ink from an Octopus* (1989).

Len è autore di due raccolte di storie *Blind Spot* (2000) e *A Demon in My View* (2003), e un'opera saggistica, *Erase Me* (2004), con fotografie di Leslie Thompson. *The Broken World* (2005), che contiene più di 200 poesie, unisce per la prima volta tutte le sue opere pubblicate e libretti di poesie.

52 Informazioni da www.kairosliterary.com
53 La sua famiglia era immigrata in Canada dall'Abruzzo all'inizio degli anni cinquanta.
54 "Outside the Chrysler Assembly Plant, 1955" (D'Alimonte 2004) è ristampata nel capitolo 2
55 Informazioni da Marisa De Franceschi e da varie critiche delle sue opere letterarie
56 Informazioni da Seraphim Editions e Guarnica Editions

Carlinda D'Alimonte[52]

Carlinda[53] is the head of English and Creative Writing at Walkerville Collegiate Institute in Windsor. Prior to her teaching career, she worked for CBC Television as a researcher/writer in current affairs programming and the University of Windsor as a producer/writer of audiovisual media. She was also an instructor in the Department of Communication Studies.

Her first book of poetry, *Now That We Know Who We Are*,[54] charts the emergence of a writer's mature voice through the devastating death of her mother to memories of growing up in the 1950s and 1960s as the child of Italian immigrants. The poet explores the eventual acceptance of her identity as a first generation Italian-Canadian.

Marisa De Franceschi[55]

Marisa was born in Muris, Udine (Friuli-Venezia Giulia) and came to Windsor in 1948. She graduated from the University of Windsor, taught English at a British school in Italy in the 1960s and, back home in Canada, continued to teach at the high school, elementary and college levels for over 25 years. She is currently teaching English at St. Clair College.

Her short stories, articles and book reviews have appeared in a variety of Canadian publications, including *Canadian Author & Bookman, The Mystery Review, The Dynamics of Cultural Exchange*, and in several anthologies. *Surface Tension* (1994) was her first novel. Marisa edited *Pillars of Lace* (1998), an anthology of Italian-Canadian women writers, and *The Many Faces of Woman* (2001a), a short-story collection. She is the author of *Family Matters* (2001b), a series of short stories following the life of an immigrant family. She is presently working on *Random Thoughts*, a book of prose sketches.

Marisa has twice been the recipient of the Okanagan Short Story Award.

Len Gasparini[56]

Len, born in Windsor in 1941, is the author of numerous books of poetry, including his *Selected Poems* (1993) and a collection for children, *I Once Had a Pet Praying Mantis* (1995). In 1990, Len was awarded the F. G. Bressani Literary Prize for poetry for *Ink from an Octopus* (1989).

Len is the author of two story collections, *Blind Spot* (2000) and *A Demon in My View* (2003), and a work of nonfiction, *Erase Me* (2004), with photographs by Leslie Thompson. *The Broken World* (2005), which contains more than 200 poems, brings together for the first time all of his published works and chapbooks of poetry.

---

52 Information from www.kairosliterary.com
53 Her family immigrated to Canada from the Abruzzi region in the early 1950s.
54 "Outside the Chrysler Assembly Plant, 1955" (D'Alimonte 2004) is reprinted in Chapter 2.
55 Information from Marisa De Franceschi and various reviews of her work
56 Information from Seraphim Editions and Guernica Editions

Excerpt from Marisa De Franceschi's 1994 novel, *Surface Tension*

[The Club] is a huge hall with parquet floors. A gigantic sparkling glass ball is suspended from the ceiling. Hundreds of tiny facets glimmer and shimmer as it revolves. A lively five-piece band, complete with a dark-haired, drowsy looking male singer, is on stage. I hear the sax, languid and sexy, as I walk in. I feel it melting my resistance. The drums pound a beat in sync with my own footsteps. My heart thumps to the sound. It is as if the drummer is rolling a drum call introducing me to this audience of males. Guitars twang in the background and an accordion adds a touch of vivacity to the tune…

Brown wood benches line the perimeter of the hall. There are no other seats anywhere in this large room. And there are no tables. This is a place for dancing… (pp.180-181)

An early location of La Gazzetta (1975-79), 212 Erie St.W.

Una prima sede del giornale La Gazzetta (1975-79), 212 Erie St.W.

Courtesy/Cortesia: Walter Temelini, P13961

La Gazzetta, founded in 1972.

La Gazzetta, fondata nel 1972.

Courtesy/Cortesia: Rita Bison, P10821

8

Media

Nel corso degli anni, i media italiani, la radio, la stampa e la televisione, hanno avuto un ruolo importante nella comunità. Hanno aiutato a conservare la lingua e la cultura italiane, tenendo al tempo stesso gli ascoltatori, i lettori e telespettatori aggiornati su notizie ed eventi. La storia dei media italiani nell'area di Windsor è strettamente collegata a quella di Detroit e Toronto. Perciò, gli italiani di Windsor hanno avuto accesso ai diversi programmi radio e TV propri e a quelli di altre città vicine.

La stampa

La Gazzetta[1]

La Gazzetta fu fondata nel 1972 nello spirito della nuova politica canadese all'insegna del multiculturalismo. L'edizione inaugurale elencava Olimpio Ferrera, Pasquale Fiorino, John Marcogliese, John Rossi, Jimmy Ruggiero e Walter Temelini[2] come membri del comitato di redazione e delineava gli obiettivi primari del giornale: integrare e completare i media esistenti in lingua italiana; conservare e condividere la lingua e la cultura italiane; mantenere la comunità italiana informata con le notizie locali, nazionali e internazionali (soprattutto dall'Italia); e generare il dialogo tra gli italiani di Windsor. Iniziata come pubblicazione mensile, *La Gazzetta* divenne un settimanale nel 1975, aggiungendo servizi di notizie per Detroit e sobborghi, Sault Ste. Marie e Thunder Bay. Negli anni ottanta, *La Gazzetta* includeva gli inserti di *The Cultural Mercury (Il Mercurio Culturale)* pubblicato dal Centro culturale italo-canadese di Windsor.

Mentre Walter Temelini rimase come caporedattore e la direttrice editoriale Rita Bison divenne parte dello staff nel 1976, con il passare degli anni, anche molti volontari contribuirono al giornale in svariati modi. Sebbene la pubblicazione sia cessata nel 2000, La Gazzetta mantiene tuttora un ufficio che fornisce informazioni e servizi di traduzione.

1   Informazioni da Rita Bison
2   Vedi capitolo 9.

8

Media

Throughout the years, the Italian media – radio, print and television – have played an important role within the community. They have helped maintain the Italian language and culture, while keeping listeners, readers and viewers up to date on news and events. The history of Italian media in the Windsor area is closely linked to that of Detroit and Toronto. Therefore, the Italians in Windsor have had access to several of their radio and TV programs and to those from other nearby cities.

Print Media

La Gazzetta[1]

La Gazzetta was founded in 1972 in the spirit of Canada's new policy of multiculturalism. The inaugural issue listed Olimpio Ferrera, Pasquale Fiorino, John Marcogliese, John Rossi, Jimmy Ruggiero, and Walter Temelini[2] as members of the editorial board, and outlined the newspaper's primary goals: integrate and complement existing Italian language media; maintain and share the Italian language and culture; keep the Italian community informed with local, national and international news (particularly from Italy); and generate dialogue among Windsor's Italians. Beginning as a monthly publication, *La Gazzetta* became a weekly in 1975, adding news coverage for Detroit and suburbs, Sault Ste. Marie and Thunder Bay. In the 1980s, *La Gazzetta* included inserts of *The Cultural Mercury (Il Mercurio Culturale)* published by the Windsor Italo-Canadian Culture Centre.

While Walter Temelini stayed on as editor-in-chief and managing editor Rita Bison joined the staff in 1976, over the years, numerous volunteers also contributed in various ways to the newspaper. Although publication ceased in 2000, *La Gazzetta* still maintains an office which provides information and translation services.

---

1   Information from Rita Bison
2   See Chapter 9.

First edition of La Gazzetta Italian community newspaper, November 1972.

Prima edizione del giornale della comunità italiana La Gazzetta, novembre 1972.

Courtesy/Cortesia: Rita Bison, P11130

Caboto News, June 1965.
Caboto News, giugno 1965.
Courtesy/Cortesia: Florindo and Domenica Mandarino, P11106

Front page of the Fogolâr News, a bi-monthly newsletter of the Fogolar Furlan Club of Windsor, Summer 2008. Originally a monthly publication, the newsletter was first published in 1993. The online edition was first produced in 2006.

Prima pagina del Fogolâr News, un bollettino bimestrale del Club Fogolar Furlan di Windsor, estate 2008. Inizialmente una pubblicazione mensile, il bollettino fu pubblicato per la prima volta nel 1993. La prima edizione in linea fu prodotta nel 2006.

Courtesy/Cortesia: Fogolar Furlan Club

CORRIERE CIOCIARO

JUNE, 2008

A PUBLICATION OF THE CIOCIARO CLUB OF WINDSOR

General Meetings

The next General Assembly Meeting will take place on Sunday, September 28 at 9:30 am.

Riunione Generale

La prossima Riunione Generale sara il 28 settembre alle 9:30 am.

Friday Night Specials

June 6: Filet of Fish Livornese, Rice, Vegetable

June 13: Stuffed Chicken Breast, Lasagna, Vegetable

June 20: Rabbit Cacciatore, Polenta and Vegetable

June 27: Roasted Quail, Potato and Vegetable

July 4: Stuffed Filet of Sole, Risotto, Vegetable

July 11: Grilled New York Steak, Potato, Vegetable

July 18: Veal Parmigiana, Gnocchi, Vegetable

July 25: Baccala, Polenta, Vegetable

August 1: Prime Rib, Potato, Vegetable

August 8: Roasted Lamb, Potato, Vegetable

August 15: Osso Buco, Polenta, Vegetable

Miss Italia Nel Mondo

For the first time ever in Windsor, the Ciociaro Club proudly hosted the Miss Italia Nel Mondo Finals. The contestants came from all over - as far as Vancouver. The event took place May 4, 2008 and there were nineteen contestants. The night commenced with a fabulous dinner and continued with wonderful entertainment. With us that evening was Simona Rodano who is known for her role in "The Sound Of Music" and also "Pinocchio".

We would like to congratulate STEFANIE MASOTTI who was crowned Miss Italia Nel Mondo and will go on to Venice, Italy to participate in the WJorld competition. We would also like to thank the committee for doing such a great job in organizing this successful event.

Miss Italia Nel Mondo

Per la prima volta a Windsor, il Ciociaro Club di Windsor ha avuto l'onore di ospitare le finali Canadesi di Miss Italia nel Mondo.

Le partecipanti sono arrivate sino da Vancouver, raggiungendo 19 partecipanti. L'evento ha avuto luogo il 4 Maggio 2008.

La serata ha avuto inizio con una meravigliosa cena ed e' proseguita con uno stupendo spettacolo. La serata e' stata arricchita dalla presenza di Simona Rodano, conosciuta per le sue esibizioni in " The sound of the music" e "Pinocchio".

Congratulazioni a Stefanie Masotti che e' stata incoronata Miss Italia nel Mondo Canada e partecipera' alle finali a Venezia, Italia.

Vorremmo inoltre congratularci con il comitato organizzatore per aver lavorato duramente per conseguire tale successo.

Front page of Corriere Ciociaro, the newsletter of the Ciociaro Club of Windsor, June 2008.

Prima pagina del Corriere Ciociaro, il bollettino del Club Ciociaro di Windsor, giugno 2008.

Courtesy/Cortesia: Ciociaro Club

G. Caboto Club Notizie/News 11/08

Giovanni Caboto di Saverio Galli

Dal Presidente Paolo Savio

Cari soci,

Come avrete senz'altro visto che si sta' completando un grande e importante progetto, con un nuovo tetto e l'installazione dei nuovi macchinari per l'aria condizionata e riscaldamento, per cosi mantenere il Giovanni Caboto Club nelle migliori condizioni, con sistemi nuovi e moderni, e con un risparmio per il futuro nell'uso del gas naturale. Ci stiamo avvicinando alle votazioni per il nuovo Consiglio 2009/2010, che si svolgeranno dopo l'assemblea di domenica 14 dicembre. Prima di dare il voto, pensateci sopra, (dare il voto perche' e' un mio amico?...o perche' mi ha chiamato?....) fate alcune domande a questi soci, chiedendo, per quale motivo vogliono far parte del direttivo e che cosa hanno da portare al Caboto Club. Colgo questa occasione per ringraziare tutto il personale del Caboto, per la loro dedizione verso il Club, e assieme a voi soci e alle vostre famiglie estendo un caloroso augurio di un Santo Natale e un felice Anno Nuovo, colmo di salute e serenita'.

Dear Members, As you certainly have seen, we are completing a great and important project in a new roof and machines for the air conditioning and heating. Our purpose is to maintain the Giovanni Caboto Club in the best conditions using equipment that is not only modern, but cost-efficient in terms of natural gas and energy consumption. Amongst other things, we are vastly approaching election time for the new 2009 and 2010 council and wish to remind everyone to attend the assembly of Sunday December 14. We ask that before you cast a vote to think about who you will support. (ie. Are you supporting someone because he is your friend? Or are you voting for this person because he called you?) Be sure to ask questions. Be sure to understand why this person wants to represent the Caboto Club on the board of directors, and what they can contribute. I also wish to take this opportunity to thank all the personnel of Caboto for their devotion towards the Club, and to the membership for which I wish a Merry Christmas and Happy New Year with plenty of good health and happiness.

Caboto Soccer

2008 was another successful season for the Caboto Soccer Club. The Caboto Soccer Committee and all its coaches and players would like to thank the Caboto Club for the tremendous support throughout the season. On the field, many of our teams excelled by winning Windsor and District Soccer League - League Championships (U-12 Boys, U-13 Boys, U-14 Boys, U-16 Girls, U-18 Girls, Senior Women), Playoff Championships (U-13 Boys, U-14 Boys, U-16 Girls, U-18 Girls, Senior Women), and Cup Championships (U-12 Boys, U-14 Boys, U-16 Boys, U-16 Girls, Senior Women). We have 23 teams ranging from U-9 to Senior (both on boys and girls) 400 kids registered 2008 & 700 people at the banquet. The Club also recognized two coaching staffs for their efforts in 2008. The Under 16 Girls coached by Mirko Bontorin, John Benotto, and Paul Phillips as well as the Under 14 Boys coached by Joe Califano, Ignazio Butera, and Fred Zanet were recognized as Coaches of the Year by the Caboto Soccer Committee. We are all looking forward to the 2009 Soccer Season,

Egidio Mosca Chairman - G. Caboto Soccer Club

Caboto Children's Christmas Party / Festa Babbo Natale

Santa is coming on December 21 to bestow his gifts to the children (not grand children) of our members. In this newsletter you will also receive an official "SANTA GIFT CARD" to be used only for children born after January 1, 1998.

To avoid disappointments, children of our members are the only ones eligible to attend this great event. Gifts will be distributed upon Santa's arrival. Doors open at 12:15 PM and entertainment begins at 1 PM. A hotdog lunch will be served while Santa distributes the gifts. Have a Safe and Happy Holiday!

Chair Gino Benotto

EVENTI

Nov
01 Banchetto Trevisani
05 GCC Charity Pasta Night
08 Banchetto Caccia e Pesca
09 Messa per I soci defunti
15 Chiusura Nomine Italiano dell'anno
16 Assemblea
19 New Year Eve Tickets
22 Bocciofila Banquet

Dec
03 GCC Charity Pasta Night
11 Riunione Consiglio
14 Assemblea/Elezioni
21 Children Christmas Party
31 Laurea Emeritus chiusura nomine
31 New Year's Eve Gala

Jan 09
07 GCC Charity Pasta Night
08 Riunione Consiglio
10 Banchetto Volontari
17-8 Wedding Extravaganza
25 Assemblea, Ladies Auxiliary Polenta Dinner

Feb
04 GCC Charity Pasta Night
12 Riunione Consiglio
14 Silano Valentine's Gala
15 Assemblea
23 Blood Drive

Mar
04 GCC Charity Pasta Night
07 Italiano Dell'Anno Gala
08 Women's Day
12 Riunione Consiglio
15 Assemblea

Office 519 252-8383
Fax 519 252-6954
Bar 519 252-4910
info@cabotoclub.com
www.cabotoclub.com

First page of the G. Caboto Club Notizie/News, Novembre 2008.

Prima pagina del Club G. Caboto Notizie/News, novembre 2008.

Courtesy/Cortesia: Caboto Club, PM1479

Teresio Barichello, the recording technician from the early 1970s to the mid-90s for the "Alfio Golini Show," the St. Angela Merici Sunday program, "La Voce Italiana," and the "Vince Mancina Show," during a tape recording in the sound proof studio he built in his basement.

Teresio Barichello, il registratore tecnico dai primi del 1970 alla metà degli anni '90 per l' "Alfio Golini Show," il programma domenicale di Sant'Angela Merici, "La Voce Italiana," e il "Vince Mancina Show," durante una registrazione nello studio insonoro da lui costruito nel suo seminterrato.

Courtesy/Cortesia: Teresio Barichello, P13583

Programmi e personalità radiofonici della zona - Passato e presente[3]

Programma	*Stazione/Città*
Alfio Golini Show	CHYR (AM 700 Leamington)
Arcobaleno musicale italiano – Alfio Golini	CHYR (AM 700 Leamington)
Armando e Carmine Viselli	WMZK (FM 98 Detroit)
Domenica insieme – Enrico e Veronica Mancini	WNXK (AM 690 Detroit)
*Forza Italia – Mark Conte	CJAM 99.1 FM Windsor
I come Italia – Jimmy Ruggiero	CJOM (FM 88.7 Windsor)
Ilio Benvenuti Italian Show – Ilio Benvenuti	WMZK (FM 98 Detroit)
Italia canta	WQRS (FM 105.1 Detroit)
Ora Italiana – Gino Giovanetti	WJLB (FM 98 Detroit)
Mattutino musicale – Jimmy Ruggiero	CJOM (FM 88.7 Windsor)
Melodie italiane	WQRS (FM 105.1 Detroit)
*Musica Italia – Vince Mancina	CJSP (FM 92.7 Leamington)
Nostalgia d'Italia – Dino Valle	WCAR/WIID (AM 1090 Livonia)
Pomeriggio musicale italiano – Alfio Golini	CHYR (AM 700 Leamington)
Programma della chiesa di Sant'Angela Merici – Padri Scalabriniani	CHYR (AM 700 Leamington)
Programma musicale italiano	WMZK (AM 1400/FM 98 Detroit)
	WNZK (AM 690 Detroit)
	WPON (AM 1460 Oakland)
Sette note	CHYR (AM 700 Leamington)
Sogni d'Italia	CKJD (AM 1250 Sarnia)
The Italian Hour – Larry Bruzzese	WCAR/WIID (AM 1090 Livonia)

*Programma attuale

---

3   Informazioni parzialmente basate su *La Gazzetta*

Area Radio Programs and Personalities – Past and Present[3]

Show	Station/City
Alfio Golini Show	CHYR (AM 700 Leamington)
Arcobaleno musicale italiano – Alfio Golini	CHYR (AM 700 Leamington)
Armando e Carmine Viselli	WMZK (FM 98 Detroit)
Domenica insieme – Enrico and Veronica Mancini	WNXK (AM 690 Detroit)
*Forza Italia – Mark Conte	CJAM (FM 99.1 Windsor)
I come Italia – Jimmy Ruggiero	CJOM (FM 88.7 Windsor)
Ilio Benvenuti Italian Show – Ilio Benvenuti	WMZK (FM 98 Detroit)
Italia canta	WQRS (FM 105.1 Detroit)
Ora Italiana – Gino Giovanetti	WJLB (FM 98 Detroit)
Mattutino musicale – Jimmy Ruggiero	CJOM (FM 88.7 Windsor)
Melodie italiane	WQRS (FM 105.1 Detroit)
*Musica Italia – Vince Mancina	CJSP (FM 92.7 Leamington)
Nostalgia d'Italia – Dino Valle	WCAR/WIID (AM 1090 Livonia)
Pomeriggio musicale italiano – Alfio Golini	CHYR (AM 700 Leamington)
Programma della chiesa Sant'Angela Merici – Scalabrini Fathers	CHYR (AM 700 Leamington)
Programma musicale italiano	WMZK (AM 1400/FM 98 Detroit)
	WNZK (AM 690 Detroit)
	WPON (AM 1460 Oakland)
Sette note	CHYR (AM 700 Leamington)
Sogni d'Italia	CKJD (AM 1250 Sarnia)
The Italian Hour – Larry Bruzzese	WCAR/WIID (AM 1090 Livonia)

*Current program

---

3   Partially based on information from *La Gazzetta*

Armando Viselli working on a program for his Italian radio show, 2002.
Armando Viselli impegnato a un programma radiofonico, 2002.
Courtesy/Cortesia: Armando Viselli, P10869

Promotional poster for the "Alfio Golini Show" hosted by Alfio Golini from 1955 to 1986.

Manifesto pubblicitario dell'"Alfio Golini Show" presentato da Alfio Golini dal 1955 al 1986.

Courtesy/Cortesia: Alfio Golini, P11219 & 11220

The Alfio Golini Show[4]

La nuova stazione radio, CJSP (ora CHYR), nacque a Leamington nel 1955 quando George Bonavia suggerì di estendere il collegamento ai vari gruppi etnici della contea di Essex attraverso un programma speciale della domenica, chiamato "Citizens All". In seguito a un incontro con il direttore e direttore di programma, Alfio Golini, un agente assicurativo che era in Canada da 5 anni, fu invitato a condurre il segmento italiano. Nel febbraio 1955, l'"Alfio Golini Show" andò in onda per la prima volta, un segmento di 15 minuti che divenne in seguito un programma della durata di quattro ore e mezza, il primo nell'Ontario sudoccidentale.

L'inizio fu difficile perché Alfio non aveva dischi italiani e dovette farsi prestare alcuni 78 giri dai suoi amici. Ricorda: "Una domenica mattina, stavo prendendo i dischi dal sedile del passeggero della mia auto e li ho fatti cadere…TOMBOLA! Non avevo la musica. Ma fui fortunato: la biblioteca della stazione aveva della musica sudamericana che potei usare per quella domenica". All'inizio il programma andava in onda dal vivo e, anni dopo, fu usato un segmento di due ore registrato, cosicché Alfio potesse andare a casa prima. Lo studio di registrazione si trovava presso la residenza delle suore della chiesa di Sant'Angela Merici e in seguito fu trasferito nel seminterrato della casa di Teresio Barichello, il tecnico di registrazione. La moglie di Alfio, Ester, e la figlia Marisa furono di grande aiuto con gli effetti speciali, e dei buoni amici: Nicolino Di Donato, Luigi Pilon e Jimmy Ruggiero aiutarono anche con il programma. Alfio lasciò il programma nel 1986.

Forza Italia Radio[5]

Questo programma radio va in onda ogni domenica alle 11:00 del mattino su CJAM (91.5 FM) dallo studio presso l'Università di Windsor. Condotto da Mark Conte,[6] il programma presenta musica e discorsi su argomenti quali l'esperienza dell'immigrazione, la religione, la storia e gli eventi attuali. Il dialogo è incorporato tramite ospiti speciali e ascoltatori che telefonano da Windsor e a volte dall'area di Toronto.

Egizio (Jimmy) Ruggiero[7]

Jimmy nacque il 21 dicembre 1937 ad Alessandria, in Egitto e visse a Casoria, Napoli (Campania) prima di immigrare a Windsor nel 1967. Fu presidente della S.S. Italia (Società Sportiva) nel 1967-68, aiutò un gruppo di volontari con la fondazione del Partenope Club nel 1974 e ne fu presidente dagli inizi fino al 1980.

Jimmy assistette Alfio Golini dal 1968 al 1975 con i programmi della domenica italiana dalla durata di un'ora: "Arcobaleno musicale italiano," "Pomeriggio musicale italiano" e "Sette note", trasmessi

---

4   Informazioni da Alfio Golini
5   Informazioni da Mark Conte
6   Ex co-presentatori includevano Fabio Costante e Alex Mazzone.
7   Informazioni da Jimmy Ruggiero

The Alfio Golini Show[4]

The new radio station, CJSP (now CHYR), came into existence in Leamington in 1955 when George Bonavia suggested reaching out to the various ethnic groups in Essex County through a special Sunday program called "Citizens All." After meeting with the manager and program manager, Alfio Golini, an insurance agent who had been in Canada for five years, was invited to host the Italian segment. In February 1955, the "Alfio Golini Show" aired for the first time, a 15-minute segment which later became a four-and-a-half-hour program, the first in Southwestern Ontario.

The beginning was difficult because Alfio had no Italian records and had to borrow some 78 RPMs from his friends. He remembers: "One Sunday morning, I was getting the records from the passenger side of my car and I dropped them…BINGO! I had no music. But I was lucky; the station library had some South American music which I was able to use for that Sunday." At first, the program aired live and, in later years, a taped two-hour segment was used so that Alfio could go home earlier. The recording studio was at the St. Angela Merici Church nuns' residence and later transferred to the basement of the home of Teresio Barichello, the recording technician. Alfio's wife Ester and daughter Marisa were a great help with special effects, and good friends Nicolino Di Donato, Luigi Pilon and Jimmy Ruggiero also assisted with the program. Alfio retired from the show in 1986.

Forza Italia Radio[5]

This radio program airs every Sunday morning at 11:00 a.m. on CJAM (91.5 FM) from the studio at the University of Windsor. Hosted by Mark Conte,[6] the program presents music and lectures on topics such as the immigration experience, religion, history and current events. Dialogue is incorporated by means of special guests and callers from Windsor and occasionally the Toronto area.

Egizio (Jimmy) Ruggiero[7]

Jimmy was born on December 21, 1937 in Alexandria, Egypt and lived in Casoria, Naples (Campania) before immigrating to Windsor in 1967. He served as president of the S.S. Italia (Società Sportiva) in 1967-68, helped a group of volunteers with the founding of the Partenope Club in 1974 and served as president from its inception until 1980.

Jimmy assisted Alfio Golini from 1968 to 1975 with the Italian Sunday one-hour programs, "Arcobaleno musicale italiano," "Pomeriggio musicale italiano" and "Sette note" aired on the Leamington CHYR radio station. In 1974, on Sunday mornings on Sarnia's CKJD, he conducted a one-hour taped program, "Sogni d'Italia," which featured music, news, interviews and events in the Italian community.

---

4   Information from Alfio Golini
5   Information from Mark Conte
6   Former co-hosts included Fabio Costante and Alex Mazzone.
7   Information from Jimmy Ruggiero

Jimmy Ruggiero interviewing Pelé, a famous Brazilian soccer player, 1976.
Jimmy Rugggiero intervista Pelé, il famoso calciatore brasiliano, 1976.
Courtesy/Cortesia: Jimmy Ruggiero, P13040

Jimmy Ruggiero (left) at the Pupo show, his first one in North America, 1978.
Jimmy Ruggiero (a sinistra) al concerto di Pupo, il suo primo in Nord America, 1978.
Courtesy/Cortesia: Jimmy Ruggiero, P13041

Jimmy Ruggiero and Luciano Tajoli, Princeton Motel, Windsor, 1978.
Jimmy Ruggiero e Luciano Tajoli, Princeton Motel, Windsor, 1978.
Courtesy/Cortesia: Jimmy Ruggiero, P13039

alla stazione radio CHYR di Leamington. Nel 1974 da CKJD di Sarnia condusse la domenica mattina un programma registrato di un'ora, "Sogni d'Italia," che presentava musica, notizie, interviste ed eventi nella comunità italiana.

Per sei mesi, nel 1975, Jimmy co-presentò "The Larry Bruzzese Show" alla stazione radio di Detroit WIID. Dal 1975 al 1980, fu produttore unico e presentatore del programma mattutino italiano, "I come Italia," che andava in onda dalla domenica al venerdì mattina da CJOM di Windsor. Presentava musica e poesie italiane, notizie ed eventi locali di interesse per la comunità italiana, e anche notizie ed eventi sportivi, come le partite di calcio direttamente dall'Italia.

Jimmy intervistò personaggi molto noti, quali i cantanti Pupo e Al Martino, i comici e attori Lino Banfi e Franco Franchi, e persino il giudice di Windsor Carl Zalev. Fu presentatore di diversi concerti ospitanti cantanti italiani: Giacomo Rondinella ("Una Serata a Napoli"), Bobby Solo, Al Bano e Toto Cotugno.

Jimmy fu membro del comitato di relazioni pubbliche del Fogolar Furlan a beneficio delle vittime del terremoto del Friuli del 1976. In qualità di presentatore radio, comunicava direttamente, attraverso "Il Ponte Radio" del Friuli, con l'On. Ministro Zamberletti, all'epoca responsabile del fondo di assistenza per i terremotati. Con Frank Fazio, Jimmy fu co-presidente della campagna di raccolta fondi a favore delle vittime del terremoto in Campania del 1980.

Jimmy fu co-fondatore del giornale italiano di Windsor *La Gazzetta* e della Società Dante Alighieri. Per anni s'interessò al festival di di Sant'Angela Merici, tenuto ad agosto.

Nel 1988, Luigi Borroni, presidente dell'ITAL-UIL,[8] nominò Jimmy Ruggiero consulente e direttore della sede di Windsor. Gli furono affidate le pratiche e le procedure per i pensionati italiani residenti nell'Ontario del sud-ovest e altre questioni aventi a che fare con il governo italiano. In queste vesti Jimmy è tuttora al servizio degli italiani.

Anna Maria Tremonti[9]

Anna Maria è la presentatrice del programma "The Current" di CBC Radio. E' nata e cresciuta a Windsor. Ha frequentato la scuola superiore F. J. Brennan e l'Università di Windsor, laureandosi in Studi della Comunicazione. Sua madre Eleanor Zorzit, insegnante in pensione, nacque in Canada ma è di discendenze friulane, mentre il padre Tullio, nacque a Lorenzago di Cadore, Belluno (Veneto).

Anna Maria iniziò la sua carriera nelle radio private a CKEC a New Glasgow, Nuova Scozia, dove trascorse tre anni. In seguito lavorò presso la CBC a Fredericton come presentatrice del programma del mattino. Quando lasciò New Brunswick per un lavoro a Edmonton come cronista di strada

---

8   Istituto di Tutela e Assistenza Lavoratori di origine italiana
9   Scritto da Marisa De Franceschi come parte di un articolo, "An Interview with Anna Maria Tremonti," *Accenti Magazine* Online, 2004

For six months in 1975, Jimmy co-hosted "The Larry Bruzzese Show" on the Detroit radio station WIID. From 1975 to 1980, he was the sole producer and host of the Italian morning program, "I come Italia," aired Sunday through Friday mornings on CJOM Windsor. He showcased Italian music, poetry, local news and events of interest to the Italian community as well as news and sports events, such as soccer games directly from Italy.

Jimmy interviewed well-known personalities such as singers Pupo and Al Martino, comedians and actors Lino Banfi and Franco Franchi, and even Windsor Judge Carl Zalev. He was the Master of Ceremonies for several concerts hosting Italian singers Giacomo Rondinella ("Una Serata a Napoli"), Bobby Solo, Al Bano and Toto Cotugno.

Jimmy was a member of the Fogolar Furlan public relations committee to benefit the victims of the 1976 Friuli earthquake. As radio host, he communicated directly through the Friuli "Il Ponte Radio" with the Hon. Minister Zamberletti, who was in charge of the Friuli Earthquake Relief Fund. With Frank Fazio, Jimmy served as co-chairman of the fundraising campaign on behalf of the victims of the 1980 Campania earthquake.

Jimmy was a co-founder of the Windsor Italian newspaper *La Gazzetta* and the Dante Alighieri Society. He has been involved for several years in the annual St. Angela Merici Festival held in August.

In 1988, Luigi Borroni, president of the ITAL-UIL,[8] appointed Jimmy Ruggiero consultant and director of the Windsor office. He was entrusted with paperwork and procedures for Italian pensioners residing in southwestern Ontario and with other concerns dealing with the Italian government. Jimmy continues to serve Italians in this capacity.

Anna Maria Tremonti[9]

Anna Maria is the host of the radio program "The Current" on CBC. She was born and raised in Windsor. She attended F. J. Brennan High School and the University of Windsor, graduating in Communication Studies. Her mother Eleanor Zorzit, a retired teacher, was born in Canada and is of Friulian background, while her father Tullio was born in Lorenzago di Cadore, Belluno (Veneto).

Anna Maria began her career in private radio at CKEC in New Glasgow, Nova Scotia where she spent three years. She then joined the CBC in Fredericton as host of the morning show. When she left New Brunswick for a city beat reporter job in Edmonton, she was only twenty-four years old. In August 1983, she began working for CBC Television where she remained for nineteen years. For two years, Anna Maria was correspondent and host for "The Fifth Estate." She travelled the world, filing documentary reports from Berlin, London, Jerusalem and Washington, and covered

Anna Maria Tremonti at the Sarajevo Airport reporting during the war, c. 1992. Anna Maria's many awards also include a 2003 Canadian Italian National Award, and the International Press Club of Windsor's 2003 Quill Award.

Anna Maria Tremonti all'aeroporto di Sarajevo fa il reportage della guerra, 1992 ca. I numerosi premi di Anna Maria includono anche un 2003 Canadian Italian National Award e il 2003 Quill Award dell'International Press di Windsor.

Courtesy/Cortesia: Eleanor Tremonti

---

8 Istituto di Tutela e Assistenza Lavoratori (Assistance Office for Workers of Italian Origin)
9 Written by Marisa De Franceschi as part of an article, "An Interview with Anna Maria Tremonti," *Accenti Magazine* Online, 2004

aveva solo ventiquattro anni. Nell'agosto 1983 iniziò a lavorare per la CBC Television, dove rimase per diciannove anni. Per due anni, Anna Maria è stata la corrispondente e presentatrice di "The Fifth Estate". Ha viaggiato il mondo, trasmettendo reportage documentari da Berlino, Londra, Gerusalemme e Washington e si è occupata della cronaca di guerre e conflitti in più di trenta paesi. Anna Maria ha ricevuto due Gemini Award durante la sua carriera, un Outstanding Achievement Award dalla Toronto Women in Film and Television, e un Dottorato Honoris Causa dall'Università di Windsor.

La Voce Italiana (programma radio italiano della chiesa di Sant'Angela Merici)[10]

Sotto l'amministrazione di P. Rino Ziliotto, nel 1969 P. Raniero Alessandrini iniziò a mandare in onda il programma "La Voce Italiana" di mezz'ora di Sant'Angela Merici da CHYR Leamington ogni domenica dalle 6:00 alle 6:30 del pomeriggio. Forniva riflessioni sul Vangelo e altri temi religiosi, e musica italiana. Informava anche gli italiani di Windsor e della contea dell'Essex, di Sarnia e Detroit su notizie ed eventi locali e dall'Italia. Il programma proseguì negli anni settanta e ottanta con P. Pietro Gandolfi, P. Agostino Lovatin, la co-presentatrice Suor Rosaria Impellizzeri e con Teresio Barichello, tecnico di registrazione.

Programmi e personalità televisivi della zona – Passato e presente

Francesco (Frank) De Angelis[11]

Frank nacque l'8 ottobre 1939 a Sezze, Latina (Lazio), figlio di Augusta Ricci e Vincenzo De Angelis e fratello di Marcello, Giuseppe, Luigi, Annunziata e P. Augusto (prete e missionario nelle Filippine). L'11 novembre 1964, Frank venne a Windsor per sposare la sua ragazza, la concittadina Giuseppina (Pina) Pupatello, che era stata maestra in Italia. Furono sposati dieci giorni dopo nella chiesa di Sant'Angela Merici da P. Ugo Rossi. Hanno due figli, Frank Jr., sposato con Sandra Pintaric, e Max, sposato con Robin Santarossa. Frank e Pina hanno quattro nipoti.

Frank lavorò per il Ministero italiano delle poste e telecomunicazioni e fu cronista della sua città per i giornali nazionali *Il Messaggero* e *Il Quotidiano*. La sua intenzione era di ritornare in Italia, ma sia lui che Pina svilupparono un interesse nel Canada e decisero di rimanere. Il primo lavoro di Frank fu come operaio presso la Walker Metal Foundry; le sue scarse conoscenze dell'inglese gli impedirono di cercare un lavoro migliore. Un anno dopo, andò a lavorare come operaio con i cognati alla Pupatello Brothers Construction. Alcuni mesi dopo, nel 1966, costituì una sua società, la Frank De Angelis Construction Company Limited.

Frank iniziò a interessarsi alla comunità italiana e ai programmi televisivi italiani sia a Windsor che a Detroit. Produsse e diresse 52 episodi di "Milleluci" a WOXN, Allen Park, Michigan, con Dino Valle come presentatore. Nel 1973, Frank introdusse il primo programma televisivo in italiano

Frank De Angelis, Vice-Consul of Italy for Essex, Kent and Lambton counties, early 1990s.

Frank De Angelis, viceconsole d'Italia per le contee di Essex, Kent e Lambton, inizio degli anni '90.

Courtesy/Cortesia: Frank De Angelis, P14005

---

10   Alcune informazioni dal St.Angela Merici Church 1989:83
11   Scritto da Frank De Angelis

wars and conflicts in over thirty countries. Anna Maria has received two Gemini Awards during her career, an Outstanding Achievement Award from the Toronto Women in Film and Television, and an Honourary Doctorate degree from the University of Windsor.

La Voce Italiana (St. Angela Merici Church Italian Radio Program)[10]

Under the administration of Fr. Rino Ziliotto, in 1969 Fr. Raniero Alessandrini began airing the St. Angela Merici half-hour Italian program "La Volce Italiana" from CHYR Leamington every Sunday from 6:00-6:30 p.m. It provided reflections on the gospel and other religious themes, and Italian music. It also informed Italians in Windsor and Essex County, Sarnia and Detroit about news and events, locally and from Italy. The program continued through the 1970s and 1980s with Fr. Pietro Gandolfi, Fr. Agostino Lovatin, co-host Sister Rosaria Impellizzeri and Teresio Barichello as recording technician.

Area TV Programs and Personalities – Past and Present

Francesco (Frank) De Angelis[11]

Frank was born on October 8, 1939 in Sezze, Latina (Lazio), son of Augusta Ricci and Vincenzo De Angelis and brother to Marcello, Giuseppe, Luigi, Annunziata and Fr. Augusto (a priest and missionary in the Philippines). On November 11, 1964, Frank came to Windsor to marry his hometown girlfriend Giuseppina (Pina) Pupatello who had been a schoolteacher in Italy. They were married ten days later at St. Angela Merici Church by Fr. Ugo Rossi. They have two children, Frank, Jr., married to Sandra Pintaric, and Max, married to Robin Santarossa. Frank and Pina have four grandchildren.

Frank worked for the Italian Ministry of Post and Telecommunications and was a hometown reporter for the national newspapers, *Il Messaggero* and *Il Quotidiano*. It was Frank's intention to return to Italy; however, he and Pina developed an interest in Canada and decided to remain. Frank's first job was as a labourer at Walker Metal Foundry; lack of knowledge of English hindered his search for a better job. A year later, he worked as a labourer with his brothers-in-law at Pupatello Brothers Construction. A few months later in 1966, he established his own company, Frank De Angelis Construction Company Limited.

Frank became involved in the Italian community and in Italian television programs in both Windsor and Detroit. He produced and directed 52 episodes of "Milleluci" at WOXN, Allen Park, Michigan, with Dino Valle as host. In 1973, Frank introduced the first television show in Italian for Southwestern Ontario, "The Frank DeAngelis Show," the only ethnic program on CBC. A popular show, it drew an audience of over 34,000 viewers. His program aimed at preserving the Italian

Knight of the Order of Merit of the Republic of Italy medals awarded to Frank De Angelis in 1991.

Medaglie dell'Odine di Merito conferite dalla Repubblica Italiana a Frank De Angelis nel 1991.

Courtesy/Cortesia: Frank De Angelis, P14006

---

10 Some information from St. Angela Merici Church 1989:83
11 Written by Frank De Angelis

Billboard advertising Carosello Italiano in front of Trillium Cable 11 station, early 1990s.

Manifesto del Carosello Italiano dinanzi alla stazione Trillium Cavo 11, inizio degli anni '90.

Courtesy/Cortesia: Robert Scussolin, P13832

Carosello Italiano banner visible on the stage where I Figli del Sole are performing, February 27, 1994.

Insegna del Carosello italiano visibile sul palco dove I Figli del Sole si esibiscono, 27 febbraio 1994.

Courtesy/Cortesia: Francesco G. Biafora, P13036

per l'Ontario del sud-ovest, "The Frank DeAngelis Show", l'unico programma etnico su CBC. Il popolare programma contava un pubblico di oltre 34.000 telespettatori. Il suo programma aveva lo scopo di conservare la lingua italiana, evocando ricordi e tenendo gli italo-canadesi informati su notizie ed eventi attuali. Il programma fu in seguito interrotto a causa di un nuovo regolamento aziendale e Frank passò a Cogeco Cable TV per presentare il primo "Italian Panorama", programma che va tuttora in onda.

Nel 1978, Frank fu nominato viceconsole d'Italia per le contee dell'Essex, Kent e Lambton, carica che mantenne per oltre 12 anni. Lavorando come rappresentante del governo italiano, Frank divenne un collegamento tra il Canada e l'Italia. In riconoscimento dei molti anni prestati al servizio del suo paese natio, nel 1991 il governo canadese approvò la richiesta fatta dal governo italiano di conferire a Frank la nomina di Cavaliere dell'Ordine al Merito della Repubblica Italiana.

Frank fu un membro fondatore del Congresso nazionale degli italo-canadesi, presidente del Windsor Italian Professional and Businessmen's Association, direttore dell'Hospice e della Trillium Cable (ora Cogeco), membro onorario del Club Fogolar Furlan, co-presentatore e organizzatore del Fondo di soccorso per il terremoto in Friuli e Irpina, co-presentatore dell'Easter Seal Telethon per la distrofia muscolare e presidente della campagna di raccolta fondi per la Fondazione Marconi. Si unì alla Italian Trade Mission "98" con il primo ministro Jean Chrétien.

Frank dice: "Spero e prego che la cultura italiana, la sua unicità, i suoi costumi e le sue tradizioni, rimangano per le generazioni a venire".

Raffaele De Benedictis[12]

Raffaele, nato il 19 luglio 1964 a Miranda, Isernia (Molise), venne a Windsor nel 1984. Frequentò l'Università di Windsor, la Wayne State University e l'Università di Toronto, dove ricevette un Dottorato in letteratura italiana nel 1996. Attualmente insegna alla Wayne State University. Raffaele è autore di due libri, uno dei quali è *Ordine e struttura musicale nella* Divina Commedia, e di numerosi articoli apparsi in vari periodici universitari, riviste e giornali italiani, tra cui "Comedy, Tragedy, Humour in *Life is Beautiful*".

Nel 1984 Raffaele si unì a Frank De Angelis nella produzione e presentazione del programma "The Frank De Angelis Show." Nel 1985 Raffaele prese il controllo del programma e lo ribattezzò "Carosello Italiano" nel 1990. Presentò e produsse questo programma fino all'ottobre 2004, quando fu incorporato in "Panorama Italiano."

Raffaele è il fondatore e direttore del programma estivo Study Abroad – Summer Program in Italy: Wayne in Abruzzo, un programma educativo di quattro settimane che si tiene a Gagliano Aterno dal 2003.

---

12 Informazioni da Raffaele De Benedictis

language, evoking memories and informing Italo-Canadians about current news and events. The show was subsequently dropped due to a new corporate policy, and Frank moved to Cogeco Cable TV to host the first "Italian Panorama."

In 1978, Frank was appointed Vice-Consul of Italy for Essex, Kent and Lambton Counties, a position he held for over 12 years. Working as a representative of the Italian government, he became a link between Canada and Italy. In recognition of his many years of service to his native country, in 1991 the Canadian government approved the request made by the Italian government to award Frank the Designation of Chevalier-Knight of the Order to the Merit of the Republic of Italy.

Frank was a founding member of the National Congress of Italian Canadians, president of the Windsor Italian Professional and Businessmen's Association, director of Hospice of Windsor and Essex County and of Trillium Cable (now Cogeco), honorary member of the Fogolar Furlan Club, co-host and organizer for the Friuli and Irpinia Earthquake Relief Fund, co-host of the Easter Seal Telethon for Muscular Dystrophy, and chairman of the fundraising campaign for the Marconi Foundation. He joined the Italian Trade Mission "98" with Prime Minister Jean Chrétien.

Frank states: "I hope and pray that the Italian culture – its uniqueness, its customs and its traditions – will remain for the generations to come."

Raffaele De Benedictis[12]

Raffaele, born July 19, 1964 in Miranda, Isernia (Molise), came to Windsor in 1984. He attended the University of Windsor, Wayne State University and the University of Toronto where he earned a Ph.D. in Italian Literature in 1996. He is presently teaching at Wayne State University. Raffaele has authored two books, one being *Ordine e struttura musicale nella* Divina Commedia, and numerous articles in a wide variety of academic journals, magazines and Italian newspapers, including "Comedy, Tragedy, Humour in *Life is Beautiful*."

In 1984, Raffaele joined Frank De Angelis in producing and hosting his program "The Frank De Angelis Show." In 1985, Raffaele took over the show and renamed it "Carosello Italiano" in 1990. He produced and hosted this program until October 2004 when the program merged with "Panorama Italiano."

Raffaele is the founder and director of Study Abroad – Summer Program in Italy: Wayne in Abruzzo, a four-week educational program held in Gagliano Aterno since 2003.

Milleluci (Detroit)[13]

In 1974-75 on Channel 20 WXON, baritone Dino Valle hosted "Milleluci," a program that showcased Italian and American singers, dancers, and local orchestras.

Set of Carosello Italiano in Trillium Cable studio at 2525 Dougall Ave., early 1990s. Host Raffaele De Benedictis is seated on the left in front of a cardboard wall cleverly designed to give depth to the backdrop.

Scenario del Carosello Italiano nello studio del Trillium Cable al 2525 Dougal Ave., inizio degli anni '90. Il presentatore Raffaele De Benedictis è seduto a sinistra dinanzi a un murale abilmente disegnato per dare risalto allo sfondo.

Courtesy/Cortesia: Robert Scussolin, P13833

---

12 Information from Raffaele De Benedictis
13 Information from http://www.dinovalle.com/dino_bro.htm

Carmine Viselli edits his Italian radio show with his nephew Fabio Biafora.
Carmine Viselli redige il suo programma radiofonico italiano col nipote Fabio Biafora.

Milleluci (Detroit)[13]

Nel 1974-75 su Channel 20 WXON, il baritono Dino Valle presentava "Milleluci", un programma che esibiva cantanti, ballerini italiani e americani e orchestre del luogo.

Mosaico Italiano[14]

"Mosaico Italiano," un programma televisivo di mezz'ora di Anna Saurini e Lori N. Oliverio, che presenta biografie personali di immigrati italiani dall'Ontario del sud, iniziò la trasmissione su Cogeco Cable 11 nell'ottobre 2003.

Nell'ottobre 2004, la direzione di Cogeco suggerì che i tre programmi italiani indipendenti fossero combinati in uno solo. Il "Carosello Italiano" fu allora incorporato in "Panorama Italiano". Tuttavia, "Mosaico Italiano" (prodotto dalla M.G.A. Studio Productions) si trasferì a Southshore Broadcasting CFTV 34 a Leamington. Ora, "Mosaico Italiano" è un programma di sessanta minuti.

Anna Saurini è la presentatrice di "Mosaico Italiano" e la direttrice dei programmi italiani alla Southshore Broadcasting CFTV 34. Lori N. Oliverio è presidente della M.G.A Studio Productions.

Robert Scussolin[15]

Robert è il direttore della programmazione e delle relazioni comunitarie alla *TV*COGECO Windsor Cable 11.

Nato e cresciuto a Windsor, Robert frequentò il Kennedy Collegiate Institute e ottenne un Honours B.A. in Studi della Comunicazione all'Università di Windsor. I genitori di Robert erano immigrati italiani. Sua madre Maria Annunziata Mignogno era nata a Riccia, Campobasso (Molise), mentre il padre Remo, a Gradiscutta, Udine (Friuli-Venezia Giulia).

Dopo la laurea, Robert lavorò per tre anni come produttore per la Maclean Hunter Cable TV a Peterborough, Ontario. Nel 1984 la Windsor Cable Communications iniziò la sua attività e Robert tornò a casa per produrre programmi televisivi locali. Ha prodotto una varietà di programmi, tra cui sport, vendite all'asta, musica e molti altri. Robert fu il produttore originario del Frank De Angelis Show su Cable 11. Ha vinto alcuni Ontario Programmers Awards per le produzioni e il prestigioso Omer Girard Award per la programmazione in Canada. E' divenuto Programming and Community Relations Manager presso la *TV*COGECO Windsor Cable 11 nel 2004.

Robert sposò Janice Manarin nel 1987 e hanno due figli, Michael e Steven.

---

13 Informazioni da http://www.dinovalle.com/dino_bio.htm
14 Informazioni fornite da Lori N. Oliverio, rappresentante di Windsor e della contea dell'Essex e videografa per TLN Telelatino. Il suo lavoro è andato in onda sui segmenti "Notte Bene" e "Oggi".
15 Informazioni da Robert Scussolin

Mosaico Italiano[14]

"Mosaico Italiano," a half-hour television program by Anna Saurini and Lori N. Oliverio featuring personal biographies of Italian immigrants from Southern Ontario, began broadcasting on Cogeco Cable 11 in October 2003.

In October 2004, the management of Cogeco suggested that the three separately-owned Italian programs be combined into one. "Carosello Italiano" then merged with "Panorama Italiano." However, "Mosaico Italiano" (produced by M.G.A. Studio Productions) moved to Southshore Broadcasting CFTV 34 in Leamington. "Mosaico Italiano" is now a sixty-minute program.

Anna Saurini is the host of "Mosaico Italiano" and the Italian Program Director with Southshore Broadcasting CFTV 34. Lori N. Oliverio is the President of M.G.A Studio Productions.

Robert Scussolin[15]

Robert is the Programming and Community Relations Manager at *TV*COGECO Windsor Cable 11.

Born and raised in Windsor, he attended Kennedy Collegiate Institute and graduated from the University of Windsor with an Honours B.A. in Communication Studies. Robert's parents were Italian immigrants. His mother Maria Annunziata Mignogno was born in Riccia, Campobasso (Molise) and his father Remo, in Gradiscutta, Udine (Friuli-Venezia Giulia).

After Robert's graduation, he worked as a producer for Maclean Hunter Cable TV in Peterborough, Ontario for three years. In 1984, Windsor Cable Communications started operations and Robert returned home to produce local television shows. He has produced a variety of programs including sports, auctions, music and much more. Robert was the original producer of the Frank De Angelis Show on Cable 11. He has won Ontario Programmers Awards for productions as well as the prestigious Omer Girard Award for Programming in Canada. He became Programming and Community Relations Manager at TVCOGECO Windsor Cable 11 in 2004.

Robert married Janice Manarin in 1987 and they have two children, Michael and Steven.

Luigi Tosti[16]

Luigi was born in Torrice, Frosinone (Lazio) on April 22, 1938. After the fifth grade, he completed his junior high school at the diocesan seminary in Veroli and his classical studies in Anagni. He served in the army as a non-commissioned officer prior to coming to Windsor in 1966.

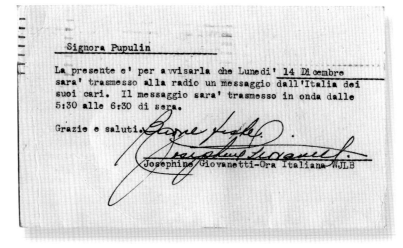

Messages could be sent to family members and friends through local radio stations. This card announces the time and date of the message to be aired.

Messaggi potevano essere trasmessi a parenti e amici tramite le stazioni radio locali. Questo biglietto mostra l'ora e la data della trasmissione del messaggio.

Courtesy/Cortesia: Nevi Rusich, P11120A

---

14 Information provided by Lori N. Oliverio, the Windsor and Essex County representative and videographer for
    TLN Telelatino. Her work has been aired on "Notte Bene" and "Oggi" segments.
15 Information from Robert Scussolin
16 Information from Luigi Tosti

Luigi Tosti (right) receiving a plaque from Giacomo Troia, Assessore of the Lazio Region, at the third conference of the Emigranti Laziali in Marino, Rome, 1991.

Luigi Tosti (a destra) riceve una targa da Giacomo Troia, Assessore della Regione Lazio, alla terza conferenza degli Emigranti Laziali a Marino, Roma, 1991.

Courtesy/Cortesia: Luigi Tosti, P14084

Luigi Tosti[16]

Luigi nacque a Torrice, Frosinone (Lazio) il 22 aprile 1938. Dopo la quinta, frequentò le scuole medie al seminario diocesano di Veroli e il classico ad Anagni. Prima di venire a Windsor, nel 1966, servì nell'esercito come sottufficiale.

All'arrivo, Luigi lavorò all'impianto di trasmissione della General Motors fino al pensionamento nel 2001. Sposò la sua fidanzata concittadina Fernanda Testani nel 1967, presso la chiesa di Sant'Angela Merici ed ebbero due figli: Vincenzo[17] nel 1969 e Maria Luisa nel 1976. Nonostante fosse nata con un difetto di nascita, Maria Luisa fu in grado di frequentare le scuole normali e si laureò all'Università di Windsor, grazie a una carrozzella creata da Luigi.

Incoraggiato da Fernanda,[18] Luigi divenne membro del Club Ciociaro nel 1973 e direttore nel 1975. Ne fu presidente dal 1978 al 2001, salvo negli anni 1990-91. Sotto la sua presidenza, il club intraprese diverse aggiunte ed espansioni: i rinnovi della sala principale, la costruzione di un complesso ricreativo e di un padiglione esterno, un complesso sportivo con pista ciclabile, un nuovo ingresso, la ricostruzione e l'espansione del complesso ricreativo e i miglioramenti dei campi di calcio e di baseball. Un'altra espansione importante dell'edificio principale includeva l'ingrandimento delle strutture di ristorazione, un bar per i soci, una biblioteca, sale riunioni e un bocciodromo. Il santuario della Madonna di Canneto, costruito nel 1999, fu inaugurato nel febbraio 2001.

L'obiettivo di Luigi era di coinvolgere i giovani negli eventi culturali, affinché si sentissero orgogliosi del proprio patrimonio italiano. Nel 1980, quando era al Club Ciociaro, istituì un programma di scambio di studenti con un ente della regione Lazio per dare agli studenti di Windsor l'opportunità di fare esperienza della cultura italiana. Questo programma, che continua ancora oggi, era associato all'elezione di Miss Ciociaria, che si teneva al Club Ciociaro, per cui il paese di origine della Miss veniva chiamato Comune dell'Anno. Si facevano preparativi con il sindaco del paese per ospitare Miss Ciociaria insieme a un gruppo da 10 a 15 studenti per due o tre settimane nella regione Lazio, mentre altrettanti studenti di quella regione venivano a Windsor per essere ospitati dai membri del Club Ciociaro. Luigi organizzò anche eventi culturali con la partecipazione di gruppi dall'Italia, da parti del Canada e degli Stati Uniti, tra cui La compagnia del canto popolare di Napoli, l'Orchestra da Camera di Tivoli e gruppi folcloristici per il festival del folclore internazionale, solo per nominarne alcuni.

Luigi ha sempre voglia di aiutare cause e organizzazioni di beneficenza. Durante il suo coinvolgimento al Club Ciociaro, fu organizzato un banchetto nel 1991 il cui ricavato andò alla restaurazione della chiesa di Sant'Angela Merici. Nel 1999 partecipò al progetto per la fontana del millennio davanti alla chiesa e aiutò a programmare una raccolta fondi per l'Associazione dell'ipertensione polmonare.

---

16 Informazioni da Luigi Tosti
17 Morì nel 1998.
18 È morta nel settembre 2008.

Upon arrival, Luigi worked at the General Motors Transmission Plant until his retirement in 2001. He married Fernanda Testani, his hometown fiancée, in 1967 at St. Angela Merici Church and they had two children, Vincenzo[17] in 1969 and Maria Luisa in 1976. Although born with a birth defect, Maria Luisa was able to attend regular school, thanks to a carriage created by Luigi, and is a University of Windsor graduate.

Encouraged by Fernanda,[18] Luigi became a member of the Ciociaro Club in 1973 and a director in 1975. He was president from 1978-2001, with the exception of 1990-91. Under his presidency, the club underwent many additions and expansions: main hall renovations; construction of a field house and outdoor pavilion; a sports complex with bicycle track; a new entrance; reconstruction and expansion of the field house; and improvements to soccer fields and baseball diamonds. Another major expansion of the main building included larger catering facilities, a members' bar, a library, meeting rooms and a *bocciodromo*. The shrine of the Madonna di Canneto built in 1999 was inaugurated in February 2001.

It has been Luigi's objective to involve young people in cultural events so that they feel proud of their Italian heritage. In 1980 while at the Ciociaro Club, he established an annual summer student exchange program with an institution in the Lazio region to give the *ciociari* students from Windsor an opportunity to experience the Italian culture. This program, which still continues today, was associated with Miss Ciociaria's election held at the Ciociaro Club, whereby her town of origin was named Comune dell'Anno. Arrangements would be made with the hometown mayor to host Miss Ciociaria along with 10 to 15 students for two-three weeks in the Lazio region while a similar number of students from that region would come to Windsor, hosted by members of the Ciociaro Club. Luigi also arranged cultural events with the participation of groups from Italy, parts of Canada and the U.S., including La Compagnia Del Canto Popolare from Napoli, la Chamber Orchestra from Tivoli and folklore groups for the international folk festival, to name a few.

Luigi is always eager to help causes and charitable organizations. Through his involvement at the Ciociaro Club, a banquet was organized in 1991 with proceeds going to the restoration of St. Angela Merici Church. He was part of the project in 1999 for the millennium fountain in front of the church and helped plan a fundraising for the Pulmonary Hypertension Association. In 2001, organizations and charities such as Spina Bifida Association, Children's Rehabilitation Centre, Easter Seals and Italian Canadian HandiCapable Association were helped.

As a representative of COMITES (Comitato degli Italiani all'Estero), in 1993, Luigi and others organized public meetings, which were attended by a representative of COMITES from Toronto to inform the Italian community about the new law for dual citizenship. Over a thousand people

Luigi Tosti, of Windsor Transmission Plant, with the unique "Chariot."

Luigi Tosti creating a "chariot" for his daughter Maria Luisa, to facilitate her mobility and independence.

Luigi Tosti crea una "carrozzella" per sua figlia Maria Luisa, per facilitare la sua mobilità e indipendenza.

Courtesy/Cortesia: Luigi Tosti, P14086

17 He passed away in 1998.
18 She passed away in September 2008.

Nel 2001, furono aiutate organizzazioni e beneficenze quali l'Associazione Spina Bifida, il Centro di riabilitazione bambini, l'Easter Seals e l'Italian Canadian HandiCapable Association.

Come rappresentante del COMITES (Comitato degli Italiani all'Estero) dalla sua fondazione nel 1992, Luigi e altri organizzarono incontri pubblici nel 1993 per informare la comunità italiana della nuova legge sulla doppia cittadinanza, che fu presenziata da un rappresentante del COMITES di Toronto. Oltre mille persone parteciparono agli incontri e molti finirono con il rinnovare la propria cittadinanza italiana. Nel 2000, Luigi s'impegnò anche a salvare il programma degli studi italiani presso l'Università di Windsor.[19]

Il programma televisivo italiano, Panorama Italiano, inizialmente condotto da Frank De Angelis, era trasmesso a Leamington dall'Essex Trillium Cable dal 1984 e sponsorizzato dal Club Roma soprattutto per la comunità di Leamington. All'inizio fu prodotto da Armando Bonfiglio e poi prodotto e presentato da Tony Zompanti, fino al suo pensionamento nel dicembre 2003. Il programma comunicava notizie di eventi comunitari e presentava segmenti culturali dall'Italia tramite la RAI International da New York.

Nel gennaio 2004 Luigi divenne produttore e conduttore di Panorama Italiano, estendendolo alle comunità di Chatham e Sarnia. Fa la cronaca di eventi sportivi, sociali, religiosi e culturali per i telespettatori nell'Ontario del sud-ovest. Fornisce anche interviste con rappresentanti di governo, locali e dall'Italia, uomini d'affari, leader politici e di associazioni nella comunità su diversi temi importanti. Panorama Italiano mira anche a conservare la lingua e la cultura italiane.

Luigi ricevette il Premio Nazionale Ciociaria il 26 febbraio 1999 a Frosinone, premio concesso per la prima volta a un italiano fuori dall'Italia.

---

19 Vedi capitolo 3.

attended the meetings and many went on to renew their Italian citizenship. In 2000, Luigi also became involved in efforts to save the Italian Studies Program at the University of Windsor.[19]

Italian television program, Panorama Italiano, initially hosted by Frank De Angelis, was broadcast in Leamington from Essex Trillium Cable since 1984 and sponsored by Roma Club mainly for the community of Leamington. It was first produced by Armando Bonfiglio and then produced and hosted by Tony Zompanti until his retirement in December 2003. The program reported on community events and featured cultural segments from Italy's RAI International from New York.

In January 2004, Luigi became the producer and host of Panorama Italiano, extending it to the Chatham and Sarnia communities. It reports on sports, social, religious and cultural events to viewers in Southwestern Ontario. It also provides interviews with government representatives, local and from Italy, businessmen, political and club leaders in the community on a variety of important topics. Panorama Italiano aims to preserve the Italian language and culture.

Luigi was the recipient of the Premio Nazionale Ciociaria on February 26, 1999 in Frosinone, an award given for the first time to an Italian outside Italy.

---

19 See Chapter 3.

Press Card. Both Carmine and Armando Viselli had these cards from the Federazione Mondiale Della Stampa Italiana All'Estero. The brothers ran a radio show together in Windsor for many years – "Armando and Carmine Radio Productions."

Tessera della stampa. Entrambi Carmine e Armando Viselli erano titolari di tessere rilasciate dalla Federazione Mondiale Della Stampa Italiana All'Estero. I fratelli trasmisero il programma radiofonico – "Armando and Carmine Radio Productions" per molti anni a Windsor.

Courtesy/Cortesia: Armando Viselli, P11118A

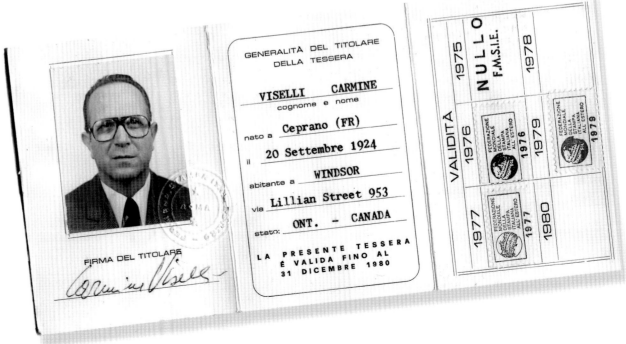

Imprese e storie familiari

Se la storia di un popolo è la somma di storie individuali, allora si dovrebbero raccontare le autobiografie perché rappresentano, in un certo senso, parte della storia di un secolo.

Mancisa Curti, Windsor

Questo capitolo contiene un'abbondanza di informazioni sugli immigrati italiani di Windsor, la loro vita, le loro famiglie e le loro imprese. Queste storie sono spesso intrecciate. Alcuni hanno scritto racconti personali della storia delle loro famiglie, altri delle proprie imprese mentre altri ancora hanno fornito solo fotografie. Queste storie e foto appaiono in ordine alfabetico in base al nome della famiglia o dell'impresa.

Frank Aiuto (Mediterranean Seafood)[1]

Frank venne in Canada nel 1958 da San Vito Lo Capo, Trapani (Sicilia). Suo padre Rosario, pescatore, diede a Frank la perfetta formazione per aprirsi un'attività nel 1980 a Windsor, la Mediterranean Seafood, che si trova al 980 Parent Ave. Un'altra pescheria fu aperta a Leamington nel 1990, gestita dalla moglie di Frank, Dina. L'attività, ora gestita dal figlio Rosario, si è estesa a rifornire tutto l'Ontario sudoccidentale.

Luigi Albano (Albamor Construction and General Contractors)[2]

Luigi nacque a San Giovanni in Fiore, Cosenza (Calabria) nel 1941, il secondo dei sei figli di Rosarina Calla e Salvatore Albano. Il padre morì prematuramente, obbligando i figli a lavorare a una giovane età. Nel 1960 Luigi andò in Francia, poi in Svizzera per lavoro, e ritornò nel 1963 per sposare Maria Girimonte. Ritornarono in Svizzera e, a causa delle restrizioni di cittadinanza, immigrarono in Canada con il loro primo figlio.

Incoraggiati dalla sorella maggiore, Luigi e Maria scelsero Windsor per la disponibilità di impiego. All'inizio si stabilirono in Assumption St. e nel 1965 comprarono una casa in Cameron Ave. che Luigi restaurò per accomodare la crescente famiglia. La madre di Luigi e i cinque fratelli lo raggiunsero a Windsor. In seguito, Luigi costruì una casa nuova. Maria e Luigi hanno sei figli: Salvatore (Sal), Giuseppe (Joe), i gemelli Luigi (Lou) e Rosarina Laforest, Riccardo (Ric) e Marco.

1   Informazioni da Rosario Aiuto
2   Informazioni da Luigi Albano

Frank Aiuto, founder of Mediterranean Seafood, on the occasion of his 65th birthday and the 25th anniversary of the business, March 2006.

Frank Aiuto, fondatore del Mediterranean Seafood, in occasione del suo 65° compleanno e del 25° anniversario della pescheria, marzo 2006.

Courtesy/Cortesia: Ross Aiuto, P12612

9

Business and Family Histories

If a people's history is the sum of individual stories, then autobiographies should be told because they represent, in a way, part of the history of a century.

Mancisa Curti, Windsor

This chapter contains a wealth of information on Windsor's Italian immigrants, their lives, families and businesses. The stories are often interwoven. Some wrote personal accounts of their family history, some about their businesses, while others provided only photographs. These stories and photos appear alphabetically according to family or business name.

Frank Aiuto (Mediterranean Seafood)[1]

Frank came to Canada in 1958 from San Vito Lo Capo, Trapani (Sicily). His father Rosario, a fisherman, provided Frank with the perfect background to open his own business in 1980 in Windsor, Mediterranean Seafood at 980 Parent Ave. Another store was opened in Leamington in 1990, run by Frank's wife Dina. The business, which is now run by son Rosario, has expanded to supply all of Southwestern Ontario.

Luigi Albano (Albamor Construction and General Contractors)[2]

Luigi was born in San Giovanni in Fiore, Cosenza (Calabria) in 1941, the second of six boys of Rosarina Calla and Salvatore Albano. His father died prematurely, forcing the sons to work at a young age. In 1960, Luigi went to France, then to Switzerland for employment, returning in 1963 to marry Maria Girimonte. They returned to Switzerland and, due to citizenship restrictions, immigrated to Canada with their first child.

Encouraged by her older sister, Luigi and Maria chose Windsor because of the availability of employment. They first settled on Assumption St. and, in 1965, bought a house on Cameron Ave. which Luigi renovated to accommodate his growing family. Luigi's mother and five brothers joined him in Windsor. Later, Luigi built a new home. Maria and Luigi have six children: Salvatore (Sal), Giuseppe (Joe), twins Luigi (Lou) and Rosarina Laforest, Riccardo (Ric) and Marco.

---

1   Information from Rosario Aiuto
2   Information from Luigi Albano

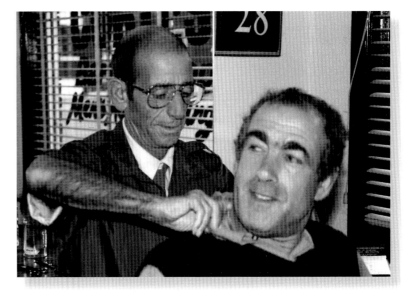

Barber Joe Cortese trimming Luigi Albano's hair, c. mid-1980s.
Il barbiere Joe Cortese taglia i capelli di Luigi Albano, metà degli anni '80 ca.
Courtesy/Cortesia: Luigi Albano, P13424

Spiro and Georgia Govas, Luigi and Maria Albano at Calabria Club, December 1986.
Spiro e Georgia Govas, Luigi e Maria Albano al Club Calabria, dicembre 1986.
Courtesy/Cortesia: Luigi Albano, P13434

The Amormino brothers (Eugenio, Pietro, Joe and Agostino) in front of a peace monument they made at the Windsor riverfront, 1959. Note the Cleary Auditorium under construction.

I fratelli Eugenio, Pietro, Joe e Agostino Amormino dinanzi al monumento della pace da loro costruito sul lungofiume di Windsor, 1959. Nota i lavori in corso del Cleary Auditorium.

Courtesy/Cortesia: Stella Amormino Costa, P13787

Luigi lavorò come muratore e poi alla Walker Metal Products Foundry, ditta fornitrice di parti per la Chrysler. Dopo solo sei mesi ritornò all'edilizia. Nel 1967 avviò la Roman Construction che divenne in seguito Albamor Construction and General Contractors. Una settimana lavorativa di sette giorni e lunghe giornate di lavoro erano ben note a Luigi. La forma di discriminazione più comune era quella della comunicazione a causa del suo accento. La superò non cedendo e mantenendo la sua buona etica del lavoro.

Luigi sviluppò una tendenza a ristrutturare edifici e quartieri più vecchi in luoghi residenziali commerciali come quelli in Erie St. e nell'area di Walkerville. Tra i numerosi sviluppi importanti e progetti di rivitalizzazione vi sono i condomini loft e appartamenti all'ex magazzino della Hiram Walker & Sons Limited in Monmouth Rd. angolo di Wyandotte St., l'edificio del Ministero dell'Immigrazione in Walker Rd. vicino a Ottawa St. e il Security Building in Pelissier St. e University Ave.

Fieri delle loro radici, Luigi e Maria credono nel restituire alla comunità e aiutare regolarmente le organizzazioni di beneficenza a Windsor e San Giovanni in Fiore.

Sam Ambrosio[3]

Incoraggiato da un funzionario canadese, Sam venne in Canada nell'ottobre 1967, con pochi soldi, una valigia legata con una corda e speranze per un grande futuro. Appena scese dall'aereo, non sapeva neanche come chiamare un taxi. Sam ricorda di aver trascorso quella notte con un lontano parente, Guido Villella, che lo salvò alle due del mattino.

Sognando di avere una sua attività, Sam fece vari lavori: operaio di una pressa meccanica, venditore di pane e di automobili. Nel 1984 Sam e sua moglie Emilia rilevarono il Mariotti Restaurant[4] e lo chiamarono Brigantino. Sei anni dopo, trasferirono il ristorante al 1063 Erie St. E. per accomodare la crescente clientela, che annoverava l'attore Harrison Ford. Facevano la spesa sul posto tutti i giorni per mettere insieme le loro creazioni e gestirono il ristorante fino alla chiusura nel 2007. Nel maggio 2008 Sam trasferì l'attività al 914 Erie St. E. dove ora gestisce il ristorante La Scala Brigantino.

Sam fu anche manager del Club Calabria nel 1983.

La famiglia Amormino (Colombo Bakery)[5]

Giuseppe (Joe) Amormino, uno di sette fratelli, nacque l'8 settembre 1914 a Cammarata, Agrigento (Sicilia). Dopo la morte dei suoi genitori nel 1950, Joe immigrò in Canada, partendo da Napoli sulla *Conte Biancamano* per Halifax, quindi andò a Windsor per essere vicino ai suoi fratelli Tommaso e Francesco che vivevano a Detroit.

Mentre lavorava alle ferrovie, nel 1951 Joe sponsorizzò i suoi tre fratelli: Pietro e la moglie e il figlio;

---

3 Informazioni da Sam Ambrosio e da "Here's a Touch of Old Country", *The Windsor Star*, 17 agosto 1990 di Ted Whipp
4 Vedi Licinio e Giovanna Curti (Mariotti's Restaurant).
5 Informazioni da Stella Amormino Costa

Luigi worked as a mason and then at Walker Metal Products Foundry, a parts supplier for Chrysler. After only six months, he returned to work in construction. In 1967, he started Roman Construction which later became Albamor Construction and General Contractors. A seven-day workweek and long days were not unfamiliar to Luigi. The most common form of discrimination was that of communication because of his accent. He overcame this by standing firm and maintaining his good work ethic.

Luigi developed a knack for converting older buildings and neighbourhoods into commercial residential sites such as the ones on Erie St. and in the Walkerville area. Numerous landmark developments and revitalization projects include the loft condominiums and apartments at the previous Hiram Walker & Sons Limited warehouse on Monmouth at Wyandotte St., the Ministry of Immigration building on Walker Rd. near Ottawa St. and the Security Building on Pelissier St. and University Ave.

Proud of their roots, Luigi and Maria believe in giving back to the community and regularly help charities in Windsor and San Giovanni in Fiore.

Sam Ambrosio[3]

Encouraged by a Canadian official, Sam came to Canada in October 1967 with little money, a suitcase tied tight with a rope and hopes of a great future. Just off the plane, he did not even know how to call a cab. Sam recalls spending that night with a distant relative, Guido Villella, who rescued him at two o'clock in the morning.

Dreaming of owning his own business, Sam worked at a variety of jobs: working a punch press, selling bread and selling cars. In 1984, Sam and his wife Emilia took over Mariotti Restaurant[4] and named it Brigantino. After six years, they moved their restaurant to 1063 Erie St. E. to accommodate their growing clientele, including actor Harrison Ford. Shopping locally every day to conjure up their creations, they operated the restaurant until it closed in 2007. In May 2008, Sam relocated his business to 914 Erie St. E. where he currently operates La Scala Brigantino restaurant.

Sam also served as manager of the Calabria Club in 1983.

Amormino Family (Colombo Bakery)[5]

Giuseppe (Joe) Amormino, one of seven siblings, was born September 8, 1914 in Cammarata, Agrigento (Sicily). After his parents' death in 1950, Joe immigrated to Canada, departing from Naples on the *Conte Biancamano* for Halifax, then proceeding to Windsor to be close to his brothers Tommaso and Francesco who lived in Detroit.

While working on the railroad, in 1951 Joe sponsored his three brothers: Pietro and his wife and

---

3   Information from Sam Ambrosio and from "Here's a Touch of Old Country," by Ted Whipp, *The Windsor Star*, August 17, 1990
4   See Licinio and Giovanna Curti (Mariotti's Restaurant).
5   Information from Stella Amormino Costa

Eugenio and Joe Amormino at Colombo Bakery, 1977.
Eugenio e Joe Amormino nella Colombo Bakery, 1977.
Courtesy/Cortesia: The Windsor Star and Stella Amormino Costa, P13793

Joe Amormino at the counter of Colombo Bakery, 1977.
Joe Amormino al bancone della Colombo Bakery, 1977.
Courtesy/Cortesia: The Windsor Star and Stella Amormino Costa, P13791

Colombo Bakery, 614 Erie St. E., 1975.
Courtesy/Cortesia: Stella Amormino Costa, P13801

Agostino e la moglie; e poi Eugenio. Il 15 ottobre 1952 alla chiesa di Sant'Angela Merici, Joe sposò Lidia Sichera che era arrivata da Palermo il mese precedente, e hanno tre figlie: Maria Stella, Marianna e Rita.

Abili in pittura e nella lavorazione di marmo, mosaici e dipinti murali, i quattro fratelli si imbarcarono nella loro prima iniziativa imprenditoriale di pittura e costruzioni nel 1952. Sebbene fosse difficile trovare lavoro, ottennero un contratto per il restauro della Chiesa dell'Immaculate Conception. Ciò portò a ulteriori contratti in tutta la tri-contea e a Detroit.

In seguito, Pietro si dedicò alle costruzioni, mentre Joe, Agostino e Eugenio abbracciarono la loro ereditaria impresa familiare[6] come panettieri e pasticcieri. Nel 1962 istituirono la Colombo Bakery Ltd. al 673 Erie St. E., una delle prime attività italiane che contribuì a definire la "Little Italy". Crearono un commercio che divenne uno dei maggiori grossisti di pane e dolci per hotel, ristoranti, circoli e altre istituzioni. Operavano anche giri di consegne al dettaglio in tutta la contea dell'Essex con tre negozi al dettaglio a Windsor: al 673 Erie St. E., al 31 Wyandotte St. E. e al 6939 Wyandotte St. E. Il personale di vendita aumentò a 40 quando i fratelli acquistarono i giri di consegna al dettaglio della Wonder Bakeries Ltd.

L'attività produceva 16.000 pagnotte di 12 tipi di pane ogni giorno e 30 tipi di prodotti al forno. Il negozio di Erie St. era aperto sette giorni alla settimana, dalle 8:00 del mattino alle 10:30 di sera. Eugenio s'incaricava del pane, Agostino della distribuzione e Joe, pasticciere esperto, supervisionava la produzione. Acquistarono un locale più grande al 614 Erie St. E., angolo di Lillian Ave. Nell'agosto 1973 la Colombo Bakery chiuse a causa di un incendio. Riaprì nell'aprile 1976 con il sindaco Bert Weeks a farne gli onori all'apertura ufficiale.

La Colombo Bakery era più che un semplice panificio: era "Little Italy". Oltre al pane fresco si potevano gustare deliziose paste, torte, biscotti, gelati e sorseggiare un espresso o un cappuccino al "Coffee Bar". Il panificio offriva anche una grande selezione di formaggi importati, salumi italiani, prodotti alimentari e regali. Divenne un punto di riferimento italiano, non solo per gli abitanti di Windsor, ma anche per coloro che venivano in visita dai dintorni e anche dal Michigan.

In seguito alla morte di Eugenio nel 1991, il panificio chiuse e Joe e Agostino andarono in pensione. Joe morì il 17 marzo 2008.

La famiglia di Carmelo (Mike) Angileri (Angileri Lumber)[7]

Mike nacque il 7 maggio 1937 a Marsala, Trapani (Sicilia) da Francesco Angileri e Caterina De Filippi, ed è fratello di Vincenzo (Vince), Angela, Angelo,[8] Salvatore (Sal), Graziella e Franca. Suo padre era nel settore abbigliamento. Angela fu la prima a venire a Windsor nel 1956, con il marito Gaspare, seguita nel 1961, da Mike, un lavoratore nel settore dell'edilizia e di mosaici; nel

---

6   Gli Amormino erano stati nell'attività di panetteria in Italia e avevano fornito pane alle forze armate per cinque anni.
7   Informazioni da Mike Angileri
8   Morì il 30 settembre 2008.

child; Agostino and wife; and later, Eugenio. On October 15, 1952 at St. Angela Merici Church, Joe married Lidia Sichera who had arrived from Palermo the previous month. They had three daughters: Maria Stella, Marianna and Rita.

Skilled in painting and working with marble, mosaic and murals, the four brothers embarked on their first venture of painting and construction in 1952. Although work was difficult to find, they landed a contract for the renovation of Immaculate Conception Church. This led to further contracts throughout the tri-county and Detroit.

Later, Pietro pursued the construction business, while Joe, Agostino and Eugenio embraced their family business heritage[6] as bread and pastry chefs. In 1962, they established Colombo Bakery Ltd. at 673 Erie St. E., one of the first Italian businesses that helped to define "Little Italy." They built a business that became a major wholesaler of breads and pastries to hotels, restaurants, clubs and other institutions. They also operated retail sales routes throughout Essex County with three retail stores in Windsor: 673 Erie St. E., 31 Wyandotte St. E. and 6939 Wyandotte St. E. Their retail staff increased to 40 when the brothers purchased the retail sales routes of Wonder Bakeries Ltd.

The business produced 16,000 loaves of 12 types of breads daily and 30 kinds of baked goods. The Erie St. store was open seven days a week from 8:00 a.m. to 10:30 p.m. Eugenio was in charge of bread; Agostino, for distribution; and Joe, master pastry chef, supervised the operation. They purchased a bigger place at 614 Erie St. E., corner of Lillian Ave. In August 1973, Colombo Bakery closed due to a fire. It reopened in April 1976 with Mayor Bert Weeks doing the honours at the official opening.

Colombo Bakery was more than just a bakery – it was "Little Italy." Besides fresh breads, one could enjoy delicious pastries, cakes, cookies, ice cream, and sip an espresso or cappuccino at the "Coffee Bar." The bakery also offered a wide selection of imported cheeses, Italian lunch meats, grocery products and gifts. It became an Italian landmark, not only for Windsorites but for visitors from the surrounding areas and Michigan as well.

After the death of Eugenio in 1991, the bakery closed and Joe and Agostino retired. Joe passed away March 17, 2008.

Joe Amormino (centre) and his brother Eugenio (on right wearing hat) with staff at Colombo Bakery, 1975.

Joe Amormino (al centro) e suo fratello Eugenio (a destra col copricapo) acon il personale della Colombo Bakery, 1975.

Courtesy/Cortesia: The Windsor Star and Stella Amormino Costa, P13792

Carmelo (Mike) Angileri Family (Angileri Lumber)[7]

Mike was born on May 7, 1937 in Marsala, Trapani (Sicily) to Francesco Angileri and Caterina De Filippi, brother of Vincenzo (Vince), Angela, Angelo,[8] Salvatore (Sal), Graziella and Franca. His father was involved in the clothing business. Angela was the first to come to Windsor in 1956 with her husband Gaspare; followed in 1961 by Mike, a construction and mosaic worker; in 1965 by Vince, a tool and die maker; in 1967 by Sal, a winemaker; and in 1970 by Angelo, a clothing salesman.

6   The Amormino family had been in the bakery business in Italy and supplied bread to the armed forces for five years.
7   Information from Mike Angileri
8   He died September 30, 2008.

Achille Bravo, founder of Bravo Cement, with one of his trucks. Achille was born in Morsano al Tagliamento, Pordenone (Friuli-Venezia Giulia) on February 21, 1901. He married Regina Innocenti on August 20, 1920. Achille immigrated to Canada in 1923 and made frequent trips back to Italy. Regina and three sons, Lorenzo, Bruno and Mario, immigrated in 1938 and a fourth son, Jerry, was born in Windsor. Achille, together with his oldest son Lorenzo, founded Bravo Cement Flooring Company, Ltd. in 1945 and, over the years, branched out to Hamilton. After many successful years, Achille sold the business in 1972 to his nephew Dino Bravo. Dino and his son Paul now operate Bravo Cement Contracting Inc. from Windsor with branches in Hamilton, London and Toronto.

Achille Bravo, fondatore della Bravo Cement, con una delle sue betoniere. Achille nacque a Morsano al Tagliamento, Pordenone (Friuli-Venezia Giulia) il 21 febbraio 1901. Sposò Regina Innocenti il 20 agosto 1920. Achille immigrò in Canada nel 1923 e ritornò in Italia parecchie volte. Regina e i tre figli, Lorenzo, Bruno e Mario, immigrarono nel 1938 e un quarto figlio, Jerry, nacque a Windsor. Achille e il figlio maggiore, Lorenzo, fondarono Bravo Cement Company, Ltd. nel 1945 e, nel corso degli anni, estesero la loro attività a Hamilton. Dopo parecchi anni di successo, Achille vendette la sua azienda nel 1972 a suo nipote, Dino Bravo. Dino e suo figlio, Paul, ora gestiscono Bravo Cement Contracting Inc. da Windsor con filiali in Hamilton, London e Toronto.

Courtesy/Cortesia: Bravo family, P13577

1965 da Vince, attrezzista e stampista; nel 1967 da Sal, produttore di vino; e nel 1970 da Angelo, venditore di abbigliamento.

Al loro arrivo, Mike e la moglie incinta, Giuseppina Oddo, abitarono con Angela fino alla nascita della figlia Caterina. Mike dice: "...Avevo in tasca $20 quando sono arrivato ad Halifax. Non avevo lavoro, né sapevo la lingua, che è la peggior cosa che possa succedere nella vita ...Erano giorni duri".[9] Mike iniziò a restaurare case nel 1966. Con l'aiuto del fratello Sal nel 1971, fondò la Superior Construction e iniziò a lavorare nel settore edilizio. L'anno dopo, a Mike fu chiesto di divenire socio della Windsor Building Products, una società specializzata in costruzioni esterne, e ne divenne unico proprietario nel 1972. Nel giro di cinque anni, la società si diversificò nel mercato immobiliare, acquistando vecchi edifici, restaurandoli e vendendoli. Entro il 1974 aveva fondato con i fratelli, l'Angileri Brothers e vendeva materiali di costruzione in tutta l'area dell'Essex.

Mike, Vince, Angelo e Sal aprirono nel 1976 l'Angileri Lumber, ditta fornitrice di rivestimenti. Con il passare degli anni si allargarono rapidamente e nel 2000 aprirono una seconda sede ad Amherstburg. Nel 2004 i fratelli vendettero la società.[10] Pochi giorni dopo la vendita, l'Angileri Lumber vinse il premio Hardware Merchandising Outstanding Retailer 2004 per miglior imprenditore-rivenditore specialista. Mike è ora comproprietario del Condominiums Salmoni Place (1849), Amherstburg.

Dall'inizio degli anni settanta, Mike è stato coinvolto in attività sportive e sociali e in organizzazioni di beneficenza. Nel 1973 fu uno dei fondatori della squadra della lega professionista di football canadese che partecipò al campionato nazionale; ex proprietario dei Windsor Stars, una squadra di calcio professionista; e sponsor di squadre calcistiche. Fu membro del Windsor Freedom Festival di Windsor, del Better Business Bureau, della Camera di Commercio, della Canadian Italian Businessmen and Professional Association, della S.S. Italia, del Club Sicilia e del Club Caboto. Mike ha organizzato gare internazionali di ballo da sala e attualmente insegna ballo da sala al Club Caboto.

Nel 1976 sposò Regina Mulik e hanno una figlia, Christine. Ora è sposato con Nancy McQuire.

Mario Baggio (Front Construction)[11]
Sono nato il 26 agosto 1939 nel villaggio di Cassola, Vicenza (Veneto).

Quando avevo quasi vent'anni, mi avventurai verso il Canada per andare da mio fratello, che già abitava là. Mi imbarcai sulla *Genoa* il 25 aprile 1959 e arrivai ad Halifax sette giorni dopo. Da solo, presi un treno per Windsor con $20.99 a mio nome e una valigia di cartone con tutte le mie cose. Il manico della valigia si era staccato perché avevo la bicicletta (senza ruote) attaccata con il nastro adesivo sul fianco.

---

9 Fonte: "Each Angileri Product Has to Earn the Boss' Approval", una pubblicità speciale di *The Windsor Star*, 26 marzo 1992

10 Ora un negozio Rona

11 Scritto da Mario Baggio

Upon their arrival, Mike and his expectant wife Giuseppina Oddo lived with Angela until their daughter Caterina was born. Mike says, "…I had $20 in my pocket when I landed in Halifax. I had no job and no language – which is the worst thing that can happen in life…Those were tough days."[9] Mike started doing home renovations in 1966. With the help of his brother Sal, in 1971 he founded Superior Construction and began working in the building sector. A year later, Mike was asked to become a partner in Windsor Building Products, a company that specialized in building exteriors, and became sole owner in 1972. Within five years, the company diversified into the property market, buying old buildings, restoring and selling them. By 1974, together with his brothers, he had founded Angileri Brothers and sold construction materials throughout the Essex area.

In 1976 Mike, Vince, Angelo and Sal opened Angileri Lumber, a siding supplier. They quickly expanded over the years and in 2000, opened their second location in Amherstburg. In 2004, the brothers sold the company.[10] Just days after the sale, Angileri Lumber won the 2004 Hardware Merchandising Outstanding Retailer Award for best contractor-specialist retailer. Mike is now co-owner of Salmoni Place (1849) Condominiums, Amherstburg.

Since the early 1970s, Mike has been involved in sports and social activities and in charitable organizations. In 1973, he was one of the founders of a Canadian professional football league team that participated in the national championship; past owner of the Windsor Stars, a professional soccer team; and a sponsor of soccer teams. He has been a member of the Windsor Freedom Festival of Windsor, Better Business Bureau, Chamber of Commerce, Canadian Italian Businessmen and Professional Association, the S.S. Italia, Sicilia Club, and Caboto Club. Mike has organized international ballroom dance competitions and currently teaches ballroom dancing at the Caboto Club.

In 1976, he married Regina Mulik and they have one daughter, Christine. He is presently married to Nancy McQuire.

Mario Baggio (Front Construction)[11]

I was born August 26, 1939 in the village of Cassola, Vicenza (Veneto).

When I was almost twenty, I ventured on my journey to Canada to meet my brother who was already residing there. I boarded the *Genoa* on April 25, 1959 and arrived in Halifax seven days later. I then caught a train to Windsor with $20 to my name and a cardboard suitcase full of my belongings. The handle had fallen off the suitcase since I had my bicycle (with the wheels removed) duct taped to the side of it.

I left behind my family, home and property in the hopes of a better future and of fulfilling a dream I had had since childhood. It was, however, extremely difficult at first due to the difference in language

Mario Baggio, c. 1975.
Mario Baggio, 1975 ca.
Courtesy/Cortesia: Mario Baggio, P12644

---

9   Source: "Each Angileri Product Has to Earn the Boss' Approval," a Special Advertising Feature of *The Windsor Star*, March 26, 1992
10   Now a Rona outlet
11   Written by Mario Baggio

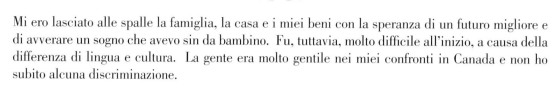

Mi ero lasciato alle spalle la famiglia, la casa e i miei beni con la speranza di un futuro migliore e di avverare un sogno che avevo sin da bambino. Fu, tuttavia, molto difficile all'inizio, a causa della differenza di lingua e cultura. La gente era molto gentile nei miei confronti in Canada e non ho subito alcuna discriminazione.

Trovai lavoro come muratore per una società di Windsor e all'inizio abitai all'857 Marentette Ave. Visto che gli affari erano calati in modo considerevole a Windsor, nel 1962 mi trasferii a London, dove lavorai per un anno. Nel 1963 avviai una mia impresa edilizia: MASE (Mario, Angelo, Silvestro, Ernesto) Construction, con altri quattro soci. Nel luglio 1964 tornai a Windsor in visita e le cose sembravano andare molto meglio dal punto di vista economico, così ritornai. Assumevano alla Chrysler, ma dopo essere rimasto in coda per due ore, decisi che non era quello che stavo cercando. Nel novembre del 1964 formai la Elma Construction Company con un altro socio e, poiché non poteva essere costituita con quel nome, il nome fu cambiato a Elmara Construction Company Limited alla fine degli anni sessanta. In seguito passai dai lavori di muratura agli appalti generali e diversificai l'attività con la costruzione di case, scuole, appartamenti e piscine. Nel 1996 vendetti la mia parte di Elmara, formai la Front Construction e ora mi occupo di appalti generali e della costruzione di ponti.

Anche se ho avuto molto successo in Canada, e sono fiero di farne parte, non è arrivato tutto senza molto duro lavoro e difficoltà. Riuscii, comunque, a trovare mia moglie, Jeanette Jacques, con la quale sono stato sposato per 42 anni, fino alla sua morte. Ci sposammo nel maggio del 1962 e abbiamo 3 figli: Christine Marritt, Lisa Gatti e Mark.

Non cambierei le mie esperienze in Canada per nulla al mondo.

Roland J. Baldassi[12]

Roland, nato a Windsor il 16 ottobre 1923, è figlio di Ida e Leopold[13] Baldassi. Roland trascorse quattro anni nella Royal Canadian Air Force durante la seconda guerra mondiale e successivamente si laureò in giurisprudenza all'Osgoode Hall Law School, classe del 1953. Sposò Shirley Harris a Leamington e hanno due figli: Richard e Thomas (Tom).

Roland era conosciuto per i suoi diversi ruoli nella comunità: avvocato per il Club Giovanni Caboto per più di 30 anni (nonché membro ed ex presidente); presidente di seggio elettorale per il comune di Windsor; membro fondatore e primo presidente della Windsor Italian Professional and Businessmen's Association; ex viceconsole italiano di Windsor e delle contee di Essex, Kent e Lambton; e membro del Club Fogolar Furlan, dei Cavalieri di Colombo e del Beach Grove Golf and Country Club.

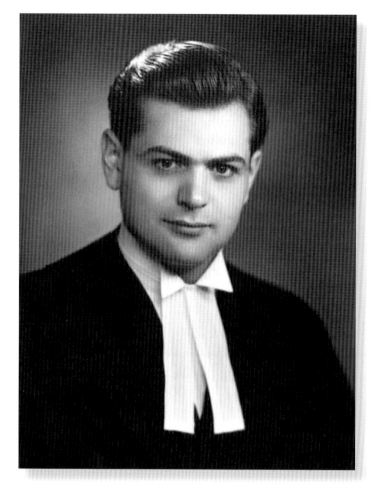

Roland J. Baldassi, c. 1953.
Roland J. Baldassi, 1953 ca.
Courtesy/Cortesia: Rick and Lori Baldassi, P13555

---

12 Informazioni da Lori Baldassi
13 Uno dei membri fondatori e primo vicepresidente del Caboto Club nel 1925.

and culture. The people were very good to me in Canada and I experienced no discrimination.

I found a job as a mason for a company in Windsor and first resided at 857 Marentette Ave. As business had slowed down considerably in Windsor, I moved to London in 1962 and worked there for a year. In 1963, I started my own masonry company, MASE (Mario, Angelo, Silvestro, Ernesto) Construction, with four other partners. In July of 1964, I came back for a visit to Windsor and economically things looked considerably better, so I returned. Chrysler was hiring but, after waiting in line for more than two hours, I decided this was not what I was looking for. In November of 1964, I formed Elma Construction Company with another partner and, due to the fact it could not be incorporated under that name, it was changed to Elmara Construction Company Limited in the late 1960s. I then progressed from masonry work to general contracting and diversified to building homes, schools, apartments and swimming pools. In 1996, I sold my part of Elmara, formed Front Construction and am now doing general contracting and bridge building.

While I have been very successful in Canada – and proud to be a part of it – it did not all come without a lot of hard work and challenges. I did, however, manage to find my wife, Jeanette Jacques, to whom I was married for 42 years until her demise. We were married in May of 1962 and have three children: Christine Merritt, Lisa Gatti and Mark.

I would not change my experiences in Canada for anything.

Roland J. Baldassi[12]

Roland, born in Windsor on October 16, 1923, is the son of Ida and Leopold[13] Baldassi. Roland spent four years in the Royal Canadian Air Force during World War II and subsequently graduated from Osgoode Hall Law School, Class of 1953. He married Shirley Harris in Leamington and they have two sons, Richard and Thomas (Tom).

Roland was known for his many roles in the community: solicitor for the Giovanni Caboto Club for over 30 years (as well as member and past president); chief electoral officer for the city of Windsor; founding member and first president of the Windsor Italian Professional and Businessmen's Association; former Italian Vice-Consul in Windsor and for Essex, Kent and Lambton counties; and member of the Fogolar Furlan Club, Knights of Columbus and Beach Grove Golf and Country Club.

Always committed to the projects he undertook, Roland dreamed of establishing a Corporate Securities Moot Team at the University of Windsor's law mooting court competition. (Local winners would proceed to other Canadian law school competitions.) The Roland J. Baldassi Memorial Fund was established to provide support to the Corporate Securities Moot Team and commemorate Roland's life and work. Before his death, Roland had entrusted his daughter-in-law Lori with arrangements

This advertisement appeared in the booklet printed for the 10th anniversary of St. Angela Merici Church, 1949.

Questo annuncio era nel libretto del 10° anniversario della chiesa di Sant'Angela Merici, 1949.

Courtesy/Cortesia: Florindo and Domenica Mandarino, P11175

---

12 Information from Lori Baldassi
13 One of the founding members and first vice-president of the Caboto Club in 1925

Roy Battagello, principal of W.D. Lowe, walks the halls of the high school, February 27, 1990. Lowe basketball coach, Jerry Brumpton, credits Roy with positive transformation of this once struggling inner city school.

Roy Battagello, preside della W.D. Lowe, cammina per i corridoi della scuola superiore, 27 febbraio 1990. Jerry Brumpton, l'allenatore della pallacanestro di Lowe, attribuisce a Roy il merito della trasformazione positiva di questa scuola di centro città che una volta stentava ad affermarsi.

Photo by/foto di: Grant Black. Courtesy/Cortesia: The Windsor Star and Nancy Battagello, P13816

Sempre impegnato a progetti di cui si faceva carico, Roland sognava di fondare un Corporate Securities Moot Team alla moot court competition (competizione di simulazione processuale) dell'Università di Windsor. (I vincitori locali avrebbero la possibilità di procedere ad altre competizioni forensi canadesi). Il Roland J. Baldassi Memorial Fund fu istituito per fornire supporto al Corporate Securities Moot Team e per commemorare la vita e l'operato di Roland. Prima di morire, Roland aveva affidato alla nuora, Lori, l'organizzazione di dare fondi al Moot Team per le simulazioni processuali. Di conseguenza, la sua famiglia organizzò un tributo a Roland il 20 settembre 1996 al Club Caboto, presentato dalla Senatrice Marian Maloney e dal giudice della Corte Suprema in pensione William Maloney, che si era laureato assieme a Roland. Maloney disse: "Era di una razza rara. Le sue conoscenze gli permettevano di essere bravo in tutto". Il ricavato dell'evento fu usato per onorare il desiderio finale di Roland.

Roland aveva donato contributi professionali e personali a varie cause e organizzazioni di beneficenza, tra cui la raccolta di fondi per le vittime del disastro del Vajont (Pordenone) del 1963 nel nord Italia. Amava il Canada per avergli dato innumerevoli opportunità. Roland morì il 17 settembre 1994.

Roy Alessandro Battagello[14]

Roy nacque a Windsor il 29 settembre 1927 da Sebastiano Alessandro di Poggiana, Treviso (Veneto), e Ida Zoppa di Riese, Treviso. Sebastiano era immigrato in Canada, seguito nel 1926 da Ida e dai due figli maggiori: Alicia (Alice) e Ruggiero (Roger). La famiglia visse per un breve periodo a Toronto, dove Sebastiano gestì una società di imbottigliamento di acqua di soda, prima di stabilirsi a Windsor al 952 Marentette Ave. Roy frequentò la scuola elementare Prince Edward e l'istituto professionale Windsor-Walkerville Vocational School (in seguito W.D. Lowe Vocational School). Continuò l'istruzione post-secondaria all'Assumption University con i padri Basiliani. Fu uno dei primi chierichetti della chiesa Sant'Angela Merici.

Nel 1958, nella chiesa Our Lady of Assumption, Roy sposò Nancy Deep, giornalista del *Windsor Star* che divenne in seguito cronista della CBC. Ebbero due figli: David (Dave) Alessandro,[15] nato nel 1961 e Lisa Schwab,[16] nel 1963.

Roy s'imbarcò nella carriera dell'educazione. Insegnò per cinque anni all'Essex District High School e per 14 anni al Kennedy Collegiate Institute. Durante questo periodo fu allenatore[17] di diversi sport, quali il calcio, la pallacanestro e l'atletica leggera. Fu vicepreside alle scuole superiori Kennedy e Massey e preside alla W.D. Lowe dal 1974 al 1993. Roy fu il presidente fondatore della Windsor Headmasters' Association ed ebbe posizioni dirigenziali presso l'Ontario Secondary Schools Federation.

---

14 Informazioni da Nancy Battagello, dal sito web della Sports Hall of Fame dell'Università di Windsor e dagli articoli del *The Windsor Star* del 31 ottobre e del 1° novembre 2005
15 Attualmente Dave è un reporter del *Windsor Star*.
16 Lisa era la proprietaria di Pelissier Street Papery dal 1991 al 1996 ca.
17 Vedi capitolo 6.

of making donations to the mooting team. Therefore, a tribute to him was organized by his family on September 20, 1996 at the Caboto Club hosted by Senator Marian Maloney and retired Supreme Court Justice William Maloney, a fellow graduate of Roland's class. Maloney said: "He was one of those rare breeds. He knew enough to be good at everything." The proceeds from the event were used to honour Roland's final wish.

Roland made professional and personal contributions to various causes and charities, including raising funds for the victims of the 1963 Vajont Dam flood (Pordenone) in northern Italy. He loved Canada for having given him countless opportunities. He passed away on September 17, 1994.

Roy Alessandro Battagello[14]

Roy was born in Windsor on September 29, 1927 to Sebastiano Alessandro from Poggiana, Treviso (Veneto) and Ida Zoppa from Riese, Treviso. Sebastiano had immigrated to Canada, followed in 1926 by Ida and their two older children, Alicia (Alice) and Ruggiero (Roger). The family lived briefly in Toronto, where Sebastiano operated a soda water bottling company, before settling in Windsor at 952 Marentette Ave. Roy attended Prince Edward elementary school and Windsor-Walkerville Vocational School (later W.D. Lowe Vocational School). He continued his post-secondary education at Assumption University with the Basilian Fathers. He was one of the first altar boys at St. Angela Merici Church.

In 1958 at Our Lady of Assumption Church, Roy married Nancy Deep, a reporter with *The Windsor Star* and later a CBC commentator. They had two children, David (Dave) Alessandro[15] born in 1961 and Lisa Schwab,[16] in 1963.

Roy embarked on a career in education. He taught for five years at Essex District High School and for 14 years at Kennedy Collegiate Institute. During this time, he coached[17] a variety of sports such as football, basketball and track and field. He served as vice-principal at Kennedy Collegiate and Massey secondary schools and as principal at W. D. Lowe from 1974 to 1993. Roy was founding president of the Windsor Headmasters' Association and held executive positions in the Ontario Secondary Schools Federation.

Very active in municipal politics, Roy was a city alderman from 1963 to 1969 and for two more terms beginning in 1975. Nicknamed the "Riverfront Warrior," he was instrumental in the drive to create uninterrupted parkland from the Ambassador Bridge to the Hiram Walker Distillery. In August 2008, city council named the walkway along Windsor's riverfront the Roy A. Battagello Riverwalk. Elected to the Windsor Utilities Commission in 1982, Roy was re-elected numerous times until

Mayoralty candidate Roy Battagello and wife, Nancy, casting their ballots, December 3, 1969.

Roy Battagello, candidato alla carica di sindaco, e la moglie Nancy votano il 3 dicembre 1969.

Photo by/foto di: Jack Dalgleish. Courtesy/Cortesia: The Windsor Star and Nancy Battagello, P13817

---

14 Information from Nancy Battagello, University of Windsor Sports Hall of Fame website and *The Windsor Star* articles of October 31 and November 1, 2005

15 Dave is currently a *Windsor Star* reporter.

16 Lisa was the owner of the Pelissier Street Papery c. 1991-1996.

17 See Chapter 6.

Cooks of St. Angela Hall: Ida Battagello, Marcella Minello, Angelina Gentile and Gloria Spinazze, July 1956.

Le cuoche della sala Sant'Angela: Ida Battagello, Marcella Minello, Angelina Gentile e Gloria Spinazze, luglio 1956.

Courtesy/Cortesia: St. Angela Merici Church, P10503

Molto attivo nella politica comunale, Roy fu consigliere comunale dal 1963 al 1969 e per due altri mandati a partire dal 1975. Soprannominato "Riverfront Warrior", diede un contributo decisivo alla creazione di giardini pubblici ininterrotti dall'Ambassador Bridge all'Hiram Walker Distillery. Nell'agosto 2008, la giunta comunale ha chiamato il sentiero del lungofiume di Windsor "Roy A. Battagello Riverwalk". Eletto alla Windsor Utilities Commission nel 1982, Roy fu rieletto molte altre volte finché la commissione non fu ristrutturata nel 1998. In seguito fu presidente di Windsor Utilities e Enwin Powerlines fino al 2005 e fece parte del comitato provinciale per l'ambiente della Municipal Electric Association. Fu eletto presidente dell'Ontario Municipal Water Association nel 1996. In riconoscimento dell'eccezionale servizio che aveva prestato nell'industria degli acquedotti in Ontario, Roy ricevette l'Award of Exceptional Merit nel 2000.

Nel 1992 a Roy fu conferita la Government of Canada 125th Commemorative Medal in onore dei suoi contributi educativi e cvici alla comunità. Fu inserito nella Walk of Fame di Windsor e della Regione al gala di riapertura del Capitol Theatre nel 2001, dove ricevette una stella di bronzo per il successo, l'eccellenza e il contributo al miglioramento della comunità. Morì nell'ottobre 2005. Un articolo del *Windsor Star* fornisce questa descrizione: "Battagello si creò una reputazione di persona operosa e combattente di strada schietto e onesto che non risparmiava colpi e non si tirava mai indietro". Era noto come "Battling Battagello". Suo figlio Dave conclude: "La gente si ricorderà dei suoi contributi alla comunità in qualità di politico, insegnante e allenatore, ma la sua famiglia si ricorderà sempre di lui soprattutto [per la sua devozione] come marito e padre".

La famiglia Bernachi (Windsor Body & Fender Ltd.)[18]

Mario Bernachi nacque a Vergiate, Varese (Lombardia), il 28 settembre 1904. Arrivò a Ellis Island, N.Y., il 15 marzo 1913 sulla nave francese *La Provence*. Al suo arrivo in Canada una 'c' nel nome Bernacchi fu tralasciata, trasformando così il suo cognome in Bernachi, sebbene suo fratello minore Eraldo mantenne la doppia 'c'.

Mario raggiunse il fratello maggiore, Luigi, a Guelph e fece il contadino per sette anni. Nel 1920 rispose a un annuncio per un lavoro alla Motor Products Corp. in Walker Rd. e Seminole St., dove lavorò per 20 anni a tagliare vetro di sicurezza per la produzione di auto nuove. Mario sposò Victoria Di Apollonia l'8 giugno 1929 ed ebbero due figli: Harold e Donald.

Nel 1940 Mario comprò un piccolo garage al 280 Bridge Ave. e iniziò la sua attività: la Windsor Body & Fender Co. Nei dieci anni successivi, acquistò un lotto comunale confinante con l'impresa originale e un' adiacente stazione di servizio. Oltre alla riparazione e alla verniciatura di carrozzerie, si occupava di ogni tipo di lavoro del vetro, nonché di tappezzeria per auto e camion e, durante la seconda guerra mondiale, di assemblare elmetti per i paracadutisti dell'esercito canadese.

---

18 Informazioni da Harold Bernachi

the Commission was restructured in 1998. He then served as chair of Windsor Utilities and Enwin Powerlines until 2005 and on the Municipal Electric Association's provincial environment committee. He was elected president of the Ontario Municipal Water Association in 1996. In recognition of his outstanding service in the waterworks industry in Ontario, Roy received the 2000 Award of Exceptional Merit.

In 1992, Roy was awarded the Government of Canada 125th Commemorative Medal in honour of educational and civic contributions to the community. He was inducted into the Windsor and Region Walk of Fame at the 2001 gala reopening of the Capitol Theatre, receiving a bronze star for achievement, excellence and contribution to the betterment of the community. He passed away in October 2005. A *Windsor Star* article provides this description: "Battagello forged a reputation as a hard-working, straight-shooting street fighter who pulled no punches and never backed down." He was commonly known as "Battling Battagello." His son Dave concludes, "People will remember his contributions to the community as a politician, teacher and coach, but he will always be remembered most by his family [for his devotion] as a husband and father."

Bernachi Family (Windsor Body & Fender Ltd.)[18]

Mario Bernachi was born in Vergiate, Varese (Lombardia) on September 28, 1904. He arrived at Ellis Island, N.Y. on March 15, 1913 on the French ship *La Provence*. Upon his arrival in Canada, one 'c' in the Bernacchi name was dropped, thus the last name became Bernachi although Mario's youngest brother Eraldo kept his double 'c' spelling.

Mario joined his older brother, Luigi, in Guelph and worked on a farm for seven years. In 1920, he answered an advertisement for a job at Motor Products Corp. on Walker Rd. and Seminole St. where he worked for 20 years cutting safety glass for new car production. Mario married Victoria Di Apollonia on June 8, 1929 and they had two sons, Harold and Donald.

In 1940, Mario bought a small garage at 280 Bridge Ave. and began his business, Windsor Body & Fender Co. In the following ten years, he purchased a city-owned lot adjoining the original business and a gasoline station next to it. In addition to auto body repair and painting, he was involved in all kinds of glass work as well as auto and truck upholstering and, during WWII, in assembling paratrooper helmets for the Canadian army.

After graduating from Assumption College in 1948, Harold joined the business full time. In 1967, Mario retired and Harold took over the business. Harold and his wife Darlene[19] have six children and eight grandchildren.

Harold has carried on in Mario's footsteps in volunteering. From 1973 to 1980, he served on the

Mario Bernachi, founder of Windsor Body & Fender Co., purchased this small garage at 280 Bridge Ave. in 1940.

Mario Bernachi, fondatore della Windsor Body and Fender Co., acquistò questa piccola officina al 280 Bridge Ave. nel 1940.

Courtesy/Cortesia: Harold Bernachi, P12663

18 Information from Harold Bernachi
19 She died June 13, 2008.

Having fun on a Trevisani nel Mondo picnic.
Divertimento a un picnic dei Trevisani nel Mondo.
Courtesy/Cortesia: Maria Battagin

Una volta laureatosi all'Assumption College nel 1948, Harold entrò nell'attività a tempo pieno. Nel 1967 Mario andò in pensione e Harold prese il controllo dell'attività. Harold e sua moglie Darlene[19] hanno sei figli e otto nipoti.

Harold ha seguito le impronte di Mario nel volontariato. Dal 1973 al 1980 fu al servizio del Provincial Advisory Committee al Ministero dei College e delle Università e guidò un comitato formato da tre persone che scrisse il curriculum per la riparazione di autocarrozzeria insegnato nei college della comunità dell'Ontario.

Harold è l'ex presidente della Camera di commercio di Amherstburg, ex Gran cavaliere dei Cavalieri di Colombo di Riverside in Lauzon Rd. ed ex Delegato distrettuale con 28 anni come Major Degree Master, iniziando migliaia di persone all'ordine. Fu nel consiglio di pianificazione del Comune di Anderdon per 13 anni, nel consiglio della General Amherst High School ed ex presidente dell'Amherstburg Lions Club. In riconoscimento delle sue varie attività e ruoli comunali, Harold fu scelto cittadino dell'anno di Amherstburg nel 1988.

Il figlio di Harold, Jay, si laureò all'Assumption College nel 1977 ed entrò nell'attività a tempo pieno. Nel 1988, dopo 40 anni alla Windsor Body and Fender Ltd., Harold andò in pensione e Jay ne divenne il proprietario.

La famiglia di Vladimiro (Miro) e Argia Biasutti[20]
Vladimiro

Miro immigrò a Windsor nel 1948 da Carpeneto, Udine (Friuli-Venezia Giulia). Fu sponsorizzato dal padre, Giuseppe, che fece parte dell'ondata di immigrazione durante il periodo tra le due guerre.

Sua moglie, Argia, lo raggiunse alcuni mesi dopo. Le due figlie, Loretta e Alida,[21] nacquero a Windsor. I due fratelli di Argia, Giulio e Giuseppe (Fiori) Chiandussi, la seguirono poco dopo.

Miro fu tra i tanti che coltivarono l'idea di un circolo sociale Fogolar Furlan. Era estremamente orgoglioso di essere italiano ma, allo stesso tempo, un fedele canadese. Instillò nelle figlie l'importanza di esercitare i propri diritti democratici (anche se c'è da dire che le figlie godevano di poca democrazia personale in una famiglia guidata da un classico patriarca italiano!). Loretta ricorda Miro telefonare a "Paul" (il suo Membro del Parlamento, Paul Martin, Sr.,) quando aveva una preoccupazione. Secondo lui tutti i cittadini hanno lo stesso diritto di esprimere la propria opinione sulle questioni all'ordine del giorno.

Miro provvedeva alla famiglia con il suo lavoro nell'edilizia e come operaio in una linea di assemblaggio auto, ma la sua vera passione erano la letteratura e la storia. Poteva recitate interi

---

19 Morì il 13 giugno 2008.
20 Informazioni da Loretta Biasutti
21 Loretta fa la psicologa e vive a Calgary con il marito, Bob (Johannes) vanMastrigt (immigrato olandese), e i due figli. Alida vive e lavora a Toronto.

Provincial Advisory Committee to the Ministry of Colleges and Universities and headed up a three-person committee that wrote the curriculum for auto body repair taught in Ontario's community colleges.

Harold is the past president of the Amherstburg Chamber of Commerce, past Grand Knight of Riverside Knights of Columbus on Lauzon Rd. and a former District Deputy with 28 years as Major Degree Master, initiating thousands into the order. He was on the planning board of Anderdon Township for 13 years, on the board at General Amherst High School and past president of the Amherstburg Lions Club. In recognition of Harold's many business and civic roles, he was selected Amherstburg's citizen of the year in 1988.

Harold's son Jay graduated from Assumption College in 1977 and joined the business full time. In 1988 after 40 years at Windsor Body and Fender Ltd., Harold retired and Jay became the owner.

Vladimiro (Miro) and Argia Biasutti Family[20]
Vladimiro

Miro immigrated to Windsor in 1948 from Carpeneto, Udine (Friuli-Venezia Giulia). He was sponsored by his father Giuseppe who was part of the wave of immigration during the inter-war period.

From left, Bruna Dario, Amalia Quagliotto and Antonietta Casagrande with crostoli, a Trevisano specialty, February 2009.

Da sinistra, Bruna Dario, Amalia Quagliotto e Antonietta Casagrande con i crostoli, una specialità trevisana, febbraio 2009.

Courtesy/Cortesia: Maria Battagin

His wife Argia joined him some months later. Their two daughters Loretta and Alida[21] were born in Windsor. Argia's two brothers Giulio and Giuseppe (Fiori) Chiandussi followed her soon after.

Miro was among the many individuals who nurtured the idea of a Fogolar Furlan social club. He was fiercely proud to be Italian but, at the same time, a committed Canadian. He instilled in his daughters the importance of exercising their democratic rights (though it must be said that his daughters enjoyed little personal democracy within a household led by a traditional Italian patriarch!). Loretta recalls Miro telephoning "Paul" (Paul Martin, Sr., a Member of Parliament) when he had a concern. He believed that all citizens had an equal right to express their opinion on issues of the day.

Miro provided for his family through his work in construction and as an assembly-line autoworker, but his real passions were literature and history. He could recite whole passages from Dante's *Divina Commedia* and had a prodigious memory for historical dates and events. Like many, he revelled in the academic successes of his children and grandchildren.

Upon Miro's death in 2002, to honour the value he placed on education, his daughters donated funds for the Vladimiro Biasutti Memorial Scholarship at the Fogolar Furlan Club for a deserving student.

---

20 Information from Loretta Biasutti
21 Loretta is a psychologist and lives in Calgary with her husband Bob (Johannes) vanMastrigt (an immigrant from the Netherlands) and their two children. Alida lives and works in Toronto.

Argia Biasutti, in historic costume, volunteering for Windsor's Community Museum, early 1990s.

Argia Biasutti, in costume tradizionale, una volontaria al Windsor's Community Museum, inizio degli anni '90.

Courtesy/Cortesia: Windsor's Community Museum, P14128

brani della *Divina Commedia* di Dante ed era un prodigio nel ricordare date ed eventi storici. Come molti, si beava dei successi scolastici dei suoi figli e nipoti.

Alla morte di Miro nel 2002, in onore del valore che pose sull'educazione, le figlie donarono fondi alla borsa di studio in sua memoria, la Vladimiro Biasutti Memorial Scholarship, al Club Fogolar Furlan per uno studente meritevole.

Argia

Argia ebbe un impatto su molte persone a Windsor con il suo esempio e la sua gentilezza.

La più giovane di una grande famiglia, Argia crebbe nello stesso paese contadino di Carpeneto. Descritta dalla sorella come "intrepida" e "maschiaccio", l'amore di Argia per la natura e l'attività fisica l'accompagnarono tutta la vita; nuotava, faceva escursionismo e giardinaggio e fu membro per molto tempo dell'Horticultural Society e della Field Naturalists Society.

Aveva detto alle sue figlie che amava il Canada dal momento in cui era arrivata, nonostante le difficoltà iniziali. Raccontava la storia di quando comprava una costoletta di maiale per la minestra che faceva tutti i giorni perché non riusciva a trovare le parole per "osso da minestra" nel dizionario. Argia usò sempre lo stesso dizionario lacero e logoro fino alla morte, sebbene le sia servito poco negli anni seguenti, quando vinceva contro le figlie nel gioco televisivo "Wheel of Fortune!"

Per Loretta e Alida, Argia era la "mamma italiana" per eccellenza: sempre a casa quando tornavano da scuola, in attesa sul portone della scuola con l'ombrello se c'era un acquazzone inaspettato, insegnava loro a rollare gli gnocchi sulla forchetta perché avessero le caratteristiche fossette. Si meravigliavano ogni anno al segnale invisibile che mandava tutte le mamme italiana nei campi nella stessa bella giornata di primavera a raccogliere le foglie di dente di leone (le cicorie) quando sono più dolci.

Ma Argia non era una mamma italiana ordinaria. Partecipò a diverse attività e organizzazioni della comunità che le davano gioia e allargarono le sue conoscenze ed esperienze. Divenne membro dell'YMCA in città all'inizio degli anni sessanta e attraverso i gruppi New Canadian and Ladies' Day Out, fece molte amicizie durature ed era felice di imparare cose nuove. Guidava la macchina e andava in vacanza con le amiche in un'epoca in cui non era comune, soprattutto per le donne immigrate.

Nel 1980 quando Argia ebbe una mastectomia, c'erano meno gruppi di supporto e campagne di coscienza pubblica rispetto a oggi. Il suo atteggiamento positivo e l'appoggio che offrì ad altre donne che si trovavano a far fronte al cancro diede speranza e ispirazione a molte.

Argia divenne membro del Windsor's Community Museum Volunteer Group nel 1990 e partecipò a diverse attività, tra cui 1812 ricostruzioni, giri storici a piedi per Windsor e altro. Ricevette l'Ontario Volunteer Service Award quinquennale e decennale dal Ministero della cittadinanza e cultura dell'Ontario. Dopo la sua morte, nel 2003, su sue istruzioni, furono fatte delle donazioni al Windsor's Community Museum che aiutarono a finanziare l'esposizione *Impronte: Italian Imprints in Windsor* presso il museo nel 2004.

Argia

Argia impacted many people in Windsor through kindness and example.

The youngest girl in a large family, Argia grew up in the same farming village of Carpeneto. Described by her sister as "fearless" and a "tomboy," Argia's love of nature and physical activity stayed with her throughout her life; she swam, hiked and gardened. She was a longtime member of the Horticultural Society and the Field Naturalists Society.

She told her daughters that she loved Canada from the moment she arrived, in spite of the early challenges. She related the story of buying a pork chop for the soup she made every day because she could not find the words for "soup bone" in the dictionary. Argia used that same tattered, worn dictionary until she died, though she hardly needed it in later years when she could beat her daughters at the TV word game "Wheel of Fortune!"

To Loretta and Alida, Argia was the quintessential "Italian *mamma*" – always home on their return from school, waiting at the school doors with an umbrella if there had been an unexpected downpour, teaching them how to roll gnocchi dough off a fork to make the characteristic dimple. They marvelled each year at the invisible signal that would send all of the Italian mothers out to the fields on the same fine spring day to harvest dandelion leaves at their sweet best.

But Argia was no ordinary Italian *mamma*. She participated in a variety of community activities and organizations which gave her pleasure and expanded her knowledge and experiences. She joined the downtown YMCA in the early 1960s and, through the New Canadian and Ladies' Day Out groups, she made numerous lasting friendships and delighted in learning new skills. She drove a car and holidayed with female friends at a time when it was not common to do so, particularly for immigrant women.

In 1980 when Argia had a mastectomy, there were fewer support groups and public awareness campaigns than there are today. Her positive attitude as well as the support she offered to other women dealing with cancer gave hope and inspiration to many.

Argia joined Windsor's Community Museum Volunteer Group in 1990 and was involved in several activities, including 1812 re-enactments, historical walking tours of Windsor and others. She was a recipient of both the five-year and the ten-year Ontario Volunteer Service Awards from the Ontario Ministry of Citizenship and Culture. Following her death in 2003, upon her instructions, donations were directed to Windsor's Community Museum which helped fund the *Impronte: Italian Imprints in Windsor* exhibit at the museum in 2004.

Argia successfully married the best of both her worlds – she preserved the customs of her homeland while, at the same time, embracing the opportunities and values of her adopted home.

A dinner party at the Lillian Ave. home of Pierina Bortolazzo, 1978. From left to right: Fr. Pietro Gandolfi, Mario and Maria Battagin, Sister Adriana Pasi, Pierina Bortolazzo and Sister Angelica De Cicco.

Un pranzo in casa di Pierina Bortolazzo in Lillian Ave., 1978. Da sinistra: P. Pietro Gandolfi, Mario e Maria Battagin, Suor Adriana Pasi, Pierina Bortolazzo e Suor Angelica De Cicco.

Courtesy/Cortesia: Pierina Bortolazzo. P10680

Argia sposò con successo il meglio di entrambi i suoi mondi: conservò le tradizioni della sua patria mentre, allo stesso tempo, abbracciava le opportunità e i valori della sua casa adottiva.

La famiglia Bonato[22]

I fratelli Bonato[23] cominciarono a immigrare a Windsor da Loria, Treviso (Veneto) con Giovanni nel 1948, che aveva un contratto di lavoro in una fattoria per un anno, seguito da Erino (Rino) nel 1950. Ildo giunse nel 1956 e Bruno nel 1962, e si stabilirono entrambi a Ottawa prima di raggiungere i fratelli maggiori a Windsor. Gli altri sei fratelli e sorelle Bonato rimasero in Italia.

Ildo si dedicò all'arte dell'ebanisteria ed è proprietario della Bonationale Woodwork Industry Inc. Gli altri tre fratelli lavorarono in fattorie, fabbriche, costruzioni e fonderie, qualsiasi cosa che permettesse loro di pagare le bollette. Con il loro spirito quieto del donare, della fiducia e della fede nella Chiesa, ognuno servì la comunità. Vivendo nel cuore della comunità italiana in Marentette Ave. dal 1950, Rino ha devoluto molte ore alla chiesa di Sant'Angela Merici. Nel 1951 divenne membro della Holy Name Society e in seguito ne divenne vicepresidente. Dal 1950 al 1970 fu membro del booster club, un'organizzazione che gestiva bingo per raccogliere fondi. Rino fa parte della St. Vincent de Paul Society da 42 anni e ne è stato presidente per molti anni. Con la carica di usciere dal 1951 e ministrante per i funerali per molti anni, è divenuto un volto ben noto e abituale a Sant'Angela. Ha detto: "Sant'Angela è come la mia seconda famiglia". Rino sposò Florinda Fogal di Loria nel 1953 e hanno quattro figli: Silvia, John, Sandra e Mary Angela. Florinda fa volontariato presso la chiesa da molti anni.

Anche Giovanni e Ildo hanno assistito la chiesa quando ce n'era bisogno. Ildo ha inciso "La creazione di Adamo", la cornice di legno che circonda l'elenco dei donatori, e costruito il bar, entrambi situati nella nuova sala della chiesa. Ildo sposò Rosalia Filoso dell'Abruzzo nel 1959. Hanno quattro figli: Ettore, Roberto, Orianna e Giancarlo. Giovanni ha aiutato con l'isolamento durante il restauro della chiesa negli anni ottanta e con altri lavoretti, tipo le pulizie dopo le festività. Nel 1953, Giovanni sposò Inez Canil di Loria e hanno quattro figli: Mary-Teresa, Lisa, Joan e Christopher. Bruno ritornò in Italia negli anni settanta con la moglie Dina Fogal di Loria, e i due figli, Graziella e Roger. Gli altri due figli, Andy e Serenella, nacquero in Italia.

Cucine sommerse di fumo, galloni di vino, fette di formaggio, chiacchiere da sala per banchetti e l'amore della famiglia riempivano le case di questa generazione. I pomodori nell'orto, i bambini che

Bonato family, Loria, Treviso (Veneto), c. 1940. Standing in rear: Rina, Giovanna, Giovanni and Erino Bonato. Seated: Veronica Favrin, Maria Marcon with baby Decimo, and Ettore Bonato. Standing in front: Pia, Bruna, Ildo and Bertila Bonato.

La famiglia Bonato, Loria, Treviso (Veneto), 1940 ca. In piedi in fondo: Rina, Giovanna, Giovanni e Erino Bonato. Seduti: Veronica Favrin, Maria Marcon col bimbo Decimo, e Ettore Bonato. In piedi davanti: Pia, Bruna, Ildo e Bertila Bonato.

Courtesy/Cortesia: Rino Bonato, P14072

---

22 Informazioni dalla famiglia Bonato

23 Il nonno, Giovanni, era immigrato in Canada nel 1873, all'età di 16 anni, per lavorare nelle miniere di carbone dell'Alberta. Nel 1910, morì tragicamente in un'esplosione in miniera. Sua moglie, Veronica Favrin, da Ramon, Treviso (Veneto) ritornò a Loria nel 1912 per allevare i tre figli: Ettore, Silvestro (entrambi nati a Loria) ed Ernesto (nato in Alberta). Nel 1923, Silvestro ritornò in Canada e andò a vivere a Windsor, seguito da Ernesto nel 1926. In seguito, si stabilirono tutti e due a Detroit. Ettore (che era rimasto ferito nella prima guerra mondiale) sposò la sua ragazza compaesana Maria Marcon, ed ebbero 11 figli (uno morì); quattro di loro immigrarono a Windsor: Giovanni, Rino, Ildo e Bruno.

Bonato Family[22]

The Bonato brothers[23] started their immigration to Windsor from Loria, Treviso (Veneto) with Giovanni in 1948, on a one-year contract to work on a farm, followed by Erino (Rino) in 1950. Ildo came in 1956 and Bruno in 1962, both first settling in Ottawa before joining their older brothers in Windsor. The remaining six Bonato siblings remained in Italy.

Ildo focused on the art of woodworking and owns Bonationale Woodwork Industry Inc. The other three brothers worked on farms, in factories, construction and foundries, whatever paid the bills. Through their silent spirit of giving, faith and belief in the Church, each one served the community. Living in the heart of the Italian community on Marentette Ave. since 1950, Rino has devoted many hours at St. Angela Merici Church. In 1951, he became a member of the Holy Name Society and later served as vice president. From 1950 to 1970, he was a member of the booster club, an organization that ran bingos to raise funds. Rino has been part of the St. Vincent de Paul Society for 42 years and served as its president for many years. As an usher since 1951 and an altar server for funerals for many years, he has become a regular, familiar face at St. Angela. He says, "To me, St. Angela is my second family." Rino married Florinda Fogal of Loria in 1953 and they have four children, Silvia, John, Sandra and Mary Angela. Florinda has volunteered for many years at the church.

Giovanni and Ildo have also assisted at the church whenever required. Ildo carved "The Creation of Adam," the wooden frame surrounding the donors' list, and built the bar, both located in the new hall of the church. Ildo married Rosalia Filoso of Abbruzzo in 1959. They have four children, Ettore, Roberto, Orianna and Giancarlo. Giovanni has assisted with the insulation during the remodelling of the church in the 1980s as well as performing other odd jobs, such as cleanup after festivities. In 1953, Giovanni married Inez Canil of Loria and they have four children, Mary-Teresa, Lisa, Joan and Christopher. Bruno returned to Italy in the 1970s with his wife Dina Fogal of Loria and their two children, Graziella and Roger. Their other two children, Andy and Serenella, were born in Italy.

Smoke-filled kitchens, gallons of wine, slabs of cheese, banquet hall chatter and love of family filled the lives of this generation. Tomatoes growing in the backyard, kids running, laughing and playing in the sand at the beach were the simple pleasures cherished by the brothers and their families. The *fratelli* Bonato, with their strong faith in God, will leave this community one day with the knowledge that they are leaving a legacy and a spirit of good faith.

Creation of Adam woodcarving by Ildo Bonato at St. Angela Hall, c. 2007.
La creazione di Adamo, intaglio in legno di Ildo Bonato nella sala St. Angela, 2007 ca.
Courtesy/Cortesia: Ildo Bonato, P14096

---

22 Information from Bonato family
23 Their grandfather Giovanni had immigrated to Canada in 1873 at age 16 to work in the coalmines of Alberta. In 1910, he died tragically in a coalmine explosion. His wife Veronica Favrin from Ramon, Treviso (Veneto) returned to Loria in 1912 to raise her three sons: Ettore, Silvestro (both born in Loria) and Ernesto (born in Alberta). In 1923, Silvestro returned to Canada and lived in Windsor, followed by Ernesto in 1926. Later, both brothers settled in Detroit. Ettore (who had been wounded in WWI) married his hometown girlfriend Maria Marcon, and they had 11 children (one died); four of their sons immigrated to Windsor, Giovanni, Rino, Ildo and Bruno.

Santo and Vera Borrelli with daughter Adriana, 1947.
Santo e Vera Borrelli con la figlia Adriana, 1947.
Courtesy/Cortesia: Borrelli family, P13086

correvano, ridevano e giocavano nella sabbia alla spiaggia erano i semplici piaceri che i fratelli e le loro famiglie amavano. I fratelli Bonato, con la loro forte fede in Dio, un giorno abbandoneranno questa comunità sapendo di lasciare un retaggio e uno spirito di buona fede.

La famiglia Borrelli[24]

Santo nacque il 2 maggio 1910 ad Aprigliano Vico, Cosenza (Calabria), il secondo figlio di Giuseppe e Serafina Borrelli. Aveva otto fratelli e due sorelle: Raffaele, Pietro, Michele, Francesco, Fortunato, Luigi, Carmine, Mario, Assunta e Teresa. Altri tre fratelli morirono in giovane età.

In Italia, Santo aveva un'attività di autotrasporti per il trasporto di vino, frutta e verdure nei paesi e nelle città dei dintorni. Esitò a lasciare l'Italia, ma lo fece per far piacere alla moglie Vera Sicoli, il cui padre era già in Canada dalla fine degli anni trenta. La coppia e le loro figlie Adriana e Marisa approdarono a Sydney, Nuova Scozia, nel dicembre 1948 e proseguirono in treno per Fort Williams (ora Thunder Bay) per raggiungere il padre di Vera.

Santo lavorava a scaricare grano dai treni cargo e come portinaio in una riserva indiana, vivendo sul luogo con la sua famiglia. Questo lavoro finì all'improvviso quando un toro nella riserva si lanciò verso sua moglie e la famiglia con Santo che accorse subito al loro soccorso. Poi lavorò come operaio in un deposito di legname a Port Arthur (ora Thunder Bay).

In seguito a diverse conversazioni con il suo amico Luigi Prantera, Santo lasciò la famiglia dietro di sé per venire a Windsor. Luigi gli trovò alloggio e vitto in una casa in Pierre Ave. e Riverside Dr. condivisa con altre otto persone. Santo divenne un parrocchiano della chiesa Sant'Angela Merici e incontrò P. De Santis che lo assunse per pitturare la sala parrocchiale. Più tardi, Santo, assieme a suo fratello Francesco (Frank), lavorò come custode al cimitero St. Alphonsus finché fu assunto alla Windsor Hydro. Nel 1949 Vera e i figli raggiunsero Santo,[25] iniziando la vita che aveva sperato di vivere in Canada. Negli anni seguenti Santo sponsorizzò tutti i suoi fratelli, sorelle e vari nipoti, e anche persone dal suo paese natale. Accolse tutti i suoi familiari uno a uno nella sua casa, finché si stabilirono.

Nel frattempo, nel 1955, Santo fu assunto dalla Chrysler. L'estate, lui e suo fratello Mario prendevano contratti da agricoltori produttori di pomodori per cogliere i prodotti per la Heinz Company. Tutti i giorni portavano i lavoratori avanti e indietro dai campi sul retro dei camion. Era una grande famiglia felice, che condivideva salsicce, salami, prosciutto e vino fatti in casa, godendosi le piccole cose della vita.

Santo e Mario fondarono la Borrelli Grapes nel 1956. Iniziarono a importare uve dalla California, gli unici importatori italiani di uva in città a quei tempi. L'uva era venduta direttamente dal deposito della stazione ferroviaria situato alla base di Riverside Dr. e Ouellette Ave., con i fratelli che pagavano le spese di controstallia per mantenere l'uva in vagoni refrigerati. In seguito, vendettero uva dal deposito ferroviario in Janet Ave. e Erie St. W. I fratelli acquistarono quindi un locale in Tecumseh Rd. e Langlois Ave., dove prosperarono fino alla morte di Santo il 4 giugno 1971 all'età di 61 anni.

24 Informazioni da Andria Borrelli Iannetta
25 Santo e Vera ebbero altri due figli: Osvaldo e Valentino.

Borrelli Family[24]

Santo was born May 2, 1910 in Aprigliano Vico, Cosenza (Calabria), the second-born son of Giuseppe and Serafina Borrelli. He had eight brothers and two sisters: Raffaele, Pietro, Michele, Francesco, Fortunato, Luigi, Carmine, Mario, Assunta, and Teresa. Three other siblings died at a young age.

In Italy, Santo owned a trucking business, transporting wine, fruits and vegetables to the surrounding villages and cities. He was hesitant to leave Italy but did so to please his wife Vera Sicoli whose father was already in Canada by the late 1930s. The couple and their daughters Adriana and Marisa landed in Sydney, Nova Scotia in December 1948 and proceeded by train to Fort Williams (now Thunder Bay) to join Vera's father.

Santo worked unloading wheat from train cargos and as a caretaker on an Indian reservation, living on site with his family. This job came to an abrupt end when a bull on the reserve charged toward his wife and family with Santo immediately coming to their rescue. He then worked as a labourer in a lumber yard in Port Arthur (now Thunder Bay).

Following various conversations with his friend Luigi Prantera, Santo left his family behind and came to Windsor. Luigi found him room and board in a home on Pierre Ave. and Riverside Dr. shared with eight other people. Santo became a parishioner of St. Angela Merici Church and met Fr. De Santis who hired him to paint the church hall. Later, Santo, along with his brother Francesco (Frank), worked as a caretaker at St. Alphonsus cemetery until he was employed by Windsor Hydro. In 1949, Vera and children joined Santo,[25] beginning the life he had hoped for in Canada. In the following years, Santo sponsored all his brothers, sisters and numerous nieces and nephews as well as many people from his home town. He welcomed all of his family one by one into his home until they established themselves.

In 1955, Santo was hired by Chrysler. He and brother Mario would take contracts every summer from tomato farmers to pick crops for the Heinz Company. They would drive crews in the back of their trucks daily to and from the fields. It was one big happy family sharing their homemade sausages, salami, prosciutto and wines, enjoying the small things in life.

Santo and Mario founded Borrelli Grapes in 1956. They began importing California grapes, the only Italian importers of grapes in the city at that time. Grapes were sold directly from the train station depot located at the base of Riverside Dr. and Ouellette Ave. with the brothers paying demurrage charges to keep the grapes in refrigerated train cars. Later, they sold grapes at the train depot at Janet Ave. and Erie St. W. The brothers then purchased a building on Tecumseh Rd. and Langlois Ave. where they prospered until Santo's death on June 4, 1971 at age 61.

Borrelli brothers: Mario, Carmine, Luigi, Francesco, Michele, Pietro, Santo.
I fratelli Borrelli: Mario, Carmine, Luigi, Francesco, Michele, Pietro, Santo.
Courtesy/Cortesia: Borrelli family, P13042

---

24 Information from Andria Borrelli Iannetta
25 Santo and Vera had two more children, Osvaldo and Valentino.

Paul Martin, Sr. speaking at Lidia Borrelli's wedding, 1963.
Paul Martin Sr. parla al matrimonio di Lidia Borrelli, 1963.
Courtesy/Cortesia: Borrelli family, P13052

Suo fratello Luigi,[26] nato nel 1921, venne a Windsor nel 1949. Lavorò alla Windsor Hydro per un anno e poi alla Ford per un altro anno. Frank,[27] nato nel 1918, arrivò nel 1949. Frank e Luigi aprirono il negozio di alimentari Borrelli Bros. Grocery in Erie St. nel 1953. Aiutarono molti immigrati italiani facendo loro credito finché potevano pagare.[28] Nel 1955, i due fratelli aprirono un altro negozio di alimentari in una riserva indiana a Sarnia, che fu poi distrutto in un incendio. Dopo alcuni anni, iniziarono a importare uve dalla California. Nel 1967, la Borrelli Bros. Grocery si spostò in Chatham St. di fronte al mercato comunale e chiuse nel 1976. Frank e Luigi (con la proprietà acquistata dalle vedove di Santo, Mario, Michele e Carmen) svilupparono l'area di Villa Borghese in Cabana Rd. Frank morì nel 1985 e Luigi nel 1991.

Il figlio di Frank, Elio, portò avanti l'attività di uve e *mosto* con il nome Frank Borrelli & Sons all'angolo di Erie St. e Howard Ave. In seguito, Elio e i suoi figli[29] allargarono ulteriormente l'attività chiamandola Borrelli Cellars in modo da offrire alla gente la scelta di fermentare e imbottigliare il proprio vino con mosto di uve californiane ed europee e vendere vari accessori e apparecchiature per la vinificazione. Anche i figli di Luigi, Massimo e Louis, continuarono l'attività di uva e mosto offrendo servizi simili in Howard Ave. con la Borrelli Wines Ltd. – Vin Bon Windsor. Più avanti aprirono un'attività all'ingrosso, la Borrelli Distributors Inc. situata in McDougall Ave., che presentava una varietà di prodotti quali l'olio d'oliva, i pomodori in scatola, la pasta e lo zucchero, con l'etichetta Borrelli.

I fratelli di Santo, Pietro[30] nato nel 1912 e Michele[31] nato nel 1914, arrivarono nel 1951 e lavorarono nell'edilizia. Poi Pietro lavorò al negozio di alimentari Borrelli Grocery fino alla sua chiusura. Michele lavorò alla Chrysler. Sia Pietro che Michele morirono nel 1977.

Carmine,[32] nato nel 1924, arrivò nel 1952 e lavorò nell'edilizia. In seguito, a causa della scarsità di lavori a Windsor, fece l'intonacatore a Sarnia, Barrie, Toronto e in altri posti. Nel 1963, lui, suo nipote Elio e Frank Tedesco, acquistarono il Colosseo Restaurant in Ottawa St. Carmine fu quindi assunto al Kelsey Hayes dove lavorò fino alla morte nel 1978.

Mario,[33] nato nel 1928, lavorò nell'edilizia dopo il suo arrivo nel 1952. Ogni estate, lui e i fratelli Pietro, Michele e Carmine andavano a Dresden a raccogliere foglie di tabacco e dormivano nei fienili delle fattorie. Fu in seguito assunto dalla Chrysler fino alla morte nel 1985.

---

26 Luigi e la moglie Concettina Cerbini ebbero tre figli: Massimo, Louis e Annalisa.
27 Frank e la moglie Orsola De Luca ebbero sei figli: Lidia, Elio, Alba, Elena, Carlo e Giovanna.
28 Nel 1956, il negozio di Windsor fu chiuso per un mese a causa della febbre tifoide che la famiglia di Frank aveva contratto a bordo della nave durante il viaggio in Canada. Rimasero in isolamento presso gli ospedali Hotel Dieu e Metropolitan per molte settimane. Tutti i fratelli donarono sangue per i figli di Frank e tutti i membri della famiglia, giovani e anziani, furono vaccinati con una serie di tre iniezioni.
29 La Borrelli Cellars/Elio Borrelli ha vinto il CIBPA Family Business of the Year Award nel 2008.
30 Pietro e la moglie Rosina Spadafora ebbero cinque figli: Ada, Emma, Silvana, Guido e Anna.
31 Michele e la moglie Virginia De Rose ebbero quattro figli: Paul, Oleana, Jim e Dan.
32 Carmine e sua moglie Laura Spagnuolo hanno quattro figli: Ornella, Aldo, Linda e Diana.
33 Mario e sua moglie Carol Auletta hanno una figlia: Maria.

His brother Luigi,[26] born in 1921, came to Windsor in 1949. He worked at Windsor Hydro for one year and then at Ford for another. Frank,[27] who was born in 1918, arrived in 1949. Frank and Luigi opened Borrelli Bros. Grocery on Erie St. in 1953. They helped many Italian immigrants by giving them groceries on account until they could pay.[28] In 1955, the two brothers opened another grocery store on an Indian Reservation in Sarnia which was later destroyed by fire. After a few years, they began importing California grapes. In 1967, Borrelli Bros. Grocery moved to Chatham St. across from the city market and closed in 1976. Frank and Luigi (with the property purchased from the widows of Santo, Mario, Michele and Carmen) developed the Villa Borghese site near Cabana Rd. Frank died in 1985 and Luigi, in 1991.

Frank's son Elio carried on the grape and *mosto* business as Frank Borrelli & Sons at the corner of Erie St. and Howard Ave. In 1999, Elio and his sons[29] expanded the business further, calling it Borrelli Cellars, offering people the choice to brew and bottle their own wine with Californian and European juices and selling various accessories and equipment for winemaking. Luigi's sons Massimo and Louis also continued with the grape and *mosto* business, offering similar services on Howard Ave. as Borrelli Wines Ltd. – Vin Bon Windsor. Later, they opened a wholesale business, Borrelli Distributors Inc. located on McDougall Ave., featuring a variety of products such as olive oil, canned tomatoes, pasta, and sugar under the Borrelli label.

Santo's brothers Pietro,[30] born in 1912, and Michele,[31] born in 1914, arrived in 1951 and worked in construction. Later, Pietro worked at Borrelli Grocery until it closed. Michele worked at Chrysler. Both died in 1977.

Carmine,[32] born in 1924, arrived in 1952 and worked in construction. Later, due to lack of jobs in Windsor, he worked as a plasterer in Sarnia, Barrie, Toronto and elsewhere. In 1963, with his nephew Elio and Frank Tedesco, he bought the Colosseo Restaurant on Ottawa St. Carmine was then hired at Kelsey Hayes where he worked until his death in 1978.

Mario,[33] born in 1928, worked in construction after his arrival in 1952. Every summer, he and his brothers Pietro, Michele and Carmine would travel to Dresden to harvest tobacco leaves, sleeping in the farmers' barns. He was later employed by Chrysler until his death in 1985.

Making wine in basement of Frank and Orsola Borrelli. From left: Elio, Concetta, Orsola, Lidia, Francesco. Front: Helen.

Si fa il vino nel seminterrato di Frank e Orsola Borrelli. Da sinistra: Elio, Concetta, Orsola, Lidia, Francesco. In primo piano: Helen.

Courtesy/Cortesia: Borrelli family, P13047

---

26 Luigi and wife Concettina Cerbini had three children: Massimo, Louis and Annalisa.
27 Frank and wife Orsola De Luca had six children: Lidia, Elio, Alba, Elena, Carlo, and Giovanna.
28 In 1956, the Windsor store was shut down for a month due to typhoid fever that Frank's family had contracted on board ship during their voyage to Canada. They were in isolation at Hotel Dieu and Metropolitan hospitals for many weeks. All brothers donated blood for Frank's children and every family member, young and old, was vaccinated with a series of three shots.
29 Borrelli Cellars/Elio Borrelli won the CIBPA Family Business of the Year award in 2008.
30 Pietro and wife Rosina Spadafora had five children: Ada, Emma, Silvana, Guido and Anna.
31 Michele and wife Virginia De Rose had four children: Paul, Oleana, Jim and Dan.
32 Carmine and his wife Laura Spagnuolo have four children: Ornella, Aldo, Linda and Diana.
33 Mario and his wife Carol Auletta have one daughter, Maria.

*Identity card of Francesca Giansante, born in 1936 in
Carpineto, Pescara (Abruzzo).*

Carta d'identità di Francesca Giansante, nata nel 1936 a
Carpineto, Pescara (Abruzzo).

Courtesy/Cortesia: Francesca Giansante, P11144B

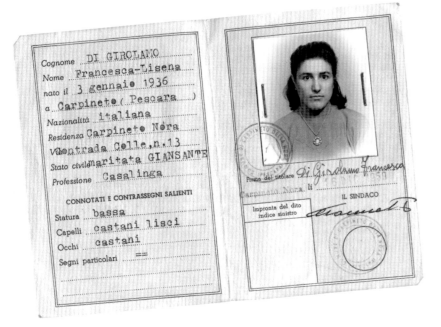

Fortunato, nato nel 1921, arrivò dalla Francia con la sua famiglia nel 1959, ma poco dopo, si trasferì a Toronto. La sorella di Santo, Assunta, nata nel 1903, arrivò a Windsor nel 1965 e si trasferì a Sault Ste. Marie, dove morì nel 1995. Sua sorella maggiore, Teresa, nata nel 1915, venne a Windsor nel 1967 e visse con i fratelli fino alla sua morte nel 1997.

La famiglia di Giulio G. Caldarelli[34]

Giulio nacque in un piccolo paese di montagna, Santo Stefano di Sessanio, Aquila (Abruzzo) nel 1921. Suo padre Domenico era immigrato in Canada all'inizio del secolo e con i suoi risparmi aveva comprato un terreno nel suo paese natio per costruire una casa confortevole per la famiglia. Domenico e i figli Giulio, Michele e Mario, erano agricoltori.

In seguito alla dichiarazione della seconda guerra mondiale in Italia, Giulio fu chiamato alle armi. Nel 1946, Giulio sposò Elena Gallina e l'anno seguente ebbero una figlia, Domenica. Giulio continuò a fare l'agricoltore, ma l'Italia del dopoguerra non offriva speranze di miglioramento. Nel giugno 1951 Giulio approdò al molo 21 e proseguì per Windsor, dove raggiunse la cugina Maria Loreto e famiglia. Nel giro di pochi giorni trovò un lavoro nell'industria edile. Il 2 febbraio 1956 la moglie e la figlia si imbarcarono nello stesso viaggio che aveva intrapreso lui cinque anni prima e si stabilirono in una casa che Giulio aveva comprato in Louis Ave. L'anno seguente nacque Michael.

La vita s'imperniava sulla comunità italiana, la chiesa di Sant'Angela Merici e i suoi circoli. Giulio divenne membro della Società del Santo Nome e Elena della Società delle Madri Cristiane. Domenica divenne un membro attivo del coro e club giovanili, e Michael della Società dei chierichetti.

Alla fine degli anni sessanta, Giulio lasciò l'industria edile e prese una *bona jobba* (come dicevano tutti in quel periodo) come bidello con il Separate School Board. Giulio ed Elena erano orgogliosi di vedere Domenica diplomarsi come infermiera professionale ed entrambi i loro figli sposarsi: Michael con Maria Russo e Domenica con Florindo Mandarino, fondatore e proprietario della Intrepid General a Chatham dal 1970.

Con il passare del tempo, Giulio raccontava ai nipoti storie del suo paese, mentre Elena insegnava loro a fare le pizzelle. Giulio ed Elena (come tutti gli altri immigrati) ebbero il coraggio di lasciare la propria patria e avventurarsi oltreoceano verso l'ignoto.

Giulio morì nel 1996 ed Elena l'anno seguente.

La famiglia di Louis (Lou) Calsavara (Center Tool & Mold Co. Ltd./CanAm Tools)[35]

Lou nacque a Windsor nel 1928, il terzo figlio di Ottorino Calsavara e Rosa Favero. Ottorino immigrò in Canada nel 1913 dall'Italia, rientrò nel 1923 per poi ritornare a Windsor poco dopo con

---

34 Informazioni da Domenica Mandarino
35 Informazioni da Lou Calsavara

Fortunato, born in 1921, arrived from France with his family in 1959 but, shortly after, moved to Toronto. Santo's sister Assunta, born in 1903, arrived in Windsor in 1965 and moved to Sault Ste. Marie where she died in 1995. His other sister Teresa, born in 1915, came to Windsor in 1967 and lived with her brothers until her death in 1997.

Giulio G. Caldarelli Family[34]

Giulio was born in a small mountainous town, Santo Stefano di Sessanio, Aquila (Abruzzo), in 1921. His father Domenico had immigrated to Canada at the beginning of the century and with his savings bought land in his hometown to build a comfortable home for his family. Domenico and his sons, Giulio, Michele and Mario, were farmers.

Following the declaration of WWII in Italy, Giulio was drafted. In 1946, he married Elena Gallina and the following year they had a daughter, Domenica. Giulio continued to farm, but post-war Italy offered no hope for improvement. In June 1951, Giulio landed at Pier 21 and proceeded to Windsor where he joined his cousin Maria Loreto and family. Within a few days, he found a job in the construction industry. On February 2, 1956, his wife and daughter embarked on the same journey he had undertaken five years earlier and settled in a house Giulio had purchased on Louis Ave. The following year, Michael was born.

Life revolved around the Italian community, St. Angela Merici Church and its clubs. Giulio became a member of the Holy Name Society and Elena joined the Christian Mothers Society. Domenica became an active member of the youth clubs and choir, and Michael joined the Altar Boys' Society.

In the late 1960s, Giulio left the construction industry and got a *bona jobba* (as everyone said at that time) as a caretaker with the Separate School Board. Giulio and Elena were proud to see Domenica graduate as a registered nurse and to see both their children marry, Michael to Maria Russo and Domenica to Florindo Mandarino, founder and owner of Intrepid General in Chatham since 1970.

As time went by, Giulio would tell his grandchildren stories of his home town and Elena would teach her granddaughters to make *pizzelle*. Giulio and Elena (like all other immigrants) had the courage to leave their homeland and venture across the ocean toward the unknown.

Giulio died in 1996 and Elena, the following year.

Louis (Lou) Calsavara Family (Center Tool & Mold Co. Ltd./CanAm Tools)[35]

Lou was born in Windsor in 1928, the third child of Ottorino and Rosa Favero. Ottorino immigrated to Canada in 1913 from Italy, returned in 1923, and came back to Windsor with Rosa shortly after where they remained until their death in the late 1960s. Lou's two sisters, Antoinette Stocco and Carmella Sartori, still reside in Windsor.

Domenica Caldarelli with parents, Giulio and Elena, and brother, Michael, on the occasion of her graduation from nursing at Hotel Dieu Hospital, August 1970.

Domenica Caldarelli con i genitori, Giulio e Elena, e il fratello, Michael, in occasione del suo diploma di infermiera presso l'Hotel Dieu Hospital, agosto 1970.

Courtesy/Cortesia: Florindo and Domenica Mandarino, P12531

---

34 Information from Domenica Mandarino
35 Information from Lou Calsavara

Egidio Fantuz at work for Canadian Tile & Terrazzo, 1965.
Egidio Fantuz lavora per la Canadian Tile & Terrazzo, 1965.
Courtesy/Cortesia: John and Denise Sgrazzutti, P10352

Rosa, dove rimasero fino alla morte alla fine degli anni sessanta. Le due sorelle di Lou, Antoinette Stocco e Carmella Sartori, vivono ancora a Windsor.

Lou frequentò la De LaSalle School e W. D. Lowe per studiare meccanica e come attrezzista e stampista, mentre trascorreva le estati a lavorare accanto al padre all'aeroporto di Windsor. Dopo il diploma nel 1946, Lou trovò lavoro alla Windsor Tool & Die. Sposò Danila Toldo e si stabilirono in Ellrose Ave. Entro il 1955 ebbero tre figlie, Rosemary, Linda e Beverly, e un figlio, Louis, Jr. nel 1961.

Lou avviò, con il compagno di lavoro e amico Ernie Luciano, la Center Tool & Mold Co. Ltd. nel maggio del 1955. L'oggetto della società era la produzione di stampi a iniezione e stampi a pressofusione. Nel 1960 i soci costruirono una nuova officina in Central Ave. che consentì loro di aumentare la produzione e assumere altri operai, spesso nuovi arrivati dall'Italia.

Nel 1964 Lou e i familiari costituirono la Telso Products, un'operazione di produzione di copri water che fu in seguito venduta a Olsonite. Nel 1970, la Center Tool acquistò la Windsor Pallet Manufacturing e la trasferì su un terreno di sei acri in North Talbot Rd. Nel 1972 Lou cercò altre attività per la Center Tool in cui investire e acquistò il 70 per cento della CanAm Tools. Dopo la morte del socio Ernie Luciano nel 1975, Lou lasciò la Center Tool e nel 1982 divenne l'unico proprietario della CanAm, ritornando all'attività di attrezzista e stampista a tempo pieno.

La fine degli anni settanta e l'inizio degli anni ottanta furono molto intensi e soddisfacenti per Lou, che gestiva entrambe le attività. Nel 1983, suo figlio Lou, Jr. assunse la direzione delle operazioni dell'attività di pallet, per poi divenirne unico proprietario.

Lou trascorre ancora diverse ore al giorno nel suo ufficio alla CanAm Tools. Nel 2001 ebbe un ictus che lo fece rallentare un po', ma non abbastanza da andare in pensione. Lou e Danila sono entrambi orgogliosi del loro patrimonio culturale italiano e dei loro contributi alla comunità italiana di Windsor.

Angelo Campigotto[36]

Angelo nacque il 12 agosto 1923 a Montebelluna, Treviso (Veneto) da Oreste e Rosa Campigotto. Terminò la scuola all'età di 15 anni; era stato accettato a un corso per insegnanti, ma dovette abbandonare a causa della mancanza di fondi. A 18 anni trovò lavoro presso una banca locale finché fu chiamato alle armi, dove rimase fino al 1945. Nel 1948 sposò Adelina Scandiuzzi di Montebelluna e l'anno seguente nacque il loro primo figlio, Oreste. Nel 1949, Angelo e la sua famiglia immigrarono a San Rocco (nello stato interno di São Paolo), Brasile dove nacquero i figli Roberto nel 1950 e Antonio nel 1952. Trascorse lì ancora quattro anni, prima di ritornare in Italia nel 1953, dove lavorò per un breve periodo alle ferrovie dello stato.

---

36 Informazioni da Angelo Campigotto e dal libretto *Associazione Trevisani Nel Mondo Windsor 25 Anniversario Sabato 6 Novembre 2004*

Lou attended De LaSalle School and W. D. Lowe to study machine shop and tool and die, spending his summers working alongside his father at the Windsor Airport. After graduation in 1946, Lou got a job at Windsor Tool & Die. He married Danila Toldo and settled on Ellrose Ave. By 1955, they had three daughters: Rosemary, Linda and Beverly. A son, Louis, Jr., was born in 1961.

Lou, with co-worker and friend Ernie Luciano, started Center Tool & Mold Co. Ltd. in May of 1955. The focus of the company was to manufacture injection molds and die-casting dies. In 1960, the partners built a new shop on Central Ave. which allowed them to increase production and hire additional workers, often newly-arrived Italians.

In 1964, Lou and family members set up Telso Products, a toilet seat manufacturing operation later sold to Olsonite. In 1970, Center Tool purchased Windsor Pallet Manufacturing and moved it to a six-acre lot on North Talbot Rd. In 1972, Lou looked for additional business for Center Tool to invest in and purchased 70 percent of CanAm Tools. Following the death of his partner Ernie Luciano in 1975, Lou moved on from Center Tool and, in 1982, became the sole owner of CanAm, putting him back in the tool and mold business full time.

The late 1970s and early 1980s were very busy and satisfying for Lou as he ran both businesses. In 1983, Lou, Jr. took over the operations of the pallet business, ultimately becoming sole owner.

Lou still spends several hours daily in his office at CanAm Tools. In 2001, he suffered a stroke which has slowed him down a bit but not enough to retire. Lou and Danila are both proud of their Italian heritage and their contributions to the Italian community in Windsor.

Angelo Campigotto[36]

Angelo was born on August 12, 1923 in Montebelluna, Treviso (Veneto) to Oreste and Rosa Campigotto. He finished school at age 15 and had been accepted for teacher training but could not continue due to lack of funds. At 18, he found work at a local bank until he was drafted in the army, where he remained until 1945. In 1948, he married Adelina Scandiuzzi of Montebelluna and the following year their first son Oreste was born. In 1949, Angelo and his family immigrated to San Rocco (in the interior state of São Paolo), Brazil where his son Roberto was born in 1950 and Antonio, in 1952. He spent the next four years there before returning to Italy in 1953 where he worked for a short period on the state railway.

The Canadian government was looking for immigrant workers. The Campigotto family arrived in Halifax in July 1954 and proceeded to Montreal. Their son Gianni was born during the voyage. Unfortunately, the job Angelo had been promised was no longer available. He worked as a farmer for a French family and three months later moved to Port Arthur in Northern Ontario where he worked as a lumberjack until his contract expired on December 31.

Pen and ink sketch of Canadian Tile & Terrazzo, Windsor Ltd., 2910 Walker Rd., by O.K. Smith, 1993. This company, started by Giovanni Sgrazzutti in the 1940s, is operated today by his grandson John at 25 Fairway Crescent, Amherstburg.

Un abbozzo della Canadian Tile & Terrazzo, Windsor Ltd., 2910 Walker Rd., in penna e inchiostro di O.K. Smith, 1993. Questa ditta, fondata da Giovanni Sgrazzutti negli anni '40, è gestita ora dal nipote John al 25 Fairway Crescent, Amherstburg.

Courtesy/Cortesia: John and Denise Sgrazzutti, P10350

---

36 Information from Angelo Campigotto and *Associazione Trevisani Nel Mondo Windsor 25 Anniversario Sabato 6 Novembre 2004*

Remigio Sovran and Bruno Faoro families in front of Canada Plastering Co. Ltd., c. 1967.

Le famiglie di Remigio Sovran e Bruno Faoro dinanzi alla Canada Plastering Co. Ltd., *1967 ca.*

Courtesy/Cortesia: Yvonne Faoro, P11242

Il governo canadese cercava lavoratori immigranti. La famiglia Campigotto arrivò ad Halifax nel luglio 1954 e proseguì per Montreal. Il figlio, Gianni, nacque durante il viaggio. Purtroppo il lavoro che gli era stato promesso non era più a disposizione. Lavorò come contadino per una famiglia francese e tre mesi dopo si trasferì a Port Arthur nell'Ontario settentrionale, dove fece il tagliaboschi fino al termine del suo contratto il 31 dicembre.

Avendo sentito che Windsor era il posto più caldo del Canada, Angelo vi si trasferì nel 1955 e trovò alloggio presso la famiglia Mastromattei in Howard Ave. Fece il cementista e poco dopo fu assunto dalla Canadian Rock Salt Company. Sua moglie e famiglia lo raggiunsero nel 1956. Ebbero altri due figli: Luigino, nato nel 1960, e Bruna, nel 1963.

Angelo si ritirò dalla Salt Company dopo 32 anni. Fu presidente dell'Associazione Trevisani nel Mondo.

Canada Plastering Co. Ltd. (Remigio Sovran e Bruno Faoro)[37]

La Canada Plastering Company Ltd., fondata da Remigio e Bruno a Windsor, operò dal 1953 al 1978.

Remigio era venuto in Canada nel 1950 da San Martino al Tagliamento, Pordenone (Friuli-Venezia Giulia). Lui e sua moglie, Vanda, ebbero quattro figli: Gino, Laura, Jimmy e Renata. Remigio morì nell'agosto 1975 e Vanda nell'ottobre 1987.

Bruno, nato nel 1929, venne in Canada nel 1950 da Arsie, Belluno (Friuli-Venezia Giulia). Al suo arrivo dovette lavorare in una fattoria per un anno senza paga. Poi lavorò con Barbesin come operaio e in seguito si diede all'intonacatura. Yvonne Moro, che era arrivata nel 1949, incontrò Bruno a Windsor, si sposarono ed ebbero due figli: Mary e Angelo. Bruno morì nel luglio 2004.

Bruno e Ines Maria Boaro Castellan[38]

Bruno nacque a Loria, Treviso (Veneto) nel 1926, il settimo di otto figli di Giovanni e Maria Castellan. Bruno lavorò alla fattoria di famiglia in Italia fino al 1947. Lavorò due anni nelle miniere di carbone in Belgio, prima di ritornare in Italia. Nel 1950 andò ad Halifax in nave e poi in British Columbia in treno per un lavoro alle ferrovie. Si trasferì a Windsor nell'aprile 1951 per andare a vivere con lo zio e lavorare nell'edilizia.

Ines Maria Boaro, nata a Loria nel 1925, la quarta dei dieci figli di Antonio e Anna Boaro, lavorò anche lei nella fattoria di famiglia in Italia. Nel novembre 1952 venne a Windsor e abitò con la zia di Bruno, Teresa Canil, fino al matrimonio con Bruno il mese seguente presso la chiesa di

---

37 Informazioni da Yvonne Faoro
38 Informazioni da Dan Castellan

Having heard that Windsor was the warmest place in Canada, Angelo moved here in 1955 and found lodging with the Mastromattei family on Howard Ave. He worked as a cement layer and shortly after was hired by the Canadian Rock Salt Company. His wife and family joined him in 1956. The couple had two more children: Luigino, born in 1960 and Bruna, in 1963.

Angelo retired from the salt company after 32 years. He has served as president of the Associazione Trevisani Nel Mondo.

Canada Plastering Co. Ltd. (Remigio Sovran and Bruno Faoro)[37]

Canada Plastering Co. Ltd., founded in Windsor by Remigio and Bruno, operated from 1953 to 1978.

Remigio had come to Canada in 1950 from San Martino al Tagliamento, Pordenone (Friuli-Venezia Giulia). He and his wife Vanda had four children: Gino, Laura, Jimmy and Renata. Remigio died in August 1975 and Vanda, in October 1987.

Bruno, born in 1929, came to Canada in 1950 from Arsie, Belluno (Friuli-Venezia Giulia). Upon his arrival, he had to work for one year on a farm with no pay. Later, he worked with T. Barbesin & Sons Ltd. as a labourer and then became involved in plastering. Yvonne Moro, who had arrived in 1949, met Bruno in Windsor. They married and had two children, Mary and Angelo. Bruno died in July 2004.

Bruno and Ines Maria Boaro Castellan[38]

Bruno was born in Loria, Treviso (Veneto) in 1926, the seventh of eight children of Giovanni and Maria Castellan. Bruno worked on the family farm in Italy until 1947. He spent the next two years working in coalmines in Belgium before returning to Italy. In 1950, he travelled by ship to Halifax and then to British Columbia by train for a job on the railroad. He moved to Windsor in April 1951 to live with his uncle and work in construction.

Ines Maria Boaro, born in Loria in 1925, the fourth of ten children of Antonio and Anna Boaro, also worked on the family farm in Italy. She came to Windsor in November 1952, staying with Bruno's aunt, Teresa Canil, until her marriage to Bruno the following month at St. Angela Merici Church. They had their first child Danillo (Dan) Antonio[39] in December 1953, followed by Giovanni Bruno, Anna Maria, Elizabeth Ida and Gino Alfonso.

---

37 Information from Yvonne Faoro
38 Information from Dan Castellan
39 Dan Castellan won the CIBPA Award of Excellence for Professional of the Year in 2008. A project engineer at the University of Windsor for over 20 years, Dan's responsibilities have included managing large-scale projects such as the new Schulich School of Medicine, the Cogeneration Plant, the Great Lakes Institute, the Dramatic Arts Facility and the Medical Education Building. He is also the owner of DAC Engineering and very active in both professional and charitable organizations such as the American Society of Heating Refrigeration and Air Conditioning Engineers, Professional Engineers Ontario, Knights of Columbus, the Windsor chapter of the Canadian Italian Business and Professional Association (a current board member and past president and Vice President Administration and Director of CIBPA National Federation 2008-09), the University of Windsor Italian Studies Committee, and St. Angela Merici Church.

Bruno and Ines Castellan with their children, Danillo, Giovanni, Anna Maria and Elizabeth, at Holiday Beach, August 1960.

Bruno e Ines Castellan con i figli, Danillo, Giovanni, Anna Maria e Elizabeth, alla Holiday Beach, agosto 1960.

Courtesy/Cortesia: Dan Castellan, P12773

Italian Girls Plan Shamrock Dance

Italian Young Girls' Sorority members, Ida Carlesso, Jenny Luciano, Inez Canil and Ugolina Rodda, plan a Shamrock Dance at the Italian Club hall, Windsor Daily Star, late 1930s.

Ida Carlesso, Jenny Luciano, Inez Canil, Ugolina Rodda, socie dell'Italian Young Girls Sorority organizzano un Shamrock Dance alla sala dell'Italian Club, Windsor Daily Star, fine anni '30.

Courtesy/Cortesia: Giovanna and Anne Senesi, P13992

Sant'Angela Merici. Ebbero il primo figlio, Danillo (Dan) Antonio[39], nel dicembre 1953, seguito da Giovanni Bruno, Anna Maria, Elizabeth Ida e Gino Alfonso.

Nel gennaio 1964, Bruno morì in un incidente di costruzione, lasciando la moglie e cinque figli. Ines vive ancora a Windsor.

Lino P. Catroppa (The Cook's Shop Restaurant)[40]

Nel vero spirito degli italiani che non esitano a viaggiare per il mondo, tutta la mia famiglia si trasferì dalla Calabria a Roma nel 1955, quando avevo 12 anni. Io iniziai subito a lavorare in un night club come apprendista barista nel quartiere di Via Veneto dalle 5 di sera alle 5 del mattino. All'età di 17 anni volli cimentarmi nel campo imprenditoriale ed avviai la mia attività, Carioca Café, proprio di fronte al teatro dell'opera nel cuore di Roma. La mia ultima occupazione in Italia fu presso lo Stabilimento Cinematografico di Cinecittà.

Cinecittà mi ispirò a esplorare terre lontane. L'Inghilterra fu la mia prima destinazione. Riuscii a ottenere un contratto di lavoro in un hotel nello Yorkshire. Finii col lavorare in un hotel dove il proprietario mi diede dello sciocco quando annunciai che me ne andavo in Canada.

Giunto a Montreal, nel giugno 1965, fui introdotto a un calore sorprendentemente infernale. Mi tolsi il cappotto e non successe nulla. Mi spostai all'ombra e non c'era differenza. Mi mancava Roma con il suo lato ombrato detto al fresco che fornisce davvero un sollievo istantaneo dalla calura. Mi mancava anche l'Inghilterra, dove la temperatura era sempre più o meno perfetta.

Iniziai a lavorare a Windsor a The Knotty Pine. Mi sentivo come un pesce fuor d'acqua, sempre a pensare ai posti ricchi dove avevo lavorato in Inghilterra, i modi garbati, l'eleganza della lingua, gli amici: Oh Inghilterra! Ora qui, nella valle di lacrime (il Canada), alcuni clienti mi chiamavano "waitress"; come disse uno una volta: "non ho mai visto una cameriera uomo". Era troppo. Ora veramente volevo lasciare il Canada e per sempre. Tuttavia, i proprietari del ristorante, una coppia affascinante, mi persuasero a rimanere per almeno un altro po'. Mi assicurarono che sarebbe migliorata. Lì introdussi la cucina a vista (teppanyaki), competenza che avevo acquisito in Inghilterra. In seguito mi spostai al Beach Grove Golf and Country Club dove divenni manager.

---

39 Dan vinse il CIBPA Award of Excellence for Professional of the Year nel 2008. Ingegnere progettista presso l'Università di Windsor da oltre 20 anni, Dan ha avuto responsabilità quali la gestione di progetti su vasta scala, tipo la nuova Schulich School of Medicine, il Cogeneration Plant, il Great Lakes Institute, la Dramatic Arts Facility e il Medical Education Building. E' anche proprietario della DAC Engineering e molto attivo sia in organizzazioni professionali che di beneficenza, quali l'American Society of Heating Refrigeration e l'Air Conditioning Engineers, la Professional Engineers Ontario, i Cavalieri di Colombo, la sezione di Windsor della Canadian Italian Business and Professional Association (di cui è tuttora membro del consiglio ed ex presidente e vicepresidente di amministrazione e direttore della Federazione Nazionale CIBPA 2008-09), il comitato di Studi italiani dell'Università di Windsor e la chiesa di Sant'Angela Merici.

40 Scritto da Lino Catroppa

In January 1964, Bruno was killed in a construction accident, leaving his wife Ines and five children. Ines still lives in Windsor.

Lino P. Catroppa (The Cook's Shop Restaurant)[40]

In the true spirit of Italians not hesitating to travel around the world, my whole family moved from Calabria to Rome in 1955 when I was 12. Immediately, I began to work in a night club as an apprentice bartender in the Via Veneto district from 5:00 p.m. to 5:00 a.m. At 17, I wanted to experiment in the entrepreneurial field and opened my own business, Carioca Café, right in front of the opera house in the heart of Rome. My last tenure in Italy was at the Stabilimento Cinematografico di Cinecittà.

Cinecittà inspired me to explore the distant world. England was my first destination. I managed to obtain a contract to work in a hotel in Yorkshire. Eventually, I worked in a hotel where the owner classified me as a fool when I announced I was going to Canada.

Arriving in Montreal in June 1965, I was introduced to a surprisingly infernal heat. I took off my coat; nothing happened. I moved to the shade and there was no difference. I missed Rome with its shaded side called *al fresco* which truly provides instant relief from the heat. I missed England too where the temperature was just about perfect at all times.

I started to work at The Knotty Pine restaurant in Windsor. I found myself like a fish out of water, all the time thinking of the opulent places I had worked in England, the gentle mannerism, the elegance of the language, the friends – Oh England! Now here in the valley of tears (Canada), some customers called me "waitress" – as one said, "I have never seen a male waitress before." This was too much. Now I definitely was going to leave Canada and that was that. However, the owners of the restaurant, a charming couple, persuaded me to stay at least for a while. They assured me that it would get better. There I introduced tableside cooking, a skill I had acquired in England. I then moved on to Beach Grove Golf and Country Club where I became manager.

In 1980, I opened my own restaurant, The Cook's Shop. In 2005, we celebrated our 25th anniversary. This alone is a measure of success which requires no explanation. Shortly after opening, I received excellent reviews which immediately made The Cook's Shop a popular dining destination with Canadians and Americans. Twenty years later, another review awarded The Cook's Shop four out of four stars. Regardless of the ups and downs that life provides, our motto, *Semper Item* (always the same), is strongly upheld by providing loyal customers with the best of the best for a price which is dictated from the heart rather than the calculator.

My daughters Gennie, Emily and Lily are the best part of my life. I firmly proclaim that they have been my illumination. Their love has kept me invigorated with the kind of nourishment that cannot be found in my restaurant or any other place on earth. About my adoptive country, I have this to say: Canada always surfaces on top as the best; it is our home, our land, our country.

Lino Catroppa and assistant preparing numerous dishes at The Cook's Shop Restaurant, c. 1985.

Lino Catroppa e un'assistente preparano svariate pietanze presso The Cook's Shop Restaurant, 1985 ca..

---

40 Written by Lino Catroppa

Pat Ciccone, Frank Ciccone and Angelo Russo playing on Ouellette Ave., late 1950s.

Pat Ciccone, Frank Ciccone e Angelo Russo suonano lungo Ouellette Ave., fine anni 1950.

Courtesy/Cortesia: Teresa Ciccone, P13974v

Nel 1980 aprii un mio ristorante: The Cook's Shop. Nel 2005 abbiamo festeggiato il 25° anniversario. Solo questo è una misura di successo che non richiede spiegazioni. Poco dopo l'apertura, ricevetti critiche eccellenti che resero subito The Cook's Shop un ristorante popolare tra canadesi e americani. Vent'anni dopo, un'altra critica conferì a The Cook's Shop quattro su quattro stelle. Nonostante gli alti e i bassi della vita, il nostro motto, *Semper Item* (sempre lo stesso), è sostenuto fermamente fornendo ai clienti fedeli il meglio del meglio per un prezzo che è dettato dal cuore più che dalla calcolatrice.

Le mie figlie Gennie, Emily e Lily sono la parte migliore della mia vita. Proclamo fermamente che sono state la mia illuminazione. Il loro amore mi ha rinvigorito con quel tipo di nutrimento che non si può trovare nel mio ristorante o in nessun altro posto sulla terra. Del mio paese adottivo devo dire: il Canada emerge sempre come il meglio; è la nostra casa, la nostra terra, il nostro paese.

Giovanni Battista Chittaro[41]

Giovanni nacque il 23 ottobre 1901 a Comerzo, Udine (Friuli-Venezia Giulia). Nel 1926 sposò Maria Domenica Sabbadini, che era nata il 10 luglio 1901 a San Tomaso, Udine. Giovanni immigrò a Windsor sperando di trovare una vita migliore e più opportunità. Fu seguito da Maria e dal bambino, Enzo. Altri due figli, Norma[42] ed Eddi, nacquero a Windsor.

Purtroppo la Depressione del 1929 rese la vita molto difficile e i sacrifici che dovettero fare furono grandi. Giovanni, incapace di procurarsi un lavoro a tempo pieno (non c'era sussidio per i disoccupati), accettò il sussidio statale per un po' di tempo. La famiglia si spostava spesso, a volte dormendo da una parte e mangiando dall'altra; due volte condivisero la casa con un'altra famiglia. Alla metà degli anni quaranta Giovanni trovò un lavoro stabile nell'edilizia. Un amico generoso gli fornì un aiuto finanziario per l'acquisto di una piccola casa e la vita familiare migliorò.

Maria faceva la moglie e mamma casalinga, che amava cucinare, leggere, lavorare a maglia e ascoltare la radio, soprattutto l'opera da New York il sabato pomeriggio e il programma di Jack Benny. Il sabato mattina, Maria faceva la spesa settimanale da Tomei's in Parent Ave. e socializzava con amici al negozio e lungo la via di ritorno a casa. Giovanni non si assentava mai dal lavoro e vi ci andava in bicicletta, tranne nei giorni d'inverno più rigidi. Gli piaceva giocare a bocce, fare visita a parenti e amici e, ovviamente, il rituale annuale della produzione del vino. Maria e Giovanni ci impartirono i valori di perseveranza, disciplina, onestà, rispetto, educazione e l'orgoglio della nostra eredità culturale italiana. Le difficoltà affrontate in quanto immigrati ci hanno offerto molte opportunità di cui siamo eternamente grati.

Maria morì il 5 dicembre 1978 e Giovanni il 21 giugno 1980.

---

41 Scritto da Eddi Chittaro
42 E' morta il 3 dicembre 2008.

Giovanni Battista Chittaro[41]

Giovanni was born October 23, 1901 in Comerzo, Udine (Friuli-Venezia Giulia). In 1926, he married Maria Domenica Sabbadini who was born July 10, 1901 in San Tomaso, Udine. Giovanni immigrated to Windsor, hoping to find a better life and more opportunity. He was followed by Maria and their infant son, Enzo. Two other children, Norma[42] and Eddi, were born in Windsor.

Unfortunately, the Depression in 1929 made life very difficult and their sacrifices were great. Giovanni, unable to secure full-time work (there was no unemployment insurance), accepted welfare assistance for a time. The family moved often, at times sleeping at one home and having meals at another; twice, a home was shared with another family. In the mid-1940s, Giovanni gained steady work in construction. A generous friend provided financial assistance for the purchase of a small home and family life improved.

Maria was a stay-at-home wife and mother who enjoyed cooking, reading, knitting and listening to the radio, especially the opera from New York on Saturday afternoons and the Jack Benny program. On Saturday mornings, Maria would do the weekly grocery shopping at Tomei's on Parent Ave. and socialized with friends at the store and on her walk home. Giovanni never missed work and rode his bicycle to the job except on the most severe winter days. He enjoyed playing *bocce*, visiting with relatives and friends and, of course, the annual wine-making ritual. Maria and Giovanni imparted to us the values of perseverance, discipline, honesty, respect, education, and pride in our Italian heritage. Their hardships as immigrants afforded us numerous opportunities for which we are eternally grateful.

Maria died on December 5, 1978 and Giovanni, June 21, 1980.

Antonio Citton[43]

I was born in Semonzo del Grappa, Treviso (Veneto) on July 9, 1929, a time when the world came to a standstill due to the Depression which marked the arduous journey of my life. To continue my education past grade three would cost money. My father could not afford it, and he was going to teach me to work. Being a large family with no income and only our hands to work, the hard life began.

In winter, we would climb mountains on foot for two hours, cut wood, carry it on our shoulders down to the valley and up the road for about eight hours, then walk home. In spring, we cut the grass on the mountains by hand for our cows. In summer, my father cut hay from large meadows for other people. As we grew older, we had to work harder to take care of the family. My father rented a 135-hectare property in Piemonte near Alessandria, a small part of a large estate called Lupina, 12 km. from the town of Sezzadio. He bought two oxen to work the vast and barren land that required a great deal of manual labour, yet yielded a meager harvest. A priest would come on Sunday to the estate to celebrate Mass.

41 Written by Eddi Chittaro
42 She died December 3, 2008.
43 Written by Antonio Citton

Giovanni Chittaro family, c. 1960. From left, top: Maria, Norma and Giovanni. Bottom, from left: Eddi and Enzo.

La famiglia Giovanni Chittaro, 1960 ca. Seconda fila, da sinistra: Maria, Norma e Giovanni. Prima fila, da sinistra: Eddi e Enzo.

Courtesy/Cortesia: Eddi Chittaro, P14059

Antonio and Marina Citton with daughters Jane and Clara, May 2004.

Antonio e Marina Citton con le figlie Jane e Clara, maggio 2004.

Courtesy/Cortesia: Antonio Citton, P13504

Postcard of a military ossuary at the summit of Mount Grappa. Behind every memorial tablet lie the remains of identified soldiers who died in WWII. Behind every door are the remains of 100 unknown soldiers. Behind the ossuary lie the remains of the German soldiers who lost their lives in the battle that took place in the area of Bassano.

Cartolina dell'ossario militare sulla vetta del Monte Grappa. Dietro ogni lapide commemorativa giacciono le salme dei soldati identificati caduti durante la seconda guerra mondiale. Dietro ogni porta riposano le spoglie di 100 soldati ignoti. Dietro l'ossario vi sono i resti dei tedeschi morti nella battaglia che ebbe luogo nell'area di Bassano.

Courtesy/Cortesia: Antonio Citton, P11198

Antonio Citton[43]

Sono nato a Semonzo del Grappa, Treviso (Veneto) il 9 luglio 1929, un periodo in cui il mondo si fermò a causa della Depressione, che segnò l'arduo viaggio della mia vita. Per continuare la mia istruzione dopo la terza classe sarebbe costato. Mio padre non poteva permetterselo e mi avrebbe insegnato dopo il lavoro. Essendo una grande famiglia senza reddito e con solo le nostre mani per lavorare, iniziò la vita dura.

In inverno ci arrampicavamo in montagna a piedi per due ore, tagliavamo legna, la trasportavamo sulle spalle giù nella vallata e su per la strada per circa otto ore, poi tornavamo a casa a piedi. In primavera, tagliavamo a mano l'erba sulle montagne per le nostre mucche. In estate mio padre tagliava fieno da grandi prati per altra gente. Man mano che crescevamo, dovevamo lavorare più duro per prendere cura della famiglia. Mio padre affittò un terreno di 135 ettari in Piemonte, vicino ad Alessandria, una piccola parte di una grande proprietà chiamata Lupina, 12 km. dal paese di Sezzadio. Comprò due buoi per lavorare la terra vasta e brulla che richiedeva moltissima manodopera, ma rendeva un magro raccolto. Un prete veniva la domenica alla proprietà per celebrare la messa.

A 20 anni andai alla visita medica obbligatoria, ma avendo vissuto gli orrori della guerra, non ero interessato ad arruolarmi. Da una collina vicina, vidi l'incursione aerea tedesca sulla città di Bassano che causò più di 2.000 morti. Avevo assistito all'indimenticabile rastrellamento di Monte Grappa. Chiunque fosse trovato tra le montagne era considerato *partigiano*[44] ed era impiccato a Bassano. Poiché all'epoca soffrivo di tiroide, la mia visita militare fu rinviata per tre anni prima di essere rifiutato. Nel frattempo, fui operato per la rimozione di una protuberanza dalla tiroide che paralizzò una delle mie corde vocali. Al ritorno al mio paese natio, feci il panettiere per mio conto; in seguito acquistai un'*Ape*[45] e mi misi a consegnare pane ai montanari che tagliavano il fieno. La situazione stava migliorando.

Quando il resto della famiglia ritornò al paese, pensai di emigrare in cerca di fortuna. Un calzolaio mi suggerì il Canada, avendo letto della costruzione dell'autostrada 401. Andai a Treviso, dove un dottore canadese mi rilasciò il visto per il Canada. Il 24 luglio 1954 mi imbarcai a Roma sull'aereo per Toronto. Mentre i passeggeri inglesi passarono la dogana, 13 immigrati furono trattenuti la notte a dormire in una stanza senza cibo, né spiegazioni, perché non c'erano agenti dell'immigrazione di turno fino alle 8 del mattino seguente. Il giorno dopo, un agente mi chiese se conoscessi qualcuno. Quando gli dissi di no, mi suggerì qualcuno che mi avrebbe aiutato se ero disposto a cambiare religione. Risposi ancora di no. Mi fornì un alloggio temporaneo e la mia ricerca di lavoro iniziò. Avevo camminato per tre giorni a Toronto quando arrivai nel quartiere italiano. Qualcuno stava affiggendo cartelloni per film italiani. Chiesi dove potessi trovare lavoro. Non avendo ricevuto alcun aiuto, continuai a camminare, finché raggiunsi una chiesa, dove si stava celebrando un matrimonio

---

43 Scritto da Antonio Citton
44 Un *partigiano* era un civile che si era offerto volontario per lottare per la libertà contro il fascismo e l'occupazione tedesca in Italia.
45 Un veicolo a tre ruote fatto in Italia dalla Piaggio & C. S.p.A. dal 1948

At 20, I went for the compulsory medical but, having witnessed the horrors of war, I was not interested in enlisting. From a nearby hill, I watched the German air raid on the city of Bassano that caused more than 2,000 deaths. I had witnessed the unforgettable roundup of Monte Grappa. Any man found in the mountains was considered *partigiano*[44] and hung in Bassano. Suffering from thyroid at the time, my military check-up was deferred for three years before being rejected. In the meantime, I underwent surgery to remove a lump from my thyroid which paralyzed one of my vocal chords. Upon return to my hometown, I worked as a baker on my own, later bought an *Ape*[45] and delivered bread to mountaineers cutting hay. The situation was improving.

When the rest of the family returned to town, I thought of emigrating in search of fortune. A shoemaker suggested Canada, having read of the construction of Highway 401. I left home for Treviso where a Canadian doctor issued my visa for Canada. On July 24, 1954, I boarded a plane in Rome for Toronto. While English passengers proceeded through customs, 13 immigrants were held overnight to sleep in a room with no food nor explanation because there were no immigration officers on duty until 8:00 a.m. the next morning. The following day, an officer asked me if I knew anyone. When I responded no, he suggested someone who would help if I were willing to change religion. Again I answered no. He provided me with temporary shelter and my quest for work began. I walked for three days in Toronto when I arrived at an Italian district. Someone was posting Italian movie billboards. I asked where I could find work. Having received no help, I continued to walk until I reached a church where an Italian wedding was taking place. I asked the priest to help me find work. He asked what part of Italy I was from. "A place near Venice," I answered. The priest suggested rudely that I find my *paesani*. I said: "You are Italian." He answered: "Yes, but I have to help my *paesani* first." I asked if he could direct me to my *paesani*. He gave me the address of a priest born about 10 km. from my hometown who succeeded in finding me a job. A week later, I called my uncles in Detroit who encouraged me to come to Windsor.

In Windsor, jobs were scarce. Considering my lack of English and acquaintances, my uncle from Detroit helped me find a job with Roma Bakery at the corner of Parent Ave. and Wyandotte St., working from 8:00 p.m. to 8:00 a.m., seven days a week for $30. In spring, I worked in road construction. Afterwards, I worked with plasterers for 15 years, followed by 14 years in a grocery store and other occasional jobs.

Marina Zanchetta, a native of Pove del Grappa, Vicenza (Veneto) came to Canada in October 1956. We married the following month at St. Angela Merici Church and have two daughters, Clara Lyon and Jane Specht.

Now we are retired and, though we are not millionaires, we are content with what we have.

---

44 A *partigiano* (partisan) was a civilian who volunteered to fight for freedom against fascism and the German occupation in Italy.

45 A three-wheeler vehicle made in Italy by Piaggio & C. S.p.A. since 1948

Trench art made from an artillery shell brought to Canada in 1954 by Antonio Citton who recalls:

"This WWI shell was picked up by an artillery man on the battlefield of Monte Grappa. When he returned home after several battles, he adorned the shell and entrusted it to my relatives so that he could give it to his fiancée on his return from the war. Unfortunately, the soldier never returned. His name had never been written on the bombshell, only his initials. Today, we remember him as the Unknown Soldier."

Proiettile intagliato portato in Canada nel 1954 da Antonio Citton. Antonio ricorda: "Questo proiettile della prima guerra mondiale fu raccolto da un artigliere sul campo di battaglia del Monte Grappa. Quando l'artigliere ritornò a casa, dopo parecchi combattimenti, adornò il proiettile e lo affidò ai miei parenti con l'intenzione di offrirlo alla fidanzata non appena rientrato dalla guerra. Sfortunatamente, il soldato non ritornò più. Il suo nome non era stato inciso sul proiettile, solo le iniziali. Ora lo ricordiamo come il Milite Ignoto."

Courtesy/Cortesia: Antonio Citton, P13853

Wedding of Silvana Biasin and Giuseppe Schincariol, St. Angela Merici Church, June 10, 1967. Silvana (b. 1948) and Giuseppe (b. 1939) are from Morsano al Tagliamento, Pordenone (Friuli-Venezia Giulia). Giuseppe came to Windsor in 1966, and Silvana joined him a year later. She had to marry within a month of arriving or be sent back to Italy. Except for her husband and the best man, Carlo Zorzit, she didn't know any of the guests -- not even her maid of honour! Silvana's dress was purchased at Gray's on Ottawa St. for $25, and the headpiece came from Italy. The altar boy at the ceremony, Richard Zanotti, later became a priest.

Nozze di Silvana Biasin e Giuseppe Schincariol, chiesa di Sant'Angela Merici, 10 giugno 1967. Silvana (n.1948) e Giuseppe(n. 1939) sono di Morsano al Tagliamento, Pordenone (Friuli-Venezia Giulia). Giuseppe venne a Windsor nel 1966, e Silvana lo raggiunse l'anno dopo. Lei doveva sposarlo entro un mese dal suo arrivo o sarebbe stata rinviata in Italia. All'infuori di suo marito e del testimone dello sposo Carlo Zorzit, non conosceva nessuno degli ospiti- neanche la damigella d'onore! Il vestito da sposa di Silvana fu comprato dal negozio Gray's in Ottawa St. per $25 e l'acconciatura portata dall'Italia. Il chierichetto che assisteva alla cerimonia nuziale, Richard Zanotti, divenne più tardi prete.

Courtesy/Cortesia : Giuseppe and Silvana Schincariol, P10362

italiano. Chiesi al prete di aiutarmi a trovare lavoro. Chiese da che parte dell'Italia venissi. "Un posto vicino a Venezia", gli risposi. Il prete suggerì sgarbatamente che trovassi i miei paesani. Io gli dissi: "Lei è italiano". E lui mi rispose: "Sì, ma devo aiutare prima di tutto i miei paesani". Gli chiesi se mi potesse indirizzare verso i miei paesani. Mi diede l'indirizzo di un prete nato a circa 10 km dal mio paese natio, il quale riuscì a trovarmi un lavoro. Una settimana dopo, chiamai i miei zii a Detroit, che mi incoraggiarono a venire a Windsor.

A Windsor c'erano pochi lavori. Visto il mio scarso inglese e le mie poche conoscenze, mio zio di Detroit mi aiutò a trovare un lavoro alla Roma Bakery all'angolo di Parent Ave e Wyandotte St., dove lavoravo dalle 8 di sera alle 8 di mattina, sette giorni la settimana, per 30 dollari. In primavera, lavorai nella costruzione di strade. In seguito, feci l'intonacatore per 15 anni, seguiti da 14 anni in un negozio di alimentari e altri lavori saltuari.

Marina Zanchetta, natia di Pove del Grappa, Vicenza (Veneto) venne in Canada nell'ottobre 1956. Ci sposammo il mese seguente alla chiesa di Sant'Angela Merici e abbiamo due figlie: Clara Lyon e Jane Specht.

Ora siamo in pensione e anche se non siamo milionari, siamo contenti di quello che abbiamo.

Luigi Coco (L & G Coco Construction Company)[46]

Luigi nacque a Pietrafitta, Cosenza (Calabria) nel 1933, il terzo figlio di Rocco[47] e Virginia Coco e fratello di Antonio, Flora e Bill. Suo padre possedeva un paio d'acri di olivi e vigneti e lavorava forte la sua proprietà per guadagnare una vita decente per la famiglia. Sua madre morì quando Luigi aveva 13 anni, lasciando a Flora la responsabilità di occuparsi della famiglia. Sebbene avessero un tetto sul capo e cibo in tavola, non era questa la vita che Luigi aveva in memte. Desiderava tanto andare a scuola, però non c'era abbastanza denaro per quel lusso.

A 19 anni Luigi lasciò Pietrafitta con il fratello minore Bill e partirono per Windsor per raggiungere la sorella Flora che era immigrata a Windsor per sposare Luigi Prantera[48]. Speravano di stare con Flora finché fossero riusciti a farcela da soli. I fratelli lasciarono Roma nell'ottobre 1953. Ad Amsterdam furono informati che Bill non poteva procedere per New York perché non aveva le carte necessarie. Luigi e Bill non avevano soldi e, non sapendo parlare la lingua, non sapevano cosa fare. Un prete italiano a conoscenza della loro situazione, si occupò dei preparativi per conto loro per andare a New York. Ad oggi, Luigi si rammarica di non sapere il nome del prete per poterlo ringraziare ancora per la sua gentilezza. I fratelli si ritrovarono ad affrontare altri ostacoli, perché non avevano soldi per andare a Windsor. Ancora una volta, grazie a un italiano che parlava inglese alla stazione ferroviaria di Toronto, fu organizzato il trasferimento di soldi da parte di Flora per i biglietti del treno.

46 Informazioni dalla famiglia Coco
47 Rocco raggiunse i figli nel 1957 e abitò con loro fino alla sua morte nel 1960.
48 Vedi la sua storia in questo capitolo.

Luigi Coco (L & G Coco Construction Company)[46]

Luigi was born in Pietrafitta, Cosenza (Calabria) in 1933, the third child of Rocco[47] and Virginia Coco and brother of Antonio, Flora and Bill. His father owned a couple of acres of olive trees and vineyards and toiled on his property to make a decent living for his family. His mother died when Luigi was 13, leaving Flora with the responsibility of caring for the family. Although they had a roof over their heads and food on the table, this was not the life Luigi had envisioned. He yearned to go to school; however, there was not much money for that luxury.

At 19, Luigi left Pietrafitta with his younger brother Bill and set out for Windsor to join his sister Flora who had immigrated to Windsor to marry Luigi Prantera.[48] They had hoped to stay with Flora until they were able to make it on their own. The brothers left from Rome in October 1953. In Amsterdam, they were notified that Bill could not proceed to New York because he did not have the necessary paperwork. Luigi and Bill had no money and, unable to speak the language, did not know what to do. An Italian priest, aware of their situation, made arrangements on their behalf to get to New York. To this day, Luigi regrets not knowing the priest's name in order to thank him again for his kindness. The brothers faced further obstacles because they had no money to go to Windsor. Again, thanks to an Italian man at the Toronto train station who spoke English, arrangements were made for Flora to wire them money for train tickets.

In Windsor, not many jobs were available to Italians who did not know English. At first, Luigi washed cars, set up pins at a bowling alley and did whatever he could to make a living. His break came when he was hired by Chrysler to work in the brake shoe department and then as an inspector. To post the necessary work orders, he used an Italian/English dictionary to translate.

At 26, Luigi married his hometown girl Angela Martino, daughter of Luigi and Clara. She had travelled alone to Canada. Angela's aunt from Pennsylvania came to the wedding to offer love and support. Luigi and Angela have two daughters, Virginia and Clara, and a son, Miro.

With money saved and ambition to succeed, Luigi and Bill opened a construction company, L & G Coco Construction, with only a car and a wheelbarrow. Getting up at 6:00 a.m. every day and returning home at 10:00 or 11:00 at night was not unusual. Their hard work paid off. In 1972, they became the first company in Windsor to purchase a curb machine (featured in *The Windsor Star*). L & G Coco Construction brought progress to the Windsor construction industry and became a major force in the concrete business.

At age 60, Luigi retired but was still actively involved in the business. He then started Coco Concrete with Miro, went on to open Guardian Storage and to pursue other business ventures. Luigi and Angela cherish the love, admiration and respect of their children.

---

46 Information from Coco family
47 He joined his family in Windsor in 1957 and lived with them until his death in 1960.
48 See story in this chapter.

Maria Costaperaria's passport.
Passaporto di Maria Costaperaria.
Courtesy/Cortesia: Alice Kurosky, P11090

Antonio Colautti with Maria on the occasion of his induction as a Knight of the Order of St. Gregory, October 1956. A pontifical order of knighthood in the Catholic Church, the order is bestowed in recognition of service to the Church, unusual labours, support of the Holy See and the good example set in the community and country.

Antonio Colautti con Maria in occasione della sua iniziazione a Cavaliere dell'Ordine di San Gregorio, ottobre 1956. Un ordine pontificio di cavalieri nella Chiesa Cattolica, l'ordine è conferito in riconoscimento del servizio prestato alla Chiesa, delle opere straordinarie, del sostegno della Santa Sede e del buon esempio dato alla comunità e alla nazione.

Courtesy/Cortesia: Alice Kurosky, P10792

A Windsor non c'erano molti lavori a disposizione per gli italiani che non sapevano la lingua. All'inizio Luigi lavò macchine, sistemò birilli al bowling e fece qualunque cosa possibile per guadagnarsi da vivere. La sua occasione si presentò quando fu assunto dalla Chrysler per lavorare nel reparto ganasce dei freni e quindi come ispettore. Per mandare gli ordini di lavoro necessari usava un dizionario italiano/inglese per tradurre.

A 26 anni Luigi sposò la sua compaesana, Angela Martino, figlia di Luigi e Clara. Era venuta in Canada da sola. La zia di Angela venne al matrimonio dalla Pennsylvania per offrire amore e supporto. Luigi e Angela hanno due figlie, Virginia e Clara, e un figlio, Miro.

Con il denaro risparmiato e l'ambizione di avere successo, Luigi e Bill aprirono un'impresa edile, L & G Coco Construction, con solo un'auto e una carriola. Alzarsi ogni giorno alle 6 del mattino e tornare la sera a casa alle 10 o alle 11 non era insolito. Il duro lavoro li ripagò. Nel 1972 divennero la prima società a Windsor ad acquistare una macchina per cordoli (mostrata su *The Windsor Star*). La L & G Coco Construction portò progresso nell'industria edile di Windsor e divenne una forza importante nell'attività di cementazione.

All'età di 60 anni, Luigi andò in pensione, ma continuò a essere attivamente coinvolto nell'attività. In seguito avviò la Coco Concrete con Miro, continuò con l'apertura del Guardian Storage e seguì altre avventure commerciali. Luigi e Angela si godono l'amore, l'ammirazione e il rispetto dei loro figli.

Colautti Brothers Marble, Tile and Carpet Inc. e Keystone Contractors (la famiglia di Antonio Colautti, Baldo Camilotto e Bruno Nicodemo)[49]

Nato a Zoppola, Pordenone (Friuli-Venezia Giulia), Antonio venne in Canada nel 1913. Si stabilì dapprima a Montreal, dove incontrò e sposò Maria Costaperaria, ed ebbero sei figli: Garry, Norman, Walter, John (in seguito P. John), Enes Mongeau e Alice Kurosky.

Nel 1919 Maria, Antonio e suo fratello John si trasferirono a Windsor. Con il cognato, John Costaperaria (John Costa) e Angelo Colussi, comprarono la Bertini Tile and Terrazzo e un anno dopo incorporarono la Colautti Brothers per appalti nel campo di cemento e fogne. Allargarono subito la società, a includere piastrelle in ceramica e terrazzo per progetti sia residenziali che commerciali. Situata dapprima al 612 Langlois Ave., l'attività crebbe con l'assunzione di nuovi immigrati, aiutandoli a cominciare la vita in Canada. Uno di loro era Baldo Camilotto, un artigiano di terrazzo che si unì alla società nel 1923.

Baldo iniziò il suo mestiere nel 1906, all'età di 12 anni, una volta finita la scuola nella provincia di Udine. Andò con lo zio a Praga in Cecoslovacchia per imparare l'arte delle piastrelle mosaico e terrazzo con un praticantato di tre anni. Fu soldato nell'esercito italiano nella prima guerra mondiale, fu al servizio del reggimento degli alpini e decorato per un'azione eroica. Nel 1921, dopo aver lavorato a Detroit per due anni, si trasferì a Windsor. Sposò Ella Corrado ed ebbero tre

---

49 Informazioni dalla famiglia Colautti, Clorinda Nicodemo e Peter Indelicato

Colautti Brothers Marble, Tile and Carpet Inc. and
Keystone Contractors (Antonio Colautti Family, Baldo Camilotto and Bruno Nicodemo)[49]

Born in Zoppola, Pordenone (Friuli-Venezia Giulia), Antonio came to Canada in 1913. He first settled in Montreal where he met and married Maria Costaperaria, and they had six children: Garry, Norman, Walter, John (later Fr. John), Enes Mongeau and Alice Kurosky.

In 1919, Maria, Antonio and his brother, John, moved to Windsor. With their brother-in-law John Costaperaria (John Costa) and Angelo Colussi, they bought Bertini Tile and Terrazzo and a year later incorporated Colautti Brothers as cement and sewer contractors.

They quickly expanded the company to include ceramic tile and terrazzo for both residential and commercial projects. First located at 612 Langlois Ave., the business grew as it hired new immigrants, helping them to make a start here in Canada. One of those individuals was Baldo Camilotto, a terrazzo craftsman who joined the company in 1923.

Baldo began his craft in 1906, at age 12, after finishing school in the province of Udine. He went with his uncle to Prague, Czechoslovakia to learn mosaic tile and terrazzo through a three-year apprenticeship. He was a soldier for the Italian army in the First World War, served in the Alpine Regiment and was decorated for heroic action. In 1921, after working in Detroit for two years, he moved to Windsor. He married Ella Corrado and they had three daughters, Mary Paterson, Clorinda Nicodemo and Irma Susko. When he joined as manager of tile and terrazzo, the company was still using horses kept in a barn behind the office in a building at Langlois Ave. and Tuscarora St.

It became increasingly difficult to procure government grants for a company with an Italian name, due to the fascist regime in Italy. It was therefore decided in 1930 to create a new entity, Keystone Contractors, comprised of the same individuals who ran Colautti Brothers. Keystone handled the heavy construction projects while Colautti Brothers became a subsidiary, specializing in tile and terrazzo. Keystone became a major contractor to the Ontario Department of Highways during the 1930s. Projects included the Highway No. 2 reconstruction between Tilbury and Chatham and construction of the final link of No. 2 between Montreal and Windsor, from Belle River Side Rd. to Windsor. The company was part of many sewer projects in Ottawa, Toronto and Barrie and was involved in mining projects, including a patented method of recovering gold from granular deposits. During the wartime years, business continued to flourish, expanding across the province with 300 employees.

In the 1930s, they began to work in Ottawa and, in 1953, Antonio's son Walter opened a Colautti company branch there, still in existence today as Colautti Construction. Garry worked for Keystone Contractors west of Toronto, and he became president of the company in Windsor following his father and his brother, Norman.[50] In 1947, the company moved to 2490 McDougall Ave.

---

49 Information from Colautti family, Clorinda Nicodemo and Peter Indelicato
50 He was injured in the war.

Baldo Camilotto and one of the first Colautti company trucks in 1923.
Baldo Camilotto con uno dei primi camion dell'impresa Colautti nel 1923.
Courtesy/Cortesia: Walkerville Publishing and Clorinda Nicodemo, P13579

Bernice Stoddart with a Keystone Contractors' truck. Bernice and her friend took a bike trip to Woodstock from Windsor in the 1940s. "On the way back a guy hauling excavating machinery said, 'Get off those damn bikes and I'll give you a ride to Windsor.'"
Bernice Stoddart con un autocarro della Keystone Contractors. Negli anni '40, Bernice e un'amica fecero una gita in bicicletta da Windsor a Woodstock. "Al ritorno, un uomo che conduceva un'escavatrice disse, 'Scendete da quelle maledette biciclette e vi darò un passaggio a Windsor.'"
Courtesy/Cortesia: Walkerville Publishing and Bernice Stoddart, P13556

*Baldo Camilotto of Colautti Tile of Windsor in the finished tiled pool
at Kennedy Collegiate, October 1929.*

Baldo Camilotto della Colautti Tile of Windsor nella piscina rivestita di piastrelle
alla Kennedy Collegiate, ottobre 1929.

Courtesy/Cortesia: Walkerville Publishing and Clorinda Nicodemo, P13578

figlie: Mary Paterson, Clorinda Nicodemo e Irma Susko. Quando si unì come manager di piastrelle e terrazzo, la società usava ancora i cavalli tenuti in un capannone dietro l'ufficio in un edificio in Langlois Ave. e Tuscarora St.

Divenne sempre più difficile ottenere concessioni governative per una società con un nome italiano, a causa del regime fascista in Italia. Fu pertanto deciso, nel 1930, di creare una nuova entità, la Keystone Contractors, che comprendeva gli stessi gestori della Colautti Brothers. La Keystone si occupava di progetti di edilizia pesante, mentre la Colautti Brothers divenne una società sussidiaria, specializzata in piastrelle e terrazzo. Keystone divenne una appaltatrice principale per l'Ontario Department of Highways negli anni trenta. I progetti includevano la ricostruzione dell'autostrada N. 2 tra Tilbury e Chatham e la costruzione del collegamento finale dell'autostrada N. 2 tra Montreal e Windsor, da Belle River Side Rd. a Windsor. La società fece parte di molti progetti per fognature a Ottawa, Toronto e Barrie e fu coinvolta in progetti minerari, tra cui un metodo brevettato di recupero dell'oro da depositi granulari. Durante gli anni della guerra, l'attività continuò a prosperare, allargandosi nella provincia con 300 impiegati.

Negli anni trenta iniziarono a lavorare a Ottawa e, nel 1953, il figlio di Antonio, Walter, vi aprì una filiale della società Colautti che esiste tutt'oggi come Colautti Construction. Garry lavorò per la Keystone Contractors a ovest di Toronto e divenne presidente della società a Windsor dopo il padre e il fratello, Norman.[50] Nel 1947, la società si trasferì al 2490 McDougall Ave.

Nel 1964 la Colautti Brothers introdusse i tappeti mentre continuava a crescere nell'edilizia residenziale e commerciale. Tra i principali progetti locali vi furono: l'ala della chiesa di Sant'Angela Merici, l'autostrada 401, il Casino Windsor e il centro commerciale Devonshire Mall.

Mentre alcuni membri della famiglia rimasero nell'attività, molti seguirono altre strade. Nel 1973 l'attività fu venduta. La Keystone Contractors fu acquistata da un'organizzazione con base a Montreal e Bruno Nicodemo, che aveva sposato la figlia di Baldo Camilotto, Clorinda,[51] acquistò la Colautti Brothers. Bruno era entrato nella società vent'anni prima e ne era stato azionista per molti anni. Nel 1980, la Colautti Bros. si trasferì alla sede attuale in Howard Ave. Clorinda ha assunto la proprietà dell'impresa in seguito alla morte di Bruno nel 2001. Dopo aver lavorato 65 anni per la società, Clorinda è andata in pensione nel 2008. Peter Indelicato, un immigrato italiano che era venuto dalla Sicilia da bambino ed era stato impiegato per un lungo periodo, comprò la maggior parte delle azioni della società. La Colautti è gestita da sei azionisti: Peter Indelicato, David Nicodemo (nipote di Baldo Camilotto), Tom Marshall, Tony Balestrini, Mario Vadori e Frank Angeli.

Nel 1973 il nipote di Antonio, Wayne Colautti, iniziò la sua attività di pavimentazione, Unique Flooring al 5365 di Outer Dr., che continua ad essere gestita da membri della famiglia Colautti. Un altro nipote, Larry Colautti, co-fondò l'Amico Contracting & Engineering nel 1987.

50 Fu ferito in guerra.
51 Ebbero due figli: David, che divenne presidente della Colautti Brothers, e Mary, che ebbe anche una parte attiva nell'impresa.

In 1964, Colautti Brothers introduced carpeting as it continued to boom in residential and commercial construction. Some of their major local projects were St. Angela Merici Church's addition, Highway 401, Casino Windsor and the Devonshire Mall.

While some family members remained in the business, many pursued other paths. In 1973, the business was sold. Keystone Contractors was purchased by a Montreal-based organization and Bruno Nicodemo, who was married to Baldo Camilotto's daughter Clorinda,[51] purchased Colautti Brothers. Bruno had joined the company twenty years earlier and had been a shareholder for many years. In 1980, Colautti Bros. moved to its current location on Howard Ave. Clorinda assumed ownership of the business following Bruno's death in 2001. After 65 years of working for the company, Clorinda retired in 2008. Peter Indelicato, an Italian immigrant who came from Sicily as a child and a long-term employee, bought the majority shares of the business. Colautti is now run by six shareholders: Peter Indelicato, David Nicodemo (Baldo Camilotto's grandson), Tom Marshall, Tony Balestrini, Mario Vadori and Frank Angeli.

In 1973, Antonio's grandson, Wayne Colautti, began his own flooring company, Unique Flooring at 5365 Outer Dr., which continues to be run by members of the Colautti family. Another grandson, Larry Colautti, co-founded Amico Contracting & Engineering in 1987.

Pio Colini (Steel Mobilia)[52]

Pio arrived in Canada in 1951, leaving behind his wife Maria and three children in Ceccano, Frosinone (Lazio). Pio was a former officer in the Italian Army stationed in Libya where he met his wife, Maria Greco. Due to the war, the family was forced to flee. They lived for a short time in Sicily before returning to Ceccano with their three children: Marcella Ieraci, Bill and Paolo. War had ravaged the town, and it was clear that they would struggle for many years if they remained. Pio's dream was to find work and begin a new and better life.

In 1951, Pio signed a contract with CP Rail to work in British Columbia, leaving his wife behind. It was a hard and lonely time. Despite his limited English, the extreme temperatures and the hard work on the railroad, he remained optimistic. After fulfilling his two-year contract with CP, he came to Windsor. Friends had assured him that jobs were plentiful, especially in the automotive sector. In 1954, his family arrived in Halifax and then travelled by train to Windsor.

In Italy, Pio had been a trained mechanic and wrought iron craftsman, having been taught at a young age by his uncle. He used his talents and immediately set up shop on Erie St. where he remained for the next 50 years. Although he had been hired by Chrysler in 1956, he continued to use his skills as a mechanic and blacksmith to help support his family, especially during the lean automotive

Colautti Brothers workers at construction site.
Gli operai della Colautti Brothers al cantiere.
Courtesy/Cortesia: Alice Kurosky, P10794

---

51   They had two children, David, who became president of Colautti Brothers, and Mary, who also had an active part in the business.
52   Information from Bill Colini

Pio Colini, son Bill and grandsons, Pio and Paolo, with Mayor Mike Hurst in front of the city's coat of arms, which was made by the Colini family company, Steel Mobilia, 2000.

Pio Colini, il figlio Bill e i nipoti Pio e Paolo con il sindaco Mike Hurst dinanzi allo stemma della città, fatto dalla ditta della famiglia Colini, la Steel Mobilia, 2000.

Courtesy/Cortesia: Pio Colini, P12249

Pio Colini (Steel Mobilia)[52]

Pio era un ex ufficiale nell'esercito italiano, Pio era stato postato in Libia, dove conobbe la moglie, Maria Greco. A causa della guerra la famiglia fu costretta a fuggire. Vissero per un breve periodo in Sicilia, prima di tornare a Ceccano con i tre figli: Marcella Ieraci, Bill e Paolo. La guerra aveva distrutto il paese ed era chiaro che avrebbero fatto fatica per molti anni se fossero rimasti. Il sogno di Pio era di trovare lavoro e iniziare una nuova e migliore vita.

Nel 1951 Pio firmò un contratto con la CP Rail per lavorare in Columbia Britannica, lasciandosi alle spalle Maria e i figli a Ceccano, Frosinone (Lazio). Fu un periodo duro e triste. Nonostante il suo inglese scarso, le temperature estreme e il duro lavoro alle ferrovie, rimase ottimista. Una volta completato il suo contratto di due anni alla CP venne a Windsor. Degli amici gli avevano assicurato che c'erano un sacco di lavori, soprattutto nel settore automobilistico. Nel 1954 la sua famiglia arrivò ad Halifax e quindi andò a Windsor in treno.

In Italia Pio era un mastro meccanico e artigiano di ferro battuto, essendo stato addestrato in giovane età dallo zio. Usò i suoi talenti e stabilì subito un negozio in Erie St., dove rimase per 50 anni. Sebbene fosse stato assunto dalla Chrysler nel 1956, continuò a usare le sue competenze di meccanico e fabbro per aiutare a sostenere la sua famiglia, soprattutto durante gli anni magri nel settore automobilistico. Maria trovò un lavoro al Metropolitan Hospital come responsabile del servizio di pulizia. I loro figli Bill e Paul aiutarono spesso nel negozio durante l'infanzia e l'adolescenza. Impararono a creare e installare ringhiere in ferro battuto, sebbene scelsero carriere diverse: Bill nell'attività giornalistica e Paul nell'insegnamento.

Nel 1992 Bill e la moglie Kristine avviarono la Steel Mobilia, una società che produceva mobili, ringhiere e oggetti d'arte in ferro battuto su ordinazione. Presto i figli Pio e Paolo si unirono a Bill e divennero la quarta generazione di fabbri. La Steel Mobilia è ora riconosciuta come produttrice in ferro battuto di qualità e ha vinto numerosi premi. Il loro lavoro è in mostra in molte case a Windsor, in tutto il Canada e gli Stati Uniti. Uno dei momenti più orgogliosi della famiglia Colini fu nel 2000 quando la città di Windsor commissionò loro la produzione del suo stemma araldico forgiato in ferro battuto.

Bill e Kristine sono ora in pensione e la Steel Mobilia è nelle mani capaci della generazione successiva: Maria, Pio e Paolo. Il nonno Pio ne sarebbe orgoglioso!

Valentino (Rigo) e Mario Collavino (Collavino Brothers Construction)[53]

Rigo nacque nel 1926 a Muris di Ragogna, Pordenone (Friuli-Venezia Giulia) da Amalia DeMonte e Nicolò Collavino ed era fratello di Mario e Dolina. Nel 1950, con pochissimi soldi, si lasciò alle spalle la famiglia e la fidanzata, Anna Bianchin, e immigrò a Windsor. Lavorò come operaio in estate e taglialegna in inverno nel Nord Ontario. Nel 1952, Anna lo raggiunse e si sposarono lo stesso anno alla chiesa di Sant'Angela Merici. Anna e Rigo hanno tre figli: Sonia, Loris e Roy.

---

52 Informazioni da Pio Colini
53 Informazioni dalla famiglia Collavino e da *Protagonisti Italiani Nel Mondo: Presenza Italiana in Canada*

years. Maria found a job at Metropolitan Hospital, working as a supervisor of housekeeping. Their sons Bill and Paul frequently helped in the shop throughout their childhood and teen years. They learned how to create and install wrought iron railings, although they chose different careers – Bill in the newspaper business and Paul in teaching.

In 1992, Bill and wife Kristine started Steel Mobilia, a company that produced custom wrought iron furniture, railings and art pieces. Soon, their sons Pio and Paolo joined Bill and became the fourth generation of blacksmiths. Steel Mobilia is now recognized as a quality wrought iron manufacturer, having won numerous awards. Their work is displayed in many homes in Windsor, across Canada and the U.S. One of the proudest moments for the Colini family came in 2000 when they were commissioned by the city of Windsor to produce its coat of arms in forged wrought iron.

Bill and Kristine have now retired, and Steel Mobilia is in the capable hands of the next generation – Maria, Pio and Paolo. *Nonno* Pio would be proud!

Valentino (Rigo) and Mario Collavino (Collavino Brothers Construction)[53]

Rigo was born in 1926 in Muris di Ragogna, Pordenone (Friuli-Venezia Giulia) to Amalia DeMonte and Nicolò Collavino and brother to Mario and Dolina. In 1950, with very little money, he left behind his family and fiancée Anna Bianchin and immigrated to Windsor. He worked as a labourer in the summers and as a lumberjack in Northern Ontario in the winters. In 1952, Anna joined him and they married that same year at St. Angela Merici Church. Anna and Rigo have three children, Sonia, Loris and Roy.

Mario, born in 1932, completed his schooling and then worked in construction in Udine, commuting by bicycle. He travelled to San Daniele del Friuli to study architecture and design in the evenings. After WWII, Mario helped rebuild his village church which had been destroyed by bombs. To better his future, he immigrated to Windsor to join his brother, Rigo. In April 1952, Mario left his village:

> *"…with $2 in his pocket and two roast chickens under his arm. Saying goodbye to his family and the little farm where he had lived for 19 years, he stepped aboard a train for the first time in his life…when he arrived in Windsor, Ont., he would still have $1 in his pocket…."*[54]

Shortly after arriving in Windsor, he worked long hours for a local cement company for 60 cents an hour and, two years later, had acquired enough knowledge to set up a business with his brother Rigo – Collavino Brothers Construction. Within two years, they began building private homes and, by the 1960s, they were building houses in a new suburb of Windsor. To save money, they shared a house and worked long days, laying bricks and blocks and pouring concrete. Mario married Maria L'Europa in 1964 and they have four childen, Renzo, Lora, Cynthia and Paolo, all of whom have married. Mario and Maria have 10 grandchildren.

City of Windsor coat of arms made by Steel Mobilia, 2000.
Lo stemma della Città di Windsor creato dalla Steel Mobilia, 2000.
Courtesy/Cortesia: Pio Colini, P12250

---

53   Information from Collavino family and from *Protagonisti Italiani Nel Mondo: Presenza Italiana in Canada*
54   "The Immigrants," by Liz Guccione, *The Financial Post Magazine*, February 9, 1980

Collavino brothers Valentino (Rigo), centre, and Mario, right, recipients of the Diploma di Benemerenza e Medaglia d'Oro, December 5, 2006.

I fratelli Collavino Valentino (Rigo), al centro, e Mario, a destra, ricevono il Diploma di Benemerenza e la Medaglia d'Oro, 5 dicembre 2006.

Courtesy/Cortesia: Mario Collavino, P13342

Mario, nato nel 1932, terminò le scuole e poi lavorò nell'edilizia a Udine, andando avanti e indietro in bicicletta. Andò a San Daniele del Friuli per studiare architettura e disegno la sera. Dopo la seconda guerra mondiale Mario aiutò a ricostruire la chiesa del villaggio che era stata distrutta dalle bombe. Per migliorare il suo futuro, immigrò a Windsor per raggiungere il fratello, Rigo. Nell'aprile 1952 Mario lasciò il paese:

> *"...con 2 dollari in tasca e due polli arrosti sotto braccio. Salutò la famiglia e la piccola fattoria dove aveva vissuto per 19 anni e salì a bordo di un treno per la prima volta in vita sua ...quando arrivò a Windsor, Ontario, aveva ancora 1 dollaro in tasca..."[54]*

Poco dopo essere arrivato a Windsor, lavorò molte ore al giorno in un'impresa locale di cementazione per 60 centesimi l'ora e due anni dopo aveva imparato abbastanza da avviare un'attività con suo fratello Rigo, la Collavino Brothers Construction. Nel giro di due anni iniziarono a costruire case private ed entro gli anni sessanta costruivano case in un nuovo sobborgo di Windsor. Per risparmiare soldi condividevano una casa e lavoravano molte ore al giorno, posavano mattoni e blocchi e gettavano cemento. Mario sposò Maria L'Europa nel 1964 e hanno quattro figli: Renzo, Lora, Cynthia e Paolo, che sono tutti sposati. Mario e Maria hanno 10 nipoti.

La Collavino Brothers Construction passò dalla costruzione delle case a quella delle opere civili. Il loro primo progetto fu un contratto per tre edifici scolastici di due aule nella contea dell'Essex. I progetti divennero più grandi con la costruzione della scuola superiore di Amherstburg e di Solidarity Towers, il primo condominio alto di Windsor. Nel 1969 la società completò con successo il West Windsor Sewage Treatment Plant.

Rigo e Mario diversificarono ulteriormente la loro attività nei rami della costruzione della preingegneria e dei prefabbricati. Fondarono la Prestressed Systems Incorporated che produceva piastre di calcestruzzo alveolate prefabbricate. Continuarono con vari progetti locali e esteri: in Canada, la Holyrod Generating Station in Terranova e il Shubenacadie Bridge in Nuova Scozia, per nominarne un paio; negli Stati Uniti, diversi progetti tra cui il Detroit People Mover; e diversi progetti internazionali, quali un impianto di assemblaggio jeep per l'American Motors a Cairo, Egitto. Nel 1990, Mario e Rigo decisero di prendere strade separate: Mario si dedicò al settore degli appalti generali e Rigo a quello dei prefabbricati.

Ai fratelli Collavino, Rigo e Mario, furono conferite onorificenze dalla regione del Friuli-Venezia Giulia nel dicembre 2006 e dal loro paese natio, Muris di Ragogna, nel 2008 per i loro successi.

Rigo e Loris Collavino (Prestressed Systems Incorporated)

La Prestressed ha prodotto e installato numerosi progetti per la costruzione di prefabbricati in Canada e negli Stati Uniti. Rigo e Loris aprirono la Total Precast Solutions, LLC, a Cincinnati, Ohio e acquisirono l'International Precast Solutions, LLC, a River Rouge, Michigan; queste imprese forniscono ora

54 "The Immigrants", di Liz Guccione, *The Financial Post Magazine*, 9 febbraio 1980

Collavino Brothers Construction moved out of housing and into civil work. Their first project was a contract for three two-room schoolhouses in Essex County. Projects became larger with the building of Amherstburg High School and the Solidarity Towers, Windsor's first high-rise apartment building. In 1969, the company successfully completed the West Windsor Sewage Treatment Plant.

Rigo and Mario diversified their business further into the pre-engineered, pre-fabricated facets of construction. They founded Prestressed Systems Incorporated which manufactured precast hollow-core slabs. They continued with various local and foreign projects: in Canada, the Holyrod Generating Station in Newfoundland and the Shubenacadie Bridge in Nova Scotia, to name a few; in the U.S., several projects including the Detroit People Mover; and several international projects such as a jeep assembly plant for American Motors in Cairo, Egypt. In 1990, Mario and Rigo decided to go their separate ways; Mario focused on the general contracting industry and Rigo, on the precast industry.

The Collavino brothers, Rigo and Mario, were honoured by the region of Friuli-Venezia Giulia in December 2006 and by their hometown of Muris di Ragogna in 2008 for their accomplishments.

Rigo and Loris Collavino (Prestressed Systems Incorporated)

Prestressed has produced and installed numerous prefabricated construction projects in Canada and the U.S. Rigo and Loris opened Total Precast Solutions, LLC in Cincinnati, Ohio and acquired International Precast Solutions, LLC in River Rouge, Michigan; these companies now service Ontario and many U.S. states. Among others, noteworthy local projects include the Metro Detroit Airport parking deck and the new University of Windsor Stadium.

Rigo and Loris, along with Prestressed Systems Incorporated, are gold medal donors to the Italian Canadian HandiCapable Association and regular contributors to several charities as well. In 2002, the Rigo Collavino family received the CIBPA Award of Excellence in Family Business. Loris, having joined the company in the early years, worked at various Collavino job sites throughout Canada and around the world. In 1983, he earned a professional engineering degree from the University of Windsor and is presently chief executive officer of the company. He received the 2003 Nova Award given by The Construction Innovation Forum in the U.S. He married Kim Fraser in 1983 and they have three children: Michael, Lauren and Kristina.

Mario, Renzo and Paolo Collavino (The Collavino Group)

Collavino International Contractors constructed a large irrigation project for the World Bank in the Republic of Yemen in the Middle East under the management of Mario and his son Renzo, who had joined the company in the early years. Renzo is a graduate of Seneca College, Toronto in civil engineering and business administration. Later, they started a new precast company, Renaissance Precast in River Rouge, Michigan. Mario's other son Paolo joined the company after graduating

Mario Collavino family.
Famiglia Mario Collavino.
Courtesy/Cortesia: Mario Collavino, P13343

Rigo Collavino Family.
La famiglia di Rigo Collavino.
Courtesy/Cortesia: Loris Collavino

assistenza all'Ontario e a molti stati americani. Tra i vari progetti, quelli locali degni di nota includono il parcheggio del Metro Detroit Airport e il nuovo stadio dell'Università di Windsor.

Rigo e Loris, con la Prestressed Systems Incorporated, sono donatori di medaglie d'oro all'Italian Canadian HandiCapable Association e contribuiscono regolarmente anche a diverse beneficenze. Nel 2002 la famiglia Rigo Collavino ricevette l'Award of Excellence in Family Business CIBPA. Loris, che si era unito alla società agli inizi, lavorò in vari cantieri Collavino in tutto il Canada e nel mondo. Nel 1983 ottenne una laurea in ingegneria professionale dall'Università di Windsor e attualmente è dirigente capo della società. Gli fu conferito il Nova Award 2003 consegnato da The Construction Innovation Forum negli Stati Uniti. Sposò Kim Fraser nel 1983 e hanno tre figli: Michael, Lauren e Kristina.

Mario, Renzo e Paolo Collavino (The Collavino Group)

La Collavino International Contractors costruì un grande progetto di irrigazione per la World Bank nella Repubblica dello Yemen in Medio Oriente, sotto la gestione di Mario e del figlio Renzo, che era entrato in società agli inizi. Renzo si è laureato al Seneca College, Toronto, in ingegneria civile e amministrazione aziendale. In seguito avviarono una nuova impresa di prefabbricati, la Renaissance Precast a River Rouge, Michigan. L'altro figlio di Mario, Paolo, entrò in società dopo essersi laureato al Michigan State University con un Bachelor of Science in gestione edilizia. Mario, Renzo e Paolo intrapresero progetti quali il Detroit Northwest Airport Terminal, il Ford Field e il Comerica Park Stadium a Detroit, Michigan. Paolo, con la PCR Contractors Inc., ha completato la nuova WFCU Arena a Windsor e Renzo, con la Collavino Construction Company, è a New York per costruire la Freedom Tower, World Trade Center, Tower One.[55]

Renzo sposò Paula Sovran e hanno tre figli: Andrea, Alesandra e Matteo. Paolo è sposato con Vicki Brieda e hanno due figli: Lydia e Adriano.

Mario è stato nominato per l'Italian-Canadian Entrepreneurial Award of Excellence del 2008, consegnato dall'Ufficio del Primo Ministro italiano. Nel 2009 la Windsor-Essex Regional Chamber of Commerce ha conferito il Commerce Italian Business Award a Collavino Construction Company Ltd. e lo Small Company Award a PCR Contractors Inc., fondata da Paolo e Renzo Collavino.

Domenic Conflitti (Domenic's Plumbing Service Inc.)[56]

Sono nato il 3 maggio 1943 a Campoli Appennino, Frosinone (Lazio). Nel 1965, all'età di 21 anni, venni in Canada, dopo aver completato il servizio militare presso il quartier generale *"Lupi di Toscana"* di Firenze.

Lasciai l'Italia per raggiungere mia sorella a Windsor, nella speranza di trovare lavoro, fare una

Elio Danelon, Italian Vice-Consul and folklore group float, July 1st parade, 1966.

Elio Danelon, viceconsole italiano e il carro del gruppo folcloristico, parata del 1° luglio 1966.

Courtesy/Cortesia: St. Angela Merici Church, P10520

---

55 *"Un italiano per costruire la Freedom Tower"*, commento inviato sui forum di www.skyscrapercity.com da Alieno il 9 settembre 2007
56 Scritto da Domenic Conflitti.

from Michigan State University with a B.Sc. in building construction management. Mario, Renzo and Paolo took on projects such as the Detroit Northwest Airport Terminal, Ford Field and Comerica Park Stadium in Detroit, Michigan. Paolo, with PCR Contractors Inc., has completed the new WFCU Arena in Windsor and, Renzo, with Collavino Construction Company, is in New York building the Freedom Tower, World Trade Center, Tower One.[55]

Renzo married Paula Sovran and they have three children: Andrea, Alesandra and Matteo. Paolo is married to Vicki Brieda and they have two children: Lydia and Adriano.

Mario was nominated for the 2008 Italian-Canadian Entrepreneurial Award of Excellence given by the Office of the Italian Prime Minister. In 2009, The Windsor-Essex Regional Chamber of Commerce awarded the Commerce International Business Award to Collavino Construction Company Ltd. and the Small Company Award to PCR Contractors Inc., established in 2002 by Paolo and Renzo Collavino.

Domenic Conflitti (Domenic's Plumbing Service Inc.)[56]

I was born on May 3, 1943 in Campoli Appennino, Frosinone (Lazio). In 1965, at 21, I came to Canada after completing military service at *"Lupi di Toscana"* headquarters in Florence.

I left Italy to join my sister in Windsor, hoping to find work, make a small fortune and return to Italy where I had left my parents, a sister, a brother and my fiancée. As many other Italians and perhaps also other immigrants, I came with with a suitcase; mine was half empty, containing only a few personal items and about 40,000 Italian *lire*.

Fortunately, I started working a few days after my arrival, thanks to some fellow countrymen who introduced me to an employer. I worked in construction and, later, in a factory for a while because jobs in construction were scarce at the time. I resumed working as an apprentice plumber which led to obtaining a professional qualification in plumbing.

I adapted quickly to the new way of life since I always worked with some Italians. In the evenings, we would gather with friends to play cards and tell folk tales. I experienced some difficulties at the supermarkets when, in order to communicate, I would resort to gestures that even today are hard to describe. The difficulty of communicating did not occur only between Italians and Canadians, but also among Italians themselves. I remember one incident when a friend of mine, working with *friulani* bricklayers, was asked by someone in *friulano* to bring him some material. He kept on working until another worker (also *friulano*) asked him: "Filippo, do you understand Italian?" "Sure," answered Filippo, "I am Italian." "Then why don't you bring the material to the bricklayer who is calling you?" Filippo retorted, "But why? Was he speaking in Italian?" Filippo was *calabrese*.

Domenic Conflitti, founder of Domenic's Plumbing. On the right are Massimo and Joe Sperduti, 2003.

Domenic Conflitti, fondatore della Dominic's Plumbing. A destra sono Massimo e Joe Sperduti, 2003.

Courtesy/Cortesia: Domenic Conflitti, P12661

55 *"Un italiano per costruire la Freedom Tower,"* comment posted in www.skyscrapercity.com forums by Alieno on September 9, 2007
56 Written by Domenic Conflitti

Aldo Cundari preparing shrimp provençal at Italia Restaurant, late 1970s.

Aldo Cundari prepara gli scampi alla provençal all'Italia Restaurant, la fine degli anni '70 ca.

Courtesy/Cortesia: Aldo Cundari, P12031

piccola fortuna e ritornare in Italia, dove avevo lasciato i miei genitori, una sorella, un fratello e la mia fidanzata. Come molti altri italiani, e forse anche altri immigrati, arrivai con una valigia; la mia era mezza vuota, conteneva solo alcuni effetti personali e circa 40.000 lire italiane.

Per fortuna, iniziai a lavorare pochi giorni dopo il mio arrivo, grazie ad alcuni compaesani che mi presentarono a un datore di lavoro. Lavorai nell'edilizia e, in seguito, in una fabbrica per un po' di tempo perché i lavori nell'edilizia scarseggiavano a quei tempi. Ripresi a lavorare come apprendista idraulico, che mi portò all'ottenimento di una qualifica professionale di idraulico.

Mi adattai rapidamente al nuovo modo di vivere visto che lavoravo sempre con qualche italiano. La sera ci riunivamo con gli amici a giocare a carte e raccontare storie popolari. Ebbi qualche difficoltà al supermercato quando, per comunicare, ricorrevo a gesti che ancora oggi sono difficili da descrivere. La difficoltà di comunicazione non si presentava solo tra italiani e canadesi, ma anche tra gli italiani stessi. Mi ricordo di un episodio in cui a un mio amico che lavorava con muratori friulani fu chiesto in friulano di portargli del materiale. Continuò a lavorare finché un altro lavoratore (anch'egli friulano) gli chiese: "Filippo, lo capisci l'italiano?" "Certo", rispose Filippo, "sono italiano". "Allora perché non porti il materiale al muratore che ti sta chiamando?" Filippo replicò: "Ma perché? Stava parlando italiano?" Filippo era calabrese.

Nel 1973, avviai la Domenic's Plumbing Service Inc. e sono in affari da 33 anni. Sono sempre stato esigente e ho dato il massimo di me stesso. Mentre mia moglie si occupava del lavoro d'ufficio, io lavoravo fuori ai posti di lavoro. Abbiamo quattro figli: Joseph, Sandra Muscedere, Danny e John, e molti nipoti.

Domenic ha ricevuto il CIBPA Business of the Year Award nel 2006.

Aldo Cundari[57]

Aldo nacque a Cosenza (Calabria). Venne in Canada da giovane, determinato a inserirsi nell'industria alimentare. Aldo, un primo cugino di Frank Cundari, uno dei soci originali del Mario's Restaurant, iniziò a lavorare da Mario's nel 1955 e da allora ha lavorato in molti ristoranti a Windsor. Nel 1972 tornò da Mario's come maitre d' e poi, nel 1977, assieme a due soci, comprò l'Italia Restaurant.

Nel 1980 aprì una sua attività, l'Aldo's Restaurant, situato in Wyandotte St.W., sede precedente del Volcano Restaurant.

Dante Curcione (Dante Travel Agency Limited)[58]

L'agenzia di viaggi Dante Travel Agency Ltd., situata in Erie St. E. nel cuore di Via Italia, fu originariamente fondata dalla defunta Lidia Dal Farra-Costa all'inizio degli anni sessanta con il nome Dal Farra Travel Agency. Le operazioni dell'agenzia erano inizialmente eseguite dalla casa dei genitori di Lidia assieme ad altre attività commerciali condotte dai suoi genitori e dal fratello, Armando.

57 Informazioni da Aldo Cundari
58 Scritto da Ettorina Fiorido

In 1973, I started Domenic's Plumbing Service Inc. and have been in business for 33 years. I have always challenged myself to do my best. While my wife has dealt with the office work, I have worked outdoors on job sites. We have four children, Joseph, Sandra Muscedere, Danny and John, and many grandchildren.

Domenic received a CIPA Business of the Year Award in 2006.

Aldo Cundari[57]

Aldo was born in Cosenza (Calabria). He came to Canada as a young man, determined to enter the food industry. Aldo, a first cousin of Frank Cundari, one of the original partners in Mario's Restaurant, started working at Mario's in 1955 and since then has worked in numerous restaurants in Windsor. In 1972, he went back to Mario's as maitre d' and then in 1977, along with two partners, bought the Italia Restaurant.

In 1980, he opened his own business, Aldo's Restaurant located on Wyandotte St.W., the previous home of the Volcano Restaurant.

Dante Curcione (Dante Travel Agency Limited)[58]

Dante Travel Agency Ltd., located on Erie St. E. in the heart of Via Italia, was originally founded by the late Lidia Dal Farra-Costa in the early 1960s under the name of Dal Farra Travel Agency. The agency's operations were initially carried out from Lidia's parental home along with other commercial activities conducted by her parents and brother, Armando.

In 1967, Dal Farra Travel Agency was put up for sale. Dante Curcione, a young man from Figline Vegliaturo, Cosenza (Calabria) who was employed as a social worker with the Children's Aid Society, decided to change profession and seized the opportunity of purchasing the agency. The office was relocated near the corner of Parent Ave. and Erie St. where it remained for six years.

In 1973, construction of a new building at Erie St. and Lillian Ave. began and, a year later, transfer to the new location took place. In 1977, Dal Farra Agency was renamed Dante Travel Agency Ltd. with the authorization of IATA (International Air Transport Association). The agency has served many in Windsor.

The agency's operations expanded beyond travel arrangements to encompass office procedures such as filling out applications for immigration, visas, passports, certificates, income tax, and translations, just to name a few. When Dante Curcione became a Notary Public, the office transactions intensified. In 1992, the agency was purchased by Teresa Ferrarelli-Maceroni. Presently, the agency continues to operate as Dante Travel Agency under the ownership of Norina Martinello-Graziano.

57 Information from Aldo Cundari
58 Written by Ettorina Fiorido

Judge Anthony Cusinato was sworn into the Essex County Court Bench on June 18, 1983 at one of the largest judicial swearing-in ceremonies ever held locally. Some observers noted that the large turnout might have had something to do with Judge Cusinato's stature within the local Italian community and pride in seeing one of their own succeed. Born in Windsor, Anthony received a degree at the University of Windsor and then studied law at Osgoode Hall in Toronto. He was called to the Bar in 1964. Anthony, the first area judge of Italian descent, received the 1983 Italian of the Year Award.

Il giudice Anthony Cusinato fu insediato nella Magistratura della Contea di Essex il 18 giugno 1983 in una delle più grandi cerimonie d'investitura giudiziaria mai tenutasi localmente. Alcuni spettatori notarono che la grande partecipazione era dovuta alla levatura del giudice Cusinato nella comunità italiana locale e all'orgoglio di vedere un italiano fare carriera. Nato a Windsor, Anthony ottenne una laurea dall'Università di Windsor e poi studiò giurisprudenza a Toronto alla Osgoode Hall. Fu ammesso all'esercizio della professione forense nel 1964. Anthony Cusinato, il primo giudice di discendenza italiana della zona, ricevette il 1983 Italian of the Year Award.

Courtesy/Cortesia: The Windsor Star, P10814

WWI British war medal awarded to Licinio Curti, an Italian who joined the Canadian Expeditionary Force soon after immigrating to Canada. Italy's entrance into the war as an ally of Britain gave Italian immigrants the opportunity to show their loyalty to Canada. While some returned to Italy and enlisted, many others joined the Canadian troops overseas.

Medaglia del primo conflitto mondiale britannico assegnato a Licinio Curti, un italiano che si arruolò nella Canadian Expeditionery Force subito dopo il suo arrivo in Canada. La partecipazione dell'Italia alla guerra come alleata della Bretagna dava agli immigranti italiani l'opportunità di mostrare la loro lealtà al Canada. Mentre alcuni ritornarono in Italia per arruolarsi, molti altri si unirono alle truppe canadesi oltreoceano.

Courtesy/Cortesia: Mancisa Curti, P13525

Nel 1967 la Dal Farra Travel Agency fu messa in vendita. Dante Curcione, un giovane di Figline Vegliaturo, Cosenza (Calabria), impiegato come assistente sociale per la Children's Aid Society, decise di cambiare professione e colse l'opportunità di acquistare l'agenzia. L'ufficio fu trasferito vicino all'angolo di Parent Ave ed Erie St., dove rimase per sei anni.

Nel 1973 iniziò la costruzione di un nuovo edificio in Erie St. e Lillian Ave. e un anno dopo ebbe luogo il trasloco alla nuova sede. Nel 1977 la Dal Farra Agency fu ribattezzata Dante Travel Agency Ltd. con l'autorizzazione della IATA (Associazione internazionale del trasporto aereo). Molti a Windsor si sono serviti di questa agenzia.

Le operazioni dell'agenzia si allargarono oltre l'organizzazione di viaggi fino a includere procedure d'ufficio quali la compilazione di domande per l'immigrazione, visti, passaporti, certificati, imposte sul reddito e traduzioni, per nominarne solo alcune. Quando Dante Curcione divenne notaio, le operazioni d'ufficio si intensificarono. Nel 1992 l'agenzia fu acquistata da Teresa Ferrarelli-Maceroni. Attualmente, l'agenzia continua a operare come Dante Travel Agency sotto la gestione di Norina Martinello-Graziano.

Ricordo Dante Curcione come un gentiluomo benevolo e nobile che, non dimenticando la sua professione originaria come assistente sociale, continuò ad aiutare e assistere chiunque avesse bisogno di una mano durante tutti gli anni all'agenzia di viaggio.[59]

Mike Curcione[60]

Mike, da Figline Vegliaturo, Cosenza (Calabria), arrivò a New York il 10 giugno 1948. Proseguì per Val d'Or, Quebec, dove visse per due anni. Non riuscendo a trovare lavoro, venne a Windsor il 17 maggio 1950 e quello stesso giorno iniziò a lavorare come lavapiatti al Mario's Restaurant. Nel 1965, dopo aver acquistato Kees Roozen, il nome del ristorante cambiò in Mario's di Windsor. Mike Curcione lavorò al ristorante fino al 1970. E' procugino della cantante lirica Emilia Cundari.

Licinio e Giovanna Curti (Mariotti's Restaurant)[61]

Licinio, figlio di Vittoria Moretti e Giuseppe Curti, nacque a Faleria, Viterbo (Lazio) il 26 settembre 1896. I suoi genitori immigrarono in Brasile assieme ai figli Guido, Vincenzo e Licinio che aveva quattro anni. Poco dopo il loro arrivo in Brasile, Licinio e Vincenzo furono colpiti da un virus. Giuseppe, consapevole del pericolo, rimandò la moglie e i figli in Italia nel 1904. Lì, pochi mesi dopo, Vittoria diede alla luce Antonia, che vide il padre per la prima volta nel 1925, quando ritornò in patria. Nel frattempo Licinio, che aveva otto anni, e Guido, iniziarono a imparare il mestiere del calzolaio mentre Vincenzo lavorava la terra.

A 18 anni Licinio venne a Montreal. Nel 1915, un anno dopo il suo arrivo, Licinio si arruolò nel

59 Ricordi di Ettorina Fiorido
60 Informazioni di Mike Curcione
61 Informazioni di Mancisa Curti

I remember Dante Curcione as a benevolent and noble gentleman who, not forgetting his original profession as a social assistant, continued to aid and assist anyone who was in need of a helping hand throughout the years at the travel agency.[59]

Mike Curcione[60]

Mike, from Figline Vegliaturo, Cosenza (Calabria), arrived in New York on June 10, 1948. He proceeded to Val d'Or, Quebec where he lived for two years. Unable to find work, he came to Windsor on May 17, 1950 and on that same day began working as dishwasher at Mario's Restaurant. In 1965, after its purchase by Kees Roozen, the name of the restaurant changed to Mario's of Windsor. Mike worked at the restaurant until 1970. He is a second cousin to the opera singer, Emilia Cundari.

Licinio and Giovanna Curti (Mariotti's Restaurant)[61]

Licinio, son of Vittoria Moretti and Giuseppe Curti, was born in Faleria, Viterbo (Lazio) on September 26, 1896. His parents immigrated to Brazil with their sons Guido, Vincenzo and Licinio, aged four. Shortly after their arrival, Licinio and Vincenzo were affected by a virus. Giuseppe, aware of its danger, sent his wife and children back to Italy in 1904. There, a few months later, Vittoria gave birth to Antonia, who saw her father for the first time in 1925 when he returned to his hometown. In the meantime, Licinio, who was eight, and Guido began to learn the shoemaker trade while Vincenzo tilled the soil.

At 18, Licinio came to Montreal. In 1915, a year after his arrival, Licinio enlisted in the voluntary service with the Canadian armed forces and was eventually awarded a silver medal [British War Medal 1914-20]. In the army, Licinio met Luigi Zorzit, a Windsor resident and owner of a small shoe repair shop that he had opened just before the war, Border City Shoe Repair at 465 Wyandotte St. E. Luigi asked Licinio to join him in Windsor to work in his shop, which he did in August 1919. In 1924, Licinio went to work for Steve Paris Shoe Repair located on Ouellette Ave. He became a Canadian citizen and by that time spoke such perfect English that it was hard to believe he was an immigrant. In 1925, Licinio met Clemente Meconi,[62] a childhood acquaintance, and the two nurtured their friendship here.

Licinio went back to Italy in 1929 and married Giovanna Gentili, born in Sarnano, Macerata (Marche) on May 9, 1905, and both returned to Windsor in 1930. During the Depression, Licinio continued to repair shoes. After his death on July 19, 1938, Giovanna worked as a house cleaner to care for her two young children, Teresa and Vincenzo.

At eight, Vincenzo was already working at a golf course and, at fourteen, worked in a factory. In 1939, when Fr. De Santis came to Windsor to build the Italian church, Giovanna made ravioli and

Mariotti's Restaurant, one of the first Italian restaurants on Erie St.
Il ristorante Mariotti's, uno dei primi ristoranti italiani in Erie St.
Courtesy/Cortesia: Mancisa Curti, P12716

Mariotti's Restaurant on Erie St. and Elsmere Ave., owned by Domenic Mariotti and Giovanna Curti (centre) in the 1960s. Domenic's granddaughter, Sandra Miliucci Wesley, on right, worked in the restaurant. On the left is Bernice, a waitress. Today the building houses Nico's.

Domenico Mariotti e Giovanna Curti (al centro), proprietari del ristorante Mariotti's all'angolo di Erie St. e Elsmere Ave., negli anni '60. La nipote di Domenico, Sandra Miliucci Wesley, a destra, lavorava nel ristorante. A sinistra vi è Bernice, una cameriera. Oggi il ristorante Nico's occupa il locale.
Courtesy/Cortesia: Sandra Wesley, P11262

---

59 Recollections by Ettorina Fiorido
60 Information from Mike Curcione
61 Information from Mancisa Curti
62 See story in this chapter.

Singer Tom Jones trying on a custom-made creation by Ennio D'Agnillo of Continental Exclusive Tailors by Ennio of Italy, c. 1972.

Il cantante Tom Jones prova una creazione confezionata su misura da Ennio D'Agnillo del Continental Exclusive Tailors by Ennio of Italy, 1972 ca.

Courtesy/Cortesia: Ennio D'Agnillo, P13950

servizio volontario per le forze armate canadesi e alla fine gli fu conferita una medaglia d'argento [British War Medal 1914-1920]. Nell'esercito Licinio incontrò Luigi Zorzit, residente di Windsor e proprietario di un piccolo negozio di riparazione di scarpe che aveva aperto appena prima della guerra, il Border City Shoe Repair, al 465 Wyandotte St. E. Luigi chiese a Licinio di andare da lui a Windsor a lavorare nel suo negozio, cosa che fece nell'agosto 1919. Nel 1924 Licinio andò a lavorare nel Steve Paris Shoe Repair situato in Ouellette Ave. Divenne cittadino canadese e allora parlava un inglese talmente perfetto che era difficile credere che fosse un immigrato. Nel 1925 Licinio incontrò Clemente Meconi,[62] una conoscenza d'infanzia, e i due nutrirono qui la loro amicizia.

Licinio tornò in Italia nel 1929 e sposò Giovanna Gentili, nata a Sarnano, Macerata (Marche) il 9 maggio 1905, e ritornarono insieme a Windsor nel 1930. Durante la Depressione, Licinio continuò a riparare scarpe. Dopo la sua morte, il 19 luglio 1938, Giovanna lavorò come donna di pulizie per prendersi cura dei due figli piccoli: Teresa e Vincenzo.

A otto anni Vincenzo lavorava già al campo di golf e a quattordici anni in una fabbrica. Nel 1939, quando P. De Santis venne a Windsor per costruire la chiesa italiana, ogni sabato e domenica Giovanna faceva ravioli e pasta per i lavoratori che aiutavano a costruire la chiesa di Sant'Angela Merici. Vincenzo fece parte del primo gruppo di ragazzi che ricevettero la Prima Comunione a Sant'Angela.

Giovanna iniziò nel 1950 a fare la cuoca per il cognato Domenic al ristorante Mariotti's[63] in Wyandotte St., comprato nel 1946. Nel novembre 1960, in società con Domenic, Giovanna acquistò il Mariotti's Restaurant situato all'851 Erie St. E. e vi lavorò fino al 1976, quando la proprietà fu data in affitto.

Ennio D'Agnillo (Continental Exclusive Tailors by Ennio of Italy)[64]

Ennio iniziò la formazione professionale a 14 anni nel suo paese natio di Agnone, Isernia (Molise). A 17 anni si trasferì a Roma, dove continuò il tirocinio e frequentò una scuola per stilisti per due anni, ricevendo una formazione professionale in stile italiano. In seguito si trasferì in Toscana per iniziare la sua carriera a fianco del fratello Nemesio. Aprì il suo primo negozio, Creazione D'Agnillo, negli anni cinquanta a Firenze, che era un grande centro di moda italiana dominato dal famoso stilista Emilio Pucci. Qui Ennio imparò i fondamenti di alta sartoria italiana. Faceva abiti esclusivi su misura per molte persone importanti nella regione Toscana.

Il 5 novembre 1959, all'età di 29 anni, Ennio approdò a Quebec City, in cerca di avventura e nuove esperienze. Suo fratello Nemesio continuò a gestire la Creazione D'Agnillo a Firenze per altri sette anni. Ennio si trasferì a Windsor e iniziò a lavorare al Sam's Department Store.[65] Sei mesi dopo aprì un suo negozio in Erie St., Continental Exclusive Tailors by Ennio of Italy. Nel 1970 si trasferì alla

---

62 Vedi la storia in questo capitolo.
63 Domenic venne da Sarnano, Macerata (Marche) nell'ottobre 1923. Fece l'operaio per la General Motors, prima di comprare il ristorante.
64 Informazioni di Ennio D'Agnillo
65 Ora noto come Freeds of Windsor

pasta every Saturday and Sunday for the volunteer workers at St. Angela Merici Church. Vincenzo was part of the original group of boys to receive First Communion at this church.

Starting in 1950, Giovanna was a cook at the Wyandotte St. restaurant of her brother-in-law Domenic Mariotti,[63] which he had purchased in 1946. In November 1960, in partnership with Domenic, Giovanna purchased Mariotti's Restaurant located at 851 Erie St. E. and worked there until 1976 when the property was rented.

Ennio D'Agnillo (Continental Exclusive Tailors by Ennio of Italy)[64]

Ennio began his first training at 14 in his hometown of Agnone, Isernia (Molise). At 17, he moved to Rome where he continued his apprenticeship and attended a designer school for two years, receiving formal training in Italian styling. He later moved to Tuscany to begin his career alongside his brother Nemesio. He opened his first shop, Creazione D'Agnillo, in the 1950s in Florence (a great centre of Italian fashion dominated by the famous designer Emilio Pucci). Here, Ennio learned the fundamentals of *alta sartoria italiana* (Italian couture). He custom made exclusive clothing for many important people in the Tuscan region.

On November 5, 1959 at age 29, Ennio landed in Quebec City, seeking adventure and new experiences. His brother Nemesio continued to run Creazione D'Agnillo in Florence for seven more years. Ennio moved to Windsor and began work at Sam's Department Store.[65] After six months, he opened his own shop on Erie St., Continental Exclusive Tailors by Ennio of Italy. In 1970, he moved to the current location at 1521 Ouellette Ave. Continental Exclusive Tailors by Ennio has continued in the tradition of *alta sartoria italiana*, designing exclusive clothing for such noteworthy people as Andrea Bocelli, John Z. De Lorean, Anthony L. Soave, Tom Jones and Clare Winterbottom.

His creations involve a harmonious interplay between fabric and colours, cutting and sewing, imagination and execution of design. Ennio says:

> *My constant desire is to be surrounded by beautiful things, and I consider my work a great emotional manifestation…As an Italian tailor, I have always been able to find inspirations that consist of classic, refined, elegant Italian style…a unique blend between art and life, an intrinsic, innate quality of the Italians.*

In September 1966, he married Carla Bartolucci, born in Livorno (Toscana), and they have three sons: Michele, Davide and Paolo.

Tailor Ennio D'Agnillo fitting John DeLorean, c. 1998.

John DeLorean prova un abito fatto su misura dal sarto Ennio D'Agnillo, 1998 ca.

Courtesy/Cortesia: Ennio D'Agnillo, P12341

---

63 Domenic came from Sarnano, Macerata (Marche) in October 1923. He worked as a labourer for General Motors before purchasing the restaurant.
64 Information from Ennio D'Agnillo
65 Now known as Freeds of Windsor

Ennio D'Agnillo fitting singer Andrea Bocelli, c. 2003.

Il cantante Andrea Bocelli prova un abito confezionato da Ennio D'Agnillo, 2003 ca.

Courtesy/Cortesia: Ennio D'Agnillo, P13949

sede attuale al 1521 Ouellette Ave. La Continental Exclusive Tailors by Ennio ha continuato nella tradizione dell'alta sartoria italiana, ideando abiti esclusivi per personaggi molto noti quali Andrea Bocelli, John Z. De Lorean, Anthony L. Soave, Tom Jones e Clare Winterbottom.

Le sue creazioni racchiudono un gioco armonioso di tessuti e colori, taglio e cucito, immaginazione ed esecuzione del design. Ennio dice:

> *il mio desiderio costante è di essere circondato da belle cose e considero il mio lavoro una grande manifestazione emotiva...Come sarto italiano, sono sempre riuscito a trovare le ispirazioni che consistono in uno stile italiano classico, raffinato ed elegante...una fusione unica tra l'arte e la vita, una qualità intrinseca e innata degli italiani.*

Nel settembre 1966 sposò Carla Bartolucci, nata a Livorno (Toscana), e hanno tre figli: Michele, Davide e Paolo.

La famiglia D'Agostini (Giuliana Housewares and Gifts)[66]

Giuliana e il marito, Ernesto, assieme alle loro due bambine piccole Franca e Sandra, immigrarono a Windsor il 28 aprile 1968. Senza lavoro e non sapendo l'inglese, la vita era molto difficile. Giuliana fece la lavapiatti in un ristorante, mentre Ernesto lavorava saltuariamente nell'edilizia. Circa sei mesi dopo, Giuliana prese un lavoro come cuoca e donna delle pulizie per i preti della chiesa di Sant'Angela Merici, ma il suo sogno era sempre quello di avere una sua attività.

Quando Ernesto finalmente trovò un impiego al comune di Windsor, Giuliana andò a lavorare all'Aldo's Clothing in Erie St. per farsi dell'esperienza nella vendita al dettaglio, ma le era ancora difficile imparare l'inglese. Nel 1974, la nascita di un figlio la obbligò a lasciare il lavoro. Avendo avuto un rapporto stretto con le suore della chiesa di Sant'Angela Merici, le offrirono di prendere Sam al loro asilo cosicché Giuliana potesse lavorare. Trovò un lavoro al Gray's Department Store in Ottawa St. dove interagiva con diverse persone e migliorò l'inglese. Aveva un ottimo rapporto con il proprietario, un vecchio gentiluomo inglese, che spesso diceva: "Chi è furbo lavora sempre per sé stesso". Ciò portò Giuliana a volere ancora di più una sua attività.

Infine, nell'agosto 1979 si presentò l'opportunità e, dopo aver implorato a lungo il marito, Giuliana ed Ernesto acquistarono la DiPonio Dominion Hardware. Il suo sogno divenne realtà: mentre Ernesto continuò il suo lavoro a tempo pieno, Giuliana passava le sue giornate al negozio. Con il passare degli anni, l'attività si trasformò da una ferramenta a un negozio di casalinghi, specializzato in regali importati dall'Italia. Con l'aiuto del marito e dei figli e di molta altra brava gente, Giuliana ha fatto della sua attività quella che è oggi. Quando le si chiede che cosa l'abbia resa felice nella vita, Giuliana risponde: "Mio marito, i miei figli, i miei nipoti, che adoro, e ovviamente *il mio negozio...*"

Ernesto è morto il 9 maggio 2009.

---

66 Informazioni di Giuliana D'Agostini

D'Agostini Family (Giuliana Housewares and Gifts)[66]

Giuliana and husband Ernesto, together with their two small children Franca and Sandra, immigrated to Windsor on April 28, 1968. Without work or knowledge of the English language, life was extremely difficult. Giuliana worked in a restaurant as a dishwasher while Ernesto worked on and off in construction. About six months later, Giuliana took a cooking and cleaning job for the priests of St. Angela Merici Church, but her dream was always to have a business of her own.

When Ernesto finally found employment with the city of Windsor, Giuliana went to work at Aldo's Clothing on Erie St. to gain some experience in retail, but she still found it difficult to learn English. In 1974, the birth of a son forced her to leave her job. Having had a close relationship with the sisters from St. Angela Merici Church, they offered to take Sam in their nursery school so that Giuliana could work. She found a job at Gray's Department Store on Ottawa St. where she interacted with a number of different people and improved her English. She had a very good rapport with the owner, an older Jewish gentleman, who often said, "Smart people always work for themselves." This made Giuliana want her own business even more.

Finally, in August 1979 the opportunity arose and, after much pleading with her husband, Giuliana and Ernesto purchased DiPonio Dominion Hardware. Her dream became a reality – while Ernesto continued his full time job, Giuliana spent her days at the store. Over the years, the business was transformed from a hardware to a houseware store, specializing in imported Italian gifts. With the help of her husband and children and many good people, Giuliana has made her business what it is today. Asked what has made her happy in life, Giuliana responds, "My husband, my children, my grandchildren whom I adore, and of course my store…."

Ernesto died on May 9, 2009.

Dal Farra Family (Dal Farra Confectionery)[67]

Isacco, born in Belluno (Veneto), and his wife Emma Ortolan, born in Pordenone (Friuli-Venezia Giulia), married in Italy and lived with their children, Lidia Costa,[68] Armando, Edda Palazzi and Gina Turrin, in Postumia, Trieste (on the Slovenian border). During WWII, the family was sent away and temporarily had to live with the grandmother in Treviso. After the war, they could not return to Postumia since it had become part of Yugoslavia, a communist country. They qualified for refugee status and applied to live in Canada. After four weeks in Rome to complete paperwork, they went to Bremerhaven, Germany to board an American war ship, the *General Langfitt*. However, they were held in Germany for a month since illness had broken out on ship. The family arrived in Halifax on May 20, 1950 and travelled by train to Manitoba where they worked as farmers on a government immigration contract.

---

66 Information from Giuliana D'Agostini
67 Information from Edda and Elio Palazzi and from "Pioneers of Erie Street Owned Confectionery," *The Windsor Star*, November 9, 1999
68 She died in 2003.

Guiliana Housewares and Gifts, 871 Erie St. E.
Courtesy/Cortesia: Giuliana D'Agostini, P11661

In front of Dal Farra Confectionery, from left: Emma and Isacco Dal Farra, Edda Palazzi, Aldo Sfalcin, Rina Sfalcin, baby Rick Dal Farra, Natalina Dal Farra, Edo Talamini, Angelo Sfalcin and sons, Bruno and John, 1953.

Dinanzi alla Dal Farra Confectionery, da sinistra: Emma e Isacco Dal Farra, Edda Palazzi, Aldo e Rina Sfalcin, il bimbo Rick Dal Farra, Natalina Dal Farra, Edo Talamini, Angelo Sfalcin e figli Bruno e John, 1953.

Courtesy/Cortesia: Elio Palazzi, P11264

La famiglia Dal Farra (Dal Farra Confectionery)[67]

Isacco, nato a Belluno (Veneto), e sua moglie Emma Ortolan, nata a Pordenone (Friuli-Venezia Giulia), si sposarono in Italia e vivevano con i loro figli, Lidia Costa,[68] Armando, Edda Palazzi e Gina Turrin a Postumia, Trieste (sul confine sloveno). Durante la seconda guerra mondiale la famiglia fu mandata via e dovette vivere temporaneamente con la nonna a Treviso. Dopo la guerra non poterono ritornare a Postumia poiché era diventata parte della Jugoslavia, un paese comunista. Avevano i requisiti per lo stato di rifugiati e fecero domanda per vivere in Canada. Dopo quattro settimane a Roma per compilare le pratiche, andarono a Bremerhaven, in Germania, per imbarcarsi sulla nave da guerra americana, la *General Langfitt*. Tuttavia, furono trattenuti in Germania per un mese poiché sulla nave era scoppiata un'epidemia. La famiglia arrivò ad Halifax il 20 maggio 1950 e andò in treno a Manitoba, dove lavorarono come agricoltori con un contratto di immigrazione del governo.

Nel 1951 la famiglia venne a Windsor e, con un prestito di P. De Santis, diedero un deposito per una casa al 731 Erie St. E. e, nel 1952, aprirono la Dal Farra Confectionery, il primo negozio italiano del genere in Erie St. L'attività crebbe dalla veranda di questa casa, dove vendevano giornali e prodotti confezionati e dopo racchiusero la veranda. Visto che Isacco aveva lavorato in Italia nella vendita di vino all'ingrosso, era abbastanza astuto da rendersi conto dell'importanza di un negozio italiano che provvedesse ai bisogni della crescente comunità italiana di Windsor. Le loro importazioni dall'Italia furono un successo con la gente locale. Emma e Isacco vendettero il negozio nel 1966.

Isacco morì nel 1978 ed Emma nel 1999.

Luigi (Louis) De Apollonia (Luigi De Apollonia General Builders)[69]

Louis nacque il 24 giugno 1882 a Codroipo, Pordenone (Friuli-Venezia Giulia). All'età di dieci anni andò a piedi e in autostop a Vienna, in Austria; lì imparò il mestiere di aiuto muratore. Andò anche a scuola lì, imparò il tedesco e conobbe la sua futura moglie, Margarita. Si sposarono a Vienna nel 1913 e immigrarono in Canada, dove vissero prima a Timmins e poi a Sault Ste. Marie, Ontario. Nel 1915 adottarono Victoria Socchia, di sette anni, (madre di Harold Bernachi).

La famiglia si trasferì a Windsor nel 1918, abitò per poco tempo in Goyeau St. e Ellis St. (dove c'era un'impresa della Central Chrysler) e quindi si trasferirono a Pelissier St. (di fronte all'attuale Y.M.C.A.). Qualche anno dopo traslocarono al 1051 Campbell Ave. dove Louis visse fino alla sua morte. Margarita morì il 10 aprile 1944 ed è sepolta al cimitero St. Alphonsus. Louis sposò quindi Maria Rorai, che morì nel 1986; anche lei è seppellita nel lotto di famiglia.

Dalla sua casa in Campbell Ave., Louis dirigeva una piccola attività con il nome di Luigi De Apollonia General Builders. Eseguì molti restauri e riparazioni per il governo federale all'ufficio

Luigi De Apollonia with his wife Margarita and his father, 1912.
Luigi De Apollonia con sua moglie Margarita e suo padre, 1912.
Courtesy/Cortesia: Harold Bernachi

67 Informazioni da Edda ed Elio Palazzi e un necrologio: "Pioneers of Erie Street Owned Confectionery", *The Windsor Star*, 9 novembre 1999.
68 Morì nel 2003.
69 Informazioni di Harold Bernachi

In 1951, the family came to Windsor and, with a loan from Fr. De Santis, made a down payment on a home at 731 Erie St. E. In 1952, they opened Dal Farra Confectionery, the first Italian store of its kind on Erie St. The business grew from the front porch of this house where they sold newspapers and confectioneries and later they enclosed the porch. Since Isacco had worked in Italy in the wholesale wine business, he was astute enough to realize the importance of an Italian store to cater to the needs of Windsor's growing Italian community. Their Italian imports were a hit with the local people. Emma and Isacco sold the store in 1966.

Isacco died in 1978 and Emma, in 1999.

Luigi (Louis) De Apollonia (Luigi De Apollonia General Builders)[69]

Louis was born June 24, 1882 in Codroipo, Pordenone (Friuli-Venezia Giulia). At age ten, he walked and hitched rides to Vienna, Austria where he learned his trade working as a helper for a bricklayer. He attended school there, learned the German language and met his future wife Margarita. They were married in Vienna in 1913 and immigrated to Canada, living first in Timmins and then in Sault Ste. Marie, Ontario. In 1915, they adopted seven-year-old Victoria Socchia (mother of Harold Bernachi).

The family moved to Windsor in 1918, lived briefly at Goyeau St. and Ellis St. (where Central Chrysler was located) and then moved to Pelissier St. (across from the present Y.M.C.A.). A few years later, they moved to 1051 Campbell Ave. where Louis lived until his death. Margarita died April 10, 1944 and is buried at St. Alphonsus cemetery. Louis then married Maria Rorai who died in 1986; she, too, is interred in the family plot.

From his home on Campbell Ave., Louis ran a small business under the name of Luigi De Apollonia General Builders. He performed a lot of renovations and repairs for the federal government at the main post office on Ouellette Ave. as well as repairs and maintenance on the Windsor/Detroit Tunnel (which has four tunnels within each other). Louis would seal the tunnel to prevent leaks.

Louis built a new media centre on the grounds of Fort Malden Museum in Amherstburg with local quarry stone and a solid slate roof which is still like new today. The cornerstone was laid March 13, 1939, and the centre opened to visitors in the late summer of that year.

A long-time member of the Giovanni Caboto Club, Louis retired in 1955 at age 73. He died June 14, 1968. His gravestone carries the correct spelling of his name, Luigi De'Apollonia.

Philip Della Valle Family[70]

Born in 1940 in Welland, Ontario, Philip was the son of Andrea Della Valle, who emigrated from the island of Ischia between the wars, and Mary Monaco born in Nipigon of parents from Calabria. The first of his generation to obtain a Ph.D., Philip moved to Windsor in the late 1960s to work as an

De Apollonia Luigi

General Builders
and Contractors

Commercial

Industrial

Stone and Cement
Work

1051 Campbell Ave.

—|||—

Phone 3-6172

This advertisement for Luigi De Apollonia's company appeared in the booklet printed for the 10th anniversary of St. Angela Merici Church, 1949.

Questo annuncio per la ditta di Luigi De Apollonia era nel libretto del 10° anniversario della chiesa di Sant'Angela Merici, 1949.

Courtesy/Cortesia: Florindo and Domenica Mandarino, P11175h

---

69 Information from Harold Bernachi
70 Written by Madelyn Della Valle

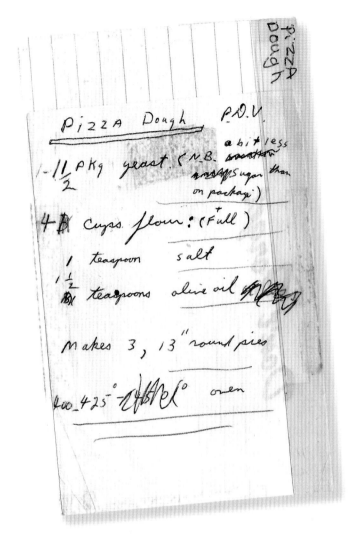

Philip Della Valle's handwritten recipe for home-made pizza dough. As a teenager, he worked for the Rex Hotel, his uncle's Italian restaurant in Welland. He later became a University of Windsor economics professor, but he always remembered his pizza-making days.

Ricetta della pasta per la pizza fatta in casa scritta a mano da Philip Della Valle. Da adolescente lavorò presso il ristorante italiano di suo zio, Rex Hotel a Welland. Più tardi divenne professore di economia all'Università di Windsor, ma si ricordava sempre dei giorni quando preparava la pasta per la pizza.

Courtesy/Cortesia: Madelyn Della Valle, P11186A

postale principale in Ouellette Ave. e riparazioni e manutenzione del Windsor/Detroit Tunnel che è composto da quattro gallerie una nell'altra. Louis sigillava la galleria per evitare perdite.

Louis costruì un nuovo centro di media sulla proprietà del Fort Malden Museum a Amherstburg con pietre naturali locali e un solido tetto in ardesia che oggi sembra ancora nuovo. La pietra angolare fu posata il 13 marzo 1939 e il centro aprì al pubblico alla fine dell'estate del 1939.

Membro per molti anni del Club Giovanni Caboto, Louis andò in pensione nel 1955 all'età di 73 anni. Morì il 14 giugno 1968. La sua lapide riporta il suo nome corretto, Luigi De'Apollonia.

La famiglia di Philip Della Valle[70]

Nato nel 1940 a Welland, Ontario, Philip era figlio di Andrea Della Valle, emigrato dall isola d'Ischia nel periodo tra le due guerre, e Mary Monaco nata a Nipigon da genitori calabresi. Il primo della sua generazione a prendere un dottorato (Ph.D.), Philip andò a Windsor alla fine degli anni sessanta a lavorare come professore di economia all'Università di Windsor. Lavorò anche per le Nazioni Unite di Ginevra, Svizzera, due volte. Lui e sua moglie, Carmen, hanno quattro figli: Madelyn, Andrea, Sarah e John Philip. Tramandò ai figli l'amore per il suo patrimonio culturale e storico italiano, soprattutto l'importanza della famiglia e l'amore della buona cucina. Madelyn ricorda:

dai miei ricordi più remoti, la mia identità mezza italiana è sempre stata dominante nella mia formazione culturale. La cucina era probabilmente la parte più importante della mia identificazione con la cultura italiana. Sin da bambina mio padre mi insegnò a compatire i "mangiacakes" che mangiavano Wonder Bread e mettevano il sugo di pomodoro in scatola sulla pasta stracotta che era ben lontana dall'ideale cottura al dente. Mangiare foglie di dente di leone costituiva una parte normale della mia crescita, spesso causando l'orrore dei miei amici anglofoni che pensavano fossero semplicemente delle erbacce. L'insalata si mangiava dopo la pietanza principale (non come antipasto). La bevanda tipica durante i pasti in famiglia era il vino di mio nonno, che era bevibile se servito con gingerale. (Il suo aceto di vino era migliore, molto meglio del vino a dir la verità). Il vino era fatto nel seminterrato, una stanza misteriosa e stantia piena di damigiane. Il seminterrato presentava anche i requisiti di seconda cucina, usata per attività come la conservazione in scatola di pomodori e pesche e arrostire i peperoni. Mio padre faceva le sue salsicce. Non dimenticherò mai la prima volta che mi mandò dal macellaio per le budella e finalmente capii di che cosa era fatta la pelle delle salsicce...!

Purtroppo, Philip morì prematuramente all'età di 39 anni. Mentre Carmen, Andrea, Sarah e John Philip finirono col trasferirsi in altre parti dell'Ontario, Madelyn rimase a Windsor a lavorare per il Windsor's Community Museum, dove aiuta con la documentazione della storia degli italiani a Windsor.

Giuseppe Salvatore (Peppino) Del Monte[71]

Peppino nacque a Grotte, Agrigento (Sicilia) nel 1926. Da giovane cominciò a essere coinvolto con

70 Scritto da Madelyn Della Valle
71 Informazioni da articoli de *La Gazzetta*

economics professor at the University of Windsor. He also worked for the United Nations in Geneva, Switzerland on two separate occasions. He and his wife Carmen had four children: Madelyn, Andrea, Sarah and John Philip. He passed on to his children the love of his Italian heritage – especially the importance of family and the love of good food. Madelyn recalls:

From my earliest memories, my half-Italian identity has always been dominant in my cultural makeup. Food was probably the most important component of my identification with Italian culture. From an early age, I was taught by my father to pity the "mangiacakes" who ate Wonder Bread and put canned tomato sauce on overcooked pasta that was far from the al dente ideal. Eating dandelion leaves was a normal part of growing up, much to the horror of my Anglo friends who thought they were just weeds. Salad was eaten after the main course (and not as an appetizer). The standard beverage at family meals was my Nono's wine – which was bearable as long as it was served with gingerale. (His wine vinegar was the best – much better than his wine, actually). His wine was made in the basement – a mysterious and musty locale filled with demijohns. The basement also featured the requisite second kitchen which was used for activities like canning tomatoes and peaches and burning the skins off peppers. My dad made sausages from scratch. I'll never forget the first time he sent me to the butcher for the casings and I finally figured out what the skin on sausages was made of…!

Sadly, Philip died prematurely at age 39. While Carmen, Andrea, Sarah and John Philip eventually moved to other parts of Ontario, Madelyn remained in Windsor and works for Windsor's Community Museum, where she assists in documenting the history of Italians in Windsor.

Giuseppe Salvatore (Peppino) Del Monte[71]

Peppino was born in Grotte, Agrigento (Sicily) in 1926. At a young age, he became involved with the labour union as an organizer. He had been a provincial secretary of the Labour Federation for the province of Agrigento. Having had such experience with labour unions, he continued to be an advocate for workers' rights in Windsor.

Peppino was a businessman, a journalist, a radio commentator, an officer of Ital-UIL and a promoter of democratic ideals. He welcomed open and democratic debate and was not afraid to raise his voice against those who wanted to, as he would say, "*turlupinare*" (mislead the community). He was committed to get for workers the benefits they were entitled to, either in Canada or in Italy.

Peppino passed away in 1988.

Alessandro De Luca Family (D & L Brothers Const. and Torino's Restaurant and Banquet Hall)[72]

Alessandro and Carmela De Luca, with their children Celestino (Steve), Orlando, Guerrino (Gerry) and Antonio (Tony), lived in Picinisco, Frosinone (Lazio). After World War II, Alessandro wanted a

---

71 Information from *La Gazzetta* articles
72 Information from De Luca family

Philip Della Valle with his parents Andrea and Mary on the occasion of his graduation from the University of Windsor, May 1964.

Philip Della Valle con i genitori Andrea e Mary in occasione della sua laurea dall'Università di Windsor, maggio 1964.

Courtesy/Cortesia: Carmen Della Valle and Sandra Flanagan, P13546

Postcard from Phil Della Valle to his parents, 1963.
As a student at the University of Windsor, Phil often frequented Sam's Pizzeria at 2135 Wyandotte St.W. in his quest for Italian food.

Cartolina inviata da Phil Della Valle ai suoi genitori. Quando era uno studente all'Università di Windsor, Phil frequentava spesso Sam's Pizzeria al 2135 Wyandotte St. W. in cerca del cibo italiano.

Courtesy/Cortesia: Sandra Flanagan, P13526b

Alessandro De Luca family, 1948. Top from left: Celestino (Steve), Carmela,
Alessandro, Orlando. Bottom from left: Antonio, Guerrino (Gerry).

Famiglia Alessandro De Luca, 1948. Da sinistra in alto: Celestino (Steve),
Carmela, Alessandro, Orlando. Prima fila da sinistra: Antonio, Guerrino (Gerry).

Courtesy/Cortesia: Alessandro De Luca Family, P12671

il sindacato dei lavoratori come organizzatore. Era stato segretario provinciale per la Federazione sindacale della provincia di Agrigento. Avendo avuto tale esperienza con i sindacati in Italia, continuò a essere il difensore dei diritti dei lavoratori a Windsor.

Peppino fu un imprenditore, giornalista, radiocronista, funzionario dell'Ital-UIL e promotore di ideali democratici. Accoglieva volentieri i dibattiti aperti e democratici e non aveva paura di alzare la voce contro quelli che volevano, come diceva lui, *"turlupinare"* (ingannare la comunità). Si impegnava a ottenere per i lavoratori i benefici a cui avevano diritto, in Canada o in Italia.

Peppino morì nel 1988.

La famiglia di Alessandro De Luca (D & L Brothers Const. e Torino's Restaurant and Banquet Hall)[72]

Alessandro e Carmela De Luca, con i loro figli Celestino (Steve), Orlando, Guerrino (Gerry) e Antonio (Tony) vivevano a Picinisco, Frosinone (Lazio). Dopo la seconda guerra mondiale, Alessandro desiderava una vita migliore per la sua famiglia, così si trasferì a Windsor nel 1951 e chiamò la sua famiglia nel 1952. Arrivato con pochissime cose, Alessandro fece fatica a occuparsi della sua famiglia. Iniziò a lavorare nell'edilizia e alla fine avviò una sua ditta con i figli. Insieme gestirono la A. De Luca and Sons dal 1954 al 1965. Alessandro e i figli registrarono la società e ne cambiarono il nome in D & L Brothers Const. Nel 1980 la società fu sciolta e nel 1981 Tony avviò la Sancon Constr. Ltd.

Nel 1965 Gerry inseguì una carriera nel campo culinario, che ora si è estesa al Torino's Restaurant and Banquet Hall nel paesetto di Tecumseh. Gerry ha ricevuto il CIBPA Business of the Year Award 2009.

Nel 1972, la famiglia di Alessandro fu direttamente coinvolta nella fondazione del Club Ciociaro di Windsor. Steve ne divenne il primo presidente e il fratello minore, Tony, segretario verbalizzante per molti anni.

La famiglia di Frank Anthony DeMarco[73]

Frank, figlio di Frank e Carmela Scappatura, nacque con la cittadinanza canadese il 14 febbraio 1921 a Podargoni, Reggio Calabria. Nel 1929 Frank, con sua madre e i fratelli, venne a North Bay, Ontario, per raggiungere il padre che aveva aperto il primo negozio di alimentari nella città. Una volta completata l'educazione primaria e secondaria a North Bay, frequentò l'Università di Toronto, dove prese un B.A.Sc. nel 1942, un M.A.Sc. nel 1943 e un Ph.D. nel 1950, tutti in ingegneria chimica. Dal 1943 al 1946 fu professore alla Facoltà di Ingegneria dell'Università di Toronto finché fu invitato a far parte del personale dell'Assumption College[74] per svilupparne le facoltà di scienze e ingegneria e il programma atletico.

---

72 Informazioni dalla famiglia De Luca
73 Informazioni da Frank De Marco -Vedi anche il capitolo 6.
74 L'Assumption College divenne Assumption University nel 1953. Fu ribattezzata Assumption University of Windsor nel 1956 e University of Windsor nel 1963.

better life so he moved to Windsor in 1951 and sent for his family in 1952. Coming over with very few belongings, Alessandro struggled to provide for his family. He began working in construction and eventually started his own company along with his sons. Together they operated A. De Luca and Sons from 1954 to 1965. Alessandro and his sons incorporated the company and changed the name to D & L Brothers Const. In 1980, the company was dissolved and, in 1981, Tony started Sancon Constr. Ltd.

In 1965, Gerry pursued a career in the culinary field which has now expanded into Torino's Restaurant and Banquet Hall in the town of Tecumseh. Gerry received the 2009 CIBPA Business of the Year Award.

In 1972, Alessandro's family was directly involved in the founding of the Ciociaro Club of Windsor. Steve became the first president and his youngest brother Tony was recording secretary for many years.

Frank Anthony DeMarco Family[73]

Frank, son of Frank and Carmela Scappatura, was born a Canadian citizen on February 14, 1921 in Podargoni, Reggio Calabria. In 1929, Frank, along with his mother and siblings, came to North Bay, Ontario to join his father who had opened a grocery store, the first in that city. After completing his primary and secondary school education in North Bay, he attended the University of Toronto where he earned his B.A.Sc. in 1942, M.A.Sc. in 1943 and Ph.D. in 1950, all in chemical engineering. From 1943 to 1946, he was an instructor in the Faculty of Engineering at the University of Toronto until he was invited to join the staff of Assumption College[74] to develop its science and engineering departments and its athletic program.

From 1946 to 1957, Frank served as assistant professor, then professor and head of the Chemistry Department at Assumption College and Assumption University. He was the first to teach pre-engineering subjects and to obtain transferability of credits to Canadian universities. Frank was involved in the creation and incorporation of the non-denominational Essex College, in order to receive provincial funding, and served as its principal from 1959 to 1963.[75] The building of Essex Hall is largely a product of his administration. Frank was associate dean of the Faculty of Arts and Science and dean of the Faculty of Applied Science until 1964.

In 1963, Frank became vice-president of the University of Windsor with responsibility for all functions except public relations and external matters, a position he held for ten years. He was acting dean of Engineering in 1972-3, of Extension and Continuing Education in 1975-76 and was named senior vice-president in 1973-79. Frank took a sabbatical leave in 1978-79 to help the

Frank A. DeMarco at work in the lab at Assumption College (later University of Windsor), 1947.

Frank A. DeMarco al lavoro nel laboratorio dell'Assumption College (più tardi l'Università di Windsor), 1947.

Courtesy/Cortesia: Frank A. DeMarco, P13997

---

73 Information from Frank A. DeMarco – See also Chapter 6.
74 Assumption College became Assumption University in 1953. It was renamed Assumption University of Windsor in 1956.
75 The University of Windsor was formed in 1963, combining Assumption University and Essex College.

From left: Prime Minister of Canada Pierre Elliott Trudeau, an Argentinean representative of IDRC (International Development and Research Centre), Frank A. DeMarco and an IDRC staff member, Ottawa, c.1983.

Da sinistra: il Primo Ministro del Canada Pierre Elliott Trudeau, un rappresentante dell'IDRC (Sviluppo Internazionale e Centro di Ricerca) dell'Argentina, Frank DeMarco e un membro del personale dell'IDRC, Ottawa, 1983 ca.

Courtesy/Cortesia: Frank A. DeMarco, P14000

Dal 1946 al 1957, Frank fu assistente professore, quindi professore e capo della Facoltà di Chimica all'Assumption College e Assumption University. Fu il primo a insegnare materie di preingegneria e a ottenere il trasferimento di crediti a università canadesi. Frank fu coinvolto nella creazione e nella costituzione del college non confessionale, l'Essex College, al fine di ricevere finanziamenti provinciali e ne fu preside dal 1959 al 1963.[75] La costruzione dell'Essex Hall è un prodotto in gran parte della sua amministrazione. Frank fu preside associato della Facoltà di Arte e Scienze e preside della Facoltà di Scienze Applicate fino al 1964.

Nel 1963 Frank divenne vicepresidente dell'Università di Windsor, con la responsabilità di tutte le funzioni salvo le relazioni pubbliche e questioni esterne, una posizione che mantenne per dieci anni. Fu il sostituto preside di Ingegneria nel 1972-3, Extension and Continuing Education nel 1975-76 e fu nominato vicepresidente senior nel 1973-79. Frank si prese un anno sabbatico nel 1978-79 per aiutare il National Research Council a valutare il programma di assistenza per la ricerca industriale. Al suo ritorno, fu vicepresidente di progettazione per il presidente Mervyn Franklin e, nel 1980, riprese l'insegnamento e la ricerca a tempo pieno fino al pensionamento. Dal 1980 al 1985 fu invitato a essere membro dell'International Development & Research Centre (IDRC), un'organizzazione mondiale che fornisce fondi per progetti di ricerca in paesi del terzo mondo.

Quando andò in pensione nel 1986, l'Università di Windsor gli conferì la laurea honoris causa di Dottore dell'Educazione per la sua partecipazione lunga e prolifica a tutti i livelli dell'educazione e della ricerca. Nella Facoltà di Ingegneria gli fu anche data la nomina di Professore emerito. Alla cerimonia dello scoprimento di un dipinto ad olio[76] di Frank durante la cena del suo pensionamento, Ronald W. Ianni, presidente dell'università, parlò del contributo prezioso e del ruolo cruciale di Frank, della sua sensibilità, il senso di coscienza e dedizione, dicendo: "Se si guarda negli archivi storici, Frank DeMarco risalta in modo prominente in tutto quello sviluppo, dall'Assumption College, attraverso l'Essex College, l'Assumption University e l'Università di Windsor…Quando si scriverà la storia di questa importantissima istituzione, tra i pilastri del suo sviluppo ci sarà, anzitutto, il nome di Frank DeMarco".

Frank, che ricevette molti premi e onori durante la sua carriera per lo sport, la ricerca scientifica e ingegneristica e le sue pubblicazioni, fu invitato a presenziare come Pro-Rettore alla convocazione dell'Università di Windsor del giugno 1996, in onore dei suoi 50 anni di associazione con l'università. Ha ricevuto anche quattro medaglie del Governo canadese: la Coronation del 1953, la Centennial del 1967, la Queen's Jubilee del 1977 e la Canada 125th del 1992.

Frank è stato membro di numerose associazioni, tra cui: la Greater Windsor Foundation, della quale fu presidente nel 1978/79; la United Way Fund of Windsor, il comitato direttivo e presidente della divisione istituzionale; l'Art Gallery of Windsor, come parte del consiglio di amministrazione;

---

75 L'Università di Windsor fu formata nel 1963 dalla combinazione dell'Assumption University e dell'Essex College.
76 Dipinto da Albert P. Doctor, questo ritratto è esposto in modo prominente nell'Essex Hall.

National Research Council evaluate the industrial research assistance program. Upon his return, he served as vice-president - planning to president Mervyn Franklin and, in 1980, resumed full-time teaching and research until his retirement. From 1980 to 1985, he was invited to be a member of the International Development & Research Centre (IDRC), a worldwide organization which provides funds for research projects in third world countries.

At his retirement in 1986, the University of Windsor conferred upon him the degree of Doctor of Education, honoris causa for his long and prolific participation in all levels of education and research. In the Faculty of Engineering, he was also appointed Professor Emeritus. At the unveiling of an oil portrait[76] of Frank during his retirement dinner, Ronald W. Ianni, president of the university, spoke of Frank's valuable contribution and pivotal role, of his sensitivity, sense of conscience and dedication, saying: "If one looks at the historical archives, very prominent in all that development, from Assumption College, through Essex College, Assumption University and University of Windsor, was Frank DeMarco...When the history of this very important institution is written, among the pillars of its development, first and foremost, is the name of Frank DeMarco."

A recipient of numerous awards and honours during his career for sports, scientific and engineering research and his publications, Frank was invited to preside as Pro-Chancellor at the June 1996 University of Windsor convocation in honour of his 50 years of association with the university. He is also the recipient of four Government of Canada medals: 1953 Coronation, 1967 Centennial, 1977 Queen's Jubilee and 1992 Canada 125th.

Frank has been a member of numerous associations, among them: the Greater Windsor Foundation, serving as president 1978-79; United Way Fund of Windsor, on the management committee and chairman of the institutional division; Art Gallery of Windsor, serving on the board of directors; and, Essex County Health Council as a member of the Coronary Care Task Force which made recommendations to government for Windsor's heart health care.

Frank met Mary Valenti in Toronto and they married there at St. Monica's Church on May 1, 1948. They have twelve children: Maria (deceased), Anna Moore, Jeanie, Paula Brown, Christina, John, Dan, Tom, Jim, Terry, Robert, and Jerry.

Stephen De Marco Family[77]

At the turn of the 20th century, identical twin brothers Frank and Stephen De Marco,[78] aged 22, immigrated to Canada from Podargoni, Reggio Calabria. Frank came first, followed a few months later by Stephen. A 30-day voyage by sea from Naples was followed by a train trip to North Bay where they soon found work laying tracks for the Grand Trunk Railway, twelve hours a day for eight cents an hour.

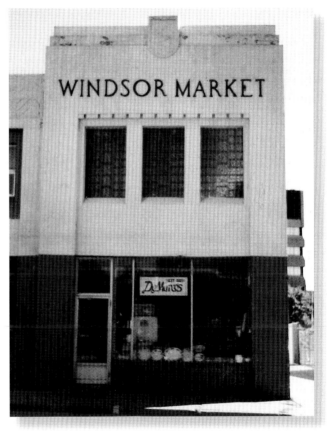

DeMarco Groceries, Windsor Market.
DeMarco Groceries, mercato comunale di Windsor.
Courtesy/Cortesia: Frank A. DeMarco, P14001

---

76 Painted by Albert P. Doctor of the University of Windsor, this portrait hangs prominently in Essex Hall.
77 Information from Dr. Frank S. De Marco and from Van Kuren 1975
78 A younger brother, Antonio, was killed fighting for the Allied Forces during WWI.

Kay DeMarco (also known as "The Cheese Lady") at DeMarco Groceries, June 1983. When S. DeMarco Groceries relocated to the Windsor city market from its original location on Chatham St. in 1929, it was one of the first Italian grocery stores in the city. Kay DeMarco, the daughter of Italian immigrants, started working at her father's store as a young girl. She remembers rationing during WWII. Since Italy was an enemy country, Italian food could not be imported into Canada. Olive oil, an absolute necessity for Italian cooking, was in short supply. Kay's mother Anna found a connection in Detroit who supplied her with "inferior" oil at $18 a gallon! "To Anna DeMarco, olive oil wasn't something you just gave up. You don't just throw in a handy substitute when you've been raised on the rich, golden green liquid. If you're Italian, Greek or Spanish, olive oil is a staple…more than that, it's an essential like bread or water." (Galloway 1988) Kay DeMarco passed away in 2003.

Kay DeMarco (conosciuta anche come "The Cheese Lady") al negozio DeMarco Groceries, giugno 1983. Quando S. DeMarco Groceries si trasferì al mercato comunale di Windsor dalla sede originaria, era uno dei primi negozi italiani di alimentari della città. Kay DeMarco, figlia di immigrati italiani cominciò a lavorare nel negozio di suo padre da ragazza. Lei ricorda il razionamento durante la 2ª guerra mondiale. Poiché l'Italia era un paese nemico, i prodotti alimentari italiani non potevano essere importati in Canada. L'olio d'oliva, un'assoluta necessità per la cucina italiana, scarseggiava. La madre di Kay trovò un negoziante che le forniva olio di qualità "inferiore" a $18 al gallone! "Per Anna DeMarco, l'olio d'oliva non era qualcosa uno poteva fare a meno. Non si può facilmente usare un surrogato qualsiasi quando si è cresciuti con un liquido ricco, verde dorato. Se sei italiano, greco o spagnolo, l'olio d'oliva è un prodotto base… più ancora, l'olio è essenziale come il pane o l'acqua." (Galloway 1988) Kay DeMarco morì nel 2003.

e l'Essex County Health Council, come membro della Coronary Care Task Force che fece delle raccomandazioni al governo per la tutela della salute cardiovascolare di Windsor.

Frank incontrò Mary Valenti a Toronto, dove si sposarono, presso la chiesa di Santa Monica il 1° maggio 1948. Hanno dodici figli: Maria (deceduta), Anna Moore, Jeanie, Paula Brown, Christina, John, Dan, Tom, Jim, Terry, Robert e Jerry.

La famiglia di Stephen De Marco[77]

Con il volgere del 20° secolo, i due fratelli gemelli identici Frank e Stephen De Marco,[78] di 22 anni, immigrarono in Canada da Podargoni, Reggio Calabria. Frank andò per primo, seguito, pochi mesi dopo, da Stephen. Il viaggio in mare della durata di 30 giorni da Napoli fu seguito dal viaggio in treno per North Bay, dove ben presto trovarono lavoro per la posa di binari per il Grand Trunk Railway, dodici ore al giorno per otto centesimi l'ora. Frank ritornò a Podargoni e sposò Carmela Scappatura. Ebbero cinque figli. Stephen sposò Anna Calarco ed ebbero sei figli: Tony, Connie, Kay, Frank, Joe e Gordon. Dei figli di Anna e Stephen solo due ebbero coniugi di origini italiane: Connie sposò J. J. Commisso, un ex ispettore del Fire Department di Windsor e Tony sposò Francesca Gerace.

Frank, alla fine, stabilì il primo negozio di alimentari a North Bay e vi rimase, mentre Stephen andò a Detroit, dove trovò lavoro nella rifinitura di cemento. Nel 1926 venne a Windsor e iniziò un negozio di alimentari. Una volta stabilitisi a Windsor, Frank e Stephen vi portarono le loro famiglie dall'Italia. Il figlio maggiore di Stephen, Tony, arrivò per primo per aiutare nel negozio di Windsor.

Il figlio di Stephen, Frank G. De Marco, medico a Windsor, ricorda che tutti a bordo della nave stavano male, tranne lui. Ricorda anche la trepidazione per il viaggio. "Quando mio papà scrisse che saremmo andati in America, mi immaginavo una terra di latte e miele con l'oro per le strade". La realtà era un po' più dura. Ricorda che "...c'erano molti tipi tosti e dovevi lottare per farti strada a scuola. Gli altri bambini ci prendevano in giro, perché eravamo immigrati e per quei pantaloncini che indossavo, pantaloni fatti in casa che portano gli alunni italiani".

Tony lasciò la scuola per lavorare nel negozio a tempo pieno e gli altri bambini aiutavano dopo la scuola e il sabato. I tempi erano difficili durante la Depressione, ma il negozio sopravvisse. La maggior parte dei bambini andò alla Patterson Secondary School. Joe divenne un imprenditore e Gordon un avvocato. Tony e Connie gestirono il negozio di alimentari all'angolo di Wyandotte St. e Mercer St. per buona parte della loro vita. Alla fine Kay ne prese la direzione e gestì diligentemente il negozio e il banco della seconda colazione finché l'edificio fu demolito (e il mercato della città trasferito a una nuova sede). Aveva una clientela vasta da Windsor e Detroit.

Frank[79] si laureò all'Assumption College nel 1938 e prese la laurea in medicina nel 1943 presso il

---

77 Informazioni dal Dott. Frank S. De Marco e Van Kuren 1975.
78 Un fratello minore, Antonio, fu ucciso nella prima guerra mondiale, combattendo con le Forze Alleate.
79 Gli fu conferito il CIBPA Award of Excellence nel 2004.

Frank returned to Podargoni and married Carmela Scappatura. They had five children. Stephen married Anna Calarco and they had six children: Tony, Connie, Kay, Frank, Joe and Gordon. Of Anna and Stephen's married children, only two had spouses of Italian background: Connie married J. J. Commisso, a former inspector with the Windsor Fire Department, and Tony married Francesca Gerace.

Frank eventually established the first grocery store in North Bay and remained there while Stephen went to Detroit, where he found work in cement finishing and, in 1926, he came to Windsor and started a grocery store. Once established in Windsor, Frank and Stephen brought their families from Italy. Stephen's eldest son Tony arrived first to help at the store in Windsor.

Stephen's son Frank G. De Marco, a physician in Windsor, remembers that everyone on board ship was sick except himself. He also recalls the anticipation of the voyage. "When Dad wrote we were going to come to America, I envisioned a land of milk and honey with gold in the streets." Reality was somewhat harsher. He recalls, "…there were lots of toughies and you had to fight your way to school. We were made fun of by the other kids – being immigrants and me wearing those short, homemade pants Italian schoolboys wear."

Tony left school to work at the store full time and the other children assisted after school and on Saturdays. Times were difficult during the Depression, but the store survived. Most of the children went to Patterson Secondary School. Joe became a businessman and Gordon, a lawyer. Tony and Connie managed the grocery store at the corner of Wyandotte St. and Mercer St. for a good part of their lives. Kay eventually took over and diligently managed the market grocery store and lunch counter until the building was torn down (and the city market moved to a new location). She had a wide clientele from Windsor and Detroit.

Frank[79] graduated from Assumption College in 1938, received his medical degree in 1943 from the University of Western Ontario and interned at Hotel Dieu Hospital. He married Jeannette Poitras, a nurse of French Canadian origin, and they have nine children.

Stephen died in 1958 and Frank his twin, in 1964.

Mario Di Cocco (Mario Electric Co. Windsor Ltd.)[80]

Mario, one of ten children of Antonio Di Cocco and Domenica Palombo, was born in Fontechiari, Frosinone (Lazio). After graduating in 1962 and working for Fiat in 1964, Mario met Maria Martini, a hometown girl who lived in Windsor, and became engaged. In October 1964, Mario came to Windsor on a visitor's visa and married Maria the following month.

He first worked as a labourer for a mold maker for $1.80 an hour. After several attempts at finding a job, he found night work in a foundry which allowed him to practise as an electrician during the day.

Maria Dario, Angelina Manarin, Maria Padovan, Cesarina and Pietro Marchini, on an outing at Belle River, c. 1950.

Maria Dario, Angelina Manarin, Maria Padovan, Cesarina and Pietro Marchini in una scampagnata a Belle River, c. 1950.

Courtesy/Cortesia: Elena Saffran, P10784

---

79 He received the CIBPA Award of Excellence in 2004.
80 Information from *Protagonisti Italiani Nel Mondo: Presenza Italiana in Canada*

Western Ontario University e compì l'internato all'Hotel Dieu Hospital. Sposò Jeannette Poitras, un'infermiera di origine franco-canadese e hanno nove figli.

Stephen De Marco morì nel 1958 e suo fratello gemello nel 1964.

Mario Di Cocco (Mario Electric Co. Windsor Ltd.)[80]

Mario, uno dei dieci figli di Antonio Di Cocco e Domenica Palombo, nacque a Fontechiari, Frosinone (Lazio). Dopo essersi diplomato nel 1962 e aver lavorato per la Fiat nel 1964, Mario conobbe Maria Martini, una compaesana che viveva a Windsor e si fidanzarono. Nell'ottobre 1964 Mario venne a Windsor con un visto turistico e sposò Maria il mese seguente.

All'inizio fece l'operaio per uno stampista per $1.80 l'ora. Dopo diversi tentativi di trovare lavoro, ne trovò uno di notte in una fonderia, che gli permetteva di fare pratica come elettricista di giorno. Poco dopo fu assunto dalla Canadian Engineering & Tool e, in seguito, da una società che produceva attrezzature spaziali a Detroit. Lasciò questa società per andare a fare l'apprendista elettricista.

Mario, elettricista qualificato, iniziò nel 1973 una sua impresa: la Mario Electric Company Windsor Ltd. – Electric Contractors. L'attività crebbe con il passaparola e poco a poco allargò le sue operazioni dal residenziale ai complessi industriali. Con gli anni, il personale di Mario aumentò a 32 dipendenti.

Dal 1975 ha avuto a che fare con vendite, affitti e sviluppi di proprietà. Mario comprò dei locali in Erie St., dove si trovava la sua società e in uno di questi aprì anche una pizzeria. A causa del declino economico, Mario cessò le attività alla Mario Electric Co. e andò a lavorare alla Chrysler, ma continuò a fare lavoretti elettrici extra. Una volta superati i problemi economici, Mario riprese le operazioni normali della Mario Electric Co. Windsor Ltd. Avendo perseverato durante le difficoltà, realizzò il suo sogno di avere una sua attività.

Mario e Maria ebbero quattro figli: Tony,[81] Anna, Renato e Mario, Jr.; tutti lavorarono nell'impresa familiare.

Angelo DiDonato[82]

All'età di 27 anni, Angelo seguì le orme dei suoi due fratelli maggiori, Emilio e Giuseppe, e arrivò ad Halifax a bordo della *Saturnia* il 14 maggio 1953 con $20. Angelo, il più piccolo di sei figli, lasciò i genitori, due sorelle più grandi Linda e Anna, la moglie di 17 anni, Norina, e la figlia piccolissima, Vanda.

A Windsor abitò con la famiglia del fratello Giuseppe. Nel 1954 Angelo chiamò la moglie e la figlia. Fece diversi lavori occasionali, tra cui: scaricare banane, in fabbrica e nell'edilizia. Nel 1963, riuscì a procurarsi un lavoro con il Dipartimento Parks and Recreation del Comune di Windsor,

Sebastiano Dario shows off a fox in the backyard of his Ellis St. home, c.1950.

Sebastiano Dario mostra una volpe dietro casa sua in Ellis St., 1950 ca.

Courtesy/Cortesia: Elena Saffran, P10786

---

80 Informazioni da *Protagonisti Italiani Nel Mondo: Presenza Italiana in Canada*
81 Tony morì nel 1993.
82 Informazioni da Vanda Muscedere

Shortly afterwards, he was hired by Canadian Engineering & Tool Co. Ltd. and later by a company that produced air space equipment in Detroit. He left this company to work as an apprentice electrician.

Mario, now a qualified electrician, started his own company in 1973, Mario Electric Company Windsor Ltd. – Electric Contractors. The business grew through word of mouth and gradually expanded its operations from residential sites to industrial complexes. Over the years, Mario's staff increased to 32.

Since 1975, he has dealt with property sales, rentals and development. Mario bought buildings on Erie St. where his company was located and, in one of these, he opened a pizzeria. Due to the decline of the economy at the time, Mario ceased activities at Mario Electric Co., took a job at Chrysler but continued to do electrical work on the side. After recovering from the economic problems, Mario resumed normal operations as Mario Electric Co. Windsor Ltd. Having persevered through difficulties, he realized his dream of running his own business.

Mario and Maria had four children: Tony,[81] Anna, Renato and Mario, Jr., all of whom worked in the family business.

Angelo DiDonato[82]

At the age of 27, Angelo followed in the footsteps of his two older brothers, Emilio and Giuseppe, and arrived in Halifax aboard the *Saturnia* on May 14, 1953 with $20 in his possession. Angelo, the youngest of six children, left behind his parents, two older sisters Linda and Anna, his 17-year-old wife Norina and infant daughter, Vanda.

In Windsor, he boarded with his brother Giuseppe's family. In 1954, Angelo sent for his wife and child. He held numerous odd jobs including unloading bananas, factory work and construction. In 1963, he landed a job with the City of Windsor Parks and Recreation Department doing different jobs, such as trimming trees, taking care of ice rinks and baseball diamonds, until 1966 when he secured the position of horticulturalist. He was then in charge of planting flowerbeds at Jackson Park and Dieppe Gardens, maintaining the greenhouse at Lanspeary Park and supervising summer students.

In 1990, Angelo retired after 27 years with the city. He lost his wife Norina to cancer in 2001. Now, he is enjoying his children, Vanda, Vincenzo and Luigi, and his grandchildren. Angelo does not regret coming to Canada and he is proud to be an Italian-born Canadian.

Gaetano (Guy) Di Ponio[83]

Guy was born in Cassino, Frosinone (Lazio) in 1948. Due to the devastation of WWII where the front had gone literally through his family's back yard, his father and uncle immigrated to Windsor in 1949

Angelo Di Donato working in the garden at Dieppe Park, May 1977.
Angelo Di Donato lavora nel giardino a Dieppe Park, maggio 1977.
Photo by/foto di: J. Chas McCullough. Courtesy/Cortesia: Di Donato/Muscedere families, P12666

---

81 Tony died in March 1993.
82 Information from Vanda Muscedere
83 Based on oral history (2005) transcription at Windsor's Community Museum

*Gaetano (Guy) Di Ponio, vice-president of Valiant Tool and Mold
Ltd., receiving the 1983 Italian of the Year Award.*

Gaetano (Guy) Di Ponio, vicepresidente della Valiant Tool and Mold
Ltd., riceve il 1983 Italian of the Year Award.

Courtesy/Cortesia: Guy Di Ponio, P11993

con diversi compiti, tipo tagliare gli alberi, prendersi cura delle piste di pattinaggio su ghiaccio e
dei campi da baseball fino al 1966, quando si assicurò il posto di orticoltore. Ebbe poi la carica di
piantare aiole di fiori al Jackson Park e a Dieppe Gardens, di occuparsi della manutenzione della
serra al Lanspeary Park e sorvegliare gli studenti durante l'estate.

Nel 1990 Angelo andò in pensione dopo 27 anni di lavoro presso il comune. Perse la moglie Norina
che morì di cancro nel 2001. Ora si gode i figli, Vanda, Vincenzo e Luigi, e i nipoti. Angelo non
rimpiange l'essere venuto in Canada ed è orgoglioso di essere un canadese italiano di nascita.

Gaetano (Guy) Di Ponio[83]

Guy nacque a Cassino, Frosinone (Lazio), nel 1948. A causa della devastazione della seconda
guerra mondiale, quando il fronte era entrato letteralmente nel recinto della casa di famiglia, suo
padre e suo zio immigrarono a Windsor nel 1949 per raggiungere suo nonno che viveva a Detroit
e lavorava a Cranbrook come giardiniere. Guy venne a Windsor nel 1950 con sua madre. Dice:
"Il piano strategico era di trasferirsi negli Stati Uniti, ma sia mio padre che mio zio si sentivano
a proprio agio e a casa loro a Windsor e finirono con il comprare una casetta vicino alla chiesa di
Sant'Angela Merici, dove io crebbi letteralmente all'ombra della chiesa e della sala". Guy è sposato
con Lucia Civitarese e hanno quattro figli: Daniela, Stefania, Dante e Gina.

Leader sia nel suo campo che nella comunità, è stato molto attivo in molte aziende e organizzazioni
commerciali da tutte e due le parti del confine, tra cui l'American Institute of Industrial Engineers,
l'Ontario Industrial Development Council, l'Economic Club of Detroit, il Windsor-Essex Regional
Chamber of Commerce, il General Motors Supplier Council, il City of Windsor International
Relations Committee e il Mayor's Twin City Committee. Attualmente Guy è vicepresidente della
Valiant Corporation, responsabile dello sviluppo aziendale nel settore aerospaziale. E' stato anche
Commissario dello Sviluppo per Windsor e la contea dell'Essex e insegnante al St. Clair College,
nonché lettore ospite di diverse università in Canada e negli Stati Uniti. Sottolinea le opportunità
uniche fornite da Windsor, una città che ha "...dimostrato di essere una meravigliosa comunità per gli
immigrati. Possiamo mantenere la nostra...cultura e patrimonio, e allo stesso tempo allevare i nostri
figli in una società occidentale moderna. Anche avere accanto gli Stati Uniti è stato gratificante dal
punto di vista commerciale e professionale. Non solo ho parenti e amici a Detroit, ma la maggior
parte della nostra attività è negli Stati Uniti".

Guy ricevette l'Italian of the Year Award nel 1983 dal Club Caboto e il Professional of the Year
Award of Excellence della CIBPA nel 2005.

---

83   Basato sulla trascrizione (2005) della storia orale al Windsor's Community Museum

to join his grandfather who was living in Detroit and working in Cranbrook as a gardener. Guy came to Windsor in 1950 with his mother. He says, "The game plan was to move to the U.S. but both my dad and uncle felt very comfortable, very much at home in Windsor and ended up buying a small home near St. Angela Merici Church - where I literally grew up in the shadow of the church and the hall." Guy is married to Lucia Civitarese and they have four children: Daniela, Stefania, Dante and Gina.

A leader in both his field and the community, he has been very active in many business and trade organizations on both sides of the border, including the American Institute of Industrial Engineers, Ontario Industrial Development Council, Economic Club of Detroit, Windsor-Essex Regional Chamber of Commerce, General Motors Supplier Council, City of Windsor International Relations Committee and the Mayor's Twin City Committee. Guy is currently vice-president of Valiant Corporation, responsible for business development in the aerospace sector. He has also served as the Development Commissioner for Windsor/Essex County and has been an instructor at St. Clair College as well as a guest lecturer at several universities in Canada and the U.S. He stresses the unique opportunities provided by Windsor – a city which has "...proven to be a wonderful community for immigrants. We are able to retain our...culture and heritage, at the same time able to raise our children in a modern western society. Having the U.S. next door has also been gratifying from a business and professional standpoint. I have not only family and friends in Detroit, but most of our business is in the U.S."

Guy received the 1983 Italian of the Year Award from the Caboto Club and the CIBPA Professional of the Year Award of Excellence in 2005.

Albert (Al) J. Dottor[84]

Al was born in Windsor on May 4, 1923, son of Pietro Antonio and Lucia Dottor from Sonego, Treviso. The youngest of six children, Al grew up at 829 Langlois Ave. where his parents ran a grocery store catering to the Italian community. He attended Patterson Collegiate and worked as a driver and newspaper peddler for Am News. Al was a sergeant in the army during WWII, serving as a training officer at Camp Ipperwash, Ontario. In July 1945, he married Jeanne Goldhawk. They lived on Langlois Ave. near the grocery store and started a family: Jeff, Janice Cake, Barbara and Catherine. In 1957, they moved to 432 Granville in Sandwich West Township, renamed Granada Ave. in 1968.

After the war, Al was a sales manager at W. M. Maybee Ltd. In 1948, he and a partner bought the company and formed B&D Appliance Parts Ltd., a wholesale supplier of parts for major appliances. In 1950, the business moved to 541 Erie St. E. and, over the years, branches opened in London and Hamilton. Al became sole owner of the business, relocating to larger premises at Wyandotte St. and Louis Ave.

Al inherited a sense of responsibility to community from his parents. His father was one of the founding members of the Giovanni Caboto Club and one of the first presidents; Al followed in his footsteps, becoming Caboto president in 1959. He was on the first board of directors of the

---

84   Information from Catherine Dottor

Marco Di Ponio at work as a gardener at Cranbrook in Bloomfield Hills (a suburb of Detroit), early 1950s. Windsor's location as a border city was often a significant factor in an immigrant's decision to move here. Marco's grandson Guy Di Ponio explains: "I am writing this note...to explain the role Cranbrook played in re-uniting a family. My grandfather Marco Di Ponio emigrated from central Italy in the early 1900s through Ellis Island and found his way to Detroit. The Di Ponios, Vettrainos and several other Italian families found steady, secure employment at Cranbrook, in Michigan as gardeners and landscapers. As a result, Marco was able, in the early 1950s, to sponsor my parents and me to immigrate to Windsor, Ontario. We left a war-ravaged hilltop home near Cassino, Italy, and found our way to Windsor in 1951. We were not able to gain immediate entry into the USA, and thus remained in Windsor. My grandfather remained at Cranbrook until he retired in 1955. During his many years at Cranbrook...I remember taking the long bus ride to Cranbrook from the tunnel to visit and tour the grounds with my grandfather...." (Di Ponio 2004)

Marco Di Ponio al lavoro come giardiniere a Cranbrook in Bloomfield Hills (un sobborgo di Detroit), nei primi degli anni '50. La posizione di Windsor come città di confine era spesso un fattore significativo nella decisione di un emigrante di stabilirsi qui. Guy Di Ponio, il nipote di Marco, spiega: "Scrivo questa nota...per spiegare il ruolo che Cranbrook ha avuto nel riunire una famiglia. Mio nonno, Marco Di Ponio, emigrò dall'Italia centrale all'inizio del 1900 via Ellis Island e andò a Detroit. I Di Ponio, i Vettraino e tante altre famiglie trovarono impiego fisso e sicuro a Cranbrook, Michigan, come giardinieri e paesaggisti. Di conseguenza, Marco fu in grado, all'inizio degli anni '50, di sponsorizzare me e i miei genitori per immigrare a Windsor, Ontario. Lasciammo una casa devastata dalla guerra situata sulla cima della collina vicino a Cassino, Italia, e ci trasferimmo a Windsor nel 1951. Non riuscimmo a ottenere l'ammissione immediata negli Stati Uniti d'America, e quindi ci soffermammo a Windsor. Mio nonno rimase a Cranbrrok finché andò in pensione nel 1955. Durante i suoi tanti anni di lavoro a Cranbrook ... ricordo il lungo tragitto in autobus dal tunnel fino a Cranbrook per visitare e passeggiare nel parco con mio nonno...." (Di Ponio 2004)

Courtesy/Cortesia: Guy Di Ponio, P13558

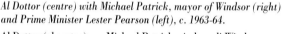

Al Dottor (centre) with Michael Patrick, mayor of Windsor (right)
and Prime Minister Lester Pearson (left), c. 1963-64.

Al Dottor (al centro) con Michael Patrick, sindaco di Windsor
(a destra) e il Primo Ministro Lester Pearson (a sinistra), 1963-64 ca.

Courtesy/Cortesia: Dottor family, P14067

Albert (Al) J. Dottor[84]

Al nacque a Windsor il 4 maggio 1923, figlio di Pietro Antonio e Lucia Dottor da Sonego, Treviso. Il minore di sei figli, Al crebbe all'829 Langlois Ave. dove i genitori gestivano un negozio di alimentari che serviva la comunità italiana. Frequentò il Patterson Collegiate e fece l'autista e venditore ambulante di giornali per l'Am News. Al fu sergente nell'esercito durante la seconda guerra mondiale, ufficiale responsabile dell'addestramento al Camp Ipperwash, Ontario. Nel luglio 1945 sposò Jeanne Goldhawk. Abitarono in Langlois Ave. vicino al negozio di alimentari e misero su famiglia: Jeff, Janice Cake, Barbara e Catherine. Nel 1957 si trasferirono al 432 Granville a Sandwich West Township, chiamata Granada Ave. nel 1968.

Dopo la guerra, Al fu il direttore commerciale alla W. M. Maybee Ltd. Nel 1948 lui e un socio comprarono la società e formarono la B&D Appliance Parts Ltd., una fornitrice all'ingrosso di parti per i principali elettrodomestici. Nel 1950 l'attività fu trasferita al 541 Erie St. E. e, con il passare degli anni, furono aperte delle filiali a London e Hamilton. Al divenne unico proprietario dell'attività, trasferita in una sede più grande a Wyandotte St. e Louis Ave.

Al ereditò il senso di responsabilità verso la comunità dai suoi genitori. Suo padre era stato uno dei membri fondatori del Club Giovanni Caboto e uno dei primi presidenti; Al seguì le sue orme e divenne presidente del Caboto nel 1959. Fu nel primo consiglio di amministrazione della Windsor Italian Professional and Businessmen's Association (ora CIBPA) e ne fu presidente nel 1965/66. Attivo nella politica municipale, si presentò una volta per la giunta comunale ed ebbe cariche nella Windsor Chamber of Commerce e in altri comitati della città. Lavoratore e funzionario di lunga data del partito liberale, fu uno dei candidati nelle elezioni provinciali del 1967 e presidente della Southwest Ontario Liberal Association. Fu anche segretario dei Cavalieri di Colombo.

Al morì il 16 agosto 1982.

Onorio Fanelli[85]

Onorio, nato nel 1895 a Casalvieri, Frosinone (Lazio), fece quattro viaggi in Nord-America. Nel 1922 circa, durante uno dei suoi viaggi in Italia, sposò Caterina Di Rezze, nata nel 1900. Si trasferirono in Francia, dove nacque il figlio Peter[86] nel 1923. Nel 1925 si stabilirono a Windsor, dove la famiglia si ingrandì con la nascita di Louise Schincariol nel 1926 e Mario nel 1930.[87] La famiglia si trasferì a Toronto nel 1931, dove nacquero Ralph nel 1935 e Angelina Della Valle, nel 1939.

Al loro ritorno a Windsor nel 1943, Onorio lavorò alla Ford. Dopo qualche anno si avventurò nell'attività di rivendita di prodotti in collaborazione con Carlo Vernile, dal 1945 al 1959. Durante il periodo 1945-48, Onorio e i suoi due figli andarono di porta in porta con grandi cesti a vendere

84 Informazioni di Catherine Dottor
85 Informazioni di Louise Fanelli Schincariol
86 Morì nel 1939.
87 Morì nel 2003.

Windsor Italian Professional and Businessmen's Association (now CIBPA) and was president in 1965-66. Active in municipal politics, he ran once for city council and served on the Windsor Chamber of Commerce and other city committees. A long-time Liberal party worker and official, he was a candidate in the 1967 provincial election and president of the Southwest Ontario Liberal Association. He also served as secretary of the Knights of Columbus.

Al died on August 16, 1982.

Onorio Fanelli[85]

Onorio, born in 1895 in Casalvieri, Frosinone (Lazio), made four trips to North America. Around 1922 on one of his trips to Italy, he married Caterina Di Rezze, born in 1900. They moved to France where son Peter[86] was born in 1923. In 1925, they settled in Windsor where the family grew with the birth of Louise in 1926 and Mario in 1930.[87] The family moved to Toronto in 1931 where Ralph was born in 1935 and Angelina, in 1939.

Upon their return to Windsor in 1943, Onorio worked at Ford. After a few years, he ventured into the produce business in partnership with Carlo Vernile from 1945 to 1959. During the years 1945 to 1948, Onorio and his two sons went door to door with large baskets selling fruit and vegetables, and the family sold produce at the city market every Saturday morning. From the site of the present St. Angela Merici Church parking lot, Onorio sold Christmas trees. He made Christmas tree stands and would sell them for $1.00. On one Emancipation Day,[88] he and his son sold watermelon slices for 25 cents at the gas station parking lot across from Jackson Park. Unfortunately, it rained and they were left with a load of watermelon! Overall, Onorio made a good living and bought a few homes and property until 1969 when he stopped working due to a bad shoulder.

Louise and Ralph have many memories of their father:

> When going anywhere in his truck, he would always make the sign of the cross on his forehead. He would often stop off at a beer parlour on Tecumseh and Huron Line after work to have a few beers and bring out a 7-Up for his sons sitting on the porch. Our father was very superstitious. He thought it was bad luck if the first person he met in the morning on his way to the market was a woman. "We're not going to have a good day today," he would say.

Onorio was one of the first members of the Caboto Club. He passed away in 1971 and Caterina, in 1972.

Al Dottor (centre) with J.J. Lefaive, manager of the Cleary Auditorium (left) and Prime Minister Pierre Elliott Trudeau (right), 1970s.

Al Dottor (al centro) con J.J. Lefaive, gerente del Cleary Auditorium (a sinistra) e il Primo Ministro Pierre Elliott Trudeau (a destra), anni '70.

Courtesy/Cortesia: Dottor family, P14070

---

85 Information from Louise Fanelli Schincariol
86 He died in 1939.
87 He died in 2003.
88 The annual Emancipation Day in Windsor was a popular event celebrating the abolition of slavery in Canada. Held during the first week of August, it included a barbeque, parade, beauty pageant, speeches, and music. It is still celebrated today. See www.emancipationday.ca.

Onorio Fanelli, 1956.
Courtesy/Cortesia:
Louise Schincariol, P13620

Caterina Fanelli, 1956.
Courtesy/Cortesia: Louise Schincariol, P13621

frutta e verdura e, ogni sabato mattina, la famiglia vendeva prodotti al mercato della città. Dal posto dell'attuale parcheggio della chiesa di Sant'Angela Merici, Onorio vendeva alberi di Natale. Faceva piedistalli per gli alberi di Natale e li rivendeva per $1.00. Un Giorno dell'emancipazione,[88] lui e suo figlio vendettero fette di anguria a 25 centesimi nel parcheggio della stazione di servizio di fronte al Jackson Park. Purtroppo, piovve e gli rimasero un sacco di meloni! In tutto, Onorio si guadagnò da vivere abbastanza bene e comprò qualche casa e terreno fino al 1969, quando smise di lavorare a causa di un problema alla spalla.

Louise e Ralph hanno molti ricordi del padre:

> *Quando andava da qualche parte con il suo furgone si faceva sempre il segno della croce sulla fronte. Si fermava spesso alla birreria in Tecumseh e Huron Line dopo il lavoro per bere qualche birra e portare fuori una 7-Up per i figli seduti sulla veranda. Nostro padre era molto superstizioso. Pensava portasse sfortuna se la mattina la prima persona che incontrava mentre andava al mercato era una donna. "Non sarà una bella giornata oggi", diceva.*

Onorio fu uno dei primi membri del Club Caboto. Morì nel 1971 e Caterina nel 1972.

Umberto Fioret[89]

Umberto nacque a Pordenone (Friuli-Venezia Giulia) il 12 marzo 1897. A causa del clima politico di quei tempi, all'età di 26 anni, s'imbarcò sulla *Conte Rosso*[90] diretto verso la terra da lui scelta, il Canada, lasciando parenti, fratelli e sorelle. Il 7 maggio 1923 approdò a Ellis Island, N.Y. e proseguì in treno per Detroit, Michigan, per andare a vivere con gli zii, Maria e Ernesto Pitton. Lavorò in diverse officine come meccanico e stampista e attrezzista (la sua professione).

Nel 1926 Umberto tornò a Pordenone, sposò Emma Santin il 6 giugno 1927 e più tardi ritornò a Detroit. Volendo lavorare a Windsor, fu assunto dalla Ford come attrezzista e stampista, ma dovette cimentarsi. Sopportò scherni e ingiurie (Mussolini, testa di spaghetti, per i suoi capelli rossi) da parte dei suoi colleghi, finché un giorno il suo capo gli chiese di fare uno strumento raffinato, che fece, dimostrando a tutti di essere un attrezzista e stampista esperto. Da quel giorno ricevette molto rispetto da tutti. La moglie di Umberto, Emma e il figlio di 18 mesi, Adriano Carlo, lo raggiunsero nel settembre 1929. Dopo aver affittato una casa in Aylmer Ave. e poi in Marentette Ave., ne comprarono una in Albert Rd. Umberto ed Emma ebbero altri due figli: William Alfred e Helen Victoria.

Umberto fu un membro attivo e un fedele sostenitore del Club italiano Borders Cities (denominato in seguito Club Giovanni Caboto). Era un musicista di talento; suonava il clarinetto, l'oboe, il piano, la chitarra, il mandolino e il violino. Umberto diresse la Giovanni Caboto Club Band, compose

---

88 Il Giorno dell'emancipazione annuale a Windsor era un evento popolare per la celebrazione dell'abolizione della schiavitù in Canada. Osservata la prima settimana di agosto, includeva un barbecue, una sfilata, un concorso di bellezza, discorsi e musica. Si celebra ancora oggi. Vedi www.emancipationday.ca.
89 Informazioni di Helen V. Fioret
90 Questa nave affondò nel Mar Mediterraneo durante la seconda guerra mondiale.

Umberto Fioret[89]

Umberto was born in Pordenone (Friuli-Venezia Giulia) on March 12, 1897. Due to the political climate at the time, at age 26, he boarded the *Conte Rosso*[90] for his land of choice, Canada, leaving his parents and siblings. On May 7, 1923, he landed at Ellis Island, N.Y. and continued by train to Detroit, Michigan to live with his aunt and uncle, Maria and Ernesto Pitton. He worked at several shops as a mechanic and as a tool and die maker (his profession).

In 1926, Umberto went back to Pordenone, married Emma Santin on June 6, 1927 and later returned to Detroit. Wanting to work in Windsor, he was hired as a tool and die maker at Ford but had to prove himself. He endured ridicule and name-calling (Mussolini, spaghetti head – because of his red hair) from his co-workers, until one day his boss asked him to make a fine instrument which he did, proving to all that he was an accomplished tool and die man. From that day, everyone gave him much respect. Umberto's wife Emma and 18-month-old son Adriano Carlo joined him in September 1929. After renting a home on Aylmer Ave., then on Marentette Ave., they bought a home on Albert Rd. Umberto and Emma had two other children, William Alfred and Helen Victoria.

Umberto was an active member and a staunch supporter of the Border Cities Italian Club (later renamed Giovanni Caboto Club). He was a gifted musician, playing the clarinet, oboe, piano, guitar, mandolin, and violin. Umberto conducted the Giovanni Caboto Club Band and composed many musical pieces, writing lyrics as well. He served as president for one term and secretary for many years. He encouraged fellow Italians to become members, using his poetic verve to highlight the importance of the club, as attested by the following membership application:

> *...but, praise to you; credit to you, Caboto Club,*
> *only organization left, and to all is already known*
> *your Mutual Aid, the monthly meetings*
> *always open to all, always prompt to commitments.*
> *There, all are one and one is for all*
> *in joyful festivities and in sufferings of bereavements.*
> *Unequalled association that in Windsor stands*
> *respected, protected, incorporated into law*
> *Now the Society holds out her arms*
> *happy to welcome us, the invitation she extends*
> *To all men of origin: Italians*
> *are we, Piedmonteses, or Emilians,*
> *from Veneto, Ligurians, Tuscans, Apulians,*
> *from Abruzzo-Molise, Lombards, Calabrians,*
> *from Basilicata, Latians, Umbrians - from the Marches,*

Umberto Fioret and group of women at Caboto Club on Wyandotte St. E., c. mid-1940s.

Umberto Fioret con un gruppo di donne presso il Club Caboto in Wyandotte St. E., metà degli anni '40 ca.

Photo by/foto di: Holland Studios. Courtesy/Cortesia: Helen V. Fioret, P13564

---

89 Information from Helen V. Fioret
90 This ship sank in the Mediterranean Sea during WWII.

The Windsor Jaycees' huge Canadian flag (9m x 18m), made nationally famous for its appearance at this October 1995 unity rally in Montreal, has since travelled to many schools and functions across Canada. When this 50-pound flag gets dirty, it is sent to Ercole (Rick) and Maria (Tullio) Di Gioia, owners of Super Quality Cleaners in Essex. Rick, who moved to Canada in 1961, is happy to perform the cleaning for free and says, "It's an honour." Rick came from San Giovanni in Galdo, Campobasso (Molise) and Maria, from Gallinaro, Frosinone (Lazio).

L'immensa bandiera canadese (9m x 18m) del Windsor Jaycees, resa famosa in tutta la nazione per essere stata esibita alla radunata dell'unità a Montreal nell'ottobre 1995, ha viaggiato da allora a tante scuole e funzioni attraverso il Canada. Quando questa bandiera dal peso di 50 libbre si sporca, è inviata da Ercole (Rick) e Maria (Tullio) Di Gioia, proprietari della Super Quality Cleaners a Essex. Rick, che è venuto in Canada nel 1961, è contento di lavarla guatuitamente e dice, "È un onore." Rick è emigrato da San Giovanni in Galdo, Campobasso (Molise) e Maria, da Gallinaro, Frosinone (Lazio).

molti pezzi musicali e scrisse anche testi. Fu presidente per un mandato e segretario per molti anni. Incoraggiò compagni italiani a divenire membri, usando la sua verve poetica per sottolineare l'importanza del club; dimostrato dalla seguente domanda di iscrizione:

> *... ma sia lode; sia vanto, a te Club Caboto*
> *sola sede rimasta, ed a tutti è già noto*
> *il tuo Mutuo Soccorso, i mensili convegni*
> *sempre libero a tutti, sempre pronto agli impegni.*
> *Costà tutti son uno ed uno è per tutti*
> *nelle feste gioiose nelle angustie dei lutti.*
> *Unica associazione che in Windsor si regge*
> *stimata, protetta, incorporata alla legge*
> *Or le sue braccia la Società ci protende*
> *lieta d'accoglierci l'invito ell'estende*
> *a tutti gli uomini d'origine: Italiani*
> *siam noi Piemontesi, ovvero Emiliani*
> *Veneti, Liguri, Toscani, Pugliesi*
> *Dell'Abruzzo-Molise, Lombardi, Calabresi*
> *Basilicati Lazial Umbro-Marchigiani*
> *Della Campania Sardi oppure Siciliani*
> *Di qualsiasi credo, di ogni tendenza*
> *poiché più si è iscritti, più accresce potenza*
> *e tutti saran accolti col più fervido ardore di fraterno amore![91]*

Durante la seconda guerra mondiale Umberto servì come addetto alla protezione antiaerea per una sezione della città di Windsor. Morì il 12 maggio 1970 all'età di 73 anni.

Francesco (Frank) Funaro (Frank Funaro Men's Wear)[92]

Dal 1959 al 1994, Frank e Rosina furono i proprietari e i gestori di Frank Funaro Men's Wear, un'attività pietra angolare nel centro di Windsor.

Nel 1955 Frank lasciò l'attività di bar e caffè che aveva gestito con il fratello a Torino e venne in Canada per raggiungere Rosina, un amore di vecchia data, che era immigrata alcuni mesi prima. Frank ritornò all'attività che amava, la sartoria, e iniziò in un modesto seminterrato al 67 University Ave. W., Frank's Custom Tailor. Nel giro di un anno si sposarono, segnando l'inizio della loro collaborazione a vita. Entro il 1966 ebbero tre figli: Josephine (Josie), Francesca (Fran) e Alfonso (Al).

Il nome della società cambiò nel 1977 in Frank Funaro Men's Wear e il negozio allargò la linea di produzione a incorporare abbigliamento sportivo e casual e accessori. L'anno seguente Frank acquistò la proprietà all'angolo in città che comprendeva la sede del suo negozio. Negli anni

---

91 Dalla Lettera d'Invito agli Italiani di Windsor d'Iscriversi alla Società G. Caboto – Windsor, 1° gennaio 1943
92 Informazioni di Fran Funaro

Campania, Sardinians or Sicilians,
of any creed, of every inclination
because more the members, greater the strength
and all will be welcomed with the most fervent ardour
to join together in a bond of brotherly love![91]

During WWII, Umberto served as an Air-Raid Warden for a section of the city of Windsor. He died May 12, 1970 at age 73.

Francesco (Frank) Funaro (Frank Funaro Men's Wear)[92]

From 1959 to 1994, Frank and Rosina Funaro owned and operated Frank Funaro Men's Wear, a downtown Windsor cornerstone business.

In 1955, Frank left the bar and café business he had operated with his brother in Turin and came to Canada to join Rosina, his long-time love, who had immigrated a few months earlier. Frank turned to a business he loved - tailoring - and started out in a modest basement premise at 67 University Ave. W., Frank's Custom Tailor. Within a year, they married, marking the beginning of their lifelong partnership. By 1966, they had three children: Josephine (Josie), Francesca (Fran) and Alfonso (Al).

The company name changed in 1977 to Frank Funaro Men's Wear and the store expanded its product line to carry sports and weekend wear and accessories. The following year, Frank purchased the downtown corner property which included his store premises. In the 1980s, their business expanded to include women's apparel, Collections FFB (Fran Funaro Boutique), operated by Rosina and Fran. Al joined the business and, a few years later, the next generation of Funaros began learning the skills of fashion retail under the grandparents' wings.

For several years since 1993, the Funaro family has been involved in planning, producing and starring in fashion shows featuring designs from over 20 downtown boutiques with all proceeds going to various local charities, including Windsor Regional Hospital. In 1994 after 35 successful years, Frank and Rosina[93] retired. Frank sums up: "I would like to thank Windsor for being good to me and my family and especially all our loyal clients throughout the years, as well as our new friends…Because without you, we simply wouldn't have been here."

Giovanni-Battista (John) Ghione (Johnny Sunoco)[94]

John was born in Cavallermaggiore, Cuneo (Piemonte) on June 21, 1918. Drafted for military service, he arrived on March 30, 1939 at the mixed depot, the army corps border guard of Alessandria

Mario Fontana on the ship to Canada, September 1956.
Mario Fontana sulla nave per il Canada, settembre 1956.
Courtesy/Cortesia: Mario Fontana, P11991

---

91 From letter addressed to the Italians of Windsor, inviting them to join the G. Caboto Society - Windsor,
    January 1, 1943
92 Information from Fran Funaro
93 She died November 18, 1995.
94 Information from Flora Ghione

ottanta la loro attività si ampliò a includere l'abbigliamento da donna, la Collections FFB (Fran Funaro Boutique) gestita da Rosina e Fran. Al entrò nell'attività e, alcuni anni dopo, la generazione successiva dei Funaro iniziò a imparare i segreti del mestiere della vendita al dettaglio del prodotto moda, sotto le ali dei nonni.

Per diversi anni, dal 1993, la famiglia Funaro aveva partecipato alla progettazione e produzione e come protagonista nelle sfilate di moda che presentavano design da più di 20 boutique del centro, con tutto il ricavato diretto a varie organizzazioni di beneficenza locali, tra cui il Windsor Regional Hospital. Nel 1994, dopo 35 anni di successo, Frank e Rosina[93] andarono in pensione. Frank riassume: "Vorrei ringraziare Windsor per la sua bontà verso di me e la mia famiglia, e soprattutto tutti i nostri clienti locali negli anni, nonché i nostri nuovi amici...Perché senza di voi, davvero non saremmo stati qui".

Giovanni-Battista (John) Ghione (Johnny Sunoco)[94]

John nacque a Cavallermaggiore, Cuneo (Piemonte) il 21 giugno 1918. Chiamato al servizio militare, arrivò il 30 marzo 1939 al deposito misto, guardia di frontiera delle forze armate di Alessandria a Cuneo, per entrare nella Guardia di frontiera del Settimo reggimento di artiglieria per l'addestramento. John fu promosso a sergente con anzianità e, nel 1940, partecipò a operazioni di guerra sul fronte occidentale. Trasferito in Jugoslavia e congedato in seguito agli eventi dell'8 settembre 1943 (la dichiarazione dell'armistizio), ritornò a casa e si arruolò nei *partigiani* fino alla fine della guerra. Il 7 settembre 1949 ricevette il certificato di congedo alla riserva dall'esercito italiano, distretto militare di Cuneo.

Nell'ottobre 1949 John e la sua famiglia arrivarono a Windsor. Lavorò dapprima per la Keystone Contractors e frequentò la scuola serale al W. D. Lowe Technical Institute dove studiò inglese e meccanica, e prese il diploma.

Iniziò con l'attività delle stazioni di servizio nel 1953, gestendo la stazione B/A che si trovava allora al 486 Tecumseh Rd. E. Nel dicembre 1954 si trasferì dall'altro lato della strada a una stazione White Rose. Nel maggio 1962 aprì una nuova stazione Sunoco al 1110 Tecumseh Rd. E. e, poco dopo, un'altra all'angolo tra Erie St. e Parent Ave, che gestì per quasi dieci anni. Era conosciuto come "Johnny Sunoco". Un articolo di giornale del 1977 lo definì il "portento dei tergicristalli di Windsor" perché ricavava $10,000 l'anno solo dalle vendite di tergicristalli. Quando Sun Oil Co. chiuse la sede di Tecumseh Rd. nel maggio del 1979, due dei meccanici di John rilevarono la stazione Sunoco al 3419 Tecumseh Rd. E. e si portarono John per gestirla part-time. Lavorò lì fino alla morte, il 22 maggio 1984.

Nel corso degli anni John aveva sostenuto in modo attivo l'Ontario Retail Gasoline Association (ORGA) e la WIPBA. Fu eletto presidente di entrambe le organizzazioni: un incarico che tenne con distinzione.

John Ghione in front of the White Rose service station he managed, c. mid-1950s.
John Ghione dinanzi alla stazione di servizio White Rose da lui gestita, metà degli anni '50 ca.
Courtesy/Cortesia: Flora Ghione, P11018

---

93 Morì il 18 novembre 1995
94 Informazioni di Flora Ghione

in Cuneo, to join the Seventh Artillery Regiment Border Guard for training. John was promoted sergeant with seniority and, in 1940, participated in war operations on the western front. Transferred to Yugoslavia and disbanded after the events of September 8, 1943 (armistice declaration), he returned home and enlisted with the *partigiani* until the end of the war. On September 7, 1949, he received a certificate of discharge to the reserve from the Italian army, military district of Cuneo.

In October 1949, John and his family arrived in Windsor. He first worked for Keystone Contractors and attended night school at W. D. Lowe Technical Institute where he studied English and automotive mechanics, receiving his licence.

He started in a service station business in 1953, managing the B/A station then located at 486 Tecumseh Rd. E. In December 1954, he moved across the street to the White Rose station. In May 1962, he opened a new Sunoco station at 1110 Tecumseh Rd. E. and, shortly after, another at the corner of Erie St. and Parent Ave. which he managed for almost ten years. He was known as "Johnny Sunoco." A 1977 newspaper article referred to him as the "Windshield Wiper Wonder of Windsor" because he drew $10,000 annually from sales of windshield wiper blades alone. When Sun Oil Co. closed the Tecumseh Rd. location in May of 1979, two of his mechanics took over the Sunoco station at 3419 Tecumseh Rd. E. and brought John along to manage it on a part-time basis. He worked there until his demise on May 22, 1984.

Throughout the years, John actively supported the Ontario Retail Gasoline Association (ORGA) as well as WIPBA. He was elected president of both organizations, an office he held with distinction. John was proud of his heritage. He was president of the Calabria Club and a member of St. Angela Merici Church Ushers, Holy Name Society, the Combattenti and the Alpini.

Giuseppe (Joe) Giglio Family (Giglio's Market)[95]

Joe and his father Domenico came to Windsor from Calabria in 1952 to be near Domenico's brother, Frank, who lived in Detroit since 1915 where he ran a grocery store.

Joe worked on occasion at his uncle's store (which is still run by Frank's son and grandson). Joe's mother Maddalena came to Windsor in 1953. The family owned and ran Lucy's Confectionery at McKay Ave. and Wyandotte St. in the late 1950s and sold it in the early 1960s.

In 1956 at St. Angela Merici Church, Joe married Lucia DiVito who had come from Abruzzo in 1953. In 1965, they opened a small grocery store – Giglio's Variety Store at 2000 Wyandotte St. W. Two years later, they relocated to 2268 Wyandotte St. W. and eventually renamed it Giglio's Market. The family continues to own and operate the business.

Certificate to the Patriot:
In the name of the governments and the people of the United Nations, we thank Ghione Giovanni son of Giovanni for having fought the enemy on the battlefield, serving in the ranks of the patriots among those who carried arms for the triumph of freedom, conducting offensive operations, carrying out actions of sabotage, providing military intelligence. With their courage and dedication, the Italian patriots have validly contributed to the liberation of Italy and to the great cause of all free men. In the Italy reborn, holders of this certificate will be acclaimed as patriots who fought for honour and freedom. Countersigned by [illegible] Head of the Troop/ A. H. Gardner, Major R.A. [Royal Artillery] Allied Officer/H.R. Alexander, Marshal Supreme Commander of the Allied Forces in the Central Mediterranean
Courtesy/Cortesia: Flora Ghione, P11023

---

95 Information from Domenic Giglio

Opening day of Giglio's Market at 2268 Wyandotte St.W., March 24, 1967.
L'inaugurazione del Giglio's Market al 2268 Wyandotte St. W., 24 marzo 1967.
Courtesy/Cortesia: Domenic Giglio, P10742

Alba Giglio inside her father's store, Giglio's Market, c. 1977.
Alba Giglio all'interno del negozio del padre Giglio's Market, 1977 ca.
Courtesy/Cortesia: Domenic Giglio, P10743

John era orgoglioso della sua eredità culturale. Fu presidente del Club Calabria e membro degli Uscieri della chiesa di Sant'Angela, della Società del Santo Nome, dei Combattenti e degli Alpini.

La famiglia di Giuseppe (Joe) Giglio (Giglio's Market)[95]

Joe e suo padre Domenico vennero a Windsor dalla Calabria nel 1952 per stare vicino al fratello di Domenico, Frank, che viveva a Detroit dal 1915, dove gestiva un negozio di alimentari. Joe lavorò saltuariamente al negozio dello zio (che è ancora gestito dal figlio e dal nipote di Frank). La mamma di Joe, Maddalena, venne a Windsor nel 1953. La famiglia possedeva e gestiva la Lucy's Confectionery in McKay Ave. e Wyandotte St. alla fine degli anni cinquanta e la vendette all'inizio degli anni sessanta.

Nel 1956 alla chiesa di Sant'Angela Merici, Joe sposò Lucia DiVito, che era venuta dall'Abruzzo nel 1953. Nel 1965 aprirono un piccolo negozio di alimentari, il Giglio's Variety Store, al 2000 Wyandotte St. W. Due anni dopo si spostarono al 2268 Wyandotte St. W. e alla fine lo chiamarono Giglio's Market. Il negozio è ancora in possesso e gestione della famiglia.

La famiglia di Giuseppe Governali (Europa Imports)[96]

Nel 1964 all'età di 19 anni, Giuseppe arrivò ad Halifax dal paese siciliano di Corleone, Palermo, per abbracciare nuove opportunità. Da Halifax andò a Toronto con la madre, il padre, i fratelli e le sorelle. Giuseppe prese qualsiasi lavoro disponibile. Fece l'intonacatore di pareti e soffitti, lavoro che lo portò fino a New York City. Il 21 agosto 1971 Giuseppe sposò Giovanna Geraci. Nell'agosto 1972 nacque il figlio Francesco Paolo e, quindici giorni dopo, la famiglia si trasferì a Windsor.

Aprirono un'attività, l'Europa Imports, in un piccolo locale in affitto in Erie St. Il negozio consisteva di un tavolo di merci esposte in mezzo alla stanza. Il primo giorno, una signora anziana e fragile entrò nel negozio, acquistò un set di portaceneri di cristallo e diede a Giuseppe i primi cinque dollari dell'attività. Quando la signora lasciò il negozio, Giuseppe, preoccupato per lei, la seguì fuori per accertarsi che stesse bene. Giuseppe guardò a destra e sinistra e dall'altra parte della strada, ma la signora era sparita, come se fosse svanita nel nulla. Oggi, Giuseppe è ancora convinto che la vecchia signora fosse venuta nel suo negozio per benedire l'attività.

Il negozio andava bene nei primi mesi, il che spinse Giuseppe e Giovanna a spostarsi in una sede più grande sulla stessa strada. Comprò un edificio che richiedeva molto lavoro. Ogni sera, dopo una lunga giornata a intonacare, Giuseppe ne restaurava gli interni. Questo edificio di quattro alloggi consisteva di due locali commerciali e due residenziali direttamente sopra. L'Europa Imports occupava la sezione all'angolo e la famiglia risiedeva nell'appartamento al primo piano. Gli altri due locali furono affittati a una lavanderia e a una famiglia.

---

95 Informazioni di Domenic Giglio
96 Informazioni di Paolo Governali

Giuseppe Governali Family (Europa Imports)[96]

In 1964 at age 19, Giuseppe arrived in Halifax from the small Sicilian town of Corleone, Palermo to embrace new opportunities. From Halifax, he travelled to Toronto with his mother, father and siblings. Giuseppe took any available jobs. He worked at plastering walls and ceilings that took him as far as New York City. On August 21, 1971, Giuseppe married Giovanna Geraci. In August 1972, their son Francesco Paolo was born and, fifteen days later, the family moved to Windsor.

They opened a business in a small rented unit on Erie St., Europa Imports. The store consisted of one table of merchandise displayed in the middle of the room. On the first day, an old, frail woman walked into the store, purchased one set of crystal ashtrays and handed Giuseppe the first five dollars of the business. She left the store and Giuseppe, worried for the old lady, followed her out to make sure she was okay. He looked both ways and across the street, but she was nowhere to be seen. It was as if she had vanished into thin air. Today, Giuseppe still believes the old woman had come into his store to bless his business.

Business was good in the starting months, prompting Giuseppe and Giovanna to move to a larger location on the same street. He bought a building that needed a lot of work. Every night after a long day of plastering, Giuseppe renovated the interior. This four-unit building consisted of two commercial and two residential units directly above. Europa Imports occupied the corner section and the family resided in the upstairs apartment. The other two units were rented to a laundromat and a family.

Europa Imports expanded their products and introduced *bomboniere*[97] which became their primary product – a great success. As Europa's business grew, so did the Governali family with the birth of Maria. Giuseppe held three jobs at the time. He gave up plastering and remained at Chrysler.

Nine years later, a third child, Stefano, was born. Giuseppe bought two other houses on Erie St. and constructed a new building. Meanwhile, the sales of *bomboniere* expanded from 200 to 2,000. The oldest son, Paolo, took an interest in the business and is currently operating it.

Joe Greco (Greco Aluminum Inc. Construction Company)[98]

Joe was about ten years old when he came to British Columbia with his family in 1948. His grandfather originally had planned to come in the 1930s because he owned a large farm in Hazleton in northern British Columbia. However, the outbreak of WWII led him to postpone his plans. According to Joe, "After the war, my family viewed Canada as the land of opportunity."

It was a difficult adjustment for the whole family – few Italians in that area at the time, the language

Interior of Europa Imports on Erie St. E., 2005.
L'interno di Europa Imports in Erie St. E., 2005.
Courtesy/Cortesia: Paolo Governali, P13527

---

96 Information from Paolo Governali
97 A small token gift such as a candy dish or vase given to guests on special occasions, traditionally accompanied by five *confetti* (coloured sugared almonds) symbolizing health, wealth, happiness, fertility and long life. The colour of the *confetti* is chosen according to the occasion: white for a wedding, First Communion or Confirmation; pink or light blue for Baptism or birthday; red for graduation; and silver or gold for 25th or 50th anniversaries.
98 Information from Joe Greco and from Olejniczak 2001

L'Europa Imports allargò la gamma di prodotti e introdusse le bomboniere[97] che divennero il prodotto primario, un enorme successo. Con la crescita dell'attività dell'Europa, crebbe anche la famiglia Governali con la nascita di Maria. Giuseppe faceva tre lavori all'epoca. Lasciò l'intonacatura e rimase alla Chrysler.

Nove anni dopo nacque il terzo figlio Stefano. Giuseppe comprò altre due case in Erie St. e costruì un nuovo edificio. Nel frattempo, la vendita delle bomboniere si espanse da 200 a 2.000. L'attività attirò l'interesse del figlio più grande, Paolo, che ne è l'attuale gestore.

Joe Greco (Greco Aluminum Inc. Construction Company)[98]

Joe aveva circa dieci anni quando venne in Columbia Britannica con la sua famiglia nel 1948. Suo nonno aveva originariamente pianificato di venire negli anni trenta perché possedeva una grande fattoria ad Hazleton nella Columbia Britannica settentrionale. Tuttavia, lo scoppio della seconda guerra mondiale gli fece posticipare i piani. Secondo Joe: "Dopo la guerra, la mia famiglia considerava il Canada come la terra delle opportunità".

L'adattamento fu difficile per tutta la famiglia: pochi italiani nella zona a quei tempi, la barriera linguistica e la località isolata della fattoria. Joe ricorda il nonno quando li portava a scuola in una slitta tirata da cavalli quando la neve era troppo alta per andare a piedi. Il padre di Joe morì nel 1952 in un incidente sul lavoro e due anni dopo, poiché avevano dei problemi a mantenere la fattoria, la mamma e il nonno di Joe la vendettero e si trasferirono a Windsor per essere più vicini alla famiglia di lei che viveva negli Stati Uniti.

Joe aveva 17 anni quando venne a Windsor nel 1954. All'inizio lavorò presso un autolavaggio, 12 ore al giorno per venticinque centesimi l'ora. Era molto diverso questo lavoro da quello che aveva ad Hazleton, che pagava $1.05 l'ora. Poi fece diversi lavori, uno dei quali per Sid Katzman da Zalev's, estraendo acciaio a mani nude per quarantacinque centesimi l'ora. Ricevette l'Ontario Operating Licence nel 1958.

All'epoca Joe e la sua famiglia vivevano in un vecchio appartamento in Aylmer Ave. e Brant St. e sopravvivevano con le pensioni della madre e del nonno e i soldi che Joe portava a casa. Si ricorda di quando andava alla chiesa Holy Rosary a prendere vestiti donati. Avendo sofferto questi tempi duri, ha sempre simpatizzato per gli immigrati che si accingevano a vivere in Canada.

Joe sposò Caterina Mancina nel settembre 1959 sebbene non avesse nemmeno un lavoro e, nel 1960, lui e la moglie andarono in auto nella Columbia Britannica con pochissimi soldi. A Prince

Joe Greco, a director of the International Freedom Festival, mid-1990s.
Joe Greco, un dirigente dell'International Freedom Festival, metà anni '90.
Courtesy/Cortesia: Joe Greco, P13519

---

97   Un piccolo ricordo tipo un piattino o un vasetto porta caramelle dato agli ospiti nelle occasioni speciali, tradizionalmente accompagnato da cinque confetti come simbolo di salute, ricchezza, felicità, fertilità e longevità. Il colore dei confetti viene scelto in base all'occasione: bianco per matrimoni, prime comunioni o cresime; rosa o azzurro per battesimi e compleanni; rosso per la laurea; e argento o oro per il 25° or 50° anniversario.

98   Informazioni da Joe Greco e Olejniczak 2001

barrier and the isolated location of the farm. Joe remembers his grandfather taking them to school in a horse-drawn sleigh when the snow got too deep to walk through. Joe's father died in 1952 in an accident at work and two years later, because they had trouble maintaining the farm, Joe's mother and grandfather sold it and moved to Windsor to be closer to her family living in the U.S.

Joe was 17 when he came to Windsor in 1954. He first worked in a car wash, 12 hours a day for twenty-five cents an hour. This was very different from the job he had in Hazleton which paid $1.05 an hour. He then worked at several jobs, one of which was for Sid Katzman at Zalev's, pulling steel with his bare hands for forty-five cents an hour. He received his Ontario Operating Licence in 1958.

At the time, Joe and his family lived in an old apartment on Aylmer Ave. and Brant St., surviving on his mother's and grandfather's pensions and the money brought home by Joe. He remembers going to Holy Rosary Church to get donated clothes. Having endured these hard times, he has always sympathized with immigrants starting out in Canada.

Joe married Caterina Mancina in September 1959 although he did not even have a job and, in 1960, he and his wife drove to British Columbia with very little money. In Prince George, when they stopped to rest by the side of the road, an RCMP officer advised them to move for their safety. After Joe explained how desperate they were, the officer paid for a meal at the town diner, an act that Joe would never forget. He eventually found a job in the logging industry which paid $3 an hour.

When Joe and his wife returned to Windsor, he worked at several jobs, including at Chrysler, which he found frustrating because he was not using his skills. Having earned certificates in power crane, mobile, hoisting and engineering, he began his own company, Greco Aluminum. He started operating the business from the basement of his home around 1965-66. Joe had considered going into heavy construction but, lacking the money for equipment, he did small jobs repairing doors, screening and glass work. In the 1970s, he moved into construction, building additions, garages and driveways. In 1988, Joe ventured into the railing business as well.

When asked how Greco Aluminum became a successful company, Joe stated that it was a combination of family support, giving his best to his customers and offering the best product possible. Joe credited the late Ron Ianni who had inspired him to follow his dreams while remembering his past as the "little immigrant." Greco Aluminum won the North American Wolverine Gold Award of Excellence in the new construction category in 1993.

Joe was one of the founding members of the Calabria Club. He has been involved in numerous community volunteer activities such as sponsoring various sports teams, working on the Freedom Festival and assisting children in South America with the Rotary Club, stating, "What makes me happy is when I see their eyes light up and the smiles on their faces." Joe was the recipient of the 1997 Lutzeier Award for his longstanding 20-year volunteer service with the Freedom Festival and for being instrumental in starting the 'Tug-of-War Across The River.'

Joe Greco, Mayor Bert Weeks and Caterina Greco at the official opening of the second location of Greco Aluminum, 912 Tecumseh Rd. E., c. 1975.

Joe Greco, il sindaco Bert Weeks e Caterina Greco all'inaugurazione del secondo negozio di Greco Aluminum, 912 Tecumseh Rd. E., 1975 ca.

Courtesy/Cortesia: Joe Greco, P13512

Greco Aluminum Railings manufactured and installed 6,000 feet of railing along the waterfront in Windsor.

La Greco Aluminum Railings fabbricò e installò 6.000 piedi di ringhiera lungo la riva del fiume di Windsor.

Courtesy/Cortesia: Joe Greco, P13523

Joe Greco and family crushing grapes for wine, 2004.
Joe Greco e famiglia torchiano l'uva per fare il vino, 2004.
Courtesy/Cortesia: Joe Greco, P13518

George si fermarono per riposare sul margine della strada. Un agente della RCMP consigliò loro di spostarsi per la loro sicurezza. Dopo che Joe gli spiegò la loro disperazione, l'agente pagò per un pasto al ristorante in città, un atto che Joe non dimenticherà mai. Alla fine trovò un lavoro nell'industria del taglio e trasporto di tronchi che pagava 3 dollari l'ora.

Quando Joe e la moglie ritornarono a Windsor, Joe fece diversi lavori, tra cui uno alla Chrysler, che lo frustava perché non usava le sue capacità. Avendo preso certificati nelle gru motorizzate, mobili, sollevamento e ingegneria, iniziò una sua attività, la Greco Aluminium. Iniziò a operare dal seminterrato di casa sua nel 1965/66 circa. Joe aveva pensato a mettersi nell'edilizia pesante, ma non avendo i soldi per le attrezzature, faceva lavoretti di riparazione di porte, schermaggio e vetratura. Negli anni settanta passò all'edilizia costruendo ampliamenti, garage e accessi per auto. Nel 1988 Joe si avventurò nel settore delle ringhiere.

Quando gli veniva chiesto come la Greco Aluminum era diventata una ditta di successo, Joe diceva che era una combinazione di supporto familiare, dare il meglio ai propri clienti e offrire il miglior prodotto possibile. Joe diede credito al defunto Ron Ianni che lo aveva ispirato a seguire i suoi sogni, ricordando al tempo stesso il suo passato di "piccolo immigrato". La Greco Aluminum vinse il North American Wolverine Gold Award of Excellence nella nuova categoria dell'edilizia nel 1993.

Joe fu uno dei membri fondatori del Club Calabria. Ha partecipato a numerose attività di volontariato per la comunità quali la sponsorizzazione di varie squadre sportive, lavorare al Freedom Festival e aiutare i bambini in Sud America con il Rotary Club, dicendo: "Ciò che mi rende felice è vedere i loro occhi illuminarsi e un sorriso sul loro viso". Joe ricevette il Premio Lutzeier del 1997 per il suo servizio di volontario di lunga data per vent'anni con il Freedom Festival e per aver dato un contributo decisivo all'avvio del 'Tug-of -War Across The River' di 1.000 piedi.

Nel 1999 andò in pensione e passò la società ai figli: Larry, Frank e Joey. Il loro lavoro continua a essere riconosciuto. Nel 2003 la Greco Aluminum Railings Ltd.[99] fu insignita del Company of the Year Business Excellence Award dalla Camera di Commercio di Windsor e della regione. Joe fa notare che "la società iniziò con due impiegati in un impianto di 14.000 piedi quadrati; ora ha 70 dipendenti in uno spazio di 65.000 piedi quadrati ed esporta nel Nord e Sud America e in altri posti".

La famiglia di Eugenio Gaetano Gualtieri
(Mario's Restaurant – inclusi Mike Mario e Frank Cundari)[100]

Eugenio nacque nel 1903 nel paesino di Figline Vegliaturo, Cosenza (Calabria), il primogenito[101] di Rosina Cundari e Gaetano Gualtieri. Immigrò in Canada a 14 anni, accompagnato da Stanislas

99   Questa società fu formata nel 1992.
100   Informazioni da Tony Gualtieri e Nina Panontin
101   I tre fratelli di Eugenio morirono giovani: Gaetano, uno scultore in legno di talento, per le ferite della guerra;
      Anthony, all'età di 12 anni; e la sorella Ninetta a due mesi.

In 1999, he retired, turning the company over to his sons Larry, Frank and Joey. Their work continues to be recognized. In 2003, Greco Aluminum Railings Ltd.[99] received the Company of the Year Business Excellence Award from the Windsor & District Chamber of Commerce. Joe points out, "The company started with two employees in a 14,000 sq. ft. plant, now employs 70 with a space of 65,000 sq. ft. and exports to North and South America and elsewhere."

Eugenio Gaetano Gualtieri Family
(Mario's Restaurant – including Mike Mario and Frank Cundari) [100]

Eugenio was born in 1903 in the small village of Figline Vegliaturo, Cosenza (Calabria), the first-born son[101] of Rosina Cundari and Gaetano Gualtieri. He immigrated to Canada at 14, accompanied by Stanislas Cundari, his future father-in-law. Eugenio worked in the mines in Timmins, in the construction of the Welland Canal and in the automotive industry in Detroit. He worked hard to save enough money to become independent.

In the late 1920s, Eugenio,[102] along with his partner Mario Colonna Boniferro,[103] purchased Economy Lunch next to the British American Hotel at the foot of Ouellette Ave. and Sandwich St. (now Riverside Dr.), and named it Mario's Lunch – the first in a series of the well-known Mario's restaurants.

Eugenio returned to Italy and married Adelina Cundari in 1931. They had four children: Rose Marchisio, Nina Panontin, Tony, and Linda Gammon.

In 1932, Eugenio opened another restaurant on Ouellette Ave., in front of the Windsor-Detroit Tunnel pedestrian exit near Wyandotte St. which closed in 1950. A newspaper article stated that this establishment had become known as the "Italian spaghetti headquarters of Windsor." In 1939, a third restaurant was opened as Mario's Pizzeria at Tecumseh Rd. and Ouellette Ave. at Jackson Park.[104] A third partner, Frank Cundari, joined the team. The three partners were boyhood friends in their hometown. Soon after, the partners sold Mario's Lunch and concentrated on the two Ouellette Ave. locations.

Mario's Tavern was opened at Ouellette Ave., near Elliott St. in 1950, and the bake shop located behind the restaurant at 752 Pelissier St. served as a business head office for a number of years. Mario's Tavern, the first of Mario's businesses to serve liquor, along with Mario's Pizzeria became two of Windsor's prime fine dining establishments. In addition to pizza, Mario's became well known for

---

99   This company was formed in 1992.
100   Information from Tony Gualtieri and Nina Panontin
101   Eugenio's three siblings died at an early age: Gaetano (a talented wood sculptor), from war injuries; Anthony, at age 12; and sister Ninetta, at two months.
102   The city directories list him as Eugene Walters.
103   He was known as Mike Mario (also the name listed in the city directories). Prior to opening Mario's Lunch, he is listed as a driver for the Walkerville Brewery.
104   At the time, Ouellette Ave. ended at Tecumseh Rd.

Compliments of
MARIO'S RESTAURANT
—|||—
583 Ouellette   Ph. 3-6671
2105 Ouellette   Ph. 4-8151
Office: 752 Pelissier Ph. 4-6242

This advertisement appeared in the booklet printed for the 10th anniversary of St. Angela Merici Church, 1949.

Questo annuncio era nel libretto del 10° anniversario della chiesa di Sant'Angela Merici, 1949.

Courtesy/Cortesia: Florindo and Domenica Mandarino, P11175

Mario's Tavern, Ouellette Ave., 1950.
Photo by/foto di: Sid Lloyd. Courtesy/Cortesia: Richard Merlo, P10662

From left, Francesco Cundari, Eugenio Gualtieri and Mario Colonna cutting the cake celebrating the 30th anniversary of Mario's restaurants, 1960.

Da sinistra, Francesco Cundari, Eugenio Gualtieri e Mario Colonna tagliano la torta per la festa del 30° anniversario dei ristoranti Mario's, 1960.

Courtesy/Cortesia: Il Volto D'Italia and Nina Panontin, P13944

Cundari, il suo futuro suocero. Eugenio lavorò nelle miniere a Timmins, Ontario nella costruzione del Welland Canal e nell'industria automobilistica a Detroit. Lavorò sodo per risparmiare abbastanza soldi per divenire indipendente.

Alla fine degli anni venti, Eugenio,[102] con il socio Mario Colonna Boniferro,[103] acquistò l'Economy Lunch accanto al British American Hotel in fondo a Ouellette Ave. e Sandwich St. (ora Riverside Dr.), e lo chiamò Mario's Lunch – il primo di una serie dei noti ristoranti Mario's.

Eugenio ritornò in Italia e sposò Adelina Cundari nel 1931. Ebbero quattro figli: Rose Marchisio, Nina Panontin, Tony, e Linda Gammon.

Nel 1932, Eugenio aprì un altro ristorante in Ouellette Ave., davanti all'uscita pedonale del Windsor-Detroit Tunnel vicino a Wyandotte St. che chiuse nel 1950. Un articolo di giornale riportava che questo stabilimento era divenuto noto come il "quartier generale italiano degli spaghetti di Windsor". Nel 1939 fu aperto un terzo ristorante, la Mario's Pizzeria in Tecumseh Rd. e Ouellette Ave. presso il Jackson Park.[104] Un terzo socio, Frank Cundari, si unì al team. I tre soci erano amici da ragazzi nel paese natio. Poco dopo, i soci vendettero il primo Mario's Lunch e si concentrarono sulle due sedi in Ouellette Ave.

La Mario's Tavern fu aperta in Ouellette Ave., vicino a Elliott St. nel 1950 e il forno dietro il ristorante, al 752 Pelissier St., servì come sede commerciale per diversi anni. La Mario's Tavern, la prima attività Mario's a servire alcolici, assieme alla Mario's Pizzeria, divennero due dei primi ristoranti raffinati di Windsor. Oltre alla pizza, Mario's divenne famoso per l'ottima carne di manzo. Molti dei grandi personaggi dello spettacolo, tipo Jimmy Durante e Sonny e Cher, vi cenarono, come pure Sammy Davis, Jr. quando si esibì all'Elmwood.[105] La Mario's Tavern ospitò alcuni noti personaggi dello spettacolo: The Gaylords dal Michigan e i Los Cicanos dal Sud America.

In seguito all'infarto di Eugenio e alla morte di Mike Mario nel 1962, le due attività furono vendute. La Mario's Tavern fu venduta all'olandese Kees Roozen.

Nel 1968 Eugenio aprì il Geno's Italian Village con il figlio Tony al 161 Riverside Dr. W. Lavorava tutti i giorni e accoglieva i clienti con un sorriso.

Era membro del Tempio massonico, uno Shriner (dell'ordine dei templari mistici) e un membro della Shriner's Oriental Band. Eugenio morì nel 1991 all'età di 88 anni.

---

102   L'elenco della città lo elenca come Eugene Walters.
103   Era conosciuto come Mike Mario (anche questo nome è annotato nell'elenco della città). Prima di aprire il Mario's Lunch, era registrato come conducente per la Walkerville Brewery.
104   All'epoca, Ouellette Ave. finiva in Tecumseh Rd.
105   *In Business Windsor*, gennaio 2000

its prime beef. Many top entertainers such as Jimmy Durante and Sonny and Cher dined there, as well as Sammy Davis, Jr. when he performed at the Elmwood.[105] Mario's Tavern hosted some well-known entertainers: The Gaylords from Michigan and Los Cicanos from South America.

After Eugenio's heart attack and Mike Mario's death in 1962, the two businesses were sold. Mario's Tavern was sold to Dutch-born Kees Roozen.

In 1968, Eugenio opened Geno's Italian Village with his son Tony at 161 Riverside Dr. W. He worked every day and greeted his customers with a smile.

He was a member of the Masonic Temple, a Shriner and a member of the Shriner's Oriental Band. Eugenio died in 1991 at age 88.

Giuseppe (Joe) Iannetta (Iannetta Carpentry)[106]

I was born in Mignano Montelungo, Caserta (Campania). After working for one year in Switzerland, I immigrated to Windsor to seek a better life. On May 1, 1965, I arrived with only a suitcase and, two weeks later, started my first job as a labourer. Learning the language was definitely a challenge. I had to rely on public transport to get me to and from work. I managed to determine that the bus stop closest to my brother's house where I lived was four blocks away. Walking home after I got off the bus, I saw the same bus going *right past* my brother's house!

Fortunately, many of my fellow workers were Italian, and we conversed in our native language. There were always instances where supervisors or other workers insisted we speak English. Gradually, I began to learn the language. As Windsor had a large Italian community, there were always social events and places to go, such as the Regis Club at St. Angela Church. The Italian atmosphere lessened feelings of homesickness and isolation; consequently, friends and *paesani* became our families away from home.

In 1970, needing some time off work to heal a few broken fingers, I returned to Italy. It was my first visit home and I brought back something to show my family and friends – the first car I had bought in Canada, a red 1968 Dodge Charger! While there, I met and married my wife Anna Maria Di Ponio, and we both came back to Windsor to settle permanently.

I had always worked for large companies but desired the independence of being self-employed. Being a certified carpenter, in 1985 I started my own business, Iannetta Carpentry. While I focused on my trade, my wife looked after the office work and finance. Together, we operated a successful business until my retirement in June 2008.

My success had largely been based on word-of-mouth referrals and the relationships I had developed with other trades people, many of whom were also Italian immigrants. I worked on several

Joe Iannetta, on a visit to Italy in 1970, brought his 1968 Dodge Charger, the first car he purchased in Canada.

Joe Iannetta, in visita in Italia nel 1970, portò la sua prima auto acquistata in Canada, una 1968 Dodge Charger.

Courtesy/Cortesia: Joe and Anna Iannetta, P12594

---

105 *In Business Windsor*, January 2000
106 Written by Joe Iannetta

Giuseppe (Joe) Iannetta (Iannetta Carpentry)[106]

Sono nato a Mignano Montelungo, Caserta (Campania). Dopo aver lavorato un anno in Svizzera, immigrai a Windsor alla ricerca di una vita migliore. Il 1° maggio 1965 arrivai con solo una valigia e, due settimane dopo, iniziai il mio primo lavoro come operaio. Imparare la lingua era sicuramente difficile. Dipendevo dall'autobus per andare e tornare dal lavoro. Riuscii a determinare che la fermata più vicina alla casa di mio fratello, dove vivevo, era a quattro isolati. Mentre camminavo verso casa una volta sceso dall'autobus, vidi che lo stesso pullman passò *proprio davanti* alla casa di mio fratello!

Per fortuna molti dei miei colleghi di lavoro erano italiani e parlavamo la nostra lingua materna. C'erano sempre casi in cui i responsabili o altri lavoratori insistevano che parlassimo inglese. Pian piano iniziai a imparare la lingua. Visto che Windsor aveva una grande comunità italiana, c'erano sempre eventi sociali e posti dove andare, tipo il Regis Club presso la chiesa di Sant'Angela. L'atmosfera italiana riduceva la nostalgia di casa e il sentirsi isolati; di conseguenza, amici e paesani divennero le nostre famiglie lontano da casa.

Nel 1970, avendo bisogno di tempo via dal lavoro per far guarire alcune dita rotte, ritornai in Italia. Era la mia prima visita a casa e portai qualcosa da mostrare alla famiglia e agli amici: la prima macchina che avevo comprato in Canada, una Dodge Charger rossa del 1968! Mentre ero lì, conobbi e sposai mia moglie, Anna Maria Di Ponio, e tornammo a Windsor insieme per stabilirci definitivamente.

Avevo sempre lavorato per grandi società, ma desideravo l'indipendenza del lavoro in proprio. Nel 1985 essendo falegname qualificato, iniziai la mia attività, Iannetta Carpentry. Mentre io mi concentravo sul mestiere, mia moglie si curava del lavoro d'ufficio e delle finanze. Insieme abbiamo gestito un'attività di successo finché sono andato in pensione nel giugno 2008.

Il mio successo era in gran parte basato sul passaparola e i rapporti che avevo sviluppato con altri artigiani, molti dei quali erano anch'essi immigrati italiani. Ho lavorato a diversi progetti commerciali su grande scala a Windsor, tra cui l'Università di Windsor, il Casino Windsor, il santuario dell'Ascension Church a Maidstone e molte altre case residenziali personalizzate. Nel 2003 fui molto orgoglioso di ricevere l'Award of Excellence e un premio speciale per il mio lavoro dalla Windsor Construction Association.

Ho sempre pensato che sia importante offrire tempo e competenze alla comunità. Io e mia moglie siamo attivi nella parrocchia di St. Patrick. Sono un ex membro del consiglio parrocchiale e sono stato coinvolto nella rimodellazione della chiesa. Il mio tempo libero lo passo con la mia famiglia, i miei figli Enrico e Diana e le loro famiglie.

Joe Iannetta working on one of his renovation projects.
Joe Iannetta lavora a uno dei suoi progetti di restauro.

Courtesy/Cortesia: Joe and Anna Iannetta, P12604

---

106 Scritto da Joe Iannetta

large-scale commercial projects in Windsor, including the University of Windsor, Casino Windsor, the Sanctuary at Ascension Church in Maidstone and many custom residential homes. In 2003, I was very proud to receive an Award of Excellence and a special award for my work from the Windsor Construction Association.

I have always thought it important to contribute time and skills to the community. My wife and I are active in St. Patrick's parish. I am a former member of the parish council and have been involved in the remodelling of the church. My spare time is spent with my family, children Enrico and Diana and their families.

Ron Ianni[107]

Ron was born in 1935 in Sault Ste. Marie, Ontario to Giuseppe and Marianna Ianni who came from Calabria in the 1920s. Ron completed two bachelor degrees in arts and business from the University of Windsor and went on to study law at Osgoode Hall where he received an LL.B. in 1961, and was called to the Ontario Bar in 1963. He then went to Perugia, Italy to learn Italian, which he had not spoken at home, and then pursued advanced legal studies in Bologna and Rome. He earned two diplomas in Paris, France, one from the Institute of Common Market Law and the other from the Institute of International Law. In 1971, he earned a Ph.D. from the London School of Economics in England. In 1976, he was appointed Queen's Counsel by the Province of Ontario.

Upon his return to Canada, Ron was recruited to teach law at the University of Windsor's Faculty of Law, becoming director of the law program in 1973. From 1975 to 1984, he was dean of that school which attained an international reputation under his leadership and now bears his name, Ron W. Ianni Faculty of Law. In 1983, he became president and vice-chancellor of the University of Windsor. Ron presided over the founding of the Great Lakes Institute, soon to become the Great Lakes Institute for Environmental Research and Canada's first accredited program in environmental engineering. He brought research and development in automotive manufacturing and design to Canada with the university's NSERC[108]/Ford Industrial Chair in light metals casting technology and the University/Chrysler Canada Research and Development Centre. For 13 years, he oversaw a crucial period in the university's development and influenced affairs of government in many areas, especially as chair of the Council of Ontario Universities and of committees of the Association of Universities and Colleges of Canada.

He worked with various governments at the provincial and national levels and was a committed Liberal all his life. Ron chaired commissions, studies and wrote reports, including one on paralegals and one on mandatory retirement for the provincial government and, in 1982, was a legal representative for the Canadian Mission to the United Nations. He served as a member of the Ontario Government Transition

Ron Ianni, president of the University of Windsor, October 1991.
Ron Ianni, presidente dell'Università di Windsor, ottobre 1991.
Courtesy/Cortesia: The Windsor Star, P10806

---

107 Based on material written by Mina Grossman Ianni, and the York University Gazette, Vol 28, No. 4
108 Natural Sciences and Engineering Research Council of Canada (NSERC)

Remo Gardin, Giuseppe and Robert Schincariol with Franco Zorzit making sausage, salami and capocollo in the Schincariol basement, c. late 1970s.

Remo Gardin, Giuseppe e Robert Schincariol con Franco Zorzit fanno la salsiccia, i salami e il capocollo nello scantinato di Schincariol, fine degli anni '70 ca.

Courtesy/Cortesia: Giuseppe and Silvana Schincariol, P10357

Ron Ianni[107]

Ron nacque nel 1935 a Sault Ste. Marie, Ontario, da Giuseppe e Marianna Ianni, venuti dalla Calabria negli anni venti. Ron prese due lauree in arte e commercio all'Università di Windsor e proseguì per studiare legge all'Osgoode Hall, dove prese un LL.B., nel 1961, e fu ammesso all'Albo degli avvocati dell'Ontario nel 1963. Andò poi in Italia, prima a Perugia per imparare l'italiano che non aveva parlato a casa e quindi proseguì gli studi legali avanzati, a Bologna e Roma. Prese due diplomi a Parigi, Francia: uno dall'Institute of Common Market Law e l'altro dall'Institute of International Law. Nel 1971 prese un Ph.D. dalla London School of Economics in Inghilterra. Nel 1976 fu nominato Queen's Counsel dalla Provincia dell'Ontario.

Al suo ritorno in Canada, Ron fu assunto per insegnare diritto alla Facoltà di giurisprudenza dell'Università di Windsor e divenne direttore del programma di diritto nel 1973. Dal 1975 al 1984 fu preside della facoltà, che sotto la sua guida guadagnò una reputazione internazionale e ora porta il suo nome: Ron W. Ianni Faculty of Law. Nel 1983 divenne presidente e vicerettore dell'Università di Windsor. Esercitò un controllo sulla fondazione del Great Lakes Institute, che presto divenne il Great Lakes Institute for Environmental Research e il primo programma accreditato canadese in ingegneria ambientale. Portò la ricerca e lo sviluppo nella produzione e progettazione automobilistica in Canada con l'NSERC[108]/Ford Industrial Chair dell'università nella tecnologia della fusione dei metalli leggeri e l'University/Chrysler Canada Research and Development Centre. Per 13 anni ebbe la soprintendenza di un periodo cruciale per lo sviluppo dell'università e influì sugli affari di governo in molte aree, soprattutto come presidente del Council of Ontario Universities e dei comitati dell'Association of Universities and Colleges of Canada.

Lavorò con vari governi a livello provinciale e nazionale e fu un tenace liberale tutta la vita. Ron presiedette a commissioni, studi e scrisse rapporti, tra cui uno sui paralegali e uno sul pensionamento obbligatorio per il governo provinciale e, nel 1982, fu rappresentante legale della Missione canadese alle Nazioni Unite. Fu membro dell'Ontario Government Transition Team nel 1985. Nel 1989 Ron fu membro dell'Ontario Law Reform Commission Advisory Board e, dal 1991 al 1995, fu membro del Premier's Council on Economic Renewal.

Forza importante nella comunità, Ron era impegnato in molte organizzazioni locali, servendo come presidente della United Way e dell'Art Gallery di Windsor. Apportò un valido contributo alla decisione di trasformare la galleria in un casinò temporaneo, causando così il trasferimento temporaneo della galleria nel Devonshire Mall.[109] Dal 1989 in poi fu membro del consiglio del Greater Windsor-Detroit Japan-American Society.

---

107 Informazioni dalla moglie, Mina Grossman Ianni, e dalla York University Gazette, Vol 28, N. 4
108 Natural Sciences and Engineering Research Council of Canada (NSERC)
109 Di conseguenza, la Lottery Corporation finanziò una nuova galleria e aumentò un fondo sovvenzione importante per assicurarne la futura stabilità finanziaria.

Team in 1985. In 1989, Ron was a member of the Ontario Law Reform Commission Advisory Board and, from 1991 to 1995, served as a member of the Premier's Council on Economic Renewal.

An important force in the community, Ron was involved in many local organizations, serving as chairman of the United Way and the Art Gallery of Windsor. He was instrumental in the decision to turn the gallery into a temporary casino, thus causing the gallery to move temporarily to Devonshire Mall.[109] From 1989 onward, he was a board member of the Greater Windsor-Detroit Japan-American Society.

He received many honours in his life, including the 1984 Windsor's Italian of the Year Award from the Caboto Club, the Order of Merit of the Republic of Italy, the Order of Canada and the Order of Ontario.

Ron passed away on September 6, 1997.

International Custom Tailors (Emanuele Calamita and Agostino Lopez)[110]

Emanuele and Agostino, although they had emigrated from two different Italian provinces, shared the art of tailoring they had learned in Italy. Emanuele, born October 29, 1938 in Bitonto, Bari (Puglia), later resided in Palo del Colle where he attended the Avviamento Professionale and trained with a professional tailor. At 18, Emanuele moved to Milan to attend the Scuola Professionale di Taglio, P. Vetrano. Agostino, born in San Giovanni in Fiore, Cosenza (Calabria) on August 31, 1936, followed a similar path. After completing elementary school and apprenticing as a tailor in his hometown, at age 20, he moved to Rome to refine the art of cutting both men's and women's clothing and learn the stylistic subtleties at La Scuola Santarelli Castellucci while working as a tailor.

In May 1966, Agostino and Emanuele opened their own business, International Custom Tailors, first on Wyandotte St. E. and later at the current premises at 397 Wyandotte St. W. Throughout the years, they have served many customers among whom, Premiers David Peterson and Bob Rae, The Honourables Paul Martin, Sr. and Eugene Whelan, the Italian Ambassador to Canada, Valerio Brigante Colonna Angelina and former mayor Bert Weeks, to name a few. They came from Windsor and from various Canadian and American cities such as Detroit, Toronto, Montreal and San Francisco.

Emanuele immigrated to Windsor in 1962 and married Maria Simone in 1967. They have two daughters, Clara Howitt and Cristina Orlando. Emanuele has been involved in St. Angela Merici Church organizations, the Holy Name Society, Regis Club and the Ushers. A long-time member of CIBPA, he has served on its board in various roles, including president in 1991. He also helped with the Roman Festival for many years. Founder and president of the Puglia Club of Windsor for the past 25 years, Emanuele has raised money for various causes: St. Angela Merici Church, ICHA,

Agostino Lopez and Emanuele Calamita in front of their store, International Custom Tailors, 397 Wyandotte St. W.

Agostino Lopez e Emanuele Calamita dinanzi alla loro sartoria, International Custom Tailors, 397 Wyandotte St. W.

Courtesy/Cortesia: International Custom Tailors, P13021

---

109 Consequently, the Ontario Lottery Corporation financed a new gallery and enhanced an important endowment fund to ensure its future financial health.

110 Information from Emanuele Calamita and Agostino Lopez

Ricevette molti onori nel corso della sua vita: Italiano dell'anno di Windsor nel 1984 del Club Caboto, l'Ordine di Merito della Repubblica Italiana, l'Ordine del Canada e l'Ordine dell'Ontario.

Ron morì il 6 settembre 1997.

International Custom Tailors (Emanuele Calamita e Agostino Lopez)[110]

Emanuele e Agostino, sebbene fossero emigrati da due province italiane diverse, condividevano l'arte della sartoria che avevano imparato in Italia. Emanuele, nato il 29 ottobre 1938 a Bitonto, Bari (Puglia), abitò in seguito a Palo del Colle, dove frequentò l'Avviamento Professionale e fece pratica per diventare sarto professionale. A 18 anni, si trasferì a Milano per frequentare la Scuola Professionale di Taglio, P. Vetrano. Agostino, nato a San Giovanni in Fiore, Cosenza (Calabria) il 31 agosto 1936, seguì un simile percorso. Terminate le scuole elementari e l'apprendistato come sarto nel paese natale, a vent'anni si trasferì a Roma per raffinare l'arte di taglio nell'abbigliamento sia maschile che femminile e imparare i dettagli stilistici a La Scuola Santarelli Castellucci mentre lavorava come sarto.

Nel maggio 1966 Agostino ed Emanuele aprirono la loro attività, l'International Custom Tailors, prima in Wyandotte St. E. e poi nella sede attuale al 397 Wyandotte St. W. Nel corso degli anni hanno servito molti clienti, tra cui i Premier David Peterson e Bob Rae, gli On. Paul Martin, Sr. e Eugene Whelan, l'Ambasciatore italiano in Canada, Valerio Brigante Colonna Angelina e l'ex sindaco Bert Weeks. Venivano da Windsor e da varie città canadesi e americane, come Detroit, Toronto, Montreal e San Francisco.

Emanuele immigrò a Windsor nel 1962 e sposò Maria Simone nel 1967. Hanno due figlie: Clara Howitt e Cristina Orlando. Emanuele ha fatto parte di organizzazioni della chiesa di Sant'Angela Merici, della Società del Santo Nome, del Regis Club e degli Uscieri. Membro di lunga data della CIBPA, ha avuto funzioni nel consiglio in vari ruoli, tra cui quello di presidente nel 1991. Aiutò anche con il Roman Festival per molti anni. Fondatore e presidente del Puglia Club di Windsor negli ultimi 25 anni, Emanuele ha raccolto denaro per varie cause: la chiesa di Sant'Angela Merici, l'ICHA, il Windsor Regional Hospital Western Campus, la Heart and Stroke Foundation, le Scalabrini Charities per i poveri, e altre. Devoto di San Padre Pio, aiutò a portare la statua del Santo a Windsor per commemorare il 30° anniversario della sua morte e fondò un'associazione a suo nome.

Agostino arrivò a Windsor il 2 febbraio 1960 per raggiungere il fratello maggiore Giuseppe (Joe) e altri familiari. Sposò Giulia Olivito nel 1963 nella chiesa di Sant'Angela Merici e hanno due figli: Rose Mary Martyn e John Frank. Agostino fu membro del Regis Club ed è membro di vecchia data degli Uscieri di Sant'Angela, della CIBPA e del Giovanni Caboto Club. Dedicò molte domeniche al Caboto Club, aiutando in vari progetti, i festival dell'uva, le sfilate del Canada Day, nonché il Roman Festival del CIBPA.

---

110 Informazioni da Emanuele Calamita e Agostino Lopez

Tailors Agostino Lopez and Emanuele Calamita fit Mark MacGuigan, a former Liberal M.P.

I sarti Agostino Lopez e Emanuele Calamita misurano l'abito a Mark MacGuigan, un ex M.P. del Partito Liberale.

Windsor Regional Hospital Western Campus, Heart and Stroke Foundation, Scalabrini Charities for the Poor, and others. Devoted to St. Padre Pio, he helped bring the Saint's statue to Windsor to commemorate the 30th anniversary of his death and founded an association in his name.

Agostino arrived in Windsor on February 2, 1960 to join his older brother Giuseppe (Joe) and other family members. He married Giulia Olivito in 1963 at St. Angela Merici Church and they have two children, Rose Mary Martyn and John Frank. Agostino was a member of the Regis Club and has been a long-standing member of St. Angela Ushers, CIBPA and Giovanni Caboto Club. He dedicated many Sundays to the Caboto Club, helping with various projects, the grape festivals, the Canada Day parades, as well as the CIBPA Roman Festival.

La Bottega (Franco and Rina Stea)[111]

Franco's and Rina's dream of operating their own business become a reality when the Saroli Confectionery was put up for sale. Franco, from the Puglia region, and Rina Amato, from Calabria, have managed their business at 731 Erie St. E. since 1984.

Five years after purchasing the store, its interior was restructured to create more space for the new products introduced to satisfy the clients' requests. The name of the store, originally known as Dal Farra Confectionery, then Santarossa and later Saroli Confectionery, was once again changed to its current name, La Bottega.

Aware of new trends, the Steas have created a little Italy in their store where one can find a wide range of products from Italian newspapers and magazines to espresso makers and food items including specialty cheeses[112] and deli meats.[113]

Franco and Rina, proud members of the Italian community, are pleased to acquaint other ethnic communities with Italian products through their business operation. They have two daughters: Francesca and Marilena.

Michael Lapico (Lapico Custom Homes)[114]

Michael was born on October 23, 1932 in Reggio Calabria. Son of a farmer, Michael learned the valuable lesson of hard work and determination. Living through the tough economic and emotional times of WWII, Michael moved to Canada at age 17. The oldest of five children, he embarked on his journey alone in search of a better life.

His uncle Bruno Scali who was living in Chicago, met Michael in Nova Scotia. Together, they travelled to Sault Ste. Marie where Bruno had secured a job for him at Algoma Steel. Michael

La Bottega 731 Erie St. E.
Courtesy/Cortesia: Franco and Rina Stea, P13530

---

111 Information from Rina and Franco Stea
112 Such as *pecorino romano*, a cheese made with ewe's milk
113 Such as speck, a smoked, juniper-flavoured prosciutto from the Upper Bavarian Tyrol region
114 Information from Lapico family

Koolini's Italian Eatery, 1520 Tecumseh Rd. E., 2008. Opened in October 1998 by Leo De Luca and a partner, this restaurant succeeded in a building where 17 previous owners had not. It is also one of Windsor's largest catering businesses. Leo De Luca was born in Windsor in 1952 to Mario and Maria, who had emigrated from Italy (with only one suitcase!) the previous year in search of a better life for their family. They chose Windsor since they had relatives here with whom they stayed upon arrival. Mario worked in construction digging ditches. Leo says, "They were discriminated as second class citizens." Leo worked in a restaurant as a young boy. He married Marianna in 1977 and was named Entrepreneur of the Year in 2003 by the Windsor & District Chamber of Commerce. In 2005, CIBPA of Windsor selected Koolini's Eatery for a Family Business Award of Excellence for many years of good and progressive service.

Koolini's Italian Eatery, 1520 Tecumseh Rd. E., 2008. Aperto nell'ottobre 1998 da Leo Deluca e un socio, questo ristorante ha avuto successo in un locale che ha visto 17 ristoranti fallire. È una delle più grandi attività di ristorazione di Windsor. Leo Deluca è nato a Windsor da Mario e Maria, emigrati dall'Italia (con una sola valigia!) nel 1951 in cerca di una vita migliore per la loro famiglia. Scelsero Windsor perchè qui avevano famigliari con cui abitarono dopo il loro arrivo. Mario lavorò in costruzione scavando fossati. Leo dice, "Erano discriminati come cittadini di seconda classe." Leo lavorò in un ristorante da ragazzo. Sposò Marianna nel 1977 e fu nominato Entrepreneur of the Year nel 2004 dalla City & Disctrict Chamber of Commerce. Nel 2003 la CIBPA di Windsor prescelse Koolini's Eatery per un Family Business Award of Excellence per i tanti anni di buon servizio progressivo.

Photo by/foto di: Madelyn Della Valle.
Courtesy/Cortesia: Windsor's Community Museum, P13864

La Bottega (Franco e Rina Stea)[111]

Il sogno di Franco e Rina di avere un'attività in proprio divenne realtà quando la Saroli Confectionery fu messa in vendita. Franco, dalla Puglia, e Rina Amato, dalla Calabria, gestiscono la loro attività al 731 Erie St. E. dal 1984.

Cinque anni dopo l'acquisto del negozio, gli interni furono ristrutturati per creare più spazio per i nuovi prodotti introdotti per soddisfare le richieste dei clienti. Il nome del negozio, originariamente noto come Dal Farra Confectionery, poi Santarossa e quindi Saroli Confectionery, fu cambiato ancora una volta nel nome attuale: La Bottega.

Consci delle nuove tendenze, gli Stea hanno creato una piccola Italia nel loro negozio, dove si può trovare una gran varietà di prodotti, da giornali e riviste italiane a caffettiere e alimenti, incluse specialità di formaggi[112] e affettati.[113]

Franco e Rina, membri orgogliosi della comunità italiana, sono lieti di far conoscere ad altre comunità etniche i prodotti italiani attraverso la loro attività. Hanno due figlie: Francesca e Marilena.

Michael Lapico (Lapico Custom Homes)[114]

Michael nacque il 23 ottobre 1932 a Reggio Calabria. Figlio di un agricoltore, Michael imparò la lezione preziosa del duro lavoro e della determinazione. Avendo vissuto i tempi economicamente ed emotivamente duri della seconda guerra mondiale, Michael si trasferì in Canada a 17 anni. Il maggiore di cinque figli, s'imbarcò nel suo viaggio da solo, alla ricerca di una vita migliore.

Lo zio, Bruno Scali, che viveva a Chicago, andò a prenderlo in Nuova Scozia. Viaggiarono insieme a Sault Ste. Marie dove Bruno gli aveva procurato un lavoro all'Algoma Steel. Michael incontrò qualche difficoltà con l'inglese, tuttavia, era determinato a imparare e migliorarsi. Lavorava anche part-time nell'industria edilizia per guadagnare qualche soldo extra, si specializzò in ebanisteria e poi imparò la carpenteria strutturale.

Michael lavorò a Sault Ste. Marie per dieci anni. Quando subì un infortunio all'acciaieria, incontrò la sua futura moglie, Maureen Connolly, un'infermiera che lo aiutò nel recupero. Lo aiutò con l'inglese, dandogli coraggio e fiducia per divenire un imprenditore di successo. Si sposarono il 3 maggio 1957 e hanno tre figli: Michael, Jr., Anthony e Melissa. Negli anni successivi, Michael prese diversi lavori a Montreal e Ottawa. Grazie al duro lavoro, Michael fu in grado di far venire i suoi familiari dall'Italia.

Nel 1965 si trasferirono a Windsor, dove l'economia in forte espansione era guidata dall'industria automobilistica. Qui realizzò il suo sogno di una vita: costituire una sua società. Dopo diversi anni

111 Informazioni di Franco e Rina Stea
112 Tipo il pecorino romano, un formaggio fatto con il latte di pecora.
113 Tipo lo speck, un prosciutto affumicato profumato al ginepro dalla regione del Tirolo Alta Baviera.
114 Informazioni dalla famiglia Lapico

encountered some difficulty with English; however, he was determined to learn and better himself. He also worked part-time in the construction industry to earn extra money, specializing in cabinetry, and later learned rough framing.

Michael worked in Sault Ste. Marie for ten years. When he incurred an injury at the steel mill, he met his future wife Maureen Connolly, a nurse who helped with his recovery. She helped Michael with English, giving him the encouragement and confidence to become a successful businessman. They married on May 3, 1957 and have three children: Michael, Jr., Anthony and Melissa. Over the next few years, Michael took various jobs in Montreal and Ottawa. As a result of his hard work, Michael was able to bring his family members from Italy.

In 1965, they moved to Windsor when its booming economy was driven by the automotive industry. Here, he realized his life-long dream of establishing his own company. After several years working in the construction industry, Michael started Lapico Custom Homes in 1969. He took pride in giving attention to detail in building custom homes.

His son Anthony took over the business in 1991. In 2005, the company received the prestigious Tarion Builders Award for Best Home Builder in Ontario in the Small Volume Category. In 2006, Lapico Custom Homes received the CIBPA Award of Excellence for Business of the Year.

LaSorda Family[115]

Aurelio (Cecil) left his home in Francavilla al Mare, Chieti (Abruzzo) in 1913 at age 17. He travelled on the *SS Niagara* to New York along with 15 other LaSordas. Cecil went to Fort William, Ontario where he worked for the Ogilvie Flour Mill. In 1929, Cecil and his wife Blanche Falconer, born in Sault Ste. Marie, Ontario, welcomed son, Francis (Frank). Soon afterward, the family moved to Windsor where Cecil worked for Hartwell Brothers, a tool handle manufacturing company on the west side of Argyle Rd. in Walkerville, until he began working at the Chrysler assembly plant in 1949. They lived for many years in an apartment on Erie St. at Elsmere Ave. and had two other children, James and Elizabeth Moscardelli.[116] Cecil helped with the building of St. Angela Merici Church and the Youth Centre.

Following in his father's footsteps, Frank worked at Chrysler and eventually became the president of CAW Local 444 (1977-82). Frank married Bernice Rooney in October 1950, and they have nine children: Joseph (Joe), James (Jim), Thomas (Tom), Anthony (Tony), Angela, Anne Marie, Joanne, Frances and Daniel (Danny). Frank's son, Tom, also has had strong ties to the automotive industry in Windsor. After completing his studies at the University of Windsor, Tom worked at General Motors for 23 years, becoming president of a plant in Germany and later vice-president of Quality and Lean Manufacturing. In 2000, he joined Chrysler as a senior vice-president and was chief

Aurelio (Cecil) LaSorda, son Frank, son-in-law Ugo Moscaredelli, and Frank's daughters, Angela and Anne Marie, c. 1962.

Aurelio (Cecil) LaSorda, il figlio Frank, il cognato Ugo Moscardelli e le figlie di Frank, Angela e Anne Marie, 1962 ca.

Courtesy/Cortesia: Frank LaSorda

---

115 Information from LaSorda family
116 She died in 2008

a lavorare nell'industria edilizia, Michael avviò la Lapico Custom Homes nel 1969. Era orgoglioso dell'attenzione che prestava ai dettagli nella costruzione di case personalizzate.

Suo figlio, Anthony, rilevò l'attività nel 1991. Nel 2005 la società ricevette il prestigioso Tarion Builders Award for Best Home Builder in Ontario nella Small Volume Category. Nel 2006, la Lapico Custom Homes ricevette l'Award of Excellence for Business of the Year della CIBPA.

La famiglia LaSorda[115]

Aurelio (Cecil) LaSorda lasciò la casa a Francavilla al Mare, Chieti (Abruzzo), nel 1913, a 17 anni. Viaggiò sulla SS Niagara per New York con altri 15 LaSorda. Cecil andò a Fort William, Ontario dove lavorò al mulino Ogilvie Flour Mill. Nel 1929 Cecil e sua moglie Blanche Falconer, nata a Sault Ste. Marie, Ont., accolsero il figlio, Francis (Frank). Poco dopo, la famiglia si trasferì a Windsor dove Cecil lavorò per la Hartwell Brothers, una società produttrice di manici di utensili sul lato ovest di Argyle Rd. a Walkerville, finché iniziò a lavorare all'impianto di assemblaggio della Chrysler nel 1949. Vissero per molti anni in un appartamento in Erie St. angolo di Elsmere Ave. ed ebbero due altri figli, James e Elizabeth Moscardelli. [116] Cecil aiutò con la costruzione della chiesa di Sant'Angela e del Youth Centre (centro della gioventù).

Seguendo le orme del padre, Frank lavorò alla Chrysler e, alla fine, divenne presidente del CAW local 444 (1977-82). Frank sposò Bernice Rooney nell'ottobre 1950 e hanno nove figli: Joseph (Joe,) James (Jim), Thomas (Tom), Anthony (Tony), Angela, Anne Marie, Joanne, Frances e Daniel (Danny). Anche il figlio di Frank, Tom ha avuto legami stretti con l'industria automobilistica di Windsor. Una volta completati gli studi all'Università di Windsor, Tom lavorò alla General Motors per 23 anni, divenendo presidente di un impianto in Germania e, in seguito, vicepresidente della Quality and Lean Manufacturing. Nel 2000, entrò alla Chrysler come vicepresidente senior e fu dirigente capo dal gennaio 2006 all'agosto 2007. Tom ha continuato a far parte della direzione senior della società fino al suo pensionamento nel 2009.

Lia (Leah) Lenarduzzi[117]

Leah nacque il 10 novembre 1912 a Sault Ste. Marie, Ontario da Tersilla e Florindo Tomei[118]. Dopo un ritorno temporaneo in Italia, i genitori andarono in Australia, lasciando i figli Leah e Mario in collegio dove ricevettero l'educazione formale. Leah continuò gli studi e all'età di 20 anni conseguì il diploma in nusica a Bologna. Nel 1932 l'intera famiglia immigrò di nuovo prima a Sault Ste. Marie e poi a Windsor dove i genitori aprirono Tomei's Grocery Store. Leah e il fratello lavoravano nel negozio ed erano attivi nella comunità italiana e nella chiesa. Leah iniziò un gruppo corale verso il 1934 presso la chiesa polacca in Ellis Ave, frequentata all'epoca dagli italiani. Leah ricorda:

Leah and Anthony Lenarduzzi in front of Anthony's Food Market on Parent Ave., 1959.

Leah e Anthony Lenarduzzi dinanzi al negozio Anthony's Food Market in Parent Ave., 1959.

Courtesy/Cortesia: Leah Lenarduzzi, P14100

---

115 Informazioni dalla famiglia LaSorda
116
117 Informazioni di Leah Lenarduzzi e Linda Polsinella
118 Vedi Tomei's Grocery Store/Anthony's Food Market in questo capitolo.

executive officer from January 2006 to August 2007. Tom continued to be part of senior management until his retirement in 2009.

Lia (Leah) Lenarduzzi[117]

Leah was born on November 10, 1912 in Sault Ste. Marie, Ontario to Tersilla and Florindo Tomei.[118] After returning to Italy temporarily, her parents went to Australia, leaving Leah and her brother Mario in boarding schools where they received their formal education. Leah continued her studies and, at age 20, earned her music degree in Bologna. In 1932, the entire family immigrated again, first to Sault Ste. Marie and then to Windsor where they opened Tomei's Grocery Store. Leah and her brother worked in the store and were active in the Italian community and church. She started a choir group around 1934 at the Polish church on Ellis Ave., at the time attended by Italians. She recalls:

Leah Lenarduzzi teaching art, c. 1977.
Leah Lenarduzzi insegna arte, 1977 ca.
Courtesy/Cortesia: Leah Lenarduzzi, P14105

> *Nobody on the block had a car; we had one, a small car with no windows. My brother used to go to the city market for vegetables and fill up the car. People on our block did not have telephones; we were the only ones in the neighbourhood to have one. People would come to use the telephone, especially when they needed to call a doctor who, in those days, made house calls. In the early days, a family of four would get $5.00 a week from the city. Customers would bring in the $5.00, we listed that in a book and whatever they bought would be deducted. For example, back then, milk was 6 or 7 cents a quart, a box of cornflakes was 9 cents, salami was 33 cents a pound and round steak was 15 cents a pound.*

Leah met Anthony Lenarduzzi while he was working for his godfather at the beer garden, the Ottawa Hotel on Ottawa St. near Parent Ave. Anthony had worked in construction and as a draftsman in Windsor before going to New York where he found a job as a draftsman. Since he did not have his papers, he returned to Windsor. Anthony and Leah married on December 26, 1936 and, in 1946, took over Tomei's Grocery Store when Leah's parents retired and renamed it Anthony's Food Market. They lived at 1686 Parent Ave. and had two daughters, Loretta Venir and Linda Polsinelli, and four grandchildren. Leah fondly remembers:

> *When I retired in 1976, my life became very interesting. I had always been interested in painting as a young girl and, after retirement, I took painting classes from Mary DeMarco and attended the University of Windsor for five years, taking fine arts courses. When I told my husband what I was going to do, he said, "You know at the university they have nude models and you are shy." I said I would try my best. In the meantime, I started the St. Angela Senior Citizens group and was its first president. At our first meeting, we expected a handful of people and were happy and proud when 50 showed up. I started a knitting group in the basement of my home; we would knit items and sell them at Metropolitan Hospital's cancer clinic where we set up a booth, donating all our profits to the Cancer Society. Also, I worked in elementary schools in the S.A.G.E.[119] program for three years and enjoyed helping young students. I was a volunteer for 15 years at the cancer clinic, working directly*

---

117 Information from Leah Lenarduzzi and Linda Polsinelli
118 See story on Tomei's Grocery Store/Anthony's Food Market in this chapter.
119 Senior Aid Guiding Education, a program with the Windsor Separate School Board

Giovanni Lo Mascolo in front of his store, John's Import Textiles Ltd.
Giovanni Lo Mascolo dinanzi al suo negozio, John's Import Textiles Ltd.

Courtesy/Cortesia: Giovanni and Giuseppina Lo Mascolo, P12034

Nessuno nell'isolato aveva l'auto; noi ne avevamo una piccola senza finestrini. Mio fratello la guidava per recarsi al mercato comunale a comprare la verdura e fare il pieno di benzina. La gente dell'isolato non aveva un telefono; eravamo i soli nel quartiere ad averne uno. La gente veniva per usarlo particolarmente quando bisognava chiamare il medico che allora faceva visite a domicilio. A quei tempi, una famiglia di quattro persone riceveva dal comune $5.00 la settimana. I clienti ci davano i $5.00, noi li annotavamo in un quaderno e qualunque cosa comprassero ne era sottratta. Per esempio allora, il latte costava 6 o 7 centesimi il quarto di gallone, una scatola di fiocchi di granturco costava 9 centesimi, il salame era 33 centesimo la libbra e una bistecca 15 centesimi la libbra.

Leah conobbe Anthony Lenarduzzi mentre lui lavorava per il suo padrino nella birreria, l'Ottawa Hotel, in Ottawa St. vicino a Parent Ave. Anthony aveva lavorato nell'edilizia come progettista a Windsor prima di recarsi a New York dove aveva trovato lo stesso tipo d'impiego. Poiché non aveva i documenti, ritornò a Windsor. Anthony e Leah si sposarono il 26 dicembre 1936 e, nel 1946 quando i genitori di Leah andarono in pensione, rilevarono il Tomei's Grocery Store e lo chiamarono Anthony's Food Market. Abitarono al 1686 Parent Ave. e hanno due figlie, Loretta Venir e Linda Polsinella, e quattro nipoti. Leah ricorda con affetto:

Quando andai in pensione nel 1976, la mia vita divenne molto interessante. Da giovane ero sempre interessata alla pittura e dopo il pensionamento seguii classi di pittura da Mary DeMarco e per cinque anni frequentai corsi di belle arti presso l'Università di Windsor. Quando riferii a mio marito ciò che intendevo fare, mi disse, "Sai che all'università hanno delle modelle nude e tu sei timida". Risposi che avrei fatto il mio meglio. Nel frattempo avviai il gruppo della Sant'Angela Senior Citizens e ne fui la prima presidente. Al nostro primo incontro ci aspettavamo una manciata di anziani e fummo felici e fieri quando se ne presentarono 50. Iniziai un gruppo per lavori a maglia nel seminterrato di casa mia; confezionavamo articoli ai ferri e li vendevamo presso la clinica del cangro del Metropolitan Hospital dove avevamo una bancarella dando tutto il profitto alla Cancer Society. Partecipai anche al programma S.A.G.E.[119] nelle scuole elementari per tre anni e mi piaceva aiutare gli alunni. Sono stata una volontaria per 15 anni alla clinica del cangro, trattando direttamente con i pazienti, e per 18 anni presso l'Hospice. Fui una delle prime tirocinanti nel programma dell'Hospice e spesso mi fu chiesto di aiutare i pazienti che avevano difficoltà nel comunicare in inglese.

Quando Anthony e Leah andarono in pensione, comprarono una casa al 1402 Parent Ave., la stessa casa costruita da Anthony e poi da lui venduta verso la fine degli anni '30. Dopo la sua morte, Leah continuò a viverci da sola, le piaceva dipingere, leggere, fare passeggiate e passare il tempo con la famiglia e gli amici. All'età di 86 anni Leah dovette abbandonare la pittura a causa di dolori nelle mani. Abitò da sola fino all'età di 93 anni e ora vive con la famiglia.

Leah ha ricevuto molte onorificenze per il suo volontariato, tra cui certificati di riconoscimento dalla Board of Education e dalla Windsor Cancer Clinic. Il Rotary Club le ha conferito una medaglia in riconoscimento dei suoi numerosi anni di servizio come una volontaria dedita alla comunità.

---

119   Senior Aid Guiding Education, un programma con la Windsor Separate School Board

with the patients, and for 18 years at Hospice. One of the first trainees in the Hospice program, I was called upon often to help Italian patients who had difficulty communicating in English.

When they retired, Anthony and Leah bought a house at 1402 Parent Ave., the very house Anthony himself had built and sold in the late 1930s. After his death in 1996, Leah continued to live there, where she enjoyed painting, reading, going for walks and spending time with family and friends. At age 86, she had to stop painting due to pain in her hands. Until the age of 93, she lived by herself and now lives with family.

Leah has received many honours for her volunteer work, among which certificates of appreciation from the Board of Education and the Windsor Cancer Clinic. The Rotary Club of Windsor awarded Leah a medal in recognition of her many years of service as a dedicated volunteer in the community.

Agostino and Giulietta Lopez enjoying a Roman feast at the Caboto Club.

Agostino e Giulietta Lopez si godono una festa Romana al Caboto Club.

Courtesy/Cortesia: Giulietta and Agostino Lopez, P10607

Giovanni Lo Mascolo (John's Import Textiles Ltd.)[120]

I was 26 when I immigrated to Canada with my young wife Giuseppina Giacomazza and our six-month-old daughter, Anna. We landed in Halifax on March 16, 1959. From there, we travelled by train for two unending days to reach our relatives in Montreal. Work was hard to find; only temporary jobs were available. My first job was with a transport company to install new railroads. I worked at this demanding job for three months.

In 1960, I met a friend from Vancouver, Pasquale Bruno, who gave me the idea of getting into the business of selling bedspreads, tablecloths and carpets. Consequently, I became a pedlar. I travelled for four years to many provinces including Quebec, Ontario, New Brunswick, Nova Scotia and Newfoundland.

In 1965, I met Mr. Cora from Chieri, Torino who encouraged me to open my own business of Italian imported goods. He helped me financially and gave me many suggestions and the names of new firms in Milan. In February of 1966, I opened John's Import Textiles on Ottawa St. in Windsor where I remained until 1970. Later, I transferred to the corner of Erie St. and Marentette Ave. and, in 1975, moved to our current location at 673 Erie St. E. My products include draperies, linens and family clothing from Italy and many other countries.

I must thank my wife and my three children, Anna Aleo, Tony, and Giovanna Giglio for their great help and support.

Salvatore Lopez (Sal's Hair Shop)[121]

Salvatore, better known as Sal the barber, came to Windsor in 1954 to join his older brother Giuseppe (Joe). In 1958, after working at various jobs, he attended the Drouillard Barber School on University Ave. and obtained his diploma in 1960.

---

120 Written by Giovanni Lo Mascolo
121 Written by Caterina Lopez

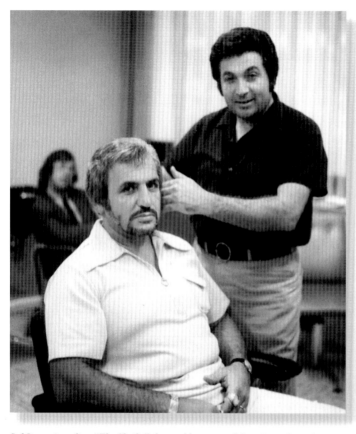

Sal Lopez is styling "The Sheik," the world-renowned American champion wrestler, one of his regular American customers, c. 1970s.

Sal Lopez taglia i capelli a uno dei suoi consueti clienti americani, "The Sheik", il campione americano di lotta famoso in tutto il mondo, anni '70 ca.

Courtesy/Cortesia: Sal Lopez, P12761

Giovanni Lo Mascolo (John's Import Textiles Ltd.)[120]

Avevo 26 anni quando immigrai in Canada con la mia giovane moglie Giuseppina Giacomazza e nostra figlia Anna di sei mesi. Approdammo ad Halifax il 16 marzo 1959. Da lì viaggiammo in treno per due interminabili giorni per raggiungere i nostri parenti a Montreal. Era difficile trovare lavoro; c'erano solo lavori provvisori a disposizione. Il mio primo lavoro fu con una società di trasporti per l'installazione di nuovi binari ferroviari. Feci questo mestiere arduo per tre mesi.

Nel 1960 incontrai un amico di Vancouver, Pasquale Bruno, che mi diede l'idea di dedicarmi alla vendita di copriletti, tovaglie e tappeti. Fu così che divenni un venditore ambulante. Viaggiai per quattro anni in molte province, tra cui il Quebec, l'Ontario, il Nuovo Brunswick, la Nuova Scozia e Terranova.

Nel 1965 conobbi il signor Cora di Chieri, Torino, che mi incoraggiò ad aprire una mia attività di merci importate dall'Italia. Mi aiutò dal punto di vista finanziario e mi diede molti suggerimenti e i nomi di alcune ditte di Milano. Nel febbraio del 1966 aprii la John's Import Textiles in Ottawa St. a Windsor, dove rimasi fino al 1970. In seguito, trasferii l'attività all'angolo di Erie St. e Marentette Ave. e nel 1975, alla sede attuale al 673 Erie St. E. I miei prodotti comprendono tessuti, biancheria e abbigliamento per la famiglia importati dall'Italia e da molti altri paesi.

Devo ringraziare mia moglie e i miei figli, Anna Aleo, Tony Lo Mascolo e Giovanna Giglio per il loro grande aiuto e sostegno.

Salvatore Lopez (Sal's Hair Shop)[121]

Salvatore, meglio noto come Sal the barber, venne a Windsor nel 1954 per raggiungere suo fratello maggiore Giuseppe (Joe). Nel 1958, dopo aver fatto vari lavori, frequentò la Drouillard Barber School in University Ave. e si diplomò nel 1960.

Sal si trasferì a Sarnia per lavorare da Carlo Hairstylist per uomo e donna e frequentò classi serali alla Blue Water Hairdresser School a Port Huron, Michigan. Ricevette il diploma e la licenza di barbiere e parrucchiere per il Michigan nel 1963. Sal ritornò a Windsor a lavorare con il parrucchiere Rocco Ciccone in Ouellette Ave. fino al 1968 quando aprì il suo salone Sal's Coiffures, anche in Ouellette Ave. Nel 1972 Sal ricevette la green card dal Consolato americano per le sue qualifiche di parrucchiere. Lavorò per un breve periodo a Las Vegas e poi a Southfield, Michigan.

Sposò Caterina Pappagallo nel 1975 e, poco dopo, ritornò a Windsor per aprire il Sal's Hair Shop nella sede attuale al 395 Wyandotte St. W. Durante tutta la sua carriera di barbiere e parrucchiere, Sal ha ricevuto diversi premi a Windsor, Sarnia e Michigan.

Salvatore e Caterina hanno quattro figli: Sergio, Giovanni Salvatore, Rita Rosalia Vespa e Mary Anne.

---

120   Scritto da Giovanni Lo Mascolo
121   Scritto da Caterina Lopez

Sal moved to Sarnia to work at Carlo Hairstylist for men and women and attend night classes at Blue Water Hairdresser School in Port Huron, Michigan. He received his barber and hairdresser diploma and licence for Michigan in 1963. Sal returned to Windsor to work with hairstylist Rocco Ciccone on Ouellette Ave. until 1968 when he opened his own Sal's Coiffures, also on Ouellette Ave. In 1972, based on his hairstylist qualifications, Sal received his green card from the American Consulate. He worked for a short while in Las Vegas and later in Southfield, Michigan.

He married Caterina Pappagallo in 1975 and shortly after returned to Windsor to open Sal's Hair Shop at the current location, 395 Wyandotte St. W. Throughout his barber and hairstylist career, Sal has been the recipient of several awards in Windsor, Sarnia and Michigan.

Sal and Caterina have four children: Sergio, Giovanni Salvatore, Rita Rosalia Vespa and Mary Anne.

Loreto Family[122]

John Loreto and Maria Caldarelli were married in Italy in 1909 and had ten children. After several trips back and forth to Canada between 1911 and 1930, they made their final home in Windsor.

The Loretos were always around St. Angela Merici Church. John was one of the individuals responsible for building the church in 1939. He built his residence at 958 Louis Ave., just north of the Nadalin home. Three married daughters moved close to their parents: Mary and Maggiorino Paniccia, next door on the north side; Rosie and Aldo Carlesso, at 910 Louis Ave.; while Connie and Dominic Marinacci lived on Marentette Ave.

Their sons, Gregory, Hugo, Harry, Sam and Mario, were involved with St. Angela parish in various capacities. Hugo painted the original murals in the church hall and Sam was one of the original ushers. Three sons were married, Gregory to Clara Stocco, Hugo to Elsa Stocco and Harry to Rose Diminin.

John and Maria later moved to 979 Louis Ave., directly across from the church (now property of the parish) where they lived for many years until their death.

Magri Family (Windsor Roma Tile Carpet One)[123]

I was born in San Giovanni in Galdo, Campobasso (Molise). At 18, the dream of immigrating to Canada was very appealing. In June 1948, my father Arturo, my brother Domenico and I came to Canada to join our uncle, Michele Magri, who owned a farm in Leamington. We worked there for two years. In the 1950s, people worked on the farm for 50 cents an hour.

In January 1949, my mother, my brother Antonio and sister Giovannina joined us in Leamington. Later, we moved to Windsor where I married Assunta Timperio in 1952 and we had two sons, Arthur and Robert.

Loreto family from left, girls: Connie, Maria (with Mario in arms), Mary, Rosie. Boys: Hugo, Harry, Sam, Arduino and Greg.

La famiglia Loreto da sinistra le figlie: Connie, Maria (con Mario in braccio), Mary, Rosie. I figli: Hugo, Harry, Sam, Arduino e Greg.

Courtesy/Cortesia: John Marinacci, P11251

---

122   Information from John Marinacci
123   Written by Luigi Magri

This advertisement appeared in the booklet
printed for the 10th anniversary of St. Angela Merici Church, 1949.

Questo annuncio era nel libretto del 10° anniversario della chiesa di
Sant'Angela Merici, 1949.

Courtesy/Cortesia: Florindo and Domenica Mandarino, P11175

Sam Loreto with "Family that Prays Together Stays Together" float,
May 1, 1957 or 1958.

Sam Loreto con il carro da corteo "La famiglia che prega insieme sta
insieme" 1° maggio 1957 o 1958.

Courtesy/Cortesia: John Marinacci, P11250

La famiglia Loreto[122]

John Loreto e Maria Caldarelli si sposarono in Italia nel 1909 ed ebbero dieci figli. Dopo diversi viaggi avanti e indietro in Canada tra il 1911 e il 1930, si stabilirono definitivamente a Windsor.

I Loreto erano sempre alla chiesa Sant'Angela Merici. John fu uno dei responsabili della costruzione della chiesa nel 1939. Costruì la sua residenza al 958 Louis Ave., appena a nord della casa di Nadalin. Le tre figlie sposate si spostarono vicino ai genitori: Mary e Maggiorino Paniccia, accanto al lato nord; Rosie e Aldo Carlesso, al 910 Louis Ave.; mentre Connie e Dominic Marinacci vivevano in Marentette Ave.

I figli maschi, Gregory, Hugo, Harry, Sam e Mario, erano coinvolti nella parrocchia di Sant'Angela in varie capacità. Hugo dipinse i murali originali nella sala parrocchiale e Sam fu uno dei primi uscieri. Tre figli erano sposati: Gregory con Clara Stocco, Hugo con Elsa Stocco e Harry con Rose Diminin.

John e Maria si trasferirono in seguito al 979 Louis Ave. direttamente di fronte alla chiesa (ora proprietà della parrocchia), dove abitarono per molti anni fino alla morte.

La famiglia Magri (Windsor Roma Tile Carpet One)[123]

Io sono nato a San Giovanni in Galdo, Campobasso (Molise). All'età di 18 anni ero molto attratto dal sogno di immigrare in Canada. Nel giugno 1948 io, mio padre Arturo e mio fratello Domenico venimmo in Canada da nostro zio, Michele Magri, proprietario di una fattoria a Leamington. Lì lavorammo per due anni. Negli anni 1950 la gente lavorava nei campi per 50 centesimi l'ora.

Nel gennaio 1949, mia madre, mio fratello Antonio e mia sorella Giovannina ci raggiunsero a Leamington. In seguito, ci trasferimmo a Windsor, dove sposai Assunta Timperio nel 1952 e avemmo due figli, Arthur e Robert.

Negli anni cinquanta e sessanta le opportunità di lavoro erano scarse. Nel 1967, mi unii a mio cugino Antonio Magri, fondatore e proprietario di Roma Tile, situata a Campbell Ave. e Tecumseh Rd., e insieme iniziammo il viaggio che ci condusse al successo economico. Alcuni anni dopo, Antonio vendette la sua quota della società. Nel 1977 quando i miei figli entrarono in società, ci trasferimmo al 2577 Howard Ave. e la ribattezzammo Windsor Roma Tile Carpet One. Nel 1984 affidai l'attività ai miei figli Arthur e Robert, che hanno mantenuto un'atmosfera di rispetto e stima per la società.

La mia famiglia ha stabilito radici forti in Canada. Se tutto va bene continueremo a contribuire per molti anni. E' difficile trovare le parole per ringraziare il Canada per averci dato l'opportunità di vivere qui.

---

122 Informazioni di John Marinacci
123 Scritto da Luigi Magri

In the 1950s and 1960s, job opportunities were scarce. In 1967, I joined my cousin Antonio Magri, founder and owner of Roma Tile, located at Campbell Ave. and Tecumseh Rd. and we began the journey that led to economic success. After several years, Antonio sold his share of the company. In 1977 when my sons joined the business, we moved to 2577 Howard Ave. and renamed it Windsor Roma Tile Carpet One. In 1984, I turned the business over to my sons Arthur and Robert who have maintained an atmosphere of respect and esteem for the company.

My family has established strong roots in Canada. Hopefully, we will continue to contribute for many years. It is hard to find words to thank Canada for having given us the opportunity to live here.

Giulio Malandruccolo[124]

Giulio was born in Ripi, Frosinone (Lazio) on June 21, 1943, son of Maria Domenica Corbi and Giuseppe Malandruccolo and brother of Guido, Adalgisa Gesuale and Antonietta DeSimone. Giulio learned the value of honesty, responsibility and hard work from his father and faith and love of family from his mother. After completing grade eight, he left school to help the family with farm chores.

On January 16, 1962, Giulio left from Naples aboard the *SS Olympia* to join his older brother, Guido, in Windsor. Guido worked as a manager at Fresh Water Fisheries for Martin Birkner who had sponsored Giulio and given him his first job. Mr. Birkner became a father figure for Giulio who later married Mr. Birkner's daughter, Maria. They had three daughters, Juliette, Anne-Margaret McNeil and Natalie Corbi-Malandruccolo.

In 1965, Giulio bought a bread delivery business and was later joined by Guido. Within four years, they bought International Bakery on Erie St. which, with the help of their wives, Maria and Margaret, became one of Essex County's largest Italian bakeries. In 1977, Giulio sold his share of the business to his nephew Tony.

In 1973, Giulio and Maria purchased a ranch in McGregor where the family lived with his parents. He purchased 99 head of cattle and started buying and selling at the livestock markets in the area. In the spring of 1978, Giulio and his sister, Antonietta, started D & M Trucking. In the early 1990s, Giulio bought his sister's share of the business and became the sole owner until his retirement in 1998. Giulio became involved in land development and, with a partner, created several subdivisions in the area, namely Strawberry Heights, Conte Crescent, Sacred Heart and West View Gardens.

Giulio joined the Ciociaro Club in 1978 and was elected president in 2002. A proud member of the club's choir, Voci Ciociare, he participated in the *Festa Provinciale del'Emigrante Ciociaro 2002* held throughout the province of Frosinone. The Italians were amazed that these emigrants had kept their traditions and culture alive through the love of song and dance.

From left: Roberto and Arturo with father Luigi Magri inside their store, Windsor Roma Tile Carpet One.

Da sinistra: Roberto e Arturo col padre Luigi Magri all'interno del loro negozio, Windsor Roma Tile Carpet One.

Courtesy/Cortesia: Luigi and Assunta Magri, P11539

---

124 Information from Maria Malandruccolo

Giulio Malandruccolo and daughter, c. 1968-70.

Giulio Malandruccolo con la figlia, 1968-70 ca.

Courtesy/Cortesia: Giulio Malandruccolo, P12099

Giulio Malandruccolo with Prime Minister Paul Martin at the Ciociaro Club.

Giulio Malandruccolo con il Primo Ministro Paul Martin al Club Ciociaro.

Courtesy/Cortesia: Giulio Malandruccolo, P13531

Giulio Malandruccolo[124]

Giulio nacque a Ripi, Frosinone (Lazio) il 21 giugno 1943, figlio di Maria Domenica Corbi e Giuseppe Malandruccolo e fratello di Guido, Adalgisa Gesuale e Antonietta DeSimone. Giulio imparò i valori di onestà, responsabilità e duro lavoro dal padre e di fede e amore per la famiglia dalla madre. Una volta completata la terza media, lasciò la scuola per aiutare la famiglia nei lavori agricoli.

Il 16 gennaio 1962, Giulio s'imbarcò a Napoli sulla *SS Olympia* per raggiungere Guido, il fratello maggiore, a Windsor. Guido era il manager presso la Fresh Water Fisheries di Martin Birkner, che aveva sponsorizzato Giulio e gli aveva dato il suo primo lavoro. Il signor Birkner divenne una figura paterna per Giulio, che in seguito ne sposò la figlia, Maria. Ebbero tre figlie: Juliette, Anne-Margaret McNeil e Natalie Corbi-Malandruccolo.

Nel 1965 Giulio comprò una ditta di consegna del pane e a lui si unì in seguito Guido. Nel giro di quattro anni, acquistarono l'International Bakery in Erie St. che, con l'aiuto delle mogli Maria e Margaret, divenne uno dei più grandi panifici italiani della contea di Essex. Nel 1977, Giulio vendette la propria quota della ditta al nipote Tony.

Nel 1973, Giulio e Maria acquistarono un ranch a McGregor, dove la famiglia viveva con i genitori di lui. Giulio comprò 99 bovini e iniziò un'attività di compravendita ai mercati di bestiame della zona. Nella primavera del 1978 Giulio e la sorella Antonietta avviarono la D & M Trucking. All'inizio degli anni novanta, Giulio rilevò la quota della società della sorella e ne divenne l'unico proprietario fino al pensionamento nel 1998. Giulio si occupò dello sviluppo di proprietà terriera e, con un socio, creò diverse suddivisioni nella zona, particolarmente Strawberry Heights, Conte Crescent, Sacred Heart e West View Gardens.

Giulio divenne socio del Club Ciociaro nel 1978 e ne fu eletto presidente nel 2002. Membro fiero del coro, Voci Ciociare, partecipò alla *Festa Provinciale dell'Emigrante Ciociaro 2002* tenutasi in tutta la provincia di Frosinone. Gli italiani erano sorpresi del fatto che questi emigrati avessero mantenuto vive le proprie tradizioni e la cultura tramite l'amore del canto e del ballo.

Giulio ricevette il premio Emigrato dell'anno nel 2002 e nel 2005 dalla provincia di Frosinone. Nel 2006, ricevette il CIBPA Award of Excellence nella categoria di Family Business.

La famiglia Mancini (Italia Bakery)[125]

Mirella Simoni nata il 20 marzo 1929 a Patrica, Frosinone (Lazio) e Pietro Mancini nato a Supino, Frosinone, il 28 giugno 1925, si sposarono a Supino il 22 luglio 1945.

Io, Mirella, provengo da una famiglia di ceto medio, la primogenita di quattro fratelli... Vivevamo in una casa di legno. Ogni volta che pioveva, l'acqua penetrava attraverso i buchi nelle nostre

124 Infomazioni da Maria Malandruccolo
125 Informazioni basate sul diario di Mirella Mancini: *Storia della Nostra Vita*

Giulio was the recipient of the Emigrant of the Year Award in 2002 and 2005 from the province of Frosinone. In 2006, he received a CIBPA Award of Excellence in the Family Business category.

Mancini Family (Italia Bakery)[125]

Mirella Simoni, born March 20, 1929 in Patrica, Frosinone (Lazio), and Pietro Mancini. born in Supino, Frosinone on June 28, 1925, married in Supino on July 22, 1945.

I, Mirella, came from a middle class family, the eldest of four siblings…We lived in a house made of wood. Whenever there was a rainfall, water would leak through holes in our bedrooms. My parents would get up during the night to remove it with buckets…Often, during the Second World War, we abandoned our home to seek shelter whenever airplanes bombarded the area. Two days after the end of the war, my father lost his leg due to the explosion of a landmine buried under rocks. Nonetheless, he kept caring for his family and always provided food for us.

At the age of 15, I was engaged to Pietro and, at 16, we married. He was 19. We can say we have grown up together and have had a good life…At the age of 17, I had my first baby, Giuseppina… My husband and his family were landowners…At the time, it was customary to bring breakfast to the workers on the farm. Therefore, I had to get up very early in the morning, prepare the food while my daughter was sleeping and then walk four or five km to reach them for their break. There were no stoves, no washing machines nor dryers. We had a fireplace for cooking and washed clothes by hand on a washboard, but I managed.

At the age of 20, Mirella had a son, Franco. Pietro emigrated to work in Windsor in 1952. Mirella and their two children came in 1956 when Pietro had found a permanent job and bought a house.

While our children attended school, I found a job to help my husband with the expenses and provide for our children's needs. I worked at a fish company for a weekly wage of $25, handling ice ten hours a day, six days a week. With that money I was able to buy groceries for four. I worked until 1961, when I decided to work on my own. I opened a modest grocery store (in partnership with Filomena and Virgilio Mancini). Although the place was small, I was very happy to start the business. My husband was not enthused about this initiative because the economy was weak and going through a tough time…Yet, I was determined and expressed that my intent was not to get rich but only to make a day's living. I did not want to work for a boss who would tell me what to do.

A year later, the growth of the business led to the expansion of the store. Five years later, Mirella and Pietro bought the partners' share. Their children helped in the store after school. In 1973, Italia Food Market moved three blocks away into premises double the size – a real supermarket with ample parking for customers and a staff of 20, which operated until 1988.

In the meantime, at the former grocery store, Pietro and Mirella ran Italia Bakery. When they sold the supermarket, they concentrated their efforts on the bakery. Within two years of dedicated work,

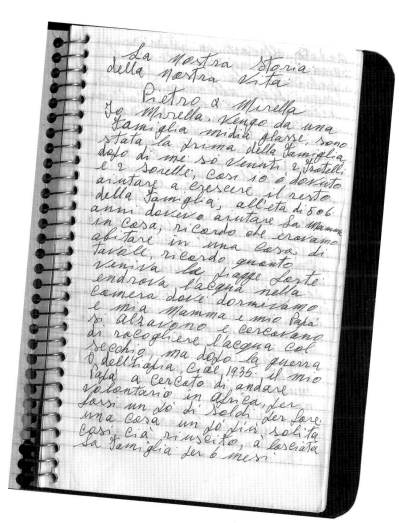

A page from Mirella Mancini's diary which tells the life story of Mirella and her husband Pietro.

Una pagina tratta dal diario di Mirella Mancini che racconta la storia di Mirella e del marito Pietro.

Courtesy/Cortesia: Mirella Mancini, P11261

---

125 Information based on Mirella Mancini's diary, *Storia della Nostra Vita*

Pietro Mancini's citizenship certificate, 1953.
Certificato di cittadinanza di Pietro Mancini, 1953.

Courtesy/Cortesia: Josie Savoni, P12051

stanze. I miei genitori si alzavano durante la notte per togliere l'acqua a secchiate... Spesso, durante la seconda guerra mondiale, lasciavamo la nostra casa per cercare riparo quando gli aeroplani bombardavano l'area. Due giorni dopo la fine della guerra, mio padre perse una gamba a causa dell'esplosione di una mina terrestre nascosta sotto le pietre. Tuttavia, continuò a occuparsi della famiglia e ci procurò sempre del cibo.

All'età di 15 anni mi fidanzai con Pietro e a 16, ci sposammo. Lui aveva 19 anni. Possiamo dire di essere cresciuti insieme e di avere avuto una bella vita... All'età di 17 anni ebbi la mia prima bambina, Giuseppina... Mio marito e la sua famiglia erano proprietari terrieri... All'epoca, si soleva portare la colazione agli operai nei campi. Perciò, dovevo svegliarmi molto presto la mattina, preparare da mangiare mentre mia figlia dormiva e poi camminare quattro o cinque km per raggiungerli durante la pausa. Non c'erano fornelli, lavatrici o asciugatrici. Avevamo un camino per cucinare e lavavamo la biancheria a mano su un'asse per lavare, ma me la cavavo.

A 20 anni, Mirella ebbe il figlio, Franco. Pietro emigrò nel 1952 per lavorare a Windsor. Mirella e i due figli lo raggiunsero nel 1956, quando Pietro aveva trovato un lavoro fisso e comprato una casa.

Mentre i bambini erano a scuola, trovai un lavoro per aiutare mio marito con le spese e provvedere ai bisogni dei nostri figli. Lavoravo in una compagnia di pesce per una paga settimanale di 25 dollari, maneggiando ghiaccio dieci ore al giorno, sei giorni alla settimana. Con quel denaro potevo fare la spesa per quattro. Lavorai fino al 1961, quando decisi di mettermi in proprio. Aprii un modesto negozio di alimentari (in società con Filomena e Virgilio Mancini). Sebbene fosse piccolo, ero molto felice di iniziare l'attività. Mio marito non era entusiasta dell'iniziativa poiché l'economia era debole e stava attraversando un periodo duro... Eppure, ero determinata e gli feci capire che il mio intento non era di diventare ricca, ma solo di guadagnarmi la giornata. Non volevo lavorare per un capo che mi dicesse cosa fare.

Un anno dopo, l'aumento degli affari portò all'espansione del negozio. Cinque anni dopo, Mirella e Pietro acquistarono la quota dei soci. I figli aiutavano nel negozio dopo la scuola. Nel 1972 l'Italia Food Market si trasferì a tre isolati di distanza, in uno stabile di doppia grandezza: un vero supermercato con ampio parcheggio per i clienti e un personale di 20 dipendenti, che operò fino al 1988.

Nel frattempo, nell'ex negozio di alimentari Pietro e Mirella gestivano l'Italia Bakery. Quando vendettero il supermercato, si concentrarono sul panificio. Nel giro di due anni di assiduo lavoro, gli affari e la clientela triplicarono. Mirella e Pietro comprarono sei case dietro il panificio, allargarono l'area di lavoro e raddoppiarono la facciata dell'edificio. Oggi hanno 20 dipendenti. Mirella dice: "La nostra famiglia ha una passione per questo posto... persino i nostri nipoti la condividono...."

Nel 1994 Mirella e Pietro andarono in pensione. Orgogliosi dei propri sacrifici ora godono i frutti del proprio lavoro con la famiglia e i parenti. Attualmente, la figlia, Josie Savoni, e la nuora, Ida, gestiscono il panificio a tempo pieno. Il marito di Josie, Carlo, fu sovrintendente della gestione e della produzione per molti anni, fino alla morte. Franco si occupa dell'amministrazione dal suo ufficio al primo piano.

the business operations and clientele tripled. Mirella and Pietro bought six houses behind the bakery, expanded the working area and doubled the frontage of the premises. Today, they employ 20 people. Mirella notes, "Our family is passionate about this place…even our grandchildren share the same passion… ."

In 1994, Mirella and Pietro retired. Proud of their sacrifices, they are presently enjoying the fruits of their labours with family and relatives. Presently, their daughter, Josie Savoni, and daughter-in-law, Ida, manage the bakery full time. Josie's husband, Carlo, oversaw the operation and production of the bakery for many years until his death. Franco handles the business administration from his office on the second floor.

The Italia Bakery (Mancini and Savoni Families) were honoured with a CIBPA Family Business Award of Excellence in 2005.

Eugenio (Gino) Manza Family (Volcano Restaurant and Pizzeria)[126]

Gino grew up in Figline Vegliaturo, Cosenza (Calabria). He was brought up to be a hard worker because his father made the boys work in the fields at a very young age. After fifth grade, Gino was not interested in continuing his education. "When I dropped out, I knew that I had to find something special to help support my family by going a different route." At 19, he set out for a new life in Manitoba where he worked for CP Railroad, oiling locomotives. After three years, Gino moved to Windsor to be closer to his brother-in-law, Stan Cundari, a successful businessman who lived in Detroit and owned a pizzeria. When Gino went to visit Stan, he discovered a gem. "When I saw how popular the pizza was there, I knew that this was a good opportunity for me to bring something new to Windsor." Stan taught him the tricks of the trade and inspired him to open his own pizzeria in Windsor.

"I came to Winnipeg by boat from Italy with only one suitcase and no money so if this didn't work out I would be in trouble, but it was a risk that I wanted to take." He had to find money to buy the proper equipment and a bank that would give him a loan, which was difficult. "I knew I could not do this all by myself so I had to find a partner, the money, loyal employees and a good location." He found a way to get all of these; he chose his cousin as partner, borrowed money from relatives and found a supplier who gave him the equipment and one year's time to pay for it. He had to put in many hours to get his plan started and had many sleepless nights. Gino would go to work early in the morning and sometimes did not get home until five the following morning. His worries though were far from over. "The future was unknown because there was a recession going on and I was not sure if Italian food would catch on with the Canadian people." In hiring his employees, he sought honesty, friendliness, dependability and reliability. "I wanted to make it a family environment so I treated them like my family, always paid them on time, had parties after work and gave them free food and drinks."

Italia Bakery deli counter.
Bancone di specialità gastronomiche dell'Italia Bakery.
Courtesy/Cortesia: Mirella Mancini, P11259

---

126 Story, "The Godfather of Pizza" written by his grandson, Samuel Gino Bonasso

Teresa Pugliese working at La Stella Supermarket, 1972.

Teresa Pugliese lavora a La Stella Supermarket, 1972.

Courtesy/Cortesia: Stella Pugliese Occhinero, P12077

Sorrento Cafe, 770 Erie St. E., 2008. One of the oldest established cafes on Erie St., Sorrento's opened its doors about 1964 under the original owner, Anna Fazio. Throughout the years, many others have owned the cafe including: Lorenza and French Dileonardo, Angelo Sciascia, Libertino Lattuca, Vince Bonadonna, Vito and Angela Finazzo, Paul Rosso, Biagio and Toni Spadafora, Tom Gemelli, Ross Lepera, Paul Bonventre and Diana Pipitone. Sorrento's is a well-known gathering spot for the Italian community where many go to watch Italian soccer games, drink cappuccino, or just hang out.

Sorrento Cafe, 770 Erie St. E. 2008. Uno dei primi bar istituito in Erie St., Sorrento aprì i battenti verso il 1964, con la prima proprietaria, Anna Fazio. Nel corso degli anni, molti altri proprietari hanno gestito il bar tra cui Lorenza e French Dileonardo, Angelo Sciascia, Libertino Lattuca, Vince Bonadonna, Vito e Angela Finazzo, Paul Rosso, Biaggio e Tony Spadafora, Tom Gemelli, Ross Lepera, Paul Bonventre e Diana Pipitone. Sorrento è un luogo di ritrovo ben noto alla comunità italiana, dove molti vanno per guardare le partite di calcio, prendere un cappuccino, o semplicemente passare il tempo.

Photo by/foto di: Craig Capacchione. Courtesy/Cortesia: Windsor's Community Museum, P13889

◄ *Eugenio Manza and Frank Gualtieri inside Volcano Pizzeria.*

Eugenio Manza e Frank Gualtieri all'interno della Volcano Pizzeria.

Courtesy/Cortesia: Joe and Rosemary Bonasso, P11207I

Eugenio Manza, owner of Volcano Pizzeria, at work.
Eugenio Manza, proprietario della Volcano Pizzeria, al lavoro.
Courtesy/Cortesia: Joe and Rosemary Bonasso, P11207J

Employees at work in the kitchen of Volcano Pizzeria. Frank Tedesco (near the oven), future owner of Franco's restaurant, began his restaurant career at the Volcano.
I dipendenti al lavoro nella cucina della Volcano Pizzeria. Frank Tedesco (vicino al forno), il futuro proprietario del ristorante Franco's, iniziò la sua carriera alla Volcano Pizzeria.
Courtesy/Cortesia: Joe and Rosemary Bonasso, P11207F

All' Italia Bakery (le famiglie Mancini e Savoni) fu conferito un CIBPA Family Business Award of Excellence nel 2005.

La famiglia di Eugenio (Gino) Manza (Volcano Restaurant and Pizzeria)[126]

Gino nacque a Figline Vegliaturo, Cosenza (Calabria). Fu educato ad essere un gran lavoratore poiché il padre faceva lavorare i ragazzi nei campi da una età molto giovane. Terminate le elementari, Gino non s'interessò a continuare gli studi. "Quando lasciai la scuola, sapevo che dovevo cercare qualcosa di speciale per mantenere la famiglia, prendendo una strada diversa". A 19 anni, Gino partì per una nuova vita in Manitoba, dove lavorò per la CP Railroad, lubrificando locomotive. Dopo tre anni, si trasferì a Windsor per essere vicino al cognato, Stan Cundari, un uomo d'affari di successo residente a Detroit e proprietario di una pizzeria. Quando Gino visitò Stan, scoprì una gemma. "Quando vidi quanto fosse apprezzata la pizza lì, capii che era una buona opportunità per me di portare qualcosa di nuovo a Windsor". Stan gli insegnò i trucchi del mestiere e lo ispirò ad aprire una pizzeria a Windsor.

"Venni con la nave dall'Italia a Winnipeg, con una sola valigia e senza soldi, quindi se non fosse andato bene sarei stato nei guai, ma era un rischio che volevo prendere". Gino dovette procurarsi il denaro per comprare le attrezzature adeguate e una banca che gli concedesse un prestito, il che era difficile. "Sapevo che non avrei potuto farcela da solo, quindi dovevo trovare un socio, denaro, dipendenti fidati e una buona località". Trovò il modo per avere tutto questo: scelse suo cugino come socio, prese in prestito i soldi dai parenti e trovò un fornitore che gli diede le attrezzature e un anno di tempo per pagarle. Dovette lavorare molte ore per avviare il progetto e passò molte notti in bianco. Gino andava a lavorare presto la mattina e a volte non rientrava fino alle cinque del mattino seguente. Le sue preoccupazioni, però, non erano affatto finite. "Il futuro era incerto perché era in corso una recessione e non ero sicuro che il cibo italiano avrebbe attecchito tra i canadesi". Nell'assumere il proprio personale, cercava onestà, cordialità, affidabilità e serietà. "Volevo creare un ambiente familiare, così li trattavo come parenti, pagandoli sempre puntualmente, organizzando feste dopo il lavoro e dando loro da mangiare e da bere gratis".

L'anno 1957 segnò l'inaugurazione della Volcano Pizzeria, situata nel cuore di Windsor. Fu un successo immediato, che superò le aspettative di Gino. Non aveva i soldi per pubblicizzare il ristorante, ma la voce cominciò a spargersi in città e tutti volevano provarlo. "Nel giro del primo anno, la gente aspettava in piedi in fila intorno all'angolo per entrare". Con tutte quelle entrate, ci volle un anno per raggiungere l'obiettivo e pagare il debito. Assunse un contabile che si occupasse delle finanze. La capienza della Volcano Pizzeria aumentò da 60 a 400 persone.

Gino amava trattare con la gente e questo era il modo perfetto per farlo. Quando gli fu chiesto che cosa amava di più del suo lavoro, rispose: "Mi piaceva interagire con i clienti ed ero orgoglioso di vedere i ragazzi e le ragazze che assumevo, senza alcuna esperienza lavorativa, laurearsi in seguito

---

126 Storia, "The Godfather of Pizza," scritta dal nipote Samuel Gino Bonasso.

The year 1957 marked the grand opening of Volcano Pizzeria, located in the heart of Windsor. It was an instant success which surpassed Gino's expectations. He did not have the money to advertise his restaurant but the word started to spread in the city and everyone wanted to try it. "Within the first year, people were standing around the corner waiting just to get in the door." With all this money coming in, it took one year to reach his goal and pay off his debt. He hired a bookkeeper to take care of the finances. Volcano Pizzeria grew from 60 to a 400-seat restaurant.

Gino loved being around people and this was a perfect way for him to do it. When asked what he enjoyed most about his work, he replied, "I liked interacting with customers and was proud to see the young boys and girls I hired with no job experience later graduate and move on to become teachers, doctors and lawyers." However, he did not enjoy everything about his work. Starting up a business and running it was very time-consuming and took away from his family life. He was overtired, overworked and stressed but he persevered and became a very successful man. In 1986, he sold his business to the Downtown Mission. Gino enjoyed babysitting and caring for his grandson and granddaughter, relaxing from the ups and downs he had gone through during his 30 years in the pizzeria business.

When asked what main qualities contributed to his success, he replied, "Patience and determination." This is not bad at all for a man who stepped off the boat in a new country with nothing.

Anna Masaro[127]

Anna was the daughter of Cristina De Santis and Marcello Carabelli.[128] Marcello immigrated to the U.S. aboard the SS *Ausonia* in 1910 and Cristina, with their nine children, came aboard the SS *Cristoforo Colombo* in 1913. Anna, their tenth child, was born in 1913 in Trenton, N.J. where she grew up.

In 1938, when Fr. Constantino De Santis came from Trenton to Windsor to build the Italian church, two of his nieces (his sister Cristina's children) accompanied him. One of them was Anna Carabelli.

While her older sister returned to New Jersey, Anna stayed behind to become St. Angela's organist for thirty years. In 1941, she married Ildo Giovanni Masaro, whom she met in the church choir. They had three children: Theresa Naccarato, Joseph Constantine and Christine Ann Rocca.

Clemente and Gilda Meconi[129]

Clemente was born in March 1900 in Faleria, Viterbo (Lazio). He was raised in the Vatican under the auspices of Cardinal Andrea Caron and the Sisters of Pope Pius X. He joined the Royal Guards as an officer for the Italian royal family until the Italian government dismissed the Royal Guards in 1922, whereupon he became an officer with the carabinieri stationed in Frosinone. Clemente then

---

127 Information from Anna Masaro and Christine Rocca
128 Marcello was born in 1871 in Ronciglione, Viterbo (Lazio) and Cristina, in 1875 in Civita Castellana, Viterbo.
129 Information from Tullio Meconi and city directories

Volcano Pizzeria's fleet of delivery vehicles.
Parco dei veicoli di consegna della Volcano Pizzeria.
Courtesy/Cortesia: Joe and Rosemary Bonasso, P11207D

Eugenio Manza and staff in front of Volcano Pizzeria at 157 Wyandotte St. W.
Eugenio Manza e personale dinanzi alla Volcano Pizzeria al 157 Wyandotte St. W.
Courtesy/Cortesia: Joe and Rosemary Bonasso, P11207E

Anna Masaro Carabelli, the first organist of St. Angela Merici Church.
Anna Masaro Carabelli, la prima organista della chiesa di Sant'Angela Merici.

Courtesy/Cortesia: Anna Masaro and Christine Rocca, P11372

Anna Carabelli and Ildo Masaro's wedding was celebrated by Fr. De Santis in 1941. Also present were Leo and Helen Nadalin.

Il matrimonio di Anna Carabelli e Ildo Masaro fu celebrato da P. De Santis nel 1941. Anche presenti erano Leo e Helen Nadalin.

Courtesy/Cortesia: Christine Rocca and Anna Masaro, P11370B

e andare avanti, per divenire insegnanti, dottori e avvocati". Tuttavia, non tutto gli piaceva del suo lavoro. Avviare e gestire un'impresa richiedeva molto tempo e lo allontanava dalla vita familiare. Era sovraffaticato, lavorava troppo ed era stressato, ma perseverò e divenne un uomo di grande successo. Nel 1986 vendette il ristorante alla Downtown Mission. A Gino piaceva badare e prendere cura dei nipoti, rilassandosi dagli alti e bassi che aveva vissuto nei 30 anni di attività alla pizzeria.

Quando gli fu chiesto quali qualità principali avevano contribuito al suo successo, rispose: "pazienza e determinazione." Mica male per uno che sbarcò dalla nave in un nuovo paese senza niente.

Anna Masaro[127]

Anna era figlia di Cristina De Santis e Marcello Carabelli.[128] Marcello immigrò negli Stati Uniti a bordo della *SS Ausonia* nel 1910 e Cristina arrivò, con i nove figli, a bordo della *SS Cristoforo Colombo* nel 1913. Anna, la decima, nacque nel 1913 e visse a Trenton, N. J.

Nel 1938, quando P. Constantino De Santis venne da Trenton a Windsor per costruire la chiesa italiana, due delle sue nipoti (figlie della sorella Cristina) lo accompagnarono. Una di loro era Anna Carabelli.

Mentre la sorella maggiore ritornò nel New Jersey, Anna rimase, e fu l'organista di Sant'Angela per trent'anni. Nel 1941, sposò Ildo Giovanni Masaro, che aveva conosciuto nel coro della chiesa. Ebbero tre figli: Theresa Naccarato, Joseph Constantine e Christine Ann Rocca.

Clemente e Gilda Meconi[129]

Clemente nacque nel marzo 1900 a Faleria, Viterbo (Lazio). Fu educato nel Vaticano sotto la protezione del Cardinale Andrea Caron e delle suore di Papa Pio X. Entrò a far parte delle Guardie Reali come ufficiale della famiglia reale italiana finché il governo italiano le abolì nel 1922, dopo di che divenne ufficiale dei carabinieri di Frosinone. Clemente in seguito si trasferì in Canada, con la carica di viceconsole italiano a Ottawa fino al 1925, quando decise di trasferirsi a Windsor per raggiungere i due fratelli, Mariano e Luigi,[130] che erano venuti da Faleria a Windsor all'inizio del 1900.

Nel 1925, Clemente aprì un negozio di alimentari, Roma Grocery, dove vendeva formaggio, olio e olive importati dall'Italia, dalla Grecia e dalla Spagna. Nel 1928 Clemente sposò Gilda Da Re, nata in Pennsylvania il 5 gennaio 1907. Dopo essere ritornata a Vittorio Veneto (Treviso) con la famiglia nel 1912, Gilda immigrò a Windsor nel 1925 per stare con la sorella, Ida Dominato, e la zia, Lucia Dottor. Nel 1930, Clemente e Gilda ebbero un figlio, Tullio, che esercita la professione di avvocato a Windsor. Nel 1933 Clemente morì. Gilda riuscì da sola a gestire il negozio durante gli anni difficili della grande depressione. Entro il 1958 ne cambiò il nome a G & T Meconi Importers Limited. Gilda era presidente e Tullio, segretario tesoriere di questa società che importava tutti i tipi di olio da cucina

127 Informazioni da Anna Masaro e Christine Ann Rocca
128 Marcello nacque nel 1871 a Ronciglione, Viterbo (Lazio) e Cristina, nel 1875 a Civita Castellana, Viterbo.
129 Informazioni da Tullio Meconi e dagli elenchi urbani
130 Vedi le loro storie in questo capitolo.

moved to Canada, holding the position of Italian Vice-Consul in Ottawa until 1925, when he decided to move to Windsor to join his two brothers, Mariano and Luigi,[130] who had come to Windsor from Faleria in the early 1900s.

In 1925, Clemente opened a grocery store, eventually named Roma Grocery, where he sold cheese, oil and olives imported from Italy, Greece and Spain. In 1928, Clemente married Gilda Da Re, born in Pennsylvania on January 5, 1907. After returning to Vittorio Veneto (Treviso) with her family in 1912, Gilda immigrated to Windsor in 1925 to be with her sister, Ida Dominato, and aunt, Lucia Dottor. In 1930, Clemente and Gilda had a son, Tullio, a lawyer currently practising in Windsor. In 1933, Clemente passed away. Gilda, alone, managed to operate the business during the difficult years of the Depression. By 1958, Gilda had changed the name of the business to G & T Meconi Importers Limited. She was the president and Tullio, the secretary-treasurer of this company which imported all kinds of cooking oils and olive oil. Gilda was one of the first in the country to promote canola cooking oil from western Canada. She sold the store in 1966 and commenced a career as a real estate agent, first with Dani Real Estate Ltd. and then with Glisich Real Estate. She retired in 1993.

Gilda is still living today, 2009, at age 102.

Luigi Meconi[131]

As a third generation Canadian, I celebrate my Italian-Canadian heritage and rich traditions in the name of my grandparents, Luigi and Emilia Meconi. Born on March 28, 1893 in Faleria, Viterbo (Lazio), Luigi left his hometown in 1909, at age 16, to start a new life in Canada.

My *Nonna*, Emilia Cocchetto, was born November 27, 1899 in Treviso (Veneto) and, in 1920 at age 21, she immigrated to Windsor. My grandparents married in 1921 and began the first Italian-Canadian generation of the Meconis with their children, Clara, Henry, Frank and Norando.[132]

During WWI, Luigi served with the Canadian Expeditionary Forces. He was arrested in Windsor during WWII, along with other Italian-Canadian men, and interned at Camp 33 in Petawawa, Ontario. In this dark period, *Nonna*, with the support of her children, continued to operate the family home and business – Rome Garden Restaurant at 475 Windsor Ave.

Throughout his 60 years in Canada, Luigi, along with other Italian-Canadians, was instrumental in contributing to the economic growth and cultural vitality of Windsor and Essex County. He was appointed president of the Dante Alighieri Society in 1911. Luigi also undertook many leadership roles in public service and private practice, serving as a wine merchant, a grocer, a representative of the Canada Steamship Lines, a banker, a foreign exchange official, a notary public, an official

---

130 See their stories in this chapter.
131 Written by Andrea Grimes
132 He died November 1, 2008.

Ildo and Anna Masaro with their three children, Christine, Joseph and Theresa.
Ildo e Anna Masaro con i tre figli, Christine, Joseph e Theresa.
Courtesy/Cortesia: Christine Rocca and Anna Masaro, P11371

Emilia and Luigi Meconi in their 443 Wyandotte St. E. apartment.
Emilia e Luigi Meconi nel loro appartamento al 443 Wyandotte St. E.
Courtesy/Cortesia: Andrea Grimes, P10348

Compliments of

ROMA GROCERY

(Gilda Meconi)

347-349 Wyandotte E.

Phone 3-3430

The Finest Groceries
Imported Groceries

This advertisement appeared in the booklet
printed for the 10th anniversary of St. Angela Merici Church, 1949.

Questo annuncio era nel libretto del 10° anniversario della chiesa di
Sant'Angela Merici, 1949.

Courtesy/Cortesia: Florindo and Domenica Mandarino, P11175

728   VERNON'S DIRECTORY

LUIGI MECONI

BANKER, STEAMSHIP AGENT, NOTARY PUBLIC

Foreign Exchange and Remittances
Official Police Court Interpreter.

303 WYANDOTTE EAST   PHONE, SENECA 2512

Advertisement for Luigi Meconi in the 1925-26 city directory.
Annuncio di Luigi Meconi nell'elenco urbano del 1925-26.

Courtesy/Cortesia: Windsor's Community Museum

e olio d'oliva. Gilda fu una delle prime del paese a promuovere per la cucina l'olio di canola dall'ovest del Canada. Vendette il negozio nel 1966 e si diede alla carriera di agente immobiliare, prima con la Dani Real Estate Ltd. e poi con la Glisich Real Estate. Andò in pensione nel 1993.

Gilda vive tuttora, 2009, all'età di 102 anni.

Luigi Meconi[131]

Come terza generazione canadese, celebro le mie discendenze e ricche tradizioni italo-canadesi nel nome dei miei nonni, Luigi ed Emilia Meconi. Nato il 28 marzo 1893 a Faleria, Viterbo (Lazio), Luigi partì dal paese natio nel 1909, all'età di 16 anni, per iniziare una nuova vita in Canada.

Mia nonna, Emilia Cocchetto nacque il 27 novembre 1899 a Treviso (Veneto) e nel 1920, all'età di 21 anni, immigrò a Windsor. I miei nonni si sposarono nel 1921 e diedero il via alla prima generazione italo-canadese di Meconi con i propri figli: Clara, Henry, Frank e Norando.[132]

Durante la prima guerra mondiale Luigi prestò servizio con il corpo, Canadian Expeditionary Forces. Fu arrestato a Windsor durante la seconda guerra mondiale assieme ad altri italo-canadesi e internato nel Camp 33 a Petawawa, Ontario. In questo periodo buio, mia nonna, con l'appoggio dei figli, continuò a gestire la casa e l'attività di famiglia - Rome Garden Restaurant al 475 Windsor Ave.

Durante i 60 anni che trascorse in Canada, Luigi, assieme ad altri italo-canadesi, apportò un contributo decisivo alla crescita economica e alla vitalità culturale di Windsor e della Contea di Essex. Fu nominato presidente della Società Dante Alighieri nel 1911. Luigi assunse anche molti ruoli di dirigenza nel servizio pubblico e in esercizi privati, servendo come commerciante di vino, negoziante di alimentari, rappresentante della Canada Steamship Lines, banchiere, agente di cambio, notaio, interprete ufficiale di corte e impiegato di posta. Infine, negli ultimi anni, fu proprietario dell'agenzia di viaggi Meconi al 447 Wyandotte St. E., ultima residenza al tempo della morte il 15 giugno 1969.

Mariano Meconi (Meconi Wine Co.)[133]

Mariano nacque a Faleria, Viterbo (Lazio) nel 1895. A 13 anni immigrò a Windsor, dove finì la scuola. Mariano lavorò all'azienda automobilistica Studebaker per finanziare la sua passione per la produzione del vino.

Nel 1921, un anno dopo l'inizio del proibizionismo negli Stati Uniti, Mariano fondò la Border Cities Wine Cellar Company.[134] Secondo l'elenco urbano di Windsor del 1925-26, questa giovane società si

---

131 Scritto da Andrea Grimes, nipote di Luigi ed Emilia Meconi

132 Morì il 1° novembre 2008.

133 Informazioni dalla St. Julian Winery, www.st.julian.com da www.sudswineandspirits.com/wineries.htm e dagli elenchi urbani di Windsor

134 Non si sa bene se all'epoca esisteva il proibizionismo nell'Ontario. Mariano fu in grado di aprire la sua attività grazie a una scappatoia nella legislazione del proibizionismo nell'Ontario, che rendeva i vini domestici esenti dalle disposizioni dell'*Ontario Temperance Act* approvato nel 1916. Applicato con vari livelli di rigore, il proibizionismo

court interpreter, and a post office official. Finally, in his later years he was owner of Meconi Travel Agency at 447 Wyandotte St. E., his last residence at the time of his death on June 15, 1969.

Mariano Meconi (Meconi Wine Co.)[133]

Mariano was born in Faleria, Viterbo (Lazio) in 1895. At age 13, he immigrated to Windsor where he finished school. Mariano worked at the Studebaker auto factory to finance his passion for winemaking.

In 1921, a year after the start of Prohibition in the U.S., Mariano founded Border Cities Wine Cellar Company.[134] According to the 1925-26 Windsor city directory, this fledgling company was located at 325 Assumption St. between McDougall St. and Mercer St. By 1929, the company moved to 421 Wyandotte St. The directory for that year listed Mariano, married to Avelia, as a "holder of Government Native Wine Permit." Although the manufacture, sale and transportation of liquor were illegal in the U.S. from 1920 to 1933, plenty of opportunity existed for enterprising Canadian companies. In the late 1920s, Mariano became a partner of Joseph Kennedy in the sale of whiskey in the Detroit/Windsor and the Port Huron/Sarnia areas under the name of Essex Import and Export Company.

By 1931, Mariano and his wife had moved to Sandwich West Township. The 1931 Essex County council records listed "M. Meconi" as the first deputy reeve of that township. He then moved Border Cities Wine Cellar Company to the Dougall Ave. Highway, near Grand Marais Rd. By 1933, the Meconis had moved to Church St. and Nottingham, RR 1, Windsor and, in 1935, to 1465 Parent Ave. The business name changed to Meconi Wine Ltd.[135] and remained on Dougall Ave. with a retail store at 45 Wyandotte St. E.[136]

Following Repeal of Prohibition in the U.S., Mariano moved his winemaking enterprise to Detroit. In 1936, he moved his winery and family to its present location in Paw Paw, Michigan to be closer to the Lake Michigan shore grape-growing region, calling the business the Italian Wine Company. In 1941, Mariano changed the company's name to St. Julian[137] Winery.

St. Julian, Michigan's oldest and largest winery, continues its operations under Mariano's grandson, David Braganini.

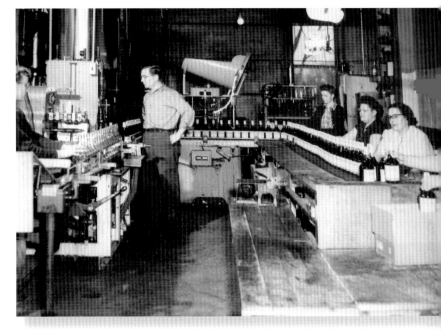

Bottling line at St. Julian Wine Company owned by Mariano Meconi.
Catena d'imbottigliamento alla St. Julian Wine Company, di proprietà di Mariano Meconi.
Courtesy/Cortesia: www.stjulian.com

---

133 Information from St. Julian Winery, www.st.julian.com and www.sudswineandspirits.com/wineries.htm and Windsor city directories
134 It is not well known that Prohibition existed in Ontario at this time. Mariano was able to set up his business due to a loophole in the Prohibition legislation in Ontario, which exempted native wines from the provisions of the *Ontario Temperance Act* passed in 1916. Enforced with various degrees of severity, Prohibition lasted until 1927 when the government passed the *Act to Regulate and Control the Sale of Liquor in Ontario*, which repealed the *Ontario Temperance Act*, creating the Liquor Control Board of Ontario (LCBO), a crown corporation, leading to government control over liquor.
135 The 1935 directory lists the company name as Meconi Wine of Canada Ltd.
136 The south side of Wyandotte St. between Dufferin Pl. and Goyeau St. where McDonald's is located today (2009)
137 Patron saint of Faleria, Mariano's village of origin

WINE MFRS

Ascot Wine Co Ltd, 5320 Riverside dr
(R'side)

Meconi Wine of Canada Ltd, 45 Wyandotte e

Rossoni's Winery, 1218 Tecumseh rd e

1935 city directory listing for the wine company owned by Mariano Meconi.
L'elenco della città del 1935 include l'annuncio della ditta di vino di proprietà
di Mariano Meconi.

trovava al 325 Assumption St. tra McDougall St. e Mercer St. Entro il 1929, la società si traslocò al 421 Wyandotte St. L'elenco di quell'anno indica Mariano, sposato con Avelia, come "titolare di permesso governativo per vini domestici". Sebbene la produzione, la vendita e il trasporto di alcolici fossero illegali negli Stati Uniti dal 1920 al 1933, esisteva un gran numero di opportunità per le società intraprendenti canadesi. Alla fine degli anni venti, Mariano divenne socio di Joseph Kennedy nella vendita di whiskey nelle aree di Detroit/Windsor e Port Huron/Sarnia con il nome di Essex Import and Export Company.

Entro il 1931 Mariano e la moglie si trasferirono nel comune di Sandwich West. Gli archivi del consiglio della Contea di Essex del 1931 elencano "M. Meconi" come il primo ufficiale di quel comune. In seguito Mariano traslocò la Border Cities Wine Cellar Company in Dougall Ave. Highway, vicino a Grand Marais Rd. Entro il 1933, i Meconi si erano trasferiti in Church St. e Nottingham, RR 1, Windsor e nel 1935, al 1465 Parent Ave. Il nome dell'attività cambiò in Meconi Wine Ltd.[135] e rimase in Dougall Ave., con un negozio al dettaglio al 45 Wyandotte St. E.[136]

In seguito alla revoca del proibizionismo negli Stati Uniti, Mariano trasferì la sua impresa della produzione di vino a Detroit. Nel 1936, trasferì la azienda vinicola e la famiglia all'ubicazione attuale a Paw Paw, Michigan, per essere più vicino alla regione di coltura dell'uva sulle rive del Lago Michigan, e chiamò l'attività Italian Wine Company. Nel 1941, Mariano cambiò il nome della società in St. Julian[137] Winery.

St. Julian, l'azienda vinicola più antica e più grande del Michigan, continua a operare sotto il controllo del nipote di Mariano, David Braganini.

Louie William Mele[138]

Louie, benché nato a Windsor, ha sempre avuto una forte passione per il suo patrimonio culturale italiano. La madre era nata in un quartiere di Roma e il padre in Calabria. Sebbene si fossero conosciuti e sposati a Windsor, allevarono la propria famiglia secondo le usanze tradizionali italiane. I ricordi d'infanzia di Louie, uno di cinque fratelli, comprendono grandi riunioni familiari sempre incentrate attorno alla tavola, a una tavola ben imbandita. Il piatto preferito di Louie è sempre stato la pasta, fatta in qualunque modo.

Frequentò l'Assumption High School, seguì alcuni corsi all'università, ma decise di andare a lavorare a tempo pieno da McDonald, dove divenne membro del personale nel 1972 all'età di 17 anni. Dal 1987 al 1995 Louie fu parte del gruppo operativo che aprì il primo ristorante McDonald in Italia dove rimase e finì alla guida del McDonald's Italy come presidente. Tra le pretese che McDonald

durò fino al 1927 quando il governo passò la legge, *Act to Regulate and Control the Sale of Liquor in Ontario*, che abrogò l'*Ontario Temperance Act* creando il Liquor Control Board of Ontario (LCBO), un ente statale, che portò al controllo del governo sugli alcolici.

135 L'elenco del 1935 annota la società con il nome di Meconi Wine of Canada Ltd.

136 Il lato sud di Wyandotte St. tra Dufferin Pl. e Goyeau St. dove oggi (2009) si trova il McDonald

137 Santo patrono di Faleria, villaggio natale di Mariano.

138 Informazioni da Louie Mele

Louie William Mele[138]

Louie, although born in Windsor, has always been passionate about his Italian heritage. His mother was born in a suburb of Rome and his father, in Calabria. Although they met and married in Windsor, they brought up their family following traditional Italian customs. One of five siblings, Louie's memories of his childhood involve large family gatherings always centered around food – large amounts of food. Louie's favourite family dish has always been any form of pasta.

He attended Assumption High School, took some university courses, but decided to work full time at McDonald's, where he had started as a crew person in 1972 at age 17.

From 1987 to 1995, Louie was part of the operations team that opened the first McDonald's restaurant in Italy and stayed on to eventually lead McDonald's Italy as president. Amid claims that McDonald's brought "fast food" to Italy, Louie jokes that it was the Italians who invented fast food. "You can get an espresso and a brioche in any bar in Italy faster than I can make you a Big Mac and fries!"

During the eight years he lived in Italy, Louie was able to share the true Italian lifestyle with his wife and children. Deborah, not of Italian descent, immediately fell in love with the culture when she married into Louie's family. Throughout the early years of their marriage, Deborah took the time to learn the basics of Italian cuisine, then perfected her skills in Italy and has a website on Italian food.

In May 2005, Louie was named president of McDonald's Restaurants of Canada, a position he held until his retirement in February 2008. He lives in Toronto with his wife. They have two children and four grandchildren.

Louie received several awards throughout his career, including Franchise Magazine Person of the Year Award in 2002. He was a member of the board of directors of the Canadian Restaurant and Foodservices Association and served as chair of their Fitness and Nutrition Roundtable, a committee he was instrumental in establishing. He also served on the board of Ronald McDonald House Charities and is currently on the board of The Brick Furniture. Louie attributes his work ethic to the example of his father and grandfather, who worked at two or three jobs. He felt that in some ways, this was what was being celebrated in his name with the presentation of the Caboto Club 2005 Italian of the Year Award.

Luigi Minello and Cristina Scapinello[139]

Luigi was born in 1876 in Vedelago, Treviso (Veneto). He married 18-year-old Cristina Scapinello in 1893. Luigi and eldest son, Leo, went to work in Switzerland in 1907-08. Life was difficult in Italy and,

Louie Mele, president of McDonald's Restaurants of Canada Limited, and Ronald McDonald, June 2005.

Louie Mele, presidente dei McDonald's Restaurants of Canada Limited, e Ronald McDonald, giugno 2005.

Courtesy/Cortesia: Louie Mele, P14020

---

138   Information from Louie Mele
139   Written by Norma Popovich, Luigi and Cristina's granddaughter -Norma was a member of the Associazione Trevisani nel Mondo di Windsor, the Catholic Women's League, the Pastoral Group, Gesu dell'Ascolto prayer group and St. Angela Merici Church (where she was a minister of the Eucharist and the Liturgy). Norma passed away on February 17, 2008.

Making wine at the Nostalgie Ciociare festival, Ciociaro Club, 2008.
Produzione del vino al festival Nostalgie Ciociare, Club Ciociaro, 2008.

Photo by/photo di: Armando Carlini. Courtesy/Cortesia: Ciociaro Club.

avesse portato il "fast food" in Italia, Louie scherza sul fatto che sono stati gli italiani a inventare il fast food. "In Italia si possono avere un espresso e una brioche in qualsiasi bar più velocemente di quanto possa impiegare io a fare un Big Mac e patatine!"

Durante gli otto anni in Italia Louie fu in grado di condividere il vero stile di vita italiana con la moglie e i figli. Deborah, non di discendenza italiana, s'innamorò subito della cultura quando sposò Louie di famiglia italiana. Nei primi anni di matrimonio, Deborah si applicò a imparare le basi della cucina italiana, poi perfezionò in Italia la sua arte e ha ora un sito web sulla cucina italiana.

Nel maggio 2005 Louie fu nominato presidente dei ristoranti McDonald in Canada, posizione che mantenne fino al pensionamento nel febbraio 2008. Vive a Toronto con la moglie. Hanno due figli e quattro nipoti.

Louie ha ricevuto diversi premi durante la sua carriera, incluso il Franchise Magazine Person of the Year Award nel 2002. Fu membro del consiglio di amministrazione della Canadian Restaurant and Foodservices Association, e servì come presidente del loro Fitness and Nutrition Roundtable, un comitato alla cui costituzione lui diede un contributo decisivo. Prestò servizio anche nel consiglio della Ronald McDonald House Charities ed è attualmente parte del consiglio di The Brick Furniture. Louie attribuisce la sua etica di lavoro all'esempio del padre e del nonno, che avevano due o tre lavori. Riteneva che, in qualche modo, era questo che veniva celebrato, a suo nome, quando gli fu presentato il 2005 Italian of the Year Award dal Club Caboto.

Luigi Minello e Cristina Scapinello[139]

Luigi nacque nel 1876 a Vedelago, Treviso (Veneto). Si sposò con la diciottenne Cristina Scapinello nel 1893. Luigi e il figlio maggiore, Leo, andarono a lavorare in Svizzera nel 1907-08. La vita era difficile in Italia e nel 1911 Luigi e il figlio si trasferirono a New Waterford, Nuova Scozia, dove vivevano i loro compaesani. Nel 1912 arrivò Cristina con i figli: Giuseppe, Ugo, Girolamo (che morì a 18 anni), Carlo, Corina, Amelia ed Elvira. Altri tre figli, George, Emily e Maria, nacquero in Canada[140]. All'età di 12 anni, i ragazzi lavoravano nelle miniere di carbone per sostenere la famiglia. La nonna Cristina prendeva i loro assegni paga ogni sabato. Con gli anni, Luigi divenne un buon imprenditore e costruì due grandi case – la nonna si riferiva sempre alla prima casa a New Waterford come la 'baracca'. Mi è stato detto che una delle stanze era abbastanza grande da tenere balli ogni sabato sera. In seguito la famiglia si trasferì a Windsor.

La gente ricorda ancora Luigi[141] mentre camminava per tutta la città, spingendo la mola, che aveva costruito per affilare coltelli e forbici. Mio marito, Lou Popovich, che lavorava al negozio Wickham's

139 Scritto da Norma Popovich, nipote di Luigi e Cristina – Norma era socia dell'Associazione Trevisani nel Mondo di Windsor, della Catholic Women's League, del gruppo pastorale, del gruppo di preghiera Gesù dell'Ascolto e della chiesa di Sant'Angela Merici (dove era ministro dell'Eucarestia e della Liturgia). Norma morì il 17 febbraio 2008.
140 Due gemelli morirono alla nascita.
141 È segnalato come Louis Minello, carpentiere, nell'elenco di Windsor del 1925/26.

in 1911, Luigi and his son moved to New Waterford, Nova Scotia where people from his hometown were living. In 1912, Cristina came with the children: Giuseppe, Ugo, Girolamo (who died at 18), Carlo, Corina, Amelia, and Elvira. Three more children, George, Emily and Maria, were born in Canada.[140] By the age of 12, the boys worked in the coal mines to help support the family. *Nonna* Cristina collected their pay cheques every Saturday. Over the years, Luigi became quite the entrepreneur and built two large homes – *Nonna* always referred to her first home in New Waterford as the *barraca* (shack). I was told one of the rooms was large enough to have dances every Saturday night. Later, the family moved to Windsor.

People still remember Luigi[141] walking all over the city, pushing the *mola* (flint wheel) which he had built to sharpen knives and scissors. My husband, Lou Popovich, who worked at Wickham's Men's Wear in the early 1950s, recalls Luigi sharpening the scissors for the tailor. When St. Angela Merici Church was built in 1939, Luigi and son Carlo, an electrician, built a large chandelier that hung from the ceiling until the first renovation of the church. Luigi built a merry-go-round which was pushed manually by the older boys. He even created a huge organ that sat in their home on Elliott St. Luigi was an intelligent and inventive man even though he had no formal education. His ability to read and study the Bible and the works of Dante was remarkable. During our many visits to *Nonna* and *Nonno*, he often told us stories from Dante which sometimes frightened us.

Although Luigi and Cristina lived in Canada for more than 50 years, they never learned to speak English. Somehow, they managed and raised their large family. Luigi died in November 1963 at age 87 and Cristina, in March 1968 at 93.

Silvano Americo Mion[142]

Silvano was born on August 15, 1926 in Cordenons, Pordenone (Friuli-Venezia Giulia) to Antonia Cossutta and Armando Mion. His father was working in Detroit, Michigan at the time but returned to Italy in 1932 during the Depression.

Silvano began working on a farm at age 12, long hours for a meager pay. This experience taught him the importance of hard work and dedication. During the war, Silvano, a teenager, was sent to a work camp in Germany where he remained until the war ended.

Eager for a better life, Silvano escaped to France in 1946 and worked there for one year. On his return, he married Luigia (Luisa) Riosa. He was called to serve in the Alpini in 1947, did so for one year, and later worked two years in construction.

Silvano Mion, left, holds his Knight of the Italian Republic decree.
With him is Paolo Savio, president of the Caboto Club of Windsor, June 2007.

Silvano Mion (a sinistra) mostra il suo decreto di Cavaliere della Repubblica Italiana. Con lui è Paolo Savio, presidente del Caboto Club di Windsor, giugno 2007.

Courtesy/cortesia: Silvano Mion, P13580

---

140   Also, a set of twins died at birth.
141   He is listed as Louis Minello, carpenter, in the 1925/26 Windsor directory.
142   Based on his book, *Le Memorie di un Emigrante Alpino* (2000)

On display, one of Silvano Mion's engravings on copper.
In mostra, una delle incisioni su rame di Silvano Mion.

Courtesy/Cortesia: Silvano Mion, P13582

Men's Wear all'inizio degli anni cinquanta, si ricorda di Luigi che affilava le forbici per il sarto che lavorava al negozio. Quando fu eretta la chiesa di Sant'Angela Merici nel 1939, Luigi e il figlio Carlo, elettricista, costruirono un grande lampadario a bracci che rimase appeso dal soffitto fino al primo restauro della chiesa. Luigi costruì una giostra che era spinta manualmente dai ragazzi più grandi. Creò persino un organo enorme che rimase nella casa in Elliott St. Luigi era un uomo intelligente e inventivo, sebbene non avesse alcuna istruzione professionale. La sua capacità di leggere e studiare la Bibbia e le opere di Dante era eccezionale. Durante le numerose visite alla nonna e al nonno, lui spesso ci raccontava storie di Dante che a volte ci spaventavano.

Sebbene Luigi e Cristina fossero vissuti in Canada per più di 50 anni, non impararono mai l'inglese. In qualche modo se la cavarono e tirarono su la loro grande famiglia. Luigi morì nel novembre 1963 all'età di 87 anni e Cristina a marzo 1968 a 93 anni.

Silvano Americo Mion[142]

Silvano nacque il 15 agosto 1926 a Cordenons, Pordenone (Friuli-Venezia Giulia), da Antonia Cossutta e Armando Mion. Suo padre all'epoca lavorava a Detroit, Michigan, ma ritornò in Italia nel 1932 durante la Depressione.

Silvano iniziò a lavorare nei campi all'età di 12 anni, molte ore per una misera paga. Questa esperienza gli insegnò l'importanza del duro lavoro e della dedizione. Durante la guerra, Silvano, adolescente, fu mandato a un campo di lavoro in Germania, dove rimase fino alla fine del conflitto.

Desideroso di una vita migliore, Silvano fuggì in Francia nel 1946 e vi lavorò per un anno. Al suo ritorno sposò Luigia (Luisa) Riosa. Fu chiamato al servizio degli Alpini nel 1947; vi rimase per un anno, dopodiché lavorò per due anni nell'edilizia.

Silvano, Luisa e il figlio Elio, nato nell'aprile 1951, immigrarono nel febbraio 1952, per raggiungere lo zio di Luisa a Windsor. Nell'ottobre del 1952 nacque il secondo figlio, Lino[143]. All'inizio Silvano lavorò alle ferrovie per il Windsor Essex Terminal, poi nell'edilizia fino al 1966 e, infine, come dipendente della Ford, dove rimase fino al pensionamento. In seguito a un infortunio sul lavoro alla Ford, gli furono assegnati lavori di pulizia. Fu allora che scoprì il suo talento artistico. Dice:

Un giorno, dopo aver finito di pulire, iniziai a incidere dell'alluminio, visto che una società subappaltatrice aveva lasciato dei ritagli alla fabbrica dove lavoravo. Chiesi loro di darmi un permesso scritto per portarmeli a casa. Feci la mia prima aquila, che era piuttosto carina. La mostrai a un mio amico e piacque anche a lui. Mi chiese se potevo fargliene una. La feci ed è così che scoprii il mio nuovo hobby. (Mion 2000:72)

---

142 Basato sul suo libro *Le Memorie di un Emigrante Alpino* (2000)
143 Elio morì il 6 settembre 2003, Lino morì il 22 gennaio 2004 e Luisa il 5 dicembre 2004. Vedi capitolo 7 per la storia di Elio.

Silvano, Luisa and son Elio, born in April 1951, immigrated in February 1952 to join Luisa's uncle in Windsor. In October 1952, their second son, Lino,[143] was born. Silvano first worked at the railroad for Windsor Essex Terminal, then in construction until 1966 and eventually was employed by Ford where he worked until his retirement. Following a work-related injury at Ford, he was assigned janitorial work. At this time, he discovered his artistic talent. He says:

One day, after I had finished cleaning, I started to engrave on aluminum, since a contract company had left some scraps at the plant where I worked. I asked them to give me a written permission to take them home. I made my first eagle which was quite nice. I showed it to a friend of mine and he liked it too. He asked me if I could make one for him. So I did and that's how I discovered my new hobby. (Mion 2000:72)

As the passion for his new hobby grew, Silvano created many copper engravings and organized several art exhibits, including the 1991 Furlan art display at the Fogolar Club. In 2004, he was honoured with the Premio Aquileia of the Fogolars Federation of Canada for striving to maintain the Friulian culture in North America.

Silvano published *Le Memorie di un Emigrante Alpino* in 2000. Written in Italian and English, the book chronicles his entire family's history which provides insight into the life of an Italian immigrant.

Silvano is actively involved in the Fogolar Furlan Club and is a member of the Alpini Association of Windsor.

Rocco Moceri Family (Windsor Disposal Services Ltd.)[144]

Rocco was born March 5, 1932 in Campobello di Mazzara, Trapani (Sicily) to Vincenza Indelicata and Francesco Moceri and has two siblings, Vincenzo and Giuseppina. In 1953, he immigrated to Windsor to join his brother Vincenzo. His parents and sister Giuseppina came to Windsor in October 1956. Rocco first lived on Bruce Ave. and did plaster work for ten years.

Antonina (Nina) was born in Castelluzzo, Trapani on December 7, 1936 to Caterina Buffa[145] and Giovanni Grammatico. In 1950, she came with her mother and siblings Francesca, Domenica, Leona and Francesco to join her father who had immigrated in 1948. They lived at 930 Lillian Ave. At 14, she started to work at a glove factory, then at a dry cleaner, at the Jeanne Mance School of Nursing Residence and at Green Giant.

Rocco and Nina married February 1956 at St. Angela Merici Church and have four children: Francesco (Frank)[146] who is married to Kathryn Adams and they have three children, Nina, Teresa and Rocco; Giovanni (John) married to Marylena Bertocchi and they have four children, Rocco,

Mayor Del Pup of Cordenons offers Silvano Mion a book by Renato Appi and a videocassette of Cordenons in recognition of his artistic work and community involvement, as Leonardo Bidinost, president of the Ciavedal, applauds.

Il sindaco Del Pup di Cordenons offre a Silvano un libro di Renato Appi e una video cassetta di Cordenons in riconoscimento del suo lavoro artistico e impegno comunitario mentre Leonardo Bidinost, presidente del Ciavedal di Cordenons, applaude.

Courtesy/Cortesia: Silvano Mion, P13581

---

143 Elio died September 6, 2003, Lino, January 22, 2004, and Luisa, December 5, 2004. See Chapter 7 for Elio's story.
144 Information from Moceri family
145 Caterina's parents, Leonardo and Antonina Buffa, came to Windsor in September 1958.
146 President and Director of the National Federation of CIBPA (2008-09)

Nina and Rocco Moceri's wedding portrait, February 23, 1957.

Ritratto di nozze di Nina e Rocco Moceri, 23 febbraio 1957.

Courtesy/Cortesia: Moceri family, P14126

Con il crescere della passione per il suo nuovo passatempo, Silvano creò molte incisioni in rame e organizzò diverse mostre artistiche, inclusa l'esposizione di arte friulana del 1991 al Club Fogolar. Nel 2004 gli venne consegnato il Premio Aquileia della Federazione Fogolars del Canada per il suo impegno a mantenere la cultura friulana nel Nord America.

Silvano pubblicò *Le Memorie di un Emigrante Alpino* nel 2000. Scritto in italiano e in inglese, il libro è la cronaca della storia completa della sua famiglia che permette di vedere a fondo nella vita di un immigrato italiano.

Silvano partecipa attivamente al Club Fogolar Furlan ed è membro dell'Associazione Alpini di Windsor.

La famiglia Rocco Moceri (Windsor Disposal Services Ltd.)[144]

Rocco nacque il 5 marzo 1932 a Campobello di Mazzara, Trapani (Sicilia) da Vincenza Indelicata e Francesco Moceri e ha un fratello e una sorella: Vincenzo e Giuseppina. Nel 1953 immigrò a Windsor per unirsi al fratello Vincenzo. I suoi genitori e la sorella, Giuseppina, lo raggiunsero nell'ottobre 1956. All'inizio Rocco abitò in Bruce Ave. e fece l'intonacatore per dieci anni.

Antonina (Nina) nacque a Castelluzzo, Trapani, il 7 dicembre 1936 da Caterina Buffa[145] e Giovanni Grammatico. Nel 1950 con la madre, le sorelle Francesca, Domenica, Leona e il fratello Francesco, Nina raggiunse il padre che era immigrato nel 1948. Vivevano al 930 Lillian Ave. All'età di 14 anni iniziò a lavorare in una fabbrica di guanti, poi in una lavanderia a secco presso la Jeanne Mance School of Nursing Residence e la Green Giant.

Rocco e Nina si sposarono nel febbraio 1956 presso la chiesa di Sant'Angela Merici e hanno quattro figli: Francesco (Frank[146]), sposato con Kathryn Adams e con tre figli: Nina, Teresa e Rocco; Giovanni (John), sposato con Marylena Bertocchi hanno quattro figli: Rocco, Olivia e i gemelli Nina e Peter; Vincenza (Virginia), che ha due figlie: Vita e Nina; e Vincent (Vince).

Il 1° maggio 1964 Rocco avviò un'attività in proprio, la MR Plaster. Nel 1971 passò al cartongesso e alla rimodellazione e due anni dopo, avviò un'attività di traslochi di case con la moglie e il figlio John. All'impresa aggiunsero un servizio di demolizioni nel 1975, Windsor Demolition Services.

Nel 1978 Rocco e John acquistarono il loro primo mezzo ro-ro. Rendendosi conto dell'incredibile potenziale dello smaltimento dei rifiuti industriali e commerciali, formarono la Windsor Disposal Services Ltd. (WDS) nel 1986. Un mercato più ampio si aprì quando diversi comuni riconobbero il valore dei servizi forniti dalla WDS.

Gli altri figli di Rocco si unirono all'impresa familiare, Vince nel 1992, Frank nel 1994 e la figlia Virginia nel 1997, mentre i servizi dell'azienda si allargarono ai rifiuti industriali, commerciali e

---

144 Informazioni dalla famiglia Moceri
145 I genitori di Caterina, Leonardo e Antonina Buffa, arrivarono a Windsor nel settembre 1958.
146 Presidente e direttore della National Federation della CIBPA (2008-9)

Olivia and twins Nina and Peter; Vincenza (Virginia) who has two daughters, Vita and Nina; and Vincent (Vince).

On May 1, 1964, Rocco started his own business, MR Plaster. In 1971, he went on to drywall and remodelling and, two years later, began a house moving business with his wife and son John. They added demolition to the business in 1975, Windsor Demolition Services.

In 1978, Rocco and John purchased their first roll-off vehicle. Realizing the incredible potential of industrial and commercial waste disposal, they formed Windsor Disposal Services Ltd. (WDS) in 1986. A larger market opened up as several municipalities recognized the valuable services WDS could provide.

Rocco's other children joined the family business – Vince in 1992, Frank in 1994 and daughter Virginia in 1997 – while the company's services expanded to industrial, commercial and residential waste, with the motto, "Our Business is Picking Up!" In October 1996, a new facility opened on Deziel Dr. (formerly a casting plant). The city of Windsor had condemned this debris-littered site and the Moceri family and staff cleared the entire nine-acres, recycling most of the debris. The new centrally-located facility and recycling station became one of the largest privately-owned indoor landfills in southwestern Ontario.

The family is proud of their multifaceted workers. In 1996, WDS and staff successfully achieved the ISO 14001 Registration. WDS is the recipient of the 2001 Biz X Safety Award, the 2002 Windsor and District Chamber of Commerce Business Excellence Award and the 2003 CIBPA Award of Excellence in the Family Business Category.

Giving back to the community is important to the Moceri family and WDS. An annual Golf Classic is held to raise funds for local charities such as the Herb Gray Centre for Non-Profit Excellence, Vollmer Recreational Centre in LaSalle, Respite Services of Windsor, Windsor Regional Hospital Palliative Care, and In Honour of the Ones We Love.

Anthony (Tony) Montello Family (The Paradiso Spaghetti House)[147]

It began on January 2, 1896 in Sambiase, Catanzaro (Calabria) when Tony was born to a large family of humble origin. At a very early age when his dad died, according to custom Tony, the first born, would have to provide for the family. He came to Windsor in the mid-1920s, provided for himself and bought a house at 624 Mercer St.

In February 1930 in Detroit, Tony married Anna Frank, born January 29, 1914 in Syracuse, N.Y. Tony told her of the poverty of the family he had left behind in Italy. She sent them parcels of food of every kind - sugar, coffee, flour, etc. - every two weeks. Anna learned the Italian language quite fluently and so the families were united in love across the miles.

---

147   Information from Carmella (Ella) Brieda and Frank Montello

Nina and Rocco Moceri with their Windsor Disposal Services company vehicles.
Nina e Rocco Moceri con i loro veicoli della ditta Windsor Disposal Services.
Courtesy/Cortesia: Moceri family, P12776

St. Angela Merici Church altar boys, c. 1955-56.
Chierichetti della chiesa di Sant'Angela Merici, ca.1955-56.

residenziali, con il motto: "Our Business is Picking Up!" Nell'ottobre 1996 aprirono una nuova struttura in Deziel Dr., un'ex fonderia non occupata. La città di Windsor aveva decretato questo sito ricoperto di rottami inagibile e la famiglia Moceri, con il personale, sgombrò tutti i nove ettari, riciclando la maggior parte dei rottami. La nuova struttura di stazione di riciclaggio situata nel centro urbano divenne una delle più grandi discariche private interne dell'Ontario del sud-ovest.

La famiglia è fiera dei propri lavoratori multifunzionali. Nel 1996 la WDS e il suo personale riuscirono a ottenere la certificazione ISO 14001. La WDS ha ricevuto il Biz X Safety Award 2001, il Windsor and District Chamber of Commerce Business Excellence Award 2002 e il CIBPA Award of Excellence 2003 nella categoria Impresa familiare.

Restituire qualcosa alla comunità è importante per la famiglia Moceri e la WDS. Un Golf Classic ha luogo ogni anno per la raccolta di fondi per organizzazioni locali di beneficenza, quali l'Herb Gray Centre for Non-Profit Excellence, il Vollmer Recreational Centre in LaSalle, il Respite Services of Windsor, Windsor Regional Hospital Palliative Care, and In Honour of the Ones We Love.

La famiglia Anthony (Tony) Montello (The Paradiso Spaghetti House)[147]

Tutto iniziò a Sembiase, Catanzaro (Calabria) nel 1895 quando nacque Tony in una grande famiglia di umili origini. Alla morte del padre ancora in tenera età, secondo la tradizione Tony, il primogenito, doveva provvedere alla famiglia. Venne a Windsor verso la metà degli anni venti. Fu in grado di provvedere a sé stesso, comprò una casa al 624 Mercer St. e, infine, avviò l'attività di ristorante.

Nel febbraio 1930 a Detroit, Tony sposò Anna Frank, nata il 29 gennaio 1914 a Syracuse N.Y. Tony le raccontò della povertà della sua famiglia che aveva lasciato in Italia. Anna inviò loro dei pacchi di cibo di ogni genere: zucchero, caffè, farina, ecc. ogni due settimane. Anna imparò a parlare abbastanza bene l'italiano, così le famiglie erano unite in un legame d'amore attraverso le miglia di distanza.

Anna e Tony assunsero la sfida della cucina. Nel 1933, i primi anni dopo la Depressione, aprirono il ristorante Paradiso Spaghetti House al 624 Mercer St. all'angolo di Wyandotte St. Lo chiamarono "Paradiso" perché questo era certamente il paradiso per loro e divenne il successo dell'epoca. Crearono una salsa così unica e originale che la loro popolarità si diffuse in lungo e in largo. Benché i tempi dal punto di vista economico fossero pessimi a Windsor, la cucina casalinga e il lavoro sodo prevalsero, sostenendo la famiglia Montello e dando spesso pasti gratuiti ai bisognosi. Provvedevano anche alloggio gratuito al primo piano della casa a coloro che lottavano per sopravvivere.

Oltre a gestire il ristorante, Tony si recava a Thamesville per comprare stie piene di polli vivi e trasportarli per venderli al pubblico e ad altri venditori al Windsor Market. Poiché l'autostrada N° 2 tra Windsor e Detroit era in costruzione allora; Anna e Tony affittarono parte di una casa bifamiliare a Thamesville, dove Tony prendeva uomini per lavorare nella costruzione stradale e provvedeva loro vitto e alloggio.

---

147 Informazioni di Carmella (Ella) Montello Brieda e Frank Montello

Anna and Tony took on the challenge of cooking. In 1933, during the early years following the Depression, they opened Paradiso Spaghetti House at 624 Mercer St., corner of Wyandotte St. They called it "Paradiso" because this was certainly paradise for them and it became the success of the era. They created a sauce so unique and original that their fame spread far and wide. Although economic times were terrible in Windsor, good home cooking and hard work prevailed, supporting the Montello family and often providing free meals for those in need. They also provided rooms in the upper part of their house without charge to people struggling for survival.

In addition to running the restaurant, Tony would go to Thamesville to buy crates full of live chickens and return to sell them to other vendors and the general public at the Windsor Market. Since Highway No. 2 between Windsor and Thamesville was under construction at the time, Anna and Tony rented part of a duplex in Thamesville, where Tony would get men to work on road construction and arranged for their food and shelter. However, they had to relinquish these other jobs because the restaurant business was thriving.

Just prior to the outbreak of WWII, Tony, with the help of his relatives in Italy, purchased a dozen marble tables. Unfortunately for the Montello family, Italy sided with Germany at the outset of the war. Many fights took place at the Paradiso; Anna, being German, and Tony, Italian, were the butt of these altercations. The marble tables did not remain intact for very long; Anna stored two in the attic which survived the war. During the war years, certain foods were rationed. Anna and Tony often supplied their local competitors with tomato, oil and meat products when needed. Paradiso spaghetti sauce was in fact served in other establishments.

The Paradiso became a favourite spot for many sport celebrities and politicians visiting the Windsor-Detroit area. The Detroit Red Wings and Montreal Canadiens often dined there. The rest of the original six NHL teams were occasional visitors. "Killer" Kowalski, the famous wrestler, would stop there after training at the YMCA, bringing two quarts of milk and ordering a large platter of pasta. Many other wrestlers dined there after their matches at the Windsor Arena: Rufus Jones, Gorgeous George and Farmer Jones. Primo Carnera attended after he wrestled Whipper Watson at the arena. Needless to say, Tony was a wrestling fan. Joe Louis, one of the greatest heavyweight boxing champions in the history of the sport, and Jake LaMotta, a rugged middleweight, were often seen at the Paradiso. Two Ton Tony Galento ate there before his fight with Joe Louis. The restaurant was also the place for many political meetings including Paul Martin Sr., Mayor David Croll (later Senator Croll), Mayor Reaume, Alderman Roy Perry, and School Board trustee, H. D. Taylor. The Sons of the Saddle, a western music group, the Lindsay Lovelies of Elmwood Casino and others made the Paradiso their after-hours club. Autoworkers had many gatherings there and diners from as far away as Chicago and Toronto called to make reservations.

Anna and Tony Montello and their children Frank, Ella and Marguerite in front of their restaurant, Paradiso Spaghetti House at 624 Mercer St., 1939.

Anna e Tony Montello con i figli Frank, Ella e Marguerite dinanzi al loro ristorante, Paradiso Spaghetti House al 624 Mercer St., 1939.

Courtesy/Cortesia: Ella Brieda, P12767

An original menu from the Paradiso Spaghetti House. The tomato sauce from this restaurant was renowned.

Un menu originale della Paradiso Spaghetti House. La salsa di pomodoro di questo ristorante era famosa.

Tuttavia dovettero abbandonare questi altri lavori perché l'attività al ristorante prosperava.

Poco prima dello scoppio del secondo conflitto mondiale, Tony, con l'aiuto dei parenti in Italia, comprò una dozzina di tavoli di marmo. Sfortunatamente per la famiglia Montello, l'Italia si schierò con la Germania all'inizio della guerra. Al Paradiso accaddero molte risse; Anna essendo tedesca, e Tony, italiano, erano il bersaglio di questi alterchi. I tavoli di marmo non rimasero intatti per molto tempo; Anna ne conservò due in soffitta che sopravvissero alla guerra. Durante gli anni della guerra alcuni prodotti alimentari furono razionati. Anna e Tony fornivano spesso ai loro concorrenti locali, pomodori, olio e prodotti di carne quando era necessario. Il sugo per spaghetti del Paradiso era infatti servito in altri esercizi.

Il Paradiso divenne il luogo preferito da molte celebrità sportive e politiche in visita nell'area di Windsor-Detroit. I Detroit Red Wings e i Montreal Canadiens vi cenavano spesso. Il resto delle sei squadre originali della NHL faceva visita di tanto in tanto. "Killer" Kowalski, il famoso lottatore vi si fermava dopo l'allenamento alla YMCA, si portava due quarti di latte e ordinava un piattone di pasta. Molti altri lottatori vi cenavano dopo i loro incontri nell'arena di Windsor: Rufus Jones, Gorgeous George e Farmer Jones. Primo Carnera vi cenò dopo il suo incontro con Whipper Watson all'arena. Inutile dire che Tony era un tifoso della lotta. Joe Louis, uno dei più grandi campioni di pugilato nei pesi massimi nella storia dello sport e Jake LaMotta, un campione di pugilato nei pesi medi, erano clienti abituali. Il pugile Two Ton Tony Galento vi cenò prima del suo incontro con Joe Louis. Il ristorante era anche il luogo per molti incontri politici a cui parteciparono Paul Martin Sr., il sindaco David Croll (in seguito Senatore Croll) il sindaco Reaume, il consigliere comunale Roy Perry, e il membro del consiglio scolastico, H.D. Taylor. I Sons of the Saddle, un gruppo musicale western, i Lindsay Lovelies dell'Elmwood Casino e altri, fecero del Paradiso il loro circolo fuori orario. I lavoratori del settore automobilistico vi ebbero molte riunioni e clienti fin da Chicago e Toronto telefonavano per fare prenotazioni.

Durante i suoi giorni migliori, il ristorante era rinomato per i suoi primi piatti di pasta fatti con fegatini di pollo, costolette di maiale o tonno oltre alle solite polpette di carne e funghi; erano anche servite bistecca con l'osso e insalata. Il te 'calabrese', un successo tra i clienti era fatto con le uve Niagara, Concord e della California. Molti clienti notarono l'affinità con alcuni dei buoni vini che avevano gustato. Presentato in tazze, non doveva mai essere servito caldo o con latte. Sospetti erano destati di più quando il cameriere o la cameriera richiedeva che le tasse fossero svuotate all'arrivo di clienti della polizia in uniforme

Il ristorante era popolare tra i membri delle forze armate canadesi; quelli in uniforme avevano diritto a un pasto gratuito durante la guerra. I festeggiamenti del V-E day (giorno della vittoria alleata in Europa) durarono tre giorni al Paradiso. La gente faceva la coda lungo l'angolo di Mercer St. e Wyandotte St.. La pasta era servita fuori dietro il ristorante. I clienti aiutavano a servire, a lavare i piatti e a svolgere altre faccende. Tony DeMarco aprì il negozio per fornire provviste per questa occasione memorabile.

During its good days, the restaurant was widely known for its pasta dishes made with chicken livers, spareribs or tuna fish in addition to the regular meatballs and mushrooms; T-bone steak and salad were also served. The 'calabrese' tea, a hit with the customers, was made with Niagara Concord and California grapes. Many diners noted its similarity with some of the good wines they had savoured. Presented in cups, it was never to be served hot or with milk. Suspicions were further aroused when the waiter/waitress requested cups be emptied upon arrival of guests in police uniform.

The restaurant was popular with members of Canada's armed forces; those in uniform were entitled to a free meal during the war. V-E Day celebrations lasted three days at the Paradiso. People were lined up around the corner of Mercer St. and Wyandotte St. Pasta was served in the backyard. Customers helped with the service, washing dishes and other chores. Tony DeMarco opened his store in order to provide supplies for this memorable occasion.

The Montello's four children grew up in the business: Frank Joseph,[148] born March 26, 1931, married first to Anne Authier and later to Norma Laidlaw; Carmella (Ella), born October 9 1934, married to Louis Brieda;[149] Marguerite, born October 16, 1935, married to Koene (Glen) Smit;[150] and Marilyn, born February 21, 1944, married to Don Kavanaugh.[151] They all had chores to perform as soon as they reached table height. Cleaning dishes, tables, vegetables and making salad were part of the day's work. Ella later worked for Bell Telephone Co., Marguerite became a nurse and Marilyn, a school teacher.

After the war, Anna and Tony continued to help those in need. They helped newly-arrived family members find jobs in canning factories and farms throughout Essex County while continuing to send parcels to Italy. The restaurant closed in the mid-1960s due to Tony's failing health. Tony passed away in 1985 and Anna, in 2004.

Frank Joseph Montello[152]

Frank, born in Windsor to Anna Frank and Tony Montello, was called to the Bar in 1956. He attended Immaculate Conception and De La Salle schools, Assumption High School, Assumption College, where he earned a B.A. in Psychology and English, and Osgoode Law School, Toronto. His desire to be a lawyer dates back to his experience growing up in Windsor's Italian district during WWII when he watched Italians indiscriminately being round up and sent to internment camps. The fear and outrage stayed with him: "When I went to law school I knew I wasn't going to be a paper pusher and criminal law was one area I thought I could master."

---

148 See following story.
149 They have two children, Robert and Sherilyne.
150 They have four children, Norman, Bobby, Annie and Marilyn.
151 They have three children, Jeffrey, Chris and Kerri Lynn.
152 Based on Van Wageningen 1999 and information from Frank Montello

Newly-married Olga and Pietro Luciano Michelon in Switzerland, 1960. Olga Casagrande from Codogne, Treviso (Veneto) left Italy in 1954 to find work, while Luciano from Lutrano di Fontanelle, Treviso left in 1958. They met in the Fibre De Ver factory in Lucens, Switzerland in 1959 and married in 1960. They had two children, Niva, born in Switzerland, and Demetrio, born in Italy. In September 1967, they immigrated to Windsor where Luciano worked in construction until 1977, followed by employment at Ford. They have never forgotten their roots and have kept the Veneto-Italian traditions in their home. Niva, married to Dennis J. Segatto, was named the Caboto Club Italian of the Year 2008 for her contributions to the community and to the organ donor awareness programs.

Sposi novelli, Olga e Pietro Luciano Michelon in Switzerland, 1960. Olga Casagrande di Codogne, Treviso (Veneto) lasciò l'Italia nel 1954 per trovare lavoro mentre Pietro Luciano, di Lutrano di Fontanelle, Treviso partì nel 1958. I due s'incontrarono nella fabbrica Fibre De Ver a Lucens, Svizzera nel 1959 e si sposarono nel 1960. Ebbero due figli, Niva, nata in Svizzera, e Demetrio, nato in Italia. Nel settembre 1967, immigrarono a Windsor dove Luciano lavorò nell'edilizia fino al 1977, seguito dall'impiego presso la Ford. Non hanno mai dimenticato le loro radici e in casa hanno mantenuto le tradizioni italiane e venete. Niva Michelon, sposata a Dennis J. Segatto, è stata nominatata dal Club Caboto Italian of the Year 2008 per i suoi contributi alla comunità e ai programmi di sensibilizzazione del dono degli organi per il trapianto.

Courtesy/Cortesia : Niva Segatto, P14137

I quattro figli dei Montello crebbero con l'attività: Frank Joseph,[148] nato il 26 marzo 1931, sposato prima con Anne Authier e poi con Norma Laidlaw; Carmella (Ella), nata il 9 ottobre 1934, sposata con Louis Brieda;[149] Marguerite, nata il 16 ottobre 1935, sposata con Koene (Glen) Smit;[150] e Marilyn, nata il 21 febbraio 1944, sposata con Don Kavanaugh.[151] Tutti svolgevano dei lavori non appena raggiungevano l'altezza dei tavoli. Pulire piatti, tavoli, verdure, e fare l'insalata erano parte del lavoro quotidiano. In seguito Ella lavorò per la Bell Telephone Co., Marguerite divenne infermiera e Marilyn, maestra.

Dopo la guerra, Anna e Tony continuarono ad aiutare i bisognosi. Aiutarono i parenti appena arrivati a trovare lavoro in aziende conserviere e fattorie in tutta la contea dell'Essex, mentre continuavano a mandare pacchi in Italia. Il ristorante chiuse verso la metà degli anni sessanta a causa dei problemi di salute di Tony. Tony morì nel 1985 e Anna nel 2004.

Frank Joseph Montello[152]

Frank, nato a Windsor da Tony e Anna (Frank) Montello, fu ammesso all'Albo degli avvocati nel 1956. Frequentò l'Immaculate Conception, la De La Salle, l'Assumption High School, l'Assumption College, dove ottenne la laurea in psicologia e inglese, e la facoltà di giurisprudenza all'Osgoode Law School di Toronto. Il desiderio di diventare un avvocato risale ai tempi delle sue esperienze d'infanzia e adolescenza nel quartiere italiano di Windsor durante la seconda guerra mondiale, quando vedeva gli italiani venire catturati indiscriminatamente e mandati ai campi d'internamento. La paura e l'indignazione rimasero in lui: "Quando andai alla facoltà di giurisprudenza sapevo che non andavo per diventare un passacarte e che avrei potuto specializzarmi in diritto penale".

Nel 1956 Frank lavorò come assistente della pubblica accusa. La sera, per un breve periodo di tempo, continuò a lavorare alla Paradiso Spaghetti House dei suoi genitori. Nel 1960 entrò a far parte dello studio legale Wilson, Thomson, Barnes & Walker e, un anno dopo, ne divenne socio. Nel 1968 ricevette la nomina di Q.C. (Avvocato della Corona). Frank formò la Montello & Vucinic nel 1980, ne cambiò il nome in The Montello Law Firm nel 1982 e divenne specialista certificato in diritto di procedura penale nel 1988. Frank ricevette il suo LLB all'Osgoode Hall nel 1991.

Membro di diverse società e associazioni legali, tra cui la National Association of Criminal Defence Lawyers e l'Advocates' Society, Frank fu direttore dell'Ontario Criminal Lawyers Association e presidente dell'Essex County Criminal Lawyers Association. E' stato membro del comitato utenti del nuovo tribunale dal 1980. Alla Lawyers' Lounge è stato dato il suo nome. Frank è stato membro del comitato di assistenza legale della zona dall'inizio del progetto negli anni '60 fino al suo pensionamento. Fu membro fondatore e primo presidente di The Inn of Windsor; ex membro del consiglio di amministrazione di M.A.D.D.; ex direttore del Roman Catholic Family Service

Anna and Tony Montello with son Frank, c. 1932.
Anna e Tony Montello con il figlio Frank, 1932 ca.
Courtesy/Cortesia: Ella Brieda, P12769

---

148 Vedi la storia seguente.
149 Hanno due figli: Robert e Sherilyne.
150 Hanno quattro figli: Norman, Bobby, Annie e Marilyn.
151 Hanno tre figli: Jeffrey, Chris e Kerri Lynn.
152 Informazioni da Frank Montello e Van Wageningen 1999

In 1956, Frank worked as assistant Crown prosecutor. He continued to work nights at his parents' Paradiso Spaghetti House for a short time. In 1960, he joined the law firm of Wilson, Thomson, Barnes & Walker and became a partner a year later. In 1968, he received his Q.C. appointment. Frank formed Montello & Vucinic in 1980, changed it to The Montello Law Firm in 1982 and became a Certified Specialist in Criminal Litigation Law in 1988. Frank received his LL.B. at Osgoode Hall in 1991.

A member of several law societies and associations including the National Association of Criminal Defence Lawyers and the Advocates' Society, Frank has served as past director of the Ontario Criminal Lawyers Association and past president of the Essex County Criminal Lawyers Association. He has been a member of the User Committee for the new Court House since 1980 and the lawyers' lounge is named after him. Frank was a member of the area Legal Aid Committee from the beginning of the plan in the 1960s until his retirement. He was a charter member and first president of The Inn of Windsor, past member of the Board of Directors of M.A.D.D., past director of the Roman Catholic Family Service Bureau and past legal adviser of the Windsor Minor Hockey Association, just to name a few. He is an honourary member of the Windsor Police Association and of the Sandwich West Police Association.

Over the years, Frank has been a guest speaker at the National New Judges' Conference, Ottawa; Ontario Provincial Court Judges, London and Ottawa; Michigan Bar Association; Ministry of the Solicitor General and Correctional Services; University of Windsor; St. Clair College; and, for 30 years, at high schools.

Frank retired in 1999, after more than four decades of practising criminal law. He represented people from all walks of life and often took on many clients who could not afford to pay. He is renowned for his thorough case preparation. Frank says, "I try not to leave a stone unturned. After 43 years of doing it the slow, methodical, boring way, I have many people who are glad I did it that way because they're enjoying an unfettered lifestyle." Founder of the Essex County Criminal Lawyers Association in the early 1970s, John Lindblad of the Windsor Star called him "Windsor's Perry Mason" and people have referred to him as "Dean of the Essex County Criminal Lawyers."

Frank married Anne Authier in October 1956 and they have six children, Carol Anne, Mary Lefaive, Kathleen Montello (also a lawyer), Robert, John, and Jennifer Pierce. He later married Norma Laidlaw who had five children, Paul, Perry, Karen, Melanie, and Lisa.

Frank Montello, 624 Mercer St., c. 1941.
Frank Montello, 624 Mercer St., 1941 ca.
Courtesy/Cortesia:Ella Brieda, P12772

Vittorino Morasset[153]

I, Vittorino Morasset, son of Giuseppe and Gina Pilot, was born in Rivarotta di Pasiano, Pordenone (Friuli-Venezia Giulia) April 12, 1945. Truly, my emigration story was not motivated by work, but

---

153 Information from Vittorino Morasset and excerpt from the booklet, *Comune di Pasiano di Pordenone, Festa di San Paolo, 50 Years*

Bureau; ex consulente legale della Windsor Minor Hockey Association, per nominarne solo alcuni. E' membro onorario dell'Associazione della polizia di Windsor e di quella di Sandwich West.

Nel corso degli anni, Frank è stato ospite oratore presso: la National New Judges' Conference, a Ottawa; l'Ontario Provincial Court Judges, a London e Ottawa; la Michigan Bar Association; il Ministry of the Solicitor General & Correctional Services; l'Università di Windsor; il St. Clair College; e le scuole superiori per 30 anni.

Frank è andato in pensione nel 1999, dopo più di quattro decenni di pratica di diritto penale. Ha rappresentato gente proveniente da ogni classe sociale e spesso ha accettato clienti che non potevano permettersi di pagarlo. E' noto per la sua attenta preparazione dei casi. Frank dice: "Cerco di non lasciare nulla d'intentato. Dopo 43 anni di pratica lenta, metodica e noiosa, c'è molta gente che è contenta del mio modo di fare perché si godono uno stile di vita senza restrizioni". Fondatore dell'Associazione avvocati penalisti della contea dell'Essex, all'inizio degli anni settanta, John Lindblad del Windsor Star lo chiamò il "Perry Mason di Windsor" e alcuni si sono riferiti a lui come il "Decano degli avvocati penalisti della contea dell'Essex".

Frank sposò Anne Authier nell'ottobre 1956 e hanno sei figli: Carol Anne, Mary Lefaive, Kathleen Montello (anche lei avvocato), Robert, John e Jennifer Pierce. Più tardi sposò Norma Laidlaw, che aveva cinque figli: Paul, Perry, Karen, Melanie e Lisa.

Vittorino Morasset[153]

Io, Vittorino Morasset, figlio di Giuseppe e Gina Pilot, sono nato a Rivarotta di Pasiano, Pordenone (Friuli-Venezia Giulia), il 12 aprile 1945. La storia della mia emigrazione in realtà non fu motivata dal lavoro, ma da qualcosa di molto diverso. Incontrai la mia cara "Giulietta" quando venne in Italia nell'estate del 1970 per una vacanza. Da ragazzo, ogni volta che vedevo una bella ragazza non ci pensavo due volte a invitarla a uscire e a ballare. Ben presto mi resi conto che non si trattava solo di una storiella estiva, ma di qualcosa di più serio.

Quando ritornò in America le cose si complicarono. Ci scrivevamo una volta alla settimana. Nonostante ciò, la mia nostalgia di Giulia Sartori aumentava. Nell'estate del 1971, venni a Detroit e Windsor per una vacanza. In realtà, non mi sono mai chiesto se Windsor mi piacesse o no. All'epoca l'amore era la mia motivazione. Per questa ragione venni in Canada, per l'amore della mia Giulia.

Vittorino studiò alla Scuola Professionale A. Galvani di Pordenone e fece un praticantato presso le carrozzerie auto, Bertoia e Auto Emporio, nella stessa città. Lavorò in Svizzera, fece il servizio militare con l'11° Raggruppamento Alpini d'Arresto Tolmezzo per un anno e, nel 1967 lavorò a Legnano, Milano, prima di immigrare a Windsor. Dal 1972 al 1979 lavorò presso la Crafts Collision, quindi a Farmington Hills, Michigan e, dal 1984, alla Jefferson Chevrolet a Detroit. Sposò Giulia Sartori nel maggio 1973 ed hanno tre figlie: Laura, Cristina ed Erica.

---

153 Informazioni di Vittorino Morasset e brano tratto dal libretto, *Comune di Pasiano di Pordenone, Festa di San Paolo, 50 anni, 26 gennaio 2002*

Children playing with the South Windsor Soccer League, Ciociaro Club, 2009.
I bambini giocano con la lega South Windsor Soccer, Club Ciociaro, 2009.
Photo by/photo di: Armando Carlini. Courtesy/Cortesia: Ciociaro Club.

something very different. I met my dear "Giulietta" when she came to Italy in the summer of 1970 for a vacation. As a young man, whenever I saw a beautiful girl I did not think twice about inviting her to go out and dance. Soon I realized that this was not just a summer fling, but something more serious.

When she returned to America, things became difficult. We wrote each other once a week. Despite this, my longing for Giulia Sartori increased. In the summer of 1971, I came to Detroit and Windsor for a vacation. Truly, I never asked myself if Windsor pleased me or not. At that time love was the motivation. For this reason I came to Canada – for the love of my Giulia.

Vittorino studied at the Scuola Professionale A. Galvani, Pordenone and apprenticed at the auto body shops, Bertoia and Auto Emporio, in that same city. He worked in Switzerland, served in the military with the 11° Raggruppamento Alpini d'Arresto Tolmezzo for one year and, in 1967, worked in Legnano, Milano before immigrating to Windsor. From 1972 to 1979, he worked at Crafts Collision, then in Farmington Hills, Michigan and, since 1984, at Jefferson Chevrolet in Detroit. He married Giulia Sartori in May 1973 and they have three daughters: Laura, Cristina and Erica.

Vittorino is a member of the Associazione Veneti nel Mondo, Fogolar Furlan Club of Windsor, Knights of Columbus (Third and Fourth Degrees), Venetian Club of Mutual Aid in Madison Heights, Michigan and an organizer of the Feast of San Paolo in Pasiano. He is a representative of E.F.A.S.C.E. (Ente Friulano Assistenza Sociale Culturale Emigranti) and president of the A.N.A. Sezione di Windsor since 2002.

He is the recipient of the Premio della Fedeltà al Lavoro, del Progresso Economico e del Lavoro Pordenonese nel Mondo.

Renato (Ron) Moro[154]

Ron was born February 19, 1948 in Cusano, Pordenone (Friuli-Venezia Giulia) to Regina Facchin and Damiano Moro.[155] Ron has two siblings: Yvonne Faoro, born in Aix-les-Bains, Savoie, France and Aniceto (Andy), in Cusano. Two other brothers died in Italy. The Moro family came to Windsor via Halifax in March 1949 and lived in a rented upper flat for one year until 1951 when they moved into the home Damiano had built at 1706 Elsmere Ave.[156]

Ron attended St. Angela School, Kennedy Collegiate and the University of Windsor, where he earned his M.B.A. in 1971. He then became manager of the Giovanni Caboto Club and, as he says, practically grew up at the club:

Dancing at Serata Paesana banquet at the Ciociaro Club, 2008.
Ballo al banchetto della Serata Paesana al Club Ciociaro, 2008
Photo by/photo di: Armando Carlini. Courtesy/Cortesia: Ciociaro Club.

---

154 Information form Ron Moro
155 Damiano was born September 20, 1904 in Fiume Veneto, Pordenone and Regina, March 25, 1916 in Tramonti di Sopra, Pordenone. The two married by proxy while Damiano was working in France. After the wedding, Regina joined her husband in France where they lived for 12 years. She died July 7, 1993 and Damiano, November 9, 1996.
156 They had many boarders for 15 years.

Vittorino è membro dell'Associazione Veneti nel Mondo, del Club Fogolar Furlan di Windsor, del Knights of Columbus (terzo e quarto grado), del Venetian Club of Mutual Aid a Madison Heights, Michigan e organizzatore della Festa di San Paolo a Pasiano. E' un rappresentante dell'E.F.A.S.C.E. (Ente Friulano Assistenza Sociale Culturale Emigranti) e presidente dell'A.N.A. Sezione di Windsor dal 2002.

Ha ricevuto il Premio della Fedeltà al Lavoro, del Progresso Economico e del Lavoro Pordenonese nel Mondo.

Renato (Ron) Moro[154]

Ron nacque il 19 febbraio 1948 a Cusano, Pordenone (Friuli-Venezia Giulia), da Regina Facchin e Damiano Moro.[155] Ron ha due fratelli: Yvonne Faoro, nata a Aix-les-Bains, Savoie, Francia e Aniceto (Andy), nato a Cusano. Due altri fratelli morirono in Italia. La famiglia Moro venne a Windsor passando da Halifax nel marzo 1949 e abitò in un appartamento in affitto per un anno fino al 1951 quando si trasferirono nella casa che Damiano aveva costruito al 1706 Elsmere Ave.[156]

Ron frequentò la scuola St. Angela, il Kennedy Collegiate e l'Università di Windsor, dove ottenne un M.B.A. nel 1971. Divenne in seguito manager del Club Giovanni Caboto e, come dice lui, è praticamente cresciuto al club:

> *Mi ricordo di quando lavoravo qui da ragazzo, a vendere bevande gassate alle partite di bingo. Quando studiavo all'Università di Windsor, un'estate fui assunto per gestire il Caboto Park, la nostra proprietà di ricreazione appena fuori Colchester. Mi presi cura del terreno, gestii il chiosco di concessione e aiutai a organizzare i giochi all' aperto.* [157]

Istituì un popolare festival dell'uva di quattro giorni che mirava a mostrare l'unicità della cultura italiana. Cinque anni dopo, Ron lasciò il Club Caboto per mettersi in proprio, ma rimase nel consiglio di amministrazione. Comprò il Milano Restaurant in Tecumseh Rd. E., poi affittò il Bowlero Restaurant, e gestì entrambi per cinque anni finché chiuse il Bowlero nel 1981. Ron si diede quindi all'investimento di terreni: comprò 16 ettari a Sandwich South, li rese edificabili e vendette i lotti. Diede a una strada il nome, Moro Dr., in onore del padre. Nel 1984 costruì un ristorante in Riverside Dr., Moro's, che chiuse nel 1989 e fu dato in affitto.

Ron era ancora molto impegnato al Caboto, adempiendo doveri di tesoriere e poi di presidente eletto nel 1981, una posizione che tenne per tredici anni consecutivi. Divenne direttore generale nel 1993, la sua posizione attuale. Ron è stato la forza motrice di tutti i principali lavori di restauro e fu presidente della più grande espansione del club. Nel 1997 Ron fu co-presidente del Project 500,

Moro family and friends. Front row: Ron Moro, Anthony Schincariol, Andy Moro. Back row: Damiano Moro, Silvio Facchin, Gino Facchin, Palmira (Chicy) Facchin, Rosemary Facchin, Minerva (Minnie) Facchin, Maria Schincariol, Felice Schincariol, 1950.

La famiglia Moro e amici. Prima fila: Ron Moro, Anthony Schincariol, Andy Moro. Seconda fila: Damiano Moro, Silvio Facchin, Gino Facchin, Palmira (Chicy) Facchin, Rosemary Facchin, Minerva (Minnie) Facchin, Maria Schincariol, Felice Schincariol, 1950.

Courtesy/Cortesia: Ron Moro, P14029

154 Informazioni di Ron Moro
155 Damiano nacque il 20 settembre 1904 a Fiume Veneto, Pordenone, e Regina, il 25 marzo 1916 a Tramonti di Sopra, Pordenone. I due si sposarono per procura mentre Damiano lavorava in Francia. Dopo il matrimonio, Regina raggiunse il marito in Francia, dove vissero per 12 anni. Maria morì il 7 luglio 1993 e Damiano, il 9 novembre 1996.
156 Ebbero molti pensionanti per 15 anni.
157 *Windsor Star*, 7 ottobre 1989

I remember working here as a young kid, selling pop at the bingo games. When I was a student at the University of Windsor, I was hired for the summer to manage Caboto Park, our recreational property just outside Colchester. I took care of the grounds and operated the concession stand and helped to organize outdoor games. [157]

He established a popular four-day grape festival aimed to showcase the uniqueness of the Italian culture. Five years later, Ron left Caboto Club to go into business, but remained on the board of directors. He bought Milano Restaurant on Tecumseh Rd. E. and later leased the Bowlero Restaurant, operating both for five years until he closed the Bowlero in 1981. Ron then became a land developer, purchased 16 hectares in Sandwich South, developed the land and sold the lots. He named a street Moro Dr. to honour his father. In 1984, he built a restaurant on Riverside Dr. E., Moro's, which he closed in 1989 and leased it out.

Ron was still very involved with Caboto, serving as treasurer and then elected president in 1981, a position he held for thirteen consecutive years. He became general manager in 1993, his present position. Ron has been a driving force behind all major club renovations and has served as chairman of the club's largest expansion. In 1997, Ron was co-chairman of Project 500, the club's celebration of the 500th anniversary of Giovanni Caboto's landing in Canada. In 2005, the Giovanni Caboto Club awarded Ron the Laurea Emeritus Summa Cum Laude Award of Merit to recognize his many initiatives and accomplishments while serving the club with energy and dedication over the years.

Actively involved in community organizations, Ron has been founder and president of the Ethnic Clubs Association of Essex County 1972-75; board member of the United Way of Windsor and Essex County 1976-86, serving as president in 1982 and vice-chair of the 1986 campaign; board member of the Windsor Symphony in 1980; member of the University of Windsor board of governors 1979-87; a founding member and Grants Committee Chairman of the Board of the Trillium Foundation of Ontario 1982-90; the Italian Vice-Consul for Windsor, Essex and Kent counties 1989-96; and, member of the Twin City Committee, twinning Windsor with Udine, Italy. Ron also ran for the Conservatives in the 1975 provincial elections and has served as president of the Windsor Riding Association and as caucus chairman for Essex and Kent.

For his active involvement of over 40 years in the Windsor community, Ron was nominated for the 2000 Italian of the Year Award from the Caboto Club. The funds raised at the event were used to support a scholarship in Italian Studies at the University of Windsor. Ron has also been the recipient of several awards from community charities, organizations and service clubs: AKO Fraternity; Windsor Firefighters Association; United Way; Trillium Foundation; University of Windsor; City of Windsor; Hospice of Windsor and Essex County; and the Government of Canada 125th Anniversary Medal of Honour.

Ron has three children: Craig, Lana and Dayna.

---

157   The *Windsor Star*, October 7, 1989

Andy Moro, Ron Moro and Aldo Giampuzzi making salami, c. 1996
Andy Moro, Ron Moro and Aldo Giampuzzi fanno i salami, 1996 ca.
Courtesy/Cortesia: Ron Moro, P14028

This advertisement appeared in the booklet printed for the 10th anniversary of St. Angela Merici Church, 1949.

Questo annuncio era nel libretto del 10° anniversario della chiesa di Sant'Angela Merici, 1949.

la celebrazione del 500° anniversario dell'arrivo di Giovanni Caboto in Canada. Nel 2005 il Club Giovanni Caboto conferì a Ron la Laurea Emeritus Summa Cum Laude, in riconoscimento delle sue varie iniziative e realizzazioni, per l'energia e la dedizione che aveva messo a servizio del club nel corso degli anni.

Impegnato attivamente nelle organizzazioni della comunità, Ron è stato fondatore e presidente dell'Ethnic Clubs Association of Essex County nel 1972-75; membro del consiglio dell'United Way of Windsor and Essex County 1976-86, di cui fu presidente nel 1982 e vicepresidente nella campagna del 1986; membro del consiglio della Windsor Symphony nel 1980; membro del consiglio d'amministrazione dell'Università di Windsor, nel 1979-87; membro fondatore e presidente del comitato borse di studio del Consiglio della Trillium Foundation of Ontario nel 1982-90; viceconsole italiano delle contee di Windsor, Essex e Kent nel 1989-96; e membro del comitato delle città gemelle, per il gemellaggio di Windsor a Udine, Italia. Ron fu anche candidato del partito conservatore nel 1975 alle elezioni provinciali e servì come presidente della Windsor Riding Association del comitato dei dirigenti di partito per l'Essex e il Kent.

Per la sua partecipazione attiva di oltre 40 anni alla comunità di Windsor, Ron fu nominato dal Club Caboto per l'Italian of the Year Award del 2000. Il ricavato dell'evento fu devoluto a beneficio di una borsa di studio per gli studi di italiano all'Università di Windsor. Ron ricevette anche diversi premi da istituzioni di beneficenza, organizzazioni e club della comunità: AKO Fraternity; Windsor Firefighters Association; United Way; Trillium Foundation; University of Windsor; City of Windsor; Hospice of Windsor and Essex County; e Government of Canada 125th Anniversary Medal of Honour.

Ron ha tre figli: Craig, Lana e Dayna.

La famiglia di Giovanni Battista Muzzatti[158]

Giovanni, discendente di nobili italiani[159] di Pescincanna, Pordenone (Friuli-Venezia Giulia), immigrò in Canada all'età di 15 anni. Nel 1923 ritornò in Italia per sposare Faelia Martinuzzi di Azzano Decimo, Pordenone, una dei sette figli di Luigi Martinuzzi[160] e Regina Roncadin. Nel 1927, Giovanni e Faelia immigrarono in Canada e si stabilirono a Windsor. Ebbero tre figli: William (Bill),[161] Elsie Carpene e Joyce Favot.

Il loro spirito e la loro energia aiutarono a costruire parte del patrimonio italiano della Windsor di oggi. Faelia e altre donne italiane raccolsero fondi, organizzando banchetti e vendite di beneficenza, per aiutare la costruzione della chiesa italiana. Queste donne formarono la Società delle Madri Cristiane, oggi la Lega delle Donne Cattoliche. Faelia era una sarta abile che faceva indumenti

---

158 Informazioni di Elsie Carpene
159 La proprietà originale della famiglia, con i suoi affreschi di 300 anni, è preservata dal governo italiano.
160 Era un carpentiere di talento, che costruì vagoni merci per la ferrovia a Fort William, Ontario (ora Thunder Bay), prima di ritornare ad Azzano Decimo per sposare Regina.
161 Bill morì il 9 luglio 2007.

Giovanni Battista Muzzatti Family[158]

Giovanni, a descendent of Italian nobility[159] from Pescincanna, Pordenone (Friuli-Venezia Giulia), immigrated to Canada at age 15. In 1923, he returned to Italy to marry Faelia Martinuzzi of Azzano Decimo, Pordenone, one of the seven children of Luigi Martinuzzi[160] and Regina Roncadin. In 1927, Giovanni and Faelia immigrated to Canada, settling in Windsor. They had three children: William (Bill),[161] Elsie Carpene and Joyce Favot.

Their spirit and energy helped build part of the Italian heritage that exists in Windsor today. Faelia and other Italian women collected funds by holding banquets and bazaars to help build the Italian church. These ladies formed The Christian Mothers' Society, today Catholic Women's League. Faelia was an accomplished seamstress who made clerical garments for priests and altar boys and draperies for the church hall. She also made dresses for many brides married at St. Angela Merici Church. Faelia died in July 2000, at age 101.

Giovanni worked at Ford in Windsor until he retired. He was well loved for his efforts in maintaining the Italian heritage within the community. Giovanni died in January 1960.

Antonio (Tony) and Odilio (Leo) Nadalin Families (Nadalin Floor Covering)[162]

Tony was born to Maria Marcuz and Giovanni Nadalin in 1913. Tony and his mother came to Windsor in 1921 to be with his father who had been working in Windsor since 1912 for the Canadian Bridge Co. on Walker Rd.

Their first home was on Pitt St. where Caesars Windsor Hotel & Casino stands today. They built their second home on Louis Ave., where the parking lot of St. Angela Merici Church is now located and, finally, one on Lillian Ave. Giovanni became the bookkeeper for St. Alphonsus Cemetery and Maria worked for many years as a custodian at the church. They had two more sons, Leo born in 1923 and Keno, in 1933.

Tony spent a year in St. Peter's Seminary in London. Afterwards, he taught shop at St. James High School in Belle River and played chromatic accordion at the Capitol Theatre. He also played in a band on the weekends at Dom Polski Hall in Windsor. In 1943, he married May Ouellette. They had eight children: Robert, Gloria Gauthier, John, Angela, James, Barbara, Michael and Laurie. He made only $100 a month and had to take on the additional job of cement work during the summer to support his family. Leo, who had served time in the army, married Helen Masaro just one week

Tony Nadalin in front of Nadalin Floor Covering store at Windsor Ave. and Tecumseh Rd. E.

Tony Nadalin dinanzi al negozio Nadalin Covering all'angolo di Windsor Ave. e Tecumseh Rd. E..

Courtesy/Cortesia: Gloria Gauthier, P11247

---

158 Information from Elsie Carpene
159 The original family estate, with its 300-year-old frescos, is being preserved by the Italian government.
160 He was a talented carpenter who had built boxcars for the railroad at Fort William, Ontario (now Thunder Bay), before returning to Azzano Decimo to marry Regina.
161 He died July 9, 2007.
162 Information from Gloria Gauthier.

ecclesiastici per preti e chierichetti e drappeggi per la sala parrocchiale. Confezionò anche molti abiti da sposa per coloro che si sposarono nella Chiesa Sant'Angela Merici. Faelia morì nel luglio 2000, all'età di 101 anni.

Giovanni lavorò alla Ford di Windsor finché andò in pensione. Era ben amato per i suoi sforzi di mantenere il patrimonio italiano nella comunità. Morì nel gennaio 1960.

Le famiglie di Antonio (Tony) e Odilio (Leo) Nadalin (Nadalin Floor Covering)[162]

Tony nacque nel 1913 da Maria Marcuz e Giovanni Nadalin. Nel 1921 Tony e la madre raggiunsero il padre che lavorava a Windsor dal 1912 per la Canadian Bridge Co. in Walker Rd. La loro prima casa si trovava in Pitt St., dove oggi si trova il Ceasar Casinò. Costruirono la seconda casa in Louis Ave., dove ora è il parcheggio della chiesa di Sant'Angela Merici e, infine, una in Lillian Ave. Giovanni divenne contabile per il cimitero St. Alphonsus e Maria lavorò per molti anni come custode della chiesa. Ebbero altri due figli Leo, nato nel 1923 e Keno, nel 1933.

Tony trascorse un anno nel St. Peter Seminary of London, Ontario. In seguito, insegnò carpenteria alla St. James High School a Belle River e suonò la fisarmonica cromatica al Capitol Theatre. Nel fine settimana suonava anche in un gruppo al Dom Polski Hall di Windsor. Nel 1943 sposò May Ouellette. Ebbero otto figli: Robert, Gloria Gauthier, John, Angela, James, Barbara, Michael e Laurie. Tony guadagnava solo $100 al mese e doveva anche lavorare come cementista durante l'estate per sostenere la famiglia. Leo, che era stato nell'esercito, sposò Helen Masaro una settimana dopo il matrimonio di suo fratello. Ebbero nove figli: Daniel (Dan), Janice Gignac, Joanne Burke, Patricia, Jerry, Sandy Skinner, Anita Gillis, Cathy Zuccheto e Beverly Ouellette.

Nel 1948 Leo e Tony aprirono un'attività di pavimentazione, Nadalin Sales, situata nell'angolo sud-est di Goyeau St. e Erie St. Vendevano tappeti, ceramica e altre mattonelle. Inizialmente, si occupavano loro stessi della posa e più avanti assunsero altri operai. Entro il 1960 l'attività era in rapido aumento e c'era bisogno di un locale più grande. Il nuovo negozio, a cui venne dato il nuovo nome Nadalin Floor Covering, fu costruito di fronte a Jackson Park, angolo nord-ovest di Windsor Ave. e Tecumseh Rd. Nel 1985 i due fratelli andarono in pensione.

Gerardo (Gerry) Nardiello (Twin Cam Motor (Windsor) Ltd.)[163]

Gerry nacque l'11 settembre 1945 a Volturara Irpina, Avellino (Campania). All'età di 11 anni s'imbarcò per il Venezuela. Dopo alcuni mesi suo padre ritornò in Italia per malattia e Gerry rimase in Venezuela da solo. Lavorò come apprendista meccanico e, per mancanza di denaro, fu costretto a dormire nell'officina nelle macchine dei clienti. Dopo un po' di tempo, Gerry ebbe una febbre alta. Una famiglia italiana lo aiutò, informò i genitori e Gerry ritornò in Italia, dove continuò il suo apprendistato.

Giovanni and Maria Nadalin on their 25th wedding anniversary.
From left: Leo, Giovanni, Keno, Maria and Tony.

Giovanni and Maria Nadalin nel loro 25° anniversario di matrimonio.
Da sinistra: Leo, Giovanni, Keno, Maria e Tony.

Courtesy/Cortesia: Gloria Gauthier, P11243

162 Informazioni di Gloria Gauthier
163 Informazioni di Gerry Nardiello

after his brother's wedding. They had nine children: Daniel (Dan), Janice Gignac, Joanne Burke, Patricia, Jerry, Sandy Skinner, Anita Gillis, Cathy Zuccheto, and Beverly Ouellette.

In 1948, Leo and Tony opened a floor covering business, Nadalin Sales, located at the southeast corner of Goyeau St. and Erie St. They sold carpeting, ceramic and other floor tiles. Initially, they did the installations themselves and later took on additional labourers. By 1960, business was booming and there was a need for a larger location. The new store, renamed Nadalin Floor Covering, was built across from Jackson Park on the northwest corner of Windsor Ave. at Tecumseh Rd. In 1985, both brothers retired from the business.

Gerardo (Gerry) Nardiello (Twin Cam Motor (Windsor) Ltd.)[163]

Gerry was born on September 11, 1945 in Volturara Irpina, Avellino (Campania). At age 11, he travelled by ship to Venezuela. After a few months, his father returned to Italy due to illness and Gerry was left in Venezuela alone. He worked as an auto mechanic apprentice and, for lack of funds, was forced to sleep in clients' cars in the garage. Some time later, Gerry developed a high fever. An Italian family helped him, informed his parents and he returned to Italy where he continued his apprenticeship.

Gerry later worked four years in Germany and four years in Switzerland at different car dealerships where he gained a knowledge of foreign cars. While in Switzerland, he received his mechanic's licence. During one of his vacations in Italy, Gerry met someone from Windsor who made him curious about Canada. He immigrated and worked as an auto mechanic in Windsor. Gerry recalls:

In January of 1968, I arrived in Windsor. With the help of a kind gentleman (a barber), I retained employment at Downtown Motors on Wyandotte St. E. In 1969, I went to work for WinMar Motors on Erie St. E. where I worked on Alfa Romeos, Citroëns and Peugeots. That same year, I met my wife, Luisa. In November of 1971, we were married by Fr. Delfino Pierazzo at St. Angela Merici Church. We subsequently had three children, Joanne Gina Rondeau, Gerry, Jr. and Marc Steven, and one grandchild.

In February 1981, I decided to go into business for myself. Against everyone's advice, Luisa and I purchased a small shop at 1393 Drouillard Rd. and Twin Cam Motor was established. It turned out to be the second-best decision next to marrying my wife. To date, we are still in the business of repairing Italian and German cars.

Rita Rosato Olivito and Family (Impact Staffing Inc.)[164]

My parents, Natalina Marrocco and Armando Rosato, farmers in Lenola, Rome (Lazio), were sponsored by my uncle, Angelo Marrocco, who had been working in the gold and uranium mines in Quebec since

Gerry Nardiello, owner of Twin Cam Motor, 1984.

Gerry Nardiello, proprietario del Twin Cam Motor, 1984.

Courtesy/Cortesia: Gerry and Luisa Nardiello, P11995

---

163 Information from Gerry Nardiello
164 Written by Rita Rosato Olivito

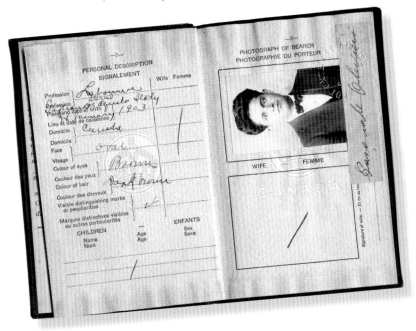

Canadian passport issued in 1929 to Pasquale Olivieri, father of Rina Spadini. He became a naturalized British subject in 1926. Unfortunately, Rina, born in Italy, never met her father who died in 1944 prior to her arrival in Canada after the war.

Passaporto canadese rilasciato nel 1929 a Pasquale Olivieri, padre di Rina Spadini. Pasquale divenne un cittadino naturalizzato britannico nel 1926. Sfortunatamente Rina, nata in Italia, non ha mai conosciuto suo padre che morì nel 1944 prima dell'arrivo di Rina in Canada dopo la guerra.

Courtesy/Cortesia: Rina Spadini, P11155B

Gerry lavorò in seguito quattro anni in Germania e quattro in Svizzera presso diverse concessionarie di auto, dove acquisì conoscenze di auto straniere. In Svizzera ricevette la licenza di meccanico. Durante una delle sue vacanze in Italia, Gerry conobbe qualcuno di Windsor che lo incuriosì sul Canada. Immigrò e lavorò come meccanico d'auto a Windsor. Gerry ricorda:

Nel gennaio 1968 arrivai a Windsor. Con l'aiuto di un gentile signore (un barbiere) trovai lavoro alla Downtown Motors in Wyandotte St. E. Nel 1969 andai a lavorare per la WinMar Motors in Erie St. E., dove lavorai sulle auto Alfa Romeo, Citroën e Peugeot. Nel 1969 conobbi anche mia moglie, Luisa. Nel novembre 1971 P. Delfino Pierazzo celebrò il nostro matrimonio nella chiesa di Sant'Angela Merici. In seguito avemmo tre figli, Gina (Joanne) Rondeau, Gerry Jr. e Marc Steven.

Nel febbraio 1981 decisi di mettermi in proprio. Contro il consiglio di tutti, io e Luisa acquistammo una piccola officina al 1393 Drouillard Road e fondammo la Twin Cam Motor. Fu la seconda migliore decisione dopo quella di sposare mia moglie. Siamo tuttora in attività per riparazioni di auto italiane e tedesche.

Rita Rosato Olivito e famiglia (Impact Staffing Inc.)[164]

I miei genitori, Natalina Marrocco e Armando Rosato, contadini di Lenola, Roma (Lazio), furono sponsorizzati da mio zio, Angelo Marrocco, che lavorava nelle miniere d'oro e uranio in Quebec dal 1950. Io arrivai con i miei genitori all'età di tre anni, assieme alle mie sorelle: Mary (cinque anni) e Josephine (nove). Sbarcammo a New York nel marzo 1957 dalla nave *The Independence* e venimmo a Windsor.

Mio padre, dopo aver viaggiato avanti e indietro tra Elliott Lake e Windsor per lavori di breve durata, finalmente trovò un lavoro a tempo pieno al Canadian Bridge nel 1965. Mia madre lavorò alla Riverside Fisheries e nei campi per la raccolta di pomodori e altre verdure. Ricordo l'emozione del nostro primo televisore e della prima casa, acquistata nel 1962 in Louis Ave. vicino alla chiesa di Sant'Angela Merici, dove mia madre risiede tuttora. Adattarsi alla vita in Canada fu difficile.

Lavorai come mediatrice di assicurazioni per 20 anni alla Blonde & Little Insurance, ma avevo sempre sognato di mettermi in proprio. Con l'aiuto di mio marito Biagio, e l'incoraggiamento dei nostri figli, Mark e Danielle, avviai la Impact Staffing Inc., un'agenzia di collocamento. Un anno dopo, la mia attività fu trasferita da casa a un ufficio formale in un centro in Tecumseh Rd. E. e si trova attualmente al numero 1 di Hanna St. W. Dal suo inizio nel 1995, Impact Staffing è cresciuta fino a divenire una delle principali agenzie di collocamento di Windsor, con un vasto portafoglio clienti. Il coinvolgimento nella comunità è sempre stato massimo. Sono stata vicepresidente della CIBPA, presidente del Better Business Bureau di Windsor e un membro fondatore della Windsor Regional Association of Staffing Services, dove partecipo ancora al consiglio di amministrazione.

Benché sia stata costretta a rallentare per motivi di salute, sono stata impegnata attivamente nella raccolta di fondi per un apparato digitale di mammografia per lo screening del cancro al Windsor Regional Hospital. Sono stata Miss Agosto nel *Beauty Beyond Breast Cancer Calendar* del 2005, e

---

164 Scritto da Rita Rosato Olivito

1950. I came with my parents at age three, along with my sisters, Mary (five) and Josephine (nine). We arrived in New York in March 1957 aboard *The Independence* and came to Windsor.

My father finally obtained a full-time job at Canadian Bridge in 1965, after travelling back and forth doing short-term jobs in Elliott Lake and Windsor. My mother worked at Riverside Fisheries and on various farms picking tomatoes and other vegetables. I can remember the excitement of our first television set and our first home purchased in 1962 on Louis Ave. near St. Angela Merici Church, where my mother still resides. Adjusting to life in Canada was difficult.

I was an insurance broker for 20 years at Blonde & Little Insurance but had always dreamed of owning my own business. With the help of my husband, Biagio, and encouragement from our children, Mark and Danielle, I started Impact Staffing Inc., an employment agency. After one year, my home-based business was moved to formal office quarters in a plaza on Tecumseh Rd. E. and is currently located at 1 Hanna St.W. Since its inception in 1995, Impact Staffing has grown to be one of the major employment agencies in Windsor. Community involvement has always been paramount. I have been vice-president of CIBPA, chairperson of the Better Business Bureau of Windsor and a founding member of the Windsor Regional Association of Staffing Services where I remain active on the board of directors.

Although I was forced to slow my pace due to health reasons, I took an active role in raising funds toward a digital mammography machine for cancer screening at Windsor Regional Hospital. I was Miss August in the 2005 *Beauty Beyond Breast Cancer Calendar* and helped raise $80,000. In January 2005, my daughter joined the company. My son, a dentist, and his wife, Heidi, have two children. My sisters, Josephine Medoro and Mary Kidd, became teachers and Sandra Kirby, who was born in Canada in 1965, became a nuclear medical technologist.

Looking back, I cherish the support of my family and friends who, during the difficult years, instilled in us values that gave us strength and character to deal with life's many challenges.

Salvatore (Sam) Olivito (Windsor Ravioli)[165]

I was born May 5, 1947 in San Giovanni in Fiore, Cosenza (Calabria). My journey began in March 1957 at age ten when my parents left Italy to come to Windsor, looking for a better life. We left behind my grandfather, aunts and uncle. After an eight-day boat voyage, we landed at Halifax then proceeded by train to Windsor to join Uncle Sam Foglia and family. We had just two suitcases full of old clothes.

At the time, Uncle Sam had two boys and lived on Parent Ave. in a home which was shared by our family and another uncle. I went to school with other Italian children at St. Angela where many fights erupted because of lack of communication. All the Italian kids stayed together; every Tuesday,

Armando and Natalina Rosato, along with their three daughters Rita, Josephine and Mary, enjoy their second Christmas in Canada, January 1959.

Armando e Natalina Rosato, con le loro tre figlie Rita, Josephine e Mary, si godono il loro secondo Natale in Canada, gennaio 1959.

Courtesy/Cortesia: Rita Olivito, P13623

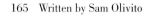

165   Written by Sam Olivito

Louie Foglia and Sam Olivito, Italy, 1953.
Louie Foglia e Sam Olivito, Italia, 1953.
Courtesy/Cortesia: Sam Olivito, P13273

ho collaborato alla raccolta di $80,000. Nel gennaio 2005 mia figlia si unì alla società. Mio figlio, dentista, e la moglie Heidi, hanno due figli. Le mie sorelle, Josephine Medoro e Mary Kidd, divennero insegnanti e Sandra Kirby, che nacque in Canada nel 1965, divenne tecnologa di medicina nucleare.

Ripensandoci, tengo caro il supporto della mia famiglia e dei miei amici, che durante gli anni difficili inculcarono in noi i valori che ci hanno dato la forza e il carattere per far fronte alle varie difficoltà della vita.

Salvatore (Sam) Olivito (Windsor Ravioli)[165]

Sono nato il 5 maggio 1947 a San Giovanni in Fiore, Cosenza (Calabria). Il mio viaggio iniziò nel marzo 1957, all'età di dieci anni, quando i miei genitori lasciarono l'Italia per venire a Windsor in cerca di una vita migliore. Ci lasciammo alle spalle mio nonno e i miei zii. Dopo un viaggio in nave di otto giorni, approdammo ad Halifax e proseguimmo in treno per Windsor, per raggiungere lo zio Sam Foglia e famiglia. Avevamo solo due valigie piene di vestiti vecchi.

All'epoca, lo zio Sam aveva due bambini e viveva in Parent Ave., in una casa che condivise con noi e un altro zio. Frequentai con altri bambini italiani la scuola Sant'Angela, dove scoppiavano molte risse per mancanza di comunicazione. Tutti i bambini italiani stavano insieme. Ogni martedì i bambini inglesi andavano alla Sacred Heart Church in Ottawa St. (oggi St. Mary and St. Moses Coptic Church) e gli italiani alla chiesa di Sant'Angela.

Mio padre andò a Oakville per lavorare nella costruzione dell'autostrada 401 perché non riusciva a trovare lavoro a Windsor. I miei genitori mi trovarono un lavoro (all'età di dieci anni) alla Volcano Pizzeria in Wyandotte St. W. Mi dissero che se mi fosse stato chiesto chi fossi avrei dovuto rispondere che ero il figlio del padrone. Ogni sei giorni di lavoro venivo pagato $5, che i miei genitori usavano per fare la spesa al mercato della città. Distribuivo anche The Windsor Star. Era difficile per noi, ma ce la cavammo con quello che avevamo – niente extra, tipo bevande gassate e dolci.

Le difficoltà per un bambino di dieci anni erano molte. Non avevo mai tempo per nient'altro all'infuori della scuola e del lavoro e dovetti crescere in fretta e imparare ad arrangiarmi molto presto per sopravvivere a scuola o al lavoro. Alla W. D. Lowe, conobbi il mio migliore amico, Bob Taranto. Bob aveva una sorella più piccola, Maddalena (Nancy), che in seguito divenne mia moglie. La discriminazione ci seguiva. Quando lavoravo alla Chrysler, a 18 anni, mi ricordo che mi coprivano di insulti nel parcheggio. Sul momento, non dicevo nulla, seguivo il tipo alla linea di produzione, chiudevo la porta e gli facevo chiedere scusa o "l'avrei ammazzato di botte".

Dai 16 ai 18 anni lavorai al Milano Restaurant dove Frank Tedesco, che aveva 19 anni, mi fece manager. Incontrai molta gente, tra cui i membri del Regis Club che venivano al ristorante ogni domenica dopo il ballo. A 21 anni, io e mio cugino Louie Foglia aprimmo la nostra pizzeria, la Salerno Pizza in Howard Ave. Nel 1971 mi sposai e passai a fare il manager dell'Italia Restaurant

---

165 Scritto da Sam Olivito

the English kids would go to Sacred Heart Church on Ottawa St. (now St. Mary and St. Moses Coptic Church) and the Italians, to St. Angela Church.

My father went to Oakville to work on the construction of Highway 401 because he could not find employment in Windsor. My parents found work for me (at age ten) at Volcano Pizzeria on Wyandotte St. W. I was told that, if asked who I was, my response should be that I was the owner's son. For every six days of work, I was paid $5.00 that my parents used for groceries at the city market. I also delivered the Windsor Star. It was tough for us, but we got by with what we had – no extras like pop and sweets.

The challenges for a ten-year-old were many. I never had time for anything but school and work and had to be 'adult' and 'streetwise' very quickly in order to survive at school or at work. At W. D. Lowe, I met my best friend, Bob Taranto. He had a young sister, Maddalena (Nancy), who later became my wife. Discrimination followed us. Working at Chrysler, at 18, I remember being called names in the parking lot. At the moment, I would not say anything, followed the fellow on the production line, closed the door and made him apologize or "I would beat him up."

From age 16 to 18, I worked at Milano Restaurant where Frank Tedesco, who was 19, made me manager. I met many people, including Regis Club members who would come to the restaurant every Sunday after the dance. By age 21, my cousin Louie Foglia and I had our own pizza place, Salerno Pizza on Howard Ave. In 1971, I married, and moved on to become manager of Italia Restaurant (now Thanasi's Greek Restaurant). I left Italia Restaurant to become the first manager of Calabria Club.

In 1976, with my brother-in-law Joe Vitale, I bought the Princeton Motel. Tony Valente helped us out and called the banks, thus ensuring the proper financing. For 18 years as owner of the Princeton, I employed many Italian teenagers who were the sons and daughters of friends and acquaintances. We held many Italian baptisms, confirmations and weddings at La Notte Restaurant (part of the Princeton) and have good memories of them.

Because of my love for Italian culture, for evening entertainment, I hosted Italian singers, namely Luciano Taioli, Pupo, Umberto Tozzi, Toto Cotugno, Bobby Solo and Nico dei Gabbiani. We became friends. I remember Pupo and Bobby Solo stayed as my guests for over a week. While I was growing up in Italy, I recall listening to Luciano Taioli; to host him while he visited Windsor was an experience I will always treasure.

After selling the Princeton, I worked for seven years as manager of the Ciociaro Club. Some of the couples holding their weddings at the Ciociaro were the same people for whom their parents had arranged baptism and confirmation parties when I was at the Princeton – a full circle...or time passing.

Presently, I own a pasta-making business called Windsor Ravioli at 2427 Dougall Ave. If I had to do it again, I would not change anything. It has been very challenging. God gave me a beautiful family and

Frank Tedesco, Sam Olivito and Nuccia Gerardi at Volcano Pizzeria, 1961.
Frank Tedesco, Sam Olivito e Nuccia Gerardi nella Volcano Pizzeria, 1961.
Courtesy/Cortesia: Sam Olivito, P13270

(oggi Thanasi's Greek Restaurant). Lasciai l'Italia Restaurant per divenire il primo manager del Club Calabria.

Nel 1976 comprai il Princeton Motel assieme a mio cognato, Joe Vitale. Tony Valente ci diede una mano e chiamò le banche, garantendoci così il finanziamento adeguato. Per 18 anni, come proprietario del Princeton, assunsi diversi adolescenti italiani, figli e figlie di amici e conoscenti. Tenemmo molte feste per battesimi, cresime e matrimoni italiani a La Notte Restaurant (parte del Princeton), di cui abbiamo bei ricordi.

Proprio per il mio amore per la cultura italiana e l'intrattenimento serale ospitai dei cantanti italiani: Luciano Taioli, Pupo, Umberto Tozzi, Toto Cotugno, Bobby Solo e Nico dei Gabbiani. Diventammo amici. Ricordo che Pupo e Bobby Solo furono miei ospiti per una settimana. Quando ero piccolo, in Italia, ricordo quando ascoltavo Luciano Taioli, quindi averlo ospitato durante una sua visita a Windsor fu un'esperienza che custodirò per sempre.

Una volta venduto il Princeton, lavorai per sette anni come manager del Ciociaro club. Alcune delle coppie che festeggiavano i loro matrimoni al Ciociaro erano le stesse persone per le quali i genitori avevano organizzato feste di battesimo e cresima quando ero al Princeton: il cerchio si chiudeva... o il tempo passava.

Attualmente, ho un'attività di produzione della pasta, Windsor Ravioli, al 2427 Dougall Ave. Se dovessi ricominciare da capo, non cambierei assolutamente nulla. E' stato molto impegnativo e stimolante. Dio mi ha dato una bella famiglia e tre figli: Mary Jean, Nick e Angelia, che amano essere "italiani" e conoscono e capiscono la cultura. Sono molto fiero di essere un italiano residente a Windsor. E' stato un viaggio straordinario.

Sam morì il 14 gennaio 2008.

La famiglia di Federico Palazzi (Palazzi Brothers Carpet and Tile Ltd., Palazzi Rugs and Carpets e Elio Palazzi Contabile/Musicista)[166]

Federico Palazzi e Adele Cangiotti, entrambi nati il 21 gennaio 1908 a Fano, Pesaro (Marche), si sposarono nel paese natio nel 1931 ed ebbero cinque figli: Elio,[167] Paolo (Paul), Marco, Massimo (Max) e Marisa. La famiglia venne in Canada nel novembre 1954 a bordo della nave *Homeland* e andò a Windsor in treno, per raggiungere la sorella e il cognato di Adele: Elvira e Leandro[168] Montanari. Adele, una sarta ben conosciuta in Italia, lavorò anche come sarta con clienti di Windsor e del Michigan, mentre Federico lavorò nell'edilizia per diverse società. Federico morì nel maggio 1982 e Adele nell'ottobre 2008, all'età di 100 anni.

Wedding of Sam Olivito and Nancy Taranto, May 8, 1971.
Nozze di Sam Olivito e Nancy Taranto, 8 maggio 1971.
Courtesy/Cortesia: Sam Olivito, P13266

---

166 Informazioni dalla famiglia Palazzi
167 Vedi capitolo 7.
168 Leandro fu per molti anni il custode della chiesa di Sant'Angela Merici.

three children, Mary Jean, Nick and Angelia, who love being "Italian" and know and understand the culture. I am very proud to be an Italian living in Windsor. It has been an amazing journey.

Sam died January 14, 2008.

Federico Palazzi Family (Palazzi Brothers Carpet and Tile Ltd., Palazzi Rugs and Carpets, and Elio Palazzi Bookkeeping/Musician)[166]

Federico Palazzi and Adele Cangiotti, both born on January 21, 1908 in Fano, Pesaro (Marche), married there in 1931 and had five children: Elio,[167] Paolo (Paul), Marco, Massimo (Max) and Marisa. The family came to Canada in November 1954 on the ship, *Homeland*, and travelled by train to Windsor to join Adele's sister and brother-in-law, Elvira and Leandro[168] Montanari. Adele, a well-known seamstress in Italy, continued her profession with clients from Windsor and Michigan while Federico worked in construction for various companies. Federico died in May 1982 and Adele, in October 2008 at age 100.

On September 21, 1957, Paul married Benedetta (Betty) Colella at St. Angela Merici Church and they have four daughters: Paula Mele, Sandra Aversa, Katia Mauti and Barbara. In 1959, with hard work and ambition, Paul and Marco started their company from Paul's home on Giles Blvd., Palazzi Brothers Carpet and Tile Ltd. Marco married Elena Ciavaglia in Dearborn, Michigan on January 14, 1961 and they have three children: Linda Palcit, Robert and Mark. The two brothers and their wives handled all aspects of the flooring business – ordering, designing and installation.

Younger brother, Max, joined them in 1963 and they built their first store at 3449 Walker Rd. to accommodate the growing business. The company focused mainly on ceramic tiles and resilient flooring and was later involved in major construction projects in Windsor and Southwestern Ontario. In 1965, Palazzi Brothers introduced Palazzi Bros. Carpet with Max as president. Max married Susan Lythe on May 16, 1970 at St. Angela Merici Church and they have three children: Paolo, Leana Wawrow and Erica Taylor. On June 19, 1971, Marisa Palazzi married Rudy Leitzinger at the same church. They have three children: Heidi Woods, Linda and Eric.

In 1976, Palazzi Brothers Carpet and Tile Ltd. relocated to 3636 Walker Rd. The building was expanded in 1985 and now houses a marble shop where granite and stone countertops can be manufactured on site. The showroom was also expanded to suit the growing business in oriental rugs and fine carpets. Palazzi Orientals (now Palazzi Rugs and Carpets) is also on Walker Rd., owned and operated by Max and his son, Paolo.

Over the years, Palazzi Bros. have continued to explore new ventures and expansions. Located in Sterling Heights, Michigan, Palazzi Tile Imports is owned and operated by Marco's son, Robert, and

Joe Taranto, 1957.
Courtesy/Cortesia: Sam Olivito, P13267

---

166 Information from Palazzi family
167 See Chapter 7.
168 Leandro was the custodian of St. Angela Merici Church for many years.

Massimo, Paolo and Marco Palazzi inside Palazzi Brothers showroom, 1972.

Massimo, Paolo e Marco Palazzi nella sala d'esposizione dei Palazzi Brothers, 1972.

Courtesy/Cortesia: Palazzi Brothers, P13667

Il 21 settembre 1957 Paul sposò Benedetta (Betty) Colella alla chiesa di Sant'Angela Merici ed ebbero quattro figlie: Paula Mele, Sandra Aversa, Katia Mauti e Barbara. Nel 1959, armati di ambizione e lavorando sodo, Paul e Marco avviarono dalla casa di Paul in Giles Blvd. la loro società di moquette e piastrelle, Palazzi Brothers Carpet and Tile Ltd. Marco sposò Elena Ciavaglia a Dearborn, Michigan, il 14 gennaio 1961 ed ebbero tre figli: Linda Palcit, Robert e Mark. I due fratelli e le loro mogli si occupavano di tutti gli aspetti dell'attività di pavimentazione: l'ordinazione, la progettazione e la posa.

Il fratello minore, Max, si unì a loro nel 1963 e costruirono il loro primo negozio al 3449 di Walker Rd. per agevolare l' attività in crescita. La società si concentrò principalmente sulle piastrelle in ceramica e i pavimenti resilienti e in seguito s'impegnò in grandi progetti di costruzione a Windsor, e nel sud-ovest dell'Ontario. Nel 1965, la Palazzi Brothers introdusse la Palazzi Bros. Carpet, con Max come presidente. Max sposò Susan Lythe il 16 maggio 1970 alla chiesa di Sant'Angela Merici e hanno tre figli: Paolo, Leana Wawrow ed Erica Taylor. Il 19 giugno 1971, Marisa Palazzi sposò Rudy Leitzinger nella stessa chiesa. Hanno tre figli: Heidi Woods, Linda ed Eric.

Nel 1976, la Palazzi Brothers Carpet and Tile Ltd. si trasferì al 3636 Walker Rd. Nel 1985 l'edificio fu ingrandito e ora alloggia un negozio di marmi dove si possono produrre sul luogo piani in granito e pietra. Ampliarono anche il salone d'esposizione per adattarlo alla crescente attività di tappeti orientali e pregiati. La Palazzi Orientals (ora Palazzi Rugs and Carpets) si trova anche in Walker Rd., di proprietà e gestita da Max e dal figlio Paolo.

Con gli anni, la Palazzi Bros. ha continuato a esplorare nuove imprese ed espansioni. A Sterling Heights, Michigan, la Palazzi Tile Imports è di proprietà e gestita dal figlio di Marco, Robert, e dal genero di Paul, Tony Aversa. La Palazzi Bros. ha aperto anche un salone d'esposizione designer nel centro di Sarnia, gestito dalla figlia di Paul, Paula Mele.

La famiglia di Alfonso Palazzolo[169]

Alfonso Palazzolo e Maria Pellerito si sposarono a Terrasini, Palermo (Sicilia) il 28 ottobre 1950. Poco dopo, Alfonso immigrò a Windsor, dove all'inizio ebbe difficoltà a trovare lavoro. Infine fu assunto da una fabbrica che produceva scatole in Felix Rd., dove era pagato meno dei dipendenti canadesi.

Maria lo raggiunse l'anno seguente, portando con sé solo i propri effetti personali. La vita era dura in quegli anni poiché dovettero affrontare la disoccupazione, le barriere linguistiche e il freddo pungente dell'inverno. Il loro appartamento in affitto non aveva il frigorifero e usavano la veranda sul retro come dispensa. Alfonso e Maria erano grati del cibo e dei vestiti che i parenti di Detroit portavano loro regolarmente.

Alfonso lavorò come operaio edile, muratore, intonacatore, posatore di muri a secco e cementista. All'inizio si trovò a far fronte ad atti di discriminazione sul lavoro, a volte da parte dei compagni

---

169 Informazioni dalla famiglia Palazzolo

Paul's son-in-law, Tony Aversa. Palazzi Bros. have also opened a designer showroom in downtown Sarnia, managed by Paul's daughter, Paula Mele.

Alfonso Palazzolo Family[169]

Alfonso Palazzolo and Maria Pellerito were married in Terrasini, Palermo (Sicily) on October 28, 1950. Shortly after, Alfonso immigrated to Windsor, where he initially had difficulty finding work. He was finally hired at a box-making factory on Felix Rd. where he was paid less than the Canadian employees.

Maria joined him the following year, bringing only her personal belongings. Life was tough in those years as they faced unemployment, language barriers and bitter cold winters. Their rented apartment had no fridge and they used the back porch for storage. Alfonso and Maria were grateful for the groceries and clothing their relatives from Detroit brought them regularly.

Alfonso worked in construction, in masonry, plastering, drywall, and cement work. In the early days, he encountered discrimination in his work, sometimes from his fellow Italians. Alfonso retired at age 50 to his four-acre farm on Howard Ave., working the occasional construction job and operating a fruit stand. He had many patrons and was known as the "Apple Man."

Alfonso and Maria had two sons and four daughters,[170] all of whom studied music and played various instruments. Their musical studies served them well as some of the children performed with local bands and taught music.

Alfonso died in a tragic farming accident in June 2005 at age 83.

Gennaro Palumbo (Gennaro Caffe Gelateria and Tavola Calda)[171]

Gennaro and his wife came to Windsor in 1967 with their 18-month-old son. They later had two daughters. Gennaro worked in construction for about two years, then at the Bar Italia from 1969 to 1971 and Sorrento Cafe until 1973. From 1974 to 1981, he worked at the S.S. Italia Club, a soccer society at the corner of Erie St. and Howard Ave.

In 1981, Gennaro opened and operated the Lotteria Cleaner Shop at 781 Erie St. E. where La Magenta Cafe stands today. He became owner of the Palumbo Caffe in 1992. He later transferred the business to 1271 Erie St. E., renaming it Gennaro Caffe, Gelateria and Tavola Calda.

Giuseppe (Joe) Pavan Family (Joe Pavan Construction Co.)[172]

Joe Pavan and Giuliana Bellomo married on March 4, 1950 in Bannia, Pordenone (Friuli-Venezia Giulia). Joe immigrated to Canada at Fort Erie via New York on March 23, 1950, and Giuliana

Maria Palazzolo at the apple stand in front of her house, c. 1984.
Maria Palazzolo alla bancarella di mele, dinanzi a casa sua, 1984 ca.
Courtesy/Cortesia: Palazzolo family

---

169 Information from Palazzolo family
170 See Chapter 7.
171 Information from Gennaro Palumbo
172 Information from Joe Pavan

Dalla tavola della cucina della Nonna[1]

Nella casa dei miei nonni permeavano sempre le scene e i suoni della tipica vita italiana, la voce di Caruso alla radio con i vari cugini che ridevano e cantavano insieme, guardando i molteplici ospiti seduti attorno al tavolo della sala da pranzo della nonna, pieno al massimo, celebrando occasioni speciali o feste religiose.... Essendo la prima nipote, mi era affidato il "tavolo dei bambini" nella cucina, per sorvegliare tutti i cugini. Con il passare degli anni, non vedevo l'ora di divenire maggiorenne per potermi sedere a tavola nella sala da pranzo della nonna con gli adulti, ma dopo il primo paio di esperienze, decisi che era molto più divertente... in cucina!

Mi ricordo in particolare di quando aiutavo la nonna ad appendere le tagliatelle appena tagliate per farle asciugare in tutta la cucina prima di andare a Messa e, nelle calde giornate estive, l'aroma fragrante dell'uva matura che riempiva l'aria... proveniente dal vigneto curato con tanto amore da mio nonno.

Da giovane a volte avevo paura di quelle domeniche noiose con "i vecchi" perché volevo stare con i miei amici, ma ora darei qualunque cosa per sentire le barzellette trite di mio zio o ritrovarmi al lavandino della cucina della nonna, lavando tutti quei piatti, con quell'aroma fragrante di uva matura del vigneto del nonno...

---

1   Scritto da Andrea Grimes, nipote di Luigi ed Emilia Meconi

Christmas dinner with the extended family at Agostino and Giulietta Lopez's home.

Il cenone della vigilia di Natale con parenti alla casa di Agostino e Giulietta Lopez.

Courtesy/Cortesia: Giulietta and Agostino Lopez, P10616

Emma Ruzza and son Sergio (centre), 1146 Mercer St., c. 1953.
Emma Ruzza e suo figlio Sergio (al centro), 1146 Mercer, 1953 ca.

Courtesy/Cortesia: Andreina Kobrosli, P10770

◄ *Maria Vitale's 15th birthday party with her family, June 1956. Maria arrived in Windsor in 1954 with her mother Filomena Vitale (a war widow) and her grandmother Saveria Mandato. The party was a family reunion with uncles from Montreal and Cleveland, Ohio attending.*

La festa del 15° compleanno di Maria Vitale con la famiglia, giugno 1956. Maria arrivò a Windsor nel 1954 con la mamma Filomena Vitale (vedova di guerra) e la nonna Saveria Mandato. La festa fu una riunione di famiglia con la partecipazione degli zii di Montreal e Cleveland, Ohio.

Courtesy/Cortesia: Maria Carriero, P10829

From *Nonna's* Kitchen Table[1]

My grandparents' home was always filled with the many sights and sounds of traditional Italian life – the voice of Caruso playing on the radio with my numerous cousins laughing and singing along, watching the many guests seated around *Nonna's* filled-to-capacity dining room table celebrating some special occasion or holy day… As the eldest granddaughter, I was assigned to the "kiddie table" in the kitchen to keep an eye on all the cousins. As the years went by, I could not wait to "become of age" to sit at *Nonna's* dining room table with the grown ups, but after my first couple of experiences there, I decided that it was more fun…in the kitchen!

I particularly remember helping *Nonna* drape her freshly cut pasta noodles to dry throughout the kitchen before going to Mass and, on those warm summer days, the fragrant aroma of ripened grapes from *Nonno's* lovingly-attended vineyard filling the air….

As a youngster, I sometimes dreaded those boring Sundays with "the old people" for I wanted to be with my chums but now I would give anything to hear my uncle's corny jokes or stand at *Nonna's* kitchen sink washing all those dishes with that fragrant aroma of ripened grapes from *Nonno's*…vineyard….

---

1   Written by Andrea Grimes, granddaughter of Luigi and Emilia Meconi

italiani. Alfonso andò in pensione a 50 anni e si ritirò nella sua tenuta di quattro ettari in Howard Ave., faceva di tanto in tanto qualche lavoretto edile e gestiva una bancarella di frutta. Aveva molti clienti ed era conosciuto come il "signore delle mele".

Alfonso e Maria ebbero due figli e quattro figlie[170] che studiarono musica e suonavano vari strumenti. Gli studi di musica furono molto utili a loro, visto che alcuni di loro suonano con dei gruppi locali e insegnano musica.

Alfonso morì in un tragico incidente agricolo nel giugno 2005, all'età di 83 anni.

Gennaro Palumbo (Gennaro Caffe e Tavola Calda)[171]

Gennaro e la moglie vennero a Windsor nel 1967 con il figlio di 18 mesi. In seguito ebbero due figlie. Gennaro lavorò nell'edilizia per circa due anni, poi al Bar Italia dal 1969 al 1971 e al Sorrento Cafe fino al 1973. Dal 1974 al 1981, lavorò al S.S. Italia Club, una società calcistica all'angolo di Erie St. e Howard Ave.

Nel 1981 Gennaro aprì e gestì il Lotteria Cleaner Shop al 781 Erie St. E., dove oggi si trova La Magenta Cafe. Divenne proprietario del Palumbo Caffe nel 1992. In seguito trasferì l'attività al 1271 Erie St. E. e le diede il nuovo nome di Gennaro Caffe, Gelateria e Tavola Calda.

La famiglia di Giuseppe (Joe) Pavan (Joe Pavan Construction Co.)[172]

Joe Pavan e Giuliana Bellomo si sposarono il 4 marzo 1950 a Bannia, Pordenone (Friuli-Venezia Giulia). Joe immigrò in Canada a Fort Erie passando da New York il 23 marzo 1950 e Giuliana arrivò a Montreal il 16 novembre 1950. Si trasferirono a Windsor ed ebbero due figli: Carlo, nato nel 1952 e Franco, nel 1954.

Joe era un mobiliere di mestiere. Quando arrivarono a Windsor ebbe difficoltà a trovare lavoro come falegname. All'epoca il Club Caboto aveva bisogno di falegnami specializzati per completare l'edificio. Joe offrì i suoi servizi per alcune settimane. Avendo dimostrato di essere un buon falegname gli furono offerti dei lavori. Egidio Barei, un altro falegname, aiutò Joe e insieme iniziarono a lavorare per la Riverside Construction, di proprietà di R. C. Pruefer, un generoso signore tedesco. Alcuni anni dopo, Joe divenne il dirigente di questa società.

Nel 1964, con l'aiuto della moglie Giuliana, Joe avviò un'attività, la Joe Pavan Construction Company. Mr. Pruefer lo aiutò mandandogli dei buoni clienti. Si creò una buona reputazione e divenne un imprenditore generale su piccola scala, occupandosi principalmente di case residenziali di qualità e di restauri.

Picnic, early 1950s.
Picnic, inizio degli anni '50.
Courtesy/Cortesia: Elena Saffran, P10785

---

170 Vedi capitolo 7.
171 Informazioni di Gennaro Palumbo
172 Informazioni di Joe Pavan

arrived in Montreal on November 16, 1950. They moved to Windsor and had two sons, Carlo, born in 1952, and Franco, in 1954.

Joe was a furniture maker by trade. When he arrived in Windsor, he had difficulty finding work as a carpenter. At that time, the Caboto Club needed finish carpenters to complete their building. Joe volunteered his services for a few weeks. Having proven to be a good carpenter, jobs were offered. Egidio Barei, also a carpenter, helped Joe and they started to work for Riverside Construction owned by R. C. Pruefer, a generous German man. A few years later, Joe became the top man at this company.

In 1964, with the help of his wife Giuliana, Joe started Joe Pavan Construction Company. Mr. Pruefer helped by sending him good customers. Joe developed a good reputation and became a general contractor on a small scale, working mainly on quality residential homes and renovations.

Joe retired in 1996. Fr. Lino of St. Angela Merici solicited his expertise for the renovation of the church that he, along with many volunteers, brought to completion.

Joe died October 5, 2007.

Marciano Picco Family [173]

Marciano moved from St. Catharines, Ontario in 1960 to a home at 997 Louis Ave. (corner of Erie St. E.) which he had purchased in 1954 and rented. Annexed to the house, he built a shop for his photography business at 646 Erie St. E. It was an excellent decision because many weddings and communions were celebrated just around the corner at St. Angela Merici Church.

In 1965, Marciano offered income tax services and, with his wife Renata Pizzolato, began bookkeeping for various customers, including paving and construction companies run by Italians. Both the bookkeeping service and income tax business expanded rapidly. Renata ran a travel agency for several years in the late 1960s. Their initiatives demonstrate that the Piccos were hard-working individuals with a desire to provide much-needed services to the Italian community. In 1990, the Picco family sold their property to two partners who built Spago restaurant.

Marciano and Renata have five children: David, Roman, Max, Joyce, and Fabian. Marciano died on November 26, 2008.

Remigio (Ray) Pittao (The Lighting Boutique and Appliance Shoppe)[174]

Ray, the fourth son in a family of eight, was born in 1942 in Valvasone, Pordenone (Friuli-Venezia Giulia). In 1952, his father, Pietro, and two older brothers immigrated to Canada seeking a better life for the family. At age ten, Ray became the "man of the house" working the family farm with his mother, Ida, and younger brother, Guerino. In 1954, Ray and the rest of the family moved to Windsor.

Picco residence and business at the corner of Louis Ave. and Erie St., now the site of Spago's Ristorante.

La residenza e l'ufficio di Picco all'angolo di Louis Ave. e Erie St., ora sede di Spago's Ristorante.

Courtesy/Cortesia: Marciano and Renata Picco, P11015

---

173 Information from Picco family
174 Information from Pittao family

Joe andò in pensione nel 1996. P. Lino di Sant'Angela Merici richiese la sua esperienza per il restauro della chiesa che lui, assieme ad altri volontari, portò a termine.

Joe morì il 5 ottobre 2007.

La famiglia di Marciano Picco[173]

Marciano si trasferì da St. Catharines, Ontario nel 1960 in una casa al 997 Louis Ave. (angolo di Erie St. E.) che aveva acquistato nel 1954 e dato in affitto. Annesso alla casa costruì un negozio per la sua attività fotografica al 646 Erie St. E. Fu una decisione ottima perché proprio all'angolo, nella chiesa di Sant'Angela Merici, si celebravano molti matrimoni e comunioni.

Nel 1965 Marciano offrì servizi per la dichiarazione dei redditi e, con la moglie Renata Pizzolato, iniziò a occuparsi della contabilità di vari clienti, tra cui imprese edili e di pavimentazione gestite da italiani. Sia il servizio di contabilità sia l'attività di dichiarazione dei redditi si espansero rapidamente. Renata gestì un'agenzia di viaggi per diversi anni verso la fine degli anni sessanta. Le loro iniziative dimostrano che i Picco erano persone che lavoravano sodo, con il desiderio di fornire servizi tanto necessari alla comunità italiana. Nel 1990 la famiglia Picco vendette la proprietà a due soci che costruirono Spago Ristorante.

Marciano e Renata hanno cinque figli: David, Roman, Max, Joyce e Fabian. Marciano morì il 26 novembre 2008.

Remigio (Ray) Pittao (The Lighting Boutique and Appliance Shoppe)[174]

Ray, il quarto figlio in una famiglia di otto, è nato nel 1942 a Valvasone, Pordenone (Friuli-Venezia Giulia). Nel 1952, suo padre Pietro e i due fratelli maggiori immigrarono in Canada in cerca di una vita migliore per la famiglia. All'età di dieci anni, Ray divenne "l'uomo di casa", lavorando nei campi di famiglia con la madre Ida e il fratello minore, Guerino. Nel 1954 Ray e il resto della famiglia si trasferirono a Windsor.

Poco dopo, Ray fu preso come apprendista intonacatore dalla James McGregor Co. e, nel 1963, con il fratello maggiore Luciano, avviò la R.J. Pittao Plastering. In seguito a una caduta di tre piani quasi disastrosa nel 1966, Ray decise di darsi a un nuovo lavoro. Accortosi del bisogno di un negozio di illuminazione al dettaglio, per servire l'industria immobiliare in pieno boom, acquistò e restaurò un piccolo edificio abbandonato al 4072 Walker Rd., che divenne The Lighting Boutique nell'autunno del 1969. Ray continuò il suo lavoro di intonacatore di giorno per un altro anno, per finanziare la sua nuova attività, lavorando al negozio fuori orario e nei fine settimana. Finì con il quadruplicare lo spazio iniziale e col dedicare un'area a The Appliance Shoppe. Una seconda aggiunta nel 1985 alloggiò l'attività degli elettrodomestici in rapida espansione. Nel 1986 Ray

Luigi Prantera's truck parked in front of one of homes he built, 1970s.

Il camion di Luigi Prantera parcheggiato dinanzi a una delle case da lui costruita, 1970.

Courtesy/Cortesia: Mary Aucoin, P12654

---

173 Informazioni dalla famiglia Picco
174 Informazioni dalla famiglia Pittao

Shortly afterwards, Ray apprenticed as a plasterer with James McGregor Co. and, in 1963, with his oldest brother, Luciano, began R.J. Pittao Plastering. After a nearly disastrous three-storey fall in 1966, Ray resolved to take up a new trade. Recognizing the need for a retail lighting outlet to serve the booming housing industry, he purchased and renovated a small abandoned building at 4072 Walker Rd. which became The Lighting Boutique in the fall of 1969. Ray continued his day job plastering for another year to finance the new business while working after hours and weekends at the store. He eventually quadrupled the original floor space and dedicated an area to The Appliance Shoppe. A second addition in 1985 accommodated the rapidly expanding appliance business. In 1986, Ray purchased the adjacent 48-acre Ferrari farm, opened EZY Way Self Storage in 1992 and later, developed the Ferrari Plaza.

Ray continues to be actively involved in The Appliance Shoppe while turning over the Lighting Boutique to sons, Paul and Ray, Jr.

Luigi Prantera (Prantera Construction & Sons)[175]

Luigi was born March 22, 1918 in Pietrafitta, Cosenza (Calabria). He had six sisters and five brothers. His parents, Giuseppe and Rosaria, had a grocery store. Luigi and his brothers drove transport trucks from Cosenza to Naples, Rome and further north. He also went to school to learn furniture making and carpentry.

In 1948, Antonietta Sisco sponsored her siblings, Luigi and Anna Cipparone, to come to Windsor. Luigi travelled via Transworld Airlines (TWA) with his brother, Sam, who later settled in St. Catharines, Ontario. Another brother, Antonio, already lived in Detroit.

Luigi had left his fiancée Flora Coco in Calabria. His intent was to return to Italy; however, since financially it was better in Canada, he asked her to join him. Flora also believed it would only be a short stay.[176] Luigi waited for Flora in Halifax and they travelled by train to Windsor. They were married at St. Angela Merici Church on January 19, 1952 by Fr. John Stopponi.

A talented craftsman, Luigi found employment with Fullerton, Dinsmore and Woodall Construction. He claims he had to carry his toolbox on his shoulder to work since he did not have an automobile. He transmitted a strong work ethic to his children and his brothers-in-law, Luigi and Bill Coco,[177] who had come to Canada as teenagers. Both learned from Luigi as they travelled with him and Flora to the various construction sites in London, Oakville and Sarnia.[178]

In spite of difficulties, two babies and a house full of family, Flora learned to speak English by listening to the radio, television, Luigi and his workmates. Luigi became a foreman with Woodall,

Luigi Prantera works on the framing of one of his custom homes, c. 1970s.
Luigi Prantera lavora sulla struttura di una delle sue case costruita su ordinazione, anni '70 ca.

Courtesy/Cortesia: Mary Aucoin, P12657

---

175 Information from Flora Prantera and family
176 Flora left her grandmother, father and her three brothers whom she cared for since her mother's death.
177 See story in this chapter.
178 Luigi and Bill later established their own companies.

comprò i 48 ettari dell'adiacente proprietà Ferrari, aprì EZY Way Self Storage nel 1992 e, più tardi, creò il Ferrari Plaza.

Ray continua a essere attivamente impegnato a The Appliance Shoppe, mentre ha ceduto la Lighting Boutique ai figli, Paul e Ray, Jr.

Luigi Prantera (Prantera Construction & Sons)[175]

Luigi nacque il 22 marzo 1918 a Pietrafitta, Cosenza (Calabria). Aveva sei sorelle e cinque fratelli. I suoi genitori, Giuseppe e Rosaria, avevano un negozio di alimentari. Luigi e i suoi fratelli guidavano i camion di trasporto da Cosenza a Napoli, Roma e più a nord. Andò anche a scuola per imparare a fabbricare mobili e l'attività di carpenteria.

Nel 1948 Antonietta Sisco sponsorizzò Luigi e sua sorella, Anna Cipparone, per venire a Windsor. Luigi viaggiò con la Transworld Airlines (TWA) con il fratello Sam, che in seguito si stabilì a St. Catharines, Ontario. Un altro fratello, Antonio, viveva già a Detroit.

Luigi aveva lasciato la fidanzata Flora Coco in Calabria. Il suo intento era quello di ritornare in Italia. Tuttavia, visto che finanziariamente si stava meglio in Canada, le chiese di raggiungerlo. Anche Flora pensava si sarebbe trattato solo di un breve soggiorno.[176] Luigi aspettò Flora ad Halifax e i due vennero a Windsor in treno. Le nozze furono celebrate nella chiesa di Sant'Angela Merici il 19 gennaio 1952 da P. John Stopponi.

Artigiano di talento, Luigi trovò lavoro alla Fullerton, Dinsmore and Woodall Construction. Racconta che doveva portarsi al lavoro la cassetta degli attrezzi sulle spalle poiché non aveva l'auto. Trasmise una forte etica del lavoro ai figli e cognati, Luigi e Bill Coco[177], che erano venuti in Canada da adolescenti. Entrambi impararono da Luigi mentre andavano con lui e Flora ai vari cantieri edili a London, Oakville e Sarnia.[178]

Nonostante le difficoltà, due figli e una casa piena di parenti, Flora imparò a parlare l'inglese ascoltando la radio, la televisione, Luigi e i suoi colleghi. Luigi divenne un caposquadra della Woodall, lavorava molte ore al giorno e si comprò un'auto. Nel 1955 Flora imparò a guidare e divenne indipendente. Pochissime donne guidavano all'epoca, per non parlare delle immigrate.

Con ambizione e talento, e l'incoraggiamento di Fred Woodall (uno dei suoi mentori), Luigi aprì la sua attività nel 1965, Prantera Construction, che all'inizio degli anni settanta divenne Prantera Construction & Sons. Essendo un italiano dai capelli rossi e gli occhi azzurri, fu soprannominato "Red" (il Rosso). Fece diversi tipi di lavori edili, da botole a case residenziali e case su ordinazione. Anche Flora aveva una parte nell'attività, puliva le case su ordinazione e preparava da mangiare.

Vincenzo Pugliese working at the Malarctic Gold Mine in Quebec, 1958.
Vincenzo Pugliese lavora alla **Malarctic Gold Mine** nel Quebec, 1958.
Courtesy/Cortesia: Stella Pugliese Occhinero, P12075

---

175 Informazioni da Flora Prantera e famiglia
176 Flora lasciò sua nonna, il padre e i tre fratelli, di cui si occupava sin dalla morte della madre.
177 Vedi la storia in questo capitolo.
178 In seguito, Luigi e Bill si misero in proprio.

worked long hours and purchased an automobile. In 1955, Flora learned to drive and became independent. Very few ladies, let alone immigrants, drove at the time.

With ambition and talent, and Fred Woodall's (one of Luigi's mentors) encouragement, Luigi began his own business in 1965 – Prantera Construction which became Prantera Construction & Sons in the early 1970s. As a red-haired, blue-eyed Italian, he was nicknamed "Red" *(il Rosso)*. He did many kinds of construction work, from manholes to residential and custom homes. Flora also had a part in the business, cleaning the custom homes and providing food.

Luigi built his last home at the age of 72 for his son Lou. He found ways of completing projects with little assistance and proved to have an amazing stamina, overcoming many injuries and beating cancer for over 12 years. Although he underwent several surgeries for skin cancer, he remained positive and enjoyed a good quality of life. He was short and stout in stature, but a giant in character.

Flora and Luigi have five children: Joe, Rosa Cipparone, Lou, Mary Aucoin and Susie. With Flora's famous family feasts, they always had company. Luigi loved family gatherings, weddings and parties. Grateful for his blessings, he helped many of his *paesani* and gave back to his family, friends and the Italian church. Faith, religion and the Catholic Church were part of his life; he would never miss Sunday Mass at St. Angela Church. Luigi and Flora were proud of their heritage. They made a few trips back to Italy, but considered Windsor their home. Luigi was an avid fan of the Toronto Maple Leafs and the Detroit Lions. Unless there was a wedding or a family function, he would watch the televised games or attend the games in Detroit with his sons, carrying on his Italian traditions right to the tailgate parties.

Even though his company is not in existence today, Luigi's eldest son carries on the name with Prantera Excavating. Luigi died August 8, 2003 as a result of head injuries due to a fall.

Vincenzo Pugliese Family (La Stella Supermarket)[179]

Vincenzo Pugliese and Teresa Covelli married in Cellara, Cosenza (Calabria) in May 1946. Their daughter, Stella, was born in 1947. In November 1950, the Pugliese family immigrated to Canada to join Vincenzo's widowed mother, Stella, whose husband had been killed in a mine accident in 1938. They landed at Pier 21 in Halifax and proceeded by train to Malartic, a small town in Abitibi County. Vincenzo worked at the Malartic Gold Mine for 14 years. Later, he bought farm animals and sold the meat to grocery chain stores. The family grew with the birth of Adela in 1951 and Eugenio (Jimmy) in 1955.

In January 1958, Teresa got a job at the Economy Store. The children went to school but, to continue their education, they had to leave Malartic. In 1960, after an argument with *Nonna* Stella (who felt that Calabrese girls could not go to another town alone), Stella came to Windsor to be with her relatives and pursue her education. She graduated from St. Mary's Academy in 1965.

La Stella Supermarket, 1967.

---

179 Information from Stella Pugliese Occhinero

George, an employee, working at La Stella Supermarket during tomato season, 1999.

George, un dipendente, lavora per La Stella Supermarket durante la stagione dei pomodori, 1999.

Courtesy/Cortesia: Stella Pugliese Occhinero, P12078

Luigi costruì la sua ultima casa all'età di 72 anni per il figlio Lou. Trovò il modo di portare a termine i progetti con la minima assistenza e dimostrò di avere una forza straordinaria, superando diversi infortuni e combattendo il cancro per oltre 12 anni. Sebbene fosse sottoposto a diversi interventi chirurgici per il cancro alla pelle, mantenne un'attitudine positiva e si godette un buono stile di vita. Era piccolo e robusto di statura, ma un gigante di carattere.

Flora e Luigi ebbero cinque figli: Joe, Rosa Cipparone, Lou, Mary Aucoin e Susie. Con le famose feste di famiglia di Flora, c'era sempre compagnia. Luigi amava le riunioni di famiglia, i matrimoni e le feste. Grato per i suoi benefici, aiutò molti compaesani e fu prodigo verso la sua famiglia, gli amici e la chiesa italiana. La fede, la religione e la chiesa cattolica erano parte della sua vita; non tralasciava mai la Messa domenicale alla chiesa di Sant'Angela. Luigi e Flora erano orgogliosi del loro patrimonio culturale. Tornarono alcune volte in Italia, ma consideravano Windsor la loro casa. Luigi era un tifoso sfegatato dei Toronto Maple Leafs e dei Detroit Lions. A meno che non ci fosse un matrimonio o una funzione familiare, si guardava le partite alla televisione o andava a vederle a Detroit con i suoi figli, portandosi le sue tradizioni italiane fino ai *tailgate parties*.

Sebbene la sua ditta non esista più, il figlio maggiore di Luigi manda avanti il nome con la Prantera Excavating. Luigi morì l'8 agosto 2003 per un trauma cranico dovuto a una caduta.

La famiglia di Vincenzo Pugliese (La Stella Supermarket)[179]

Vincenzo Pugliese e Teresa Covelli si sposarono a Cellara, Cosenza (Calabria) nel maggio 1946. La figlia, Stella, nacque nel 1947. Nel novembre del 1950 la famiglia Pugliese immigrò in Canada per unirsi alla madre di Vincenzo, Stella, che era rimasta vedova quando il marito era morto in un incidente di miniera nel 1938. Approdarono al Molo 21 ad Halifax e proseguirono in treno per Malartic, un paese nella Contea di Abitibi. Vincenzo lavorò nella miniera d'oro di Malartic per 14 anni. In seguito, comprò del bestiame e si mise a vendere la carne a negozi alimentari a catena. La famiglia crebbe con la nascita di Adela nel 1951 ed Eugenio (Jimmy) nel 1955.

Nel gennaio 1958 Teresa trovò lavoro all'Economy Store. I figli andarono a scuola, ma per proseguire la loro istruzione, dovettero lasciare Malartic. Nel 1960, dopo una discussione con la nonna Stella (secondo la quale le ragazze calabresi non potevano andare in un'altra città da sole), la nipote Stella venne a Windsor, per essere con i parenti e continuare la propria istruzione. Si diplomò alla St. Mary's Academy nel 1965.

Nel settembre del 1964 la famiglia Pugliese raggiunse Stella poiché le opportunità a Malartic erano limitate. Lo stesso anno, Vincenzo e suo cugino Gino Maio, aprirono l'M.& P. Supermarket al 910 Howard Ave. Nell'agosto del 1966 la società si concluse. Vincenzo iniziò a lavorare alla Chrysler e Stella iniziò a insegnare nel 1967.

Nel 1969 Vincenzo e Stella aprirono La Stella Supermarket al 948 Erie St. E., dandogli il nome della

---

179 Informazioni di Stella Pugliese Occhinero

In September 1964, the Pugliese family joined Stella because opportunities in Malartic were limited. The same year, Vincenzo and his cousin, Gino Maio, opened M. and P. Supermarket at 910 Howard Ave. In August 1966, the partnership ended. Vincenzo started to work at Chrysler and Stella started teaching in 1967.

In 1969, Vincenzo and Stella opened La Stella Supermarket at 948 Erie St. E., named after Vincenzo's mother and daughter. In 1975, Stella married and lived in Italy for some time but returned to Windsor. She has three children: Maria Clara, Teresanna and Saverio.

Jimmy, who had competed in bicycle races since the age of 11, was chosen among six riders to represent Canada in the 1975 world races in France and Switzerland. Jimmy took over the store that year, became manager and continues to this day. In 1983, Jimmy married Mary Nasso, who also began to work at the store. They have five children: Teresa, Natalia, Daniele, Vanessa and Vince, Jr. The other sister Adela and her husband, Rick Pellarin, have six children: Jesse, Kory, Adam, Ricky, Aaron, and Deanna.

Throughout the years, the grandchildren have helped to operate this family business. Today, the store is operated by some family members and several employees.

Salvatore (Sam) and Vinicio (Vince) Pupatello
(Pupatello Brothers Construction Company and Pupatello and Sons Construction Limited)[180]

Sam and Vince, the sons of the late Elisabetta Conti and Antonio Pupatello, were born in Sezze Romano, Latina (Lazio) and have lived in Canada close to half a century. Both brothers chose Windsor to work and raise their families.

Prior to immigrating, Vince and Sam played important roles in the daily management of their father's business. Antonio was a well-respected produce broker with major business activities in Italy and Germany. Sam and Vince had four sisters, Pina De Angelis, Sister Maria Lorenza Pupatello (Mother Superior of a congregation in Rome), the late Eugenia and the late Caterina Fontana.

Sam moved to Winnipeg in 1950 and, shortly after, to Windsor. In 1953, Sam's hometown girlfriend Giuseppina DiLenola came to Windsor, and they married at St. Angela Merici Church. After working various low-paying jobs throughout Essex County in the farming industry, he was hired by Canadian Auto Trim Company. He also worked for Matthews Lumber and Scofan Construction. In 1954, Anthony (Tony) was born, followed by Mary Solan[181] and Anna Pelle.

In 1953, Vince came to Windsor and worked for Scofan Contractors as a labourer, bricklayer and then as foreman. Vince married Concetta Colucci, a native of Baselice, Benevento (Campania) in June of 1959. Fabio was born in 1960, followed by Elisabeth Betschel, Donna Lorkovich, Laurie Siddall, and Vince, Jr.

One of the first projects of Pupatello Brothers General Contractors, c. 1960.
Uno dei primi progetti di Pupatello Brothers General Contractors, Ltd., 1960 ca.
Courtesy/Cortesia: Anthony Pupatello, P11973

180 Information from Tony and Fabio Pupatello
181 She died June 10, 2008.

madre e della figlia di Vincenzo. Nel 1975 Stella si sposò e abitò in Italia per un po', ma poi ritornò a Windsor. Ha tre figli: Maria Clara, Teresanna e Saverio.

Jimmy, che partecipava a corse in bicicletta dall'età di 11 anni, fu scelto tra sei corridori per rappresentare il Canada ai mondiali del 1975 in Francia e in Svizzera. Quell'anno Jimmy rilevò il negozio, ne divenne manager e lo è a tuttora. Nel 1983 Jimmy sposò Mary Nasso, la quale a sua volta iniziò a lavorare al negozio. Hanno cinque figli: Teresa, Natalia, Daniele, Vanessa e Vince, Jr. L'altra sorella Adela e il marito, Rick Pellarin, hanno sei figli: Jesse, Kory, Adam, Ricky, Aaron e Deanna.

Nel corso degli anni i nipoti hanno aiutato nella gestione dell'attività familiare. Oggi il negozio è gestito da alcuni membri della famiglia e da diversi dipendenti.

Salvatore (Sam) e Vinicio (Vince) Pupatello
(Pupatello Brothers Construction Company e Pupatello and Sons Construction Limited)[180]

Sam e Vince, figli dei defunti Elisabetta Conti e Antonio Pupatello, nacquero a Sezze Romano, Latina (Lazio) e vissero in Canada per quasi mezzo secolo. Entrambi i fratelli scelsero Windsor per lavorare e tirar su le loro famiglie.

Prima di immigrare, Vince e Sam avevano dei ruoli importanti nella gestione quotidiana dell'attività del padre. Antonio era un agente di prodotti agricoli ben rispettato con grandi attività commerciali in Italia e Germania. Sam e Vince avevano quattro sorelle, Pina De Angelis, Suor Maria Lorenza Pupatello (Madre Superiora in una congregazione di Roma), la defunta Eugenia e la defunta Caterina Fontana.

Sam si trasferì a Winnipeg nel 1950 e, poco dopo, a Windsor. Nel 1953 la ragazza di Sam della città natia, Giuseppina DiLenola, venne a Windsor e si sposarono nella chiesa di Sant'Angela Merici. Dopo alcuni lavori mal pagati nell'industria agricola in tutta la contea dell'Essex, fu assunto dalla Canadian Auto Trim Company. Lavorò anche per la Matthews Lumber and Scofan Construction. Nel 1954 nacque Anthony (Tony), seguito da Mary Solan[181] e da Anna Pelle.

Nel 1953 Vince venne a Windsor e lavorò alla Scofan Contractors come operaio, muratore e quindi caposquadra. Vince sposò Concetta Colucci, nativa di Baselice, Benevento (Campania) nel giugno del 1959. Fabio nacque nel 1960, seguito da Elisabeth Betschel, Donna Lorkovich, Laurie Siddall e Vince, Jr.

La Pupatello Brothers Construction Company fu fondata nel 1959 da Sam e Vince. Iniziarono le loro attività commerciali a Windsor, con alcuni lavori a Toronto. Sam e Vince andavano avanti e indietro con un furgoncino pickup della Ford che li lasciava molte volte a piedi sulla Highway N. 2, venendo a casa solo nei fine settimana. Iniziando con un'attività a due, lavorarono a molti progetti importanti. La società godette di una crescita costante e fu aggiunta nuova manodopera. Assieme ad altre imprese italiane, Vince e Sam possono essere considerati veri pionieri dell'industria edile

Vince and Sam Pupatello with the first car they purchased, 1954.

Vince e Sam Pupatello con la primo auto da loro acquistata, 1954.

Courtesy/Cortesia: Anthony Pupatello, P11971

180 Informazioni da Fabio e Tony Pupatello
181 Morì il 10 giugno 2008.

Pupatello Brothers Construction Company was founded in 1959 by Sam and Vince. They began their business activities in Windsor, with some work in Toronto. Sam and Vince travelled back and forth with a Ford pickup truck that many times left them stranded on Highway No. 2, coming home only on weekends. As a two-man operation, they worked on many important projects. The company enjoyed a steady growth and new workforces were added. Along with other Italian businesses, Vince and Sam can be considered true pioneers in the construction industry in Windsor and Essex County. They worked on many important projects and can be credited for many award-winning projects such as the Marcotte Funeral Home in 1987, Ambassador-Huron Apartments in 2000 and the Caron Ave. City of Windsor Pumping Station in 2003.

During this time, Sam and Vince kept alive their cultural heritage, family traditions, integrity and uniqueness. Sam died in 2001, and Vince retired soon after. In 2002, Pupatello and Sons Construction Limited was honoured with a CIBPA Award of Excellence in Family Business. The company is still active and the legacy continues with their sons Tony and Fabio at the helm.

Sandra Pupatello, M.P.P.[182]

Sandra was born in 1962 in Windsor to Mario Pizzolitto[183] and Ada Zanuttini[184] who both emigrated from Morsano al Tagliamento, Pordenone (Friuli-Venezia Giulia). She attended St. Angela School and Kennedy Collegiate. A graduate of the University of Windsor, Sandra was the first woman elected president of the Fogolar Furlan Club, a post she held for two years. Sandra previously worked as general manager of the Rotary Club of Windsor and executive director of the Essex County Kidney Foundation of Canada. She volunteered for the Windsor and Essex County United Way campaign and was also a board member of the Windsor Regional Hospital and Windsor Regional Children's Centre.

Involved in the Liberal party for many years, Sandra was first elected to the provincial riding of Windsor West in 1995. She has served as Minister of Education, Minister of Community and Social Services, Minister of Economic Development and Trade, Minister Responsible for Women's Issues and is currently Minister of International Trade and Investment.

In 1995, Sandra was named a Paul Harris Fellow and an honourary member of the Rotary Club of Windsor. The University of Windsor honoured her in 2001 with the Charlie Clark Award for Outstanding Service. In March 2003, she was named "Windsor Woman of the Year." In 2007, she received the prestigious Athena Award for the Windsor area which recognizes individuals who provide a positive role model for women, encouraging them to achieve their leadership potential in business.

Sandra Pupatello, Minister of International Trade and Investment, 2008.
Courtesy/Cortesia: Sandra Pupatello, P14079

---

182 Information from Sandra Pupatello's constituency office and Windsor city directories
183 He worked in the construction industry and later for Kelsey-Hayes. Mario passed away in 2001.
184 Ada came to Windsor with her parents, Irma Vadori and Edoardo Zanuttini. Prior to her marriage at St. Angela Merici Church, Ada worked as a clerk at the Peerless Dairy Bar and as a stenographer for Citizenship and Immigration Canada. She later became a supervisor with Canada Immigration.

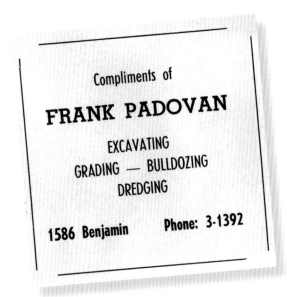

Compliments of

FRANK PADOVAN

EXCAVATING

GRADING — BULLDOZING

DREDGING

1586 Benjamin   Phone: 3-1392

This advertisement appeared in the booklet
printed for the 10th anniversary of St. Angela Merici Church, 1949.

Questo annuncio era nel libretto del 10° anniversario della chiesa di
Sant'Angela Merici, 1949.

Courtesy/Cortesia: Florindo and Domenica Mandarino, P11175

a Windsor e nella Contea dell'Essex. Lavorarono a molti progetti importanti e possono essere loro attribuiti molti progetti premiati, quali la Marcotte Funeral Home, 1987, gli Ambassador-Huron Apartments, 2000, e la stazione di pompaggio della città di Windsor in Caron Ave., 2003.

Nel frattempo, Sam e Vince tennero vivo il loro patrimonio culturale, le tradizioni familiari, la loro integrità e unicità. Sam morì nel 2001 e Vince andò in pensione poco dopo. Nel 2002, la Pupatello and Sons Construction Limited fu riconosciuta con il CIBPA Award of Excellence in Family Business. La società è ancora attiva e la tradizione continua con i loro figli Tony e Fabio al timone.

Sandra Pupatello, M.P.P.[182]

Sandra nacque nel 1962 a Windsor da Mario Pizzolitto[183] e Ada Zanuttini,[184] entrambi emigrati da Morsano al Tagliamento, Pordenone (Friuli-Venezia Giulia). Frequentò la scuola St. Angela e il Kennedy Collegiate. Laureatasi presso l'Università di Windsor, Sandra fu la prima donna a essere eletta presidente del Club Fogolar Furlan, posizione che mantenne per due anni. Sandra aveva in precedenza lavorato come direttrice generale del Rotary Club di Windsor e direttrice esecutiva dell'Essex County Kidney Foundation of Canada. Fu volontaria per la campagna Windsor and Essex County United Way e anche membro del consiglio del Windsor Regional Hospital e del Windsor Regional Children's Centre.

Impegnata per molti anni nel partito liberale, Sandra fu eletta per la prima volta alle provinciali di Windsor West nel 1995. E' stata Ministro dell'educazione, Ministro dei servizi comunitari e sociali, Ministro dello sviluppo economico e del commercio, Ministro Responsabile di questioni femminili ed è attualmente Ministro del commercio e degli investimenti internazionali.

Nel 1995 Sandra fu nominata Paul Harris Fellow e membro onorario del Rotary Club di Windsor. L'Università di Windsor le conferì, nel 2001, il Charlie Clark Award per Outstanding Service. Nel marzo 2003 fu nominata "Windsor Woman of the Year". Nel 2007 ricevette il prestigioso Athena Award per l'area di Windsor, che riconosce gli individui che forniscono un ruolo modello positivo per le donne, incoraggiandole a mettere a frutto le proprie capacità di leadership negli affari.

Sandra ricevette il 1996 Italian of the Year Award dal Club Caboto per i suoi contributi alla comunità, incluso il suo lavoro nelle organizzazioni di beneficenza e come ex presidente del Club Fogolar Furlan. Fu onorata con il Distinguished Service Pordenonesi nel Mondo nel 2002 e il CIBPA Community Service Award nel 2009.

Sandra è sposata con Jim Bennett, ex leader del partito liberale del Newfoundland and Labrador.

---

182   Informazioni dall'ufficio del collegio elettorale e dagli elenchi della città di Windsor

183   Lavorò nell'industria edile e in seguito per Kelsey-Hayes. Mario morì nel 2001.

184   Ada venne a Windsor con i genitori: Irma Vadori ed Edoardo Zanuttini. Prima del matrimonio presso la chiesa di Sant'Angela Merici, Ada lavorò come commessa al Peerless Dairy Bar e come stenografa per la Citizenship and Immigration of Canada. In seguito divenne sovrintendente presso la Canada Immigration.

Sandra was named the Caboto Club Italian of the Year in 1996 for her contributions to the community, including her work in charitable organizations and as former president of the Fogolar Furlan Club. She was honoured with the Pordenonesi nel Mondo Distinguished Service Award in 2002. Sandra received the 2009 CIBPA Community Service Award.

Sandra is married to Jim Bennett, a former leader of the Newfoundland and Labrador Liberal Party.

Giuseppe (Joe) Rainelli[185]

Joe, born in November 1920 in Guardialfiera, Campobasso (Molise), came to Windsor in August 1951 (sponsored by his aunt, Clementina Mancinone Maurizio), leaving behind his wife, Maria Giuseppa Fiorilli, and his two-year old daughter, Diana Maria. The two joined him in 1955. The job market at the time was precarious in Windsor and the language barrier nurtured his thought of returning to Italy, but something held Joe here. He sought friends and turned to relatives for support. He visited relatives in Hamilton with the hope of finding work. The situation there was not any better. He returned to Windsor and, while working at intermittent jobs, he began to learn English and to adjust to the Canadian way of life.

Joe turned to his faith and the Church for strength and support. He made new friends, including Charles Scarpelli who helped him find a job as a custodian with the Windsor Separate School Board. He became involved in the Holy Name Society and the Ushers Club,[186] serving in both as president and treasurer for many years. He was passionate for the Italian community and St. Angela Merici Church and dedicated his life to serving the needs of its parishioners. He took part in committees, the church renovation and was consulted by many pastors and priests on projects that impacted the community. He used to say, "Priests come and go, but parishioners stay."

In keeping with the Italian tradition, the Holy Name Society began to organize annual pilgrimages and picnics to several Marian shrines in 1964. Joe, the group leader, steered his efforts into organizing parish pilgrimages to shrines in Carey and Belleview, Ohio, St. Anne de Beaupré, Quebec and elsewhere. Faithful of all ages from Windsor and surrounding areas welcomed and enjoyed these outings as a way of professing their faith.

Joe also organized bus tours across Canada and the U.S. His only reward was to see people enjoy themselves in friendly and caring company. Any money raised was turned over to the church. Joe was involved in many other activities and events. Together with Fr. Lino Santi, he helped organize the St. Angela Merici 1967 Canada Centennial Parade float.

For over 50 years, Joe was a pillar of the Italian church. He dedicated most of his time serving the parish. Many considered Joe the "official greeter," welcoming parishioners as well as visiting

Maria and Joe Rainelli.
Maria e Joe Rainelli.
Courtesy/Cortesia: Diane Rainelli Porfilio, P13028

---

185 Information from Diana Rainelli Porfilio
186 He later became a member of the Caboto Club.

St. Angela Merici parish group with organizer Joe Rainelli on pilgrimage to Notre Dame du Cap-de-la-Madeleine, July 27, 1981.

Gruppo della parrocchia di Sant'Angela Merici, con l'organizzatore Joe Rainelli, in pellegrinaggio a Notre Dame du Cap-de-la Madeleine, 27 luglio 1981.

Courtesy/Cortesia: Diane Rainelli Porfilio, P13026

Giuseppe (Joe) Rainelli[185]

Joe, nato nel novembre del 1920 a Guardialfiera, Campobasso (Molise) venne a Windsor nell'agosto 1951 (sponsorizzato da sua zia, Clementina Mancinone Maurizio), lasciando dietro di sé la moglie, Maria Giuseppa Fiorilli, e la figlia di due anni, Diana Maria. Queste lo raggiunsero nel 1955. All'epoca il mercato del lavoro a Windsor era precario e la barriera linguistica gli diede l'idea di tornarsene in Italia, ma qualcosa lo trattenne. Cercò degli amici e si rivolse ai parenti per avere supporto. Visitò dei parenti a Hamilton con la speranza di trovare lavoro. La situazione lì non era meglio. Ritornò a Windsor e, mentre faceva lavori saltuari, iniziò a imparare l'inglese e ad adattarsi al modo di vivere canadese.

Joe si rivolse alla propria fede e alla chiesa perché gli dessero forza e sostegno. Trovò nuovi amici tra cui Charles Scarpelli che lo aiutò a trovare lavoro come custode al Windsor Separate School Board. Entrò a far parte della Società del Santo Nome e del Club degli Uscieri[186] presso i quali prestò servizio come presidente e tesoriere per molti anni. Amava la comunità italiana e la chiesa di Sant'Angela Merici e dedicò la sua vita a servire i bisogni dei parrocchiani. Fece parte di vari comitati, del restauro della chiesa e fu consultato da molti parroci e preti per progetti che avevano un impatto sulla comunità. Usava dire: "I preti vanno e vengono, ma i parrocchiani rimangono".

Conforme alla tradizione italiana, la Società del Santo Nome iniziò a organizzare pellegrinaggi e picnic annuali a diversi santuari Mariani nel 1964. Joe, il capogruppo, diresse i propri sforzi all'organizzazione di pellegrinaggi parrocchiali ai santuari a Carey e a Belleview, Ohio, a St. Anne de Beaupré, Quebec e in altri posti. I fedeli di tutte le età di Windsor e dintorni accoglievano e apprezzavano queste gite come un modo per professare la propria fede.

Joe organizzò anche gite in pullman per tutto il Canada e gli Stati Uniti. La sua unica ricompensa era vedere la gente divertirsi in compagnia di persone cordiali e premurose. Tutto il denaro raccolto era dato alla chiesa. Fu impegnato in molte altre attività ed eventi. Aiutò a organizzare, assieme a P. Lino Santi, il carro di Sant'Angela Merici per la sfilata centennale del Canada nel 1967.

Per oltre 50 anni, Joe fu un pilastro della chiesa italiana. Egli dedicò la maggior parte del suo tempo al servizio della parrocchia. Molti lo consideravano "l'addetto ufficiale all'accoglienza", che dava il benvenuto sia a parrocchiani sia a dignitari in visita. La sua dedizione al servizio della comunità italiana fu riconosciuta il 2 giugno 1973 dal viceconsole italiano Elio Danelon. Nel 1986 i suoi numerosi anni di fedele servizio alla chiesa furono ufficialmente riconosciuti dallla chiesa di Sant'Angela Merici.

In un'edizione del Carey, Ohio Shrine Chronicle, è scritto: "Domenica 24 giugno 1979 è stato un altro giorno speciale al Santuario. Il solo più grande gruppo di pellegrinaggio della stagione, organizzato

---

185 Informazioni di Diana Rainelli Porfilio
186 In seguito divenne membro del Club Caboto.

dignitaries. His dedication to serving the Italian community was recognized on June 2, 1973, by the Italian Vice-Consul, Elio Danelon. In 1986, St. Angela Merici Church officially recognized his many years of faithful service.

In an edition of the Carey, Ohio Shrine Chronicle, it is written: "Sunday, June 24, 1979 was another red letter day at the Shrine. The single largest pilgrimage group of our season, organized by one person…Joe Rainelli of Windsor…a long time friend…led a pilgrimage of 13 buses to Our Lady of Consolation…the wonderful organization on the part of Mr. Rainelli, the truly beautiful spirit of each and every pilgrim, made this pilgrimage one of the more memorable for the entire group…."

Joe died February 11, 2004.

Mario Romanello and Maria Boaro[187]

Mario was born in Loria, Treviso (Veneto) in April 1922, the sixth of ten children of Erminio and Cecilia Romanello. In Italy, Mario worked at a flour mill in Fonte, Treviso and served in the Italian army as a soldier in World War II.

Maria, also born in Loria in August 1933, was the seventh of ten children of Antonio and Anna Boaro. Maria worked at the flour mill as well.

Mario and Maria married in June 1954 in Loria and had two children, Silvana Antonia born April 1955 and Antonio Silvio, March 1956. The family came to Canada in March 1957, travelling to New York by ship and by train to Windsor. They stayed with Maria's sister, Ines Castellan, for five months. Mario and Maria had two more children, Mara Maria born November 1960 and David Mario, January 1968.

Mario worked in construction until 1968 and then started in the maintenance department at the University of Windsor. He worked there for twelve years until his death in March 1980. Maria worked at Roma Bakery, then at Mario's Restaurant in downtown Windsor and at Kmart until she retired in 1988.

Vincenzo (Vince) Rosati Family (Rosati Group)[188]

Vince was born in 1945 in Pastena, Frosinone (Lazio). In 1963, he immigrated to Canada. Vince notes: "I had no trade, and I could not speak one word of English. I had about $85 in my pocket." He lived with his sister in Leamington and worked picking vegetables and packing fish for less than minimum wage. Not happy with that career path, he decided to apprentice as a bricklayer in Toronto.

He came to Windsor where he met Olivia Persicone who had immigrated at age four to Dearborn,

Award certificate given to Joe Rainelli by Italian Vice-Consul Elio Danelon, June 2, 1973.

Il certificato di onorificenza conferito a Joe Rainelli dal viceconsole italiano Elio Danelon, 2 giugno 1973.

Courtesy/Cortesia: Diane Rainelli Porfilio, P13532

---

187 Information from Dan Castellan, Maria's nephew
188 Information from Olivia Rosati and from "Rosati's A Team When It Comes From Building Dreams From Ground Up," *The Windsor Star*, March 26, 1992

Maria and Mario Romanello with their children Silvana and Antonio at their residence on Elsmere Ave., May 1958.

Maria e Mario Romanello con i figli Silvana e Antonio nella casa in Elsmere Ave., maggio 1958.

da una persona... Joe Rainelli di Windsor... un amico di vecchia data... ha guidato un pellegrinaggio di 13 pullman al santuario, Our Lady of Consolation... la meravigliosa organizzazione da parte del Sig. Rainelli, lo spirito veramente splendido di ogni pellegrino, hanno reso questo pellegrinaggio uno dei più memorabili per l'intero gruppo..."

Joe Rainelli morì l'11 febbraio 2004.

Mario Romanello e Maria Boaro[187]

Mario nacque a Loria, Treviso (Veneto), nell'aprile 1922, il sesto dei dieci figli di Erminio e Cecilia Romanello. In Italia Mario lavorò a un mulino da grano a Fonte, Treviso, e prestò servizio nell'esercito italiano come soldato nella seconda guerra mondiale.

Maria, anche lei nata a Loria nell'agosto 1933, era la settima dei dieci figli di Antonio e Anna Boaro. Pure Maria lavorò al mulino.

Mario e Maria si sposarono nel giugno 1954 a Loria ed ebbero due figli: Silvana Antonia nata nell'aprile 1955 e Antonio Silvio, nato nel marzo 1956. La famiglia venne in Canada nel marzo 1957, sbarcò a New York e quindi proseguì per Windsor in treno. Rimasero dalla sorella di Maria, Ines Castellan, per cinque mesi. Mario e Maria ebbero altri due figli: Mara Maria nata nel novembre 1960 e David Mario nato nel gennaio 1968.

Mario lavorò nell'edilizia fino al 1968 e poi iniziò presso il reparto manutenzione all'università di Windsor. Lì lavorò per dodici anni, fino alla morte nel marzo 1980. Maria lavorò alla Roma Bakery, dopo al Mario's Restaurant nel centro di Windsor e, infine, a Kmart finché andò in pensione nel 1988.

La famiglia di Vincenzo (Vince) Rosati (Rosati Group)[188]

Vince nacque nel 1945 a Pastena, Frosinone (Lazio). Nel 1963 immigrò in Canada. Vince nota: "Non avevo una professione e non parlavo una parola d'inglese. Avevo circa $85 in tasca". Visse con la sorella a Leamington e lavorò raccogliendo verdura e imballando pesce per un salario inferiore al minimo. Non contento di quella carriera, decise di fare pratica come muratore a Toronto.

Venne a Windsor, dove incontrò Olivia Persicone, che era immigrata all'età di quattro anni a Dearborn, Michigan, con i suoi genitori, Verginio e Angela da Castro dei Volsci, Frosinone. All'età di 14 anni, sviluppò le sue conoscenze dell'edilizia lavorando come segretaria per la ditta del padre.

Nel 1969 Vince e Olivia si sposarono e avviarono la Rosati Construction. La piccola società di muratura era composta da Vince, Olivia e Frank Morrone, un altro muratore. Nonostante un inizio lento e difficile, l'attività si espanse e crebbe. Entro il 1970, la società si era estesa alle aree di

---

187 Informazioni di Dan Castellan, nipote di Maria
188 Informazioni da Olivia Rosati e da "Rosati's A Team When It Comes From Building Dreams From Ground Up", *The Windsor Star*, 26 marzo 1992

Michigan with her parents, Verginio and Angela from Castro dei Volsci, Frosinone. At 14, she developed knowledge of the construction business by working as a secretary for her father's company.

In 1969, Vince and Olivia married and started Rosati Construction. The small masonry company consisted of Vince, Olivia and Frank Morrone, another bricklayer. Though off to a slow and difficult start, the business expanded and grew. By the 1970s, the company had branched into land development and leasing, general contracting, custom design and building work. In 1978, with partners Nino and Ersilia Cence, they started C&R Masonry and eventually sold their share to them in 1991. Around 1980, they opened their own flooring store, Rose City Tile, which they sold to former employees, Gino Morrone and Tony Oliverio.

As the companies grew and prospered, they became known as the Rosati Group, a large construction company with a long list of award-winning projects such as the Green Shield Canada building, Greenwood Centre, Ford Aluminum Plant and the Italian Canadian HandiCapable Association complex. Rosati was one of the first local companies to offer a "one-stop" service where they purchased land, designed and built the structure and leased it. Vince says the secret of their success is that they count on repeat business:

> That is our whole philosophy. Once we do a job for someone, we always like them to come back. It's simple. I take care of my customers…I do not want to be in business for six months…I want to be in business for the next 100 years. I want to leave my business to my children…and for them to be proud of their name….

Vince and Olivia have two sons, Tony and Nick, who have owned and operated the company since 1999. They learned the business from the bottom up – on the job site and in the office. Vince says: "When they were 14 or so, they worked in the mud on various job sites. They were not born with silver spoons in their mouths."

The Rosatis are deeply involved in supporting worthy charities in the community. Olivia recalls being on the receiving end of charity during her first Christmas after immigrating when her parents were struggling to make ends meet. "Santa Claus" appeared at the door bearing a turkey dinner, and a doll and chocolates for five-year-old Olivia. The memory of this generosity lives on in the philanthropic activities of the Rosatis. (Smrke 1996:A3) Many charitable organizations have received their support. They sponsor banquets to raise funds for the Spina Bifida/Hydrocephalus Association of Windsor and the Italian Canadian HandiCapable Association. Vince and Olivia were the recipients of the 1995 Italian of the Year award from the Caboto Club and the 2008 Achievement Award given by the Windsor-Essex Region Chamber of Commerce. The Rosati Group was honoured with a CIBPA Award of Excellence in 2002 and were named outstanding philanthropists at the 2007 fifth annual Philanthropy Awards held by the Canada South Chapter of the Association of Fundraising Professionals.

Child "helping out" at a Rosati construction site, c. 1970s.
Un bambino "aiuta" a un cantiere di costruzione, anni '70 ca.
Courtesy/Cortesia: Rosati Family, P10843

Rosati Group, 6555 Malden Rd., LaSalle, c. 1999-2000.
Courtesy/Cortesia: Rosati Family, P10837

sviluppo di terreni e leasing, appalti generali, design personalizzato e lavori edili. Nel 1978, con i soci Nino e Ersilia Cence, avviarono la C&R Masonry e nel 1991 finirono col vendere loro la propria quota. Intorno al 1980 aprirono un negozio di pavimentazione, Rose City Tile, che vendettero agli ex dipendenti, Gino Morrone e Tony Oliverio.

Mentre le società crescevano e prosperavano, divennero noti come il Rosati Group, una grande impresa edile con un lungo elenco di progetti premiati, quali l'edificio Green Shield Canada, il Greenwood Centre, il Ford Aluminum Plant e il complesso dell'Italian Canadian HandiCapable Association. La Rosati fu una delle prime società locali a offrire un servizio unico integrato, dove loro acquistavano il terreno, si occupavano della progettazione, costruivano la struttura e l'affittavano. Vince dice che il segreto del loro successo sta nel fatto che contano sulla clientela assidua:

> *Questa è la nostra filosofia: quando facciamo un lavoro per qualcuno, vogliamo sempre che ritornino. E'*
> *semplice. Io mi prendo cura dei miei clienti... Non voglio essere in affari per sei mesi... Voglio esserci per*
> *i prossimi 100 anni. Voglio lasciare l'attività ai miei figli... e che loro siano orgogliosi del loro nome...*

Vince e Olivia hanno due figli Tony e Nick, che dal 1999 sono proprietari e gestori della società. Impararono il mestiere dal basso all'alto: in cantiere e in ufficio. Vince dice: "Quando avevano più o meno14 anni, lavoravano nel fango in vari cantieri. Non sono nati con i cucchiai d'argento in bocca".

I Rosati sono molto impegnati a sostenere istituzioni meritevoli di beneficenza nella comunità. Olivia ricorda essere una dei beneficiati durante il primo Natale dopo che immigrarono, quando i suoi genitori facevano fatica a far quadrare i conti. "Babbo Natale" apparì alla porta con la cena di tacchino in mano, e una bambola e dei cioccolatini per la piccola Olivia di cinque anni. Il ricordo di questa generosità perdura nelle opere filantropiche dei Rosati. (Smrke 1996:A3) Molte organizzazioni di beneficenza hanno ricevuto il loro appoggio. Sponsorizzano banchetti per raccogliere fondi per la Spina Bifida/Hydrocephalus Association di Windsor e l'Italian Canadian HandiCapable Association. Vince e Olivia ricevettero il 1995 Italian of the Year Award dal Club Caboto e il 2008 Achievement Award dalla Windsor-Essex Region Chamber of Commerce. Il Rosati Group fu riconosciuto con il CIBPA Award of Excellence nel 2002 e furono chiamati filantropi d'eccellenza al quinto Philanthropy Awards annuale nel 2007, tenuto dal Canada South Chapter of the Association of Fundraising Professionals.

Nevi Rusich[189]

Nevi si è impegnata alla ricerca storica sin dagli inizi degli anni ottanta. In qualità di direttrice del centro di cultura italo-canadese di Windsor, lavorò a una varietà di progetti e servizi relativi alla comunità italiana a Windsor. Lavorando ai progetti di ricerca WICCC instillò in Nevi un fascino per la storia e la ricerca che l'accompagna tutt'oggi. Nevi fu ricercatrice assistente di Walter Temelini per due articoli pubblicati nel periodico storico *Polyphony* ("Growth of Sports Involvement

---

189 Scritto da Nevi Rusich

Nevi Rusich[189]

Nevi has been involved in historical research since the early 1980s. As director of the Windsor Italo-Canadian Culture Centre, she worked on a variety of projects and services dealing with the Windsor Italian community. Working on the WICCC's research projects instilled in Nevi a fascination with history and research that is still with her to this day. Nevi was research assistant to Walter Temelini for two articles published in the historical periodical, *Polyphony*, "Growth of Sports Involvement in the Windsor Area" and the "The Italians in Windsor." She also conducted research for a speech presented by Walter Temelini to WIPBA (now CIBPA), "A History of the Italian Business Community in Windsor 1880-1980." Much of the research compiled for these projects served as the basis for the WICCC's Historical Research Study on the Italian-Canadians in Windsor. The study was officially launched in the summer of 1985 with Nevi supervising.

Full-time work as office administrator at an air charter company and later as payroll administrator at a plastics factory did not leave much spare time. Nevi continued researching her own family history, collecting of data, documents and stories for her heritage album. She also volunteered her time with the Italian Genealogy and Heraldry Society of Canada, having served on its board as secretary and researcher and assisting members in their genealogical research. Nevi, a life member of the society, continues to volunteer as advisor. In September 2007, in recognition of her past service, Nevi received the honour of being the first woman to be inducted into the society's Order of the Roman Imperial Eagle and the Order of the Poor Knights of Christ.

Amedeo Rusich Family[190]

January 21, 1952 – the ocean liner *Italia* finally arrived at Pier 21 in Halifax, Nova Scotia. Amedeo, Ilde Facca and three-year-old, Laila, (Dad, Mom and my sister) disembarked to be greeted by snow, bitter cold, chaos, uneasiness, insensitive customs officers, and fear. *"Torniamo indietro"* (Let's go back), said Dad.

But how could they return? Dad knew his employer in Switzerland would take him back, but he would still be separated from his family – he in Winterthur, Switzerland and Mom and Laila in Fiume Veneto, Pordenone (Friuli-Venezia Giulia). The driving force to emigrate was to keep the family together. No, they would try to make it work. After all, they tackled adversity before.

During WWII, Dad was transferred from Fiume (now Rijeka, Croatia) to work at a torpedo factory located in Fiume Veneto (at the time in the province of Udine). I always believed that one of the few good things that resulted from WWII was that it brought Mom and Dad together. They survived the war and fell in love. Mom and Dad married in Fiume Veneto in 1947 and Laila was born there in 1949. They felt strong together.

Ilde, Nevi and Laila Rusich on a picnic at Jackson Park, August 1954.
Ilde, Nevi e Laila Rusich a un picnic al Jackson Park, agosto 1954.
Courtesy/Cortesia: Nevi Rusich, P10711

---

189 Written by Nevi Rusich
190 Written by Nevi Rusich

in the Windsor Area" - e "The Italians in Windsor"). Condusse anche ricerche per un discorso presentato da Walter Temelini alla CIBPA ("A History of the Italian Business Community in Windsor 1880-1980". Molte delle ricerche eseguite per questi progetti servirono come basi per lo studio di ricerca storica del WICCC sugli italo-canadesi a Windsor. Lo studio fu lanciato ufficialmente nell'estate del 1985 sotto la supervisione di Nevi.

Un lavoro a tempo pieno come amministratrice d'ufficio presso una società di noleggio aerei e poi come responsabile paghe presso una fabbrica della plastica non lasciava molto tempo libero. Nevi continuò le ricerche sulla storia della sua famiglia, la raccolta di dati, documenti e storie di famiglia per l'album del suo patrimonio culturale. Dedicò anche del tempo alla Italian Genealogy and Heraldry Society of Canada, avendo servito nel consiglio come segretaria e ricercatrice e assistendo i membri nelle proprie ricerche genealogiche. Nevi, membro a vita della società, continua il suo volontariato come consulente. Nel settembre 2007, in riconoscimento dei suoi precedenti servizi, Nevi ha ricevuto l'onore di essere la prima donna ad essere insediata nell'Order of the Roman Imperial Eagle e nell'Order of the Poor Knights of Christ.

La famiglia di Amedeo Rusich [190]

21 gennaio 1952: il transatlantico *Italia* arrivò finalmente al molo 21 di Halifax, Nuova Scozia. Amedeo, Ilde Facca e Laila, di tre anni, (papà, mamma e mia sorella) sbarcarono per essere accolti dalla neve, da un freddo pungente, dal caos, da disagi, ufficiali doganali insensibili e paura. "*Torniamo indietro*", disse papà.

Ma come potevano ritornare? Papà sapeva che il suo datore di lavoro in Svizzera l'avrebbe ripreso, ma sarebbe sempre stato separato dalla sua famiglia: lui a Winterthur, in Svizzera e mamma e Laila a Fiume Veneto, Pordenone (Friuli-Venezia Giulia). Ciò che li portò a emigrare fu il desiderio di tenere la famiglia unita. No, avrebbero cercato di farcela. Dopo tutto, avevano affrontato altre avversità in passato.

Durante la seconda guerra mondiale papà fu trasferito da Fiume (ora Rijeka, Croazia) a lavorare in una fabbrica di siluri situata a Fiume Veneto (allora nella provincia di Udine). Ho sempre creduto che una delle poche cose buone che risultarono dalla seconda guerra mondiale fu il fatto che unì mamma e papà. Sopravvissero alla guerra e si innamorarono. Mamma e papà si sposarono a Fiume Veneto nel 1947 e Laila nacque lì nel 1949. Insieme si sentivano forti.

Così, in quel gelido giorno ad Halifax nel gennaio del 1952, papà, mamma e Laila salirono sul treno e, tre giorni dopo, arrivarono a Windsor. Le nuove difficoltà iniziarono quasi subito. Papà e mamma non potevano imporsi a lungo sulla sorella di mamma, Anna, e suo marito, Tarcisio Pupulin. Anna, Tarcisio e i loro due figli erano giunti a Windsor solo due anni prima. Mamma e papà presero un piccolo appartamento al 223 di Erie St. E. e, un anno dopo, si presentò una nuova difficoltà

---

190 Scritto da Nevi Rusich

Amedeo, Ilde, Laila and Nevi Rusich on the occasion of Nevi's baptism, March 15, 1953.

Amedeo, Ilde, Laila e Nevi Rusich in occasione del battesimo di Nevi, 15 marzo 1953.

Courtesy/Cortesia: Nevi Rusich, P13540

So, on that freezing Halifax day in January 1952, Dad, Mom and Laila boarded a train and, three days later, arrived in Windsor. New challenges began almost instantly. Dad and Mom could not impose on Mom's sister, Anna, and her husband, Tarcisio Pupulin, for long. Anna, Tarcisio and their two sons had arrived in Windsor just two years prior. Mom and Dad got a small apartment at 223 Erie St. E. and, a year later, a new inopportune challenge arrived. On a snowy January 15, 1953, I was born. Dad was already working non-stop and an extra mouth to feed was an added burden….

But we pushed forward together and along the way created so many warm, enduring memories. My family relied on these precious memories to help us cope with two especially heartbreaking tragedies – the death of my Dad in 1981 and, later, that of Laila in 1994. It eased the pain to share, among tears and even laughter, any small, simple memory – that Christmas when Dad bought the tallest tree he could find and then had to cut off a piece of the trunk so we could fit it in the living room…how our cat Sandy, every afternoon, would climb to the top of the pear tree (the one in our Benjamin Ave. backyard) and watch for me and Laila on our walk home from school and then jump down to greet us at the alley gate…and how Mom used to climb the pear tree to pick the pears before the squirrels did…sitting with Laila in the back seat of our car singing at the top of our lungs, IN THE JUNGLE, THE MIGHTY JUNGLE, THE LION SLEEPS TONIGHT – it drove Dad crazy…how Dad insisted on wearing a white tuxedo instead of a black one at Laila's wedding, "It's a happy occasion, not a funeral," Dad would say…how much Dad treasured his bike rides with Emi and Lisa (his granddaughters) during the year after he was diagnosed with cancer. All these and so many more precious, loving little bits and pieces of my family's life still make me smile and keep those of us that are left strong and united.

Basilio, Aldo[191] and Tarcisio[192] Schincariol Families (Schincariol Market)

Basilio was born in Bagnarola, Pordenone (Friuli-Venezia Giulia) in 1895. He came to Sault Ste. Marie, Ont., some time around 1913 and 1914. During WWI, he returned to Italy to fight with the Italian army. There he married Agnese Muzzatti, born in 1899. Basilio returned to Sault Ste. Marie with his new wife in 1920. Their first child, Aldo, died before his first birthday. Another son, born in 1921, was also named Aldo.

They moved to Windsor in 1922 and lived on Wyandotte St. where they housed borders. Their daughter Elda was born in 1925. Later that year, Basilio purchased an old farm shack at Parent Ave. and Hanna St. and fixed it as a house. He then built a corner store at this location, B. Schincariol. (The story was that Basilio started the corner store because Agnese thought he worked too hard in the construction business!) Aldo began selling candy at the store when he was six.

In 1932, Agnese returned to Italy to undergo gallbladder surgery, thinking that medical procedures were safer and more advanced than in Canada. Unfortunately, she died on the operating table as a

Caboto Club's Mutual Benefit Society monthly booklet, 1953.
Il libretto mensile della Mutual Benefit Society del Caboto Club, 1953.
Courtesy/Cortesia: Nevi Rusich, P11203

---

191 Information for Basilio and Aldo from Aldo Schincariol
192 Information from Roseanne Pickford and Sandra Schincariol

Agnese, Basilio and Aldo Schincariol, 1922-23.

Agnese, Basilio e Aldo Schincariol, 1922-23.

Courtesy/Cortesia: Aldo and Louise Schincariol, P12394

inopportuna. Un nevoso 15 gennaio del 1953, nacqui io. Papà lavorava già senza sosta e un'altra bocca da sfamare era un peso in più...

Ma insieme perseverammo e lungo la strada creammo così tanti calorosi ricordi duraturi. La mia famiglia contava su questi ricordi preziosi per aiutarsi a tirare avanti con due tragedie particolarmente strazianti: la morte di mio papà nel 1981 e, in seguito, quella di Laila nel 1994. Attenuava il dolore condividere tutti i piccoli, semplici ricordi, tra le lacrime e anche le risa: quel natale quando papà comprò l'albero più alto che riuscì a trovare e poi dovette tagliare un pezzo del tronco per farlo entrare nel salotto... il nostro gatto Sandy, che tutti i pomeriggi si arrampicava in cima al pero (quello nel nostro recinto in Benjamin Ave.) e stava all'erta in attesa che io e Laila rientrassimo a piedi da scuola e poi saltava giù per venire a salutarci all'entrata del vialetto... e mamma, quando si arrampicava sul pero per raccogliere le pere prima degli scoiattoli... stare seduta con Laila sul sedile posteriore della nostra auto cantando a squarciagola IN THE JUNGLE, THE MIGHTY JUNGLE, THE LION SLEEPS TONIGHT; faceva impazzire papà... papà quando insistette a indossare uno smoking bianco anziché nero al matrimonio di Laila, "E' un'occasione felice, non un funerale", diceva papà... quanto papà ci teneva alle sue corse in bici con Emi e Lisa (le sue nipoti) l'anno dopo che gli fu diagnosticato il cancro. Tutti questi e tanti altri preziosi, cari momenti di vita di famiglia mi fanno ancora sorridere e tengono noi superstiti forti e uniti.

Le famiglie di Basilio, Aldo[191] e Tarcisio[192] Schincariol (Schincariol Market)

Basilio nacque a Bagnarola, Pordenone (Friuli-Venezia Giulia) nel 1895. Venne a Sault Ste. Marie, Ont., tra il 1913 e il 1914. Durante la prima guerra mondiale ritornò in Italia per combattere nell'esercito italiano. Lì sposò Agnese Muzzatti, nata nel 1899. Basilio ritornò a Sault Ste. Marie con sua moglie nel 1920. Il loro primo figlio, Aldo, morì prima del suo primo compleanno. Un altro figlio, nato nel 1921, fu anche lui chiamato Aldo.

Si trasferirono a Windsor nel 1922 e abitarono in Wyandotte St., dove alloggiavano dei pensionanti. La figlia Elda nacque nel 1925. In seguito, quell'anno, Basilio acquistò una vecchia baracca di campagna a Parent Ave e Hanna St. e la accomodò come casa. Poi vi costruì un negozietto, B. Schincariol. (Secondo quanto si racconta Basilio iniziò il negozio perché Agnese pensava che lavorasse troppo duro nell'edilizia!) Aldo iniziò a vendere caramelle al negozio all'età di sei anni.

Nel 1932 Agnese ritornò in Italia per sottoporsi a un'operazione alla cistifellea, credendo che le procedure mediche fossero più sicure e avanzate che in Canada. Purtroppo morì sotto i ferri. Basilio si risposò poco dopo e ritornò con la nuova sposa e la figlia in Canada, lasciando Aldo in un collegio in Italia per due anni. Quando Aldo ritornò in Canada si era dimenticato l'inglese e fu messo nella classe della sorella (di quattro anni più giovane).

---

191   Informazioni su Basilio e Aldo da Aldo Schincariol
192   Informazioni da Roseanne Pickford e Sandra Schincariol

result of an overdose of anesthesia. Basilio remarried shortly after and took his new bride and daughter back to Canada, leaving Aldo at a boarding school in Italy for two years. When Aldo returned to Canada, he had forgotten his English and was placed in his sister's class (four years his junior).

From 1942 to 1945, Aldo served with the Highland Light Infantry and the Essex Scottish Regiment. While in service, his sister Elda ran the store. In 1946, Basilio rebuilt the store and Aldo opened a post office. Aldo, who added fresh meats which he learned to cut with the help of other butchers, by studying "Beef Cuts" charts and through basic trial and error, became a qualified meat cutter.

Aldo met Louise Fanelli, daughter of Caterina Di Rezze and Onorio,[193] at the Caboto Youth Club on Wyandotte St. in 1947. They married at St. Angela Merici Church and had five daughters, Anita Pistor, Kathryn Oppio, Lou Ann Jarecki,[194] Lorene Clayton and Donna Jean Mayne, who all helped in the store. Basilio died in 1955.

In 1964, with the aid of government funding, private funds from Basilio's friend, Egidio Vadori, and construction help from Gildo (Basilio's brother), a new supermarket was built. At this time, Aldo took on his cousin, Tarcisio, as an equal partner. Tarcisio, like Aldo, learned to cut meat with the help of other butchers and by studying "Beef Cuts" charts, becoming a qualified, full-time meat cutter. He was also born in Bagnarola on July 9, 1928. At age 20, he left his parents, Rosalia and Luigi, and sisters, Irene, Tarcisia and Marie, and came to Windsor where he boarded with his aunt and uncle, Gigia and Basilio Schincariol, on Parent Ave. He met Doris,[195] daughter of Carmela and Epifanio Noel Bosetti, at a Caboto Youth Dance in 1950. They married at St. Angela Merici Church on May 10, 1952 and had two daughters, Roseanne Pickford and Sandra. Tarcisio worked on a farm, then with Carling O'Keefe Brewery and Facca Construction in highway construction before joining Schincariol Market.

Schincariol's Market was the first to go metric, which suited their customers who were accustomed to the metric system. The market offered a variety of specialty meats such as boneless stuffed chicken and Charolais Beef (the French beef that they introduced to Essex County). The market would make 600 pounds of sausage a night for the annual Caboto Club Grape Festival. At a time when many other small grocery stores were going out of business, Schincariol's Market managed to compete actively with larger supermarkets through their friendly and personal service, taking phone orders and offering home deliveries. For 25 years, Schincariol Market Limited flourished under the ownership of Aldo and Tarcy whose daughters and grandchildren made up much of the staff.

In 1989, Aldo and Tarcisio sold the store and retired from the supermarket and grocery business. Doris passed away August 24, 2000 and Tarcisio, March 10, 2005.

Aldo Schincariol (front middle), Elda (front right) and Agnese (back right) on board a ship returning to Italy, 1932.

Aldo Schincariol (davanti al centro), Elda (davanti a destra) e Agnese (dietro a destra) a bordo di una nave di ritorno in Italia, 1932.

Courtesy/Cortesia: Aldo and Louise Schincariol, P12388

---

193   See story in this chapter.
194   She died February 5, 2005.
195   Doris owned a variety store since 1959, Doris' Confectionery at 779 Cataraqui, across from Immaculate Conception School. It was a popular place for children.

The first Schincariol store on Hanna St. and Parent Ave., 1939-40.
Back Row: Lee Martin, Angelo Benotto and Aldo Schincariol.
Front Row: Mario Sartori, Edward Monik.

Il primo negozio di alimentari, Schincariol, angolo Hanna St. e Parent Ave., 1939-40. Seconda fila: Lee Martin, Angelo Benotto e Aldo Schincariol. Prima fila: Mario Sartori, Edward Monik.

Courtesy/Cortesia: Aldo and Louise Schincariol, P12376

Louise Schincariol in the window of the newer Schincariol store on Parent Ave. and Hanna St., 1948-49.

Louise Schincariol nella vetrina del nuovo negozio Schincariol in Parent Ave. e Hanna St., 1948-49.

Courtesy/Cortesia: Aldo and Louise Schincariol, P12400

Dal 1942 al 1945, Aldo prestò servizio nell'Highland Light Infantry e l'Essex Scottish Regiment. Mentre prestava servizio, sua sorella Elda gestì il negozio. Nel 1946, Basilio ricostruì il negozio e Aldo aprì un ufficio postale. Aldo aggiunse carni fresche, che aveva imparato a tagliare con l'aiuto di altri macellai, studiando le tabelle dei "tagli del manzo" e facendo prove ed errori. Divenne un tagliatore di carne qualificato.

Aldo conobbe Louise Fanelli, figlia di Caterina Di Rezze e Onorio[193], al Caboto Youth Club in Wyandotte St. nel 1947. Si sposarono nella chiesa di Sant'Angela Merici ed ebbero cinque figlie: Anita Pistor, Kathryn Oppio, Lou Ann Jarecki,[194] Lorene Clayton e Donna Jean Mayne, che aiutarono tutte nel negozio. Basilio morì nel 1955.

Nel 1964, con l'aiuto di un finanziamento statale, di fondi privati dall'amico di Basilio, Egidio Vadori, e l'aiuto edilizio di Gildo (il fratello di Basilio), fu costruito un nuovo supermercato. A questo punto, Aldo prese suo cugino, Tarcisio, come socio alla pari. Tarcisio, come Aldo, imparò a tagliare la carne con l'aiuto di altri macellai e studiando le tabelle dei "tagli del manzo", per divenire un tagliatore di carne qualificato a tempo pieno. Anche lui nacque a Bagnarola il 9 luglio 1928. All'età di 20 anni lasciò i genitori, Rosalia e Luigi, e le sorelle, Irene, Tarcisia e Marie, e venne a Windsor dove fu ospitato dagli zii, Gigia e Basilio Schincariol in Parent Ave. Conobbe Doris[195], figlia di Carmela e Epifanio Noel Bosetti, al Caboto Youth Dance nel 1950. Si sposarono nella chiesa di Sant'Angela Merici il 10 maggio 1952 ed ebbero due figlie: Roseanne Pickford e Sandra. Tarcisio lavorò in campagna, poi alla Carling O'Keefe Brewery e alla Facca Construction per la costruzione di superstrade, prima di unirsi allo Schincariol Market.

Lo Schincariol's Market fu il primo a passare al metrico, che si addiceva alla loro clientela che era abituata al sistema metrico. Il negozio offriva una varietà di carni speciali, tipo il pollo ripieno disossato e Charolais Beef (il manzo francese che fu da loro introdotto nella Contea dell'Essex). Il negozio faceva 600 libbre di salsicce a sera per l'annuale Caboto Club Grape Festival. In un'epoca in cui molti altri mini market andavano in fallimento, lo Schincariol's Market riuscì a competere in modo attivo con i più grandi supermercati, grazie al loro servizio cordiale e personalizzato, prendendo ordini al telefono e offrendo consegne a domicilio. Per 25 anni, lo Schincariol Market Limited prosperò nelle mani di Aldo e Tarcy, di cui le figlie e i nipoti costituivano la maggior parte del personale.

Nel 1989 Aldo e Tarcisio vendettero il negozio e si ritirarono dall'attività di supermercato e alimentari. Doris morì il 24 agosto 2000 e Tarcisio il 10 marzo 2005.

---

193   Vedi la storia in questo capitolo.
194   Morì il 5 febbraio 2005.
195   Doris era proprietaria di un negozio dal 1959, la Doris' Confectionery al 779 Cataraqui St., sul lato opposto dell'Immaculate Conception School. Era un posto popolare per i bambini.

Luigi (Louis) Scodeller Family (Scofan Construction)[196]

Louis, born in San Vito al Tagliamento, Pordenone (Friuli-Venezia Giulia), was the eldest of five children: Louis, Norma, Dario, Anna and Silvano. Louis's mother, Giuseppina, died at age 48 and his father at 79; his siblings, Dario, Silvano and Norma, have also passed away.

During World War II, Louis was taken prisoner by the Germans and placed in a prisoner-of-war camp in Fallingbostel. There, he was ordered to work at many jobs but, because of his mechanical expertise, he was allowed to repair motor bikes and bicycles for the townspeople. In appreciation, these same people would sneak extra food to him because he was given very little to eat.

In 1946, Louis married Giovanna Del Mei and they had two children, Orfeo and Maria Chiara (Mary) Penfold. After the war, Louis faced hard times and was unable to provide a decent life for his family. In 1949, he immigrated alone to Windsor where his uncle, Giovanni Boscariol, helped him get his first job in the construction industry. Louis worked hard by day, and at night he would work on the home he built for himself and his family. Shortly thereafter, he sent for his family whom he met in Halifax and together they travelled to Windsor. In 1952, another daughter, Julia (Julie) Gauthier was born.

Louis bought a wheelbarrow and a truck and along with his partner, Mario Fantin, started a construction company in 1952, Scofan Contractors. The company specialized in heavy construction such as schools, bridges, pumping stations, sewers, water mains and heavy concrete. The company's work can be seen throughout Southwestern and Northern Ontario, Alberta, Manitoba, New Brunswick and Nova Scotia. Louis had a tremendous work ethic and often found ways to solve any problem he encountered. He would never quit, thus earning the nickname *testa dura* (hard head). In 1984, after over 30 years of successful operation, Scofan Contractors was liquidated. However, Louis continued working privately. He was project manager for Pointe West Golf Club, Electrozad, The Black Historical Church, Dean Construction shop and helped with the development of Boblo Island.

Louis was involved in the Windsor and the Heavy Construction Associations, serving as president on both. He was president of the Windsor Italian Business and Professional Association, on the board of directors of Hotel Dieu Hospital and one of the founding members of the Fogolar Furlan Club.

Louis was skilled in sculpting, architectural design, bricklaying and construction. He travelled extensively and was always learning. Julie notes: "He taught us so many things through the example of his life...important things like respect, a good work ethic, determination, enjoyment of life, family, and most of all he taught us to be realistic and down to earth. He lost his daughter Mary to cancer in 1996 at the age of 47 and his wife in December 2000. He suffered a severe stroke in 1999 but still continues to draw and do architectural design with some difficulty. To this day, he continues to show great determination and strength of character.

Louis Scodeller, Mary Scodeller Penfold, Mario Fantin, Orfeo Scodeller and Dino Fantin of Scofan Contractors Ltd., late 1970s.

Louis Scodeller, Mary Scodeller Penfold, Mario Fantin, Orfeo Scodeller e Dino Fantin della Scofan Contractors Ltd., fine anni '70.

Courtesy/Cortesia: Julie Gauthier, P13501

---

196 Written by Julie Gauthier

Orfeo Scodeller and Mario Fantin of Scofan Contractors Ltd., late 1970s.

Orfeo Scodeller e Mario Fantin della Scofan Contractors Ltd., fine degli anni '70.

Courtesy/Cortesia: Julie Gauthier, P13502

La famiglia di Luigi (Louis) Scodeller (Scofan Construction)[196]

Louis, nato a San Vito al Tagliamento, Pordenone (Friuli-Venezia Giulia), era il maggiore di cinque figli: Louis, Norma, Dario, Anna e Silvano. La madre di Louis, Giuseppina, morì all'età di 48 anni, suo padre a 79 e i suoi fratelli, Dario, Silvano e Norma, sono anch'essi deceduti.

Durante la seconda guerra mondiale Louis fu preso prigioniero dai tedeschi e detenuto nel campo di guerra di Fallingbostel. Lì, gli fu ordinato di fare molti lavori, ma, grazie alla sua competenza meccanica, gli fu concesso di riparare motociclette e biciclette per i cittadini. In apprezzamento, questa stessa gente gli portava di nascosto altro cibo perché gli veniva dato molto poco da mangiare.

Nel 1946 Louis sposò Giovanna Del Mei ed ebbero due figli: Orfeo e Maria Chiara (Mary) Penfold. Dopo la guerra, Louis dovette affrontare momenti difficili e non fu in grado di fornire una vita decente alla propria famiglia. Nel 1949 immigrò da solo a Windsor, dove lo zio Giovanni Boscariol lo aiutò a trovare il primo lavoro nell'industria edile. Louis lavorava duro di giorno e di notte lavorava alla casa che costruì per sé stesso e la sua famiglia. Poco dopo fece venire la sua famiglia, che incontrò ad Halifax e insieme vennero a Windsor. Nel 1952 nacque un'altra figlia, Julia (Julie) Gauthier.

Louis comprò una carriola e un furgone e con il socio, Mario Fantin, iniziò un'impresa edile nel 1952, la Scofan Contractors. La società si specializzò in grandi costruzioni, tipo scuole, ponti, stazioni di pompaggio, fogne, condutture dell'acqua e calcestruzzo pesante. Le opere dell'impresa si possono vedere in tutto l'Ontario sudoccidentale e settentrionale, l'Alberta, il Manitoba, il New Brunswick e la Nuova Scozia. Louis aveva una forte etica del lavoro e spesso trovava modi per risolvere qualunque problema incontrasse. Non si arrendeva mai e così si guadagnò il soprannome di *testa dura* . Nel 1984, dopo più di 30 anni di successo, la Scofan Contractors fu liquidata. Tuttavia, Louis continuò a lavorare privatamente. Fu capo di progetto per Pointe West Golf Club, Electrozad, The Black Historical Church, il negozio Dean Construction e aiutò nello sviluppo di Boblo Island.

Louis fu coinvolto nella Windsor Association e nella Heavy Construction Association, servendo come presidente in entrambe. Fu presidente della Windsor Italian Business and Professional Association, nel consiglio di amministrazione dell'Hotel Dieu Hospital e uno dei membri fondatori del Club Fogolar Furlan.

Louis era specializzato in scultura, progettazione architettonica, muratura e costruzione. Viaggiò molto e imparava sempre. Julie ricorda: "Ci insegnò tante cose usando la sua vita come esempio... cose importanti come il rispetto, una buona etica del lavoro, determinazione, a godersi la vita, la famiglia e soprattutto, ci insegnò a essere realistici e positivi. Perdette la figlia Mary, che morì di cancro nel 1996 all'età di 47 anni e la moglie nel dicembre del 2000. Ebbe un grave ictus nel 1999, ma continua ancora a disegnare e a eseguire progettazioni architettoniche con un po' di difficoltà. Tutt'oggi continua a mostrare grande determinazione e forza di carattere.

---

196 Scritto da Julie Gauthier

Giovanna Dottor Senesi[197]

Giovanna, daughter of Lucia Dei Tos and Pietro Antonio Dottor,[198] was born April 24, 1913, in Sonego, Treviso (Veneto) and came to Canada with her mother when she was one. Her father had come a few months earlier. The family immigrated first to Thunder Bay, Ont., then Sault Ste. Marie, before settling in Windsor at 829 Langlois Ave. in the early 1920s. It was at this location where Pietro and Lucia opened and operated an Italian grocery store, providing for their family of six children: Giovanna, Mary, Frank, Tish, Helen and Albert. At age 13, Giovanna left school and worked alongside her parents, where she gained a sense of business and commitment to the Italian community.

Giovanna was involved with the Caboto Italian Women's Club (La Società Femminile Italiana) since its inception in 1930. At 17, she attended the meetings with her mother, then treasurer of the club, to help with English communication and recordkeeping. Giovanna, the longest-standing member of the Caboto Women's Auxiliary, served as president for several terms: 1948-51, 1964-66, 1979-80, 1984-86 and, in the 1990s, she became an honourary life member. In the 1970s, her daughter, Anne Senesi, became the first third-generation member and her granddaughter, Laura Moldovan, became the first fourth-generation member in 1986.

Giovanna learned catering through the Italian Women's Club and, during the initial growth of the Giovanni Caboto Club, helped organize and provide catering for the club's social events. From the 1950s onwards, she assisted manager John Cazzola with the club's growing catering facility. She began providing catering services to various church halls, the Knights of Columbus Hall on Goyeau St. and to Carling Brewery[199] on Riverside Dr. W.

In 1960, the Cleary Auditorium and Convention Centre's board of directors asked Giovanna to assume the catering responsibilities there and, in September 1960, she founded her own company, Windsor Catering Service Ltd. From 1960 to 1990, Giovanna was the official caterer at the Cleary, where she organized not only the banquets and convention food requirements but also catered hundreds of weddings. She became well known as "Mama Senesi" to her clients and associates. The highlight of Giovanna's career was having the honour to provide the luncheon for Her Majesty Queen Elizabeth II during the Queen's visit to Windsor in 1984. Giovanna's son Fred, now living in Florida, worked in the business from 1964 to 1973 and her daughter Anne was vice-president and general manager from 1976 to 1990.

Giovanna was very active both socially and politically. She was a member of many organizations, including Family Services of Windsor, Local Council of Women, Business and Professional Women

Giovanna Senesi, Maria Manzon, Emma Fabris and Albina Pistor in the kitchen at the Caboto Club.

Giovanna Senesi, Maria Manzon, Emma Fabris e Albina Pistor nella cucina del Club Caboto.

Courtesy/Cortesia: Giovanna and Anne Senesi, P13870

---

197   Information from Anne Senesi
198   Alias Tony Bianco (for his white hair). In 2001, the Caboto Club presented Giovanna with the Laurea Emeritus Summa Cum Laude Award of Merit, a black obelisk, awarded posthumously to her father, Pietro Antonio Dottor, in honour of his extraordinary service to the club in its formative years.
199   Later known as the Art Gallery of Windsor, then Casino Windsor and now an empty lot

Giovanna Dottor Senesi[197]

Giovanna, figlia di Lucia Dei Tos e Pietro Antonio Dottor[198], nacque il 24 aprile 1913, a Sonego, Treviso (Veneto) e venne in Canada con la madre all'età di un anno. Il padre era venuto alcuni mesi prima. La famiglia immigrò prima a Thunder Bay, poi a Sault Ste. Marie, prima di stabilirsi a Windsor all'829 Langlois, all'inizio degli anni venti. E' qui che Pietro e Lucia aprirono e gestirono un negozio italiano di alimentari, provvedendo alla propria famiglia di sei figli: Giovanna, Mary, Frank, Tish, Helen e Albert. All'età di 13 anni, Giovanna lasciò l'istruzione pubblica e lavorò accanto ai genitori, dove acquisì un senso degli affari e dell'impegno verso la comunità italiana.

Giovanna fu impegnata al Caboto Italian Women's Club sin dagli inizi nel 1930. All'età di 17 anni partecipava alle riunioni con la madre, allora tesoriera del club, per aiutare con la comunicazione in inglese e annotare il verbale delle riunioni. Giovanna, socia del Caboto Women's Auxiliary di più vecchia data, servì come presidente per diversi periodi: 1948-51, 1964-66, 1979-80, 1984-86 e, negli anni novanta, divenne socia onoraria a vita. Negli anni settanta, la figlia, Anne Senesi, divenne la prima socia di terza generazione e la nipote, Laura Moldovan, divenne la prima socia di quarta generazione nel 1986.

Giovanna imparò il mestiere della ristorazione tramite l'Italian Women's Club e, durante la crescita iniziale del Giovanni Caboto Club, aiutò a organizzare e a provvedere alla ristorazione degli eventi sociali del club. Dagli anni cinquanta in poi, assistette il manager John Cazzola nei crescenti servizi di ristorazione del club. Iniziò a fornire servizi di ristorazione a varie sale parrocchiali, alla Knights of Columbus Hall in Goyeau St. e alla Carling Brewery[199] in Riverside Dr. W.

Nel 1960 ilconsiglio di amministrazione del Cleary Auditorium and Convention Centre chiese a Giovanna di prendersi l'incarico della loro ristorazione, e nel settembre 1960, fondò una sua impresa, La Windsor Catering Service Ltd. Dal 1960 al 1990 Giovanna fu la ristoratrice ufficiale del Cleary, dove organizzava non solo i banchetti e le necessità alimentari per i convegni, ma provvedeva anche alla ristorazione per centinaia di matrimoni. Divenne conosciuta fra clienti e soci come "Mamma Senesi". Il momento clou della carriera di Giovanna fu quello di avere l'onore di provvedere al pranzo di Sua Maestà la Regina Elisabetta II durante la visita della regina a Windsor nel 1984. Il figlio di Giovanna, Fred, che ora vive in Florida, lavorò nell'impresa dal 1964 al 1973 e sua figlia, Anne, fu vicepresidente e direttrice generale dal 1976 al 1990.

Giovanna era molto attiva, sia socialmente sia politicamente. Fu membro di molte organizzazioni, tra cui: Family Services of Windsor, Local Council of Women, Business and Professional Women

Alcide De Gasperi, president of the Council of Ministers of Italy on his first visit to Windsor, 1951. Nine-year-old Anne Senesi presented his wife with a bouquet of flowers.

Alcide De Gasperi, presidente del Consiglio dei Ministri dell'Italia nella sua prima visita a Windsor, 1951. Anne Senesi di nove anni porge un bouquet di fiori alla moglie del presidente.

Courtesy/Cortesia: Giovanna and Anne Senesi, P13872

---

197 Informazioni di Anne Senesi

198 Alias Tony Bianco (per i capelli bianchi). Nel 2001, il Club Caboto presentò a Giovanna il premio: Laurea Emeritus Summa Cum Laude Award of Merit, un obelisco nero, conferito a suo padre, Pietro Antonio Dottor, dopo la morte, in onore del suo servizio straordinario al club durante i suoi anni formativi.

199 Più tardi nota come l'Art Gallery di Windsor, poi Casino Windsor e ora un lotto libero

of Ontario, Ontario and Canadian Restaurant Associations, Trevisani nel Mondo Club and the Italian Senior Citizens. In 1986, Giovanna received the Italian of the Year award from the Caboto Club for her commitment, dedication and work in the Italian community.

Giovanna married Silvano Senesi, born in 1909 in Genistrata, Pesaro (Marche), on February 4, 1939 at Sacred Heart Church on Ottawa St. They had three children, Anne, Leo and Fred, and five grandchildren. Silvano died November 27, 1988 and Giovanna, on July 1, 2008 at age 95.

Leonello (Leo) Silvestri (Leo's Painting and Decorating)[200]

In 1967, while waiting for a train in Rome to take me back to my hometown Ripi, Frosinone (Lazio), I noticed an ad regarding construction work opportunities in Australia, New Zealand and Canada. Since I had an aunt and uncle and many friends living in Canada, I chose it. Having purchased a plane ticket to Montreal, I left my family at age 19, carrying the classic cardboard suitcase and a $50 bill in my pocket – compliments of my grandfather Domenico Lunghi. As soon as I saw this country, I wanted to go back home but I decided to give it a try. The French language came easily because I had studied it in school but adjusting to a big city like Montreal did not.

I could not work at my trade as a house painter unless I had a competence card. I went to work at a factory, sewing clothing for one dollar an hour. I kept changing jobs to improve my wages and worked in the upholstery business. In June 1969, I went to Vancouver to seek a better paying job and learn English. After working in a plumbing warehouse for three months and speaking English like a professor (ha! ha!), I went back to Montreal.

I visited my uncle Alfredo Silvestri in Windsor, my cousins and my childhood friends. Seeing Windsor's easygoing lifestyle, I decided to stay. I lived on Pierre Ave. near the water tower and at 1036 Marion Ave. I worked at Rose City Painting and Decorating with my friend, Sergio Gesuale. Adjusting was not easy and, as soon as I had made a few dollars, guess what – I went to Italy! After working there for six months, something inside made me return to Windsor, determined to make it work. I returned to my previous job and never looked back. In 1971, at Sergio's wedding reception, I met Teresa Gallina. We got engaged in 1972, married in May 1973 and have been happy ever since.

In 1974, I worked for R.C. Pruefer (Riverside Construction). Ten years later, I was offered a partnership with J & G Painting owned by a friend, John Gertsakis. We worked on various big projects such as the Hilton Hotel, Roseville Garden and the remodelling and maintenance of many of Windsor's highrises. In 1986, I opened Leo's Painting and Decorating. I worked on new homes and, later, on light industrial and commercial projects – the Compri Hotel, custom homes on Boblo Island and throughout Windsor and Essex County.

Pietro Antonio Dottor, with granddaughter Anne Senesi in arms, in front of his grocery store at 829 Langlois, 1943.

Pietro Antonio Dottor con in braccio la nipote, Anne Senesi, dinanzi alla bottega di alimentari al 829 Langlois, 1943.

Courtesy/Cortesia: Giovanna and Anne Senesi, P13869

---

200 Written by Leo Silvestri

of Ontario, Ontario and Canadian Restaurant Associations, Trevisani nel Mondo Club e l'Italian Senior Citizens. Nel 1986 Giovanna ricevette l'Italian of the Year Award dal Club Caboto per il proprio impegno, la dedizione e il lavoro svolto nella comunità italiana.

Giovanna sposò Silvano Senesi il 4 febbraio 1939 nella Chiesa del Sacro Cuore in Ottawa St. Lui era nato nel 1909 a Genistrata, Pesaro (Marche). Ebbero tre figli, Anne, Leo e Fred, e cinque nipoti. Silvano morì il 27 novembre 1988 e Giovanna il 1° luglio 2008 all'età di 95 anni.

Leonello (Leo) Silvestri (Leo's Painting and Decorating)[200]

Nel 1967, mentre aspettavo un treno a Roma che mi riportasse al mio paese natio, Ripi, Frosinone (Lazio), notai un avviso riguardante delle opportunità di lavoro nell'edilizia in Australia, Nuova Zelanda e Canada. Dato che avevo degli zii e molti amici che vivevano in Canada, scelsi il Canada. Acquistai un biglietto aereo per Montreal e lasciai la mia famiglia all'età di 19 anni, portandomi la classica valigia di cartone e una banconota da $50 in tasca, omaggio di mio nonno Domenico Lunghi. Non appena vidi questo paese, volevo ritornare a casa, ma decisi di provarci. La lingua francese mi fu facile da imparare perché l'avevo studiata a scuola, ma l'adattamento a una grande città come Montreal non lo fu.

Non potevo fare il mio mestiere di imbianchino a meno che non avessi una carta di competenza. Andai a lavorare per una fabbrica, a cucire vestiti per un dollaro l'ora. Continuai a cambiare lavoro per migliorare la mia paga e lavorai all'attività di tappezzeria. Nel giugno 1969 andai a Vancouver a cercare un lavoro che pagasse di più e per imparare l'inglese. Dopo aver lavorato per tre mesi in un magazzino idraulico e una volta imparato l'inglese da parlarlo come un professore (ha! ha!), ritornai a Montreal.

Visitai mio zio Alfredo Silvestri a Windsor, i miei cugini e i miei amici d'infanzia. Notando lo stile di vita tranquillo e tollerante di Windsor, decisi di restare. Vissi in Pierre Ave., vicino alla torre dell'acqua e al 1036 Marion Ave. lavorai presso la Rose City Painting and Decorating con il mio amico Sergio Gesuale. Adattarmi non fu facile e, non appena mi guadagnai qualche dollaro, indovina un po', me ne andai in Italia! Dopo aver lavorato lì per sei mesi, qualcosa dentro di me mi fece ritornare a Windsor, deciso a farcela. Ritornai al mio lavoro precedente e non guardai più indietro. Nel 1971, al ricevimento delle nozze di Sergio, incontrai Teresa Gallina. Ci fidanzammo nel 1972, ci sposammo nel maggio 1973 e da allora siamo felici.

Nel 1974 lavorai per la R.C. Pruefer (Riverside Construction). Dieci anni dopo mi fu offerto di associarmi alla J & G Painting, di proprietà di un amico, John Gertsakis. Lavorammo a vari grandi progetti, quali l'Hilton Hotel, il Roseville Garden e la ristrutturazione e manutenzione di molti palazzi alti di Windsor. Nel 1986 aprii la Leo's Painting and Decorating. Lavorai a case nuove e, in seguito, a progetti industriali e commerciali leggeri: il Compri Hotel, case personalizzate a Boblo Island e in tutta Windsor e la contea di Essex.

---

200 Scritto da Leo Silvestri

Leo Silvestri in Montreal one week after arriving in Canada, April 1968.
Leo Silvestri a Montreal una settimana dopo il suo arrivo in Canada, aprile 1968.
Courtesy/Cortesia: Leo Silvestri, P12650

I have been involved in social clubs, particularly the Ciociaro Club of Windsor, where I served as finance committee chairman and secretary of the *caccia e pesca* group. I have participated in trap shooting competitions throughout Ontario and the U.S. with team members Tony Falsetta, Gino Iannetta, Bill Santarossa and Tony Letteri. Among the many trophies, there have been two major victories: the July 1987 Canadian Championship Handicap in Hamilton, Ontario and the Michigan Team Shoot Event.

For the last 25 years, I felt compelled to drive a red Ferrari. There is an old Italian saying that every boy has two dreams in his lifetime, to play soccer in the major league (*Serie A*) and to drive a Ferrari. I was no different. I could not make it in the big league, so I opted for the Ferrari. After years of saving, I purchased a little red 308 GTBI in 1990.

Teresa and I have been part of a special charitable organization, In Honour of The Ones We Love, raising funds for cancer patient care. Although painting has always been my favorite line of work, since 2003 I have been involved in a part-time internet marketing venture in the Windsor-Detroit area. I am happy to say that choosing Windsor in 1970 turned out to be a good decision.

Carmine and Pina Simone (The Pasta House)[201]

Carmine was born in Roccamorice, Pescara (Abruzzo) and Pina De Angelis, in Scagnano, Pescara. Carmine's father, Antonio, came in 1965. His wife, Anna Di Clemente, and children, Carmine, Grace and Marina, came by plane to Toronto in 1966. Seven years later, the family moved to Amherstburg.

Pina's grandfather, Giuseppe Rosati, travelled to North America as a young man to work but returned to Italy and married Domenica Ferrone. When Giuseppe died in the late 1950s, Domenica joined her children in Amherstburg, leaving daughter Annina in Italy. Pina's parents, Donato and Annina, immigrated to Amherstburg via Halifax in 1960. They brought two large chests, filled with clothes, kitchen utensils, pictures and linens, some made from cotton grown and spun by Annina.

Carmine and Pina immigrated at a young age so their adjustment was somewhat easy. However, they had difficulty in grade school because non-Italian children were not very friendly towards the Italians. They made fun of their homemade clothes and foods, bread, tomato sauce and lunch meats such as *mortadella*. Pina remembers attending night school with her parents to learn English so she could translate for them when they went shopping. Their parents could not help them with their school work or other school issues because of the language barrier.

Carmine and Pina married in June 1980 and have two sons, David and Mathew. Pina and Carmine have been back to Italy several times and have taken their boys there twice. They all enjoyed their experiences in Italy which gave the sons the opportunity to appreciate the Italian culture and feel better connected with their heritage.

Leo and Teresa Silvestri's wedding day, May 1973.
Il giorno di matrimonio di Leo e Teresa Silvestri, maggio 1973.
Courtesy/Cortesia: Leo Silvestri, P12648

201   Information from Carmine and Pina Simone

David Simone, son of Carmine and Pina Simone who own the Pasta Shop, showing his class how cheese tortellini are made on a tortellini machine for a grade 6 project.

Davide Simone, figlio di Carmine e Pina Simone proprietari della Pasta Shop, mostra agli alunni come fare i tortellini di formaggio con l'apposita macchina, per un progetto per la sesta classe.

Courtesy/Cortesia: Carmine and Pina Simone, P12734

Sono stato impegnato in club sociali, soprattutto nel Club Ciociaro di Windsor, dove servii come presidente del comitato finanziario e segretario del gruppo caccia e pesca. Ho partecipato a gare di tiro al piattello in tutto l'Ontario e gli Stati Uniti con i compagni di squadra Tony Falsetta, Gino Iannetta, Bill Santarossa e Tony Letteri. Tra i vari trofei, due sono state le vittorie principali: la Canadian Championship Handicap in Hamilton, Ontario, nel luglio 1987 e la Michigan Team Shoot Event.

Negli ultimi 25 anni, ho sentito il bisogno irresistibile di guidare una Ferrari rossa. Secondo un vecchio detto italiano, ogni ragazzo ha due sogni nella vita: giocare a calcio nella *Serie A* e guidare una Ferrari. Io non ero diverso: non riuscii a entrare in Serie A, così optai per la Ferrari rossa. Dopo anni di risparmi, comprai una piccola 308 GTBI rossa nel 1990.

Io e Teresa abbiamo fatto parte di un'organizzazione speciale di beneficenza, In Honour of The Ones We Love, per la raccolta di fondi per la cura di pazienti di cancro. Sebbene verniciare sia sempre stato il mio settore di lavoro preferito, dal 2003 sono impegnato part-time anche in un'iniziativa imprenditoriale di marketing su internet nell'area di Windsor-Detroit. Sono felice di dire che scegliere Windsor nel 1970 si è rivelato essere una buona decisione.

Carmine e Pina Simone (The Pasta House)[201]

Carmine nacque a Roccamorice, Pescara (Abruzzo) e Pina DeAngelis a Scagnano, Pescara. Il padre di Carmine, Antonio, arrivò nel 1965. Sua moglie, Anna Di Clemente, e i figli, Carmine, Grace e Marina, arrivarono a Toronto in aereo nel 1966. Sette anni dopo, la famiglia si trasferì a Amherstburg.

Il nonno di Pina, Giuseppe Rosati, era andato in Nord America da ragazzo per lavorare, ma era tornato in Italia e aveva sposato Domenica Ferrone. Alla morte di Giuseppe verso la fine degli anni cinquanta, Domenica raggiunse i figli a Amherstburg, lasciando la figlia Annina in Italia. I genitori di Pina, Donato e Annina, immigrarono a Amherstburg passando da Halifax nel 1960. Comprarono due bauli grandi, li riempirono di vestiti, utensili da cucina, foto e lenzuola, alcune fatte con il cotone coltivato e filato da Annina.

Carmine e Pina immigrarono in giovane età, quindi per loro adattarsi fu abbastanza facile. Tuttavia, ebbero difficoltà alle elementari poiché i bambini non italiani non erano molto cordiali verso gli italiani. Si beffavano dei loro vestiti e dei loro cibi fatti in casa: pane, salsa di pomodoro e salumi, tipo la mortadella. Pina ricorda quando andava alle scuole serali con i suoi genitori per imparare l'inglese, perché potesse tradurre per loro quando facevano la spesa. I loro genitori non erano in grado di aiutarli con i compiti o altre questioni scolastiche a causa della barriera linguistica.

Carmine e Pina si sposarono nel giugno 1980 e hanno due figli: David e Mathew. Pina e Carmine sono tornati varie volte in Italia e vi hanno portato i figli due volte. A tutti piacquero le esperienze in Italia, che diedero ai figli l'opportunità di apprezzare la cultura italiana e di sentirsi più legati al loro patrimonio culturale.

---

201 Informazioni di Carmine e Pina Simone

The Pasta House was established by the Simone family in 1988 who felt the need for Italian homemade pasta products in the area. At the beginning, all family members worked in the store, while some still held their regular jobs. Recipes were perfected and business grew. As business increased, more employees were hired and family members not needed as much. The business has been expanded to cater to restaurants and upscale grocery stores. The Pasta House, now owned by Carmine and Pina, has always been located on Erie St. E., moving once down the street.

Anthony (Tony) Soda (Ascon Construction)[202]

Tony was born in 1923 in Mangone, Cosenza (Calabria) to Natale Soda and Lita Mauro. Natale immigrated to Canada and worked in the lumber camps in Northern Ontario before moving to Windsor where he worked at Ford. Tony and his mother joined his father in Windsor in 1931. Natale and Lita had six other children, Rose Allen, Fred, Jim, Agnes Carlone, Domenic, and Theresa Ross, born in Canada.

Tony attended Mercer Street School and J.C. Patterson Collegiate. He graduated cum laude in Civil Engineering from the University of Detroit in 1950. In 1965, he received a Master of Applied Science in this field from the University of Windsor. He was an elected member of the Tau Beta Pi (Engineering Honour Society) and a member of the Canadian Civil Engineering Society and American Civil Engineering Society. Tony worked for Ecclestone Construction Ltd. and Chrysler from 1952 to 1955. In 1956, he established Ascon Construction and was president and general manager until 1973. Some major local projects completed by Ascon Construction are the University of Windsor Leddy Library and Energy Centre; Essex County Courthouse; Elmwood Casino (now Brentwood Recovery Home); a Hiram Walker office building; and St. Gabriel Church (now Corpus Christi). The company was changed into an investment holding company in 1974.

Tony was the first president of the new Windsor Transit System and a member of the Committee of Adjustments in Windsor. He was elected to various municipal positions, to City Council 1968 to 1972 and re-elected for a second two-year term in December 1970. In 1974, he ran unsuccessfully as the federal Progressive Conservative candidate in the Windsor-Walkerville riding.

When Tony retired in 1974, he and his wife went to Sokoto, Nigeria to provide engineering expertise to a local construction company building a hospital. This was a six-month assignment for the Canadian Executive Service Overseas (CESO).

One of the founders of the Ontario Press Council, Tony was also founding chairman of the Caboto Club Scholarship Program. He served as president of the WIPBA and was a long-time member of the Caboto Club. In 1985, he was honoured as the Caboto Club Italian of the Year for his major contribution and impact in the fields of education, civic affairs and business.

Pina Simone in front of the house in Scagnano where she was born.
Pina Simone dinanzi alla casa natale a Scagnano.
Courtesy/Cortesia: Carmine and Pina Simone, P12737

---

202 Information from Gloria Soda and son, Anthony (Tony)

Anthony Soda.
Courtesy/Cortesia:
Gloria Soda, P13879

Anthony Soda's professional engineer card, 1960. This card was found in 2008 in a lead time capsule in the old Huron Lodge retirement home.

Questa tessera d'ingegnere professionale fu trovata in una capsula di piombo nella vecchia casa di riposo Huron Lodge.

Courtesy/Cortesia: City of Windsor, P13831

La Pasta House fu fondata nel 1988 dalla famiglia Simone, che sentì il bisogno della pasta italiana fatta in casa nella zona. All'inizio, tutti i membri della famiglia lavorarono al negozio, mentre qualcuno teneva ancora il proprio lavoro fisso. Le ricette furono perfezionate e l'attività crebbe. Con la crescita dell'attività furono assunti altri dipendenti e non c'era più tanto bisogno dei membri di famiglia. L'attività è stata allargata a rifornire ristoranti e negozi alimentari di qualità. La Pasta House, ora di proprietà di Carmine e Pina, è sempre stata in Erie St. E., traslocando una volta nella strada.

Anthony (Tony) Soda (Ascon Construction)[202]

Tony nacque nel 1923 a Mangone, Cosenza (Calabria) da Natale Soda e Lita Mauro. Natale immigrò in Canada e lavorò nei campi di legname nell'Ontario del nord, prima di trasferirsi a Windsor, dove lavorò alla Ford. Tony e la madre raggiunsero il padre a Windsor nel 1931. Natale e Lita ebbero sei figli: Rose Allen, Fred, Jim, Agnes Carlone, Domenic e Theresa Ross, nata in Canada.

Tony frequentò la Mercer Street School e il J.C. Patterson Collegiate. Si laureò con lode in ingegneria civile dall'Università di Detroit nel 1950. Nel 1965 ricevette il Master in Scienze applicate in questo campo dall'Università di Windsor. Fu membro eletto del Tau Beta Pi (Engineering Honour Society) e membro dell'Associazione canadese di ingegneria civile e di quella statunitense. Tony lavorò per la Ecclestone Construction Ltd. e la Chrysler dal 1952 al 1955. Nel 1956 costituì la Ascon Construction e ne fu presidente e direttore generale fino al 1973. Tra i principali progetti locali eseguiti dalla Ascon Construction vi sono: la biblioteca Leddy dell'Università di Windsor e l'Energy Centre; il palazzo di giustizia della contea di Essex; l'Elmwood Casino (ora Casa di ricupero Brentwood); un edificio per gli uffici di Hiram Walker; e la chiesa di San Gabriele (ora Corpus Christi). La società divenne una holding di investimento nel 1974.

Tony fu il primo presidente del nuovo sistema di transito di Windsor e membro del Committee of Adjustments a Windsor. Fu eletto per varie posizioni municipali, alla giunta comunale dal 1968 al 1972 e rieletto per un altro mandato di due anni nel dicembre 1970. Nel 1974 si candidò senza successo per il partito federale Progressive Conservative nelle elezioni di Windsor-Walkerville.

Quando andò in pensione nel 1974, Tony e la moglie viaggiarono a Sokoto, in Nigeria, per fornire competenza ingegneristica alle imprese edili locali nella costruzione di un ospedale. Fu un incarico di sei mesi per il Canadian Executive Service Overseas (CESO).

Uno dei fondatori dell'Ontario Press Council, Tony fu anche presidente fondatore del programma borse di studio del Club Caboto. Fu presidente della WIPBA di Windsor e fu membro di lunga data del Club Caboto. Nel 1985 fu onorato con l'Italian of the Year Award dal Club Caboto per il suo grande contributo e impatto nei settori dell'educazione, degli affari comunali e del commercio.

Nel maggio 1948, presso la chiesa di Sant'Angela Merici, Tony sposò Gloria Daldin, figlia di Valentino

---

202 Informazioni da Gloria Soda e dal figlio, Anthony (Tony)

On May 8, 1948 at St. Angela Merici Church, Tony married Gloria Daldin, daughter of Valentino Daldin and Nellie Kiernicki. They have four children: Angela Hanson, Monica Fletcher, Anthony Soda and Andrea Tremblay, and eight grandchildren.

Tony died November 1, 1992. Friends and family created and funded a memorial scholarship and entrance scholarship in civil engineering at the University of Windsor in his name. In 1993, Tony was posthumously awarded a Government of Canada 125th Commemorative Medal, honouring Canadians who make a significant contribution to their fellow citizens, their community and to Canada.

Salvatore Soresi (Soresi Woodcrafting)[203]

I was born January 18, 1942 in Partinico, Palermo (Sicily). After completing grade school, my goal was to become a furniture maker. At 16, I apprenticed at a small shop in town to learn the trade. By 18, I had developed the skills to do the same work as the experienced employees.

In 1962, I moved to Germany where I worked as a furniture maker for almost three years. My brother, who was living in Windsor, encouraged me to join him for better opportunities. I applied to the Embassy of Canada for a visa, passed the test and immigrated despite my parents' fear of losing their son. I boarded a ship and arrived in Halifax on May 10, 1965. Two days later, I joined my brother and family in Windsor who welcomed me with a big party.

I found employment with Essex Cabinet Makers on Eugenie St. After a year, the company was taken over by Windsor Lumber and moved to a new shop on Cameron Ave. I worked there for eighteen years until it closed. I built a two-car garage behind my house as a shop and started my own business, Soresi Woodcrafting, the small business I have always wanted. Three years later, I purchased a building at 1100 Crawford Ave., where I continue to work.

In 1968, I met my wife Sarina Grifo. We have been married since September 1970 and have four children: Francesco (Frank), Maria, Antonio (Tony) and Dina. I am now thinking of retiring but find it very difficult for this part of my life to come to an end!

Gino Sorge (Silverstein's Produce)[204]

Gino was born in July 1935 in Ceprano, Frosinone (Lazio). He left Naples on board the *Andrea Doria* to New York, travelled by train to Halifax and then to Windsor to join his brother, Biagio, who had sponsored him.

Gino worked at several jobs, including general construction, farm work, car washing and furniture delivery for Dominion Furniture and Royal Furniture. He began working at Windsor Produce in 1956, then at Adolf's Produce. In the late 1960s, he bought and ran Adolf's Produce on Chatham

---

203 Written by Salvatore Soresi
204 Information from Gino Sorge family

Paolo Savio and his sister Elisa, April 1957. He was briefly at the Seminario Arcivescovile di Castellerio, Udine and is wearing a seminarian's uniform. Born in Buia, Udine in 1943, he immigrated to Canada in 1967. He joined the St. Angela Merici Choir and the Coro Italiano. In 1970, he married Rometta Ermacora. He has two sons, Marco and Davide, and two grandchildren.

Paolo Savio e la sorella Elisa, aprile 1957. Paolo è stato per un po' nel Seminario Arcivescovile di Castellerio, Udine, e indossa l'uniforme del seminario. Nato a Buia, Udine nel 1943, immigrò in Canada nel 1967. Si associò al coro di Sant'Angela Merici e al Coro Italiano. Nel 1970, ha sposato Rometta Ermacora. Hanno due figli, Marco e Davide e due nipoti.

Courtesy/Cortesia: Paolo Savio, P12871

Linda, Luigi and Rosina Ferrante at the Windsor waterfront, 1962.
Linda, Luigi e Rosina Ferrante al lungofiume di Windsor, 1962.
Courtesy/Cortesia: Rosina and Mario Sorge, P12639

June Forsythe, Nives Puzzer, Luci Corsi, Rosina Ferrante at De La Salle School, 1964.
June Forsythe, Nives Puzzer, Luci Corsi, Rosina Ferrante alla De La Salle School, 1964.
Courtesy/Cortesia: Rosina and Mario Sorge, P12635

Daldin e Nellie Kiernicki. Hanno quattro figli: Angela Hanson, Monica Fletcher, Anthony Soda e Andrea Tremblay, e otto nipoti.

Tony morì il 1° novembre 1992. Gli amici e la famiglia hanno creato e fondato a suo nome una borsa di studio commemorativa e una borsa di studio di ammissione alla ingegneria civile all'Università di Windsor. Nel 1993 a Tony fu conferita postuma una Government of Canada 125th Commemorative Medal, conferita ai canadesi che apportano un contributo importante ai concittadini, alla comunità e al Canada.

Salvatore Soresi (Soresi Woodcrafting)[203]

Sono nato il 18 gennaio 1942 a Partinico, Palermo (Sicilia). Finite le elementari, il mio obiettivo era quello di diventare un mobiliere. All'età di 16 anni, feci pratica in un piccolo negozio in città per imparare il mestiere. A 18 anni avevo sviluppato le competenze per fare lo stesso lavoro dei dipendenti esperti.

Nel 1962 mi trasferii in Germania, dove lavorai come mobiliere per quasi tre anni. Mio fratello, che viveva a Windsor, mi incoraggiò a raggiungerlo per migliori opportunità. Richiesi il visto all'Ambasciata del Canada, superai l'esame e immigrai, nonostante la paura dei miei genitori di perdere il proprio figlio. Mi imbarcai e arrivai ad Halifax il 10 maggio 1965. Due giorni dopo, raggiunsi mio fratello e la famiglia a Windsor, dove mi diedero il benvenuto con una grande festa.

Trovai un impiego presso l'Essex Cabinet Makers in Eugenie St. Un anno dopo, la società fu rilevata da Windsor Lumber e trasferita al nuovo negozio in Cameron Ave. Lavorai lì per diciotto anni, fino alla chiusura. Costruii un garage a due posti dietro casa mia come negozio e iniziai la mia attività, Soresi Woodcrafting, la piccola attività che avevo sempre voluto. Tre anni dopo comprai un edificio al 1100 Crawford Ave., dove continuo a lavorare.

Nel 1968 conobbi mia moglie Sarina Grifo. Siamo sposati dal settembre 1970 e abbiamo quattro figli: Francesco (Frank), Maria, Antonio (Tony) e Dina. Ora sto pensando di andare in pensione, ma trovo difficile concludere questa pagina della mia vita!

Gino Sorge (Silverstein's Produce)[204]

Gino nacque nel luglio 1935 a Ceprano, Frosinone (Lazio). Lasciò Napoli a bordo della *Andrea Doria* per New York, viaggiò in treno ad Halifax e quindi a Windsor per raggiungere il fratello Biagio, che lo aveva sponsorizzato.

Gino fece diversi lavori, tra cui lavori di edilizia generale, di agricoltura, lavaggio auto e consegna di mobili per la Dominion Furniture e la Royal Furniture. Iniziò a lavorare alla Windsor Produce nel 1956, poi alla Adolf's Produce. Alla fine degli anni sessanta comprò e gestì la Adolf's Produce

203   Scritto da Salvatore Soresi
204   Informazioni dalla famiglia di Gino Sorge

St. E. near the former city market. After six or seven years, he purchased Silverstein's Produce at 427 Chatham St. E. and gave Adolf's Produce to his brother-in-law, Frank Santoro.

Due to Casino Windsor's property expropriation in the fall of 1994, Silverstein's Produce moved to its present location at 999 E.C. Row South Service Rd.

Mario and Rosina Ferrante Sorge[205]

Mario was born in Ceprano, Frosinone (Lazio). His father worked at the Ceprano Cartiera and his mother on the family farm. In 1965, at age 17, Mario and his father travelled by boat from Naples to New York, then by train to Toronto to join his uncle, Cataldo Sorge, where they found work in construction for $1.00 an hour.

Mario and his father then came to Windsor to join his uncles, Gino and Biagio. Mario worked at Windsor Bumper and his father at Canadian National Railroad. A year later, Mario bought a house at 1145 Erie St. E. (presently the Italian Vice-Consulate office) and called his mother to join them. After working several jobs, Mario started his own painting/contracting business, Provincial Painting, and then later worked for National Painting and Decorating. In 1969, he bought a home at 2702 Jos. St. Louis Ave.

Rosina, born in Ripi, Frosinone in April 1951, came to Windsor via Halifax with her mother and brother on December 21, 1961 to join her father who had immigrated the previous year. Rosina has vivid recollections of her arrival in this new country such as the bitter cold of winter, being sent home by the nuns at De La Salle School for wearing pants on the first day of school and shopping for groceries with her mother at the former city market. Rosina's mother worked piecework at the fish factory on Chatham St. and her father, as a roofer for Riverside Roofing until he retired and went back to Italy in 1983. For five years, the family rented the upstairs at 903 Pierre Ave., next to De La Salle School. In 1966, the family moved to a home in Riverside.

In 1970, Mario met Rosina while she attended Hotel Dieu Hospital School of Nursing. They married in 1972 and have three daughters: Tina, Maria and Angela. Rosina worked as a nurse for one year, then stayed home to raise the children. In 1980, Mario accepted a full-time painting job at General Motors where he retired 27 years later. They bought a farm on Matchette Rd. in the fall of 1979 and developed a property in LaSalle, Sorge Crescent.

Windsor has given Mario and Rosina opportunities they would not have had in their small town in Italy.

Iginio Sorge and brother-in-law Frank Santoro at Silverstein's Produce at the old city market, c. early 1970s.

Iginio Sorge e il cognato Frank Santoro nel Silverstein's Produce al vecchio mercato comunale, inizio degli anni '70 ca.

Courtesy/Cortesia: Rosina and Mario Sorge, P11311

---

205 Written by Rosina Sorge

*Mario Sorge
at work, 1972.*

**Mario Sorge
al lavoro, 1972.**

Courtesy/Cortesia:
Rosina and Mario Sorge,
P12629

in Chatham St. E. vicino all'ex mercato della città. Sei o sette anni dopo acquistò la Silverstein's Produce al 427 Chatham St. E. e diede la Adolf's Produce al cognato, Frank Santoro.

A causa dell'espropriazione della proprietà del Casinò Windsor nell'autunno del 1994, la Silverstein's Produce si trasferì nella sede attuale al 999 E.C. Row South Service Rd.

Mario e Rosina Ferrante Sorge[205]

Mario nacque a Ceprano, Frosinone (Lazio). Suo padre lavorava alla Cartiera Ceprano e la madre nei campi di famiglia. Nel 1965, all'età di 17 anni, Mario e suo padre andarono in nave da Napoli a New York, quindi in treno a Toronto per raggiungere lo zio, Cataldo Sorge, e lì trovarono lavoro nell'edilizia per $1 l'ora.

Mario e suo padre vennero poi a Windsor per raggiungere gli zii, Gino e Biagio. Mario lavorò alla Windsor Bumper e suo padre alla Canadian National Railroad. Un anno dopo, Mario comprò una casa al 1145 Erie St. E. (l'attuale ufficio del viceconsolato italiano) e chiamò la madre perché li raggiungesse. Dopo aver fatto diversi lavori, Mario iniziò un'attività di verniciatura e appalto in proprio, la Provincial Painting, e in seguito lavorò per la National Painting and Decorating. Nel 1969 comprò una casa al 2702 di Jos. St. Louis Ave.

Rosina, nata a Ripi, Frosinone, nell'aprile del 1951, venne a Windsor passando da Halifax con la madre e il fratello il 21 dicembre 1961 per raggiungere il padre che era immigrato l'anno prima. Rosina ha dei ricordi vividi del suo arrivo in questo nuovo paese, quali il freddo pungente dell'inverno, l'essere mandata a casa il primo giorno di scuola dalle suore della De La Salle School perché indossava i pantaloni e andare a fare la spesa con la madre all'ex mercato della città. La madre di Rosina lavorava a cottimo nella ditta di pesce in Chatham St. e suo padre come costruttore di tetti per la Riverside Roofing fino al pensionamento e ritornò in Italia nel 1983. Per cinque anni la famiglia affittò il primo piano al 903 Pierre Ave., accanto alla De La Salle School. Nel 1966 si trasferirono in una casa a Riverside.

Nel 1970 Mario conobbe Rosina, quando lei frequentava l'Hotel Dieu Hospital School of Nursing. Si sposarono nel 1972 e hanno tre figlie: Tina, Maria e Angela. Rosina lavorò come infermiera per un anno e poi rimase a casa per allevare i figli. Nel 1980 Mario accettò un lavoro di verniciatore a tempo pieno alla General Motors, donde andò in pensione 27 anni dopo. Comprarono un possedimento rurale in Matchette Rd. nell'autunno del 1979 e svilupparono una proprietà a LaSalle, Sorge Crescent.

Windsor ha dato a Mario e Rosina opportunità che non avrebbero avuto nel loro paesino in Italia.

Alcuni ricordi della prima infanzia a Ripi

di Rosina Sorge...

La mia famiglia si mantenne coltivando verdure e allevando bestiame: quattro mucche, un maiale, polli, piccioni e un asino. L'asino veniva usato per il trasporto nel nostro piccolo podere e per brevi viaggi nei paesi vicini per vendere la verdura e il bestiame in eccesso in modo da avere soldi per comprare altri prodotti. L'asino era l'unico mezzo di trasporto economico per molti dei miei vicini. C'erano solo due famiglie nel vicinato che avevano la macchina! Ricordo anche il viaggio con l'asino al più vicino ospedale a Ceprano, per togliermi le tonsille! Si camminava tanto in quei giorni!!

---

205 Scritto da Rosina Sorge

Jerry Spadafora Family (Metro Windsor Collision Ltd.)[206]

Family has always been a very important part of Jerry's life. His father, Giovanni, came to Canada in 1955 from Sant'Ippolito, Cosenza (Calabria) to join his brothers, Vittorio and Domenico. In 1956, Giovanni's sons, Giuseppe (Joe) and Mario, joined him. His wife, Rosina, and children, Maria, Jerry and Tony, arrived in 1957.

After attending school and working part-time in a bowling alley for several years, Jerry worked in various body shops, learning his trade as an auto spray painter. He worked for over eighteen years at Downtown Collision on Howard Ave. Jerry married Lucy Piccolo at St. Angela Merici Church on June 12, 1971 and they have two sons, Dino and Marco.

In 1979, he decided to venture out on his own and built Metro Windsor Collision Ltd. at 1240 Windsor Ave. Jerry and Lucy have worked together to build a fairly prosperous business which they operate today with their sons.

Mario Spagnuolo (Mario's Stylist Barber Shop)[207]

On January 10, 1946, Mario was born to Alberto and Virginia Caruso in Sant'Ippolito, Cosenza (Calabria), the seventh of eight children. A hard-working and disciplined individual with a love of soccer and sculpting, at age 13 he apprenticed for four years at Enrico Maginelli's Sala da Barba in Cosenza.

On May 28, 1963, Mario came to Windsor via air from Rome to join his older siblings: Emma, Teresa, Ippolito, who loaned him $700 to make the trip, Gerardo, Pino and Francesco, who sponsored him and with whom he lived for a while. Mario found a job with Sergio Truant at Joe's Stylist Barber Shop on Tecumseh Rd. E. Speaking no English made communication with customers very difficult. Therefore, Mario attended night school at W.D. Lowe and began to immerse himself into the community. One of his fondest activities was playing soccer under Fr. Lino Santi and coach Walter Orlando for St. Angela Merici Church where he met many Italian and Canadian friends.

In 1965, Francesco sponsored the rest of the family, his parents and younger brother, Ignazio. Mario, then 19, took the responsibility of supporting them. He purchased a house on Hall Ave. that the four older brothers helped furnish. Unfortunately, after his parents' arrival in Canada, his mother fell ill and died at age 63. Her death was too much to bear for his father who soon returned to Italy. Mario and Ignazio remained roommates for five years until they both married in 1974.

Mario opened his first business on February 1, 1972, Mario's Stylist Barber Shop at 5339 Tecumseh Rd. E. Customers who spoke English loved his stories and jokes, and the Italians reminisced about the old country. During his 30-year career, Mario had the distinct pleasure of cutting the hair of

---

206   Information from Jerry Spadafora
207   Information from Gina Spagnuolo Vickers

Some Memories of Early Childhood in Ripi
by Rosina Sorge...

My family supported itself by growing vegetables and raising some livestock: four cows, a pig, chickens, pigeons and a donkey. The donkey was used for transportation on our small farm and for short trips to neighbouring towns to sell the excess vegetables and livestock so that we would have money to buy other necessities. The donkey was the only mode of cheap transportation for many of my neighbours. There were only a couple of families in my neighbourhood who had a car! I also remember the trip with the donkey to the nearest hospital in Ceprano in order to have my tonsils removed! A lot of walking was done in those days!!

Mario, Angela and Maria Sorge driving the tractor on the Sorge farm which later became the Sorge Crescent subdivision, 1980.

Mario, Angela e Maria Sorge guidano il trattore sulla fattoria che diventerà più tardi la suddivisione Sorge Crescent, 1980.

Courtesy/Cortesia: Rosina and Mario Sorge, P12642

La famiglia di Jerry Spadafora (Metro Windsor Collision Ltd.)[206]

La famiglia è sempre stata una parte molto importante nella vita di Jerry. Suo padre, Giovanni, venne in Canada nel 1955 da Sant'Ippolito, Cosenza (Calabria) per raggiungere i fratelli, Vittorio e Domenico. Nel 1956 i figli di Giovanni, Giuseppe e Mario, lo raggiunsero. Sua moglie Rosina e i figli Maria, Jerry e Tony arrivarono nel 1957.

Finita la scuola e dopo un lavoro part-time al bowling per molti anni, Jerry lavorò in varie officine di carrozzerie, imparando il suo mestiere di verniciatore a spruzzo di auto. Lavorò per oltre diciotto anni alla Downtown Collision in Howard Ave. Jerry sposò Lucy Piccolo nella chiesa di Sant'Angela Merici il 12 giugno 1971 e hanno due figli: Dino e Marco.

Nel 1979 decise di avventurarsi in proprio e costruì la Metro Windsor Collision Ltd. al 1240 Windsor Ave. Jerry e la moglie, Lucy, hanno lavorato insieme per costruire un'attività abbastanza prospera, che oggi gestiscono con i figli.

Mario Spagnuolo (Mario's Stylist Barber Shop)[207]

Mario nacque il 10 gennaio 1946 da Alberto e Virginia Caruso a Sant'Ippolito, Cosenza (Calabria), il settimo di otto figli. Mario era un gran lavoratore con un senso della disciplina e un amore per il calcio e la scultura; all'età di 13 anni fece l'apprendista per quattro anni alla Sala da Barba di Enrico Maginelli a Cosenza.

Il 28 maggio 1963 Mario immigrò a Windsor in aereo da Roma, per raggiungere i fratelli e le sorelle maggiori: Emma, Teresa, Ippolito (che gli prestò $700 per il viaggio), Gerardo, Pino e Francesco, che lo sponsorizzò e con il quale abitò per un po'. Mario trovò lavoro presso Sergio Truant al Joe's Stylist Barber Shop in Tecumseh Rd. E. Il fatto che non parlasse una parola di inglese rendeva difficile la comunicazione coi clienti. Per questo Mario frequentò la scuola serale alla W.D. Lowe e iniziò a immergersi nella comunità. Una delle attività che amava di più era giocare a calcio con P. Lino Santi e l'allenatore Walter Orlando, per la chiesa di Sant'Angela Merici, dove conobbe molti amici italiani e canadesi.

Nel 1965 Francesco sponsorizzò il resto della famiglia, i suoi genitori e il fratello minore, Ignazio. Mario, che all'epoca aveva 19 anni, si prese la responsabilità di mantenerli. Comprò una casa in Hall Ave. che quattro dei fratelli maggiori aiutarono ad arredare. Purtroppo, dopo l'arrivo dei genitori in Canada, la madre si ammalò e morì all'età di 63 anni. La perdita era troppo difficile da sopportare per il padre, che presto tornò in Italia. Mario e Ignazio furono compagni di camera per cinque anni finché tutti e due si sposarono nel 1974.

Mario aprì la sua prima attività il 1° febbraio 1972, il Mario's Stylist Barber Shop al 5339 Tecumseh Rd. E. I clienti che parlavano inglese amavano le sue storie e barzellette e gli italiani si

Metro Windsor Collision Ltd.
Courtesy/Cortesia: Jerry and Lucy Spadafora, P12248

---

206 Informazioni di Jerry Spadafora
207 Informazioni di Gina Spagnuolo Vickers

professional athletes, dignitaries, celebrities and television personalities, all treated with courtesy and respect.

Mario met Beverly Hathaway, an American girl, at a Caboto Club Sunday dance. After a two-year courtship, they married in June 1974 at St. Angela Merici Church and went on a three-month honeymoon to Italy. In the spring of 1975, they welcomed daughter Angela Lisa and, two years later, Gina Laura. In 1985, they moved to South Windsor.

In the summer of 1988, the family returned to Italy, an opportunity for the daughters to meet their grandfather before his death in 2003 at age 100. Revisiting his hometown rekindled Mario's passion for sculpting. Since childhood, he had aspired to sculpt the town's patron saint, Sant'Ippolito. In 1989, he began working under the internationally known local sculptors, Bud LaBlanche and the late Chris Reese. Through their instruction, Mario began the production of a life-size statue that took a few years to complete. He made trips to Italy to take precise measurements, meticulous pictures and create accurate paint colours. The statue, completed in 1998, was appreciated by friends and family. Mario is one of 26 members who originally founded Il Comitato Sant'Ippolito Martire di Windsor in 2004. Every year, hundreds of families from his hometown gather to honour and celebrate the patron saint.

Mario has produced several works from nature, to religious pieces, to three-dimensional including a relief carving of St. Angela Merici Church and of the Holy Family. He has entered his art in competitions in Windsor, London and Michigan and won many ribbons and awards.

Mario has also been an active member of the Knights of Columbus (Knight of the Fourth Degree and Colour Guard), the Windsor Woodcarving Museum and the Caboto Club. He enjoys spending time with his family. Mario is, above all, proud to be a Canadian.

Sperduti Family (Sperduti Bros. Cement Work and Per Bacco Ristorante & Lounge)[208]

Giulio Sperduti and wife, Giuseppina Romano, left Sora, Frosinone (Lazio) in March 1963 and arrived in Toronto where they lived for ten months. They later settled in Windsor. Giulio sponsored his younger brother, Angelo, and wife, Maria Mastroianni. The brothers worked for a local concrete contractor and the families lived together.

Their brother, Giuseppe (Joe), arrived in 1968. He worked with Angelo, a foreman at Kimberly Homes, while Giulio worked for the city of Windsor. Joe married Angela D'Accriscio in Windsor.

Their father, Angelantonio,[209] had been in Windsor many years, worked on the construction of Ambassador Bridge and returned to his homeland. He came back to Windsor in 1969, followed by

Mario Spagnuolo gives a haircut to a young customer, c. 1968.
Mario Spagnuolo taglia i capelli a un piccolo cliente, 1968 ca.
Courtesy/Cortesia: Mario Spagnuolo, P12618

---

208   Information from Ennio Sperduti
209   He died February 27, 2006.

Mario Spagnuolo in front of his shop, 5339 Tecumseh Rd. E., c. 1980.
Mario Spagnuolo dinanzi al suo salone, 5339 Tecumseh Rd. E., 1980 ca.
Courtesy/Cortesia: Mario Spagnuolo, P12621

abbandonavano ai ricordi del vecchio paese. Durante i 30 anni di carriera, Mario ebbe il distinto piacere di tagliare i capelli di atleti professionisti, dignitari, celebrità e personalità televisive, tutti trattati con cortesia e rispetto.

Mario conobbe Beverly Hathaway, una signorina americana, a un ballo domenicale del Club Caboto. Dopo due anni di corte, si sposarono nel giugno 1974 nella chiesa di Sant'Angela Merici e andarono in luna di miele in Italia per tre mesi. Nella primavera del 1975, accolsero la figlia Angela Lisa e, due anni dopo, Gina Laura. Nel 1985 si trasferirono a South Windsor.

Nell'estate del 1988, la famiglia ritornò in Italia: un'opportunità per le figlie di incontrare il nonno prima della sua morte nel 2003 all'età di 100 anni. Rivisitare il paese natio riaccese in Mario la passione per la scultura. Sin dall'infanzia aveva aspirato a scolpire il santo patrono della sua cittadina: Sant'Ippolito. Nel 1989 iniziò a lavorare con scultori locali conosciuti a livello internazionale: Bud LaBlanche e il defunto Chris Reese. Tramite la loro istruzione, Mario iniziò la produzione di una statua a grandezza naturale che impiegò alcuni anni a completare. Fece dei viaggi in Italia per prendere misure precise, fare foto meticolose e creare colori accurati di vernice. La statua, completata nel 1998, fu apprezzata da amici e famiglia. Mario è uno dei 26 membri fondatori del Comitato Sant'Ippolito Martire di Windsor nel 2004. Ogni anno, centinaia di famiglie di compaesani si riuniscono per onorare e celebrare il santo patrono.

Mario ha prodotto diverse opere, dalla natura a sculture religiose e tridimensionali, tra cui una scultura in rilievo della sua parrocchia, la chiesa di Sant'Angela Merici, e una della Sacra Famiglia. Ha partecipato con la sua arte a gare a Windsor, London e Michigan e ha vinto molti nastri e premi.

Mario è stato anche un membro attivo dei Knights of Columbus (Knight of the Fourth Degree e Colour Guard), del Windsor Woodcarving Museum e del Club Caboto. Ama passare il tempo con la sua famiglia che continua a crescere. Mario è soprattutto fiero di essere canadese.

La famiglia Sperduti (Sperduti Bros Cement Work e Per Bacco Ristorante & Lounge)[208]

Giulio Sperduti e la moglie, Giuseppina Romano, lasciarono Sora, Frosinone (Lazio) nel marzo 1963 e arrivarono a Toronto, dove vissero per dieci mesi. In seguito si stabilirono a Windsor. Giulio sponsorizzò il fratello minore, Angelo, e la moglie, Maria Mastroianni. I fratelli lavorarono per un imprenditore locale di calcestruzzo e le famiglie vivevano insieme. Il fratello, Giuseppe (Joe), arrivò nel 1968. Questi lavorò con Angelo, caposquadra alla Kimberly Homes, mentre Giulio lavorò per la città di Windsor. Joe sposò Angela D'Accriscio a Windsor.

Il padre, Angelantonio,[209] era stato a Windsor per molti anni. aveva lavorato alla costruzione dell'Ambassador Bridge ed era rientrato in patria. Ritornò a Windsor nel 1969, seguito dalla moglie,

---

208   Informazioni di Ennio Sperduti
209   Morì il 27 febbraio 2006.

his wife, Maria Domenica Caschera,[210] and children, Pasquale, Giovanna and Restituta in 1970.[211] Pasquale later travelled to Italy to marry Rosa D'Ambrosio; Giovanna married Giuseppe Ferraro; and Restituta, Paolo Zuech.

Sperduti Brothers Cement Work was established in 1988 by Angelo, Pasquale and Giulio's son, Ennio. The family worked together on many projects, including condominiums and hotels in the Windsor area. In 1995, Ennio left the company and, with his brother Joe, started General Builders, a contracting company in the Windsor/LaSalle/Tecumseh area. In June 2002, they opened Per Bacco Ristorante & Lounge, corner of Ottawa St. and Pierre Ave. Since they shared many family meals at celebrations within their large family, they naturally leaned toward the restaurant business.

Angelantonio and his sons became members of the Ciociaro Club in 1975 and have organized annual hunting and fishing banquets. Angelo, Giulio and Pasquale, together with Fr. Lino and other parishioners of St. Angela Merici Church, started an annual hunters' banquet to raise money for the church. It continued with the arrival of Fr. August and, in the past seven years, more than $56,000 has been raised for the poor.

Angelo passed away February 23, 2005. He was the glue that kept the Sperduti family together, having fun and sharing life.

Stiemar Bread Co. Windsor Ltd. (Stievano, Marson, Della Valle Families)[212]

In 1954, Luigi and Anna Stievano and Luigi and Felicita Marson leased the Italian bakery, International Baking Co., on Erie St. When the lease ended in 1959, they formed a new company at 2640 Ouellette Ave, Stiemar Bread Co. Ltd. – a blending of the names (Stie)vano and (Mar)son. Their main product was a variety of European bread delivered door to door and to local businesses and institutions. In 1969, Stiemar Bread was one of the first bakeries in Windsor to introduce the "coffee and donut" shop.

In 1970, Luigi and Anna Stievano moved to Australia to explore new opportunities and sold their shares to Anna's brother, Vincenzo Della Valle, an employee since 1955. Vincenzo and Luigi Marson continued to produce the European breads and fancy doughnuts for Windsor residents. Vincenzo acquired Luigi's share of the business in 1980 with Luigi remaining part owner of the buildings and property. Vincenzo and his wife, Angela, and son, Mark, formed Stiemar Bread (Windsor) Co. Ltd. They expanded the product line, introducing pastries, cakes and more varieties of bread.

In 1990, Luigi Marson sold the buildings and property to Stiemar Bread (Windsor) Co. Ltd. Mark became manager and began exporting products to the U.S., a move that required two shifts for baking.

Otello Manias mixes bread in an Italian bread mixer at Stiemar Bakery, 2640 Ouellette Ave., c. 1959.

Otello Manias della Stiemar Bakery mescola l'impasto per il pane in una mescolatrice italiana, 2640 Ouellette Ave., 1959 ca.

Courtesy/Cortesia: Vincenzo Della Valle, P11757

---

210   She died March 29, 2000.
211   Their sister Donata remained in Italy.
212   Information from Vincenzo Della Valle

Compliments of

TONY SARTORI AND SON

Water Lines—Sewers—Cement Work

—|||—

2689 Parent Blvd. (Rem. Park)

Phone: 2-5679

This advertisement appeared in the booklet
printed for the 10th anniversary of St. Angela Merici Church, 1949.

Questo annuncio era nel libretto del 10° anniversario della chiesa di
Sant'Angela Merici, 1949.

Courtesy/Cortesia: Florindo and Domenica Mandarino, P11175

Maria Domenica Caschera,[210] e i figli, Pasquale, Giovanna e Restituta, nel 1970.[211] Pasquale in seguito andò in Italia per sposare Rosa D'Ambrosio; Giovanna sposò Giuseppe Ferraro; e Restituta, Paolo Zuech.

La Sperduti Brothers Cement Work fu fondata nel 1988 da Angelo, Pasquale e il figlio di Giulio, Ennio. La famiglia lavorò insieme a molti progetti, tra cui condomini e hotel nella zona di Windsor. Nel 1995 Ennio lasciò la società e con il fratello Joe avviò la General Builders, un'impresa appaltatrice nella zona Windsor/LaSalle/Tecumseh. Nel giugno 2002 aprirono il Per Bacco Ristorante e Lounge, all'angolo di Ottawa St. e Pierre Ave. Avendo condiviso molti pranzi familiari nelle celebrazioni della loro grande famiglia, l'inclinazione verso l'attività di ristorante fu naturale.

Angelantonio e i suoi figli divennero membri del Ciociaro Club nel 1975 e organizzarono un banchetto annuale di caccia e pesca. Angelo, Giulio e Pasquale, insieme a P. Lino e altri parrocchiani della chiesa di Sant'Angela Merici, iniziarono un banchetto annuale dei cacciatori per raccogliere fondi per la chiesa. Ciò continuò con l'arrivo di P. Augusto e, negli ultimi sette anni, sono stati raccolti più di $56.000 per i poveri.

Angelo morì il 23 febbraio 2005. Lui era la colla che teneva insieme la famiglia Sperduti, divertendosi e condividendo la vita.

Stiemar Bread Co. Windsor Ltd. (Le famiglie Stievano, Marson, Della Valle)[212]

Nel 1954 Luigi e Anna Stievano e Luigi e Felicita Marson affittarono il panificio italiano International Baking Co. in Erie St. Alla scadenza dell'affitto nel 1959, formarono una nuova società al 2640 Ouellette Ave, la Stiemar Bread Co. Ltd., una fusione dei nomi (Stie)vano e (Mar)son. Il loro prodotto principale era una varietà di pani europei consegnati a domicilio e a negozi e istituzioni locali. Nel 1969, Stiemar Bread fu uno dei primi panifici a Windsor a introdurre il "caffè e ciambella".

Nel 1970 Luigi e Anna Stievano si trasferirono in Australia per esplorare nuove opportunità e vendettero la loro quota al fratello di Anna, Vincenzo Della Valle, un dipendente dal 1955. Vincenzo e Luigi Marson continuarono a produrre i pani europei e le ciambelline elaborate per i residenti di Windsor. Vincenzo acquistò la quota di Luigi dell'attività nel 1980 ma Luigi rimase proprietario parziale degli edifici e della proprietà. Vincenzo e sua moglie, Angela, e il figlio, Mark, formarono la Stiemar Bread (Windsor) Co. Ltd. Allargarono la linea di produzione, introducendo paste, torte e molte altre varietà di pane.

Nel 1990 Luigi Marson vendette gli edifici e la proprietà a Stiemar Bread (Windsor) Co. Ltd. Mark divenne manager e iniziò l'esportazione dei prodotti negli Stati Uniti, una mossa che richiese due turni di cottura.

---

210 Morì il 29 marzo 2000.
211 La sorella Donata rimase in Italia.
212 Informazioni di Vincenzo Della Valle

Even as the company grew, it remained a family business. In 2001, Vincenzo and Angela divided the business among their three children, Mark, Ann Marie and Anita. In 2005, Anita and Mark's wife, Connie, and son, Vincent, joined the company. The Della Valle family attributes their recipe for success to the contribution of family and the loyalty and hard work of dedicated employees.

Stiemar Bread has operated at the same location since 1959.

Alessandro Stocco Family (including Fernando and Linda Busico)[213]

Alessandro of Campigo, Treviso (Veneto) and wife Nella (Marina) Baldassa of Resana, Treviso immigrated to Windsor in 1950. Alessandro found a job in road construction and, later, in building construction while Nella worked as a waitress. They settled at 953 Erie St. E., close to St. Angela Merici Church. Living in its proximity gave their three daughters, Linda Busico, Claudia McCarton and Angela VanHooren, the opportunity to participate in many church activities.

The Stocco family enjoyed spending their leisure time on their front porch, savouring the occasional *bicchier di vin* (glass of wine) while exchanging life's news and stories with neighbours and passersby. Alessandro and Marina are now both deceased, but their daughters and families fondly recall the visitors to the popular front porch on Erie. St.

Linda joined the Regis Club after her drama experience in the plays, *Processo a Gesù* and *Maritiamo l'Elvira*. Involvement with the Italian plays allowed Linda to use her Italian, which she spoke naturally since she had some years of schooling in Italy. She was also involved in teaching English to new immigrants who made St. Angela their welcome centre and a meeting place.

Linda met Fernando at the Regis Club during the play, *La notte del vagabondo*. Fernando, recently arrived from Italy, was very much involved in the activities of the church and the Regis Club. He had emigrated alone from Agnone, Isernia (Molise) in 1967 to find work and join relatives.

Fernando and Linda married at St. Angela Merici Church in November 1970. In 1972, they opened a successful shoe store, Tomorrow's Look, on Erie St. (near Parent Ave.), and sold it after a few years. Linda taught for many years while Fernando worked in the automotive industry. They have two daughters, Gloria and Renza.

Ezio Achille Tamburrini (Ezio International Hair Styles)[214]

Ezio was born in Atina, Frosinone (Lazio) on June 22, 1941 and received his education up to *terzo avviamento tecnico*. At age six, he began apprenticing as a tailor, at eight as a barber and, at 13, he apprenticed as a draftsman for a civil engineering firm. Ezio eventually pursued a combination of barbering and hairdressing. He learned to play contralto saxophone and frequently played with a small band in various towns. Ezio opened a barber shop in 1957 in Roselli, his girlfriend's hometown,

Stocco family prior to immigrating to Canada in 1950.
La famiglia Stocco prima di immigrare in Canada nel 1950
Courtesy/Cortesia: Linda and Fernando Busico, P11217

---

213 Information from Linda and Fernando Busico
214 Information from Ezio Tamburrini

Hairstylist Ezio Tamburrini and model at the 1968 Gala Day Show in Lansing, Michigan. Ezio took home three awards.

Il parrucchiere Ezio Tamburrini e una modella alla 1968 Gala Day Show a Lansing, Michigan. Ezio vinse tre premi.

Courtesy/Cortesia: Ezio Tamburrini, P12684

Anche con la crescita dell'impresa, è rimasta un'attività familiare. Nel 2001 Vincenzo e Angela divisero l'attività tra i tre figli: Mark, Ann Marie e Anita. Nel 2005 Anita e la moglie di Mark, Connie, e il figlio, Vincent, entrarono in società. La famiglia Della Valle attribuisce la ricetta del loro successo al contributo della famiglia e alla fedeltà e al duro lavoro di dipendenti motivati.

La Stiemar Bread opera nello stesso posto dal 1959.

La famiglia di Alessandro Stocco (compresi Fernando e Linda Busico)[213]

Alessandro di Campigo, Treviso (Veneto) e la moglie Nella (Marina) Baldassa di Resana, Treviso, immigrarono a Windsor nel 1950. Alessandro trovò lavoro nella costruzione di strade e, in seguito, nella costruzione di edifici, mentre Nella faceva la cameriera. Si stabilirono al 953 Erie St. E., vicino alla chiesa di Sant'Angela Merici. Vivere nelle vicinanze diede alle loro tre figlie, Linda Busico, Claudia McCarton e Angela VanHooren, l'opportunità di partecipare a molte attività della chiesa.

La famiglia Stocco amava passare il tempo libero sulla veranda davanti a casa, gustando ogni tanto un *bicchier di vin*, scambiando notizie e storie di vita con vicini e passanti. Alessandro e Marina sono ora entrambi deceduti, ma le loro figlie e famiglie ricordano affettuosamente gli ospiti in visita sulla famosa veranda davanti alla casa al 953 Erie. St.

Linda si unì al Regis Club dopo la sua esperienza teatrale nelle rappresentazioni *Processo a Gesù e Maritiamo l'Elvira*. La partecipazione alle rappresentazioni italiane le permise di usare l'italiano, che parlava naturalmente poiché aveva frequentato alcuni anni di scuola in Italia. Era impegnata anche nell'insegnamento dell'inglese ai nuovi immigranti, che consideravano Sant'Angela un centro di accoglienza e un luogo d'incontro.

Linda conobbe Fernando al Regis Club durante la rappresentazione de *La notte del vagabondo*. Fernando, arrivato da poco dall'Italia, era molto impegnato nelle attività della chiesa e del Regis Club. Era emigrato da solo da Agnone, Isernia (Molise) nel 1967 per trovare lavoro e raggiungere i parenti.

Fernando e Linda si sposarono nella chiesa di Sant'Angela Merici nel novembre 1970. Nel 1972 aprirono un negozio di scarpe di successo, Tomorrow's Look, in Erie St. (vicino a Parent Ave.) e lo vendettero pochi anni dopo. Linda insegnò per molti anni, mentre Fernando lavorava nell'industria automobilistica. Hanno due figlie: Gloria e Renza.

Ezio Achille Tamburrini (Ezio International Hair Styles)[214]

Ezio nacque ad Atina, Frosinone (Lazio), il 22 giugno 1941 e ricevette un'istruzione fino al terzo avviamento tecnico. All'età di sei anni iniziò a fare pratica come sarto, a otto come barbiere e a 13 lavorò per un ingegnere civile come disegnatore. Ezio finì col seguire una combinazione di barbiere

213 Informazioni di Linda e Fernando Busico
214 Informazioni di Ezio Tamburrini

and expanded it to include a beauty shop in 1958. Although a young man, he trained several other stylists between 1957 and 1960, then sold his salon to one of his students. After his mother, Amelia Sperduti, died in 1959, he and his father, Luigi, moved to Windsor to join his brother, Renato, sister, Guglielmina (Mina), her husband, Onorio D'Agostini and their children, Leo and David.

Ezio first worked as a hairdresser at Vincent's on Wyandotte St. by the Tivoli Theatre, and then moved to 36 Chatham St. E. to work for Armand. In 1961, he opened Ezio's International Hair Styles on Wellington Ave. Although he could not speak English, he taught demonstration classes at Ivan Sales School of Hairdressing. In 1962, with his business outgrowing its location, Ezio opened his former employer's place at 36 Chatham St. E. For a brief period, he and a partner opened and ran Ezio and Salvatore Coiffures on Gladstone Ave. and Ottawa St. in 1963.

In 1965, Ezio married Francesca (Franca) Catenacci, his girlfriend from Italy. He began training for hairstyling competitions, winning his first trophy – the Provincial Championship in Hamilton. Windsor was a good location because of its proximity to Michigan where many more competitions took place. In the next two years, he won 42 trophies and represented Canada in the world championships of hairstyling in Vienna, Austria in 1968. During these hectic years, Franca and Ezio separated.

Ezio travelled to London, Ontario many Sundays to teach a group of mostly Italian hairstylists. He helped train the Canadian team for the world championships in Barcelona, Spain in 1972. He became one of the original Master Judges in Canada and, between 1972 and 1978, served as the Canadian judge at competitions in Spain, Switzerland, New York, Germany, and Japan. Ezio sponsored his own competitions and, in 1980, held an international show at the Cleary Auditorium with participants from five continents. He operated four salons and an advanced training school and taught hundreds of classes. He was active in both Canadian and American hairstyling organizations, serving on the Windsor Hairdressers' board of directors as well as in community programs such as the Cancer Society, the Rotary Club and Hiatus House, donating his services to women and children for eight years.

On June 15, 1974, Ezio married Lois May Baer, in a "Gatsby" style wedding with costumes and cars at Jackson Park. They had two children, Jeremiah Ezio and Ame Lia. Lois was instrumental in Ezio's continued success, giving up her career as a nurse to become an aesthetician. They worked and travelled together, doing makeovers for magazines and producing shows, including some in Japan and Germany. Akira Kubota of the University of Windsor asked Ezio to help find a Japanese twin city for Windsor. He began exchanges between schools in Fujisawa, Japan and South Windsor and developed a relationship between his local Rotary Club and the one in Fujisawa. Mayor David Burr and a delegation from Windsor, including Ezio and his children, went to Fujisawa for the twinning proclamation held December 7, 1987. Ezio returned to Fujisawa in 2007 for the twentieth anniversary proclamation celebrations where 200 rose bushes donated by Windsor had been planted in the Rose Garden in Enoshima Island.

Ezio and Lois Tamburrini's 1974 Gatsby-style wedding, with body guards Luigi Mariani and Frank Rea dressed gangster-style with machine guns. The joke caused such a stir that onlookers called police believing the scene was real. Ezio and Lois' wedding day melee made front page of The Windsor Star and news across the country.

Le nozze di Ezio e Lois Tamburrini, 1974, alla Gatsby, con le guardie del corpo Luigi Mariani e Frank Rea vestiti da gangster con mitragliatrici. Lo scherzo causò tanto scalpore che gli astanti chiamarono la polizia credendo che si trattasse di una scena reale. La mischia del giorno delle nozze di Ezio e Lois apparve in prima pagina nel Windsor Star e fece cronaca in tutta la nazione.

Armando Viselli and his dog, Pampurio, relax at Holiday Beach, July 1964.
Armando Viselli col cane, Pampurio, si rilassa all'Holiday Beach, luglio 1964.
Courtesy/Cortesia: Armando Viselli, P10859

e parrucchiere. Imparò a suonare il sassofono contralto e spesso suonava con un piccolo gruppo in vari paesi. Ezio aprì una bottega di barbiere nel 1957 a Roselli, il paese natio della sua ragazza, e lo allargò per includere un salone di bellezza nel 1958. Benché giovane, addestrò molti altri stilisti tra il 1957 e il 1960, poi vendette il salone a uno dei suoi studenti. Dopo la morte di sua madre, Amelia Sperduti, nel 1959, lui e suo padre, Luigi, si trasferirono a Windsor per raggiungere il fratello, Renato, e la sorella, Guglielmina (Mina), suo marito, Onorio D'Agostini e i loro figli, Leo e David.

Ezio all'inizio lavorò come parrucchiere da Vincent's, in Wyandotte St., vicino al teatro Tivoli, e poi passò al 36 Chatham St. E. a lavorare per Armand. Nel 1961 aprì l'Ezio's International Hair Styles in Wellington Ave. Sebbene non parlasse l'inglese, diede lezioni dimostrative alla Ivan Sales School of Hairdressing. Nel 1962, con l'attività che diventava troppo grande per il negozio, Ezio aprì il locale del suo ex datore di lavoro al 36 Chatham St. E. Per un breve periodo, lui e un socio aprirono e gestirono l'Ezio and Salvatore Coiffures a Gladstone Ave. e Ottawa St. nel 1963.

Nel 1965 Ezio sposò Francesca (Franca) Catenacci, la sua ragazza dell'Italia. Iniziò a prepararsi per gare di hairstyling, vincendo il suo primo trofeo: il campionato provinciale a Hamilton. Windsor si trovava in un buon posto per la sua prossimità al Michigan, dove si svolgevano molte altre gare. Nei due anni successivi, vinse 42 trofei e rappresentò il Canada ai mondiali di hairstyling a Vienna, Austria, nel 1968. Durante questi anni febbrili, Franca ed Ezio si separarono.

Ezio andò a London, Ontario, molte domeniche per insegnare un gruppo di parrucchieri soprattutto italiani. Aiutò a preparare la squadra canadese per i mondiali di Barcellona, Spagna, del 1972. Divenne uno dei primi Master Judge in Canada e, tra il 1972 e il 1978, servì come giudice canadese nominato per gare in Spagna, Svizzera, a New York, in Germania e in Giappone. Ezio sponsorizzò i suoi concorsi e, nel 1980, tenne uno show internazionale al Cleary Auditorium con partecipanti provenienti dai cinque continenti. Gestì quattro saloni e una scuola di addestramento avanzato e insegnò centinaia di classi. Era attivo in organizzazioni di hairstyling sia canadesi che americane, servendo nel consiglio di amministrazione dei parrucchieri di Windsor e in programmi della comunità, quali la Cancer Society, il Rotary Club e la Hiatus House, donando i suoi servizi a donne e bambini per otto anni.

Il 15 giugno 1974 Ezio sposò Lois May Baer, in un matrimonio al Jackson Park con costumi e auto alla "Gatsby". Ebbero due figli: Jeremiah Ezio e Ame Lia. Lois diede un contributo decisivo al continuo successo di Ezio, abbandonando la sua carriera di infermiera per diventare estetista. Lavoravano e viaggiavano insieme, facendo makeover per riviste e producendo show, tra cui alcuni in Giappone e in Germania. Akira Kubota dell'Università di Windsor chiese a Ezio di aiutarlo a trovare una città gemella giapponese per Windsor. Iniziò degli scambi tra le scuole di Fujisawa, Giappone e quelle di South Windsor e sviluppò un rapporto tra il suo Rotary Club e quello di Fujisawa. Il sindaco David Burr e una delegazione di Windsor, che includeva Ezio e i suoi figli, andarono a Fujisawa per la proclamazione del gemellaggio, tenutasi il 7 dicembre 1987. Ezio ritornò a Fujisawa nel 2007

In 1988, Ezio sold his assets in Windsor and moved to Honolulu, Hawaii, where he operated a salon for five years. He volunteered for battered women and children and served on the Friends of Italy Society of Hawaii's board of directors, and recently as president.

Ezio remembers Windsor's great community who supported him during his 28 years there and is very thankful for the opportunities given him by his clients and students. He states, "I never held anything back when it came to teaching. Everything I knew, I passed it on without reservations." He is pleased that many of his former students and employees run several salons in the Windsor area.

Renato Tamburrini (Roma Custom Tailors)[215]

Renato was born in Atina, Frosinone (Lazio) and began to learn the trade of tailoring during his elementary school years when his mother would accompany him after school to Orazio Marrazza's shop for his apprenticeship. At age 18, he began to make men's suits and slowly build his clientele. In 1957, he travelled to Brussels, Belgium and worked as a tailor, first at Landall's for six months and then at Polemy for three months. He returned to Atina and set up a small tailor shop in Ponte Melfa. While his business thrived, he nurtured the thought of immigrating to America. At 24, he left his homeland and boarded the ship *Vulcania* to Halifax. On December 10, 1958, at journey's end, he reunited with his sister and brother-in-law, Mina and Onorio D'Agostini, and children.

In the beginning, work was hard to find as Windsor's economy was struggling. With time, he became accustomed to his new home and found work at Hollywood Tailor Shop. He was paid 75 cents an hour and saved for a trip to Italy in 1960 to marry Rita, the girlfriend he had left behind. Together they returned to Windsor and lived in an apartment on Erie St. He worked for Joe Fresina, who had just opened Roma Custom Tailoring. The shop became available when Joe decided to move to Alberta. Sensing this was an opportunity not to pass up, Renato borrowed the needed funds from a dear friend, Tony Cervi, and became the new owner of Roma Custom Tailors. Business was never better; customers came from as far away as Michigan for his suits.

Three years later, another opportunity arose. In the summer of 1965, Renato, Rita and infant daughter Amelia moved to Boston where, two years later, Fabiana was born. There, Renato worked for two premier men's clothiers, Louis of Boston and Mr. Sid. He and his family continue to live in the Boston area.

Giuseppe (Joe) Tedesco Family (Milano Restaurant and Franco's Pizza)[216]

Joe came to Canada from San Giovanni in Fiore, Cosenza (Calabria) on September 5, 1950 by way of Montreal, leaving his expectant wife and five children behind. His intention was to make some money and return to his homeland. After working various jobs, he was hired in 1954 by the Canadian

Aldo Sfalcin skating on Little River, 1958.
Aldo Sfalcin pattina su Little River, 1958.
Courtesy/Cortesia: Aldo Sfalcin, P10746

---

215 Information from Amelia Foley and Fabiana O'Brien
216 Information from Rosa Tedesco White and city directories

per le celebrazioni del 20° anniversario della proclamazione, quando 200 cespugli di rose donati da Windsor furono piantati nel Rose Garden su Enoshima Island.

Nel 1988 Ezio vendette i suoi beni a Windsor e si trasferì a Honolulu, Hawaii, dove gestì un salone per cinque anni. Fu volontario per le donne e i bambini maltrattati e servì nel consiglio di amministrazione della Friends of Italy Society of Hawaii (Società degli amici dell'Italia delle Hawaii), e recentemente come presidente.

Ezio ricorda la grande comunità di Windsor che lo sostenne durante i 28 anni ivi vissuti ed è molto grato per le opportunità dategli dai suoi clienti e dai suoi studenti. Dichiara: "Non ho mai trattenuto nulla quando si trattava di insegnare. Tutto quello che sapevo, lo trasmettevo senza riserve". E' lieto che molti dei suoi ex studenti e dipendenti gestiscano vari saloni nell'area di Windsor.

Renato Tamburrini (Roma Custom Tailors)[215]

Renato nacque ad Atina, Frosinone (Lazio) e iniziò a imparare il mestiere di sarto durante gli anni delle scuole elementari, quando sua madre lo accompagnava dopo la scuola al negozio di Orazio Marrazza per il suo apprendistato. All'età di 18 anni, iniziò a fare abiti da uomo e pian piano si costruì una sua clientela. Nel 1957 andò a Brussel, in Belgio e lavorò come sarto, prima presso Landall's per sei mesi e poi presso Polemy per tre mesi. Ritornò ad Atina e aprì una piccola sartoria a Ponte Melfa. Mentre l'attività prosperava, Renato coltivava l'idea di immigrare in America. A 24 anni lasciò la patria e s'imbarcò sulla *Vulcania* per Halifax. Il 10 dicembre 1958 al termine del viaggio, si riunì alla sorella e al cognato, Mina e Onorio D'Agostini, e ai loro figli.

All'inizio fu difficile trovare lavoro poiché l'economia di Windsor era in difficoltà. Con il tempo si abituò alla sua nuova casa e trovò lavoro all'Hollywood Tailor Shop. Veniva pagato 75 centesimi l'ora, e li mise da parte per un viaggio in Italia nel 1960 per sposare Rita, la fidanzata che aveva lasciato alle spalle. Insieme ritornarono a Windsor e abitarono in un appartamento in Erie St. Lavorò per Joe Fresina che aveva appena aperto il Roma Custom Tailoring. Il negozio divenne disponibile quando Joe decise di trasferirsi in Alberta. Intuendo che si trattava di un'opportunità da non lasciar sfuggire, Renato prese in prestito il denaro necessario da un caro amico, Tony Cervi, e divenne il nuovo proprietario del Roma Custom Tailors. L'attività non era mai andata meglio: i clienti venivano sin dal Michigan per i suoi abiti.

Tre anni dopo si presentò un'altra opportunità. Nell'estate del 1965, Renato, Rita e la loro neonata, Amelia, si trasferirono a Boston dove, due anni dopo, nacque Fabiana. Lì, Renato lavorò per due primi sarti di moda maschile, Louis di Boston e Mr. Sid. Renato e la sua famiglia continuano a vivere nell'area di Boston.

Tedesco family, 1956. Front row: Angelina holding John, Tom and Rosa. Top row: Tony, Isabella and Frank.

Tedesco family, 1956. Prima fila: Angelina tiene John in grembo, Tom and Rosa. Seconda fila: Tony, Isabella e Frank.

Courtesy/Cortesia: Rosa Tedesco White, P13808

---

215 Informazioni da Amelia Foley e Fabiana O'Brien

Salt Company. Joe's son, Tony, immigrated to Detroit in 1955 where he became a bricklayer. In November 1956, Joe sent for his wife Angelina and children, Isabella, Frank, Rosa, Tom, and John (the youngest child he had not yet seen). Joe borrowed the down payment from Angelina's uncle, Sam Sellaro, for a home at 1441 Pelissier Ave.

Frank worked in construction in Oakville and in Windsor's Volcano Pizzeria from 1956 to 1961, starting as a dishwasher, then as cook and pizza maker. With his father's financial assistance, he bought Colosseo Restaurant on Ottawa St. with partners Carmine and Elio Borrelli. A year later, when the partnership dissolved, he went to work for Italia Restaurant. In 1962, he married Chiara Villella and they have two children. In 1963-64, Joe, Frank and Antonio Campanaro purchased the Normandy Grill at 1633 Tecumseh Rd. E. (at Lincoln Ave.) and renamed it Milano Restaurant. Two years later, Frank purchased a vacant lot for the new home of Milano which opened in 1967. This restaurant later expanded, becoming upscale with two dining rooms named "Giuseppe Verdi" and "La Scala."

Rosa worked at Volcano Restaurant from 1960 to 1963 and later, at Milano. She married Natale Mannino and they had two daughters. After her husband's death, she married David White and they have one daughter. In 1983, she opened Rosa's, a well-known restaurant in Amherstburg, Ontario that she operated until her retirement. Rosa has been a town councillor in Amherstburg since 2000. Isabella had married Fioreavente Zanchetta and moved to Baltimore, Maryland. There, they raised four children before moving to Detroit to be closer to her family and helping out at their restaurant.

In 1971, the Tedescos purchased a vacant Loblaws grocery store across the street from Milano's at 1525 Tecumseh Rd. E. and converted it into Franco's Pizza[217] and Farmer Tony's Grocery Store. In 1973, Tony joined the family business and operated the grocery store. He married Rosemary Servito in 1962 and they have three children. By 1976, the family sold Milano to focus on Franco's which expanded in 1990 and franchised throughout the Windsor and LaSalle areas. Seven years later, Franco's was sold to Vince Grillo and associates. Generations of families grew up with Franco's Pizza.

In 1973, the family purchased a farm on Broderick Rd. in LaSalle, Ontario. Originally meant to be a hobby farm[218] with a handful of beef cattle, chickens and hogs, the 125 acres grew into the Tedesco Bros. Holstein Farm, a well-known and award-winning breeding and milking operation. In 1980, one of their cows was judged as Grand Champion at the Royal Winter Fair in Toronto and, in 1993, the farm won the Master Breeder Award (the highest award given by the Holstein Association of Canada). Their animals were sought after by buyers around the world. The farm was even visited by Mikhail Gorbachev on May 19, 1983.

Tom married Caterina (Cathy) Spadafora in 1971 and they have three children. Tom, having first

Promotional postcard of Milano Restaurant owned by the Tedesco family, 1520 Tecumseh Rd. E., c. 1967-76.

Una cartolina di promozionale del Milano Restaurant, 1520 Tecumseh Rd. E. di proprietà della famiglia Tedesco, 1967-76 ca.

Originally published by Zoltan Rath Photography.
Courtesy/Cortesia: Rosa Tedesco White, P13812

---

217   Joe's mother, Isabella, came to Windsor in 1970 at age 76, lived by herself and helped out at Franco's. She died at 97.
218   Like the one owned by their grandfather in Italy who had received a plaque from the Mussolini government in 1935 for his oat production

Tommy Tedesco holding the banner of the Grand Champion Female St. Clair Regional Holstein Show 1984.

Tommy Tedesco tiene l'insegna della Grand Champion Female St. Clair Regional Holstein Show 1984.

La famiglia di Giuseppe (Joe) Tedesco (Ristorante Milano e Franco's Pizza)[216]

Joe venne in Canada da San Giovanni in Fiore, Cosenza (Calabria) il 5 settembre 1950 passando da Montreal, lasciando la moglie in stato interessante e i cinque figli. La sua intenzione era quella di guadagnare un po' di denaro e ritornare in patria. Dopo aver fatto vari lavori, fu assunto nel 1954 dalla Canadian Salt Company. Suo figlio, Tony, immigrò a Detroit nel 1955 dove diventò muratore. Nel novembre 1956, Joe fece venire sua moglie, Angelina, e i figli, Isabella, Frank, Rosa, Tom e John (il figlio più piccolo che non aveva ancora visto). Joe si fece prestare dallo zio di Angelina, Sam Sellaro, l'anticipo per una casa al 1441 Pelissier Ave.

Frank lavorò nell'edilizia a Oakville e alla Volcano Pizzeria di Windsor dal 1956 al 1961, dove iniziò come lavapiatti, poi come cuoco e pizzaiolo. Con il supporto finanziario del padre comprò il ristorante Colosseo in Ottawa St. con i soci Carmine ed Elio Borrelli. Un anno dopo, quando la società si sciolse, andò a lavorare presso l'Italia Restaurant. Nel 1962 sposò Chiara Villella e hanno due figli. Nel 1963-64, Joe, Frank e Antonio Campanaro acquistarono il Normandy Grill al 1633 Tecumseh Rd. E. (a Lincoln Ave.) e gli dettero il nome Milano Restaurant. Due anni dopo, Frank acquistò un lotto libero per la nuova dimora del Milano, che aprì nel 1967. In seguito questo ristorante si allargò, divenendo un ristorante esclusivo, con due sale da pranzo chiamate "Giuseppe Verdi" e "La Scala".

Rosa, lavorò al Volcano Restaurant dal 1960 al 1963 e poi al Milano. Sposò Natale Mannino ed ebbero due figlie. Dopo la morte del marito, sposò David White. I due hanno una figlia. Nel 1983 aprì Rosa's, un ben noto ristorante a Amherstburg, Ontario che gestì fino al pensionamento. Rosa è consigliera comunale di Amherstburg dal 2000. Isabella, sposò Fioreavente Zanchetta e si trasferirono a Baltimore, Maryland. Lì, allevarono quattro figli prima di trasferirsi a Detroit per essere più vicini alla famiglia di lei e aiutare al ristorante.

Nel 1971 i Tedesco acquistarono Loblaws un negozio vacante di alimentari al 1525 Tecumseh Rd.E. di fronte al Milano e lo trasformarono nel Franco's Pizza[217] e Farmer Tony's Grocery Store al 1525 di Tecumseh Rd. E. Nel 1973 Tony si unì all'impresa familiare e gestì il negozio di alimentari. Sposò Rosemary Servito nel 1962 e hanno tre figli. Entro il 1976 la famiglia vendette il Milano per concentrarsi su Franco's, che si allargò nel 1990 e iniziò un franchising in tutta l'area di Windsor e di LaSalle. Sette anni dopo, Franco's fu venduto a Vince Grillo e soci. Generazioni di famiglie sono cresciute con Franco's Pizza.

Nel 1973 la famiglia comprò un podere in Broderick Rd. a LaSalle, Ontario. Dapprima destinato un allevamento passatempo[218] con una manciata di bovini, polli e maiali, i 125 ettari crebbero nella

---

216 Informazioni da Rosa Tedesco White e dagli elenchi della città

217 La madre di Joe, Isabella, venne a Windsor nel 1970, all'età di 76 anni, visse da sola e aiutò al Franco's. Morì a 97 anni.

218 Come quello in Italia di proprietà del nonno che aveva ricevuto una placca dal governo Mussolini nel 1935 per la sua produzione d'avena

worked at the Windsor Salt Mine full time, joined the family business as maître d' and helped out at Milano. He continued to work there until 1974 when he went to work on the family farm. In 1971, his brother, John, married Theresa Iaquinta and they have three children. After graduating, he also worked at the family's restaurant full-time. In 1989, John and Tom purchased and operated, along with their wives, Windsor Ravioli on Dougall Ave. until 1993 when they sold the business. John served as town councillor in LaSalle from 1991 to 2003.

Walter Temelini[219]

Born in the Marche region of Italy in 1939, Walter emigrated to Sudbury, Ontario in 1952 with his mother, Anna, his sister, Fedora, and his younger brother, Marcello. His father, Antonio, and older brother, Oscar, had arrived in 1950 and 1951 respectively. He acquired his B.A., M.A. and Ph.D. at the University of Toronto. From 1970 to 2005, Walter taught Italian Studies at the University of Windsor where he also created and coordinated Canada's only undergraduate program in Multicultural Studies. He has published extensively on the topics of multicultural education and the humanistic tradition, spoken at conferences throughout Canada and Europe, and offered seminars in Cuba and yearly courses at the University of Calabria.

Since his arrival in Windsor, Walter has been actively involved in the Italian communities of Windsor and Essex County, in particular as editor of the local Italian newspaper, *La Gazzetta*. His interest in the Italian immigrant experience has led to many publications on the history of Italians in Canada. He has completed a history of Leamington's Italian community and is conducting research on the Italian community in Windsor. Along with others, he has dedicated much energy towards the effort to preserve the University of Windsor's Italian Studies program.[220]

A strong proponent of Canada's policy of multiculturalism, Walter was a founding member and then president of the Multicultural Council of Windsor and Essex County. He is a past president of the Ontario Multicultural Association and was a member of the national Canadian Council for Multicultural and Intercultural Education. He currently serves as president of the Windsor-based Canadian Centre for Multicultural Development and Documentation (CCMDD).

Walter and his wife, Louise,[221] daughter of Joseph and Ornella Capriotti of Hamilton, have three children: Mark, Michael and Len.[222] Louise taught English as a Second Language (TESL) for many years. She was president of TESL Ontario and a member of the executive of TESL Windsor. She was also a founding member of the Multicultural Council of Windsor and Essex County and held various offices with the Ontario Secondary School Teachers' Federation.

219 Information from Walter Temelini, the University of Windsor and *The Windsor Star*
220 See Chapter 3.
221 She died in 1997.
222 Mark teaches at the University of Prince Edward Island; Michael, at Memorial University in Newfoundland; and Len, in Windsor's secondary school system. Len is also a musician.

Professor Temelini (right) with Giancarlo Oli, lexicographer and author of the Devoto-Oli Italian Dictionary, during Oli's visit to the University of Windsor while on his North American lecture tour, March 14, 1995.

A destra, il Professor Walter Temelini in una discussione con Giancarlo Oli, lessicografo e autore di Il dizionario della lingua Italiana Devoto-Oli durante la visita di Oli all'Università di Windsor mentre faceva il suo giro di conferenze nel Nord America, 14 marzo 1995.

Courtesy/Cortesia: Walter Temelini, P13970

Discussing Michigan-Italy Union exchanges. Standing (l-r): Paolo Boatin, president, Italian Americans for Good Government; Walter Temelini, editor, La Gazzetta. Seated (l-r): Coleman Young, Mayor of Detroit; Elio Gabbuggiani, Mayor of Florence, Italy. Front: B. Vartanian, a Ford Local 600 UAW retiree. Gabbuggiani was in Detroit for the March 1977 inauguration of the Renaissance Center.

Discussione scambi dell'associazione Michigan-Italia. In piedi (s-d): Paolo Boatin, presidente, Italian Americans for Good Government (Italo-americani per un buon governo); Walter Temelini, editore, La Gazzetta. Seduti (s-d): Coleman Young, sindaco di Detroit; Elio Gabbuggiani, sindaco di Firenze, Italia. Davanti: B. Vartanian, un pensionato Ford Local 600 UAW. Gabbuggiani fu a Detroit per l'inaugurazione del Renaissance Center (Centro Rinascimento) nel marzo 1977.

Tedesco Bros. Holstein Farm, una ben nota e premiata attività di allevamento e mungitura. Nel 1980 una delle loro mucche fu giudicata Grand Champion alla Royal Winter Fair di Toronto e nel 1993, l'azienda di allevamento vinse il Master Breeder Award (il massimo premio riconosciuto dalla Holstein Association of Canada). I loro animali erano ricercati da compratori in tutto il mondo. La fattoria fu visitata persino da Mikhail Gorbachev il 19 maggio 1983.

Tom sposò Caterina (Cathy) Spadafora nel 1971 e hanno tre figli. Tom, dopo aver lavorato dapprima a tempo pieno alla Windsor Salt Mine, entrò nell'impresa familiare come direttore di sala e aiutò al Milano. Continuò a lavorare lì fino al 1974, quando andò a lavorare all'azienda agricola di famiglia. Nel 1971 suo fratello John sposò Theresa Iaquinta e hanno tre figli. Dopo il diploma, anche lui lavorò a tempo pieno al ristorante di famiglia. Nel 1989 John e Tom acquistarono e gestirono, assieme alle loro mogli, la Windsor Ravioli in Dougall Ave. fino al 1993 quando vendettero l'attività. John servì come consigliere comunale a LaSalle dal 1991 al 2003.

Walter Temelini[219]

Nato nella regione Marche, in Italia, nel 1939, Walter emigrò a Sudbury, Ontario nel 1952, con sua madre Anna, sua sorella Fedora e suo fratello minore Marcello. Suo padre, Antonio, e il fratello maggiore, Oscar, erano arrivati rispettivamente nel 1950 e nel 1951. Prese una laurea, un master e un dottorato all'università di Toronto. Dal 1970 al 2005 Walter insegnò il programma di studi d'italiano all'Università di Windsor, dove fu anche creatore e coordinatore dell'unico programma universitario di studi multiculturali in Canada. Molte sono le sue pubblicazioni in materia di istruzione multiculturale e tradizione umanistica; ha tenuto discorsi a conferenze in tutto il Canada e in Europa e ha offerto seminari a Cuba e corsi annuali all'Università della Calabria.

Sin dal suo arrivo a Windsor, Walter è stato attivamente coinvolto nelle comunità italiane di Windsor e della contea dell'Essex, in particolare come editore del giornale italiano locale, *La Gazzetta*. Il suo interesse nell'esperienza degli immigrati italiani portò a molte pubblicazioni sulla storia degli italiani in Canada. Ha compilato la storia della comunità italiana di Leamington e sta conducendo una ricerca sulla comunità italiana a Windsor. Assieme ad altri ha dedicato molta energia allo sforzo di preservazione del programma di studi d'Italianistica presso l'Università di Windsor.[220]

In quanto forte sostenitore della politica di multiculturalismo del Canada, Walter fu un membro fondatore e quindi presidente del Multicultural Council of Windsor and Essex County. Fu presidente dell'Ontario Multicultural Association e membro del Canadian Council for Multicultural and Intercultural Education. Attualmente serve come presidente al Canadian Centre for Multicultural Development and Documentation (CCMDD) che ha base a Windsor.

Walter e sua moglie, Louise,[221] figlia di Joseph e Ornella Capriotti di Hamilton, hanno tre figli: Mark,

---

219 Informazioni da Walter Temelini, l'Università di Windsor e *The Windsor Star*
220 Vedi capitolo 3.
221 Morì nel 1997.

A recipient of a CIBPA Professional of the Year Award in 2007, Walter was also recognized in 2006 with a University of Windsor Faculty of Arts and Social Sciences Career Achievement Award for his work at the university. In presenting the award, Associate Dean Kai Hildebrandt said, "The language, its humanistic tradition, its literature, the spirit (and spirits) and foods of Italian hospitality – Walter embodies and enjoys them all, and if given half a chance, will deliver a passionate thesis about any and each of these."

Giovanni (Gianni) and Luciano Todesco Families (Windsor Volvo Ltd.)[223]

Gianni Todesco developed mechanical skills in his early teens. He was born in Tezze sul Brenta, Vicenza (Veneto) to Emilio Todesco and Pasqua Quattrin. He immigrated to Windsor in 1956 and was employed by several foreign car dealerships in Essex County as an auto mechanic for approximately six years. This was followed by a brief stint as technical consultant in engine assembly at Kaiser Jeep. In 1962, he married Loretta Agnolin, daughter of Angelo and Angela Agnolin of Windsor. They have two daughters: Denise Rihbany and Gianna Fantin.

In 1963, Luciano, who also developed mechanical skills in his early teens and specialized in European car repairs, joined his brother Gianni in Windsor. He began work as a mechanic at Downtown Motors – Windsor's largest British Leyland dealer. In 1971, he married Olga Cusinato, daughter of Rodolfo and Valentina Cusinato of Riese Pio X, Treviso, and they have three sons: Paolo, David and Steven.

In 1965, the two brothers opened a small auto repair shop, Continental Auto Repairs, at 655 Langlois Ave. With a new repair shop built at 1215 Wyandotte St. E., business steadily increased. In 1969, Windsor's first BMW dealership was launched when the brothers incorporated sales into their business. A new showroom was added to the repair shop. In 1971, the Alfa Romeo line was introduced. Gianni and Luciano owned and operated a successful business until they sold it in 1986.

In 1988, Gianni and Luciano acquired the Volvo dealership and, in 1992, the Hyundai line of automobiles was added. Gianni gradually retired from the business and his daughter, Denise, and her husband, Barry Rihbany, together with Luciano operated the business until September 2000 when Barry died in a tragic accident. Denise and Luciano, along with general manager, David, (Luciano's son), are now actively involved in the business.

Today, Windsor-Volvo Ltd.[224] remains a family-owned operation. There are approximately ten employees in a modern, state-of-the-art facility at 10660 Tecumseh Rd. E.

Enjoying CIBPA's Roman Night at the Ciociaro Club, 2008.
Divertimento della Serata Romana della CIBPA al Club Ciociaro, 2008.
Photo by/photo di: Armando Carlini. Courtesy/Cortesia: Ciociaro Club.

---

223 Information from Gianni and Loretta Todesco
224 The Hyundai line was dropped in 2005.

Maria Vitale in front of her new car parked on the frozen Lake Erie near Leamington. Maria was fascinated that large bodies of water froze solid in the winter. This was new for her.

Maria Vitale dinanzi alla sua nuova auto parcheggiata sul ghiaccio di Lake Erie vicino a Leamington. Maria era stupita che grandi masse d'acqua si solidificassero d'inverno.

Courtesy/Cortesia: Maria Carriero, P10836

Michael e Len.[222] Louise insegnò inglese come seconda lingua (TESL) per molti anni. Fu presidente della TESL Ontario e membro del comitato direttivo del TESL di Windsor. Fu anche un membro fondatore del Multicultural Council of Windsor and Essex County e tenne vari uffici presso l'Ontario Secondary School Teachers' Federation.

Walter ricevette il CIBPA Professional of the Year Award nel 2007 e nel 2006 era stato anche riconosciuto con un Faculty of Arts and Social Sciences Career Achievement Award dall'Università di Windsor per il suo lavoro all'università. Nella presentazione del premio, il Preside Associato Kai Hildebrandt disse: "Il linguaggio, la sua tradizione umanistica, la sua letteratura, lo spirito (e gli spiriti) e i cibi dell'ospitalità italiana: Walter li incarna e ama tutti, e se gli si dà anche solo mezza opportunità, fornirà una tesi appassionata su qualunque e ognuno di essi".

Le famiglie di Giovanni (Gianni) e Luciano Todesco (Windsor Volvo Ltd.)[223]

Gianni sviluppò le sue competenze meccaniche all'inizio dell'adolescenza. Nacque a Tezze sul Brenta, Vicenza (Veneto) da Emilio Todesco e Pasqua Quattrin. Immigrò a Windsor nel 1956 e fu assunto da diverse concessionarie d'auto straniere nella contea di Essex come meccanico per circa sei anni. A ciò fece seguito un breve periodo come consulente tecnico per l'assemblaggio di motori alla Kaiser Jeep. Nel 1962 sposò Loretta Agnolin, figlia di Angelo e Angela Agnolin di Windsor. Hanno due figlie: Denise Rihbany e Gianna Fantin.

Nel 1963 Luciano, che aveva anche sviluppato competenze meccaniche all'inizio dell'adolescenza e si era specializzato nella riparazione di macchine europee, raggiunse il fratello Gianni a Windsor. Iniziò a lavorare come meccanico alla Downtown Motors - British Leyland, il più grande concessionario di Windsor. Nel 1971 sposò Olga Cusinato, figlia di Rodolfo e Valentina Cusinato di Riese Pio X, Treviso e hanno tre figli: Paolo, David e Steven.

Nel 1965 i due fratelli aprirono una piccola officina di riparazioni auto, la Continental Auto Repairs, al 655 Langlois Ave. Con la nuova officina costruita al 1215 Wyandotte St. E., l'attività crebbe in costantemente. Nel 1969 fu lanciata la prima concessionaria BMW di Windsor, quando i fratelli ne incorporarono le vendite nella loro attività. Un nuovo salone d'esposizione fu aggiunto all'officina di riparazioni. Nel 1971 fu introdotta la linea Alfa Romeo. Gianni e Luciano furono proprietari e gestirono un'impresa di successo finché la vendettero nel 1986.

Nel 1988 Gianni e Luciano acquistarono la concessionaria Volvo e nel 1992 fu aggiunta la linea di automobili Hyundai. Gianni pian piano si ritirò dall'attività e sua figlia, Denise, e il marito, Barry Rihbany, la gestirono assieme a Luciano fino al settembre 2000, quando Barry morì in un tragico incidente. Denise e Luciano, assieme al direttore generale, David (figlio di Luciano) sono ora attivamente impegnati nell'azienda.

---

222 Mark insegna all'University of Prince Edward Island; Michael, alla Memorial University in Newfoundland; e Len, nel sistema scolastico superiore di Windsor. Len è anche un musicista.
223 Informazioni di Gianni e Loretta Todesco

Anthony (Tony) Peter Toldo[225]

Tony, eldest of three children of Alessandro Toldo and Maria Corte, was born on March 26, 1925 in San Fior, Treviso (Veneto). In 1927, his father immigrated to Canada in search of better prospects. In 1934, Tony, his mother and sister joined him in Canada.

Tony attended elementary and secondary school in Windsor, graduating in 1945 with a specialization in machine shop. At age 20, he was hired by the Olsonite Company, Windsor, a bathroom fittings and automotive parts manufacturer. He was quickly promoted to the position of supervisor, then to plant manager and, subsequently, plant manager of its facility in Detroit, Michigan.

In 1955, he acquired a minority ownership interest in Center Tool & Mold Company Limited of Windsor. He became the majority shareholder in 1975 and, under his leadership, the company grew. In 1964, having acquired experience and knowledge of manufacturing, Tony founded his own bathroom fittings company, Telso Products Limited, Tilbury. Following two years of successful operation, he sold Telso to Olsonite and continued his career at Olsonite head office in Detroit, rising to group vice-president, a position he held until 1980 when he left the company. Tony was responsible for the management of all eight Olsonite facilities in Canada and the U.S.

In 1980 at a small facility in Tilbury, Tony founded Centoco, a manufacturer of innovative plastic plumbing fittings and established another facility in McCrory, Arkansas to serve the U.S. market. In 1982, Tony diversified by manufacturing automotive parts in the form of steering wheels for the Original Equipment Manufacturers (OEM) market and, in 1985, established a third Centoco facility in Windsor. In 1989, he started Peter Anthony Designs Inc., a company which designs and manufactures furniture and decor for fast food businesses, including McDonald's, Kentucky Fried Chicken, Tim Hortons, Arby's, Hardee's, Taco Bell, and others.

In 1990, Tony entered into a joint venture with Kobenschmidt AG (KS), one of the largest air bag and steering wheel companies in Europe, an automotive division known as KS Centoco. In 1993, he established a KS Centoco factory in Saltillo, Mexico, a steering wheel leather wrap facility for the domestic and export markets, and another in Matamoros, Mexico in 2003. Today, Tony's manufacturing holdings span three countries, employing over 1,000 people, many of them in Windsor. His companies have received numerous awards, including the Daimler Chrysler Platinum and Gold Award.

Throughout his career, Tony has never forgotten his humble beginnings. An enthusiastic supporter of the community, he has sponsored many charitable and non-profit endeavours: the Italian Canadian HandiCapable Association, Caboto Gala Festival, Greater Windsor Community Foundation, Jewish National Fund, St. Clair Beach Teen Centre, United Way, Capitol Theatre and Arts Centre of Windsor, Windsor Symphony Orchestra, Windsor Police Charity, Tecumseh Corn Fest, St. Vincent

Anthony Toldo, newly invested Member of the Order of Canada and the Right Honourable Michaëlle Jean, Governor General of Canada, Rideau Hall, May 4, 2007.

Anthony Toldo, appena investito Membro dell'Ordine del Canada e l'Onorevole Michaëlle Jean, Governatore Generale del Canada, Rideau Hall, 4 maggio 2007.

Courtesy/Cortesia: The Hospice of Windsor and Essex County, Inc., P14141

---

225   Information provided by Ron Moro and The Hospice of Windsor and Essex County Inc., with the permission of Tony Toldo

Emma Ruzza and family, perhaps on Lesperance Rd. farm in Tecumseh, soon after immigrating to Canada, early 1950s. Andreina (the baby in the walker) remembers her father Marco Fossati walking all the way from Tecumseh to Windsor.

Emma Ruzza e famiglia, forse alla loro fattoria in Lesperance Rd. a Tecumseh, subito dopo il loro arrivo in Canada nei primi anni del 1950. Andreina (nel girello) ricorda che suo padre Marco Fossati andava a piedi per tutto il tragitto da Tecumseh a Windsor.

Courtesy/Cortesia: Andreina Kobrosli, P10772

Oggi, la Windsor-Volvo Ltd.[224] rimane un'attività di famiglia. Ci sono circa dieci dipendenti in una struttura moderna e all'avanguardia al 10660 Tecumseh Rd. E.

Anthony (Tony) Peter Toldo[225]

Tony, il maggiore dei tre figli di Alessandro Toldo e Maria Corte, nacque il 26 marzo 1925 a San Fior, Treviso (Veneto). Nel 1927, il padre immigrò in Canada in cerca di fortuna. Nel 1934 lo raggiunsero Tony, la madre e la sorella.

Tony frequentò le scuole elementari e secondarie a Windsor, diplomandosi nel 1945 con una specializzazione in lavori di officina. A vent'anni venne assunto dalla Olsonite Company di Windsor, fabbricante di accessori per bagno e di componenti per automobili. Venne rapidamente promosso sovrintendente, poi direttore di stabilimento e in seguito direttore di stabilimento anche della sede di Detroit, Michigan.

Nel 1955 acquisì una quota di minoranza nella Center Tool & Mold Company Limited di Windsor. Nel 1975 ne divenne l'azionista di maggioranza; sotto la sua guida, la ditta si espanse. Nel 1964, avendo acquisito esperienza e conoscenze di produzione, Tony fondò la sua ditta di accessori per bagno, la Telso Products Limited a Tilbury. Dopo due anni di successo dell'attività, vendette la Telso alla Olsonite e continuò la sua carriera presso la direzione Olsonite di Detroit, raggiungendo la carica di vicepresidente del gruppo, posizione che resse fino al 1980 quando lasciò la ditta. Tony era responsabile della gestione di tutti gli otto stabilimenti Olsonite in Canada e negli Stati Uniti.

In una piccola fabbrica di Tilbury, nel 1980 Tony fondò la Centoco, produttrice di innovativi accessori idraulici in plastica, e aprì un altro impianto a McCrory in Arkansas per servire il mercato statunitense. Nel 1982 Tony diversificò le attività producendo anche componenti per automobili, sotto forma di volanti per il mercato degli Original Equipment Manufacturers (OEM) e nel 1985 aprì un terzo impianto Centoco a Windsor. Nel 1989 lanciò la Peter Anthony Designs Inc., ditta che progetta e produce arredamenti e decorazioni per ristoranti fast food, comprese le catene McDonald's, Kentucky Fried Chicken, Tim Hortons, Arby's, Hardee's, Taco Bell e altri.

Nel 1990 Tony avviò una società in partecipazione con la Kobenschmidt AG (KS), una delle maggiori fabbriche europee di palloni autogonfiabili e volanti, fondando la divisione chiamata KS Centoco. Nel 1993 aprì uno stabilimento KS Centoco a Saltillo, Messico, una fabbrica di rivestimenti in pelle per volanti per mercati domestici e di esportazione, e nel 2003 un altro stabilimento a Matamoros, Messico. Oggi, le attività produttive di Tony si estendono a tre paesi e danno lavoro a più di 1.000 persone, molte delle quali a Windsor. Le sue ditte hanno ricevuto numerosi premi, tra cui il Daimler Chrysler Platinum e Gold Award.

---

224 La linea Hyundai fu abbandonata nel 2005.
225 Informazioni fornite da Ron Moro e da The Hospice of Windsor and Essex County Inc., con l'autorizzazione di Tony Toldo

de Paul Breakfast Program, Cleary International Centre, and numerous other local children's sports and recreation programs. Tony contributed toward the acquisition of the Italian Senior Citizens Centre on Erie St., the construction of the shrine of the Madonna di Canneto at the Ciociaro Club and to the Diocese of London.

Tony, a benefactor of many medical causes, has contributed to the Canadian Cancer Society, Heart and Stroke Foundation, Easter Seal Society, Windsor Community Holiday Fest (supporting the Windsor Alzheimer Society), and to the purchase of a group home for local autistic children. He supported the construction of the Windsor Regional Cancer Centre (the Anthony P. Toldo Building) and the purchase of specialized equipment to allow bracytherapy, cryotherapy and other state-of-the-art treatment for prostate cancer in the Windsor area. Tony has contributed to the Windsor Essex County Hospital Foundation's "Together in Caring Program" for the construction of two operating rooms and, in 2004, for the purchase of a MRI machine. Tony contributed to the University of Windsor's satellite medical program and, in recognition, the nursing building was officially named the Anthony Toldo Health Education Centre by Ontario Premier Dalton McGuinty. Tony also co-chaired a campaign and donated funds for building Hospice Village for the Hospice of Windsor and Essex County Inc. as well as for a delivery room in a hospital in Ghana, West Africa.

In 1997, Tony was recognized for his lifetime of achievements with the Caboto Club Italian of the Year Award and the Charles Clark Award. In 1999, he was the recipient of both the Negev Award from the Jewish National Fund and the Order of Ontario,[226] the Ontario government's highest award. The following year, he received a Lifetime Achievement Award from the Windsor and District Chamber of Commerce and the Chamber's annual Good Neighbor of the Year Award. Tony became a Member of the Order of Canada in 2007 at an investiture ceremony presided by the Right Honourable Michaëlle Jean, Governor General of Canada.

A strong believer in continuing education, Tony was awarded an Honourary Doctor of Laws degree by the University of Windsor where he has established a scholarship to assist students of Italian heritage. He was awarded an Honours Mechanical Engineering Degree from St. Clair College of Applied Arts and Technology where Tony continues to support, and co-chair, the campaign for the Centre for Manufacturing Excellence.

Tony married Josephine Specht on October 20, 1945, and they have two children: Donna Toldo Curlin, the mother of two daughters; and Anthony George, father of a daughter and two sons. After completing his academic studies at the University of Windsor, Anthony George Toldo entered his father's business and is now president of the Toldo Group of Companies.

Backyard gathering at 2704 Parent Ave. (Marco and Leda Fossati's residence) with Emma Ruzza looking on, June 1956. Emma Pezzolato Ruzza (b. 1894, d. 1988) and her husband Gaetano (b. 1893, d. 1971) came to Windsor in 1952. Wanting to be with her son Sergio who had come to Windsor a few years earlier, Emma convinced her other children (Ennia Viale, Ennio, Leda Fossati and Anna Mauro) to immigrate as well.

Raduno dietro la casa di Marco e Leda Fossati al 2704 Parent Ave. (residenza di Marco e Leda Fossati) con Emma Ruzza che osserva, giugno 1956. Emma Pezzolato Ruzza (nata nel 1894, deceduta nel 1988) e suo marito Gaetano (n. 1893, d. 1971) vennero a Windsor nel 1952. Volendo riunirsi col figlio che era immigrato a Windsor alcuni anni prima, Emma convinse anche gli altri figli (Ennia Viale, Ennio, Leda Fossati e Anna Mauro) a immigrare.

Courtesy/Cortesia: Andreina Kobrosli, P10771

---

226   Tony is one of only three Windsor citizens to be recognized with this award.

Sebastiano and Arcangela Viselli in front of Frank W. Begley School, c. 1958.
Sebastiano e Arcangela Viselli dinanzi alla scuola Frank W. Begley, 1958 ca.
Courtesy/Cortesia: Armando Viselli, P10860

Per tutta la sua carriera, Tony non ha mai dimenticato i suoi umili inizi. Entusiasta sostenitore della comunità, ha sponsorizzato molte attività caritatevoli e non a scopo di lucro: l'Italian Canadian HandiCapable Association, il Caboto Gala Festival, la Greater Windsor Community Foundation, il Jewish National Fund, il St. Clair Beach Teen Centre, la United Way, il Capitol Theatre and Arts Centre of Windsor, la Windsor Symphony Orchestra, la Windsor Police Charity, il Tecumseh Corn Fest, il St. Vincent de Paul Breakfast Program, il Cleary International Centre e numerosi altri programmi locali sportivi e ricreativi per bambini. Tony ha contribuito all'acquisto dell'Italian Senior Citizens Centre di Erie St., alla costruzione della cappella della Madonna di Canneto presso il Ciociaro Club e alla Diocesi di London.

Tony, benefattore di molte cause mediche, ha contribuito a favore della Canadian Cancer Society, della Heart and Stroke Foundation, della Easter Seal Society, del Windsor Community Holiday Fest (a sostegno della Windsor Alzheimer Society), e dell'acquisto di una casa alloggio per bambini autistici del luogo. Ha sostenuto la costruzione del Windsor Regional Cancer Centre (l'Anthony P. Toldo Building) e l'acquisto di macchinari specializzati per la brachiterapia, la crioterapia e altri trattamenti avanzati per il tumore alla prostata nella zona di Windsor: Tony ha contribuito al "Together in Caring Program" della Windsor Essex County Hospital Foundation per la costruzione di due sale operatorie e, nel 2004, per l'acquisto di una macchina per la risonanza magnetica. Tony ha contribuito al programma medico satellite dell'Università di Windsor; in riconoscimento, l'edificio degli infermieri è stato ufficialmente battezzato Anthony Toldo Health Education Centre dal Premier dell'Ontario, Dalton McGuinty. Tony, come copresidente della campagna, ha anche contribuito fondi per la costruzione dell'Hospice Village per la Hospice of Windsor and Essex County Inc. come pure per una sala parto in un ospedale del Ghana, nell'Africa occidentale.

Nel 1997 Tony ha ricevuto in riconoscimento della sua carriera l'Italian of the Year Award dal Club Caboto e il Charles Clark Award. Nel 1999 ha ricevuto entrambi il Negev Award dal Jewish National Fund e l'Order of Ontario,[226] la massima onorificenza del governo dell'Ontario. L'anno successivo ha ricevuto un Lifetime Achievement Award dalla Windsor and District Chamber of Commerce e l'annuale Chamber's Good Neighbor of the Year Award. Tony è entrato a far parte dell'Order of Canada nel 2007 con una cerimonia di investitura presieduta dall'Onorevole Michaëlle Jean, Governatore Generale del Canada.

Tony, un forte sostenitore dell'educazione continua, ha ricevuto dall'Università di Windsor, presso la quale ha creato una borsa di studio per assistere studenti di origini italiane, un Honourary Doctor of Laws degree. Gli è stata conferita una Honours Mechanical Engineering Degree dal St. Clair College of Applied Arts and Technology ove Tony continua a sostenere e servire da co-presidente della campagna per il Centre for Manufacturing Excellence.

226   Tony è uno dei soli tre cittadini di Windsor ad essere riconosciuto con tale onorificenza.

Tomei's Grocery Store/ Anthony's Food Market[227]

Florindo Tomei, born in 1880 in Borgo a Mozzano, Lucca (Toscana), was recruited in 1897 by the Canadian Government along with 15 other young men to build the railroad tracks from Halifax to San Francisco. Later, he and eight other co-workers from the railroad remained in Sault Ste. Marie, Ont., to work at the steel plant and paper mill. With money earned, he returned to Italy to help his family. On his third trip home, he met Tersilla Tomei, born in 1882 in the same hometown. They married and returned to Sault Ste. Marie where their two children were born, Leah on November 10, 1912 and Mario, in 1914. Due to lack of work, they moved to Hamilton where they encountered an outbreak of cholera. The family returned to Italy where Florindo opened a grocery store near Lucca but it was unsuccessful. They then moved to Perth, Australia and opened an Italian restaurant, leaving Leah[228] and Mario in boarding schools in Italy. The restaurant became popular, and Mario went to Australia to help out while Leah stayed behind. Later, Florindo sold the restaurant to his brother and the family returned to Italy.

In 1932, Florindo, Tersilla and children went once more to Sault Ste. Marie where again there was no work. Having heard from friends about job opportunities at Ford's, they moved to Windsor. Tersilla and children came by train, stayed with friends and then at the Wyandotte Hotel, 850 Wyandotte St. E. at Parent Ave. until Florindo arrived. They bought a grocery store on Parent Ave. and opened Tomei's Grocery Store in 1934. Over the years, Florindo and Tersilla[229] and their two children worked at the store. In 1940, son Mario took over the store; he married Dina Bottoni from Detroit and, in 1946, they moved to Burbank, California where they opened a grocery store. They have two children and four grandchildren.

Anthony Lenarduzzi, born September 16, 1911 in Gradisca, Udine (Friuli-Venezia Giulia), immigrated to Windsor at age 12 with his parents, Elìa and Gilda Lenarduzzi, and four siblings: Ella Bortolussi, Tranquilla Ciotti, Joe and Aldo. Oldest sister, Irma Molinari, stayed in Italy. Anthony became a draftsman and worked in construction. Anthony and Leah married in 1936 and, ten years later, took over the Tomei's store, renaming it Anthony's Food Market. They operated the store until their retirement in 1976, closing the store.

Trevi Pizzeria (Luigi and Mario Morga and Antonio Iatonna)[230]

The original Trevi Pizzeria and Restaurant at 4315 Seminole St. was founded by Luigi, Mario and Antonio. The doors first opened in the summer of 1964, much to the delight of the neighbourhood.

The adventurous and enterprising spirit of Luigi, the first in his family to immigrate to Canada in 1948, planted the seed for this new endeavour. His dream came to fruition when he, his

Anthony Lenarduzzi inside Anthony's Food Market (Tomei's), 1692 Parent Ave, late 1940s.

Anthony Lenarduzzi all'interno dell'Anthony's Food Market (Tomei's), 1692 Parent Ave, negli ultimi anni '40.

Courtesy/Cortesia: Leah Lenarduzzi, P14118

---

227 Information from Leah Lenarduzzi and her daughter, Linda Polsinelli
228 See Leah Lenarduzzi's story in this chapter.
229 Florindo died in 1955 and Tersilla, in 1960.
230 Written by Carol Morga

Filomena Vitale and her great-grandson, Luke Rimac, inspecting the homemade sausages.

Filomena Vitale con il pronipote Luke Rimac esamina le salsicce fatte in casa.

Courtesy/Cortesia: Maria Carriero, P10834

Tony sposò Josephine Specht il 20 ottobre 1945 e hanno due figli: Donna Toldo Curlin, madre di due figlie, e Anthony George, padre di una figlia e due maschi. Dopo aver completato gli studi presso l'Università di Windsor, Anthony George Toldo è entrato nell'attività del padre ed è ora presidente del Toldo Group of Companies.

Tomei's Grocery Store/ Anthony's Food Market[227]

Florindo Tomei, nato nel 1880 a Borgo a Mozzano, Lucca (Toscana), fu reclutato nel 1897 dal governo canadese insieme ad altri 18 giovani per costruire la ferrovia da Halifax a San Francisco. Più tardi, lui e altri otto compagni di lavoro della ferrovia rimasero a Sault Ste. Marie, Ont., per lavorare in un'acciaieria e cartiera. Con il denaro guadagnato, ritornò in Italia per aiutare la famiglia. Durante il suo terzo viaggio in patria, Florindo conobbe Tersilla Tomei, nata nel suo stesso paese nel 1982. Si sposarono e ritornarono a Sault Ste. Marie, dove nacquero due figli, Leah il 10 novembre 1912 e Mario nel 1914. Per mancanza di lavoro, si trasferirono a Hamilton e ivi s'imbatterono in una epidemia di colera. La famiglia rientrò in Italia dove Florindo aprì un negozio di alimentari vicino a Lucca ma non ebbe successo. In seguito si trasferirono a Perth, Australia e aprirono un ristorante italiano lasciando Leah[228] e Mario in un collegio in Italia. Il ristorante divenne popolare e Mario raggiunse i genitori per aiutarli lasciando indietro Leah. Più tardi Florindo vendette il ristorante a suo fratello e la famiglia ritornò in Italia.

Nel 1932 Florindo, Tersilla e i figli andarono di nuovo a Sault Ste. Marie dove ancora mancava lavoro. Avendo appreso da amici notizie sulle opportunità d'impiego presso la Ford, vennero a Windsor. Tersilla e i figli viaggiarono in treno, stettero con amici e poi al Wyandotte Hotel, 850 Wyandotte St. E. e Parent Ave., fino all'arrivo di Florindo. Comprarono un negozio di alimentari in Parent Ave. e aprirono Tomei's Grocery Store nel 1934. Per anni Florindo e Tersilla[229] e i due figli lavorarono nel negozio. Nel 1940 Mario ne assunse la direzione; sposò Dina Bottoni di Detroit e nel 1946 si trasferirono a Burbank, California dove aprirono un negozio di alimentari. Hanno due figli e quattro nipoti

Anthony Lenarduzzi, nato il 16 settembre 1911 a Gradisca, Udine (Friuli-Venezia Giulia), immigrò a Windsor all'età di 12 anni con i genitori Elìa e Gilda Lenarduzzi e quattro fratelli: Ella Bortolussi, Tranquilla Ciotti, Joe e Aldo. La sorella maggiore, Irma Molinari, rimase in Italia. Anthony e Leah si sposarono e nel 1946 assunsero la direzione del negozio Tomei, ribattezzandolo Anthony's Food Market. Gestirono il negozio fino al pensionamento nel 1976 e chiusero il negozio.

Pizzeria Trevi (Luigi e Mario Morga e Antonio Iatonna)[230]

Il primo Trevi Pizzeria and Restaurant al 4315 di Seminole St. fu fondatoo da Luigi, Mario e Antonio.

227   Informazioni da Leah Lenarduzzi e dalla figlia Linda Polsinelli
228   Vedi la storia di Leah Lenarduzzi in questo capitolo.
229   Florindo morì nel 1955 e Tersilla nel 1960.
230   Scritto da Carol Morga.

brother Mario and brother-in-law Antonio took the huge risk of going into business for themselves. To support their families while the business got off the ground, the three men worked days at their construction jobs and every night at the restaurant. Hard working as they were, they relied heavily on the skills and experience of their wives.

Luigi's wife, Gina, was employed at the Elmwood Casino on Dougall Ave., and Mario's wife, Adelia, at the Metropole Supper Club on Walker Rd. Both were familiar with the workings of dining establishments. Antonio's sister, Anna, supplied the knowledge required to create a Canadian-style pizza, having established herself as a skillful chef at local Italian restaurants such as Volcano, Napoli, DeSoto and Roma pizzerias.

The combination of individual skills, commitment to each other and the help of their children formed the heart and soul of the new business in their neighbourhood. They purchased the old storage building formerly owned by the Donald Fielding Company that had housed old jukeboxes and musical equipment. It was transformed by designer Mario Fontana into a modern, energetic dining and meeting place. Mario Morga, with his charismatic personality, welcomed customers into the cheery dining room, and Antonio's craftmanship at the pizza table ensured their return.

The following years saw the addition of several new Trevi locations: Sandwich St., Tecumseh Rd., the Market Place and Goyeau St. Trevi employees came from varied walks of life and ethnic backgrounds. The Trevi era ended with the deaths of Luigi, Mario and Antonio and the subsequent sale of the businesses, with the last one closing in 2000. Many Windsorites still carry fond memories of those years, often remarking that they can remember "growing up" at Trevi.

The Morgas and Iatonnas came to Canada with little English, little formal education or training and very little money. Not bad for six kids from Pietrafitta, Frosinone (Lazio)!

Valente Family and Businesses[231]

Anthony (Tony) Michael was born September 29, 1915 to Luigi Valente and Raffaella Scarpelli in Rovito, Cosenza (Calabria). In 1920, he immigrated to Canada with his parents, older brother, Amedeo (Frank), and sisters, Emilia Sasso and Mary Scarpelli. They originally settled in Golden, B.C. where Luigi worked at the Door Window and Sash Company. In 1923, the family moved to Chicago and Luigi and Frank found jobs at the General Motors bus factory.

In 1927, the family moved to Yellow Terraces on Shepherd St. at the corner of Goyeau St., Windsor, while Luigi and Frank retained their employment with General Motors in Pontiac, Michigan, visiting home on weekends. In 1932, borders closed due to the Depression and they worked occasionally at General Motors in Windsor. The family moved to Ottawa in 1936 to work at the bus plant. Luigi was enthused about a new soft drink, "Kik." Having heard of a bottling plant in Windsor in financial

Tony Valente and Rose Mary Cipparone, c. 1945.
Tony Valente e Rose Mary Cipparone, 1945 ca.
Courtesy/Cortesia: Valente family, P13884

---

231 Information from Al, Lou and Toni Valente

This advertisement appeared in the booklet printed for the 10th anniversary of St. Angela Merici Church, 1949.

Questo annuncio era nel libretto del 10° anniversario della chiesa di Sant'Angela Merici, 1949.

Courtesy/Cortesia: Florindo and Domenica Mandarino, P11175

Bottling truck at 7-Up bottling plant, c. 1967.

Un camion di bottiglie allo stabilimento d'imbottigliamento della 7-Up, 1967 ca.

Courtesy/Cortesia: Valente family, P13885

Le porte aprirono per la prima volta nell'estate del 1964, con grande gioia della gente del quartiere.

Lo spirito avventuroso e intraprendente di Luigi, il primo della sua famiglia a immigrare in Canada nel 1948, piantò il seme per questa nuova impresa. Il suo sogno si realizzò quando lui, suo fratello Mario e il cognato Antonio decisero di correre l'enorme rischio di mettersi in proprio. Per mantenere le loro famiglie mentre l'attività decollava, i tre uomini lavoravano di giorno nell'edilizia e di notte al ristorante. Da gran lavoratori che erano, facevano molto affidamento sulle capacità e l'esperienza delle loro mogli.

La moglie di Luigi, Gina, lavorava all' Elmwood Casino in Dougall Ave., e la moglie di Mario, Adelia, al Metropole Supper Club in Walker Rd. Entrambe conoscevano bene il funzionamento dei ristoranti. La sorella di Antonio, Anna, fornì le conoscenze necessarie per creare una pizza alla canadese, essendosi affermata come abile cuoca in ristoranti italiani locali, quali le pizzerie Volcano, Napoli, DeSoto e Roma.

La combinazione delle abilità individuali, l'impegno degli uni verso gli altri e l'aiuto dei loro figli, formarono il cuore e l'anima della nuova attività nel loro vicinato. Acquistarono il vecchio magazzino di ex proprietà della Donald Fielding Company, che era servito da deposito per vecchi jukebox e attrezzature musicali. Fu trasformato dal designer Mario Fontana in un ristorante e luogo di ritrovo moderno ed energetico. Con la sua personalità carismatica, Mario Morga accoglieva i clienti nella vivace sala da pranzo, e la maestria di Antonio al tavolo della pizza ne assicuravano il ritorno.

Gli anni seguenti videro l'aggiunta di diverse nuove sedi del Trevi: Sandwich St., Tecumseh Rd, Market Place e Goyeau St. I dipendenti del Trevi venivano da varie classi sociali e culture etniche. L'era del Trevi si concluse con la morte di Luigi, Mario e Antonio e la conseguente vendita delle attività, l'ultima delle quali chiuse nel 2000. Molta gente di Windsor ha ancora cari ricordi di quegli anni, e dice spesso di ricordare di essere "cresciuti" al Trevi.

I Morga e gli Iatonna vennero in Canada con poca conoscenza dell'inglese, poca istruzione o addestramento professionale e pochissimi soldi. Mica male per sei ragazzi di Pietrafitta, Frosinone (Lazio)!

Famiglia Valente e Attività[231]

Anthony (Tony) Michael nacque il 29 settembre 1915 da Luigi Valente e Raffaella Scarpelli a Rovito, Cosenza (Calabria). Nel 1920 immigrò in Canada con i suoi genitori, il fratello maggiore Amedeo (Frank), e le sorelle, Emilia Sasso e Mary Scarpelli. All'inizio si stabilirono a Golden, B.C., dove Luigi lavorò alla Door Window and Sash Company. Nel 1923 la famiglia si trasferì a Chicago e Luigi e Frank trovarono lavoro alla fabbrica General Motors Bus.

Nel 1927 la famiglia si trasferì a Yellow Terraces in Shepherd St., all'angolo di Goyeau St., Windsor, mentre Luigi e Frank mantennero il proprio impiego alla General Motors a Pontiac, Michigan, andando a casa solo nei fine settimana. Nel 1932 le frontiere furono chiuse a causa della Depressione

---

231 Informazioni di Al, Lou e Toni Valente

difficulties, the family entrusted Tony, then 21, to move to Windsor and invest the family savings into the plant. Initially, all bottles were hand-washed and, for lack of staff, the bottling production was carried out during the day with Tony making deliveries at night. Luigi eventually also moved to Windsor and joined the business.

Tony enlisted in the army in 1939 and was stationed with the Provost Corps in Prince George, B.C. He became an MP (military police) until his honourary discharge in 1945. While on a two-week leave, Tony met Rose Mary Cipparone in Windsor and they married shortly after on June 30, 1945.

Endowed with entrepreneurial spirit, Tony secured the 7-Up franchise, chose a Mercer St. location (off of Erie St.), and expanded his line to include Vernors, Double Cola, Frostie Root Beer, RC Cola, Squirt, Chocolate Soldier, Snow White, Like, Nesbitt Orange, Faygo, and, of course, Brio Chinotto. Around 1967, he saw an opportunity for home delivery products and introduced Joy Home Beverages across the street from the 7-Up plant. At the same time, the "cash 'n' carry" and "environmentally friendly" concept seemed to be catching on. Tony took an interest in the Pop Shoppe in London, Ontario and, soon afterwards, Pop Shoppe of Windsor was born. It was initially run at the Mercer St. location but, a few years later, a new bottling plant with retail facility was built at 150 Ouellette Place sporting the trademark, giant Pop Shoppe bottle sign.

Tony always wanted to contribute to the community. He was one of the founding members of WIPBA, and offered the use of the family cottage on Lake St. Clair in Puce to the St. Angela Choir for their picnics, donating pop for the event. In 1985, he sold the business and retired. Tony passed away in 1987.

Tony's wife, Rose Mary, was born March 19, 1922 in Pietrafitta, Cosenza to Buonaventura (Tony)[232] Cipparone and Raffaella Tignanelli. That same year, Tony left for Canada to establish a new life. The family joined him in 1929 and lived on Esdras Pl. in Olde Riverside. Tony initially worked for Chrysler and eventually opened Tony's Body Shop. During WWII, Tony was taken by the Canadian government and held with many other Italian-Canadians for no apparent reason, other than being Italian.

Rose Mary's first job was with Mr. Kelly, a respected Windsor lawyer who, at the interview, asked Rose Mary her nationality. She responded, "Italian…and proud of it!" He exclaimed, "I knew it. Congratulations, you have a job." Rose Mary worked for him for a few years. Her brother, Joe,[233] became a well-known pathologist in Lansing, Michigan.

Following Rose Mary and Tony Valente's marriage, they adopted twins, Joseph and Gerald (Joe and Gerry) and six years later, Antonia (Toni). Soon afterwards, Rose Mary gave birth to six children: twins, Rosanne and Marianne, Louis, twins, Alfredo (Al) and John and, finally, Catherine. Irene Desjardins was hired to help Rose Mary with the children and was part of the family until her death in 1989.

In 1968, Rose Mary opened the Rose Mary Valente dress shop at 1531 Ouellette Ave., a European-

Tony Valente, MP (Military Police), Prince George, B.C., September 1944.
Tony Valente, MP (Polizia Militare), Prince George, B.C., settembre 1944.
Courtesy/Cortesia: Valente family, P13887

---

232 Later, he was called Grandpa Chip.
233 He passed away in 1974.

e i due lavorarono saltuariamente alla General Motors di Windsor. La famiglia si trasferì a Ottawa nel 1936 per lavorare nella fabbrica di autobus. Luigi si entusiasmò per una nuova bevanda gassata: "Kik". Avendo sentito dire di un impianto d'imbottigliamento a Windsor che si trovava in difficoltà finanziarie, la famiglia si affidò a Tony, allora ventunenne, perché si trasferisse a Windsor e investisse i risparmi di famiglia nell'impianto. All'inizio tutte le bottiglie erano lavate a mano e, per la mancanza di personale, l'imbottigliamento si eseguiva durante il giorno, mentre Tony faceva le consegne di notte. Luigi finì col trasferirsi anche lui a Windsor per far parte dell'impresa.

Tony si arruolò nell'esercito nel 1939 e fu postato con i Provost Corps a Prince George, B.C. Divenne poliziotto militare fino al congedo onorario nel 1945. Durante una licenza di due settimane, Tony conobbe Rose Mary Cipparone a Windsor e i due si sposarono il 30 giugno 1945.

Dotato di spirito imprenditoriale, Tony si assicurò il franchise della 7-Up, scelse una sede in Mercer St. (vicino a Erie St.) e allargò la sua linea a includere: Vernors, Double Cola, Frostie Root Beer, RC Cola, Squirt, Chocolate Soldier, Snow White, Like, Nesbitt Orange, Faygo e, ovviamente, Brio Chinotto. Intorno al 1967 vide un'opportunità per le consegne di prodotti a domicilio e introdusse Joy Home Beverages all'altro lato della strada, di fronte all'impianto della 7-Up. Nello stesso periodo sembrava che le idee del "cash 'n' carry" e dell' "ecocompatibile" stessero prendendo piede. Tony si interessò al Pop Shoppe a London, Ontario e, poco dopo, nacque il Pop Shoppe di Windsor. All'inizio era gestito nella sede di Mercer St., ma qualche anno dopo fu costruito un nuovo impianto di imbottigliamento con una nuova struttura di vendita al dettaglio al 150 di Ouellette Place, che sfoggiava il marchio-insegna della gigante bottiglia Pop Shoppe.

Tony aveva sempre voluto contribuire alla comunità. Fu uno dei membri fondatori della WIPBA e offrì l'uso del cottage di famiglia lungo il lago St. Clair a Puce al coro di Sant'Angela per i loro picnic, donando bevande gassate per l'evento. Nel 1985 vendette l'attività e andò in pensione. Tony morì nel 1987.

Rose Mary nacque il 19 marzo 1922 a Pietrafitta, Cosenza da Buonaventura (Tony)[232] Cipparone e Raffaella Tignanelli. Quello stesso anno, Tony se ne andò in Canada per farsi una nuova vita. La famiglia lo raggiunse nel 1929 e visse in Esdras Pl. a Olde Riverside. Tony all'inizio lavorò per la Chrysler e in seguito finì con l'aprire la carrozzeria Tony's Body Shop. Durante la seconda guerra mondiale Tony fu preso dal governo canadese e trattenuto con molti altri italo-canadesi senza motivo apparente, all'infuori di essere italiano.

Il primo lavoro di Rose Mary fu con il signor Kelly, un avvocato di Windsor ben rispettato che durante il colloquio le chiese quale fosse la sua nazionalità. Lei rispose: "Italiana... e fiera di esserlo!" Lui esclamò: "Lo sapevo. Congratulazioni, ha un lavoro". Rose Mary lavorò per lui per alcuni anni. Suo fratello, Joe,[233] divenne infine un patologo conosciuto a Lansing, Michigan.

Rose Mary Valente at work in her dress shop, 1531 Ouellette Ave., c. 1969.

Rose Mary Valente al lavoro nel suo negozio di abbigliamento, 1531 Ouellette Ave., 1969 ca.

Courtesy/Cortesia: Valente family, P13886

---

232   In seguito fu chiamato Granpa Chip.
233   Morì nel 1974.

style boutique, and a second location, Valente 2, downtown on the 400 block of Ouellette was opened to take advantage of the walk-in traffic. She eventually sold her business to her partner to pursue the travel business. Rose Mary opened Valente Travel in Dorwin Plaza in 1975 and later sold it to her partner. She then opened a small travel agency with two other partners on Erie St., Keytours. With Tony's retirement and declining health, Rose Mary sold Keytours in 1984 to spend more time with her husband.

After Tony's passing, Rose Mary volunteered in community projects such as the bereavement program for the Canadian Mental Health Association and the Retired Senior Volunteer Program (RSVP). She remained active until her passing in 2003.

The parents' entrepreneurial spirit is carried on by Al and Lou who opened Valente Travel Inc. in 1993. They both are members of CIBPA.

Fulvio Valentinis [234]

Fulvio was born on March 26, 1949 in San Paolo al Tagliamento, Pordenone (Friuli-Venezia Giulia) to Rosilda Donadonibus[235] and Guido Valentinis.[236] In 1952, Guido immigrated to Windsor, sponsored by his cousin Armando Avian, followed by Rosilda and Fulvio in 1952. Their possessions consisted of two suitcases and a small wooden chest which had been constructed by Guido's brother, Evaristo. Guido found employment with General Motors at the transmission plant and, during periods of layoff, worked in construction. The family first lived with Armando on Glengarry Ave., moved to Mercer Ave., then Assumption St. and finally purchased a home on Pierre Ave. where Vilma, Fulvio's sister, was born. Having lived in a loving family, Fulvio says that although they were far from wealthy, they never considered themselves poor.

Fulvio attended Immaculate Conception and De La Salle schools, Assumption High School and the University of Windsor Law School, graduating in 1974. He articled with the Cusinato and Gatti law firm, attended Osgoode Hall in Toronto and was admitted to the Bar in 1976. After nine years of practising law, he joined St. Clair College as Co-ordinator of Legal Studies.

In 1991, he was elected a Trustee with the Windsor Separate School Board. Fulvio first ran for City Council in Ward 3 in 1994 and is now serving his fifth term. During this time, he has served on the Windsor Police Service Board, Enwin Utilities, Windsor Essex County Development Commission, Essex Region Conservation Authority, Audit Committee (chair), the National Board of the Federation of Canadian Municipalities, the Via Italia Seniors and Community Centre Board and the St. Angela Non-Profit Housing Corp. as president, to name a few.

At a ceremony held at the Caboto Club on May 24, 2002 attended by the president of the province

Fulvio Valentinis and his parents Guido and Rosilda on the front steps of their house at 756 Assumption, 1955.

Fulvio Valentinis con i genitori Guido Valentinis e Rosilda Donadonibus sui gradini di casa al 756 Assumption, 1955.

Courtesy/Cortesia: Fulvio Valentinis, P14087

---

234 Information from Fulvio Valentinis
235 She passed away February 19, 2005.
236 He passed away October 31, 1986.

Fulvio Valentinis being sworn in as Councillor at the inaugural meeting of Windsor City Council, 1994.

Fulvio Valentinis presta giuramento per la carica di consigliere alla seduta inaugurale del Consiglio Comunale della città di Windsor, 1994.

Dopo il matrimonio, Rose Mary e Tony Valente adottarono due gemelli, Joseph e Gerald (Joe e Gerry) e sei anni dopo, Antonia (Toni). Poco dopo, Rose Mary diede alla luce sei figli: le gemelle Rosanne e Marianne, Louis, i gemelli Alfredo (Al) e John e, infine, Catherine. Irene Desjardins fu assunta per aiutare Rose Mary con i bambini e fece parte della famiglia fino alla sua morte nel 1989.

Nel 1968 Rose Mary aprì il negozio di abbigliamento Rose Mary Valente al 1531 Ouellette Ave., una boutique in stile europeo, e una seconda sede, Valente 2, in città nell'isolato 400 di Ouellette Ave., fu aperta per approfittare del traffico di passaggio. Finì con il vendere il negozio alla socia per seguire l'attività di viaggi. Rose Mary aprì l'agenzia Valente Travel a Dorwin Plaza nel 1975 e in seguito la vendette alla sua socia. Poi aprì una piccola agenzia di viaggi con due altri soci in Erie St., la Keytours. Con il pensionamento e il peggioramento della salute di Tony, Rose Mary la vendette nel 1984 per trascorrere più tempo con il marito.

Dopo la morte di Tony, Rose Mary si offrì come volontaria per progetti della comunità, quali il programma di lutto per la Canadian Mental Health Association e il Retired Senior Volunteer Program (RSVP). Rimase socialmente attiva fino alla sua morte nel 2003.

Lo spirito imprenditoriale dei genitori continua con Al e Lou che nel 1993 aprirono la Valente Travel Inc. Entrambi sono membri della CIBPA.

Fulvio Valentinis[234]

Fulvio nacque il 26 marzo 1949 a San Paolo al Tagliamento, Pordenone (Friuli-Venezia Giulia) da Rosilda Donadonibus[235] e Guido Valentinis.[236] Nel 1952 Guido immigrò a Windsor, sponsorizzato dal cugino Armando Avian, seguito da Rosilda e Fulvio nel 1952. I loro averi consistevano di due valigie e una piccola cassa di legno che era stata costruita dal fratello di Guido, Evaristo. Guido trovò lavoro all'impianto di trasmissione della General Motors e durante i periodi d'interruzione temporanea del lavoro, lavorava nell'edilizia. La famiglia visse dapprima con Armando in Glengarry Ave., si trasferì poi in Mercer Ave., quindi in Assumption St. ed infine acquistò una casa in Pierre Ave., dove nacque Vilma, la sorella di Fulvio. Avendo vissuto in una famiglia affettuosa, Fulvio dice che anche se non erano per niente ricchi, non si ritenevano mai poveri.

Fulvio frequentò le scuole Immaculate Conception e De La Salle, l'Assumption High School e la facoltà di giurisprudenza dell'Università di Windsor, dove si laureò nel 1974. Fece un praticantato presso lo studio legale Cusinato e Gatti, frequentò l'Osgoode Hall a Toronto e fu ammesso all'Albo degli avvocati nel 1976. Dopo nove anni di pratica legale, entrò al St. Clair College come coordinatore degli studi di giurisprudenza.

Nel 1991 fu eletto amministratore fiduciario della Windsor Separate School Board. Fulvio si

234 Informazioni di Fulvio Valentinis
235 Morì il 19 febbraio 2005.
236 Morì il 31 ottobre 1986.

of Pordenone and mayors of several towns in the region, Fulvio was the recipient of the Pordenonesi nel Mondo Distinguished Service Award. In recognition of his many years of service to Windsor as a member of city council as well as his contributions to many community organizations, Fulvio was named the Caboto Club Italian of the Year in 2002.

Fulvio married Vita Licata, who had come to Canada in 1953 from Campobello di Mazzara, Trapani (Sicilia) with her parents. They have three daughters, Alissia, Giulia and Nadia.

Ulderico Loreto Vennettilli Family (Guaranteed "A" Fine Furniture)[237]

The story begins in Casalvieri, Frosinone (Lazio), a town full of childhood memories for Maria Pia Iolanda Giancarlo and Ulderico Vennettilli. Ulderico was born in 1936, the fourth of six children of Caterina Frezza and Pietro Vennettilli.

In 1953, Ulderico's sister, Natalina Carlesimo, who was living in Windsor with her husband, Agostino, completed an *atto di richiamo* (application for immigration) for Ulderico. With borrowed money from his uncle in Detroit, Ulderico left Naples in 1954 on board the *Homeline*, landing at Pier 21, Halifax with no money in his pocket and a heart full of hope. Upon his arrival, the government of Canada gave him $10 that he used to purchase "sponge bread." He did not eat it because "it did not taste like Mom's." After a two-day and three-night train trip, he finally reached Grand Trunk Station in Windsor where he was greeted by his sister and family with open arms.

Ulderico's first job in Canada was at the city market, while attending school in Detroit to be a television repairman. In his spare time, he fixed televisions and continued his studies in industrial electronics. After completing his education, Ulderico returned to Italy and married Maria Pia, daughter of Chiara Rosa Colucci and Nicola Giancarlo. The couple returned to Windsor in 1961 and, in 1963, opened their first store on Erie St. E. and Goyeau St., Guaranteed "A" Radio, TV Sales and Service.

The business grew, as did the family; they had three children, Riccardo, Antonio and Donato, who learned quickly that it took hard work and dedication for the business to thrive. The boys helped their parents after school and in between classes. In 1967, the Vennettillis purchased their first store at Hall Ave. and Tecumseh Rd. where they sold televisions and appliances and repaired electronics.

In 1975, the business moved to Tecumseh Rd. E. and Norman Rd. and an addition was built in 1981. Guaranteed "A" moved to its current location at 4735 Tecumseh Rd. E. in 1996. Now known as Guaranteed "A" Fine Furniture, the store was remodelled and expanded in 2000, showcasing the latest products and ideas in the home furnishing industry. Today, the third generation is involved in the business. The children of Richard and Jessica (Kardum), Christopher, Marisa and Alexa, and the children of Tony and Anna (Ciaravino), Alyssa and Nicholas, are following in their parents' footsteps. The business received the 2003 CIBPA Award of Excellence Family Business of the Year.

237 Written by grandson, Christopher.

Ulderico and Maria Vennettilli honeymooning in Naples, 1961.
Ulderico e Maria Vennettilli in luna di miele a Napoli, 1961.
Courtesy/Cortesia: Richard Vennettilli, P12345

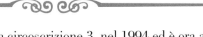

candidò per il consiglio comunale, nella circoscrizione 3, nel 1994 ed è ora al suo quinto mandato. In questo periodo ha prestato servizio presso il Windsor Police Service Board, l' Enwin Utilities, la Windsor Essex County Development Commission, l'Essex Region Conservation Authority, l'Audit Committee (presidente), il National Board of the Federation of Canadian Municipalities, il Via Italia Seniors and Community Centre Board e la St. Angela Non-Profit Housing Corp. come presidente, per nominarne alcuni.

A una cerimonia tenutasi presso il Caboto Club il 24 maggio 2002, alla quale presenziarono il presidente della Provincia di Pordenone e i sindaci di diversi comuni nella regione, Fulvio ricevette il premio per Distinguished Service Pordenonesi nel Mondo. A riconoscimento dei molti anni di servizio a Windsor come membro della giunta comunale e dei contributi a molte organizzazioni comunitarie, a Fulvio fu conferito l'Italian of the Year Award nel 2002 dal Club Caboto.

Fulvio sposò Vita Licata, che era venuta in Canada nel 1953 da Campobello di Mazzara, Trapani (Sicilia), con i genitori. Hanno tre figlie: Alissia, Giulia e Nadia.

La famiglia di Ulderico Loreto Vennettilli (Guaranteed "A" Fine Furniture)[237]

La storia inizia a Casalvieri, Frosinone (Lazio), un paese pieno di ricordi d'infanzia per Maria Pia Iolanda Giancarlo e Ulderico Vennettilli. Ulderico nacque nel 1936, il quarto dei sei figli di Caterina Frezza e Pietro Vennettilli.

Nel 1953 la sorella di Ulderico, Natalina Carlesimo, che viveva a Windsor con il marito Agostino, completò un atto di richiamo per Ulderico. Con dei soldi presi in prestito da suo zio a Detroit, Ulderico lasciò Napoli nel 1954 a bordo della *Homeline*, approdando al molo 21 ad Halifax senza soldi in tasca e con il cuore pieno di speranza. All'arrivo, il governo del Canada gli diede $10 che usò per comprare del "pane spugnoso". Non lo mangiò perché non "era come quello di mamma". Dopo due giorni e tre notti di viaggio in treno, arrivò finalmente alla Grand Trunk Station a Windsor, dove fu accolto a braccia aperte da sua sorella e famiglia.

Il primo lavoro di Ulderico in Canada fu al mercato della città, mentre frequentava la scuola a Detroit per divenire un riparatore di televisori. Nel tempo libero riparava televisori e continuò gli studi di elettronica industriale. Terminate le scuole, Ulderico ritornò in Italia e sposò Maria Pia, figlia di Chiara Rosa Colucci e Nicola Giancarlo. La coppia ritornò a Windsor nel 1961 e nel 1963 i due aprirono il loro primo negozio in Erie St. E. e Goyeau St., Guaranteed "A" Radio, TV Sales and Service.

L'attività crebbe, e anche la famiglia; ebbero tre figli, Riccardo, Antonio e Donato, che impararono presto che ci volevano duro lavoro e dedizione perché l'attività prosperasse. I ragazzi aiutarono i genitori dopo la scuola e tra le lezioni. Nel 1967 i Vennettilli acquistarono il loro primo negozio in Hall Ave. e Tecumseh Rd., dove vendevano televisori, elettrodomestici e apparecchi elettronici riparati.

Maria and Ulderico Vennettilli with son Richard at Dieppe Park in front of the Cleary Auditorium, 1963.
Maria e Ulderico Vennettilli con il figlio Richard al Dieppe Park, davanti al Cleary Auditorium, 1963.
Courtesy/Cortesia: Richard Vennettilli, P12344

---

237 Scritto dal nipote, Christopher.

Francesco (Frank) Ventrella (Saturn Tool & Die (Windsor) Ltd.)[238]

I was born in a family with a long history of immigrants. It began in 1885 with my great-grandfather on my father's side, Auronzo Mondelli. Subsequent to his migration, many uncles and cousins moved to different parts of the world. My parents, Michele and Maria Toritto, moved in 1931 from Sannicandro di Bari (Puglia) to Vicenza (Veneto) where they lived for the rest of their lives. Born on June 7, 1935 in Vicenza, the fifth of six children, I attended school at Rossi Technical Institute and graduated in 1953 with a diploma in mechanical engineering, the base of my tool and die trade.

My two older brothers immigrated to Canada, Giovanni (John) in 1950 and Giuseppe (Joe) in 1952. John remained in Windsor and Joe moved to Detroit in 1956. At 19, I had a great sense of adventure; I wanted to see my brothers after a long absence, see new places and have a life of my own.

I left Genoa on August 29, 1954 aboard the ocean liner *Saturnia* and, on September 14, 1954, landed at Pier 21, an old decrepit structure that did nothing to welcome me. As I walked off the ship and looked toward land, a strange feeling overcame me and I asked myself, "What did I do?" I felt like going back home. After an unbearable two-day train ride, I met my brother Joe in Toronto. We boarded with our aunt and uncle, the Ranieris. I found a temporary job for two weeks, paying 85 cents an hour in a small shop which manufactured dental equipment on King St. and Dundas.

Some time later, I learned that Windsor was the area for the automotive and tool and die industries. On October 15, 1954, I joined my brother John in Windsor and boarded with my mother's cousins, Leo and Mary Riccardi, on Walker Rd. (near the Canadian Bridge Company, which no longer exists). Employment opportunities in Windsor were poor. With my brother's help, I met several Italians. Our favourite greeting was, "Do you have a job?"

In December 1954, I landed a job with International Tool located at Tecumseh Rd. near Parent Ave. Then, in February, I was hired as a toolmaker apprentice for 50 cents an hour at Perfect Cutting Tools (where the Tecumseh Mall now stands). However, my intention was to seek employment at Windsor Tool & Die on Kildare Rd. (known for its expertise). Since in those days it was believed that Italians were only good for construction and manual labour, it took three months of persistence before George Nash hired me, either for my perseverance or because he was tired of seeing me at his door. I took private English lessons and evening courses at W. D. Lowe Technical School. In April of 1956, my friend Tony Marcuzzi, whom I had met at Windsor Tool & Die, asked if I wanted a job with Canadian Engineering & Tool Company for $1.75 an hour. I applied, was soon hired as a tool and die maker and worked there for four years, eight hours per day, which gave me considerable time that I put to good use. I enrolled in a two-year night course for electronic communications in July 1956, graduating with a diploma from R.E.T.S. (Radio Electronic Television School) in Detroit. From 1960 to 1962, I took tool and die design courses sponsored by A.S.M.E. and Ford Motor Company.

238 Written by Frank Ventrella

Frank Ventrella at work, 1963.
Frank Ventrella al lavoro, 1963.
Courtesy/Cortesia: Frank Ventrella, P13261

Frank Ventrella beside metal stamping dies, 1990s.
Frank Ventrella accanto alla pressa di stampi metallici, anni '90.
Courtesy/Cortesia: Frank Ventrella, P13262

Nel 1975 l'attività si trasferì a Tecumseh Rd. e Norman Rd., seguita da un aggiunta nel 1981. Guaranteed "A" si trasferì alla sede attuale al 4735 di Tecumseh Rd. E. nel 1996. Ora noto come Guaranteed "A" Fine Furniture, il negozio è stato ristrutturato e ampliato nel 2000, per esibire gli ultimi prodotti e idee nell'industria dell'arredamento casa. Oggi la terza generazione è coinvolta nell'attività. I figli di Richard e Jessica (Kardum), Christopher, Marisa e Alexa e i figli di Tony Vennettilli e Anna (Ciaravino), Alyssa e Nicholas stanno seguendo le impronte dei loro genitori. Nel 2003 l'impresa ricevette il CIBPA Award of Excellence Family Business of the Year.

Francesco (Frank) Ventrella (Saturn Tool & Die (Windsor) Ltd.)[238]

Sono nato in una famiglia con una lunga storia di immigrati. Tutto iniziò nel 1885 con il mio bisnonno dalla parte di mio padre, Auronzo Mondelli. In seguito alla sua emigrazione, molti zii e cugini si trasferirono in diverse parti del mondo. I miei genitori Michele e Maria Toritto si trasferirono nel 1931 da Sannicandro di Bari (Puglia) a Vicenza (Veneto), dove vissero il resto della loro vita. Nato il 7 giugno 1935 a Vicenza, quinto di sei figli, frequentai l'istituto tecnico Rossi e mi diplomai nel 1953 in ingegneria meccanica, la base del mio mestiere di attrezzista e stampista.

I miei due fratelli maggiori immigrarono in Canada: Giovanni (John) nel 1950 e Giuseppe (Joe) nel 1952. John rimase a Windsor e Joe si trasferì a Detroit nel 1956. All'età di 19 anni avevo un grande senso dell'avventura: volevo vedere i miei fratelli dopo una lunga assenza, vedere nuovi posti e avere una mia vita.

Lasciai Genova il 29 agosto 1954 a bordo del transatlantico *Saturnia* e il 14 settembre 1954 approdai al molo 21, una vecchia struttura decrepita che non aveva nulla di accogliente. Scendendo dalla nave e guardando verso terra, fui sopraffatto da una strana sensazione e mi chiesi: "Che cosa ho fatto?" Volevo tornare a casa. Dopo un insopportabile viaggio di due giorni in treno, incontrai mio fratello Joe a Toronto. Stemmo a casa degli zii, i Ranieri. Trovai un lavoro temporaneo per due settimane, che pagava 85 centesimi l'ora, in un piccolo negozio che produceva apparecchiature dentali in King St. e Dundas.

Un po' di tempo dopo, venni a sapere che Windsor era la zona dell'industria automobilistica e di attrezzisti e stampisti. Il 15 ottobre 1954, raggiunsi mio fratello John a Windsor e abitai con i cugini di mia madre, Leo e Mary Riccardi in Walker Rd. (vicino alla Canadian Bridge Company, che non esiste più). Le opportunità di lavoro a Windsor erano scarse. Con l'aiuto di mio fratello, conobbi diversi italiani. Il modo preferito di salutarci era: "Hai un lavoro?"

Nel dicembre 1954 riuscii a procurarmi un lavoro all'International Tool situata in Tecumseh Rd. vicino a Parent Ave. Poi, a febbraio, fui preso come attrezzista apprendista per 50 centesimi l'ora alla Perfect Cutting Tools (dove ora si trova il Tecumseh Mall). Comunque, la mia intenzione era quella di trovare un impiego alla Windsor Tool & Die in Kildare Rd. (conosciuta per la sua perizia).

238 Scritto da Frank Ventrella.

By the end of 1959, I met Rosemary (Mary) Cora. We married on April 28, 1962 and have three children: Michael, Lisa Lucente and Christina Petretta. From 1960 to 1966, I worked for International Tool and Centre Tool & Mold and, in September 1966, I was hired by Plasticast, a division of Noranda Mines. I was promoted to head the engineering department in charge of purchasing tools and associated components in 1967. I liked my job; however, Noranda Mines closed Plasticast two years later. I received a few employment offers in the U.S. but, due to an immigration quota for the Italian-born, there was a 15-year waiting period.

In January of 1970, I started Saturn Tool & Die Ltd. The economy was going through a recession; consequently, to make ends meet, Mary worked as cash supervisor with Steinberg for two years until I was able to earn enough money to support my family. I rented a small space on South Cameron Blvd. until 1972. I then purchased an old building in Tecumseh. In 1974, the Town of Tecumseh purchased my property and, in April 1975, I moved to 5175 Hennin Dr., Sandwich South. My working days began at 7:00 a.m. and ended at 2:00 a.m., seven days a week. I sacrificed family time; however, we always took a yearly vacation. In 1985, the business expanded and became Saturn Tool & Die (Windsor) Inc.

Michael started to work part time in the company at age 13. He became a chartered accountant in 1987 and joined the company in 1988. With his help, we introduced the latest technology in manufacturing in order to stay on the cutting edge of the industry. In recent years, our workforce has ranged from 72 to 100 people. I worked with the company until 1997 and now enjoy semi-retirement. Consistency and perseverance are the keys to success. I still am and will always be a proud Italian but, at the same time, I am a proud Canadian, thankful to this country for allowing me the opportunity to create a good future for myself and my family.

Thoughts on Discrimination by Frank Ventrella

I would like to say a few words about discrimination as I experienced it.

During the early times in Canada, Italians were made to feel like second-class citizens. I will never forget the day I became a Canadian citizen on April 1, 1960. The judge asked me what I did for a living. I stated my profession and he asked, "Are you Italian?" I replied, "Yes." He said in a sarcastic tone that Italians all work in construction; I responded that Italians have distinguished themselves in many fields. The judge replied, "Okay" and gave me my citizenship certificate.

I consider discrimination a degrading experience. It fills one with anger and feelings of defenselessness due to cultural and language barriers. Initially, language and custom are the main obstacles that deny an individual the rights and protection from abuse. I was afraid to answer to any abuse for fear of saying the wrong thing and making matters worse. In time, I came to understand the roots of discrimination: poor education and fear of losing jobs if immigrants were allowed to assimilate in society.

Laundry workers at Hotel Dieu Hospital, February 1956. Filomena Vitale and Giuseppina Bergamin are the third and second from the right in the back row.

Le operaie della lavanderia presso l'Hotel Dieu Hospital, febbraio 1956. Filomena Vitale e Giuseppina sono la terza e la seconda da destra in seconda fila.

Courtesy/Cortesia: Maria Carriero, P10832.

Viselli family at Reaume Park, c. 1962-63. From left: Carmine, Fernanda, Claudio, Arcangela and Sebastiano Viselli.

La famiglia Viselli al Reaume Park, 1962-63 ca. Da sinistra: Carmine, Fernanda, Claudio, Arcangela e Sebastiano Viselli.

Courtesy/Cortesia: Armando Viselli, P10866

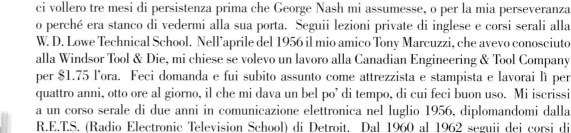

Poiché in quei giorni si credeva che gli italiani fossero solo buoni per l'edilizia e il lavoro manuale, ci vollero tre mesi di persistenza prima che George Nash mi assumesse, o per la mia perseveranza o perché era stanco di vedermi alla sua porta. Seguii lezioni private di inglese e corsi serali alla W. D. Lowe Technical School. Nell'aprile del 1956 il mio amico Tony Marcuzzi, che avevo conosciuto alla Windsor Tool & Die, mi chiese se volevo un lavoro alla Canadian Engineering & Tool Company per $1.75 l'ora. Feci domanda e fui subito assunto come attrezzista e stampista e lavorai lì per quattro anni, otto ore al giorno, il che mi dava un bel po' di tempo, di cui feci buon uso. Mi iscrissi a un corso serale di due anni in comunicazione elettronica nel luglio 1956, diplomandomi dalla R.E.T.S. (Radio Electronic Television School) di Detroit. Dal 1960 al 1962 seguii dei corsi di progettazione attrezzi e stampi sponsorizzati dall'A.S.M.E. e dalla Ford Motor Company.

Entro la fine del 1959 conobbi Rosemary (Mary) Cora. Ci sposammo il 28 aprile 1962 e abbiamo tre figli: Michael, Lisa Lucente e Christina Petretta. Dal 1960 al 1966 lavorai per l'International Tool and Centre Tool & Mold e nel settembre 1966 fui assunto dalla Plasticast, un ramo della Noranda Mines. Fui promosso a capo del reparto ingegneria in carico dell'acquisto di attrezzi e componenti associati nel 1967. Mi piaceva il mio lavoro; tuttavia, la Noranda Mines chiuse Plasticast due anni dopo. Ricevetti alcune offerte di lavoro negli Stati Uniti, ma a causa della quota di immigrazione di cittadini nati in Italia, c'era un periodo di attesa di 15 anni.

Nel gennaio 1970 avviai la Saturn Tool & Die Ltd. L'economia stava attraversando una recessione, di conseguenza, per sbarcare il lunario, Mary lavorò come capo cassa per Steinberg per due anni, finché io fui in grado di guadagnare abbastanza soldi per mantenere la mia famiglia. Affittai un piccolo locale in South Cameron Blvd. fino al 1972. Poi acquistai un vecchio edificio a Tecumseh. Nel 1974 la città di Tecumseh comprò la mia proprietà e nell'aprile 1975 mi trasferii al 5175 Hennin Dr., Sandwich South. La mia giornata lavorativa iniziava alle 7:00 del mattino e finiva alle 2:00 di notte, sette giorni alla settimana. Sacrificai il tempo per la famiglia, ma facevamo sempre una vacanza all'anno. Nel 1985 l'attività si espanse e divenne Saturn Tool & Die (Windsor) Inc.

Michael iniziò a lavorare part-time nella società all'età di 13 anni. Divenne un ragioniere collegiato nel 1987 ed entrò nella società nel 1988. Con il suo aiuto introducemmo l'ultima tecnologia di produzione per essere all'avanguardia nell'industria. Negli ultimi anni il personale è passato da 72 a 100 dipendenti. Io ho lavorato con la società fino al 1997 e ora mi godo il semi pensionamento. La costanza e la perseveranza sono le chiavi del successo. Sono ancora e sarò sempre orgoglioso di essere italiano, ma allo stesso tempo, sono orgoglioso di essere canadese, grato a questo paese per avermi dato l'opportunità di creare un buon futuro per me stesso e la mia famiglia.

Riflessioni sulla discriminazione, di Frank Ventrella

Vorrei dire alcune parole sulla discriminazione che ho subito.

Durante i primi tempi in Canada, gli italiani venivano trattati come cittadini di seconda classe. Non dimenticherò mai il giorno in cui divenni un cittadino canadese, il 1° aprile 1960. Il giudice mi chiese

To help myself from being a victim of discrimination, I had to learn the language and customs of the country, become a better citizen, excel in my field, gain a good knowledge of the economics and politics of the country, and show compassion for those in need. Do not dwell on the abuse, but seek a solution and rise above it.

Nicola (Nick) Vitale (Vitale Produce)[239]

Nick immigrated to Canada on June 26, 1954. After settling in Windsor, he found work with a produce company and, a few years later, he started his own business as a street vendor. Vitale's business expanded and, in 1960, he began to supply produce to small restaurants and stores. Due to a growing demand, Nick and his wife Fina opened Vitale Produce located at 285 Mercer St in 1973. Nick and older sons Bill and Jerry ran the wholesale division while Fina, sons Frank and Larry, and daughters Josie Montaleone and Rosie Isshak worked in the city market retail section. The company thrived and, in 1994, relocated to its present location at 1125 Mercer St. Vitale Produce was the recipient of the 2003 CIBPA Family Business of the Year Award.

Nick was involved in Windsor's Italian community and participated in the 1976 Easter Seal Telethon. He was a member of the Caboto Club and president of the Sicilia Club for eight years. Nick died February 1, 2006.

Nick Vitale of Vitale Produce participating in the 1984 Easter Seals Telethon.
Nick Vitale, proprietario di Vitale Produce, partecipa al 1984 Easter Seal Telethon.
Courtesy/Cortesia: Nick Vitale, P13550

Michele (Mike) Vonella (Vonella International Clothing)[240]

Not long ago, artisans began their apprentice training at six or seven years old. Mike was such a person. At age seven, he began doing odd jobs in the tailor shop, sweeping floors, running errands, doing whatever needed to be done. Slowly, he was introduced to needle and thread. He learned about the subtleties of fabric, the geometry of the physical body and, at 16, he made his first suit.

Mike received further training and refined his craft at the Fehlmann clothing factory in Gränichen, Aarau, Switzerland. There he met Silvana Lovato, daughter of Elena Benetti and Francesco Lovato of Recoaro, Vicenza (Veneto). Mike, son of Francesca Cordaro and Francesco Vonella, married Silvana in 1964 and immigrated to Windsor in 1965. They have four children, Francesca, Rosella, Elena and Michael, and several grandchildren.

In 1966, Mike and Silvana opened Ultimoda Custom Tailor at 1027 Ottawa St. While at this location, Mike was also involved in other businesses, Italmode on Ottawa St. and The Shirt Gallery on Dougall Ave. In 1985, Mike and Silvana expanded their business, moved to Erie St. at Parent Ave. and named it Vonella International Clothing. Mike's designs are worn by many in the Windsor and Detroit area as well as by executives and movie stars as far away as California and Las Vegas.

Mike is a long-standing member of the Caboto Club. He has served as president of both the Calabria Club and S.S. Italia for a period of time.

Carretto Siciliano.
Courtesy/Cortesia: Nick Vitale, P13552

239 Information from Josie Montaleone
240 Information from Mike Vonella

Tailor Mike Vonella in his shop, Vonella Custom Clothing Canada at 893 Erie St. E., March 2008.

Il sarto Mike Vonella nella sua sartoria, Vonella Custom Clothing Canada al 893 Erie St. E., marzo 2008.

Photo by/foto di: Robert Robinson. Courtesy/Cortesia: Windsor Life, P13565

che mestiere facevo. Gli dissi qual era la mia professione e lui mi domandò: "Sei italiano?" Gli risposi: "Sì". In tono sarcastico disse che tutti gli italiani lavorano nell'edilizia; gli risposi che gli italiani si sono distinti in molti settori. Il giudice rispose: "Okay", e mi diede il certificato di cittadinanza.

Considero la discriminazione un'esperienza degradante. Manda in collera e fa sentire indifesi a causa delle barriere culturali e linguistiche. All'inizio la lingua e le usanze rappresentano gli ostacoli principali che negano a un individuo i diritti e la protezione dall'abuso. Avevo paura di rispondere a qualunque abuso, per timore di dire qualcosa di sbagliato e peggiorare la situazione. Con il tempo arrivai a capire le radici della discriminazione: la scarsa istruzione e il timore di perdere il lavoro se agli immigrati fosse permesso di inserirsi nella società.

Per proteggermi dall'essere vittima della discriminazione, dovetti imparare la lingua e le usanze del paese, divenire un cittadino migliore, eccellere nel mio campo, acquisire buone conoscenze dell'economia e della politica del paese e mostrare compassione per i bisognosi. Non soffermarti sull'abuso, ma cerca una soluzione e vai oltre.

Nicola (Nick) Vitale (Vitale Produce)[239]

Nick immigrò in Canada il 26 giugno 1954. Dopo essersi stabilito a Windsor, trovò lavoro presso un'azienda agricola e, alcuni anni dopo, iniziò un'attività in proprio come venditore ambulante. L'attività di Vitale si espanse e, nel 1960, iniziò a fornire prodotti a piccoli ristoranti e negozi. A causa della crescente domanda, Nick e sua moglie Fina aprirono la Vitale Produce al 285 Mercer St., nel 1973. Nick e i figli maggiori Bill e Jerry gestivano il reparto all'ingrosso, mentre Fina, i figli Frank e Larry e le figlie Josie Montaleone e Rosie Isshak lavoravano nella sezione al dettaglio al mercato della città. La società prosperò e nel 1994 si trasferì alla sede attuale al 1125 Mercer St., la Vitale Produce ricevette il CIBPA Family Business of the Year Award 2003.

Nick era impegnato nella comunità italiana di Windsor e partecipò all'Easter Seal Telethon del 1976. Fu socio del Club Caboto e presidente del Club Sicilia per otto anni. Nick morì il 1° febbraio 2006.

Michele (Mike) Vonella (Vonella International Clothing)[240]

Non molto tempo fa gli artigiani iniziavano l'apprendistato a sei o sette anni. Mike era uno di questi. All'età di sette anni iniziò a fare alcuni lavoretti in sartoria: scopando i pavimenti, facendo le commissioni e qualunque cosa di cui ci fosse bisogno. Pian piano iniziò con l'ago e il filo. Imparò le sottigliezze dei tessuti, la geometria del corpo e, all'età di 16 anni, fece il suo primo abito.

Mike proseguì la sua formazione e affinò la sua arte alla fabbrica di abbigliamento Fehlmann a Gränichen, Aarau, Svizzera. Lì conobbe Silvana Lovato, figlia di Elena Benetti e Francesco Lovato di Recoaro, Vicenza (Veneto). Mike, figlio di Francesca Cordaro e Francesco Vonella, sposò Silvana

---

239 Informazioni di Josie Montaleone
240 Informazioni di Mike Vonella

Windsor Chrome Plating Inc. (Rustshield Plating Limited)
(Peter Mario Boscariol and Rino Marcuzzi Families)[241]

Peter was born August 15, 1932 in Fiume Veneto, Pordenone (Friuli-Venezia Giulia). At age 18, he immigrated to Canada to seek new opportunities and held various jobs including tobacco picking and labourer before managing a billiards hall on Erie St. He later began working in a small chrome-plating operation on Glengarry Ave. In 1958, Peter married Ruth Mallo from Detroit, Michigan. They had two children, Kim and Mark.

Rino was also born in Fiume Veneto on March 14, 1935. Rino came to Canada with his father at age 14 and settled in Windsor where other relatives had immigrated. He attended Assumption College High School and worked for a number of years at Border Tool and Die on Walker Rd. in Windsor.

Windsor Chrome Plating, where Peter was employed, came up for sale. Seeing an opportunity, Peter and Rino purchased the business and a long partnership began on November 13, 1961. At the time, the company chrome-plated small motorcycle parts and repaired and re-plated four automobile bumpers a day for local auto body shops. In the early years, the bumpers were hand-dipped and chrome-plated in barrels.

As the business grew, an additional industrial complex on Wellington Ave. was opened. Later, contracts were secured with Original Equipment Manufacturers Parts (OEM), including bumpers and wheels for General Motors, Chrysler and Ford, as well as other after-market parts manufacturers. The company expanded further and opened an additional factory on Ouellette Ave. known as Windsor Chrome Plating Limited. In 1976, the company purchased the Burroughs Building at 804 McDougall Ave., moved all the operations to this location and consolidated the business under one name – Rustshield Plating Limited. The company successfully weathered the ups and downs of numerous economic trends as a result of its innovations, including that of one of the first automated hoist systems in Windsor and Essex County.

Rino retired in 1990 and sold his shares to Peter. Early in 1991, Rustshield closed due to the recession and, later that year, it re-opened and was able to secure work as economic conditions improved. Peter's son, Mark, purchased the business from his father in 1992.

Rino passed away in 1992 at age 57. In 1993, Peter passed away at age 60.

Rustshield Plating was sold to Flex-N-Gate Corporation in 1998. Today, it is known as Chromeshield Plating Limited.

Windsor Chrome Plating, 663 Glengarry Ave., owned by Rino Marcuzzi and Peter Boscariol, early 1960s.

Windsor Chrome Plating, 663 Glengarry Ave., di proprietà di Rino Marcuzzi e Peter Boscariol, inizio degli anni '60.

Courtesy/Cortesia: Mark Boscariol, P12762

---

241 Information from Mark Boscariol and Paula Marcuzzi

Carmine Viselli, with two customers, during his first year as a barber in Canada, c. 1958. For 30 years Carmine owned and worked at Roma Barber Shop, 148 Wyandotte St. E.

Carmine Viselli con due clienti, nel primo anno come barbiere in Canada, 1958 ca. Carmine Lavorò per 30 anni e fu il proprietario della Roma Berber Shop al 148 Wyandotte St. e.

Courtesy/Cortesia: Armando Viselli, P10861

nel 1964 e immigrò a Windsor nel 1965. Hanno quattro figli: Francesca, Rosella, Elena e Michael, e vari nipoti.

Nel 1966, Mike e Silvana aprirono la Ultimoda Custom Tailor al 1027 Ottawa St. Mentre erano in questa sede, Mike era impegnato anche in altre attività: Italmode in Ottawa St. e The Shirt Gallery in Dougall Ave. Nel 1985 Mike e Silvana ampliarono l'attività, si trasferirono in Erie St. e Parent Ave. e la chiamarono Vonella International Clothing. I modelli di Mike sono indossati da molta gente nell'area di Windsor e Detroit, e anche da dirigenti e stelle del cinema fino alla California e a Las Vegas.

Mike è un membro di vecchia data del Club Caboto. Ha servito come presidente sia del Club Calabria sia dell'S.S. Italia per un periodo di tempo.

Windsor Chrome Plating Inc. (Rustshield Plating Limited) (Le famiglie di Peter Mario Boscariol e Rino Marcuzzi)[241]

Peter nacque il 15 agosto 1932 a Fiume Veneto, Pordenone (Friuli-Venezia Giulia). All'età di 18 anni immigrò in Canada in cerca di nuove opportunità e fece vari lavori, tra cui raccogliere il tabacco e l'operaio prima di gestire la sala da biliardo in Erie St. In seguito iniziò a lavorare in una piccola attività di cromatura in Glengarry Ave. Nel 1958 Peter sposò Ruth Mallo di Detroit, Michigan. Ebbero due figli: Kim e Mark.

Anche Rino nacque a Fiume Veneto il 14 marzo 1935. Rino venne in Canada con il padre all'età di 14 anni e si stabilì a Windsor, dove erano immigrati altri parenti. Frequentò l'Assumption College High School e lavorò per alcuni anni alla Border Tool and Die in Walker Rd. a Windsor.

La Windsor Chrome Plating, dove Peter era impiegato, fu messa in vendita. Rendendosi conto dell'opportunità, Peter e Rino acquistarono l'attività e il 13 novembre 1961 iniziò una lunga collaborazione. All'epoca la società cromava piccole parti di motociclette e riparava e ricromava quattro paraurti d'auto al giorno per le carrozzerie locali. Nei primi anni, i paraurti erano immersi a mano e cromati in barili.

Con la crescita dell'attività, fu aperto un ulteriore complesso industriale in Wellington Ave. Più tardi contratti furono ottenuti con Original Equipment Manufacturers Parts (OEM), tra cui paraurti e ruote per la General Motors, Chrysler e Ford, come pure con altri produttori di parti per vetture già in circolazione. La società si allargò ulteriormente e aprì un'altra fabbrica in Ouellette Ave., conosciuta come Windsor Chrome Plating Limited. Nel 1976 la società acquistò il Burroughs Building all'804 McDougall Ave., trasferì tutte le attività in questa sede e consolidò l'azienda sotto un altro nome: Rustshield Plating Limited. La società riuscì a superare gli alti e i bassi di numerose tendenze economiche grazie alle sue innovazioni, inclusa quella del primo sistema di sollevamento automatico a Windsor e nella Contea dell'Essex.

241 Informazioni di Mark Boscariol e Paula Marcuzzi

Antonio and Catarina (Alice) Zimbalatti[242]

Antonio was born January 10, 1894 in Podargoni, Reggio Calabria and came by ship[243] to Montreal in 1909. He proceeded to North Bay, Ontario to join his two brothers Steve and Santo and worked on the C.P. Railroad for a short time. Afterwards, he stayed with his sister Vincenza in Welland, Ontario. He went to Chicago to learn the barbering trade. There, he joined the U.S. Army during WWI and went overseas as a barber. He gave General Pershing[244] a haircut. After the war, he came to Windsor and opened a grocery store on the southeast corner of Erie St. and Marion Ave. where he also resided.

Catarina Fontana was born in New York City on March 9, 1903 to parents who had immigrated in the late 1800s. Antonio had met Catarina in Windsor while she was visiting her sister, Frances Gerace. In July 1922, Antonio married Catarina in New York City and they had four children: Carmela Marie (Millie), Joseph, Anthony and Steve. The boys attended university and became dentists. Carmela worked for the Canadian Pacific Railway.

In 1929, Antonio built a large building on the north side of Erie St. E., between Langlois Ave. and Marion Ave., which housed three apartments, one business, a pool room and barber shop.[245] By 1934, Antonio had opened the Erio Hotel[246] in the building, renamed the Dixie Hotel the following year. Around 1941, he sold the Dixie Hotel to M. Ivosevich. The 1942 city directory lists Antonio as the proprietor of the Parkwood shop located in the 1500 block of Ottawa St. (where Freeds is today). By 1943, Antonio owned the Marigold Hotel, a bar at 1015 Drouillard Rd., which he operated until his retirement in the 1960s.

Antonio passed away April 28, 1976 and Catarina, July 16, 1999.

---

242 Information provided by Carmela Zimbalatti
243 He travelled with Steve DeMarco who came from the same town as Antonio. See DeMarco story in this chapter.
244 General Pershing led the American Expeditionary Force in World War I.
245 Carmela recalls that the building was known as the Alice Apartments in honour of her mother (nicknamed Alice because her long curls resembled those of Alice-in-Wonderland).
246 Origin of this name is not clear.

Antonio Zimbalatti joined the U.S. Army in WWI.

Antonio Zimbalatti prestò servizio militare con la U.S. Army nella prima guerra mondiale.

Courtesy/Cortesia: Carmela Zimbalatti, P13539

Rino andò in pensione nel 1990 e vendette le sue quote a Peter. All'inizio del 1991 Rustshield chiuse a causa della recessione e, più avanti nello stesso anno, riaprì e man mano che le condizioni economiche miglioravano, fu in grado di assicurarsi del lavoro. Il figlio di Peter, Mark, acquistò l'attività dal padre nel 1992. Rino morì nel 1992 all'età di 57 anni. Peter morì nel 1993 all'età di 60 anni.

La Rustshield Plating fu venduta alla Flex-N-Gate Corporation nel 1998. Oggi è conosciuta come Chromeshield Plating Limited.

Antonio e Catarina (Alice) Zimbalatti[242]

Antonio nacque il 10 gennaio 1894 a Podargoni, Reggio Calabria e venne a Montreal in nave[243] nel 1909. Proseguì per North Bay, Ontario per raggiungere i suoi due fratelli, Steve e Santo, e lavorò alla C.P. Railroad per un breve periodo di tempo. In seguito, abitò con la sorella, Vincenza, a Welland, Ontario. Andò a Chicago per imparare il mestiere di barbiere. Lì si arruolò nell'esercito statunitense durante la prima guerra mondiale e andò oltremare come barbiere. Tagliò i capelli al generale Pershing[244]. Dopo la guerra venne a Windsor e aprì un negozio di alimentari all'angolo sud-est di Erie St. e Marion Ave., dove tra l'altro abitava.

Catarina Fontana nacque a New York City il 9 marzo 1903 da genitori che erano immigrati alla fine del 1800. Antonio aveva conosciuto Catarina quando lei visitò la sorella, Frances Gerace, a Windsor. Nel luglio 1922 Antonio sposò Catarina a New York City ed ebbero quattro figli: Carmela Marie (Millie), Joseph, Anthony e Steve. I ragazzi andarono all'università e diventarono dentisti. Carmela lavorò alla Canadian Pacific Railway.

Nel 1929 Antonio costruì un grande edificio a nord di Erie St. E., tra Langlois Ave. e Marion Ave.,[245] che constava di tre appartamenti, un'impresa, una sala da biliardo e un salone da barbiere. Entro il 1934 Antonio aveva aperto, all'interno del complesso, l'Erio Hotel,[246] ribattezzato Dixie Hotel l'anno seguente. Intorno al 1941 vendette il Dixie Hotel a M. Ivosevich. L'elenco della città del 1942 indica Antonio come proprietario del negozio Parkwood, situato nell'isolato 1500 di Ottawa St. (dove oggi si trova Freeds). Entro il 1943 Antonio era proprietario del Marigold Hotel, un bar al 1015 Drouillard Rd., che gestì fino al pensionamento negli anni sessanta.

Antonio morì il 28 aprile 1976 e Catarina il 16 luglio 1999.

242 Informazioni da Carmela Zimbalatti
243 Viaggiò con Steve DeMarco, che veniva dallo stesso paese di Antonio. Vedi la storia di DeMarco in questo capitolo.
244 Il generale Pershing condusse l'American Expeditionary Force nella prima guerra mondiale.
245 Carmela ricorda che l'edificio era conosciuto come Alice Apartments in onore di sua madre (soprannominata Alice per i suoi ricci lunghi simili a quelli di Alice nel paese delle meraviglie).
246 L'origine di questo nome non è chiara.

Carmela Zimbalatti, standing on the running board of the car, in front of 1132 Erie St. E., c. 1929 (now the location of Kurley's).

Carmela Zimbalatti, in piedi sul predellino dell'auto, davanti al 1132 Erie St. E., 1929 ca., ora la sede di Kurley's.

Courtesy/Cortesia: Carmela Zimbalatti, P13535

Wedding reception of Carmen Alma Marcuzzi and Anthony D. Rigo ▶
at John Cabot Hall, 966 Wyandotte St. E., May 3, 1947.

Ricevimento nuziale di Carmen Alma Marcuzzi e Anthony D. Rigo alla John Cabot Hall, 966 Wyandotte St. E., 3 maggio 1947.

Courtesy/Cortesia: Anthony and Carmen Rigo, P13584

Appendix I/Appendice I

Italian Vice-Consuls In Windsor[1]

Viceconsoli Italiani a Windsor[2]

1961 – 2009

Years/ Anni	Vice-Consuls/ Viceconsoli	Locations of Italian Vice-Consulates/ Indirizzi dei viceconsolati italiani
1961-62	Norando Meconi	443 Wyandotte St. E.
1963-66	Roland Baldassi	403, 374 Ouellette Ave.
1967-68	Elio Danelon	960 Hanna St.E.
1969-76	Elio Danelon	375 Giles Blvd. E.
1977-78	Elio Danelon	1041 Ottawa St.
1979-90	Frank De Angelis	1291 Erie St. E.
1991-96	Renato (Ron) Moro	1291 Erie St. E.
1996[3]-2009	Liliana Scotti-Busi	1145 Erie St. E.

---

1   Information from Windsor city directories
2   Informazioni dagli elenchi urbani di Windsor
3   Liliana Scotti-Busi appointed May 1, 1996/ nominata il 1° maggio 1996

Appendix II/Appendice II[1]
Canadian Italian Business and Professional Association of Windsor (CIBPA)
Award of Excellence Recipients 2002 – 2009

2002

Prestressed Systems Incorporated - Collavino Family

Pupatello and Sons Construction Limited - Pupatello Family

The Rosati Group of Companies - Rosati Family

Santarossa Ready-Mix Santsar Industries - Santarossa Family

2003

De Angelis Construction - De Angelis Family

Windsor Disposal Service - Moceri Family

Guaranteed A Fine Furniture - Vennettilli Family

Nick Vitale and Sons - Vitale Family

2004

Dr. Frank G. DeMarco, Sr.

The Hon. Guy F. DeMarco

Cacciavillani and F.M. Farms Limited - Cacciavillani Family

Ro-Matt International Inc. - DelDuca Family

Romano's Specialties Meats, Italian Deli - Mancini Family

Eagle Heating and Cooling - Osvaldo Rizzo and Family

2005

Family Business
Italia Bakery- Mancini & Savoni Family

Koolini Italian Eatery - Leo De Luca and Family

Professional of the Year
Joe DeAngelis

Gaetano (Guy) Di Ponio

Business of the Year
J. Lepera Contracting - Joe Lepera

Meo & Associates - Raffaele Meo

2006

Professional of the Year
Frank Fazio, R.A., LL.B.

Business of the Year
Domenic's Plumbing - Domenic Conflitti

Lapico Custom Homes - Anthony Mark Lapico

Family Business
D'Amore Construction - Pat D'Amore

Giulio Malandruccolo Holdings - Giulio Malandruccolo

---

1   Information from CIBPA
    Informazioni da CIBPA

Appendix II/Appendice II

Canadian Italian Business and Professional Association of Windsor (CIBPA)

Award of Excellence Recipients 2002 – 2009 (continued)

2007

Professional of the Year
Egidio Sovran, M.B.A., C.A.

Walter Temelini, Ph.D.

Business of the Year
Mucci Farms Ltd. - Gino Mucci

Total Fitness Club - Alan Quesnel

Family Business
Valente Real Estate Limited - Remo Valente

2008

Professional of the Year
Danillo A. Castellan, P. Eng.

Family Business of the Year
Borrelli Cellars - Elio Borrelli Family

Business of the Year
Grossi Construction - Carl Grossi

Business of the Year - Non-Profit
In Honour of the Ones We Love, Inc. - Anita Imperioli

2009

Professional of the Year
Dr. Leonardo Cortese

Family Business of the Year
Torino Plaza – Gerry De Luca

Business of the Year
Galati Cheese Company Limited – Giuseppe Galati

Community Service
The Hon. Sandra Pupatello, M.P.P. Windsor-West

Minister of International Trade and Investment

Appendix III/Appendice III[1]

Italian of the Year Recipients

1983 – 2008

L'Italian of the Year Award, iniziato dal Club Giovanni Caboto, è stato presentato per la prima volta nel 1983 per riconoscere un membro della comunità della contea di Windsor/Essex che ha apportato onore a se stesso/a o alla comunità, ha dimostrato dedizione eccezionale e impegno personale per il miglioramento della comunità, si è distinto/a nella sua professione e ha realizzato azioni straordinarie. Le riunioni del comitato di selezione si tengono ogni anno per scegliere la persona da onorare fra le nomine presesentate dalla comunità. Attualmente il comitato, che elegge l'Italiano dell'anno, include i rappresentanti dei maggiori club italiani della contea dell'Essex.

The Italian of the Year Award, initiated by the Giovanni Caboto Club, was first presented in 1983 to recognize a member of the Italian community from Windsor/Essex County who has brought honour to himself/herself or the community, has shown exceptional dedication and personal effort for the betterment of the community, has been outstanding in his/her profession, or performed heroic deeds. Annual selection committee meetings are held to choose the honoree among nominations submitted by the community. Currently, the committee includes representatives from major Italian clubs in Essex County who select the Italian of the Year.

1983	~ Fr. Giovanni Bonelli	1990	~ Angelo Nadalin	1999	~ Frank Bagatto
	~ Anthony Cusinato	1991	~ Egidio Novelletto	2000	~ Ron Moro
	~ Gaetano (Guy) Di Ponio		~ Alfio Golini	2001	~ Emanuele Calamita
1984	~ Ron Ianni	1992	~ Fr. Lino Santi	2002	~ Fulvio Valentinis
1985	~ Anthony Soda	1993	~ Reno Bertoia	2003	~ Carlo Negri
1986	~ Giovanna Senesi		~ Gino Fracas		~ Giovanni Facca
	~ Rosemari Comisso	1994	~ Giuseppe (Joe) Colasanti	2004	~ Fr. Augusto Feccia
1987	~ Alfredo Morando	1995	~ Vincenzo and Olivia Rosati	2005	~ Louie Mele
	~ Frank A. DeMarco	1996	~ Sandra Pupatello	2006	~ Dr. Leonardo (Len) Cortese
1988	~ Saverio Galli	1997	~ Anthony Peter Toldo	2007	~ Doris Lapico and Tania Sorge
1989	~ Armando DeLuca	1998	~ Il Coro Italiano and Conductor Angelo Nadalin	2008	~ Niva Segatto

---

1   Information from Italian of the Year program, Giovanni Caboto Club
    Informazioni dal programma dall'Italian of the Year, Club Giovanni Caboto

Select Bibliography

Ala, Salvatore
1998   *Clay of the Maker: Poems.* New York: Mosaic Press.

Ala, Salvatore
2002   "The Accordion King," *The Walkerville Times.* Issue #22, March, p. 26, 2002.

Ala, Salvatore
2004   "The Barber Has No Place to Cry," *Straight Razor and Other Poems.* Windsor: Biblioasis.

Bagnell, Kenneth
1989   *Canadese: A Portrait of the Italian Canadians.* Toronto: Macmillan of Canada.

Bagnell, Kenneth
1992   "The Making of Canadese: A Portrait of Italian Canadians," *Italian Canadiana,* vol. 8.

Breti, Diana
1998   "Canada's Concentration Camps – The War Measures Act," posted on www. britishcolumbia.com. Vancouver: Centre for Education, Law and Society (CELS), Simon Fraser University.

Bruti Liberati, Luigi
1984   *Il Canada, l'Italia e il fascismo* (1919-1945). Rome: Bonacci Editore.

Bruti Liberati, Luigi
2000   "The Internment of Italian Canadians," *Enemies Within: Italian and Other Internees in Canada and Abroad,* edited by Franca Iacovetta, Roberto Perin and Angelo Principe. Toronto: University of Toronto Press.

Caboto Club
1975   *50th Anniversary Giovanni Caboto Club 1925-1975.*

Caboto Club
1980   *Italian Women's Club G. Caboto 50th Anniversary 1930-1980.*

Caboto Club
1990   *Italian Women's Club G. Caboto 60th Anniversary 1930-1990.*

Caboto Club
1997   *Giovanni Caboto Club Project 500 (1997): Celebrating Giovanni Caboto's Historic Landing on Canadian Soil in 1497.* Research and text by Rick Buzzeo.

Cancian, Robert; Dycha, Karol F.; Kulisek, Larry; Price, Trevor
1984   "Windsor: A Statistical Package 1851-1983," published by the Essex County Historical Society.

Chauvin, Francis X.
1929   *Men of Achievement Essex County.* Volume 2. Tecumseh.

Ciociaro Club of Windsor
1977   *Ciociaro Club of Windsor Grand Opening May 1977 Souvenir Book.*

Ciociaro Club of Windsor
1989   *Grand Opening Celebration of the New Entrance and Atrium.* October 13-15, 1989.

Ciociaro Club of Windsor
1997   *1972-1997 Ciociaro Club of Windsor 25th Anniversary.*

Ciociaro Club of Windsor
1999   *Ciociaro Club of Windsor Inc. 27th Annual Members' Banquet.* Saturday, April 24, 1999.

CITD (Centre for Instructional Technology Development)
1997-2000   "An Overview of Italian Canadian History," *The Global Gathering Place.* University of Scarborough, on behalf of the Multicultural History Society of Ontario. www.mhso.ca/ ggp/Ethnic_groups/Italian/Ital_overview.html

Clark, W. L.
1940   "As We See It: Language They Understood," *The Windsor Daily Star,* June 12, 1940.

Craig, Susanne
1992   "Erie Street: For Windsor's Italians, Home Away From Home," *The Windsor Star,* Saturday, August 1, 1992.

Cumbo, Enrico
1985   "Sports and Inter-Ethnic Relations at Camp Petawawa," *Polyphony: The Bulletin of the Multicultural Society of Ontario,* vol. 7, no.1.

D'Agnillo, Maria Agnese Letizia
1992   "*Cento Poesie Molisane… Plus…*" Literary (Book of Poems). Windsor.

D'Alimonte, Carlinda
2004   "Outside the Chrysler Assembly Plant, 1955," *Now That We Know Who We Are.* First Lines Poetry Series. Windsor: Black Moss Press.

Danese, Roseann and Smith, Sandra
1989   "Italians Revel in Heritage Festivals," *The Windsor Star.* August 14, 1989.

Danesi, Marcel
1985   "Canadian Italian: A Case in Point of How Language Adapts to Environment," *Polyphony: The Bulletin of the Multicultural History Society of Ontario,* vol. 7, no. 2.

De Franceschi, Marisa (ed.)
1988   *Pillars of Lace: The Anthology of Italian-Canadian Women Writers.* Toronto: Guernica Editions.

De Franceschi, Marisa
1994   *Surface Tension.* Toronto: Guernica Editions.

De Franceschi, Marisa
2001a   *Family Matters*. Toronto: Guernica Editions.

De Franceschi, Marisa (ed.)
2001b   *The Many Faces of Woman*. Sarnia: River City Press.

Delicato, Armando
2005   *Italians in Detroit*. Images of America series. Arcadia Publishing.

Di Ponio, Guy
2004   Letter to *Cranbrook Schools Newsletter*, September 9, 2004.

Divinich, Shelley Haggert
2001   "Reno Bertoia: Tiger by Day, Student by Night," *The Walkerville Times*, May, 2001, issue #15.

Duff, Bob
2007a   "Bulldogs Rout Russians: Windsor Arena Memories – Nov. 21, 1962," *The Windsor Star*, Friday, November 30, 2007.

Duff, Bob
2007b   "Bulldogs Win Allan Cup: Windsor Arena Memories – April 26, 1963," *The Windsor Star*, Friday, December 28, 2007.

Duliani, Mario
1994   *The City Without Women: A Chronicle of Internment Life in Canada During World War II*, translated by Antonino Mazza. Oakville: Mosaic Press.

Fogolar Furlan Club
1986   *1961-1981 Fogolar Furlan Windsor – 25th Anniversary Edition*.

Galloway, Gloria
1988   "Olive oil's true value finally being realized," *The Windsor Star*, July 20, 1988, p. C1.

Ganley, Ciaran
1977   "It's the Armando, Carmine Show!" *The Windsor Star*, March 22, 1977.

Gasparini, Len
1989   *Ink From an Octopus*. Willowdale: Hounslow Press.

Gasparini, Len
1993   *Selected Poems*. Toronto: Hounslow Press.

Gasparini, Len
1995   *I Once Had a Pet Praying Mantis*. Oakville: Mosaic Press.

Gasparini, Len
2000   *Blind Spot*. Ottawa: Oberon Press.

Gasparini, Len
2003   *A Demon in My View: Stories*. Toronto: Guernica Editions.

Gasparini, Len
2004   *Erase Me*. Photographs by Leslie Thompson. Hamilton: Seraphim Editions.

Gasparini, Len
2005   *The Broken World: Poems 1967-1998*. Toronto: Guernica Editions.

Gervais, Marty
2002   *Keeping With Tradition - The Working Man's Choir - Forty Years of Song with Il Coro Italiano*. Toronto: FoxMar Publishing.

Gervais, Marty
2005   "Soprano Chose Home Over Spotlight," *The Windsor Star*, Wednesday, January 12, 2005.

Government of Canada
2005   *Acknowledging Our Past to Build Our Future: An Agreement-in-Principle between the Government of Canada and the Italian Canadian Community*. November 12, 2005. From the website http://www.cic.gc.ca/multi/publctn/ital/index-eng.asp

Greenspon, Lawrence
2005   "Offer too little, too late," guest column which appeared in the *The Windsor Star* Monday, November 28, 2005. Originally published in *The Ottawa Citizen*.

Harney, Robert F., and Scarpaci, J. Vincenza
1981   "Introduction," *Little Italies In North America*. Toronto: The Multicultural History Society of Ontario.

Harney, Robert F.
1982   "Introduction: Toronto's Italian Press after the Second World War," *Polyphony: The Bulletin of the Multicultural History Society of Ontario*, vol. 4, no. 1.

Harney, Robert F.
1985a   "Italians in Ontario," *Polyphony: The Bulletin of the Multicultural History Society of Ontario*, vol. 7, no. 2.

Harney, Robert F.
1985b   "Italophobia: an English-speaking Malady?" in "Italians in Ontario," *Polyphony: The Bulletin of the Multicultural History Society of Ontario*, vol. 7, no. 2.

Hornberger, Rob
1989   "Hub of 'Little Italy' Marks 50th Birthday," *The Windsor Star*, November 25, 1989.

Hull, Norman
1940   "Scores of Italians Arrested in Facist Purges. Police Move Quickly to Check Suspected Anti-British Elements. Largest Raiding Squad in City's History Seizes Men, Firearms, Ammunition and Literature in General Roundup," *The Windsor Daily Star*, June 12, 2000.

Iacovetta, Franca and Ventresca, Robert
2000   "Redress, Collective Memory, and the Politics of History," *Enemies Within: Italians and Other Internees in Canada and Abroad*. Edited by Franca Iacovetta, Roberto Perin and Angelo Principe. Toronto: University of Toronto Press.

Jansen, Clifford J.
1989   *Italians in a Multicultural Canada*, Canadian Studies Volume 1. Queenston: The Edwin Mellen Press.

Lajeunesse, Ernest J.
1960   *The Windsor Border Region: Canada's Southermost Frontier*. The Champlain Society: The University of Toronto Press.

MacPherson, L.
1963   "City's Street Names A Varied Mixture," *The Windsor Star*, Monday, January 14, 1963.

Mion, Silvano
2000   *Le Memorie di un Emigrante Alpino*. LaSalle: Verba.

NCIC
1990   *A National Shame, The Case for Redress*. National Congress of Italian Canadians, August. From the website www.ncic.ca/campaigns/nshame.html

NCIC
1991   *A National Shame, The Case for Redress*. National Congress of Italian Canadians, August. From the website www.ncic.ca/campaigns/nshame.html

NCIC
1992   *A National Shame, The Case for Redress*. National Congress of Italian Canadians, February. From the website www.ncic.ca/campaigns/nshame.html

Olejniczak, Mark
2001   "The Interview: Joe Greco, Entrepreneur," *In Business Windsor*, October, 2001.

Perin, Roberto
2000   "Actor or Victim? Mario Duliani and His Internment Narrative," *Enemies Within: Italians and Other Internees in Canada and Abroad*. Edited by Franca Iacovetta, Roberto Perin and Angelo Principe. Toronto: University of Toronto Press.

Pier 21
2000   "History of Italian Immigration into Canada: The Departure, The Voyage and Arrival to Pier 21." Pier 21 page no longer displayed on website. Available in printed form at Windsor's Community Museum, PM1439.

Ramirez, Bruno
1988   "Ethnicity on Trial: The Italians of Montreal and the Second World War," *On Guard for Thee: War, Ethnicity and the Canadian State, 1939-1945*, edited by Norman Hillmer and Luciuk. Ottawa: Committee for the History of the Second World War.

Ramirez, Bruno
1989   *The Italians in Canada*. No. 14 in the series Canada's Ethnic Groups. Saint John, N.B.: Canadian Historical Association.

Re, Vittorio
1981   *Michigan's Italian Community: A Historical Perspective*. Detroit: Office of International Exchanges and Ethnic Programs, Wayne State University.

Roberts, Peter
1920   *The New Immigration*. New York: Macmillan Co.

Rusich, Nevi
1988   "Presentation Given to the Ontario Genealogical Society of Ontario Essex County Branch," February. Windsor Italo-Canadian Culture Centre.

Scaglione, Cec
1964   "Life Colorful in Windsor's Little Italy," *The Windsor Star*, September 19, 1964.

Scardellato, Gabriele
1995   *Within Our Temple: A History of the Order Sons of Italy of Ontario*. Toronto: Order Sons of Italy of Canada.

Smrke, Jacqueline
1996   "Rosatis Named Italian of the Year," *The Windsor Star*, March 4, 1996, p. A3.

Società Madonna di Canneto
1994   *Madonna di Canneto Windsor, Ontario, Canada*.

Società Madonna di Canneto
1996   *Società Madonna di Canneto Windsor, Ontario, Canada, 18 agosto 1996*.

St. Angela Merici Church
1949   *Celebration of the 10th Anniversary of St. Angela Merici Church and the Blessing & Official Opening of the St. Angela Community and Youth Centre*. Sunday December 11, 1949. Windsor, Ontario.

St. Angela Merici Church
1956   *St. Angela Merici Parish and The Italian Community of Windsor. Souvenir-book on the occasion of the elevation of Right Reverend Costantino De Santis, Pastor and Founder of the Church and Youth Centre, to the rank of Domestic Prelate by His Holiness Pope Pius XII*. November. Copy reproduced in St. Angela Merici Church 1983. See below.

St. Angela Merici Church
1983   *1933-1983 La Società del Santo Nome di Sant'Angela Merici Celebra il 50mo. Anniversario*.

St. Angela Merici Church
1989   *Sant'Angela Merici Windsor 1939-1989 50mo. Anniversario*.

Sturino, Franc
1984   "Contours of Postwar Italian Immigration to Toronto," *Polyphony: The Bulletin of the Multicultural History Society of Ontario*. Spring/Summer, vol. 6, no. 1.

Sturino, Franc
1985   "Post-WW II Canadian Immigration Policy Toward Italians" *Polyphony: The Bulletin of the Multicultural History Society of Ontario*, vol. 7, no. 2.

Sturino, Franc
1988   "Italians," *The Canadian Encyclopedia, Second Edition, Volume II*. Edmonton: Hurtig Publishers.

Temelini, Walter
1985a   "The Italians in Windsor," *Polyphony: The Bulletin of the Multicultural History Society of Ontario*, vol. 7, no. 2.

Temelini, Walter
1985b   "The Growth of Sports Involvement in the Windsor Area," *Polyphony: The Bulletin of the Multicultural History Society of Ontario*, vol. 7 no. 1.

Temelini, Walter
1986   "The Italians in Windsor," transcript of oral presentation as part of the Windsor Cultural
        Heritage series at the Windsor Public Library, May 13, 1986.

Temelini, Walter
1987   "A history of the Italian business community of Windsor, 1880-1930," *La Gazzetta*,
        February 13, 1987. Copyright: Windsor Italo-Canadian Culture Centre.

Temelini, Walter
1993   "The Italian Cultural Presence in Windsor 1920-1990," *The Luminous Mosaic: Italian
        Cultural Organizations in Ontario*, edited by Molinaro and Kuitenen. Centro Canadese
        Scuola e Cultura Italiana.

Temelini, Walter and Bison, Rita
1997   "Windsor's St. Angela Merici Church (1929-1996)," *Italian Canadiana*, vol. 13.
        University of Toronto: Frank Iacobucci Centre for Italian-Canadian Studies.

Van Kuren, Susan
1975   "From Italy to Windsor and Success: The saga of an immigrant family in Canada," *The
        Windsor Star*, August 28, 1975.

Van Wageningen, Ellen
1999   "Case Closed: Frank Montello is retiring after a 43-year career in the courts defending
        thousands of clients," *The Windsor Star*, June 19, 1999.

Villata, Bruno
1985   "Piemontesi nella Nuova Francia con il Reggimento 'Carignano,'"in "Le Relazioni
        tra l'Italia e il Canada" in *Il Veltro: Rivista della civiltà italiana*, Anno XXIX,
        1-2, gennaio-aprile.

Windsor Life
2003   "Via Italia: Fine Dining in the Atmosphere and Spirit of Old Italy," *Windsor Life*
        September.

Zucchi, John E.
1993   "Cultural Constructs or Organic Evolution? Italian Immigrant Settlements in Ontario,"
        The Luminous Mosaic, edited by Julius Molinaro and Maddalena Kuitunen. Centro
        Canadese Scuola e Cultura Italiana.